国家社科基金重大项目"需求结构转换背景下提高消费对经济增长的贡献研究（15ZDC011）"最终研究成果。

迈向高收入经济的增长动力转换

MAIXIANG GAOSHOURU JINGJI DE
ZENGZHANG DONGLI ZHUANHUAN

李文溥 等著

人民出版社

策划编辑:陈　登
封面设计:胡欣欣

图书在版编目(CIP)数据

迈向高收入经济的增长动力转换/李文溥 等 著. —北京:人民出版社,2021.7
ISBN 978－7－01－023359－8

Ⅰ.①迈…　Ⅱ.①李…　Ⅲ.①中国经济-经济增长-研究　Ⅳ.①F124.1

中国版本图书馆 CIP 数据核字(2021)第 072840 号

迈向高收入经济的增长动力转换

MAIXIANG GAOSHOURU JINGJI DE ZENGZHANG DONGLI ZHUANHUAN

李文溥　等 著

人 民 出 版 社 出版发行
(100706　北京市东城区隆福寺街 99 号)

环球东方(北京)印务有限公司印刷　新华书店经销

2021 年 7 月第 1 版　2021 年 7 月北京第 1 次印刷
开本:710 毫米×1000 毫米 1/16　印张:37.75
字数:580 千字

ISBN 978－7－01－023359－8　定价:120.00 元

邮购地址 100706　北京市东城区隆福寺街 99 号
人民东方图书销售中心　电话 (010)65250042　65289539

目　录

第一章 绪 论

第一节 问题的提出

2010 年，中国人均 GDP 达到 4550 美元（按当年汇率换算），根据世界银行的分类标准，进入中等偏上收入经济体。尽快越过中等收入阶段，成为高收入经济体，成为中国 2010 年之后以致未来一个阶段的重要发展目标之一。世界经济发展史的众多事实及研究证明：从低收入经济体走向中等收入经济体与从中等收入经济体向高收入经济体的发展，面临着不同的经济发展问题，经济增长的动力也与此前大不相同。2010 年以来，中国经济增速持续下降，尽管有国际经济周期的因素，但是，即使排除经济周期波动的因素，经济增长阶段的转变也仍然是一个不容忽视的因素。它喻示着传统的依靠外需以及投资需求驱动的"两高一低"（高投资、高出口、低居民消费）的经济增长模式面临严峻挑战，亟须寻求新的增长动力。由此，寻求迈向高收入阶段的新的增长动力源泉，就成为中国经济面临的严重挑战。面对自 2008 年国际金融危机以来始终低迷的内需，在扩大投资拉动经济增长的同时，提高内需中另一个主要构成——消费需求尤其是居民消费需求对经济增长的贡献，就成为必然的选择。然而，在当前中国经济面临巨大转型压力的背景下，可以采取哪些措施来促进消费尤其是居民消费对经济增长的贡献？又能否主要依靠消费需求尤其是居民消费需求，顺利实现跨越中等收入阶段、进入高收入国家行列的目标？在人均收入从中等偏上经济体向发达经济体过渡阶段正在出现的需求结构转换背景下，应当如何扩大消费需求、主要扩大何种消费需求以促进经济增长？显然是经济学界亟待研究的重要问题之一。

近年来，经济学界进行了大量研究。一些学者认为，消费需求具备成为中国经济增长主要动力的潜力。另一些学者则认为，消费需求本身不足以成为经济增长的主要动力，至少在短期内，无法做到。还有一些学者则对问题产生的出发点——中国消费率偏低表示质疑。[①] 可以看出，尽管研究取得了大量进展，但是，对于消费是否能够成为经济增长的主要动力，尚未形成共识。第一，相对于投资需求，消费需求更加难以调控，尤其是居民的消费需求。无论是从经济理论，还是从现实生活看，影响居民消费需求的因素众多，既包括要素价格、劳动报酬、社会保障等收入层面的因素，也包括产品和服务价格、质量、构成等支出层面的因素，还涉及政府公共品供给方面的因素，并且还存在明显的个体差异、阶层差异、年代差异、区域差异，很难做到一蹴而就、立竿见影。而在当前中国经济面临持续下行风险的压力下，缺乏必要的时间和政策空间来缓慢培育消费市场，需要另寻经济发展动力，以保障重大战略目标的实现。因此，短期内，甚或说，下一个阶段，中国经济增长还需要在相当程度上依靠投资需求的拉动。但是，这并不是说，要延续以往的投资模式。第二，越来越多的研究指出官方数据严重低估消费率，进而低估消费对经济增长的作用。然而，这一判断是否足以颠覆经济学界对于中国经济"高投资、低消费"的总需求结构的既有认识，是否能够对以往发展中国家的增长经验提出挑战，是否可以解释中国明显高于其他国家的储蓄率，还值得进一步研究。也就是说，重新调整之后的消费率，是否还是依旧偏低？如果按照朱天和张军（2014）的测算结果，那意味着，中国经济在高速增长阶段，消费率非但没有出现如以往国际发展经验所普遍观察到的下降趋势，而且还略有上升。这似乎与日本、韩国、中国台湾地区在经济起飞及高增长阶段的投资消费比率变化趋势不同，是否如此以及导致这样趋势的原因，显然是值得进一步研究的。第三，近年来的数据表明，在我国从人均收入中等偏上经济体向高收入经济体过渡阶段，出现了需求结构转换，应当如何扩大消费

---

① 有关讨论综述，详见本书第六章第一节。

需求、主要扩大何种消费需求以促进经济增长问题上，目前的研究还比较少。而这一问题实际上关系我国目前正在进行的供给侧结构性改革的方向，关系到迈向高收入经济体的经济增长动力转换问题。

因此，我们认为需要进一步拓展已有研究。

第一，需要进一步准确估算中国的真实消费率。这是我们研究的重要事实基础和出发点。根据国家统计局公布的最新统计标准，居民消费支出以满足支出目的为划分原则，按照吃、穿、住、行等目的分为八大类。官方在统计这些消费支出时，由于概念、核算范围的混淆以及统计上的局限性，可能出现统计数据上的低估。集中体现在：（1）对住房消费支出的低估。根据联合国统计委员会制定的国民经济核算的最新国际统计标准——SNA（2008），对自有住房的估计一般采用虚拟租金法，而在实际统计核算中，为便于计算，统计部门通常使用虚拟折旧成本法来替代，即按照住房的建筑成本与一定折旧率计算得出折旧额。这种核算方法不仅低估了城市化进程中流动人口快速增长而形成的住房租赁规模，而且由于只考虑住房的折旧，忽略了居民购买自有住房资金的机会成本，对住房价值的定价偏低，低估居民自有住房的虚拟租金，进而低估了我国城镇居民的住房消费。（2）对服务产品消费的低估。主要是源自对服务业增加值的漏算，一些新生行业没有被及时地统计在内，如互联网经济延伸出来的各种网上金融、保险行业，大都归为服务业，但却难以真实地统计其增加值变化；而另一些传统行业，则长期存在低估的问题。如旅游业、餐饮业以及以保姆、中介等为主的居民服务业，由于个别差异较大，以调查样本均值核算为主的估算方式，很难准确地估算出其真实支出。（3）对一些灰色消费的遗漏。不仅体现在政府部门的一些公款消费，还体现在企业部门，尤其是私人企业部门，各项公私不分、性质不明的支出。此外，由于中外国情的差异，即使应用同样的统计口径也会导致计算结果的不同。因此，需要在准确估算居民真实消费率的基础上，进一步通过国际比较和理论研究，认识和把握转型时期我国投资消费占比的变化趋势。总之，在测算居民消费率方面，尽管已有不少研究涉及，如郭万达等（2012）、许宪春等（2012）、彭文生等（2012）、朱天和张军（2012）等的研究，但在测算方法及内容上，各有偏重，有待进一步研究予以明确。

第二，需要重视当前中国居民消费结构升级带来的影响。随着中国经济由中等偏上收入阶段向高收入阶段的过渡，居民消费也开始由以实物消费为主转变为服务消费与高质量的实物消费并重、渐趋服务消费为主的消费结构。具体而言：（1）居民消费偏好逐渐由实物消费转向服务消费。周学（2014）将经济发展阶段、宏观收入、宏观生产与宏观消费的变化联系起来，提出在不同的发展阶段，宏观消费的产品是不一样的。认为，在中等收入阶段，一国的宏观消费主要是以重型消费品为主，而到了高收入阶段，一国的宏观消费将转变为以服务为主。这一观察结果相当重要。事实上，经过几十年高速经济增长带来的财富积累，中国正在逐步由中等收入国家向高收入国家过渡，东部沿海一些发达地区已经接近甚或达到了高收入国家的水平，因此，中国居民的消费能力和消费观念发生了明显的改变。除了物质生活的满足之外，也越来越追求更为高端的服务消费的满足，包括健康、便捷的生活，优质的教育、娱乐、文体产品等，由此也触发了近些年来健身、娱乐、旅游、智能设备、互联网以及信息产业的高速发展。（2）在实物性消费方面，对产品质量的要求越来越高。以往对于一些网购网站的评价多集中在价格便宜，而现在则开始关注产品质量的好坏、是否为假货等；以往出国购物的品种，多以奢侈品及耐用消费品为主，而现在出国购物已经逐渐囊括日常生活用品。这充分说明，随着收入水平的提高，国内部分居民的需求偏好已向发达国家的普通居民趋近，对产品的品质要求也在提升。然而，这些消费结构转换升级可能带来的影响，至今似乎尚未得到足够重视，缺乏充分、深入的研究。

第三，需要重视全面深化改革、矫正要素比价扭曲对扩大消费的影响。长期以来，政府主导型经济的发展模式、要素市场市场化改革的滞后以及出口导向型的赶超战略从根本上阻碍了我国要素价格随着经济增长、要素相对稀缺程度的变化而相应调整。其结果导致：一是经济在高速增长的同时，却因价格扭曲导致资源配置效率低下，降低了经济增长的效率；二是经济结构严重失衡，"低消费、高投资、高出口"的失衡结构得以固化；三是收入分配失衡结构难以根本扭转，劳动报酬占比持续下降，利率管制及居民投资渠道单一，导致了居民财产收入严重低于应有水平（李文溥、李昊，2015），城乡间及城乡内部收入差距扩大等，都抑制了消费的较快增长；四是产业结构升级缓慢，要素比价整体偏低，导致高投资、高消耗、劳动密集型产业比重大。同时，要素之间的价格扭曲，也导致了资本倾向型技术进步。这些不仅使我国居民难以同步分享经济增长的成果，而且还导致了社会再生产实现的一系列困难，进一步可能引发诸多社会矛盾。因此，纠正要素价格扭曲应成为当前深化经济体制改革的重点。通过纠正要素价格扭曲，将有利于激发消费需求，改善投资结构，从根本上推动中国跨越中等收入阶段，实现从中等收入经济体向高收入经济体乃至发达经济的转型。

第四，需要重视供给结构的调整，以适应从中等偏上收入阶段向高收入阶段转变而导致的居民消费结构升级。在消费结构升级转换背景下，需要通过国民经济的服务化，以适应这一经济发展阶段的需求结构变动。当前中国经济供给结构的一大特征是实物消费品的产能大部分过剩甚至严重过剩，现代服务品尤其是一些存在垄断和管制的服务产品的有效供给能力却严重不足，供给效率低下。这种供需结构的不对称，在相当程度上抑制了居民消费需求的满足以及消费率的提高。造成现代服务有效供给能力不足、效率低下的主要原因在于体制改革滞后、垄断严重。因此，强调供给结构的调整，并不是意味着脱离消费。相反，是要求下一个阶段的投资必须围绕消费需求的转型升级，借助于体制改革、机制创新、市场开放等相关措施，淘汰落后产能，构建能够满足新消费结构的产品和现代服务供给体系，形成有效供给，重塑经济增长的新动力。在此过程中，提高服务业尤其是现代服务业的劳动生产率，是需求结构转换时代提高经济增长率以及居民收入，促进消费需求增加的关键。

鉴于此，我们在分析总结和梳理前人研究的基础上，提出在中等偏上收入经济体向高收入经济体发展阶段，中国应进一步改进和拓展有关促进消费对经济增长贡献，转换经济增长动力的研究思路。我们认为，首先，必须修正已有的居民消费统计核算方法，准确估算当前中国消费的真实水平，并在此基础上，通过与其他国家的经验比较，探寻中国居民消费演变的共性和特性。其次，论述居民消费结构升级的趋势特征及其对居民消费的影响。具体而言，一是利用相关文献综述和统计分析，梳理居民消费需求的跨阶段转变特征及其原因；二是在排除统计口径和国际发展差异因素之后，分析国内各种体制性、结构性和收入性因素对居民消费的增长制约。再次，在前述影响要素分析的基础上，重点突出要素价格扭曲对总需求、总供给结构失衡的作用，进而分析其对消费增长及其结构变化的负面作用。最后，结合居民消费全面升级过程中投资和需求结构的转变，强调投资结构与需求结构的相互匹配，突出供给侧管理，通过改善供给抑制现象，提高有效供给能力，为促进消费对经济增长的作用提供制度保障，为中等偏上收入经济体迈向高收入经济体发展阶段提供新的经济增长动力。遵循上述研究思路，本研究的最终目标是通过准确估算中国的真实消费率和相关国际比较，甄别中国消费率的实际情况，并以此为基础，分析导致中国居民消费率偏低的主要原因，突出要素价格扭曲对居民收入及消费的制约作用，重点分析居民消费结构升级背景下，如何围绕消费需求的变化，调整投资结构，通过投资结构、供给结构与消费结构的匹配和再平衡，形成新的经济增长动力，实现经济结构调整与促进经济持续增长的双重目标，从而为顺利跨越中等收入陷阱，完成党的十八大以来制定的各项重大战略目标奠定基础。

第二节　研究设想

为了实现上文设定的研究目标，我们将从以下四个方面展开研究：

第一，根据最新的国际统计标准，结合中国经济的现实情况，估算中国的最终消费率，并进行国际比较。主要内容包括：总结现有中国居民消费和最终消费的统计核算方法，通过对比发达国家或国际通用的核算方法，指出其存在的问题和不足，并重点围绕住房消费、灰色消费等具有较大低估、错估可能的项目，重新估算居民消费及其 GDP 占比，分析转型期中国居民消费结构的变化趋势；确定国际比较的目标国家、时间阶段，分析各目标国家在相应发展阶段的消费率、消费结构变动情况，对比分析中国消费率的变动特征，进而通过相关实证研究，寻找影响中国居民消费率的共性和特性因素。

第二,结合经济发展阶段与消费升级的相关理论,分析当前中国居民消费的新特征,廓清居民消费结构转型升级的现实背景和演变路径,指出其发展趋势。主要内容包括:梳理有关消费转型升级的经济理论,总结居民消费的主要特征;结合中国经济的体制特征,进一步从收入分配、要素价格扭曲、社会保障体制、预防性储蓄动机、价格水平变动、供给抑制等诸多方面,分析影响中国居民消费结构演变的因素。

第三,研究矫正要素比价扭曲对居民消费的作用。主要内容包括:从理论上探讨要素价格扭曲与居民消费之间的关系;估算我国要素价格扭曲的程度,实证检验要素价格扭曲对扩大居民消费、经济增长及经济结构失衡的影响;研究矫正要素价格扭曲对居民消费的作用,分析导致我国要素市场价格扭曲的主要因素,提出对策建议,并探讨下个阶段通过矫正要素价格扭曲进而促进消费对经济增长贡献的思路及实现路径。

第四,根据从中等偏上经济体向高收入经济体过渡时期消费需求结构的重大变化,分析我国产品和服务供给结构存在的主要问题,以及由此对投资需求的新要求,强调通过提高现代服务业的生产效率,推进国民经济服务化。主要内容包括:分析当前中国经济产能过剩与供给不足并存的现实特征,指出导致这种现象发生的历史缘由、体制根源和路径依赖;结合投资和消费需求结构的改变,构建一个统一的供给和需求分析框架,强调需求管理和供给管理相结合的必要性及其重大意义;研究如何提高现代服务业生产效率,形成经济增长新动力,促进经济增长和国民经济服务化,给出相关政策建议。

我们这一研究的价值和意义是:

第一,与以往的研究不同,我们在居民消费转型升级的大背景下研究消费对经济增长的贡献。注重从宏观层面,通过构建一个统一的供给和需求结构分析框架;侧重系统分析由于消费需求结构与供给结构的不匹配所引发的消费率偏低问题;强调通过调整投资结构,改善有效供给能力,以实现宏观消费与投资的再平衡;力图回答经济增长动力之争,提出具有现实应用价值的政策建议。

第二,我们从住房消费、灰色消费等几个可能存在较大低估、错估的支出项目出发，对中国居民消费支出进行重新估算。我们根据最新国际统计标准（SNA，2008），区别城镇与农村自有住房的区别；利用相关调查数据，估算政府及企事业部门的公款消费等，努力构建既满足国际通用核算标准，又兼具中国经济特殊情况的数据核算方法，尽可能准确地估算中国真实的居民消费率，为推动有关居民消费的研究提供数据基础和新方法，促进相关学科的发展。

第三，我们认为，要提高消费对经济增长的贡献，需要从供给和需求两个层面剖析导致中国居民消费率偏低的关键因素，着重以正处于升级转换阶段的居民消费需求结构为核心，调整投资结构，改善供给结构，进而提高有效供给能力，实现增长动力转换，构建需求与供给结构的再平衡，真正解决经济增长持续低迷的问题。因此，我们的研究有助于宏观当局认清当前经济持续下行的本质在于供给结构与需求结构的扭曲。这对于探索推进转轨，改变宏观调控机制及体制条件，加强和改善宏观管理的政策方略与改革措施，保证中国经济的长期稳定增长，具有重要的现实意义。此外，在论证过程中，我们的研究还将突破以往碎片化研究的限制，结合理论模型的构建和实证分析，通过构建一个统一的供给和需求理论框架，将主要影响消费的因素纳入进来，同时分析其可能产生的宏观经济影响，并借此讨论如何有效促进消费对经济增长的贡献以及如何提高居民消费率，这将为我国转轨时期宏观经济调控的理论分析和实证研究提供新的积累。

第四，我们还对现阶段纠正要素价格扭曲可能产生的对中国居民消费、经济增长以及经济结构调整的影响进行了分析，指出纠正要素价格扭曲应成为当前深化经济体制改革、促进消费对经济增长贡献的重点。通过纠正要素价格扭曲，可使我们从根本上改变居民消费占比偏低的状况，促使总需求结构的再平衡，进而推动中国跨越中等收入阶段，并实现中国经济向现代发达经济的转型，具备一定的理论先导性。

第五，我们认为，提高现代服务业部门的生产效率是改善供给结构，适应新消费需求结构，推进国民经济服务化，同时保持较快稳定经济增长率，避免落入中等收入陷阱的关键因素。而要做到这一点，需要进一步深化体制改革，加快市场开放进程，着力降低国有经济和政府部门在现代服务业的垄断程度，缩小管制范围，改变管理方式，以提高现代服务业的生产效率和国际竞争力，促进结构调整、提高增长潜力，实现经济的较快增长。

第三节　主要研究内容

根据上述思路，我们将分五部分二十一章对相关的问题进行具体研究。

第一部分集中研究转型期的中国居民消费率。主要研究目的是分析判断现阶段中国居民的实际消费率是否偏低及其产生的原因。本部分包括第二、三、四、五、六章。第二章分别从宏观及微观角度对中国转型期的居民消费进行统计分析。首先，分析居民消费占 GDP 的比重变化趋势，以及相关的宏观经济变量的变动趋势，其次，对城乡居民消费以及不同的消费结构变动趋势进行分析，从中总结中国转型期不同阶段的居民消费特征及其变化特征。第三章讨论中国现行统计制度对居民消费率计算的影响。我们根据 2008 年版的 SNA（System of National Account 2008）核算体系，对影响我国居民消费率统计的因素进行探讨。通过比较研究发现，由于我国目前计算居民消费率的统计口径与方法与国际通行的统计方法与口径存在一定差异，这导致了我国的居民消费率的统计数据可能存在漏算及低估，如果将现有官方公布的居民消费统计数据与其他国家的居民消费统计数据进行直接比较，是不合理的，可能因此得出我国居民消费率严重偏低的错误结论。第四章对居民自有住房服务消费核算对中国居民消费率的影响采取了不同于已有研究的方法进行了研究，通过使用者成本法对我国城镇居民自有住房服务的虚拟租金进行了重估，对农村居民自有住房则仍保留现有的官方统计方法。估算结果发现：2004—2011 年，我国的居住消费支出占 GDP 的比重不是 5.8%—6.6%，而是 12.31%—15.31%。调整后的这一比重非常接近 OECD 大部分成员国的水平。用重估的居住消费支出修正居民消费率，我国居民的消费率因此有所上升，但仍然徘徊在 39.63%—

46.41%，仍然低于世界各类经济体的一般水平。第五章测算了近年来灰色消费的规模，及其对居民消费率的影响。测算结果发现：我国2004—2012年的灰色消费约占GDP的4%。它导致我国居民消费率被低估了2—4个百分点。我们根据第四、第五章的测算结果对官方公布的中国居民消费率进行了调整，并将调整后的中国居民消费率与相近收入水平国家，尤其是与有高储蓄传统的东亚国家相比，发现：调整后的中国的实际居民消费率与有高储蓄传统的东亚国家是比较接近的，尤其是与日本、韩国等国与我国这一阶段人均收入水平比较相近的年代是比较接近的。因此，通常所说的中国的居民消费率远远低于世界各类经济体的一般水平，可能是不正确的。相近人均收入水平的国家，有大致相近的居民消费率。这提示我们，人均收入水平更能体现一国的经济发展水平。相近的经济发展水平，经济结构也比较接近。出现过于特别的经济结构，可能另有原因。当然，应当承认，即使是经过调整，中国目前的居民消费率，与中高收入经济体以及日本、韩国相比，也仍然略显偏低，而且这一差距在2004年之后逐渐扩大了。显然，这里的原因值得进一步研究。众所周知，居民消费占GDP的比重取决于居民可支配收入及居民平均消费倾向之积。因此，第六章进一步分析了中国自改革开放以来的城乡居民平均消费倾向的变化，统计分析发现，改革开放以来，城乡居民的平均消费倾向表现出截然不同的两种趋势：城镇居民的平均消费倾向整体上呈下降趋势，从80%逐步下降到60%强，然而农村居民的平均消费倾向则基本稳定在80%左右。改革开放以来，城乡居民的收入增长趋势相近，增长的倍数差别也不大，为什么城乡居民的平均消费倾向变化趋势是如此不同，这显然是一个值得讨论的问题。本章对导致城乡居民平均消费倾向不同变化趋势的原因进行了初步探讨，发现了城镇居民平均消费倾向下降的可能原因，并分析了由此可以得出的政策含义。

第二部分由第七、八、九、十、十一章组成，第七章着重从微观消费需求升级转换的视角阐述供给侧结构性改革。我们认为，做好供给侧结构性改革，需要清楚地认识由中等偏上收入经济体向高收入经济体过渡阶段居民消费需求结构的升级转换及其趋势变化，供给侧的调整必须围绕居民消费需求结构的演变做文章，淘汰落后产能，构筑新增产能，借助于体制改革、机制创新、市场开放等相关措施，构建满足居民新消费结构的产品和现代服务供给体系，增加有效供给，重塑经济增长的新动力。我们首先从产品供给与消费需求结构失衡的角度，对当前中国存在的严重产能过剩与有效供给不足并存现象进行解释，指出投资结构偏离消费结构是导致上述现象产生的关键因素。接下来，结合先行国家的居民消费结构演变事实，分析由中等偏上收入经济体向高收入经济体过渡阶段中国居民消费需求结构的升级转换方向，指出以住房交通和食品衣着等实物消费为主的居民消费结构，正逐渐转变为服务消费与实物消费并重的消费结构。在今后十年之内，随着中国从中等偏上收入经济体向高收入经济体过渡，中国居民的消费结构将出现新一轮的升级转换。即，以住房交通和食品衣着等实物消费为主，逐渐转变为以服务消费与高质量的实物消费并重，这将逐步替代已经高速增长了近二十年的住房交通消费需求，成为未来十到二十年之内，中国经济的主要新增消费需求动力。围绕着这一升级转换方向，分析当前我国供给调整的主要障碍及其实现路径。长期以来，对于服务业，曾经存在浓厚的偏见。正如赫伯特·G.格鲁伯和迈克尔·A.沃克在《服务业的增长：原因与影响》一书中所指出的："服务业在经济分析史上的名声是不好的。亚当·斯密认为服务业属于非生产性的活动。在20世纪80年代，一些美国经济学家争辩说，服务业的增长导致'美国非工业化'，而对本国的生活水平、国际收支与收入分配带来不良的后果。就计划经济而言，在马克思经济学说的影响下，许多服务业的产出被认为是非生产性的，从而在国民收入统计中略而不计。关于服务业的同样学说使这些国家的经济计划偏向于建立工厂和商品生产。"[①] 近年来，随着我国经济日益服务化，也出现了类似的担忧。因此，我们在第八、九、十、十一章中集中研究了服务业的全要素生产率（TFP）问题。第八章首先阐述了中国服务业发展和行业结构演变，并对中国服务业的相关指标进行了国际比较。第九章对中国服务业的分行业 TFP 进行了测算。运用宏观数据计算服务业的 TFP，常用的计算方法有参数法和非参数法两类。参数法大致包括增长核

---

① ［加］赫伯特·G.格鲁伯和迈克尔·A.沃克：《服务业的增长：原因与影响》，上海三联书店1993年版，第1页。

算法和随机前沿模型（Stochastic Frontier Analysis，SFA）两种方法。其中增长核算法使用时间序列数据，用来测算总量或某一个产业（行业）的全要素生产率，随机前沿模型使用面板数据。非参数法一般使用数据包络分析（DEA）方法，需要使用面板数据。考虑到 DEA 方法的特点：第一，不需要考虑具体的生产函数形式，不需要投入与产出的价格数据；第二，可以研究多投入和多产出的全要素生产率问题；第三，投入产出变量的权重使用数学规划方法，不必做规模报酬不变的假设，因此不受人为主观因素的影响；第四，效率指标可以随着时间和截面而改变。我们采用 DEA 方法测算服务业细分行业的全要素生产率。第十章，针对第九章的计算结果，对服务业结构变迁对 TFP 动态变化的影响进行了计量分析。第十一章在对细分行业 GDP 平减指数、全社会从业人员相对比较合理测算的基础上，运用 DEA-Malmquist 生产率指数方法，对 1991—2012 年中国细分行业的 TFPG 进行了测算，从经济增长来源和 TFPG 细分行业来源两个方面，分析了中国 TFP 增长及其变化动态，深入探讨了 2008 年以来中国 TFP 增速大幅下降的原因和提升路径。

通过第八至十一章对我国服务业产值、就业和资本存量 1990—2012 年的结构变迁，以及结构变迁对服务业全要素生产率动态变化的影响的研究，我们得出以下几点结论：

第一，无论是从劳动生产率、资本生产率还是全要素生产率的角度来分析，在 2004 年以后，我国服务业都没有出现明显的"鲍莫尔成本病"。但是，在服务业内部存在比较严重的"结构病"，这种"结构病"不仅仅体现在"数量"上，而且体现在"质量"上，突出表现在生产性服务业在"数量"和"质量"上的不足。生产性服务业"数量"上的不足体现为生产性服务业产值占比、资本存量占比的下降趋势，其原因直观上表现为投资不足，深层次原因在于我国制造业的"世界工厂"定位，以及我国研发和创新体制的弊端。生产性服务业"质量"上的不足体现为生产性服务业 TFP 增长对服务业 TFP 增长贡献较低和生产性服务业的"结构负利"效应。根据日本和韩国成功跨越中等收入阶段的经验和其他国家深陷"中等收入陷阱"的教训，生产性服务业在"数量"和"质量"上的不足将不利于我国顺利跨越中等收入阶段，顺利进入高收入国家行列。

第二，我国服务业 TFP 增长对服务业 GDP 增长的贡献在 20 世纪 90 年代初期呈下降趋势，2004—2012 年，全社会全要素生产率对经济增长贡献份额的大幅度提高，主要归功于服务业技术进步增长率的大幅度提高。

第三，我国服务业 TFP 增长主要源于服务业细分行业的 TFP 增长，即内部效应，结构变化效应贡献较小。但是，细分行业的贡献差异较大，而且存在时间上的动态变化。

第四，我国服务业 TFP 增长的动力在发生变化。在 2000 年以前，服务业 TFP 增长的主导力量是技术效率提高。2001—2010 年，我国服务业 TFP 增长的主导力量是技术进步的提高，而技术效率增长率的降低主要由于规模效率增长率的下降所导致。而 2011 年、2012 年，技术效率增长率又超过技术进步增长率，但是两者的这一次转换，到底是趋势改变还是短期波动，还需要时间来验证。

第五，在 20 世纪 90 年代，我国资本的 TFP 配置效率要好于劳动力的配置效率，而本世纪以来正好相反，资本的 TFP 配置效率比劳动力的配置效率要差。其主要原因在于，两个最主要生产要素，资本和劳动力的禀赋状况，或稀缺程度在两个阶段发生了逆转。但全要素生产率构成部分表现并不一致，20 世纪 90 年代，技术效率和规模效率，劳动力的配置要优于资本配置。21 世纪以来规模效率、2009 年前的技术效率的资本配置要优于劳动力配置。2009 年以后，技术效率的劳动力配置要优于资本配置。其原因在于，对于规模效率来说，在 20 世纪 90 年代更多归功于劳动力规模，而本世纪以来更多归功于资本规模。

第六，若考虑服务业结构变化的溢出效应，则结构变化的全要素生产率效应比现有文献结果要大一些。但不足以改变服务业 TFP 增长"结构效应贡献较小"的一般结论。

第七，鉴于劳动力相对于资本来说，属于流动性较强的生产要素。因此，服务业资本静态配置效率的下降和动态变化的"结构负利"效应，更应该引起关注和警惕。

在市场经济中，竞争性领域的服务业的结构调整与效率提高有赖于有效的市场竞争。但是，现在，在我国国民经济各个产业中，服务业是迄今为止市场化进展最缓慢的产业。从管理方式看，管制产业占相当比重，从所有制结构上看，国有比重是一、二、三产业中最高的。以分行业就业人数和固定资产投资占比为例，2014 年，分行业城镇单位就业人员中，制造业的国有单位就业人数占比仅为 4.0%，而扣除掉批发零售、住宿餐饮以及公共管理、社会保障和社会组织业之后的第三产业国有单位就业人数占比约为 59.7%，其中，教育、卫生和社会工作、文化体育娱乐业的国有单位就业人数占比更是分别高达 92.8%、86.9% 和 73.1%；2014 年，分行业固定资产投资（不含农户）中，制造业的国有控股投资占比仅为 8.3%，同样地，扣除掉批发零售、住宿餐饮以及公共管理、社会保障和社会组织业之后的第三产业国有控股投资占比约为 45.2%，其中，教育、卫生和社会工作、文化体育业（扣除娱乐业）的国有控股投资占比分别高达 72.1%、66.3% 和 50.8%。可以说，在现代服务业领域，国有经济占据明显的主体地位。相当部分的服务业，属于管制产业，其中可以解除管制，推进市场化的部分，至今仍有相当部分尚未市场化。它是导致当前我国现代服务有效供给能力不足、效率偏低的重要因素。

第三部分由第十二至十六章组成。以银行业为对象，讨论服务业中管制产业的效率及其改进。我们由微观企业的视角切入，围绕金融服务业效率这一问题展开一系列研究。之所以如此，因为，金融改革既是中国经济当前发展阶段的热点问题，也是中国经济转型后维持未来长期平稳持续增长的关键。历经多年改革和发展，中国的金融服务业无论在市场开放度抑或是行业规范度上都有显著提升，其自身规模更迎来了充分的成长。然而，长期以来，就有学者指出，中国金融服务业的快速扩张未能有效支持经济增长；近年来金融部门资产和货币数量的快速扩张更与经济走势和投资增速呈现背离态势，令人质疑中国金融服务业的整体效率是否过低。

金融服务业效率在经济转型过程中的重要地位和当前尚不能令人满意的实际表现使相应问题日益引起学界重视。以往关于中国金融服务业效率的研究既有从企业视角展开的，也有从宏观总量视角展开的，然而构建宏观微观贯穿视角的研究为数尚少。由企业视角展开的效率研究更多局限于企业管理层面，不能对中国宏观经济的关键、重大问题作出令人满意的解释；而从宏观总量视角展开的研究往往忽略了现实中效率承载主体——企业的角色，从而难以加强对金融服务业效率影响因素的细化认知。

鉴于此，我们在试图理清金融服务业宏微观效率分野的前提下，讨论了企业层面效率到金融服务业层面效率的衔接，从而使基于企业数据的金融服务业效率测算具备合理性；并同时采用效率前沿分析方法和生产函数代理变量估计方法估算中国金融服务业的相对效率和绝对效率。改进的方法和工具对中国金融服务业效率的估算表明，近年来中国金融服务业效率的改善进程有所迟滞，就相对效率来讲甚至还有退步；不同所有制类型的金融服务企业效率呈现差异化的变动轨迹，而且行业内的效率差距多年来并未显著缩小。这些测算是基于企业层面数据完成的，这意味着我们能够从金融企业为主体的视角探讨效率的影响因素并进行计量检验，从而进一步澄清当前体制阻碍对金融服务业效率影响的微观作用机制。

基于这一观察，我们先试图从金融企业微观决策受到扭曲的角度解释中国金融服务业偏低的效率水平。提出僵化而密集的考核机制、长期以来过于严格的市场准入制度与政府对信贷决策的干预能够通过对金融企业经营决策的扭曲产生效率减损效应和信贷偏向效应，导致金融服务业效率偏低，并最终影响宏观金融效率。第一，来自不同上级部门的密集而僵化的考核对金融企业的有效决策空间形成了较大制约，令其体现出过强的风险厌恶倾向；这使金融企业的经营变得过于保守和审慎，资产的运作能力降低，从而降低其经营效率。第二，过于严格的市场准入管制使金融服务市场相对缺乏竞争，市场内企业形成了一定的垄断势力，能够利用自身垄断势力保证完成盈利指标的金融企业失去了追逐更高效率的动力，同样变得缺乏效率。第三，在财权事权不对等的背景下，我国地方政府有干预金融企业决策的较强激励，通过干预，引导金融资源流向扶持产业或地方龙头企业；由于政府和金融企业的利益目标并不一致，这种微观层面的干预使金融企业的信贷决策偏离最优路径，最终仍表现为金融企业的效率降低。同时，上述三类机制也使信贷资源集中流向国有企业，产生信贷偏向效应，导致宏观金融效率受损。随后，通过构建中介性金融服务企业信贷决策的模型，我们论证了相关机制在逻辑上的可行性；进而利用中国银行业的企业样本作为金融服务业的代表对上述机制进行了计量检验，为理论模型提供了经验支持。

在确认金融服务业效率现状、分析其成因后，我们进一步考虑金融服务业效率偏低对宏观经济各个方面可能造成的影响。以往研究多采用宏观变量回归的简化形式（reduced-form）的研究方法，这与前面强调的由微观层面出发的视角并不一致。为此，我们构建了一个动态随机一般均衡模型，特别强调刻画了具有生产特征的金融部门与具有国有企业和私营企业信贷偏向异质性的市场结构，以便体现"效率减损效应"和"信贷偏向效应"的宏观经济影响。根据中国的数据校准后，模型模拟发现：金融服务业效率的提升对经济有显著促进作用，反之"效率减损效应"对经济有较强的抑制作用；金融服务业效率偏低的负面影响难以通过宽松的货币政策加以抵消；"信贷偏向效应"的存在减小了金融服务业效率对宏观经济的冲击传导，使金融服务业的效率提升不能有效推动经济增长，从而使宏观金融效率表现为偏低的水平。

我们的研究结论表明，就整体而言，我国金融服务业的效率偏低，而且近年来效率改善进程并不理想，这有可能对宏观经济造成较大的负面效应，难以保证经济在转型换挡后维持一个平稳较快的增长速度。考察这一低效率现状的影响因素，我们认为，僵化而密集的考核、过于严格的市场准入机制与政府对信贷的干预行为可能是其成因。针对这三个问题，我们提出了如下政策建议：

第一，在监管考核机制方面，应区分考核与监管，避免对金融企业运营业务过多干预和评价，必要时进一步提高金融企业自主决定考核标准的比例，减少上层干预、回归市场调节；应规范各部门考核制度，加强考核过程和考核指标的透明度、公开度、规范度，避免对金融企业经营过程的过分干预；应优化金融服务业的监管架构、统一评价体系、适度集中监管权力，明确规定不同监管部门的权责范围，如形成中央银行负责宏观审慎监管，各专业监管机构负责微观审慎监管的格局，并由中央银行从系统性风险管理的角度主导和协调跨市场及跨行业监管，保证各部门监管协调有序，避免多方监管造成的重复监管、过度监管；应精简监管考核指标，在把握关键高风险敏感度指标的同时，尽可能放松对于金融服务企业的过多管制，注重事中、事后监管；应建立更具弹性与灵活性的监管制度，及时响应金融创新不断涌现，金融业务复杂度与日俱增的市场特点，既避免僵化监管指标对金融企业经营决策的过度束缚，也避免僵化监管指标被金融创新绕过而形成过多监管盲点；通过这些方式，令金融企业面临的考核与监管更加高效、清晰、透明，在保证对系统性风险有效监督的同时，不对金融企业的决策空间形成过度制约，避免此前多重僵化考核制度造成的激励扭曲。

第二，在市场准入管制方面，应继续加快速度、加大力度解除准入管制，降低金融服务业市场的准入门槛，加大对民间资本和国外资本的开放程度；不但要针对中小规模的金融企业建立非歧视性的准入制度，加强市场细分、增进市场活力，也要继续探索在现有金融企业中引入民间和国外资本；取消对外资金融机构的年限、资产、持股比例等方面的额外限制，以审慎监管代替准入管制，增进外资金融机构的市场参与度；实践中可由非银行金融机构如财务公司、金融租赁公司开始，逐步向保险业、证券业金融企业放开，最终推进到银行业；进一步减少对民营或外资金融企业的业务准入限制，同时也减少对全行业的创新业务准入限制，放宽对混业经营的管制；这些举措可望加强金融服务市场的多样化与竞争性，促进金融服务业企业的竞争意识，减少市场格局固化与垄断市场势力，从而提高金融企业效率。

第三，在政府信贷干预方面，一方面应通过法律层面的制度设计以及金融企业治理结构的优化，减少政府对金融企业所能实施干预的力度；另一方面也应该推动服务型政府在经济建设方面的职能转变，以减少政府对金融企业实施干预的动机。双管齐下，使政府主导让位于市场主导，让金融企业的决策回归其理性最优决策，推动建立高效率的现代金融市场体系，这也将使我国金融服务业的效率有所提升。

除上述针对性的建议外，对于上述三个问题在某些方面存在的交集，我们还进一步提出"混合所有制改造"与"负面清单管理"两项政策建议，两者均对上述三个问题具有复合式的改进效应。

由于国有金融企业存在强烈的委托—代理问题、人员任命与升迁存在行政色彩以及与政府和国企具有天然的政治联系，上述各种机制扭曲对于国有金融企业的影响尤其强烈，因此"混合所有制改造"有助于消除国有制带来的扭曲。一般而言，混合所有制要求引入民间资本或推行员工持股计划，这不但在一定程度上意味着市场准入管制对民间资本的放开，也将弱化政府对金融企业干预的影响力。同时，民间资本的引入有利于为金融企业注入市场化基因，各类资本共同治理能够改善金融企业的治理结构、提高其管理水平，而员工持股计划的推进有利于改善中长期激励机制、缓解国有金融企业运营过程中存在的委托—代理问题。

"负面清单管理"则可作为考核机制改革、准入管制解除的主导性思路——对于业绩考核章程、审慎监管指标、资本和业务等准入管制等方面管理设置口径一致的"负面清单"，明确规定不可逾越的监管指标、禁止投资领域和禁止业务范围，之后再随着市场成熟度的提高不断缩短"负面清单"。重新设计的口径一致的"负面清单"有助于明晰各监管部门的职责边界；"法无禁止皆可为"的管理思路有助于自主决策权回归金融企业、减少上层干预；"负面清单"推行的过程即是逐步以审慎监管代替准入限制的过程，释放的市场空间能够吸引民间和外来资本进入，增加了金融服务业市场的多样性与竞争性，有利于打破国有金融企业的垄断格局；"负面清单"能明确某些禁止开展的业务，释放业务创新空间的同时严格管控高风险的业务领域，有助于引导资金优化配置、规范资金融通行为。

第十七章和第十八章组成了本书的第四篇。在这一篇里，我们讨论了所谓的"鲍莫尔成本病"问题，以及在经济服务化也即结构转换过程中，如何保持经济稳定增长的问题。

近年来，中国服务业实际劳动生产率持续低于制造业并呈现出差距扩大趋势。对此，大多数研究将原因归咎于服务业全要素生产率（TFP）下降，并且显著低于制造业。然而，基于服务业就业比重增长较快的事实，结合劳动生产率的式子，我们认为，如果服务业就业比重上升会使行业平均劳动效率下降，那么，服务业劳动生产率低于制造业的原因可能并不在于服务业 TFP 较低，而在于劳动效率的下降。利用 2001—2016 年的上市企业数据，我们在第十七章中测算了企业层面以及不同行业的 TFP 水平，并通过两步计量回归的估计，对上述推论进行实证检验。结果显示：如果不考虑就业比重上升带来的劳动效率变化，服务业 TFP 会低于制造业；反之，服务业 TFP 则要高于制造业。因此，中国"鲍莫尔成本病"问题加剧并不是由于服务业 TFP 的下降导致，而是由于服务业就业比重提升过快造成的。

现阶段，中国正在由中等偏上收入向高收入经济体转变。居民消费正逐渐由实物产品消费为主向高质量的实物产品与教育、医疗卫生、文化旅游等为主的现代服务品并重的消费结构转变。这一结构转换既然是现阶段中国经济发展的必然趋势，那么，因此而产生的问题是：这一需求结构的转换，对于由中等偏上收入向高收入经济体转变的经济体的经济增长，将产生何种影响呢？第十八章讨论了这一问题。

随着中国从中等偏上收入经济体向高收入经济体转变，居民消费结构正在发生重要变化：实物产品消费渐趋饱和，新增需求逐步转向以教育、医疗卫生、文化娱乐、旅游等为主的服务产品[1]。消费结构转变将引导产业结构转换。汽车和房地产业在过去20年多年高速发展并成功成为中国经济支柱产业的结构演进轨迹基本验证了这一结论。因此，偏向现代服务品的消费结构转型，也必将导致产业结构服务化。2013年中国服务产出占GDP比重首次超过第二产业，截至2019年，服务业比重已经超过第一、第二产业比重之和。中国正在进入经济服务化阶段。

施瓦茨（Schultz，1961）认为，人力资本是人作为生产者和消费者的能力，体现为人身上的知识、技能、健康等因素。人们可以通过对自身有计划地投资形成人力资本，其主要投资方式为医疗保健、学校教育、在职培训和迁徙流动。而根据内生增长模型，人力资本是经济保持长期持续增长的关键要素（卢卡斯（Lucas），1998）。因此，从理论上讲，偏向于教育、医疗卫生、文化娱乐等的消费结构，能够通过加快人力资本要素积累，作用于经济的长期持续增长。

然而，中国2012年以来的经济表现表明，消费结构的服务化还不足以抵消传统增长驱动因素（资本和劳动力）动力衰减之后对经济增长的负面影响。展望国际，在日本、韩国的经济发展历程中，偏向教育、医疗卫生、文化娱乐等服务产品消费与经济增长之间的关系也较为复杂。因此，有必要通过一定假设基础上的模型研究，来明晰消费结构服务化与经济增长之间的关系。

通过运用一个两部门人力资本内生增长模型，我们的研究发现：

①　详细分析请参见本书第七章。

（1）在经济发展的不同阶段，消费结构升级对经济增长的作用存在差异。在传统要素主导经济发展阶段，消费结构的变迁只存在短期增长效应，不影响长期增长率；在人力资本主导的发展阶段，消费结构升级将有力地助推经济长期持续增长。（2）但这种助推作用依赖于人力资本部门的生产效率高低。收入越高的经济体，越需要高效率的人力资本部门配合，才能实现上述作用。由此，我们认为，应在人力资本部门进一步推进市场化，改变管制导致的现代服务品供给不足、效率低下，实现供需动态匹配，推动经济增长向消费为主导的动力转换，跨越中等收入阶段。

第五篇包括第十九、二十、二十一、二十二章。这一篇以金融与医疗部门为例，讨论了全面深化体制改革，纠正要素比价扭曲，调整供给结构对改善居民收入及消费状况的影响。

20 世纪 90 年代中期之后，中国居民收入占 GDP 比重一改 1978 年以来上升趋势，掉头下降。资金流量表的数据显示，1992—2012 年，居民初次分配收入占 GDP 的比重从 66.06% 降至 61.65%。政府和企业收入占比分别上升了 2.25 个和 4.23 个百分点。再分配也没有改变初次分配格局。2000—2012 年，居民部门可支配收入占比与初次分配收入占比基本持平。国际比较说明，中国居民收入占比明显偏低。

居民部门初次分配收入由劳动报酬和财产收入组成。劳动报酬取决于劳动要素对生产的贡献以及劳资双方的博弈。财产收入取决于资本收益分配。资金流量表数据显示：1992—2012 年，中国居民持有的金融资产中，储蓄存款余额占当期 GDP 的 54.83%—84.95%。财产收入却仅为同期 GDP 的 1.05%—3.47%。即使将高通胀的 1993—1995 年扣除，其余年份居民的金融资产实际回报率也仅在 -1.94% 至 7.60% 之间，[①] 远低于同期全社会总资本回报率[②]。

中国居民金融资产回报率低，财产收入占比下降，根本原因是金融管

---

① 1993—1995 年居民的金融资产实际回报率分别为 -2.39%、-11.07%、-6.93%。

② 中国的总资本回报率仍存在较大争议，单豪杰、师博（2008）认为中国 1978—2006 年的工业资本回报率呈 U 形变动，变动幅度在 5.7%—28.5%。Chong-En Bai 等（2006）进行的估测结果表明中国资本回报率在整个改革开放时期几乎一直保持在 20% 以上的高水平。方文全（2012）的估算认为 1993—2007 年的税后实际资本回报率在 6.9%—12.9%。

制和利率管制。金融市场化程度低，国有银行垄断程度高，金融产品种类少，大部分居民金融投资仍以银行存款为主。1992—2012 年居民财产收入中利息收入占比高达 73.83%—99.60%，同期美国家庭存款仅占其金融资产的 11.82%—19.68%。日本 1998—2013 年家庭各类存款占其金融总资产的 45.80%—52.87%。由于利率管制，扣除通胀因素后，1990—2013 年，中国银行一年定期存款实际利率平均仅为 0.27%，其中超过 1/3 时段实际利率为负。金融管制下，过低的存款利率实际上是迫使存款者补贴银行和贷款者。

第十九章根据资金流量表的数据估算了利率管制对居民收入占比下降的影响程度。估算结果表明，1992—2012 年，居民财产收入与其所持有的金融资产规模严重不匹配，居民金融资本回报率远低于同期社会税后资本回报率。利率管制政策导致居民损失的财产收入平均占 GDP 的 3.35%，最终消费下降平均约为当年 GDP 的 2.13%。

第二十章对中国、美国、日本三国居民的财产收入进行了国际比较。我们以资金流量表为基础，对国民收入分配结果进行分解，利用美国、日本为参照系，全面对比了三国的国民收入分配结构，试图从中发现中国居民收入占比过低的症结所在。

通过对资金流量表数据的整理，我们发现，在当前中国居民的收入结构中，绝大部分收入是劳动报酬，财产收入在三种收入来源中占比最小，似乎是最不重要的收入来源。或许正因为此，迄今为止的大部分研究都将收入在劳资要素之间的分配视为扭转最终分配结构的关键。然而，国际比较的结果显示，财产收入占比的差异对最终分配结构的影响不可忽视，而且，在目前中国居民财产收入占比极低的情况下，尤其不可忽视。中美两国居民收入占比差异有 61.69% 是由财产收入差异引起的，中日两国居民收入占比差异有 18.74% 是财产收入差异造成的。如果考虑到中国现有人均资本存量水平和人均产出效率远低于这两个发达国家，那么，中国合理的劳动报酬占比在一定程度上低于二者是正常现象，在这种情况下，提高财产收入及其占比对最终分配结构的影响也就显得更重要了。与发达市场经济体相比，中国居民的财产收入占比现在严重偏低，这也就意味着有极大的提高空间。

中国居民财产收入过低，主要源于居民金融债权对全社会生产性资产存量之比偏低，最高年份（1999 年）也只有 47.5%；此外，就是长期实行的低利率管制政策。仅就后者而言，中国的国民收入在要素分配和生产税征收之后，尽管税后资本报酬占比并未显著低于美国，甚至还高于日本，然而经过金融市场分配后，居民资本报酬占国民收入的比例却出现了巨大差异，1992—2012 年，这一比例平均比美国低了 15.62 个百分点，比日本低 3.36 个百分点。通过对三国居民金融资产的核算，我们发现，中国居民财产收入过低的主要原因是投资回报率太低。在人均资本存量远远低于美国、日本两国的情况下，中国居民的实际投资回报率却大大低于后者，即便考虑到我国居民金融资产中低风险资产的比例较高，当前的投资回报率仍是不合理的。长期偏低的管制利率和金融市场准入限制是导致这一现象的根本原因。

利率管制之外，金融产品的匮乏也限制了居民的投资选择空间从而大大限制了居民财产收入提高的可能性。即便与间接融资为主的日本相比，中国居民金融资产中银行存款的比例也是偏高的。居民财产收入的多少不仅与居民金融资产的规模相关，也与其所承担的市场风险相关。在中国当前的金融市场中，面向居民的金融产品大部分集中在高风险和低风险两端，未能形成由低至高，合理分布的多元化布局，从而限制了居民部门依据自身风险偏好自主选择不同资产组合的可能。因此，解除居民存款利率管制之后，在保证市场稳定的前提下，放松市场准入限制，鼓励金融产品创新对扭转当前的居民财产收入过低也具有十分重要的意义。

金融市场在现代市场经济中的重要性不言而喻。经过几十年的改革开放，我国已经建成了相当发达的产品市场与劳动力市场，但是，金融市场化的进程仍然严重滞后：金融市场至今仍是以国有银行为主、偏重间接融资的银行主导型金融市场，存款利率尚未实现市场化。对银行存款利率的行政管制必然导致资源配置的扭曲，进而对经济运行产生负面影响。具体而言，管制的存款利率势必低于市场均衡利率，它至少产生了以下的负面效应：首先，过低的存款利率导致了资本要素价格的扭曲，是我国粗放型经济发展方式的重要基础条件之一；其次，我国居民绝大多数的金融资产为银行存款，过低的存款利率侵蚀了居民本应获得的财产性收入，扭曲了国民收入的分配格局,是造成我国国民经济结构失衡的重要原因之一;第三,利率管制与金融市场的国有垄断结构相结合,导致了金融业的无效率。在经济发展进入服务经济阶段,金融业的资源错配及运行无效率,严重地阻滞了我国经济的转型升级;第四,存款利率管制限制了各商业银行在负债端的价格竞争,这一措施虽然在一定程度上起到了稳定金融市场秩序,避免恶性价格竞争的作用,但长远看,势必削弱我国银行业的风险定价能力,使其无法适应更加激烈的国际竞争;第五,存款利率管制也不利于商业银行与其他金融机构展开竞争,近年来兴起的互联网金融就对银行存款形成了较为明显的冲击。因此,应当尽快放松存款利率管制,逐步实现银行存贷款利率的市场化。

然而,所有改革都伴随着潜在的风险和不确定性,越是关系全局的改革,其潜在的风险及其影响范围也就越大。我国的利率市场化改革拖延至今,某种程度上也与此有关。国际经验表明,在错误的时点进行利率市场化改革将导致金融市场出现严重的混乱,进而将波及整个国民经济体系。因此,应审慎地判断利率市场化改革的实际风险和潜在影响,谨慎地选择改革的时点。因此,第二十一章对利率市场化的相关政策问题进行了研究。

医疗卫生部门也是现代服务业中受严格管制的部门。近年来,政府对卫生领域的投入快速增加,[①] 但仍难以满足居民持续增长的健康需求。优质放心的医疗服务已成为当今供给普遍过剩市场中少数供不应求的产品之一,"看病难"始终困扰着城乡居民,"看病贵"(过度用药、过度手术、过度检查)进一步加剧了医疗资源误置。

对此,有人归咎于医保体制的市场化改革(李玲,2012)。然而,发达市场经济体的医疗市场化程度远高于中国,过度医疗现象却不严重;有人认为是医疗服务市场不完全竞争的结果(朱恒鹏,2007)。但垄断市场中,常常出现的是供给不足,过度医疗意味着医疗机构提供了过度服务,这似乎是"悖论";还有人认为价格(包括诊疗、药品、器械等)管制是

---

① 根据《中国卫生统计年鉴(2015)》和《中国统计年鉴(2015)》,2001年到2014年,政府卫生支出从800.61亿元上升至10579.23亿元,年均增速高达20.25%,而同期GDP的平均增速仅为13.33%。

主要原因（刘小鲁，2011；杜创，2013）。可是，加拿大、英国、德国、日本等都存在不同形式的药品价格管制，① "以药养医" "以械养医" 却鲜有发生。症结究竟何在呢？

第二十二章在不完全信息动态博弈框架下，分析了构建 "内部市场" 对纠正过度医疗的影响机制。研究发现，计划经济型的事业管理体制阻碍了医疗卫生行业的正常发展。延续至今的计划经济型管理体制将医疗卫生行业（尤其是公立医院）整体上视为公益性事业，管办不分，影响社会资本进入；医疗保险费收支不分，监管乏力。让医院过多地承担医疗保险的功能，以极低的价格提供医疗服务，势必导致投入不足，有效供给短缺；要弥补政府投入不足，默许医院利用信息优势，势必助涨 "以药养医" "以械养医"，加剧医患关系矛盾。因此，改革的关键在于明确划清医院与医疗保险机构的社会职能，在体制上使之各司其职，各尽其能，各负其责。之所以如此，原因如下：

第一，医院是医疗服务生产单位，其功能是生产和销售医疗服务，而非提供医疗保险。大多数医疗服务（包括 "基本医疗服务"）具有排他性和竞争性，因此，应当引入市场竞争机制进行生产和消费。政府应当承担的只能是真正的公共品，如部分防控传染病的公共医疗服务、突发性重大灾害伤病救援，以及具有准公共品属性的医疗科研支出等。将 "基本医疗服务" 视为公共品而要求政府无偿或低价提供，理论上不能成立，实践中更不可持续。

第二，鉴于医患之间存在严重的信息不对称，在放松经济管制的同时，应加强对医院的社会性管制，使之成为政府管制下的民生服务企业。期待患者向不同专家征求建议（Wolinsky，1993），或通过提高受教育水平、搜寻知识等途径，来减少欺骗行为（Dulleck，2006；黄涛和颜涛，2009）的成本过高，难以抑制医生或医院利用信息不对称、医疗服务无弹性及需求的收入弹性大于 1 等特征，获取不当收益的动机；依赖现有行政化的医保管理机关，因其缺乏内在激励，又削弱了提高医保资金使用效率的动力。因此，只有将对医保体系的行政监管与医保基金的商业化运营分

---

① 参阅《揭秘国外如何管理药品价格》，《经济日报》2015 年 5 月 13 日。

开，在后者引入竞争，重塑市场化的监督约束机制，才能彻底抑制信息优势方（医生）诱导信息劣势方（患者）多消费的倾向，提高医疗服务质量。

第三，医疗保险不是免费的社会福利，而是规避疾病风险的强制保险机制，所以，本质上医保基金是可以按照商业保险模式运行的。微观经济学证明了人们的期望效用在相互保险的安排下将高于在没有任何保险下的效用。当所有人都是理性人时，都会自愿地参加医保，以规避疾病给其生活带来的风险。从这个意义上说，医保与其他保险（如车险、财险等）的性质和功能是一样的，区别在于，并非人人都能理智地对待疾病风险，从而可能给社会带来负担，这使得医保成为必须强制参加的险种。政府只需规定一个最低的参保等级，在此之上，投保人可按照收入和偏好自主选择。

综上所述，与其他行业相比，医疗行业突出的信息不对称性决定了，仅靠医患双方的力量难以实现医疗市场出清，独立的第三方不可或缺。纵观国际经验，医保体制的完善，关键的理念在于既不是完全将医疗服务推向市场，也不是依靠政府垄断，大包大揽，而是走上了一条构建医疗"内部市场"（Internal Market），① 强化医保机构独立主体地位的道路，将市场力量从医疗服务供给方转移到购买方，从而将对欺骗行为的处罚内部化、显性化。这既有利于适度补偿尽职尽责的医生，维持医院投入产出的平衡，也能有效分切医院与药厂、药厂与保险公司之间的利益关联，提高医疗资源的配置效率。

引入第三方购买能否遏制过度医疗的趋势？需要在理论上予以证明。为此，我们构建了一个包括患者、医生、医疗保险公司三类主体的不完全信息动态博弈框架予以探讨。首先，在基准模型中，假设保险方仅收取保费，替患者分担医疗费，但没有监督处罚权。在扩展模型中，放松这一假

---

① 亦称准市场（quasi market），意在将医疗服务的购买者（承保人）与提供方分开，即医疗保险公司先筹集保费，然后代表参保人，向医院购买医疗服务，监督医治过程。医保公司之间相互竞争保费，医院之间竞相吸引患者。"内部市场"起源于英国，后逐步在瑞典、德国等地区推广。参阅 Laura Brereton and VilashinyVasoodaven，"The Impact of the NHS Market：An Overview of Literature"，*CIVITAS*，London，2010。

设，证明在引入第三方保险机构，加强商业化监督基础上构建的"内部市场"，将有效遏制过度医疗倾向；其次，基于国内医疗服务收费和人均卫生费用等数据，通过数值模拟，首次定量分析"内部市场"对过度医疗的抑制效应，发现对轻症的作用强于重症，对住院强于门诊；最后，基于以上研究，提出一个兼顾医院、患者、医疗保险费收集者、医保基金公司等各方利益的新医保体制，从制度上对医疗服务供给方施加约束，从而减少诱导性需求。

第二章　居民消费

第一节　转型期的居民消费：
宏观视角的观察

1978 年开始的中国经济体制改革是政府主导下的渐进型变革，这场举世瞩目的经济体制改革在目标选择上几经调整，直到 1992 年中共十四大的召开，才明确提出要把建立社会主义市场经济体制作为中国经济体制改革的目标。在经济发展的不同阶段，居民消费随着人均收入水平、外部环境的变化而相应变化。作为衡量一个国家或地区国民经济发展的重要宏观经济指标，居民消费支出和居民消费支出在支出法 GDP 中的比例既反映了居民消费的总体情况，也反映了经济增长的状况，更是决定了社会再生产循环能否顺利实现的重要保障。

一、居民消费的变化特征

改革开放以来，中国经济得到快速发展，居民收入明显提高，消费能力不断增强，居民消费总体上呈现出以下几点特征：

（一）居民消费增速低于经济增速

改革开放以来，中国经济在波动中持续快速增长，1979—2018 年，中国支出法 GDP 年均名义增长率为 14.92%，扣除价格因素，GDP 年均实际增长率为 9.46%。居民消费总量规模虽然不断增长，然而，1979—2018 年，居民消费年均名义增长率为 14.32%，扣除价格因素，居民消费年均实际增长率仅为8.95%，比GDP年均实际增长低0.51个百分点（见表2-1）。

表2-1 1979—2018年我国支出法GDP增长率和居民消费增长率

（单位：%）

年份	支出法GDP增长率		居民消费增长率	
	名义	实际	名义	实际
1979	12.22	7.60	14.49	12.35
1980	12.19	7.81	16.03	7.94
1981	8.35	5.17	12.44	9.70
1982	9.46	8.93	9.12	6.98
1983	12.02	10.84	12.34	10.14
1984	20.85	15.14	14.55	11.54
1985	24.97	13.44	25.42	14.75
1986	14.09	8.94	14.39	7.41
1987	17.38	11.69	14.25	6.47
1988	24.71	11.23	24.55	4.84
1989	13.22	4.19	16.54	-1.24
1990	9.84	3.91	7.49	4.25
1991	16.03	9.29	11.76	8.08
1992	23.55	14.22	16.76	9.74
1993	31.34	13.87	27.48	11.15
1994	36.00	13.05	36.63	10.10
1995	26.05	10.95	30.90	11.78
1996	17.17	9.93	19.90	10.71
1997	10.99	9.23	8.81	5.85
1998	6.82	7.84	5.99	6.85
1999	6.24	7.67	7.97	9.50
2000	10.74	8.49	12.10	11.66
2001	10.61	8.34	7.92	7.14
2002	9.93	9.13	8.61	9.43
2003	13.10	10.04	7.75	6.50
2004	17.66	10.11	12.21	8.01
2005	16.25	11.40	12.98	10.98

续表

年份	支出法 GDP 增长率		居民消费增长率	
	名义	实际	名义	实际
2006	16.92	12.72	11.81	10.19
2007	22.83	14.23	18.63	13.23
2008	17.75	9.65	15.58	9.18
2009	9.36	9.40	9.82	10.58
2010	17.38	10.64	15.31	11.61
2011	18.34	9.55	20.86	14.68
2012	11.31	7.86	12.47	9.56
2013	10.35	7.77	10.69	7.87
2014	8.41	7.30	10.36	8.21
2015	8.02	6.91	9.66	8.11
2016	6.65	6.74	10.33	8.16
2017	9.34	6.76	8.36	6.69
2018	8.48	6.57	9.51	7.26
1979—2018 年平均	14.92	9.46	14.32	8.95

资料来源：根据 CEIC 中国经济数据库中的相关数据计算整理。

在改革开放初期，居民消费增长快于经济增长（见图 2-1），这主要是因为"文化大革命"十年内乱导致了整个国民经济濒临崩溃边缘，居民收入及生活水平长期得不到改善，日常生活供应日趋紧缺，劳动者生产劳动积极性严重低落。中共十一届三中全会之后，党中央果断地停止了长期实行的以阶级斗争为纲的错误路线，实行全党工作重心的转移，大胆改革开放。首先在农村实行家庭联产承包责任制，紧接着在城镇开始了以发展多种经济成分与国有企业改革为主线的体制改革，极大地提高了广大人民群众的生产劳动积极性，国民经济迅速恢复增长，国民收入分配结构也因此有所调整，城乡居民收入水平有了较大提高，购买力增加，消费需求不断上升。

进入 20 世纪 80 年代中期以后，居民消费增长速度与经济增长速度之间的差距开始逐渐缩小（见图 2-1）。在这一阶段，改革开放不断突破原有思想禁区及体制障碍,破冰向前。这个时期,是一个计划与市场并存的双轨制阶段,一个坚持计划经济与市场取向改革思想不断交锋的时期,经过社会各方面的不懈努力,最终在1992年确立了建立社会主义市场经济体制的改革目标。在这期间,居民的消费虽然低于经济增长速度,但仍然随着经济快速增长而较快增长。

2008年以后,我国居民消费增长逐渐快于经济增长(见图2-1),2008—2018年,我国居民消费年均实际增长率为9.26%,而GDP年均实际增长率为8.10%,前者高于后者1.16个百分点。

但是,就1978年至今的全过程看,我国居民消费的平均增长速度要低于经济平均增长速度。

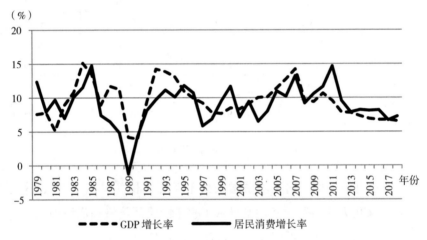

图 2-1 1979—2018 年我国 GDP 增长率和居民消费增长率

资料来源:根据表2-1数据绘制。

(二)居民消费增速低于居民收入增速

改革开放以来,随着我国经济的快速增长,居民收入逐渐增长,消费也逐步增长,但居民消费的增速低于居民收入增速。

我国城镇居民家庭人均可支配收入由1978年的343.4元增长到2016年的33616.25元,增长了97.89倍;剔除价格因素,年均实际增长7.56%。我国城镇居民家庭人均消费性支出由1978年的311.16元增长到2016年的23078.9元,增长了74.17倍;剔除价格因素,年均实际增长

6.83%（见表2-2）。

我国农村居民家庭人均纯收入由 1978 年的 133.57 元增长到 2015 年的 10772.0 元，增长了 80.65 倍；剔除价格因素，年均实际增长 7.32%。我国农村居民家庭人均消费性支出由 1978 年的 116.06 元增长到 2016 年的 10129.78 元，增长了 87.28 倍；剔除价格因素，年均实际增长 7.30%（见表2-2）。

表2-2　1979—2016 年我国城乡居民人均收入水平和居民消费支出增长率

（单位:%）

年份	城镇居民		农村居民	
	人均可支配收入增长率	人均消费性支出增长率	人均纯收入增长率	人均消费性支出增长率
1979	15.74	-1.85	17.68	13.74
1980	9.70	23.29	11.12	12.18
1981	2.22	8.06	13.93	14.76
1982	4.88	1.08	18.52	13.16
1983	3.41	5.31	12.43	10.53
1984	12.46	7.67	11.69	7.38
1985	3.69	19.75	2.38	6.07
1986	14.46	2.45	0.07	5.59
1987	3.67	3.16	1.73	3.99
1988	-0.87	5.07	-0.83	0.74
1989	-1.34	-7.04	-6.46	-4.82
1990	6.61	2.43	10.67	5.92
1991	8.91	9.94	-0.15	2.53
1992	12.00	8.07	3.99	-0.07
1993	10.88	10.08	2.49	1.82
1994	9.31	8.85	6.75	6.46
1995	4.61	5.95	10.35	10.05
1996	4.32	2.30	12.72	10.78
1997	3.74	3.88	5.56	0.07
1998	5.98	4.32	4.27	-0.87
1999	9.44	8.08	3.69	0.60

年份	城镇居民		农村居民	
	人均可支配收入增长率	人均消费性支出增长率	人均纯收入增长率	人均消费性支出增长率
2000	6.85	7.85	1.54	5.46
2001	8.44	5.45	4.25	3.49
2002	13.14	14.44	5.41	6.15
2003	8.72	6.73	4.70	4.72
2004	7.05	6.19	7.80	8.22
2005	9.39	8.63	8.88	14.89
2006	10.45	7.90	8.61	9.10
2007	11.89	9.73	10.17	8.77
2008	8.13	6.23	8.62	7.26
2009	9.59	9.85	9.00	9.85
2010	7.69	6.31	11.17	6.20
2011	8.29	6.79	11.85	13.06
2012	9.72	7.14	10.53	10.23
2013	4.99	8.04	9.50	23.46
2014	6.85	5.90	9.03	9.80
2015	6.62	5.61	7.35	8.46
2016	5.65	5.77	—	7.68
1979—2016年平均	7.56	6.83	7.32	7.30

注：表中 1979—2012 年城乡居民人均收入数据来源于分别展开的城镇和农村住户调查；2013—2015 年数据是根据城乡一体化住户收支与生活状况调查，按照可比口径推算获得；2016 年起不再推算。

资料来源：根据 CEIC 中国经济数据库中的相关数据计算整理。

　　总体而言，我国城镇居民家庭人均消费性支出年均增长速度低于人均可支配收入年均增长速度（见图 2-2）。1979—2016 年，我国城镇居民家庭人均消费性支出年均增长速度低于城镇居民人均可支配收入年均增长速度 0.73 个百分点。

　　除了个别年份外，我国农村居民家庭人均消费性支出年均增长速度也低于人均纯收入年均增长速度（见图 2-3）。1979—2016 年，我国农村居

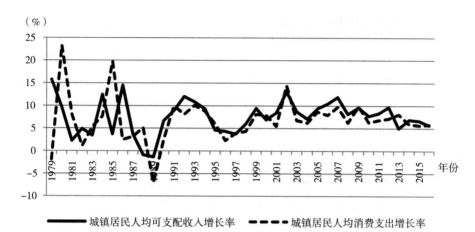

（%）

图 2-2 1979—2016 年我国城镇居民人均收入水平和消费支出增长率
资料来源：根据表 2-2 数据绘制。

民家庭人均消费性支出年均增长速度比人均纯收入年均增长速度慢 0.02 个
百分点。

（%）

图 2-3 1979—2016 年我国农村居民人均收入水平和消费支出增长率
资料来源：根据表 2-2 数据绘制。

　　总体而言，随着改革开放的深入，尽管我国居民消费支出随着居民收入
水平的不断提高而逐步增加，但居民消费的增长速度低于居民收入水平的增
长。这主要是城市居民的消费增长速度低于其收入水平的增长造成的。

二、最终消费率的变化特征

改革开放以来，我国消费率（即最终消费率）总体上呈现持续下降的趋势，从1978年的61.44%下降到2018年的54.31%，下降了7.13个百分点。总体上看，我国消费率在波动中呈持续下降趋势，变动的阶段性趋势是：（1）1978—1981年，即改革开放初期阶段，消费率呈上升趋势，由1978年的61.44%上升到1981年的66.11%；（2）1981—1995年，消费率——除1983年、1989年、1995年三年出现小幅回升外——整体上呈波动下降趋势，从1981年的66.11%下降到1995年的58.82%，年均下降0.81个百分点；（3）1995—2000年，呈略微上升趋势，由1995年的58.82%上升到2000年的63.30%；（4）2000—2010年，呈下降趋势，由2000年的63.30%下降到2010年的48.45%，达到历史最低点；（5）2010年以来，消费率开始略微回升，2018年达到54.31%（见表2-3、图2-4）。

表2-3 1978—2018年中国最终消费率、居民消费率和政府消费率

（单位:%）

年份	最终消费率	政府消费率	居民消费率
1978	61.44	13.04	48.40
1979	63.22	13.84	49.38
1980	64.85	13.77	51.08
1981	66.11	13.11	53.00
1982	65.89	13.06	52.84
1983	66.78	13.80	52.99
1984	65.13	14.90	50.23
1985	64.46	14.06	50.41
1986	64.23	13.69	50.54
1987	62.13	12.94	49.19
1988	61.46	12.33	49.13
1989	63.56	12.99	50.57
1990	62.94	13.46	49.48
1991	61.54	13.87	47.66

续表

年份	最终消费率	政府消费率	居民消费率
1992	59.36	14.31	45.04
1993	57.93	14.21	43.72
1994	57.91	13.98	43.93
1995	58.82	13.20	45.62
1996	59.76	13.07	46.68
1997	59.37	13.60	45.77
1998	60.20	14.78	45.41
1999	62.34	16.19	46.15
2000	63.30	16.58	46.72
2001	61.61	16.03	45.58
2002	60.57	15.53	45.04
2003	57.49	14.58	42.90
2004	54.74	13.82	40.92
2005	53.62	13.86	39.77
2006	51.86	13.84	38.03
2007	50.14	13.41	36.73
2008	49.22	13.17	36.05
2009	49.37	13.17	36.20
2010	48.45	12.89	35.56
2011	49.59	13.27	36.32
2012	50.11	13.42	36.70
2013	50.31	13.50	36.81
2014	50.73	13.25	37.48
2015	51.82	13.77	38.05
2016	53.63	14.28	39.35
2017	53.62	14.62	39.00
2018	54.31	14.94	39.37

资料来源：根据 CEIC 中国经济数据库计算整理。

　　20 世纪 90 年代以来，世界上主要国家和地区的消费率都在 70% 以上，中国的消费率与世界消费率均值相比，要低 12.73—24.66 个百分点[1]。原

---

[1]　参阅王雪峰：《中国消费率问题研究》，社会科学文献出版社 2013 年版，第 40 页。

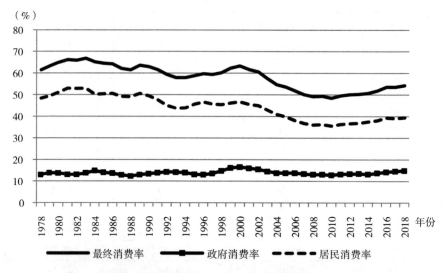

图 2-4 中国最终消费率、居民消费率和政府消费率变化情况

资料来源：根据表 2-3 数据绘制。

来一直较低的日本的消费率近几年逐步上升，在 21 世纪初就已提高到 70% 以上，中国的消费率比日本低了 20 多个百分点；韩国的消费率基本上都在 65% 左右，高于中国近 20 个百分点。美国和英国的消费率都在 80% 以上，比中国高 30 多个百分点。同样，德国、巴西和泰国等国家的消费率也远远高于中国。印度的消费率也一直比中国高 10 多个百分点。比较发现，无论是高收入国家的日本、韩国、美国、英国和德国，还是中高等收入国家的巴西和泰国，或收入水平低于中国的印度、菲律宾，其消费率都远远高于中国（见表 2-4）。

表 2-4 中国与世界主要国家的消费率比较

（单位:%）

	1990 年	2000 年	2005 年	2010 年	2015 年	2016 年	2017 年	2018 年
中国	63.59	63.49	54.16	48.29	52.81	54.04	53.26	—
日本	64.71	71.26	73.74	77.24	76.40	75.60	75.16	—
韩国	60.85	65.09	65.49	64.79	64.32	63.83	63.43	64.74
美国	79.78	79.98	82.15	84.68	81.82	82.46	82.38	—
英国	84.91	83.30	85.09	86.42	84.21	84.31	84.02	84.34

续表

	1990 年	2000 年	2005 年	2010 年	2015 年	2016 年	2017 年	2018 年
德国	75.66	75.81	76.13	75.18	72.76	72.51	72.35	71.98
巴西	78.60	83.36	79.39	79.24	83.74	84.63	83.96	84.05
泰国	65.96	67.71	69.49	67.98	68.14	66.76	65.10	64.90
印度	78.34	75.70	67.74	65.73	69.44	69.64	70.01	70.66
菲律宾	81.31	83.62	84.05	81.27	84.68	84.89	84.71	85.75

注：表 2-3 与表 2-4 中的关于中国消费率的统计数据有微小的差距，主要是因为世界银行 WDI 数据库为了实现各国数据尽可能统一、可比，按照国民经济核算体系做了相应的调整，所以与中国官方公布的数据有些差距，但相差不大，从这一数据比较中仍可以看出我国的消费率比世界上主要国家和地区的消费率要低。

资料来源：世界银行 WDI 数据库。

三、居民消费率的变化特征

最终消费率包括政府消费率和居民消费率。由于我国的政府消费率一直以来都处在相对稳定甚至略有上升的水平（见表 2-3、图 2-4）。因此，我国的最终消费率整体上呈下降趋势主要是由居民消费率下降而引起的，而且居民消费率的整体波动趋势与最终消费率大体上是一致的。

（一）居民消费率总体上呈下降趋势

改革开放以来，我国的居民消费率从 1978 年的 48.40% 下降到 2018 年的 39.37%，下降了 9.03 个百分点。从整体上来看，我国的居民消费率在波动中呈持续下降趋势，而且与我国消费率的变动趋势具有大致相同的阶段性特征，具体来看：（1）1978—1981 年，即改革开放初期，居民消费率呈上升趋势，由 1978 年的 48.4% 上升到 1981 年的 53.0%（1978 年至今的最高点）；（2）1981—1994 年，居民消费率整体上呈下降趋势，由 1981 年的 53.0% 下降到 1994 年的 43.93%，降低了 9.07 个百分点；（3）1994—2000 年，居民消费率呈略微上升趋势，由 1994 年的 43.93% 上升到 2000 年的 46.72%，上升了 2.79 个百分点；（4）2000—2010 年，居民消费率出现急剧下滑趋势，尽管在这一阶段，由于中国加入 WTO，经济快速发展，居民消费支出绝对值迅速上升，但是居民消费率却急速下降，由 2000 年的 46.72% 急速下降到 2010 年的 35.56%（1978 年至今的最低点），下降了

11.16 个百分点；（5）2010 年以来，居民消费率开始缓慢上升，2018 年达到 39.37%。

（二）与世界主要国家居民消费率的比较

世界银行的数据显示，20 世纪 90 年代以来，居民最终消费支出占 GDP 的比重（即居民消费率），世界平均水平为 58%；低收入国家的居民消费率虽然不太稳定，而且近几年呈下降趋势，但是基本上仍然稳定在 75% 左右；中等收入国家的居民消费率自进入 21 世纪以来开始出现下降，随后稳定，一直维持在 55% 左右；高收入国家的居民消费率基本上在 60% 左右（见表 2-5）。从居民消费率的国际比较来看，中国的居民消费率不仅要远远低于世界平均水平，还远远低于各类经济体的平均水平。

表 2-5　世界上不同收入类型国家和地区的居民消费率

（单位：%）

	1990 年	2000 年	2005 年	2010 年	2015 年	2016 年	2017 年	2018 年
世界	58.54	58.52	57.67	57.45	57.83	58.12	57.89	—
高收入国家	58.33	59.21	59.28	59.72	59.13	59.35	59.21	—
中等收入国家	58.76	56.61	53.48	51.71	54.42	54.86	54.40	—
中等偏上收入国家	56.82	54.49	50.92	49.03	51.50	51.97	51.34	—
低收入国家	—	75.94	77.49	—	72.15	74.42	—	—
中国	49.99	46.86	40.16	35.44	38.77	39.65	38.74	—
日本	51.17	54.41	55.62	57.75	56.58	55.72	55.49	—
韩国	49.59	53.75	52.20	50.32	49.31	48.65	48.09	48.65
美国	63.88	65.96	67.10	67.94	67.48	68.25	68.37	—
英国	66.62	66.83	65.72	65.17	65.17	65.63	65.72	66.11
巴西	59.30	64.59	60.50	60.22	63.96	64.24	63.99	64.33
泰国	56.56	54.13	55.84	52.18	51.02	49.82	48.73	48.74
印度	67.05	63.76	57.38	54.72	59.01	59.34	58.98	59.48
菲律宾	71.21	72.20	75.01	71.55	73.76	73.71	73.47	73.83

注：表 2-3 与表 2-5 中的关于中国居民消费率的统计数据有微小的差距，主要是因为世界银行 WDI 数据库为了实现各国数据尽可能统一、可比，按照国民经济核算体系做了相应的调整，所以与中国官方公布的数据有些差距，但相差不大，从这一数据比较中仍能够说明我国的居民消费率比世界上主要国家和地区的居民消费率要低。

资料来源：世界银行 WDI 数据库。

与我国的最终消费率一样，我国的居民消费率也低于世界主要国家和地区。1990 年，日本的居民消费率仅 51.17%，之后逐年上升，到 2011 年已经达到 58% 的世界平均水平，1990 年，中国的居民消费率仅 49.99%，之后先是缓慢下降随后逐年缓慢上升，中日之间的差距也随之先是逐渐增大，由 1990 年相差 1.17 个百分点逐渐增加到 2010 年的最大差距值 22.31 个百分点，随后差距逐年缩小，但是，到 2017 年仍然相差 16.75 个百分点；韩国居民消费率先是逐年缓慢上升随后逐年缓慢下降，现在逐渐稳定在 50% 左右，比中国的居民消费率高近 10 个百分点。美国和英国的居民消费率都高达 60% 以上，中国与美国、英国相比，相差近 30 个百分点。印度的人均收入水平比中国低，但居民消费率却比中国要高 20 多个百分点。同样，巴西和泰国等国家的居民消费率也远远高于中国。

通过比较可以发现，我国居民消费率远远低于世界各类经济体的一般水平。无论是高收入国家的日本、韩国、美国和英国，中等偏上收入国家的巴西和泰国，还是收入水平低于中国的印度和菲律宾，其居民消费率都远远高于中国。

（三）与钱纳里的"标准结构"比较

上述居民消费率的国际比较，是不同收入类型国家和地区之间的横向比较，由于忽视了相同年度各国经济发展阶段不同，经济水平不同，人均收入水平不同会对居民消费率的结果产生重要影响，因此这种比较方法得出的结论还不够全面。

霍利斯·钱纳里与莫尔赛斯·赛尔昆在《发展的型式 1950—1970》（*Patterns of Development*，1950—1970）一书中，通过收集战后 20 年间 101 个经济发展程度不同国家的统计资料，运用回归分析方法得出人均国民生产总值（人均 GNP，按 1964 年美元计算）与消费率之间的变化趋势的"标准结构"（见表 2-6）。霍利斯·钱纳里等的研究结果表明，在人均 GNP 低于 1000 美元时，最终消费率和居民消费率随着人均收入水平的提高而下降，直到人均 GNP 达到 1000 美元以上，之后才大体稳定下来。其中，在人均 GNP 低于 200 美元时，最终消费率和居民消费率下降的幅度很大；而人均 GNP 在 200—1000 美元时，最终消费率和居民消费率的下降趋势开始放缓。这说明在工业化进程中的不同经济发展阶段，经济结构将会出现不同的特征，随着收入水平的不断提高，产业结构不断地优化升级，投资率不断提高，消费率相应地持续下降；在工业化进程结束或经济体进入发达阶段以后，投资率和消费率将趋向相对稳定。换句话说，在工业化进程中，消费率是持续下降的。钱纳里的"标准结构"总结世界上主要国家的一般发展趋势，具有普遍性。因此将中国的居民消费率与钱纳里的"标准结构"进行比较，是比较有说服力的。为了能较准确地做出比较分析，即在相同人均收入水平上进行对比，这里按照钱纳里"标准结构"所采用的 1964 年美元对中国 1978 年以来的国民生产总值进行换算（见表2-7）。

表 2-6　钱纳里"标准结构"下的人均 GNP 与消费率的关系

（单位:%）

人均GNP 消费率	$ 100 以下 （中值 $ 70）	$ 100	$ 200	$ 300	$ 400	$ 500	$ 800	$ 1000	$ 1000 以上 （中值 $ 1500）
最终消费率	89.8	85.7	82.0	80.2	79.0	78.3	76.9	76.5	76.5
居民消费率	77.9	72.0	68.6	66.7	65.4	64.5	62.5	61.7	62.4
政府消费率	11.9	13.7	13.4	13.5	13.6	13.8	14.4	14.8	14.1

注：①表 2-6 中"最终消费率=居民消费率+政府消费率"；②100 美元以下的中值 70 美元取自钱纳里收集的人均 GNP100 美元以下国家的样本中值；③1000 美元以上的中值 1500 美元是钱纳里收集的人均 GNP1000 美元以上的样本的中值。

资料来源：转引自霍利斯·钱纳里等：《发展的型式 1950—1970》，经济科学出版社 1988 年版，第 31 页。原文出自 Hollis Burnley Chenery and Moises Syrquin, *Patterns of Development, 1950-1970*, Oxford University Press, 1975, p. 21。

表 2-7　中国按 1964 年美元换算的人均 GNP

（单位：美元）

年份	人均 GNP	年份	人均 GNP	年份	人均 GNP
1978	70.6	1992	200.1	2006	679.6
1979	74.9	1993	223.7	2007	775.5
1980	79.8	1994	249.1	2008	849.5
1981	82.3	1995	268.6	2009	917.2
1982	88.2	1996	291.1	2010	1006.8

续表

年份	人均 GNP	年份	人均 GNP	年份	人均 GNP
1983	96.3	1997	315.9	2011	1092.2
1984	109.5	1998	335.8	2012	1180.3
1985	121.9	1999	359.8	2013	1257.8
1986	130.3	2000	387.7	2014	1355.2
1987	143.0	2001	416.3	2015	1434.8
1988	156.6	2002	453.3	2016	1522.0
1989	160.7	2003	497.9	2017	1621.4
1990	165.0	2004	546.9	2018	1717.0
1991	177.5	2005	603.0		

资料来源：1995 年以前的数据引用曾令华：《消费水平与经济发展》，中国财政经济出版社 1998 年版，第 34—35 页；1995 年以后的数据是根据同样的方法计算得出。

　　将表 2-3 中的居民消费率与表 2-7 中的人均 GNP 结合起来，与表 2-6 中的钱纳里的"标准结构"进行对比。可以看出，随着人均收入水平的上升，中国居民消费率在整个经济发展过程中呈现总体下降的趋势，这一变动趋势与钱纳里"标准结构"所描述的世界上主要国家发展的一般趋势是一致的。至于中国的居民消费率在经济波动中经历了先上升后下降的过程，这主要是由于中国的经济体制转型所导致的。在经济转型初期，随着人均收入水平的提高，原来计划经济体制下被严重压抑的消费需求得到释放，因此居民消费率出现补偿性上升，随后居民消费率就出现了与一般国家在工业化进程中相同的下降趋势。

　　但是，在相同人均 GNP（按 1964 年美元计算）下，中国的居民消费率与钱纳里的"标准结构"相比，明显偏低。1978 年，我国人均 GNP 为 70.6 美元，居民消费率仅 48.4%，比"标准结构"中低于 100 美元时的 77.9% 要低 29.5 个百分点；1984 年我国人均 GNP 为 109.5 美元，首次突破 100 美元大关，居民消费率为 50.23%，比"标准结构"中的 72% 低 21.77 个百分点；1992 年，我国人均 GNP 为 200.1 美元，居民消费率为 45.04%，比"标准结构"中的 68.6% 低 23.56 个百分点；当我国人均 GNP 在 2010 年突破 1000 美元大关时，与"标准结构"中 1000 美元以上时的 62.4% 的居民消费率相比，我国居民消费率更是严重偏低，仅为

35.56%，低了 26.84 个百分点。按照钱纳里的"标准结构"，当人均 GNP 达到 1000 美元以上时，居民消费率将趋于稳定状态，然而，我国的变动趋势却并非如此，2010 年我国人均 GNP 超过 1000 美元之后，居民消费率不仅没有趋于稳定，反而缓慢上升，这说明我国居民消费率的变化有着不同于世界各国一般趋势的走势。

与钱纳里的"标准结构"比较发现，中国的居民消费率偏低的程度更大。如果一个社会的居民消费率过低的话，社会再生产循环是很难顺利实现的，那么如何理解这一问题或困境呢？当前中国的居民消费率是真的如此之低吗？还是只是一种统计假象？显然，这是值得研究的。我们准备在下一章讨论一下中国计算居民消费率的方法，看看它们是否存在一些问题。

第二节　转型期的居民消费：微观视角的观察

改革开放以来，随着我国经济社会的快速发展，城乡居民收入水平与消费水平都不断得到提高，居民生活水平不断得到改善。由于中国特色的"二元经济"结构特征，城乡居民收入水平和消费水平之间存在明显的差距，城乡居民的消费结构也发生了巨大的变化。

一、居民消费的城乡结构特征

我国的居民消费分为城镇居民消费和农村居民消费。考虑到我国在改革开放进程中，同时由传统的农业社会向现代化的工业社会转变，城市化进程不断加快，城乡人口流动量大的特点，城镇居民消费支出占比和农村居民消费支出占比的变化情况不足以准确地反映居民消费的城乡结构特征。我们用城镇居民和农村居民的人均收入和人均消费性支出的数据进行分析。

改革开放初期（1979—1983 年），我国农村居民家庭人均消费性支出增长要快于城镇居民（见图 2-5），这是因为这一阶段农村实行了家庭联产承包责任制，极大地调动了广大农民的生产积极性，农业和农村经济得到快速发展，农民的收入水平和消费水平因此得到了较快提高（见表2-8）。在这期间，城乡居民人均收入比和人均消费比是下降的（见图2-6），城乡居民消费差距逐步缩小。1983年，我国城乡居民人均收入比为1：1.82，人均消费比为2.04，是改革开放以来城乡居民收入差距和消费差距最小的年份。

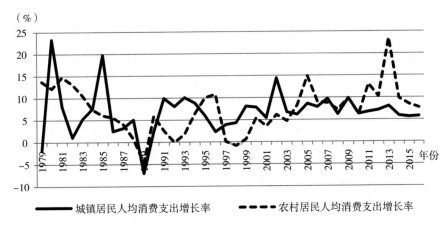

图2-5 1979—2016年我国城乡居民人均消费支出增长率

资料来源：根据表2-2数据绘制。

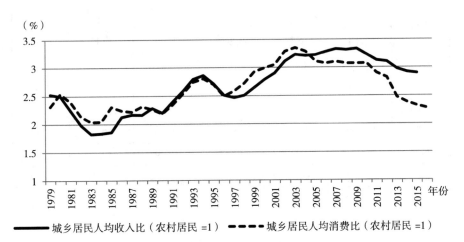

图2-6 1979—2016年我国城乡居民人均收入比和人均消费比

资料来源：根据表2-8数据绘制。

1984年10月，中共十二届三中全会的召开标志着改革的重心从农村转向城市，这一阶段改革的中心是企业改革，对国有企业进行从"放权让利"，到推行"企业承包经营责任制""利改税"等多项改革，企业经营效益得到提高，职工工资随之大幅增长，城镇居民生活水平提高。在这一阶段，除个别年份外，我国城镇居民人均消费支出增长速度快于农村居民（见图2-5）。在这期间，城乡居民收入差距和消费差距重新开始扩大并一直延续到至今（见图2-6）。1984年我国城乡居民人均收入比为1.84，2002年上升到3.11，2009年再上升到3.33，2015年这一比值下降到2.90，虽为近十年来最低，但是与世界水平相比，我国的城乡居民收入差距仍明显超过了世界的一般水平[①]。与之相对应，1984年我国城乡居民人均消费比为2.04，2003年这一比值达到历史最高水平3.35，增长了64.22%。近十年来，城乡居民消费差距虽有所下降，但2016年城乡居民人均消费比仍达到2.28（见表2-8）。需要注意的是，由于这个时期我国城镇居民的实际收入与实际消费中有相当部分是隐性的，因此，实际差距比官方数据反映的要更大。

表2-8　1979—2016年我国城乡居民收入水平与消费支出

(单位：元)

年份	人均收入			人均消费		
	城镇	农村	城乡比	城镇	农村	城乡比
1979	405.00	160.17	2.53	311.20	134.51	2.31
1980	477.60	191.33	2.50	412.44	162.21	2.54
1981	500.40	223.44	2.24	456.84	190.81	2.39
1982	535.30	270.11	1.98	471.00	220.23	2.14
1983	564.60	309.77	1.82	505.92	248.29	2.04
1984	652.10	355.33	1.84	559.44	273.80	2.04
1985	739.08	397.60	1.86	732.24	317.42	2.31

[①] 参阅祁京梅：《我国消费需求趋势研究及实证分析探索》，中国经济出版社2008年版，第19页。"运用1990年44个国家的资料验证各国城乡收入差距与GNP的指数函数关系时发现，工业化过程中经济发展的内生因素会造成城乡收入差距扩大……在社会主义国家最高点一般不超过1.65倍，在非社会主义国家一般不超过2.6倍。"2015年我国的城乡收入比2.90显然超过了世界的一般水平。

续表

年份	人均收入			人均消费		
	城镇	农村	城乡比	城镇	农村	城乡比
1986	900.90	423.76	2.13	798.96	356.95	2.24
1987	1002.10	462.55	2.17	884.40	398.29	2.22
1988	1180.20	544.94	2.17	1103.98	476.66	2.32
1989	1373.93	601.51	2.28	1210.95	535.37	2.26
1990	1510.16	686.31	2.20	1278.89	584.63	2.19
1991	1700.60	708.55	2.40	1453.81	619.79	2.35
1992	2026.60	783.99	2.58	1671.73	659.01	2.54
1993	2577.40	921.62	2.80	2110.81	769.65	2.74
1994	3496.20	1220.98	2.86	2851.34	1016.81	2.80
1995	4282.95	1577.74	2.71	3537.57	1310.36	2.70
1996	4838.90	1926.07	2.51	3919.47	1572.08	2.49
1997	5160.30	2090.13	2.47	4185.64	1617.15	2.59
1998	5425.05	2161.98	2.51	4331.61	1590.33	2.72
1999	5854.02	2210.34	2.65	4615.91	1577.42	2.93
2000	6279.98	2253.42	2.79	4998.00	1670.13	2.99
2001	6859.58	2366.40	2.90	5309.01	1741.09	3.05
2002	7702.80	2475.63	3.11	6029.88	1834.31	3.29
2003	8472.20	2622.24	3.23	6510.94	1943.30	3.35
2004	9421.61	2936.40	3.21	7182.10	2184.65	3.29
2005	10493.03	3254.93	3.22	7942.88	2555.40	3.11
2006	11759.45	3587.04	3.28	8696.55	2829.02	3.07
2007	13785.79	4140.36	3.33	9997.47	3223.85	3.10
2008	15780.76	4760.62	3.31	11242.85	3660.68	3.07
2009	17174.65	5153.17	3.33	12264.55	3993.45	3.07
2010	19109.44	5919.01	3.23	13471.45	4381.82	3.07
2011	21809.78	6977.29	3.13	15160.89	5221.13	2.90
2012	24564.72	7916.58	3.10	16674.32	5908.02	2.82
2013	26467.00	8895.91	2.98	18487.54	7485.15	2.47

续表

年份	人均收入			人均消费		
	城镇	农村	城乡比	城镇	农村	城乡比
2014	28843.85	9892.00	2.92	19968.08	8382.57	2.38
2015	31194.83	10772.00	2.90	21392.36	9222.59	2.32
2016	33616.25	—	—	23078.90	10129.78	2.28

注：①城乡居民收入比=城镇居民人均可支配收入÷农村居民人均纯收入，该指标是衡量城乡居民收入差距的一个重要指标，其比值越大表明城镇居民人均收入增长相较农村居民人均收入增长要快。②城乡居民消费比=城镇居民人均消费性支出÷农村居民人均消费性支出，该指标在很大程度上能反映城乡居民之间的消费差距，其比值越大表明城镇居民人均消费增长相较农村居民人均消费增长要快。城乡居民消费比没有剔除城乡价格不可比的因素。

资料来源：根据 CEIC 中国经济数据库中的相关数据整理计算。

二、城乡居民的消费结构特征

恩格尔系数（Engel's Coefficient）是衡量居民消费支出结构变化的一个重要指标，指食品支出占消费总支出的比重，主要用来说明经济发展、收入增加对生活消费的影响程度。国际上常用恩格尔系数来衡量一个国家和地区人民生活水平的状况，即恩格尔系数越大，生活越贫困；反之，恩格尔系数越小，生活越富裕。改革开放以来，随着我国经济的发展和城乡居民收入水平的不断提高，城镇居民和农村居民的恩格尔系数都呈不断下降的趋势（见图 2-7）。根据恩格尔系数的大小，联合国提出了一个评估世界各国或各地区人民生活水平的判断标准①，1978 年，我国城镇居民的恩格尔系数为 57.5%，处于低水平的温饱阶段，到 1994 年下降到 50.04%，开始迈入小康生活，到 2000 年下降至 40% 以下（39.44%），开始步入富裕阶段。2016 年我国城镇居民的恩格尔系数为 29.3%。以联合国给出的恩格尔系数的判断标准看，我国农村居民在改革开放初期基本上处于贫困阶段，直到 1985 年，恩格尔系数才降为 57.79%，开始脱离贫困步入温饱阶段，此后经过 15 年，到 2000 年，恩格尔系数下降至 50% 以下

---

① 根据联合国粮农组织（FAO）提出的标准：恩格尔系数在 59% 以上为贫困，在 50%—59% 为温饱，在 40%—50% 为小康，在 30%—40% 为富裕，低于 30% 为最富裕。

（49.13%），开始由温饱过渡到小康阶段，之后恩格尔系数逐步下降，到 2012 年，恩格尔系数下降到 40% 以下（39.33%），农村居民才开始迈入富裕生活阶段（见表 2-9）。而此时距离城镇居民步入富裕生活阶段已经过去了 12 年。这意味着，在我国，农村经济的发展要远远落后于城镇，农村居民的生活水平也相应地落后于城镇居民。[①]

表 2-9 1978—2016 年我国城乡居民的恩格尔系数

（单位:%）

年份	城镇居民	农村居民	年份	城镇居民	农村居民
1978	57.50	67.71	1998	44.66	53.43
1979	57.20	63.96	1999	42.07	52.56
1980	56.90	61.77	2000	39.44	49.13
1981	56.70	59.86	2001	38.20	47.71
1982	58.65	60.67	2002	37.68	46.20
1983	59.20	59.41	2003	37.10	45.59
1984	57.96	59.17	2004	37.70	47.23
1985	53.31	57.79	2005	36.70	45.48
1986	52.44	56.36	2006	35.80	43.02
1987	53.47	55.75	2007	36.29	43.08
1988	51.36	53.99	2008	37.89	43.67
1989	54.50	54.81	2009	36.52	40.97
1990	54.24	58.80	2010	35.70	41.09
1991	53.82	57.61	2011	36.30	40.36
1992	53.04	57.55	2012	36.23	39.33
1993	50.32	58.06	2013	35.02	37.66
1994	50.04	58.86	2014	33.11	35.84
1995	50.09	58.62	2015	31.21	34.02
1996	48.76	56.34	2016	29.30	32.20
1997	46.60	55.05			

注：其中 2014 年、2015 年缺失的数据是采取均值插值法补充的。

资料来源：中经网统计数据库。

[①] 由于我国特有的城乡二元经济结构特征，城乡消费的物价水平不同、城乡居民的消费习惯不同、消费观念不同、城乡消费政策不同以及我国正处于经济转轨特殊时期的制度因素等原因，所以运用恩格尔系数来衡量我国城乡居民生活水平存在一定的局限性，尽管如此，但它仍可以从一个侧面衡量我国城乡居民家庭的富裕程度。

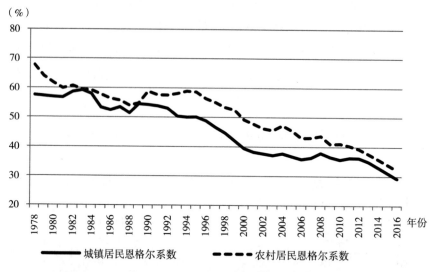

图 2-7　1978—2016 年我国城乡居民的恩格尔系数

资料来源：根据表 2-9 数据绘制。

　　改革开放以来，随着城乡居民收入水平的不断提高，城乡居民的恩格尔系数在不断下降，这意味着我国城乡居民的生活水平、消费水平在不断提高，消费结构也发生了巨大的变化，由低层次向高层次不断优化、升级。由于 1992 年和 1993 年，《中国统计年鉴》分别对城镇居民和农村居民家庭平均每人全年消费支出的统计指标进行了口径一致的重新划分，分为食品类、衣着类、居住类、家庭设备用品及服务类、医疗保健类、交通通信类、文教娱乐用品及服务类、杂项商品及服务类这八大类。因此，为了保证研究对象的连续可比性，本章对此前的统计指标作了适当调整并重新计算。

　　从数据上看（见表 2-10），改革开放初期至 20 世纪 90 年代以前，"食品、衣着、家庭设备用品及服务"（以下简称"吃、穿、用"）这三类生存型消费在城镇居民的消费支出中占据较大的比重，高达 80% 左右；进入 20 世纪 90 年代，城镇居民的生活重心逐渐发生转移，食品、衣着、家庭设备用品及服务这三类生存型消费的支出比重逐渐下降，到 2018 年已经下降到 40.88%，而居住、医疗保健、交通通信、文教娱乐用品及服务等发展型消费的支出比重在逐渐上升，2018 年这几类发展型消费的支出比重已达 59.11%，比 1990 年提高了 35.19 个百分点，逐渐成为城镇居民的生活重心。但是，需要指出的是这一消费结构，无论是从纵向看还是横向看，都存在较大的不可比性：在住房商品化之前，中国城镇居民尤其是政府部门、国有企事业单位的员工收入及其消费结构中，基本上不包括住房消费部分。因而其消费结构中，吃穿用的支出比例一直比较大，住的支出比例极小，在很长一段时间里，教育、医疗的支出占比较低，也与所支付的教育、医疗费用仅仅是其所获得的教育、医疗服务的不完全成本有关。进入20 世纪 90 年代之后，居住、医疗保健、交通通信、文教娱乐用品及服务等发展型消费的支出比重在逐渐上升。一方面是收入增加，人均收入水平提高之后的消费结构升级所致；另一方面则是随着市场经济的发展，经济体制的改革，部分支出由城镇居民承担的比例在逐步上升所致。因此，两者的影响如何分离，是一个值得进一步研究的复杂问题。在目前情况下，我们应当指出：这一时间序列数据，从纵向看，口径是不可比的；其次，由于国内外统计口径的不同，也是难以直接进行横的国际比较。

表 2-10 1981—2018 年我国城镇居民消费结构

（单位:%）

年份	食品	衣着	居住	家庭设备用品及服务	医疗保健	交通通信	文教娱乐用品及服务	杂项商品及服务
1981	56.66	14.79	4.65	9.56	0.92	1.44	8.43	3.53
1985	53.31	15.34	3.49	11.13	0.75	1.26	10.31	4.41
1990	54.25	13.36	4.76	8.48	2.01	3.17	8.78	5.21
1995	50.09	13.55	8.02	7.44	3.11	5.18	9.36	3.25
2000	39.44	10.01	11.31	7.49	6.36	8.54	13.40	3.44
2005	36.69	10.08	10.18	5.62	7.56	12.55	13.82	3.50
2010	35.67	10.72	9.89	6.74	6.47	14.73	12.08	3.71
2015	29.73	7.95	22.09	6.11	6.75	13.53	11.14	2.70
2016	29.30	7.54	22.16	6.18	7.07	13.75	11.43	2.58
2017	28.64	7.19	22.76	6.24	7.27	13.59	11.65	2.67
2018	27.72	6.92	23.95	6.24	7.84	13.30	11.39	2.63

资料来源：根据历年《中国统计年鉴》以及 CEIC 中国经济数据库中的相关数据整理计算而得。

　　与城镇居民不同，"食品、衣着、居住"（以下简称"吃、穿、住"）始终是农村居民的生活重心，尽管这三类基本生存型消费支出的比重从改革开放初期的高达90.73%下降到2018年的57.36%，但在农村居民生活消费支出中仍占据了较大的比重；而以医疗保健、交通通信、文教娱乐用品及服务为主的发展型消费在不断增加，这三类消费支出的比重从1980年的7.58%提高到2018年的34.90%，增长了4.6倍，逐渐成为当前农村居民生活开支的重要内容（见表2-11）。

表2-11　1980—2018年我国农村居民消费结构

（单位:%）

年份	食品	衣着	居住	家庭设备用品及服务	医疗保健	交通通信	文教娱乐用品及服务	杂项商品及服务
1980	61.77	12.33	13.87	2.53	2.10	0.37	5.12	1.97
1985	57.79	9.70	18.24	5.10	2.41	1.76	3.91	1.13
1990	58.80	7.77	17.34	5.29	3.25	1.44	5.37	0.74
1995	58.62	6.85	13.91	5.23	3.24	2.58	7.81	1.76
2000	49.13	5.75	15.47	4.52	5.24	5.58	11.18	3.14
2005	45.48	5.81	14.49	4.36	6.58	9.59	11.56	2.13
2010	41.09	6.03	19.06	5.34	7.44	10.52	8.37	2.15
2015	33.05	5.97	20.89	5.92	9.17	12.61	10.51	1.89
2016	32.24	5.68	21.20	5.88	9.17	13.43	10.57	1.84
2017	31.18	5.58	21.48	5.79	9.66	13.78	10.69	1.83
2018	30.07	5.34	21.94	5.94	10.23	13.94	10.74	1.80

资料来源：根据历年《中国统计年鉴》以及CEIC中国经济数据库的相关数据整理计算而得。

　　（1）食品消费支出逐年下降。改革开放使我国城乡居民的收入水平和生活水平得到提高，城乡居民的食品消费支出比重逐年下降，城镇居民由1981年的56.66%下降到2018年的27.72%，农村居民则由1980年的61.77%下降到2018年的30.07%。食品消费支出下降意味着城乡居民的其他消费支出在上升，消费结构升级。

　　（2）衣着、家庭设备用品及服务消费基本趋于饱和。城镇居民的衣着消费在经过一段时期的波折起伏后，从1999年至2012年基本上稳定，衣着消费比重保持在 10% 左右，2013 年至今保持在 8% 左右；而农村居民的衣着消费则缓慢下降，最后降至 6% 左右。城镇居民的家庭设备用品及服务消费在经过一段时期的波折起伏后，开始缓慢下降，最后趋于饱和状态；而农村居民的家庭设备用品及服务消费变化不大，基本保持微弱增长态势。

（3）居住环境不断改善，居住条件不断提高，居住消费不断增加。改革开放以来，城镇居民的生活由低水平温饱阶段逐步过渡到小康以至向富裕阶段迈进，居住条件逐步得到改善。与此同时，随着住房商品化的逐渐展开，城镇居民的住房消费支出产生了重大变化，居住消费比重由 1981 年的 4.65% 增长到 2000 年的 11.31%，此后略微下降，2012 年达到 8.9%，之后又大幅增长到 2018 年的 23.95%；农村居民的居住消费一直是农村居民生活支出的重要部分，居住消费比重由 1978 年的 10.34% 上升到 1988 年的 20.2%，此后这一消费比重略微下降，1995 年达到 13.91%，随后又缓慢上升，2009 年上升到 20.16%，之后又有所缓慢回落，2012 年达到 18.39%，但随后又缓慢上升到 2018 年的 21.94%。从这两组数据可以看出，按照国家统计局数据计算的城镇居民 1981 年的居住消费数据显然是严重偏低的，即使到了住房商品化 10 年之后的 2008 年，似乎也仍然是偏低的。相反，农村由于没有公有居民住房，农民的住房全部是由农村居民自行解决的，因此，其数据及支出占比则基本上是真实可靠的。

（4）医疗保健、交通通信消费支出大幅上升。随着城乡居民收入水平、生活水平的提高，人们的医疗保健意识也在逐步加强；工业化与城市化，使人口的流动日趋频繁，交通通信的需求也在不断上升之中。城镇居民的医疗保健消费支出由 1981 年的 0.92% 快速上升到 2005 年的 7.56%，之后几年保持在 7% 左右，随后又略微下降，2013 年达到 6.15%，之后又缓慢上升到 2018 年的 7.84%；农村居民的医疗保健消费支出一直在缓慢上升，由 1980 年的 2.10% 上升到 2018 年的 10.23%。城乡居民在医疗保健消费支出占比上的明显差别也证明了，时至今日，农村居民自己承担的医疗保健成本要比城镇居民大得多，城镇居民的医疗保健支出仅仅是其所获得的医疗保健服务的部分成本。其次，城镇居民的交通通信消费支出由 1981

年的 1.44% 上升到 2018 年的 13.30%，增长了近 10 倍；农村居民的交通通信消费支出比重由 1980 年的 0.37% 上升到 2018 年的 13.94%，增长了近 38 倍。在这一项上，城乡居民的增长速度差别很大。在交通通信消费支出上，城乡居民大体上还都是自己承担的。农村居民的这一支出增长如此之快，与改革开放前农村居民较少外出有一定关系，但是，如此迅速的增长，显然与改革开放以来迅速发展的工业化和城市化，农业劳动力转移有关。但是，工业化进程中的农业劳动力转移，并不一定造成农村居民的交通通信消费支出以超过城镇居民的速度增长，这一增长，除了有此前农村居民因收入水平低，交通通信消费支出占比大大低于城镇居民的因素外，显然也与中国式的工业化和城市化所造成的候鸟型的农民工的大量增长密切相关。而这一点则在一定程度上反映了中国现有的工业化、城市化方式，把相当部分的成本转嫁给了农民工、转嫁给了农村。所谓中国的低劳动成本，一定程度上来自中国的城市及非农产业用工，大部分来自家在农村的农民工，他们由于工资水平较低，受城乡户籍限制，只好将其家人留在农村生活，以降低生活费用，这样的低劳动成本固然使中国的中低端产业有了较强的国际竞争力，但是，也因此导致了居民消费不足，熟练工人供给不足，抑制了中国的产业及时升级换代，从长远看，它不利于人力资本的积累，弱化了中国未来的创新能力。而且，不符合社会主义社会的生产目的，即发展生产的根本目的是不断地创造条件，改善和提高人民的物质文化生活水平，促进每一个人自由全面地发展。因此，是值得引起高度重视并采取有力措施尽快改变的。

（5）文教娱乐用品及服务消费支出先升后降。城镇居民的文教娱乐用品及服务消费支出由 1981 年的 8.43% 上升到 2002 年的 14.96%，随后又缓慢下降，2018 年达到 11.39%；农村居民的文教娱乐用品及服务消费支出由 1978 年的 5.29% 上升到 2003 年的 12.13%，随后又逐年下降，2012 年达到 7.54%，之后又逐年上升，2018 年达到 10.74%。随着收入水平的提高，人们在满足基本的物质生活需求后，开始追求精神生活上的满足，重视子女的教育、个人的自我发展、陶冶情操、拓展视野。然而，官方统计数据却显示，我国城乡居民的文教娱乐用品及服务消费支出占比自 2013 年起却一直徘徊在 10%—12%。这似乎与进入中等偏上经济体的居民需求结构变化一般趋势有所不同。[①] 其中原因，值得研究。

第三节 结 论

本章主要从两个层面展开分析：一是从宏观层面对中国经济转型期居民消费与居民消费占支出法 GDP 的比重的变化特征进行具体分析；二是从微观层面来分析中国经济转型期居民消费的特征。从中可以归纳出以下几点结论：

（1）改革开放以来，我国经济快速发展，居民收入明显提高，居民消费、政府消费的增速及总量规模都迅速增长。虽然在改革开放初期，国家采取了一些改革措施，利益分配向居民部门倾斜比例较大，使得居民收入有了很大提高，使改革开放前居民被长期抑制的消费需求得到一定程度的释放，居民消费增长在短期内快于经济增长；然而，随着改革开放的深入，居民消费增长开始慢于经济增长，并且慢于其收入水平的增长，2008年之后，这一趋势开始有所改变。但是，总体而言，中国居民消费增长相对缓慢，这在一定程度上导致了目前的内需不足。

（2）改革开放以来，中国最终消费率在整体经济波动中呈持续下降趋势，而且远远低于世界上主要国家和地区，由于我国的政府消费率一直以来都处在相对稳定的水平，所以居民消费率下降是导致最终消费率下降的主要原因，两者的整体波动趋势大体上一致。对居民消费率进行国际比较，与世界上不同收入类型的国家和地区进行比较，与钱纳里的"标准结构"进行比较，中国居民消费率严重偏低且持续下降，中国居民的消费率偏低，在一定程度上可以从近20多年来尤其是加入 WTO 以来的中国国际收支长期保持较大顺差而且不断扩大中看出，但是，中国居民消费率是否如现有官方统计数据所反映的那么低，这一数据是否具有国际可比性，还

---

① 详见本书第七章的分析。

值得研究。

（3）改革开放以来，随着我国经济社会的快速发展，城乡居民收入水平和消费水平都不断得到提高，居民生活水平不断得到改善，但由于我国城乡居民收入水平和消费水平之间存在明显的差距，城乡居民消费水平差距随着居民收入水平差距的扩大不断扩大，城镇居民消费增长快于农村居民消费增长。在城乡居民的消费结构特征方面，经济快速发展带来居民收入水平的不断提高，城乡居民的恩格尔系数呈不断下降趋势，这意味着我国城乡居民的生活水平、消费水平在不断提高，消费结构也发生了巨大的变化，由低层次向高层次不断升级转换。

按照现有的官方统计数据，中国的居民消费率与国际上各类经济体相比始终是比较低的，与标准结构相比，更是如此，而且从变化趋势上看，2000 年之后是更低了，这似乎难以理解。从城乡居民消费结构及其变迁来看，现有的官方统计数据是有问题的，比如住房消费支出一直以来是我国居民尤其是城镇居民的沉重负担，但住房消费占比却在消费结构中高度偏低，比世界上绝大多数国家都低，这显然是不符合实际情况的。因此，在随后的几章，我们将对现行的国民经济核算体系是否准确地核算了中国居民的消费、其统计口径是否国际可比等问题进行讨论，在讨论的基础上，对现行统计的居民消费率进行改算与修正。

第三章　中国统计核算制度对现行
居民消费率统计的影响

本章根据 2008 年 SNA（System of National Account 2008）核算体系，对影响我国居民消费率统计的因素进行探讨。

第一节　住户调查的局限性

我国住户调查由国家统计局组织领导，基本调查对象为居民家庭（住户），对居民家庭成员基本情况、劳动力就业情况、居民收入、消费支出、住房情况、耐用消费品拥有量等微观经济活动进行抽样调查。住户调查是我国统计调查体系中最重要的组成部分之一，提供了反映我国人民生活状况以及变化情况的信息，可用于研究城乡居民收入分配、消费需求、社会保障以及城乡贫困等问题，为国民经济核算与居民消费价格指数核算提供重要的基础数据，为政府及宏观决策部门制定宏观经济政策、收入分配政策、社会福利政策等提供重要的决策依据。

2013 年之前，我国的住户调查分为城镇住户调查和农村住户调查，但是，城乡住户调查一直存在一些问题，如重复统计调查、流动性人口调查困难、现行统计调查指标设计不合理等。城乡住户调查统计数据质量有待提高。因此，国家统计局从 2013 年起进行了城乡一体化住户收支与生活状况调查，采取了不同于 2013 年前的分城镇和农村进行住户调查的统计方法及口径。

在城镇和农村住户调查中，在选取具有代表性的住户样本的过程中，一直受到较多干扰，尤其是一些高收入居民家庭，隐私意识特别强，拒绝接受调查或者出于某些原因低报收入与支出，加上重新寻找同种类型家庭而又愿意配合的样本难度很大，增加和轮换样本很难实现，所以高收入住户的代表性不高，导致住户抽样调查的统计数据可能存在系统性低估。农村流动性人口众多，也增加了农村住户调查的难度，大量的农民工长期在城市打工，他们的收入与生活消费支出难以统计，也导致了统计调查数据存在较大失真。此外，记账报酬普遍不高，同时连续记账时间长、样本轮换周期长，被调查住户的配合程度不高，加上工作生活节奏快、没有时间和精力去按照要求如实记账，由于图省事，因此出现记堆儿账或漏记流水账，甚至出现"编账"的现象，这种敷衍塞责的记账态度，势必影响了住户调查统计数据的质量。另外，近年来国家统计局加大力度推广住户调查电子记账系统，尽管与传统的手工记账方式相比，有"即时记账、即时传输"的优势，但是，电子记账的普及程度有待提高，年龄较大和受教育程度较低的受调查者不会操作电脑和智能手机，不具备操作电子记账系统的能力，对电子记账方式产生抵触心理，同时，电子记账系统的稳定性尚待提高而且兼容性存在不足，时有黑屏、闪退的情况发生，辅助调查员的素质及业务能力跟不上，不能妥善解决电子记账方面的疑难问题，这些，都会直接影响住户调查数据的质量。

通过比较两个不同的数据来源，可以发现，我国城乡住户调查的统计数据可能存在系统性低估。根据住户调查资料得知，2016 年城镇居民人均可支配收入为 33616.25 元、农村居民人均可支配收入为 12363.41 元，城乡居民年平均人数分别为 78207 万人和 59660 万人[①]，推算得出城乡居民可支配收入总额为 336662.06 亿元，仅占当年国民总收入的 45.68%。可是，根据资金流量表资料，2016 年住户部门可支配总收入为 459534.74 亿元，占 2016 年国民总收入的 62.35%，这两个比重相差 16.67 个百分点。资金流量表中住户部门可支配总收入是根据住户调查资料推算得出的居民可支配收入的 1.36 倍。

---

① 城乡居民年平均人数是城镇（农村）年初、年末人口数的平均数。

　　此外，根据住户调查资料得知，2016 年城镇居民人均消费支出为 23078.9 元，农村居民人均消费支出为 10129.78 元，城乡居民年平均人数分别为 78207 万人和 59660 万人，推算出城乡居民消费支出总额为 240926.88 亿元。但是，根据国家统计局官方公布的 2016 年支出法 GDP 中的居民消费支出为 293443.06 亿元，是根据住户调查资料推算出的居民消费支出的 1.22 倍，比住户调查中的居民消费支出多 21.80%。住户调查中居民消费低估的部分除了受到统计数据质量的影响外，在统计口径范围上也与支出法 GDP 中的居民消费有所区别，不包括金融媒介服务和保险服务消费、自有住房服务虚拟折旧、城镇居民的实物消费等费用，而这些类型的消费都包括在支出法 GDP 中的居民消费支出里面。

　　上述数据说明，我国住户调查中的城乡居民可支配收入与居民消费都存在一定程度的低估，再经过汇总推算得出全国数据，这种失真的基础数据势必会造成消费总量的低估。此外，目前我国信用交易体系还不完善，银行消费信用资料较少，现金交易模式在我国居民消费支付中依然占较大比例，这无疑给统计调查增加难度，统计部门只能通过住户抽样调查获得基础数据，上述分析说明，这种调查方式会造成消费统计数据缺失，消费总量低估，由此得出的居民消费率是不准确的。

第二节　居民消费被低估

　　根据国家统计局公布的最新统计标准，居民消费支出以满足支出目的为划分原则，按照吃、穿、住、行等目的分为八大类：（1）食品烟酒；（2）衣着；（3）居住；（4）生活用品及服务；（5）交通和通信；（6）教育、文化和娱乐；（7）医疗保健；（8）其他用品和服务。在统计这些消费支出时，由于概念、核算范围的混淆以及统计技术上的局限性，也可能出现数据不准确。下面我们根据最新的国民经济核算体系进行讨论。

一、住房消费低估

在国民经济核算中，居住类支出是居民消费和 GDP 的重要组成部分。2011 年，我国城乡居民居住类支出为 27388.5 亿元，占居民消费支出的比重为 16.6%，占支出法 GDP 的比重为 5.88%。① 纵向看，2004 年城乡居民居住类支出占居民消费支出 15.02%，占当年 GDP 的 5.98%。众所周知，2004—2011 年，是中国城市住房价格一路上涨，城市住房的价值及获得居住服务的机会成本，以及住房消费占居民开支的实际比重都在不断上升的 7 年，然而，根据我国官方公布的统计数据，2011 年居住类支出占 GDP 的比例却反而比 2004 年降低了。横向看，2011 年，经济合作与发展组织（Organization for Economic Co-operation and Development，OECD）中的大多数国家的居住类支出占居民消费的比重一般都在 23% 左右，占 GDP 的 12%—16%，我国的这两个指标均明显低于 OECD 国家②。无论从纵向还是横向比较看，我国居民居住类支出的现行官方统计数据值得进一步分析，很可能是低估的。

低估的原因在于我国现行的居民居住类支出计算口径与国际通行的计算口径有所不同。

中国国家统计局最新发布的居民消费支出分类（2013）指出：居住类支出主要包括租赁房房租，自有住房折算租金，住房保养、维修及管理，水、电、燃料及其他。其中，导致我国居民居住类消费支出与国际通行计算口径差别最大的是自有住房折算租金，也即自有住房服务的虚拟价值。联合国统计委员会制定的国民经济核算的最新国际统计标准——SNA（2008）规定："房屋是为业主（房屋所有者）提供住房服务的货物，因此，住户在房屋上的支出是固定资本形成总额。业主租赁房屋的租金记录为业主的住房服务产出和承租人的最终消费支出。对于业主自己居住的住

---

① 《中国统计年鉴》从 2004 年开始公布了城乡居民各项消费支出的具体数据，一直到 2011 年为止，虽然支出法 GDP 中居民消费支出主要是根据城乡住户抽样调查得到的数据计算而来，但二者之间还是有区别的，为确保数据的可比性，因此，本章最终选取 2011 年的城乡住户居住类支出进行说明。

② 在 OECD 统计数据库中，居住类支出不仅包括住房的实际租金和虚拟租金，还包括了与住房有关的水、电、天然气和其他燃料在内。

房，住房服务的虚拟价值就要同时被记录为业主的产出和最终消费支出。"[1] 同时对自有住房者的自给性住房服务做出明确解释："自给自足服务的生产一般不属于生产范围，但是房屋所有者为自己最终消费而生产的住房服务除外，它一直都被纳入国民经济核算的生产中。在不同国家或地区之间，在同一国家的不同地区之间，甚至在同一国家或地区的较短时期内，自有住房与租赁住房的比率都可能有很大的差异。因此，如果自有住房服务的价值没有虚拟化，那么住房服务生产和消费在国际比较和跨期比较方面将是不准确的。"[2] 而且规定"所提供的住房服务价值等于在市场上租赁同样条件的房屋所要支付的租金"。[3] 上述规定说明：第一，住户购买住房支出属于固定资产投资，不计入消费；第二，住房消费是指除购房支出以外的所有住房服务的货币流量，除了租用住房的实际租金或市场租金外，还包括自有住房的虚拟租金或等效租金（Imputed rental）。但是，自有住房的虚拟租金如何测度，一直是一个棘手的问题。

我国现行统计制度规定，支出法 GDP 中居民消费的居住类支出口径不仅包括租赁房房租、物业管理费、维护修理费、水电天然气等狭义上的居住支出，还包括了自有住房的虚拟租金。但是，在实际统计核算中，我国统计部门是采用虚拟折旧成本法，即通过计算当期住房的建筑成本与一定折旧率的乘积得出折旧额，代替自有住房的虚拟租金。统计部门的解释是：因为目前我国房屋租赁市场尚不够规范、较不发达，无法获取类似于自有住房条件的租赁房屋价格，无法采用国际上通行的市场租金法来估算。

按照现行计算方法，我国居民自有住房的虚拟租金计算公式为：

居民自有住房服务增加值（即虚拟折旧）＝固定资产折旧＝城镇居民自有住房虚拟折旧+农村居民自有住房虚拟折旧　　　　　　　　　（3-1）

城镇居民自有住房虚拟折旧＝城镇居民自有住房价值×折旧率＝［城镇居民人均住房建筑面积×城镇居民年平均人口×城镇住宅单位面积造价×

---

①　参阅《国民经济核算体系 2008》第 9.57 节。

②　参阅《国民经济核算体系 2008》第 6.34 节。

③　参阅《国民经济核算体系 2008》第 9.65 节。

（原有私房比重+房改私房比重+商品房比重+租赁私房比重）] ×折旧率

$$(3-2)$$

农村居民自有住房虚拟折旧=农村居民自有住房价值×折旧率=农村人均住房面积×农村居民年平均人口×农村居民住房单位面积价值×折旧率

$$(3-3)$$

其中，由于农村居民绝大部分都是自建住房居住，租住房屋的居民比例很小，因此假定农村居民自有住房率为100%。城镇居民自有住房率，我国官方并未公布长期的统计数据，由于住房制度改革和城市化进程的加速，我国住房市场迅速发展，有关研究数据显示，我国城镇居民自有住房率已经达到80%以上[①]。其次，折旧率的选取。国家统计局规定：城镇居民自有住房虚拟折旧率为2%，农村居民自有住房虚拟折旧率为3%。为可比起见，在本章中，城镇、农村居民自有住房虚拟折旧率，继续沿用国家统计局的设定。城镇住宅单位面积造价按照固定资产投资（不含农户）住宅竣工价值与住宅竣工面积计算，资料来源于相关年份的《中国统计年鉴》。

依据上述计算公式，算出2004—2012年我国城乡居民自有住房的虚拟折旧及其占支出法GDP的比重（见表3-1）。计算结果表明，2004—2012年我国城镇居民自有住房的虚拟折旧只占支出法GDP比重的1.5%左右，农村居民自有住房的虚拟折旧仅占支出法GDP比重的1%左右，我国城乡居民自有住房虚拟折旧合计占GDP比重为2.5%左右。考虑到我国自有住房率高于世界一般水平以及房地产估值的变动，用仅仅计算住房物理耗损的虚拟折旧替代虚拟租金显然大大低估了我国居民的住房消费水平，使我国居住类支出在国际上严重缺乏可比性。

---

① 浙江大学不动产投资研究中心、清华大学媒介调查实验室等联合发布的《中国居住小康指数》（2012）根据对40个城市的调查认为，中国城市居民拥有住房比率为78.6%；西南财经大学与中国人民银行共同发布的《中国家庭金融调查报告》（2012）指出，中国家庭自有住房拥有率为89.68%，远高于60%的世界平均水平，其中城市家庭为85.39%。国家统计局的专题报告显示，2000年城镇居民自有住房率已达到77.1%，到2010年底，城镇居民家庭自有住房率为89.3%。据2010年第六次全国人口普查数据，我国城市家庭住户住房自有率为69.78%，镇和农村家庭则分别为83.2%和96.3%。国内外相关研究指出，住房自有率与城市化率呈负相关关系，即随着城市化程度的提高，城镇居民自有住房率会有所降低。综合参考上述多项研究数据，本章将城镇居民自有住房率定为80%。

表 3-1　全国城乡居民自有住房虚拟折旧及占 GDP 的比重（虚拟折旧法）

项目	年份	2004	2005	2006	2007	2008	2009	2010	2011	2012
城镇居民	年均人口（百万人）	533.30	552.48	572.50	594.61	615.18	634.58	657.45	680.29	701.31
	人均住宅建筑面积（平方米/人）	26.4	27.8	28.5	30.1	30.6	31.3	31.6	32.7	32.9
	住宅单位面积造价（元/平方米）	1079.85	1161.56	1300.02	1398.15	1496.87	1715.11	1872.80	2031.85	2184.18
	自有住房虚拟折旧（亿元）	2432.51	2854.42	3393.84	4003.78	4508.46	5450.54	6225.31	7231.87	8063.26
	占 GDP 比重（%）	1.51	1.52	1.52	1.50	1.43	1.56	1.55	1.53	1.52
农村居民	年均人口（百万人）	762.78	751.25	738.52	723.28	709.48	696.69	680.26	663.85	649.39
	人均住房面积（平方米/人）	27.9	29.7	30.7	31.6	32.4	33.6	34.1	36.2	37.1
	住房价值（元/平方米）	226.1	267.8	287.8	313.6	332.8	359.4	391.7	654.4	681.9
	自有住房虚拟折旧（亿元）	1443.53	1792.54	1957.55	2150.26	2295.02	2523.92	2725.84	4717.80	4928.58
	占 GDP 比重（%）	0.90	0.96	0.88	0.81	0.73	0.72	0.68	1.0	0.93
城乡自有住房虚拟折旧合计（亿元）		3876.04	4646.96	5351.38	6154.04	6803.48	7974.46	8951.15	11949.7	12991.8
占 GDP 的比重（%）		2.41	2.48	2.40	2.31	2.15	2.29	2.22	2.53	2.45

资料来源：根据《中国统计年鉴》相关数据整理计算而得。

　　采用虚拟折旧成本核算方法只考虑住房的物理折旧，忽略了决定不同城镇地区住宅实际价值的其他因素，相同住宅在不同城市的实际价值差别巨大，不同地区居民购买自有住房资金的机会成本各不相同，对住房价值的定价偏低，使我国居民自有住房的虚拟租金被低估，从而低估了我国城乡居民的居住类支出及居民实际消费支出。

二、服务性消费低估

　　随着经济发展和居民收入水平的不断提高，我国居民消费水平得到迅速提升，当人均收入水平进入中等偏上收入经济体水平之后，服务消费快速增长,是世界各国经济发展过程中呈现出来的一般规律性现象。2012年,我国城乡居民家庭服务性消费支出占消费支出比重为 21.97%①,同期美国居民家庭最终消费中服务消费占比高达 65.24%,固然由于人均收入水平仍然大大低于美国,目前我国服务消费率低于美国是正常的,但是,我国居民服务消费占消费支出的比例也大大低于所有与我们人均收入水平相近的国家,甚至低于大多数国家,这就值得怀疑:我国居民的消费结构为何与世界各国差异如此之大?

1. 从统计核算角度分析我国居民服务消费偏低的原因

曾经有很长一段时期,由于否认服务劳动创造价值,我国对发展服务业持歧视态度,对于是否应当在国民经济总产值的计算中包含服务业的产值长期争论不休。我国统计部门于 1985 年才开始应用 SNA 体系核算包含全部服务产业产值的国内生产总值,从那时起才正式引入了第三产业核算,服务业才成为国民经济核算的重要的组成部分。由于此前的 MPS 核算体系只核算五大物质生产部门的产值,不计算全口径的服务业产值,因此,在引入 SNA 体系的初期,对服务业的统计核算仍然缺乏足够的重视和系统的研究,在理论方法和实务操作方面都存在诸多问题,服务业产出的统计明显存在低估现象。2004 年第一次全国经济普查的数据证实服务业统计严重低估,按照国际惯例修订后的 2004 年 GDP 增加了 2.3 万亿元,比修订前上调了 16.8%,其中 92.6% 的上调是源于第三产业;修订后第三产业增加值为 6.5 万亿元,增加了 2.13 万亿元,上调了 48.7%,占 GDP 的比重也由修订前的 31.9% 上升到 40.7%,提高了 8.8 个百分点。通过经济普查反映出我国第三产业在常规统计中出现了大量的漏统现象,主要是个体经营户、私营经济数据的缺失,这在非国有经济已在国民经济中占极大比重的 21 世纪,这一漏算就不可小觑,它直接影响到整个国民经济核算的准确性。

服务业产出的统计核算出现漏统和低估,势必导致服务性消费以及居民消费支出的被低估。服务业核算包括生产核算与使用核算,其中,生产

---

① 根据《中国城市年鉴》(2013)与 CEIC 中国经济数据库中的数据整理计算而得,全国城镇居民家庭抽样调查数据截至 2012 年。

核算是指服务业的增加值核算，使用核算则指的是服务的最终消费、资本形成与进出口核算。服务业统计由于各种问题导致数据质量出现严重偏差，势必会影响服务性消费、居民消费以及国民经济核算的准确性。目前，我国服务业统计存在以下几个问题：

（1）服务业统计基础薄弱。1985 年之前，我国以计划经济体制下的物质产品平衡表体系（MPS 体系）为基本核算体系，这一核算体系建立在只承认工业、农业、建筑业、货物运输业及商业五大物质生产部门的生产才创造价值的基础上，只重视物质生产核算，不重视第三产业或服务业统计，甚至不承认服务业属于生产领域。直至 1985 年，我国才正式引入第三产业核算，因此，目前我国服务业统计仍处于比较薄弱的状态。统计工作人员力量不足、缺乏调查经费、缺乏专业的服务业调查队伍、基层普遍缺乏专门的服务业统计机构，与日益艰巨的服务业调查任务矛盾突出，使得服务业统计数据质量不高。

（2）服务业统计制度不规范，没有统一的标准。目前，我国的服务业统计主要采取常规服务业统计和周期性经济普查两种形式，以常规统计为主。在常规年度，除了批发零售业、住宿餐饮业、金融业等服务业门类和大类已经建立了比较规范的常规服务业统计调查制度，其他没有主管部门的服务业行业则普遍建立了抽样调查制度，常规统计采用部门资料和行政记录为主，限上企业全面调查、重点调查与限下企业和个体户抽样调查相结合的方法。经济普查则是全面了解我国服务业的发展状况，为常规统计年度的服务业增加值核算数据提供抽样框和推算系数，对历史数据进行补充和修订。由于统计基础不同，常规统计年度的大部分服务业行业数据来源于部门提供的综合性数据，不同于经济普查年份健全的单位名录库，这会导致常规统计年报与普查年份获得的数据在统计指标、统计范围、统计口径、统计原则、统计标准等方面的衔接存在矛盾，缺乏统一规范的服务业统计制度，势必会影响统计数据质量。

（3）部门服务业统计数据质量不高。目前，我国服务业统计大体上分为由综合统计系统和业务管理部门分别承担的服务业统计，其中部门服务业统计已经成为我国服务业统计的重要组成部分。由于几十个行业主管部门分别负责部门服务业统计，没有统一、规范的服务业统计调查制度，必然出现分工不合理、职责不清、统计口径不一、行业间存在交叉、重复的现象，同时各部门在各自的调查范围内存在偏差，这些都影响了统计数据质量。此外，由于涉及部门多、服务活动复杂，缺乏统一的统计制度，各部门之间以及与统计系统之间缺乏有效的沟通和协调机制，导致统计结果会出现：实际报送的数据与制度中设计的指标不一致；年度间报送的数据在统计范围和分类上存在差异，使得数据缺乏可比性，以及数据波动幅度较大；部门报送数据的时间不确定以及迟报、缺报等问题突出，难以满足国民经济核算的需要。部门服务业统计存在的这些问题，势必导致统计数据质量不高。

（4）服务业行业覆盖面广，统计范围不全面。随着经济发展水平的提高，社会化分工与工业化程度的提高，在国民经济内部，不断分化、孕育出新的服务部门。在计划经济条件下，由于社会分工不发达，我国的企业尤其是国有大企业基本上是无所不包的全能企业。所有的生产环节，如研发、设计、制造、维修、运输等，甚至部分的社会职能，如食堂、医院、学校、幼儿园、托儿所、俱乐部、图书馆、剧院、清洁卫生甚至绿化、计划生育及养老院等，都包含在企业内部，过去它们的产出统统算在第一、第二产业内，随着市场经济的发展，市场竞争日趋激烈，专业化分工日益发达，它们逐渐从原有的大一统企业中分离出来，成为独立核算的专业企业，它们的产出就归入第三产业计算了，另一种情况是，过去是企业内的职能分工，现在独立出来或者委托外包了，例如产品设计、技术服务、进出口报税、厂区绿化管理等，这些原有的企业内职能分工就成为新的服务业企业。在农业中，小麦产区的机械化收割服务，就是最典型的农业生产的某个环节，转变成为农业服务业的一个部分。与此同时，大量的新兴服务业不断涌现，使得服务业的覆盖范围比以前扩大了、更广了。这给服务业统计的工作带来了挑战。一些新兴服务业行业的归属问题很难用现行的国民经济行业分类标准去进行分类，比如互联网、互联网金融、物联网、云计算、大数据等异军突起，这些新兴服务业是多业融合、混业发展，很难用一个行业标准去界定其行业归属；还有一些新兴服务业行业在其服务统计上处于空白状态，源于其统计指标体系赶不上变化、落后于实际，比如物业管理、中介服务、租赁服务、律师、会计师、建筑及各类专业设计、专业技术服务、知识产权服务等。这些新兴服务业行业如何分类、如何统计，目前既无标准，也无参照系，但在服务统计上又无法采取回避态度，意味着这是一项艰巨的挑战。

还有一些服务业活动由于某种原因到现在也没有纳入统计范围内，构成未观测经济（Non-observed Economy，简称 NOE）的一部分。未观测经济活动可能是非正规的、非法的、地下的，或者是住户为自身最终使用而进行的活动，它也可能是合法的，但由于某种原因而故意隐瞒的活动。虽然说这些活动在统计中容易被遗漏，但它们在国民经济核算中仍占据着重要的位置。[①] 尽管我国对未观测经济还没有系统地展开研究，但是可以肯定的是，在一些服务领域内是存在未观测经济的，比如：某些企业为了避免缴纳税收、社会保障缴款或者避免遵守某些法定标准和行政管理秩序，有意隐瞒或虚报其收入；某些地方学校违反教育部规定以各种名目收取学生的费用；某些医务人员违反医院规定私下收受患者及其家属的红包；等等。统计范围不全面，必然会造成服务业增加值的低估，并导致服务性消费以及 GDP 的低估。

（5）统计调查对象配合程度不高，统计数据受到人为干扰。有的企业为了避免缴纳所得税、增值税或其他税，拒报或瞒报企业真实经营情况；有的企业担心其商业秘密被泄露，拒绝报送统计报表，配合意识不高；绝大多数限下企业和个体户样本的稳定性比较差，常常需要更新样本，等到新样本轮换后，又要重新培训，重新统计调查，徒然增加了不少负担与困难，加上大多数限下企业和个体户往往账目不全，甚至无账可查，或者经营效益不高，不愿意配合统计调查，这些都会影响统计数据的质量。另外，由于各级政府部门在行政管理方法上实行目标责任和政绩考核，服务业统计数据有时难免会受到人为干扰，难以确保客观公正。

2. 从统计数据角度分析低估原因

居民服务性消费支出是指居民全部消费支出中用于支付社会提供的各种文化和生活方面的非实物性服务费用。随着我国经济发展，城乡居民收

---

①　参阅许宪春：《中国服务业核算及其存在的问题研究》，《经济研究》2004 年第 3 期。"根据经济合作与发展组织（OECD）提供的信息，被遗漏的生产活动创造的增加值占国内生产总值的比重，澳大利亚达到 3%，意大利达到 15%，俄罗斯达到 25%"。

入水平和居民消费水平不断提高，需求结构转换，居民服务性消费快速增长。改革开放以来，我国城乡居民的消费结构已经发生了两次比较大的转变，从满足基本生活需求的日用消费品为主转向对住房和交通通信消费的追求再转向对服务消费的追求，近年来，对医疗保健、交通通讯、文教娱乐用品及服务等的消费需求正在不断增长。这要求进入经济发展新阶段之后，我国的产业结构必须适应需求结构的转换，进行必要的调整。

在现有的研究中，一般把医疗保健、交通通信、文教娱乐服务和其他服务这四类消费划分为服务性消费。由于我国城乡"二元"经济结构，农村服务性消费领域受到地域限制，消费内容远不如城市丰富，因此城镇居民服务性消费项目要比农村居民服务性消费项目划分得更细。考虑到统计数据的可获得性，我们对城乡居民服务性消费支出进行细分。城镇居民服务性消费支出中包括八大类：（1）"食品"项目中的"在外用餐"与"食品加工服务费"，统称为"饮食服务"；（2）"衣着"项目中的"衣着加工服务费"；（3）"居住"项目中的"居住服务费"；（4）"家庭设备用品及服务"项目中的"家政服务"与"加工维修服务费"，统称为"家庭服务"；（5）"医疗保健"项目中的"医疗费"；（6）"交通通信"项目中的"交通工具服务支出""交通费"与"通信服务"，统称为"交通通信服务"；（7）"教育文化娱乐服务"项目中的"文化娱乐服务"与"教育费用"，统称为"教育文化娱乐服务"；（8）"其他商品和服务"项目中的"服务"。由于这些细分项目在农村住户调查中没有相关的数据，暂且把医疗保健、交通通信、教育文化娱乐服务和其他服务这四类消费支出列为农村居民服务性消费支出。根据新的服务性消费项目划分，我国城乡居民服务性消费支出具体情况如表3-2所示。

表3-2　我国城乡居民服务性消费支出情况

年份	城镇居民家庭			农村居民家庭		
	消费支出（元/人）	服务性消费支出（元/人）	服务性消费支出占比（%）	消费支出（元/人）	服务性消费支出（元/人）	服务性消费支出占比（%）
2002	6029.88	1650.12	27.37	1834.31	500.44	27.28

续表

年份	城镇居民家庭			农村居民家庭		
	消费支出（元/人）	服务性消费支出（元/人）	服务性消费支出占比（%）	消费支出（元/人）	服务性消费支出（元/人）	服务性消费支出占比（%）
2003	6510.94	1759.78	27.03	1943.3	556.97	28.66
2004	7182.10	2012.56	28.02	2184.65	619.09	28.34
2005	7942.88	2224.36	28.00	2555.4	763.07	29.86
2006	8696.55	2441.00	28.07	2829.02	848.47	29.99
2007	9997.47	2665.87	26.67	3223.85	918.49	28.49
2008	11242.85	2918.85	25.96	3660.68	997.35	27.24
2009	12264.55	3167.67	25.83	3993.45	1115.11	27.92
2010	13471.45	3498.64	25.97	4381.82	1247.88	28.48
2011	15160.89	3930.67	25.93	5221.13	1502.13	28.77
2012	16674.32	4340.2	26.03	5908.02	1759.67	29.78

资料来源：①城镇居民家庭消费支出与服务性消费支出是根据《中国价格及城镇居民家庭收支调查统计年鉴》（2003—2005）、《中国城市（镇）生活与价格年鉴》（2006—2012）以及《中国城市年鉴》（2013）的数据整理计算得出，由于国家统计局从2002年对城镇居民家庭服务性消费项目进行了细分，并截止到2012年，因此数据范围选取2002—2012年；②农村居民家庭消费支出与服务性消费支出是根据CEIC中国经济数据库整理计算得出。

　　根据表3-2中的数据结合城乡居民常住人口得出全国居民服务性消费支出及其占居民消费支出和支出法GDP的比重（见表3-3）①，与经济合作与发展组织（OECD）部分成员国进行比较发现，无论是与发达国家还是发展中国家相比，我国服务性消费支出占比均严重偏低。

---

　　① 参阅许宪春：《准确理解中国的收入、消费和投资》，《中国社会科学》2013年第2期。尽管住户调查中的居民消费与支出法GDP中的居民消费在基本用途、口径范围、资料来源、计算方法和数据表现上等方面存在区别，但是，在现行的所有有关居民消费支出的专业统计调查指标中，两者在口径范围上是最接近的。

表 3-3　中国与部分国家居民服务性消费支出情况

（单位:%）

年份	服务性消费支出占居民消费支出的比重							
	中国	美国	英国	法国	德国	日本	韩国	墨西哥
2002	22.72	63.84	51.30	49.88	48.79	55.49	54.57	—
2003	23.15	64.00	51.25	50.14	49.32	55.85	56.55	47.60
2004	23.70	63.99	52.24	50.58	49.56	55.90	56.84	46.28
2005	24.70	64.12	53.33	51.29	49.76	56.49	56.58	45.81
2006	24.51	64.30	53.31	51.88	49.57	57.11	56.82	45.73
2007	23.35	64.62	53.93	52.52	50.13	57.77	57.22	45.88
2008	22.42	65.31	53.81	52.82	49.57	57.20	57.51	45.19
2009	22.55	66.58	54.02	53.03	50.07	58.15	57.67	47.45
2010	22.37	66.12	54.87	52.88	50.36	57.45	56.36	45.26
2011	21.73	65.47	55.10	52.75	50.13	57.64	56.07	44.25
2012	21.97	65.24	55.04	52.42	49.87	57.35	55.85	44.11
	服务性消费支出占支出法 GDP 的比重							
2002	10.01	41.79	31.85	26.29	27.00	31.54	29.59	—
2003	9.77	42.03	31.51	26.60	27.67	31.57	29.55	32.35
2004	9.60	41.98	32.14	26.77	27.66	31.40	28.40	31.11
2005	9.62	42.03	32.61	27.38	27.97	31.99	28.71	31.04
2006	9.09	42.07	32.27	27.64	27.49	32.40	29.13	30.32
2007	8.44	42.41	32.65	27.88	26.91	32.47	29.06	30.38
2008	7.92	43.18	32.87	28.23	26.71	32.69	29.19	30.23
2009	7.99	44.20	33.15	28.76	27.98	34.21	28.78	31.70
2010	7.82	43.86	33.68	28.64	27.46	33.33	27.40	30.36
2011	7.77	43.94	33.71	28.35	26.96	33.97	27.56	29.37
2012	7.91	43.45	34.02	28.12	26.98	33.94	27.49	29.72

资料来源：根据表 3-2、《中国统计年鉴》以及 OECD 数据库中的数据整理计算。

从我国城镇居民服务性消费支出细分项目结构来看（见表 3-4），饮食服务、交通通信服务和教育文化娱乐服务在城镇居民家庭消费支出中占据较大的比重，尤其是教育文化娱乐服务所占比重更大。由此可见，随着经济社会的发展和居民生活水平的提高，文化娱乐、旅游、教育消费已成为居民服务性消费的重要组成部分。

表3-4　城镇居民家庭人均服务性消费支出构成

（单位:%）

年份	饮食服务	衣着加工服务	居住服务	家庭服务	医疗服务	交通通信服务	教育文化娱乐服务	其他服务
2002	6.88	0.13	0.41	0.42	2.02	7.59	10.31	1.25
2003	6.75	0.10	0.46	0.43	1.98	8.01	9.73	1.24
2004	7.44	0.09	0.48	0.42	2.14	8.16	10.27	1.25
2005	7.66	0.08	0.54	0.45	2.38	8.26	9.80	1.32
2006	7.96	0.08	0.57	0.44	2.20	8.32	9.79	1.31
2007	7.63	0.07	0.59	0.39	2.23	7.96	9.07	1.30
2008	7.82	0.07	0.68	0.44	2.28	7.59	8.30	1.33
2009	7.97	0.06	0.70	0.44	2.30	7.26	8.38	1.35
2010	7.58	0.06	0.77	0.44	2.15	7.45	8.63	1.36
2011	7.82	0.06	0.74	0.48	2.25	6.94	8.84	1.32
2012	7.90	0.06	0.72	0.46	2.30	6.79	9.15	1.30

资料来源: 按照文中所阐述的服务性消费项目进行划分，根据《中国价格及城镇居民家庭收支调查统计年鉴》(2003—2005)、《中国城市（镇）生活与价格年鉴》(2006—2012)以及《中国城市年鉴》(2013)中的数据整理计算得出，由于国家统计局从2002年对城镇居民家庭服务性消费项目进行了细分，并截止到2012年，因此数据范围在2002—2012年。

其中，旅游消费更是快速增长。从国内旅游与出境旅游两方面来看，一方面，2018年国内旅游达到了55.39亿人次，比上年增长了10.76%，国内旅游总收入为51278.3亿元，比上年增长了12.30%，国内旅游市场持续较快发展，已成为世界上规模最大的国内旅游市场；另一方面，2018年国内居民出境达到16199万人次，比上年增长了13.5%，境外消费支出达到2773.45亿美元，同比增长7.55%，境外旅游市场持续快速增长，已成为世界上第一大国际旅游客源市场和消费国。

旅游业统计同样面临着服务业统计一样的问题，我国旅游统计体系还不完善，统计口径不一、统计范围不全面、旅游抽样调查不严谨等类似的问题，导致我国旅游统计数据质量不高，低估程度难以估量。国家旅游局公布的2018年国内旅游总消费为51278.3亿元，而国家统计局公布的2018

年支出法核算下居民消费支出中文教娱乐用品及服务类支出为32066.09亿元，住户调查推算出的居民国内旅游消费为12918.43亿元，之间存在巨大差距。

同样地，境外旅游消费也严重被低估了，尤其是海外购物更难统计。然而，目前国人出境旅游的一个重要目的是购物，近几年我国因私出境人次持续增长，2018年因私出境达到15502万人次，比上年增长14.14%，占我国出境总人次的比重达到95.70%，多数人旅游花费的一个重要组成部分是购物，在人均境外消费近2万元的花费中，大约有57.8%的比例用于购物。[①] 大部分消费者选择境外消费的原因主要是因为境内外消费差价的存在。国家外汇管理局公布的国际收支平衡表中"旅游差额"项中"旅游借方"记录我国居民境外消费数据[②]，该数据是由外汇管理局估算的，由于出境旅游消费统计体系存在误差，导致中国居民出境旅游消费被严重低估。

从统计数据上看，2000—2018年我国出境人次年均增长率为16.65%，因私出境人次年均增长率为21.56%，而因公出境人次年均增长率仅为2.14%，因私出境人次增长率比因公出境人次增长率高19.42个百分点。因私出境人员中购物是一大开支，显然，一般而言，因私出境旅游的购物消费要高于因公出境的购物消费，这样，因私出境人次的持续增长必然会造成出境旅游消费的增长。然而，2000—2018年我国出境旅游消费支出年均增长率仅为19.72%，扣除价格因素后，实际年均增长率为17.10%，消费支出增长与因私出境人次增长不成比例。我国出境旅游消费存在被低估的可能。

此外，近几年国家外汇管理局放松了中国公民出境旅游的外汇管制，

---

① 数据来源于由世界旅游城市联合会连同市场调研机构益普索（Ipsos）共同完成的《中国公民出境（城市）旅游消费市场调研报告》，调研对象以一年内到访过会员城市的中国公民为主，以关注其旅游选择和决策要素、旅游满意影响因素、旅游消费行为习惯、境外旅游体验评价等为重点。

② 国家外汇管理局编制的《国际收支平衡表》中"旅行"一项是指旅行者在其作为非居民的经济体旅行期间消费的物品和购买的服务，包括旅行贷方和旅行借方，其中贷方记录在我国境内停留不足一年的非居民以及停留期限不限的非居民留学人员和就医人员购买的货物和服务；借方记录我国居民境外旅行、留学或就医期间购买的非居民货物和服务。

购汇手续更加便捷，而且个人购汇额度也从早先的2000美元经过连续几次调整后提高到5万美元，如有超额用汇需求，还可以凭借相关证明材料在银行直接办理购汇，同时，公民出境携带现钞额度也由原来的6000元人民币调整到20000元，或等值5000美元的外币。2018年，国家外汇管理局发布新规，中国公民个人境外取现年度总额不超过等值10万元，且单日取现额度为等值1万元，但是，不影响持卡人境外消费和用汇便利性，不改变个人年度5万美元的购汇额度。还有国内招商银行等金融机构与威士（VISA）、万事达卡（MasterCard）等国际知名信用卡公司联合发行的信用卡，提高了公民出境旅游消费的便捷，而且不受购汇限额的制约。随着移动互联网用户规模的增长以及移动支付技术在全国的推广，益普索发布的《2018第三季度第三方移动支付用户研究报告》显示，我国手机网民中使用第三方移动支付的比例为92%，结合工信部发布的数据推算出移动支付用户规模约为9.4亿，这意味着，移动支付已经成为我国居民日常生活中第一大支付工具，无论是交易笔数还是交易规模均呈快速增长势头，其中，线下消费类交易支付占比仍呈持续增长趋势，包含境外出差、旅游、购物的线下支付场景已在我国移动支付中占据85%的市场份额。目前，支付宝与微信支付等移动支付手段的境外线下支付已覆盖多个国家和地区，支持超过多个国际机场实时退税，这些均为我国公民境外消费支付提供了便利，同时，境外支付优惠利好政策更加推动了公民出境旅游，但也增加了对我国公民出境旅游实际消费支出进行统计的难度。

因此，无论是国内旅游还是境外旅游，居民旅游消费支出很可能都被低估了。通过上述分析，无论是从统计核算角度还是统计数据角度分析，我们认为，我国居民服务性消费支出在一定程度上被低估了，这必然导致居民消费支出被低估，使居民消费率存在低估的可能。

三、灰色消费漏估

所谓灰色消费，是一种通过权力支配由公款开支而实现的违规个人消费，是一种个人对公共资源、企业资源的非法侵占。与灰色消费相关的一个概念是职务消费，它是因为履行职务而由公款支付的个人消费。两者尽管都是由公款支付的个人消费，但性质完全不同。在存在正常的制度设计及有效的监督机制下，从理论上说，公款消费应当全部是正常的职务消费，不存在灰色消费。但是，由于为执行公务而发生的职务消费与为了实现个人消费目的而非法侵占公共资源的灰色消费之间存在某种模糊地带，难以完全区分清楚，这就为某些存在败德倾向的公务人员造成了可乘之机。

灰色消费是一种世界范围的普遍现象。在中国，由公款支付个人消费，有着较悠久的历史。1949 年以前，在中国共产党领导的党政军系统里，正式编制人员（即所谓的"公家人"）一律实行供给制。在供给制下，党政军系统不同级别人员的生活消费全部由公家负责。限于资源有限，不同级别的人员的供给水平大不相同。进城以后，虽然改供给制为薪金制，但仍为不同级别的干部提供了不同档次的职务消费（例如，对不同级别干部的住宅、用车、食宿标准、勤务、医护人员的配备等），这些不同级别的职务消费部分为保障干部履行公务所必需，部分则是满足其个人消费需求的，但均由公款支付。在特定历史年代，这样的制度安排有一定的合理性，这种公款支付的个人消费，虽不是严格意义上的职务消费，但亦不能视为灰色消费。

但是，不容否认，长期的供给制在一定程度上导致了部分干部在思想上公私不分，把履行职责所需的职务消费与用公款满足个人消费需求的灰色消费混淆起来。在特定历史条件下，它一度恶性膨胀起来，成为相当严重的问题。不仅在社会上造成恶劣影响，严重损害党和政府的形象，而且造成了极大浪费，提高了党政部门的行政成本。

在中国，灰色消费一度猖獗，其规模甚至从行政管理支出占财政支出的比重变化也可以略见一斑。1978 年我国行政管理支出占财政支出的比重仅为 4.71%，2006 年就达到 18.73%[①]，其规模呈逐年上升趋势。从国际比较来看，2006 年，美国行政管理支出占财政支出的比重为 13.19%，日本为 12.91%，澳大利亚为 11.01%，俄罗斯为 14.63%[②]，我国行政管理支出规模明显大于大部分发达国家与发展中国家。随着我国经济增长，行政管理

---

① 根据《中国统计年鉴》历年数据计算而得，因为 2007 年我国财政收支科目实施了较大改革，财政支出口径变化很大，与往年数据不具有可比性。

② 根据国际货币基金组织出版的《政府财政统计年鉴》的相关数据计算而得。

支出有所增长是正常的，但是，缺乏对行政行为和职务消费的有效监督机制，职务消费的透明度不高，灰色消费急剧膨胀，导致行政管理支出过快增长，财政资金严重浪费，也是不争的事实。这些剧增的行政管理支出，不少变成了个人的高档消费。近年来，各地在反腐中所揭露的公款消费、奢靡之风的案例，更是不胜枚举。公车浪费及腐败更是令人吃惊。某市在车改中发现，该市公车年维修费用竟达每年 13 万元/辆，曾出现过一辆汽车在一年内报废了 24 条轮胎的惊人纪录！该市车改之后，公车减少了一半以上，但真正的公务用车却得到了充分保障。① 据计算，现有车辆仍有一半是冗余的，可以缩减。② 公车私用现象屡禁不止，除了利用公车办私事外，更有甚者私车公养，在单位报销个人车辆保险等费用，用虚开维修及耗材发票报销灰色消费开支，用单位公务卡给私家车加油，以私车公用名义违规领取公务交通补贴。这些违纪违规行为即使在近几年仍时有发生。

灰色消费曾经成为消费的一部分，甚至在统计上也难以忽略不计。这一点从党的十八大以来中央出台八项规定、严纠"四风"问题以及颁发实施厉行节约反对浪费条例之后的一些经济变量的变化可以看出。2013 年，中国酒店餐饮业首当其冲地受到反腐倡廉的冲击。数据显示，当年全国餐饮营业收入 25569 亿元，同比增长 9.0%，创下 20 多年来的最低增长值；餐饮百强企业更严重受挫，当年营业收入同比仅增长 5.7%，比 2012 年大幅下降了 10.8 个百分点。③ 2013 年上半年，中高端酒店业业绩明显下滑，全国三星级及以上星级饭店平均出租率同比下降 6 个百分点，平均餐饮收入同比下降 17.2%，平均客房收入同比下降 8.5%，平均总营业收入同比下降 11.8%，平均会议收入同比下降 17.8%。④ 2013 年，中国奢侈品消费年增长率从 20% 下降到 6%；高档白酒产品销售额仅为 412 亿元，同比下降了 34% 以上；顶级品牌茶叶消费为 315 亿元，同比下降 16%；高端旅

---

① 此系我们在福建某设区市调研中，与该市负责车改的干部交谈中得知。该市干部说，过去公车多 1 倍不止，可是真正下乡工作的普通干部需要用车却得不到保障，车改后，公车统一归口管理，有需要，符合规定，申请后一般都能得到保证，普通干部下乡或到各下属县市工作更方便了。

② 此系我们在调研时，该市车改部门负责人告知的数据。

③ 数据来自中国烹饪协会发布的《2013 年度中国餐饮百强企业分析报告》。

④ 数据来自中国旅游饭店业协会发布的《2013 年上半年星级饭店经营情况报告》。

游、餐饮、服务业深受重创，同比下降 21%。① 厉行反腐，严纠"四风"居然对一些高档消费行业、高档消费品的销售产生了如此大的负面冲击，不能不说此前的灰色消费规模巨大。

灰色消费就其性质而言，属于居民消费，但是在支出上，却是由公款支出的，因此，也就导致了它或者被统计为政府支出，不计入居民消费，或者成为企业成本，连 GDP 也不计入，更遑论消费。但是，就所实现的功能而言，却是个人消费，替代了本应由个人收入支付的消费：可以公车私用者，当然不必用私人收入买车，至少大幅度地减少私车的使用；可以公款吃饭或请客者，不会当天私人再花一笔钱去吃第二份，这些也就造成了公款消费对私人正常消费的挤出效应和替代效应，缩小了本应产生的私人消费支出规模（仅仅是支出规模！），改变了个人的消费与储蓄的比例或者各种消费品种之间的比例。其次，公款消费有很强的奢侈性消费冲动，原本花自己的收入不会消费的，现在乐得公款埋单，趁机享受享受，这就导致了全社会消费结构中奢侈性消费的比重上升了。然而，在进行住户调查统计时，被调查者对这部分消费势必闭口不谈，很难在统计中反映，这也会使得我国的居民消费统计存在着低估，使得现有的居民消费统计很难真实地反映我国居民的消费水平。

第三节 居民收入被低估

居民消费与居民收入息息相关。居民收入是居民消费的前提，影响居民消费的重要因素。根据城乡住户调查资料，可以推算出 2016 年我国城乡居民可支配收入为 33.67 万亿元，城乡居民消费支出总额为 24.09 万亿元，则居民储蓄为 9.58 万亿元；但是，根据国家统计局发布的资金流量表数据显示，2016 年住户部门可支配总收入为 45.95 万亿元，住户部门最终消费

---

① 数据来自中国奢侈品协会发布的《2013 年中国奢侈品市场消费数据》。

为 29.34 万亿元，总储蓄为 16.61 万亿元。通过比较，可以发现，我国城乡住户调查的统计数据存在系统性低估。

关于居民收入数据存在失真的问题，王小鲁及其团队做了专项研究，通过数据分析，证明我国居民收入被大幅度地低估了，而且主要原因是高收入居民收入存在严重低估。王小鲁研究团队通过细致的城镇居民家庭收支调查，依据恩格尔系数与居民收入水平之间的关系，采用分组比较法与模型分析法两种方法对城镇居民收入进行推算，结果发现 2008 年全国可能至少有 9.3 万亿元的收入没有体现在居民收入统计中，被称为隐性收入，其中大部分为灰色收入，高达 5.4 万亿元。然而，国家统计局及其他学者都对此结论提出质疑，认为该研究存在调查样本数量太小，调查方法不合理，采用的推算方法不科学等问题，导致推算结果不可靠。但是争议的双方都承认，在现阶段中国，隐性收入和灰色收入是客观存在的，而且确实是被低估了，因而城乡居民收入也可能被低估了。

居民收入被低估是因为在官方统计的居民收入中没有完全包括居民的全部收入，我们把它称为隐性收入。相对于官方公布的数据而言，隐性收入具有隐蔽性和不稳定的特点。隐性收入目前还没有见到一个比较合适的定义和统计界定，我们依据国民经济核算体系对居民收入的来源展开分析，对未体现在官方统计中的隐性收入的类别和性质进行探讨。类似于灰色消费被低估，居民出于个人隐私意识或企图逃避个人所得税等原因，有意瞒报真实收入情况，导致居民实际上报的收入与居民现实消费行为所表现出来的收入有所差异。居民收入由工资性收入、经营性收入①、财产性收入与转移性收入这四种类型收入组成，且这四种类型收入都有可能被低估，下面分别进行分析。

（1）工资性收入是指从事各种生产活动的就业人员获得的各种形式的劳动报酬，包括按小时、按件计工资、奖金、津贴和补贴、加班费等工资。工资性收入是我国居民最重要的收入来源，根据城乡住户抽样调查

---

① 根据我国国家统计局的界定，城镇与农村住户家庭的经营性收入是有区别的，城镇居民经营性收入是指经营净收入，是生产经营活动获得的全部收入扣除生产成本和税收之后的净收入；农村居民经营性收入是指家庭经营收入，是农村居民以家庭为单位从事生产经营活动而获得的收入。本章统一用经营性收入归类，不影响研究结果。

资料，2016 年我国城乡居民工资性收入总额为 191574.8 亿元，占居民可支配收入总额的 56.90%，占国民收入的比重为 25.87%，国民收入中工资性收入占比近几年总体呈下降的趋势，而且在国际比较中显得偏低，这一现象已被我国经济学界观察到（李扬、殷剑峰，2007；李稻葵、刘霖林、王红领，2009；白重恩、钱震杰，2009a，2009b，2009c；龚刚、杨光，2010 等）。

从国民经济核算的角度分析，我国目前通过城乡住户抽样调查所获得的居民收入及居民消费数据可能有所低估。我国的工资性收入有多种形式，这也在一定程度上增加了统计调查的难度。现实中，工资性收入包含各种奖金、福利或补贴等形式的收入，这些收入中有部分可能是企业出于避税或逃税的考虑，将垄断行业的垄断利润转化为职工的隐性收入；有部分可能是各级政府部门及行政事业单位由于缺乏规范的监督与管理机制，导致部分政府公共资金以及预算外收入没有纳入政府监管，其中一部分转化为"三公"消费，一部分转化为非正常发放的职工奖金、工资和福利。在统计调查中，居民往往会瞒报这其中的部分收入。一般而论，高收入家庭由于相当部分的收入可能是灰色收入甚至是非法收入，因此，往往拒绝接受调查，在居民家计调查中，高收入阶层的家庭样本不足。其次，越是高收入的居民家庭即使接受调查，其瞒报的可能性及数量可能也是比较大的，这就必然会导致城乡住户抽样调查所获得的收入数据是低估的。此外，有些居民除从事本职工作外，还从事第二职业或参与兼职等其他活动获得额外的劳动收入，居民也往往会尽量隐瞒这部分劳动报酬。在农村，剩余劳动力的流动性，在住户调查中，"常住流动人口"难以覆盖，从而容易导致部分农村居民的工资性收入也出现遗漏和低估。

（2）经营性收入是指从事生产经营活动的家庭住户成员所获得的收入。尽管近几年来它在农村居民收入中的占比一直呈下降的趋势，但却仍然是农村住户家庭中最重要的收入来源之一。改革开放以来，农村住户家庭单一的收入来源结构被打破，逐渐形成多元化的收入来源结构，在农村居民纯收入中，家庭经营性收入占比一直高于工资性收入占比，但是，随着农村非农产业的发展、农村剩余劳动力向城镇转移，农村家庭经营性收入占比逐渐呈下降趋势，农村居民工资性收入迅速增长，占比不断上升，到 2013 年，农村居民工资性收入占比为 45.25%，超过当年家庭经营性收入占比（42.64%），成为农村居民收入中最主要的收入来源之一。但是，农村住户家庭的生产经营活动不仅限于农业生产经营，也包括其他行业，这些经营活动所获得的收入至今在农村居民收入中仍然占据着重要的地位，对农村居民消费的影响显著。

在国民经济核算中，由于经营性收入的统计难度比较大，瞒报漏报可能性较大，这部分居民收入很有可能被低估。这一方面是因为个体经济从业者为了避税或其他原因而瞒报其生产经营收入，特别是我国存在大量无证经营的个体经济从业者，就更难以统计其经营收入。2013 年第三次中国经济普查数据显示，全国有 3279.1 万个有证照个体经营户，比第二次全国经济普查增加 405.4 万个，增长 14.1%，占当年全国家庭总户数的 7.45%，这当中还不包括有一些个别家庭成员参与生产经营活动（非经营业主）而获得经营性收入的家庭。另一方面是因为个体经营户有可能将原本应当计入家庭消费的部分支出计入其经营成本当中，不仅使得其经营性收入水平低估，还使得其家庭消费支出低估。此外，还存在一些在国民经济中难以统计的地下经济活动和非法的、非正规的经济活动，这些未观测经济活动的增加值不仅被低估了，而且这些活动的经营性收入也被低估了。① 此外，关于我国自雇佣劳动者的收入核算还不规范，这也增加了统计核算的难度。

（3）财产性收入是指家庭从拥有的动产以及不动产中所获得的收入，包括转让财产使用权所获取的利息、租金和专利收入，财产运营所获取的红利收入、财产增值收益等，具体包括：利息收入、股息与红利收入、保险收益等。② 尽管近几年来财产性收入增长速度很快，但由于基数小，所以绝对量依然很小，无论是在城镇居民可支配收入中的占比，还是在农村居民纯收入中的占比均比较低，大约占 2%—3%，与其他收入来源占比相比，财产性收入占比虽然较低，但同样是城乡居民收入来源结构中必不可

---

① 需要说明的是，针对非法经济活动，其增加值和收入是不应纳入国民经济核算中，但考虑个人隐性收入时，不能忽略这部分收入。

② 参阅国家统计局城市社会经济调查司：《中国城市（镇）生活与价格年鉴》，中国统计出版社。

少的一部分。再与其他市场经济国家比较发现，我国居民的财产性收入占比偏低，在初次分配收入中，居民财产性收入占比为 7.6%[①]，而美国 NIPA 账户中的居民财产性收入占比约为 18%[②]，是中国居民财产性收入的 236.84%。

我国居民财产性收入占比偏低，也在一定程度上抑制了居民消费支出。利息、股息、红利等财产性收入占居民收入的比重是衡量居民富裕程度的重要尺度，越是富裕的家庭，其有意隐瞒其财产性收入的激励就越强（白重恩、唐燕华、张琼，2015），而且这些财产性收入相对比较隐蔽，难以统计，也是居民收入被低估的一个原因。

（4）转移性收入是指国家、单位、社会组织向居民家庭支付的各种转移支付和居民家庭之间的收入转移支付，包括政府转移给个人的离退休金、失业救济金、抚恤金等；单位转移给个人的辞退金、住房公积金、家庭成员之间的赠送和赡养等。具体包括：养老金或离退休金、社会救济收入（只包括现金收入，不包括赠送的实物）、赔偿收入、保险收入、赡养收入、捐赠收入等。[③] 转移性收入是城镇居民的第二大收入来源，在城镇居民可支配收入中的比重整体呈稳定波动趋势，基本保持在 25% 左右。而农村居民的转移性收入占农村居民纯收入的比重远远低于城镇居民，但近几年增长势头较快，2000—2013 年整体上呈上升趋势，占比由 3.50% 上升到 8.82%，是农村居民的第三大收入来源，2016 年，农村居民转移净收入在农村居民可支配收入中的占比高达 18.83%。

政府转移性支付部分在居民获取的转移性收入来源中占主导地位。在统计核算中，像养老金或离退休金、社会救济收入、辞退金等属于政府转移性支付部分，这些直接或间接由国家财政发放的收入是比较容易监管和统计的，因此瞒报的程度相对较小。而属于家庭成员之间的收入转移，这

---

① 根据《中国统计年鉴 2014》"资金流量表"中的"实物交易"部分的数据计算得出，住户部门"财产收入"的"来源"占初次分配总收入的比重。

② 根据美国商务部官网发布的数据整理计算得出，将"租金收入"与"资产收入"合并为"财产收入"，再计算出占居民收入的比重。（参阅王志平：《中美居民财产性收入比较及启示》，《上海市经济管理干部学院学报》2010 年第 4 期。）

③ 参阅国家统计局城市社会经济调查司：《中国城市（镇）生活与价格年鉴》，中国统计出版社。

个部分并不影响居民部门的收入，尽管不同收入水平的家庭或家庭成员之间的收入转移可能会在一定程度上影响边际消费率，但可以忽略不计。

　　上述对居民收入各主要来源的分析，说明各个收入来源都存在漏算及低估从而导致居民收入低估的可能。此外，由于法律法规和制度不健全、管理透明度较低、监管不严，掌握公共资源和行政权力的机构或人员，容易在利益的驱使下以权谋私，发生贪污腐败、寻租行为、索贿或受贿等腐败现象，从而获得了大量的不宜公开的收入，在未统计的隐性收入中，有相当大部分属于灰色收入。由于我国缺乏健全的个人账户结算体系以及这部分收入违反法律法规，在统计调查中，被调查者通常会隐瞒这部分收入，这也会使居民收入的统计数据被低估。

　　居民收入是居民消费的关键因素。居民收入被低估，居民消费也可能被低估，从而影响居民消费率。

第四节　固定资产投资规模高估与居民消费低估

　　近20余年来，我国经济逐渐形成了"两高一低（高投资、高净出口、低消费）"的结构失衡状态，在封闭经济条件下，高投资率意味着低消费率。数据表明，我国的投资率与世界平均水平相比明显偏高，但是，需要说明的是，这一投资率是支出法 GDP 中资本形成总额占 GDP 的比重，而资本形成总额由固定资本形成总额和存货变动构成，其中固定资本形成总额占大部分，近几年基本维持在 95% 左右。固定资产投资率则是全社会固定资产投资占 GDP 的比重，根据国家统计局公布的统计数据，计算发现我国固定资产投资率在 1995—2016 年整体呈上升趋势，在 2016 年达到历年峰值 81.34%，2016 年之后开始下滑，2018 年为 73%；投资率整体上也呈上升趋势，但增长幅度要低于固定资产投资率，其中两者于 2003 年在数值上非常接近，但之后发生明显差距，固定资产投资率超过投资率，而且两者之间的差距越来越大，2016 年投资率为 44.14%，两者差距最大为 37.19 个百分点，2018 年为 44.85%，两者相差 28.16 个百分点（见图 3-1）。

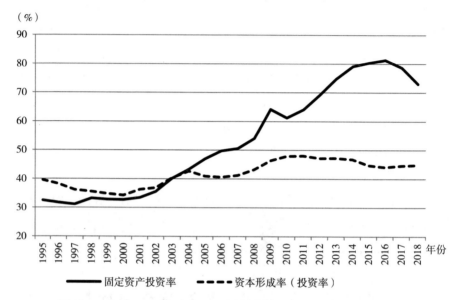

图 3-1　1995—2018 年中国固定资产投资率与资本形成率变化情况

资料来源：根据《中国统计年鉴》相关数据整理计算而绘制。

　　无论是我国固定资产投资率还是资本形成率，均高于世界上绝大多数国家，尤其高于发达国家，并且仍在逐步升高，由此引发我国学者对投资过热和投资规模过大的讨论。然而，我国官方统计数据并不能准确地反映出真实的投资情况，现行统计制度可能使得固定投资规模被高估。在分析统计方面存在的问题时，先要区分全社会固定资产投资与固定资本形成总额之间的区别。全社会固定资产投资是以货币形式表现的全社会在一定时期内建设和购置固定资产所涉及的工作量及其相关费用的总称。[1] 固定资本形成总额指常住单位在一定时期内所获得的固定资产的价值总额与处置的固定资产的价值总额之间的差额。通过生产活动生产出来的固定资产，其使用年限超过一年，其单位价值高于规定标准，但不包括自然资产。[2] 固定资本形成总额是通过调整全社会固定资产投资而计算出来的，主要是

---

①　参阅国家统计局发布的主要统计指标解释。
②　参阅国家统计局发布的主要统计指标解释。

调整统计口径的范围，既要扣除购置土地、旧建筑物和旧设备的费用，又要对 500 万元以下建设项目的固定资产投资进行补充（同时扣除其中包含的购置土地、旧建筑物和旧设备的费用），还要增加商品房销售增值及矿藏勘探、计算机软件等无形固定资产支出。[①] 此外，还要对全社会固定资产投资数据进行必要的调整，原因在于投资数据存在一定程度的高估。

由此可见，固定资本形成总额不是一个独立核算的项目，其基础数据来自全社会固定资产投资，根据调整后的最终结果，固定资本形成总额超过全社会固定资产投资的 60%，由于固定资产投资数据在统计调查及上报过程中存在不可避免的高估，因而可能会影响固定资本形成总额不能准确反映真实的投资情况，即固定资产投资规模存在被高估的可能。

投资数据在中国存在高估，除了一些地方政府出于政绩考核而在层层上报时夸大投资数量之外，还存在一些统计核算方面的问题。其中之一是在固定资产投资中存在的腐败现象，使得部分投资金额落入个人手中，变成他们的灰色收入，但这些被贪污的投资金额依然被纳入统计口径中，导致了投资额的数据被高估。尤其是在建筑工程项目招投标的过程中存在的商业贿赂现象更是层出不穷，希望中标的建筑企业通过各种手段进行公关，工程中标之后，发包单位或某些工作人员通过控制工程款进行索贿吃回扣，多为现金支付，一般为工程总金额的 3%—5%。[②] 另外，国家明文规定禁止承包单位将其承包的工程项目进行转包，但在实践中很多工程项目被压价多次倒手转包，从中牟取不当得利，每转包一次，就能够从中提取一定比例的管理费，大概为 8%—15%[③]，经过"层层转包、层层扒皮"，最后实际发生的工程款相比初始投资额大打折扣。还有一些建筑单位在统计报表时虚报价格以套取资金，存在重复计算等问题。这些通过各种方式"流出"的资金在统计核算中都纳入了固定资产投资，但实际上转化成个

---

　　① 参阅许宪春：《准确理解中国的收入、消费和投资》，《中国社会科学》2013 年第 2 期。作为支出法 GDP 的构成部分，一定要通过生产活动创造出来的产品才能计入固定资本形成总额，而"土地购置费是指通过划拨方式或出让方式取得土地使用权而支付的各项费用，这种土地使用权不是生产活动的成果，在利用全社会固定资产投资计算固定资本形成总额时，应当扣除土地购置费"。

　　② 参阅杨光：《揭秘建筑业商业贿赂》，《建筑时报》2006 年 4 月 24 日，第 2 版。

　　③ 参阅张汉亚：《我国的投资率是否"过高"》，《新金融》2007 年第 2 期。

人的灰色收入，不仅导致了投资额数据的高估，还使得居民可支配收入被低估。

全社会固定资产投资数据存在高估，但是，目前在统计核算中尚无法将这些因为腐败导致的灰色成本从固定资本形成总额中扣除，因此导致了固定资产投资规模的高估。从工程款中流出的投资金额很多实际上是流入到个人的手中，但在统计中仍旧计入投资账户，从而也使得由这部分收入转化的居民消费存在一定程度上的低估。

第四章 自有住房服务消费与
中国居民消费率

第一节 问题的提出

自 1990 年以来，中国居民的最终消费支出占支出法国内生产总值
（Gross Domestic Product，GDP）的比重一直低于 50%，近十年来，更是低
于 40%。据世界银行公布的数据，20 世纪 90 年代以来，居民最终消费支
出占 GDP 的比重（即居民消费率）的世界平均水平为 60%，高收入国家
基本是 60% 左右，中等收入国家一般都维持在 55% 左右，低收入国家高达
77% 以上（见表 4-1）。中国的居民消费率远远低于世界各类经济体的一般
水平。

表 4-1　世界上不同收入类型国家和地区的居民消费率

（单位:%）

国家和地区	1990 年	2000 年	2005 年	2010 年	2011 年	2012 年	2013 年
世界	58.7	59.5	59.2	59.5	59.8	59.8	59.9
低收入国家	80.3	78.2	79.0	77.0	77.6	77.5	77.1
中等收入国家	59.8	59.1	56.0	54.5	54.8	55.1	55.2
高收入国家	58.3	59.5	59.9	60.5	60.7	60.7	60.8
中国	47.0	46.7	38.1	34.7	35.9	34.8	34.1

续表

国家和地区	1990 年	2000 年	2005 年	2010 年	2011 年	2012 年	2013 年
日本	53.3	56.5	57.8	59.3	60.3	60.7	61.1
韩国	55.3	53.6	52.1	50.3	51.0	51.4	51.0
美国	63.7	65.5	66.7	67.8	68.6	68.2	68.0
英国	60.9	64.6	64.2	64.4	64.2	64.8	64.6
印度	64.6	64.2	57.6	56.4	56.4	59.5	59.2
巴西	59.3	64.3	60.3	59.6	60.3	62.6	62.6
南非	57.1	62.4	62.5	59.0	60.0	61.2	61.9
新加坡	44.8	42.1	38.6	35.5	36.6	37.8	37.7

资料来源：根据世界发展指数（World Development Indicators，WDI）数据库相关数据整理。

与官方统计显示的中国居民消费率超低形成鲜明对照的是：近年来中国已经成为全球最大的消费市场之一，奢侈品、手机、汽车以及出境旅游的消费都达到世界第一的水平。网络交易数据显示，仅"天猫"这一电商平台"双十一"一天的交易成交额就屡次刷新了 24 小时网上零售额最高纪录，超越美国最大的网上购物节"网络星期一"，成为全球最大的网络购物狂欢节。2012 年最终交易额为 191.36 亿元，2017 年就增至 1682.7 亿元，2012—2017 年年均增长高达 55.51%。不仅如此，近年来，世界各地随处可见的中国游客、令人咂舌的购买力、节假日国内各旅游景点人山人海的拥挤场面，都显示了中国消费者强劲的消费能力。

我国的居民消费率真如官方统计数据显示的那么低吗？国内外一些学者表示怀疑。拉迪（Lardy，2011）认为中国的需求结构存在失衡，中国经济需要向消费驱动的增长模式转型，但也认为中国的住房消费存在低估，可能影响到消费率统计数据的准确性。珀金斯（Perkins，2012）指出中国官方的数据可能低估了消费率，但消费被低估的程度不足以推翻中国需求结构失衡的结论。

王秋石和王一新（2013a、2013b）通过比较法论证中国消费率和居民消费率被低估，并进行数据调整，发现中国的经济结构并不像统计数据显示的那样严重失衡。李迅雷和高远（2013）认为中国经济结构存在误判缘于官方统计的偏失，投资被高估，消费被低估。朱天和张军（2012）指出中国消费不足和需求结构失衡这种时下流行的观点缘于对经济学理论的误解以及对失真的官方统计数据的盲目依赖，认为中国的消费率被大大低估了。

一些学者认为，是住房消费的低估导致了中国实际消费支出被低估（黄益平、常健和杨灵修，2012；等等），但他们仅仅进行了理论分析，没有进行具体估算，无法证实这一猜想。一些学者发现住房消费低估，主要缘于居民自有住房服务虚拟租金在我国现行统计体系下被严重低估。周清杰（2012）和李洁（2013）分别以美国和日本为例，分析国外自有住房服务虚拟租金的估算方法，并以此为基础，分析我国自有住房服务核算方法的不足之处。刘洪玉等（2003）、彭文生等（2012）和赵奉军（2015）采用等值租金法（或市场租金法）对我国自有住房服务虚拟租金进行估算，但是，我国现阶段的房屋租赁市场并不规范和完善，能否采用等值租金法，结论是否稳健，值得商榷。许宪春等（2012）和郭万达等（2012）采用使用者成本法对我国深圳、上海、北京和广州的居民住房租赁进行核算，并推及全国城镇居民居住支出规模的测算，发现调整后的居民消费率要高于官方统计数据，但他们仅仅计算了一年的数据和全国三个时间段的平均值，而且在选取折旧率时与国家统计局的现行规定不同，难以与现有数据进行比较。朱天和张军（2014）也采用使用者成本法对我国住房消费进行重估，但是将城镇和农村住房混同计算，忽略了我国农村大部分是自有住房，不存在住房市场，不宜用使用者成本法计算，其结果可能高估了我国目前的住房消费。

基于我国城镇住房市场已经相当发达，农村住房市场尚未形成的实际情况，本章拟通过使用者成本法对我国城镇居民自有住房服务的虚拟租金进行重估，农村居民自有住房仍保留现有的官方统计方法，最后根据估算结果对我国居民消费率进行修正。本章第一节提出本章拟研究的对象，第二节分析我国住房消费低估的原因；第三节重新估算我国住房消费并根据重估数值对居民消费率进行修正；第四节是结论及相关讨论。

第二节　按虚拟折旧法低估住房消费

居住类支出是居民消费的重要组成部分。2011年，我国城乡居民居住类支出为27388.5亿元，占居民消费支出的16.60%，占支出法GDP的5.88%。① 纵向看，2004年城乡居民居住类支出占居民消费支出的15.02%，占当年GDP的5.98%。这7年，房价一路上涨，城市住房的价值及获得居住服务的机会成本，以及住房消费占居民开支的实际比重都在不断上升，然而，根据我国官方公布的统计数据，居住类支出占GDP的比例却反而降低了。横向看，2011年，在经济合作与发展组织（Organization for Economic Co-operation and Development，OECD）中的大多数国家的居住类支出占居民消费的比重基本都在23%左右，约占GDP的12%—16%，我国的这两个指标均明显低于其他国家。② 我们认为，无论从纵向还是横向比较看，我国居民居住类支出的现行官方统计数据可能是被低估的。

低估的原因在于我国现行的居民居住类支出计算口径与国际通行的计算口径有所不同。

中国国家统计局发布的最新居民消费支出分类（2013）指出：居住类支出主要包括租赁房房租，自有住房折算租金，住房保养、维修及管理，水、电、燃料及其他。其中，导致我国居民居住类消费支出与国际通行计算口径差别最大的是自有住房折算租金，也即自有住房服务的虚拟价值。联合国统计委员会制定的国民经济核算的最新国际统计标准——《国民经济核算体系2008》（System of National Account，SNA（2008））规定："住

① 《中国统计年鉴》从2004年开始公布了城乡居民各项消费支出的具体数据，一直到2011年为止，虽然支出法GDP中居民消费支出主要是根据城乡住户抽样调查得到的数据计算而来，但二者之间还是有区别的，为确保数据的可比性，因此，本章最终选取2011年的城乡住户居住类支出进行说明。

② 在OECD统计数据库中，居住类支出不仅包括住房的实际租金和虚拟租金，还包括了与住房有关的水、电、天然气和其他燃料在内。

宅是为所有者提供住房服务的货物，因此，住户在住宅上的支出属于固定资本总形成。所有者出租住宅的租金记为所有者的住房服务产出和承租人的最终消费支出。如果是所有者的自用住宅，其住房服务的虚拟价值要同时记录为所有者的产出和最终消费支出。"[1] 同时对自有住房者的自给性住房服务作出明确解释："自给性服务生产一般不在生产范围之内，但自有住房者为自身最终消费生产的住房服务是个例外，它一直都包括在国民经济核算的生产范围之内。自有住房与租用住房的比率，在不同国家之间，在一个国家的不同地区之间，甚至在同一国家或同一地区的各较短时期之间，都可能存在较大的差异。因此，如果不虚拟自有住房服务的价值，住房服务生产和消费的国际比较和跨期比较就会失实。"[2] 而且规定"提供的住房服务价值等于在市场上租用同样大小、质量和类型的房屋所要支付的租金"[3]。上述规定说明：一是住户购买住房支出属于固定资产投资，不计入消费；二是住房消费是指除购房支出以外的所有住房服务的货币流量，除了租用住房的实际租金或市场租金外，还包括自有住房的虚拟租金或等效租金（Imputed rental）。但是，自有住房的虚拟租金如何测度，一直是一个棘手问题。

　　我国现行统计制度规定，支出法 GDP 中居民消费的居住类支出口径不仅包括租赁房房租、物业管理费、维护修理费、水电天然气等狭义上的居住支出，还包括了自有住房的虚拟租金。但是，在实际统计核算中，我国统计部门是使用虚拟折旧成本法，即按照当期住房的建筑成本与一定折旧率计算得出折旧额，代替自有住房的虚拟租金。统计部门的解释是：因为目前我国房屋租赁市场尚不发达、不够规范，无法获得类似于自有住房条件的租赁房价格，无法采用国际上通行的市场租金法来估算。

　　按照现行计算方法，我国居民自有住房的虚拟租金计算公式为：

居民自有住房服务增加值（即虚拟租金）＝固定资产折旧＝城镇居民自有住房虚拟折旧＋农村居民自有住房虚拟折旧　　　　　　　　　　　　（4-1）

城镇居民自有住房虚拟折旧＝城镇居民自有住房价值×折旧率＝［城镇

　　① 引自《国民经济核算体系 2008》第 9.57 节。
　　② 引自《国民经济核算体系 2008》第 6.34 节。
　　③ 引自《国民经济核算体系 2008》第 9.65 节。

居民人均住房建筑面积×城镇居民年平均人口×城镇住宅单位面积造价×（原有私房比重+房改私房比重+商品房比重+租赁私房比重）]×折旧率

$$(4-2)$$

农村居民自有住房虚拟折旧=农村居民自有住房价值×折旧率=农村人均住房面积×农村居民年平均人口×农村居民住房单位面积价值×折旧率

$$(4-3)$$

其中，由于农村居民绝大部分都是自建住房居住，租住房屋的居民比例很小，因此假定农村居民自有住房率为100%。城镇居民自有住房率，我国官方并未公布长期的统计数据，由于住房制度改革和城市化进程的加速，我国住房市场迅速发展，有关研究数据显示，我国城镇居民自有住房率已经达到80%以上[①]。其次，折旧率的选取。国家统计局规定：城镇居民自有住房虚拟折旧率为2%，农村居民自有住房虚拟折旧率为3%。可比起见，本章对于城镇、农村居民自有住房虚拟折旧率，继续沿用国家统计局的设定。城镇住宅单位面积造价按照固定资产投资（不含农户）住宅竣工价值与住宅竣工面积计算，资料来源于相关年份的《中国统计年鉴》。

我们依据上述计算公式，算出2004—2012年我国城乡居民自有住房的虚拟折旧及其占支出法GDP的比重（见表4-2）。计算结果表明，2004—2012年我国城镇居民自有住房的虚拟折旧只占支出法GDP的1.5%左右，农村居民自有住房的虚拟折旧仅占支出法GDP的1%左右，我国城乡居民自有住房虚拟折旧合计占GDP的比重为2.5%左右。考虑到我国自有住房率高于世界一般水平以及房地产估值的变动，用仅仅计算住房物理耗损的虚拟折旧替代虚拟租金显然大大低估了我国居民的住房消费水平，使我国居住类支出数据在国际上严重缺乏可比性。

---

① 浙江大学不动产投资研究中心、清华大学媒介调查实验室等联合发布的《中国居住小康指数》（2012）根据对40个城市的调查认为中国城市居民自有住房率为78.6%；西南财经大学与中国人民银行共同发布的《中国家庭金融调查报告》（2012）指出，中国家庭自有住房拥有率为89.68%，远高于世界平均的60%，其中城市家庭为85.39%。国家统计局的专题报告显示，2000年城镇居民自有住房率已达到77.1%，2010年底，城镇居民家庭自有住房率为89.3%。据2010年第六次全国人口普查数据，我国城市家庭住户住房自有率为69.78%，镇和农村家庭则为83.2%和96.3%。国内外相关研究指出住房自有率与城市化率呈负相关关系，即随着城市化程度的提高，城镇居民自有住房率会有所降低。综合参考上述多项研究数据，本章将城镇居民自有住房率定为80%。

表 4-2 全国城乡居民自有住房虚拟折旧及占 GDP 的比重（虚拟折旧法）

项目 \ 年份		2004	2005	2006	2007	2008	2009	2010	2011	2012
城镇居民	年均人口（百万人）	533.30	552.48	572.50	594.61	615.18	634.58	657.45	680.29	701.31
	人均住宅建筑面积（平方米/人）	26.4	27.8	28.5	30.1	30.6	31.3	31.6	32.7	32.9
	住宅单位面积造价（元/平方米）	1079.85	1161.56	1300.02	1398.15	1496.87	1715.11	1872.80	2031.85	2184.18
	自有住房虚拟折旧（亿元）	2432.51	2854.42	3393.84	4003.78	4508.46	5450.54	6225.31	7231.87	8063.26
	占 GDP 比重（%）	1.51	1.52	1.52	1.50	1.43	1.56	1.55	1.53	1.52
农村居民	年均人口（百万人）	762.78	751.25	738.52	723.28	709.48	696.69	680.26	663.85	649.39
	人均住房面积（平方米/人）	27.9	29.7	30.7	31.6	32.4	33.6	34.1	36.2	37.1
	住房价值（元/平方米）	226.1	267.8	287.8	313.6	332.8	359.4	391.7	654.4	681.9
	自有住房虚拟折旧（亿元）	1443.53	1792.54	1957.55	2150.26	2295.02	2523.92	2725.84	4717.80	4928.58
	占 GDP 比重（%）	0.90	0.96	0.88	0.81	0.73	0.72	0.68	1.0	0.93
城乡自有住房虚拟折旧合计（亿元）		3876.04	4646.96	5351.38	6154.04	6803.48	7974.46	8951.15	11949.7	12991.8
占 GDP 的比重（%）		2.41	2.48	2.40	2.31	2.15	2.29	2.22	2.53	2.45

资料来源：根据《中国统计年鉴》相关数据整理计算而得。

采用虚拟折旧成本核算方法只考虑住房的物理折旧，忽略了决定不同城镇地区住宅实际价值的其他因素，相同住宅在不同城市的实际价值差别巨大，不同地区居民购买自有住房资金的机会成本各不相同，对住房价值的定价偏低，使我国居民自有住房的虚拟租金被低估，从而低估了我国城乡居民的居住类支出及居民实际消费支出。

第三节 按使用者成本法重估住房消费修正居民消费率

正确估算居民自有住房服务的价值是国民经济核算中一个难题。方法不当，将使住房消费、居住类支出、居民消费、GDP 等宏观经济数据出现偏误；各国方法不同，将使各国宏观经济数据缺乏国际可比性。目前，与虚拟折旧成本法不同，SNA（2008）推荐使用的估算虚拟租金的方法主要有两种：一种是等值租金法（Rental-equivalence Approach），另一种是使用者成本法（User-cost Approach）。

等值租金法适用于房屋租赁市场比较规范的国家，这种方法类似于自给性货物或服务的一般估价方法，用市场上同类服务的销售价格对自给性住房服务产出进行估价。[①] 即根据承租人在市场上租住同样条件的房屋所愿意支付的租金来估算自有住房所有者的住房服务产出。美国的房屋租赁市场相当发达，因此，美国统计部门估算自有住房服务虚拟租金采用等值租金法。

如果不存在规范的房屋租赁市场，或者房屋租赁市场规模太小或过于单一，无法获得合适的参照价格，则应该选择使用者成本法，即用当期持有住房的成本减去收益。成本包括按揭利息、房产税、房屋的维护及折旧费等，当期收益是自有住房持有者的资产升值，而住房的当期价格与原有价格之间的差异通过资本折旧调整体现。[②] 本章采用的使用者成本法公式是在珀特巴（Poterba，1992）研究基础上的改进：

[①] 参阅《国民经济核算体系 2008》第 6.117 节。

[②] 美国经济分析局（Bureau of Economic Analysis，BEA）和其他 OECD 国家在核算住房服务时都进行了资本折旧调整。BEA 提供的资本折旧调整公式为：资本折旧调整＝历史成本折旧－现价折旧。其中，历史成本折旧是对资本损耗进行补偿，现价折旧则体现了市场对同类住房按现价进行折旧补偿，两者之间的差额完全是由住房价格变动引起的。因此，资本折旧调整的目的在于消除住房价格变动对 GDP 的影响。

$$User\ cost\ of\ housing = (i + \tau_p + f - \pi)\ P_h \tag{4-4}$$

$$R = (i + \tau_p + f - \pi)\ P_h \tag{4-5}$$

受限于现阶段我国统计数据的可得性，我们将珀特巴公式中的住房投资的风险溢价 β、维护成本 m 和折旧成本 δ 合并为 f。其中，i 是银行按揭的贷款利率，τ_p 是房产税率，f 是房屋维护及折旧成本，实际计算中只考虑了折旧率，π 是通货膨胀率，P_h 是指房屋的市场售价，用 R 表示房屋的居住成本即等效租金。

与基于住房建筑成本的虚拟折旧法相比，使用者成本法是选取住房的当期市场价格，能够比较具体测算出在一定时期内拥有自有住房的货币机会成本和相应收益。

由于我国的商品房市场相对发达，商品房价格比租金更具有代表性。因此，本章在计算城镇居民自有住房服务的增加值时，是用商品房价格进行计算的。其中，P_h 是指商品房中用于住宅的平均销售价格，并以 1998 年为基期[①]，选取历年住宅竣工面积[②]及住宅的平均销售价格，对城镇居民自有住房的居住支出进行资本折旧调整，计算方法借鉴郭万达等（2012）与许宪春等（2012）的研究，城镇自有住房的面积假设为城镇住房总面积的 80%。

由于我国这些年的贷款利率经过多次调整，物价波动也较大，因此有必要对利率与居民消费价格指数（Consumer Price Index，CPI）进行平滑处理。本章以五年为期计算移动平均数。按揭利率 i 取五年以上中长期银行贷款基准利率，其中年利率取当年各月利率的算术平均数进行移动平均。通货膨胀率 π 取官方公布的 CPI 指数进行移动平均处理。鉴于我国尚未全面推行房产税，故 τ_p 取零。城镇居民自有住房折旧率依然选取 2%，同虚拟折旧法选取的折旧率保持一致，以利比较。基于使用者成本法估算城镇

---

① 1998 年 7 月 3 日国务院颁发《关于进一步深化城镇住房制度改革加快住房建设的通知》（国发〔1998〕23 号），明确指出停止住房实物分配，逐步实行住房分配货币化等明文规定，极大地促进了我国房地产业的迅速发展。

② 不直接采取"商品房中用于住宅部分的销售面积"替代计算，原因在于商品房（住宅）销售面积不仅包括现房销售建筑面积，还包括期房销售建筑面积，而估算我国居民自有住房的服务价值依赖于商品房市场中的存量，因此采取商品房（住宅）已竣工面积，再根据市场出租、待售（空置）情况进行调整。

居民自有住房服务等效租金的结果见表4-3。

表4-3 全国城镇居民自有住房服务的虚拟租金（使用者成本法）

项目 年份	商品房 平均 销售 价格： 住宅 （元/平 方米）	五年以 上贷款 利率 （移动 平均 值） （%）	财产税 （%）	折旧率 （%）	CPI （移动 平均 值） （%）	城镇居民 自有住房 总使用 成本 （亿元）	城镇居民 自有住房 资本折 旧调整 （亿元）	城镇居民 自有住房 虚拟租金 （亿元）
2004	2608	5.97	0	2	1.08	20225.93	−103.25	20122.68
2005	2937	5.95	0	2	1.36	23772.56	−184.83	23587.73
2006	3119	6.01	0	2	1.52	26412.11	−242.45	26169.65
2007	3645	6.32	0	2	2.64	29664.72	−447.88	29216.84
2008	3576	6.67	0	2	3.58	27389.71	−415.06	26974.65
2009	4459	6.68	0	2	2.66	42681.84	−911.38	41770.46
2010	4725	6.66	0	2	2.96	44781.04	−1086.33	43694.71
2011	4993	6.73	0	2	3.74	44357.59	−1289.76	43067.83
2012	5430	6.61	0	2	3.30	53240.26	−1670.35	51569.91

注：①城镇居民自有住房总使用成本是根据使用者成本法公式计算得出的住房单位使用成本与城镇居民自有住房面积的乘积，城镇居民自有住房面积按城镇居民住房总面积乘以80%的自有住房率计算得出。②城镇居民自有住房资本折旧调整以1998年为基期，以住房的历史成本折旧与重置成本折旧（现值折旧）之间的差额表示，两者之间的差额是由资产价格的变化引起的。如果住房的历史成本小于重置成本，则资本折旧调整为负；反之，为正。

资料来源：根据《中国统计年鉴》和中国经济数据库（China Entrepreneur Investment Club, CEIC）进行计算整理而得。

由于我国农村居民绝大部分是居住自有住房，不存在住房市场，因此仍采取官方目前的估算方法，即用虚拟折旧法估算农村居民自有住房服务的增加值。基于两种估算方法得出的城乡居民自有住房虚拟租金情况见表4-4，两种估算方法下的差额就是自有住房虚拟租金的被低估值，同时也是居民居住类支出和住房消费被低估的部分。

表4-4　基于两种估算方法估算的城乡居民自有住房虚拟租金

（单位：亿元）

项目　　年份	使用者成本法			虚拟折旧法	两种估算方法下的差额
	城镇居民自有住房虚拟租金	农村居民自有住房虚拟租金	城乡居民自有住房虚拟租金总值	城乡居民自有住房虚拟租金总值	
2004	20122.68	1443.53	21566.21	3876.04	17690.17
2005	23587.73	1792.54	25380.27	4646.96	20733.31
2006	26169.65	1957.55	28127.20	5351.38	22775.82
2007	29216.84	2150.26	31367.10	6154.04	25213.06
2008	26974.65	2295.02	29269.67	6803.48	22466.19
2009	41770.46	2523.92	44294.38	7974.46	36319.92
2010	43694.71	2725.84	46420.55	8951.15	37469.40
2011	43067.83	4717.80	47785.64	11949.67	35835.96
2012	51569.91	4928.58	56498.49	12991.83	43506.65

资料来源：根据表4-2和表4-3的数据计算整理而得。

将表4-4中的差额即住房消费的被低估值按照GDP平衡核算原理加入官方统计数据里，得到修正后的数据并重新计算相应的消费率（见表4-5），对修正前后的数据进行对比，发现我国的居住消费率被低估了6—9个百分点，仅此一项，就导致了居民消费率被低估4—6个百分点，最终消费率被低估了3—4个百分点（见图4-1—图4-3）。

表4-5　根据重估的虚拟租金修正后的消费支出及消费率

项目　　年份	修正前官方统计数据						
	GDP（亿元）	最终消费支出（亿元）	居民消费支出（亿元）	居民居住类支出（亿元）	最终消费率（%）	居民消费率（%）	居住消费率（%）
2004	160956.59	87552.58	65218.48	9589.00	54.40	40.52	5.96
2005	187423.42	99357.54	72958.71	11129.10	53.01	38.93	5.94
2006	222712.53	113103.85	82575.45	14628.00	50.78	37.08	6.57
2007	266599.17	132232.87	96332.50	16721.90	49.60	36.13	6.27

项目 年份	修正前官方统计数据						
	GDP （亿元）	最终消费 支出 （亿元）	居民消费 支出 （亿元）	居民居住 类支出 （亿元）	最终 消费率 （%）	居民 消费率 （%）	居住 消费率 （%）
2008	315974.57	153422.49	111670.40	19192.50	48.56	35.34	6.07
2009	348775.07	169274.80	123584.62	20739.50	48.53	35.43	5.95
2010	402816.47	194114.96	140758.65	24210.30	48.19	34.94	6.01
2011	472619.17	232111.55	168956.63	27388.50	49.11	35.75	5.80
根据重估的虚拟租金修正后的数据							
2004	178646.76	105242.75	82908.65	27279.17	58.91	46.41	15.27
2005	208156.73	120090.85	93692.02	31862.41	57.69	45.01	15.31
2006	245488.35	135879.67	105351.27	37403.82	55.35	42.91	15.24
2007	291812.23	157445.93	121545.56	41934.96	53.95	41.65	14.37
2008	338440.76	175888.68	134136.59	41658.69	51.97	39.63	12.31
2009	385094.99	205594.72	159904.54	57059.42	53.39	41.52	14.82
2010	440285.87	231584.36	178228.05	61679.70	52.60	40.48	14.01
2011	508455.13	267947.51	204792.59	63224.46	52.70	40.28	12.43

注：国家统计局从 2004 年开始公布我国居民的居住类支出，直到 2011 年为止，所以数据截止到 2011 年。

资料来源：根据历年《中国统计年鉴》的相关数据及表4-4中的数据计算整理而得。

　　根据重估的自有住房虚拟租金对官方统计数据进行修正，2004—2011年，我国的居住消费支出占 GDP 的比重不是 5.8%—6.6%，而是 12.31%—15.31%。调整后的这一比重非常接近 OECD 大部分成员国的水平。2011 年 OECD 国家的居住消费占比，除韩国的占比很低（8.7%）之外，大部分国家都在 12%—16%。但是，我们注意到，即使用重估的居住消费支出修正居民消费率，我国居民的消费率虽然因此有所上升，但仍然徘徊在 39.63%—46.41%，仍然低于世界各类经济体的一般水平。

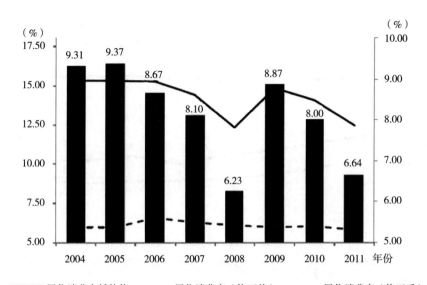

图 4-1　2004—2011 年中国居民居住消费率修正前后变化情况

资料来源：根据表 4-5 绘制。

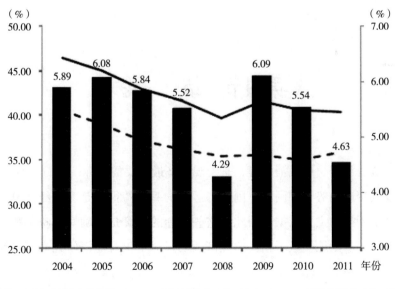

图 4-2　2004—2011 年中国居民消费率修正前后变化情况

资料来源：根据表 4-5 绘制。

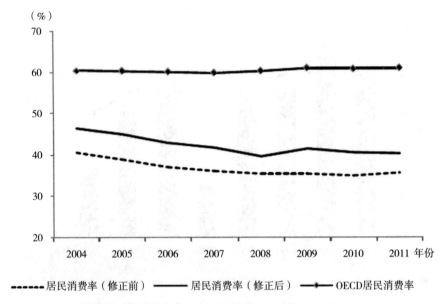

图 4-3   2004—2011 年中国居民消费率修正前后与
OECD 国家居民消费率比较情况

资料来源：表 4-5 与世界银行 WDI 数据库。

第四节   结   论

投资、消费、居民消费等，是宏观经济最重要的指标，它们占 GDP 的比重及其变动趋势，刻画出一国经济运行的基本特征，是宏观经济分析及宏观经济调控的主要依据。因此，这些指标的计算是否确切反映了相应的经济内涵，准确地衡量了相关的经济活动，对于宏观经济研究而言，至关重要。

一般而言，一个经济体在其经济起飞阶段，由于提高投资率的需要，居民消费率有所下降，是正常的趋势。世界银行的数据显示，处于赶超阶段的中等收入经济体的居民消费率不仅低于发达经济体，而且也低于低收入经济体，日本、韩国、中国台湾地区等经济体战后经济高速增长阶段的投资率、消费率变动趋势，以及相关的理论研究，也证实了这一观点（李文溥、龚敏等，2013）。但是，我们也应看到，一个社会的再生产循环有其基本的实现条件，特定时期的投资与消费比例尽管存在一定的变动区间，但是，当投资与消费的比例过多地偏离正常结构时，社会再生产循环势必难以进行下去。或许正因如此，近年来，国内外一些学者对中国官方公布的居民消费率数据有所怀疑。本章采取使用者成本法对中国居民居住类支出进行重新估算，结果发现重估后的居民居住类支出占 GDP 的比重较官方统计数据提高了 6—9 个百分点，相应地，居民消费率提高了 4—6 个百分点，最终消费率提高了 3—4 个百分点。

这一研究在一定程度上证实了我们及国内外一些研究者的猜想。但是，这一重估结果是否合理？它取决于在现今中国，应用使用者成本法计算自有住房虚拟租金是否合理。首先，这种算法符合国际标准，因此，这样算出的结果比目前官方使用虚拟折旧成本法的计算结果更有国际可比性①。其次，在市场经济和城镇住房商品化的背景下，城镇住宅的价值不仅取得了货币表现形式，而且其价值在不同地区因其所具有的资源稀缺性差异极大，其物理成本仅仅是构成住宅价值的一个组成部分。在不同时间、不同地点同样面积、质量的住宅所提供的居住服务是大不相同的，居民获得它的机会成本也是大不相同的，因此，应用使用者成本法计算居民从自有住房获得的服务，是合理的。最后，由于这一计算的前提是住房市场较发达，因此，在目前，暂时只对城镇按使用者成本法计算自有住房虚拟租金，而对农村住宅仍按照虚拟折旧成本法计算可能是比较稳健的。

根据重估后的居民居住类支出对居民消费率进行修正，尽管在一定程度上提高了我国居民的消费率水平，但是仍然大大低于世界各类经济体的一般水平。显然，仅仅通过重估住房消费，还不足以完全修正我国的居民消费率。因此，本章的研究还仅仅是重估我国居民消费率的一部分。准确地判断居民消费率，还需要进一步的研究。

———————————

① 目前，世界上主要发达国家均已经采用 SNA（2008）的核算体系，自有住房服务消费都已经采用使用者成本法或等值租金法计算。

第五章 灰色消费估算与居民消费率

第一节 问题的提出

所谓灰色消费，是一种通过权力支配由公款开支而实现的违规个人消费，是一种个人对公共资源、企业资源的非法侵占。与灰色消费相关的一个概念是职务消费，它是因为履行职务而由公款支付的个人消费。两者尽管都是由公款支付的个人消费，但性质完全不同。在存在正常的制度设计及有效的监督机制下，从理论上说，公款消费应当全部是正常的职务消费，不存在灰色消费。但是，由于为执行公务而发生的职务消费与为了实现个人消费目的而非法侵占公共资源的灰色消费之间存在某种模糊地带，这就为某些存在败德倾向的公务人员造成了可乘之机。

灰色消费是一种世界范围的普遍现象。在法制健全、监督体系比较严密的国家和地区，公务员及企业高管的灰色消费行为也时有被揭露。在中国，由公款支付个人消费，有着较悠久的历史。1949 年以前，在中国共产党领导的党政军系统里，正式编制人员（即所谓的"公家人"）一律实行供给制。在供给制下，党政军系统不同级别人员的生活消费全部由公家负责。限于资源有限，不同级别的人员的供给水平大不相同。新中国成立以后，虽然改供给制为薪金制，但仍为不同级别的干部提供了不同档次的职务消费（例如，对不同级别干部的住宅、用车、食宿标准、勤务、医护人员的配备等），这些不同级别的职务消费部分为保障干部履行公务所必需，部分则是满足其个人消费需求的，但均由公款支付。在特定历史年代，这样的制度安排有一定的合理性，这种公款支付的个人消费，虽不是严格意义上的职务消费，但亦不能视为灰色消费。

但是，不容否认，长期的供给制在一定程度上导致了部分干部在思想上公私不分，把履行职责所需的职务消费与用公款满足个人消费需求的灰色消费混淆起来。在特定历史条件下，它一度恶性膨胀起来，成为相当严重的问题。不仅在社会上造成恶劣影响，严重损害党和政府的形象，而且造成了极大浪费，提高了党政部门的行政成本。

灰色消费提高了行政成本，从行政管理支出占财政支出的比重变化可以略见一斑。1978 年我国行政管理支出占财政支出的比重仅为 4.71%，2006 年就达到 18.73%①，其规模呈逐年上升趋势。随着我国经济增长，行政管理费用支出有所增长是正常的，但是，缺乏对行政行为和职务消费的有效监督机制，职务消费的透明度不高，灰色消费急剧膨胀，导致行政管理支出过快增长，财政资金严重浪费，也是不争的事实。这些剧增的行政管理支出，不少变成了个人的高档消费。近年来，各地在反腐中所揭露的公款消费、奢靡之风的案例，不胜枚举。公车浪费及腐败更是令人吃惊。某市在车改中发现，该市公车年维修费用竟达每年 13 万元/辆，曾出现过一辆汽车在一年内报废了 24 条轮胎的惊人纪录！该市车改之后，公车减少了一半以上，但真正的公务用车却得到了充分保障。② 公车私用现象屡禁不止，除了利用公车办私事外，更有甚者私车公养，在单位报销个人车辆保险等费用，用虚开维修及耗材发票报销灰色消费开支，用单位公务卡给私家车加油，以私车公用名义违规领取公务交通补贴。这些违纪违规行为即使在近年仍时有发生。

灰色消费曾经成为消费的一部分，甚至在统计上也难以忽略不计。这一点从党的十八大以来中央出台八项规定、严纠"四风"问题以及颁发实施厉行节约反对浪费条例之后的一些经济变量的变化可以看出。2013 年，数据显示，当年全国餐饮营业收入 25569 亿元，同比增长 9.0%，创下 20

---

① 根据《中国统计年鉴》历年数据计算而得，因为 2007 年我国财政收支科目实施了较大改革，财政支出口径变化很大，与往年数据不具有可比性。

② 笔者在福建某设区市调研时，该市干部告知，过去公车多一倍不止，可是真正下乡工作的普通干部需要用车却得不到保障，车改后，公车统一归口管理，有需要，符合规定，申请后一般都能得到保证，普通干部下乡或到各下属县市工作更方便了。

多年来的最低增长值，餐饮百强企业更严重受挫，当年营业收入同比仅增长 5.7%，增幅比 2012 年大幅下降了 10.8 个百分点。[①] 2013 年上半年，全国三星级及以上星级饭店平均出租率同比下降 6 个百分点，平均餐饮收入同比下降 17.2%，平均客房收入同比下降 8.5%，平均总营业收入同比下降 11.8%，平均会议收入同比下降 17.8%。[②] 2013 年，中国奢侈品消费年增长率从 20% 下降到 6%；高档白酒产品销售额仅为 412 亿元，同比下降了 34% 以上；顶级品牌茶叶消费为 315 亿元，同比下降 16%；高端旅游、餐饮、服务业深受重创，同比下降 21%。[③] 厉行反腐，严纠"四风"居然对一些高档消费行业、高档消费品的销售产生了如此大的负面冲击，不能不说此前的灰色消费规模巨大。

厉行反腐，严纠"四风"，建章立制，严格监督机制，加强党风政风建设，使广大党政干部尤其是领导干部清正廉洁，勤政为民，是关系执政党生死存亡的大事，是各级党政部门的重要工作，是政治学等相关学科需要认真研究的课题。

本章拟从统计学和宏观经济学的角度，测算一下中央八项规定等反腐、反"四风"措施出台前灰色消费的规模，及其对居民消费率的影响。其之所以如此，是因为，灰色消费就其性质而言，属于居民消费，但是，在支出上，却是由公款支出的，因此，也就导致了它或者被统计为政府支出，不计入居民消费，或者成为企业成本，连 GDP 也不计入，更遑论消费。但是，它实实在在是由个人消费掉了，它势必挤出本来要由居民收入支付的消费，它如果足够大，就可能人为地降低了居民消费率，在宏观经济分析中导致误判，影响宏观经济政策的制定。

本章拟对灰色消费进行估算，通过估算典型的灰色消费的规模对我国居民消费率进行修正。估算主要集中于典型的灰色消费与公车私用。本章第二节是研究综述；第三节估算典型的灰色消费规模；第四节估算公车私用消费规模；第五节根据估算的典型的灰色消费规模对居民消费率进行修正；第六节是结论及相关讨论。

---

① 数据来自中国烹饪协会发布的《2013 年度中国餐饮百强企业分析报告》。
② 数据来自中国旅游饭店业协会发布的《2013 年上半年星级饭店经营情况报告》。
③ 数据来自中国奢侈品协会发布的《2013 年中国奢侈品市场消费数据》。

第二节 前人的研究

自 1990 年以来，中国居民的最终消费支出占支出法 GDP 的比重一直低于 50%，近十年来，更是低于 40%。据世界银行公布的数据，20 世纪 90 年代以来，居民最终消费支出占 GDP 的比重（即居民消费率）的世界平均水平为 60%，高收入国家基本是 60% 左右，中等收入国家一般都维持在 55% 左右，低收入国家高达 77% 以上。中国的居民消费率远远低于世界各类经济体的一般水平（李文溥、陈婷婷，2018）。与官方统计的中国居民消费率超低形成鲜明对照的是：近年来中国的高档消费，无论是范围、品种还是数量的增长都是令人咂舌的。这些当然引起了学界关注，它必然引申至对灰色消费的研究。

一些学者从理论上讨论了灰色消费的表现、成因、影响，提出了相关的对策建议（杨大光，2003；折振琴，2010）；另一些学者则从职务消费腐败角度展开分析、讨论（焦建国，2005；孟庆平，2009；申恩威，2011）。职务消费顾名思义就是因履行职务而产生的应由公款支付的消费，有其合理性，但是，由于我国对职务消费的支出范围与标准长期没有明确的界定，特定支出是否与履行职务有关，难以监督，从而滋生出利用职务之便或假借履行职务之名以满足个人消费需求的灰色消费，与正常的职务消费不同，它纯属于个人消费，却由公款报销，抵销了原来应由个人支出的消费，导致了居民消费和居民消费支出的被低估。

高敏雪（2014）基于国民经济核算原理就隐性收入、隐性消费对当前中国居民消费率的影响进行系统讨论，认为中国居民消费率确实存在低估，但并没有进行专门估算，无法给出具体的低估数值。王秋石和王一新（2013）认为居民消费"企业化""投资化"以及"公款化"是造成中国居民消费率低估的原因，他们用中等收入国家的政府消费与居民消费的比值的平均值来替代中国的数据，以消除中国公款消费对居民消费率的影响，但是，中国的灰色消费程度与中等收入国家相近吗？以致可以用中等收入国家的数据替代中国的数据？显然有疑问。

蔡宏斌等（Hongbin Cai，Hanming Fang & Lixin Colin Xu，2011）指出中国企业接待及差旅费的支出占全社会增加值的2%，认为这部分公款消费有相当大一部分应该属于居民私人消费。朱天和张军（2014）在蔡宏斌等研究的基础上计算出企业公款消费支出，同时估算出企业公车私用的消费支出，但是，只估算企业公款消费与公车私用，却忽略了政府部门公款消费与公车私用消费，可能低估了我国的灰色消费规模。梁其翔和龙志和（2016）利用官方统计数据之间的数量矛盾推算出部分灰色消费规模，但简单地将投资额高估归因于大量灰色消费的存在则有待考量。

灰色消费研究的一个重点是如何正确估算其规模。由于不存在灰色消费的官方统计①，因此，只能通过研究者的估算。鉴于现实生活中，灰色消费的形式多种多样，以违规的公款消费为主，主要有超标准的公款接待、公款吃喝、违规公款旅游、公款购物以及超标配备公车、滥用公车维修费用②、公车私用等。但是，限于数据收集的困难，我们目前还不可能全部予以估算。本章只能针对其中典型的灰色消费与公车私用进行初步估算。显然，我们的估算结果可能偏小，但在用于估算其对居民消费率的影响时，也相对稳健一些。

第三节　灰色消费规模估算③

2011年以来，中央本级及部分地方政府正式公开了"三公"经费的预

---

① 如果存在这样的官方统计，那么灰色消费就不可能存在。

② 在调研中，某设区市的车改部门负责人告诉笔者：一年一辆车哪里可能报废24个轮胎呢？这些轮胎其实都是被人给吃掉了啊。全市的公车一年车均维修费用13万元，等于不到两年将全市的公车的所有部件换过一遍，它可能吗？

③ 本节估算的并非所有灰色消费的规模，仅仅是各级政府的违规公款消费等典型的灰色消费规模。

决算支出及三项费用支出，但是，这些"三公"经费支出包含了必要的职务消费和非必要的职务消费（即灰色消费），而且没有公开明细支出。在现实生活中，灰色消费支出名目繁多。如此一来，灰色消费显然无法从现有"三公"经费支出中剔除出来。另外，"小金库"现在虽然是非法的，但是，一些单位私设"小金库"之事，至今仍时有揭露。"小金库"主要就是为一些部门或个人的灰色消费提供便利的，这部分更是难估算。因此，希望从支出端直接整理出灰色消费支出，其实是不可能的。

但是，灰色消费既然存在，而且规模较大，它就不可能无迹可循。它既然发生了，就是客观存在，必然成为社会消费品零售总额的一部分。当然，如果并没有发生党的十八大以来中央出台八项规定、严纠"四风"这一重大转折，消费数据依然延续过去的走势，我们也难从中观察到此前社会消费品零售总额中所包含的灰色消费的规模。但是，自从中央八项规定出台之后，社会消费品零售总额同比名义增长率的变化与"三公"经费的变化如影相随，逐年下降。2010 年社会消费品零售总额 156998.43 亿元，同比名义增长 18.3%（扣除价格因素实际增长 14.8%）；2016 年社会消费品零售总额 332316.3 亿元，同比增长 10.4%（扣除价格因素实际增长 9.6%），与 2010 年相比增速下降了 7.9 个百分点。2010—2016 年社会消费品零售总额虽逐年增长，年均增长率为 13.3%，但同比名义增长率却在逐年下降，其中限额以上企业（单位）零售总额同比增长率下降幅度更大。按经营单位所在地划分，2010—2016 年城镇社会消费品零售总额同比增长率下降了 8.4 个百分点，同期，乡村同比增速仅下降了 5.2 个百分点，城镇零售总额同比增长速度不仅逐年下降，而且还逐步低于乡村。这意味着，中央及地方政府"三公"经费的公开及八项规定的实施，对城镇社会消费品零售总额的影响程度更大。按消费形态划分，2010—2016 年商品零售同比增长率下降了 8.1 个百分点，其中限额以上企业（单位）商品零售比增速下降了 14.9 个百分点；餐饮收入同比增长率下降了 7.2 个百分点，其中限额以上企业（单位）餐饮收入同比增速下降了 13.7 个百分点，这两种消费形态受到的重创更是直接影响了社会消费品零售总额的增速（见表 5-1）。

表 5-1　2010—2016 年社会消费品零售总额各项指标同比增长率

（单位:%）

年份	社会消费品零售总额	限额以上企业（单位）	按经营地分		按消费形态分			
			城镇	乡村	商品零售	限额以上企业（单位）	餐饮收入	限额以上企业（单位）
2010	18.3	—	18.8	16.1	18.5	—	18.0	—
2011	17.1	22.9	17.2	16.7	17.2	23.2	16.9	19.7
2012	14.3	14.6	14.3	14.5	14.4	14.8	13.6	12.9
2013	13.2	11.6	12.9	14.6	13.6	12.7	9.0	-1.8
2014	12.0	9.3	11.8	12.9	12.2	9.8	9.7	2.2
2015	10.7	7.8	10.5	11.8	10.6	7.9	11.7	7.0
2016	10.4	8.1	10.4	10.9	10.4	8.3	10.8	6.0

注：①自 2011 年起，增加发布"限额以上企业（单位）消费品零售总额""限额以上企业（单位）商品零售"和"限额以上企业（单位）餐饮收入"数据；②限额以上企业（单位）是指年主营收入 2000 万元及以上的批发企业（单位）、500 万元及以上的零售业企业（单位）、200 万元及以上的住宿和餐饮业企业（单位）。

资料来源：历年《中国经济景气月报》。

可以看出，加强治理"三公"消费取得了明显成效，直接影响了限额以上企业（单位）的零售总额。灰色消费被限制，是高端商品零售业（如高档烟酒、顶级茶叶、其他高级奢侈品）、中高端餐饮服务、星级酒店、高级休闲娱乐消费场所等行业营业增幅大幅下降的重要原因。它导致了相关消费品零售总额增速的下降。

尽管社会消费品零售总额增速下降还受其他因素的影响，但应当承认党的十八大之后几年社会消费品零售总额增速下降的主因是灰色消费减少。这就给估算灰色消费的规模提供了一种可能，即通过实际社会消费品零售总额与"偏离"原有增长路径的"理论值"来间接估算典型灰色消费的规模。假定引起社会消费品零售总额增速"偏离"其原有增长路径的影响因素只与灰色消费相关①，那么，估算典型灰色消费规模的公式可以是这样的：

$$RS_{g,t} = \bar{RS_t} - RS_t \qquad (5-1)$$

---

① 可以作此假定的前提是：其他的影响因素在治理"三公"经费之前都是存在的，在 2013 年前后，最大的变化是进行了"三公"经费的治理。

$$r_t = \frac{RS_t}{\overline{RS}_t} \tag{5-2}$$

$$RS_{g,t} = \frac{RS_t}{r_t} - RS_t \tag{5-3}$$

其中，RS_t 为 t 年的社会消费品零售总额的实际值，$\overline{RS}_t$ 为 t 年的社会消费品零售总额的"理论值"即预测值，$RS_{g,t}$ 为 t 年的灰色消费规模，r_t 为实际值与预测值的比值。假定未实施八项规定等一系列反腐、反"四风"措施，高档消费行业、高档消费品的销售不受影响，则灰色消费不会偏离其原有增长路径，社会消费品零售总额增速不会明显降低，$\overline{RS}_t > RS_t$。然而，现实是八项规定等的出台之后高档消费行业、高档消费品的销售额严重下滑，这也是社会消费品零售总额增速下降的主要原因，因此，$\overline{RS}_t$ 与 RS_t 之间的差额可以视为灰色消费的规模。

本章通过构建我国社会消费品零售总额月度数据的 ARIMA（Autoregressive Integrated Moving Average，单积（单整）自回归移动平均）模型，预测假定未实施八项规定等反腐、反"四风"措施时 2013 年和 2014 年社会消费品零售总额的"理论值"，然后根据实际值与理论值的比例关系去间接推算八项规定等出台之前的典型灰色消费规模。

一、数据来源与处理

ARIMA 模型适合短期预测，建模要求有 50 个以上的样本数据，因此本章选取《中国经济景气月报》中 2004 年 1 月至 2014 年 12 月共计 132 个社会消费品零售总额月度数据，其中，把 2004 年 1 月至 2011 年 12 月共计 96 个数据作为训练集，建立 ARIMA 模型；把 2012 年 12 个月的数据作为检验集，以检验模型的预测效果；把 2013 年 1 月至 2014 年 12 月的数据作为预测集。[①]

平稳性是时间序列数据建模的重要前提。通过对 2004—2011 年的社会消

---

① 需要说明的是，国家统计制度规定，自 2012 年起，历年 1—2 月社会消费品零售总额数据一起调查，一起发布，目的是为了消除春节日期不固定因素带来的影响，增强数据的可比性。本章首先根据 2010 年与 2011 年 1 月、2 月数据之比的均值推算出 2012—2014 年 1 月、2 月的数据。

费品零售总额月度数据进行平稳性检验，发现该时间序列具有明显的增长趋势，且具有明显的周期为 12 个月的季节波动，显然是一个非平稳序列。为了消除原序列的趋势并同时减少波动性，对原序列取自然对数后并进行一阶差分，记为序列 *d*ln*x*，对其进行单位根检验，是平稳序列，见表 5-2。

表 5-2　序列 *d*ln*x* 的单位根检验结果

		t-Statistic	Prob.*
Augmented Dickey-Fuller test statistic		-8.679054	0.0000
Test critical values:	1% level	-2.589795	
	5% level	-1.944286	
	10% level	-1.614487	

资料来源：历年《中国经济景气月报》。

但是，序列 *d*ln*x* 的自相关分析图显示序列仍存在周期为 12 个月的季节性。对序列 *d*ln*x* 进行一阶季节差分，得到序列 *sd*ln*x*，通过观察该序列的自相关和偏自相关函数图，发现该序列近似为一个平稳过程，整体上消除了大部分的季节波动因素，进一步进行单位根检验，序列是平稳的，见表 5-3。

表 5-3　序列 *sd*ln*x* 的单位根检验结果

		t-Statistic	Prob.*
Augmented Dickey-Fuller test statistic		-15.33301	0.0000
Test critical values:	1% level	-2.593468	
	5% level	-1.944811	
	10% level	-1.614175	

资料来源：历年《中国经济景气月报》。

二、模型的识别

通过上述分析，我们可以构建季节时间序列模型，即 $ARIMA(p, d, q)(P, D, Q)^s$ 模型。经过一阶差分和一阶季节差分后，得到平稳序列 *sd*ln*x*，故 $d = 1$，$D = 1$。通过观察序列 *sd*ln*x* 的自相关和偏自相

关函数图，发现自相关函数和偏自相关函数均在 1 阶后截尾，故 $p = 1$ 或
$p = 2$，$q = 1$ 或 $q = 2$。当 $k = 12$ 时，自相关与偏自相关函数都显著不为 0，表明仍然存在季节特征，含有季节自回归成分和季节移动平均成分，故 $P = 1$，
$Q = 1$。季节性周期长度 $s = 12$。由于自相关与偏自相关函数在实际中不会
呈现出理论上截尾的完美情形，因此，根据图形确定阶数有很强的主观
性，模型中的 p 和 q 或 P 和 Q 有多种组合选择。根据序列 $sd\ln x$ 的自相关和偏自相关函数图，本章可供选择的 (p, q) 组合有 $(1, 1)$、$(2, 1)$、$(1, 2)$、
$(2, 2)$，(P, Q) 组合有 $(1, 1)$，具体的模型阶数还需要进一步通过模型
定阶方法确定。

三、模型的建立与检验

通过模型识别，我们建立四个模型：$ARIMA(1, 1, 1)(1, 1, 1)^{12}$、
$ARIMA(2, 1, 1)(1, 1, 1)^{12}$、　$ARIMA(1, 1, 2)(1, 1, 1)^{12}$　或
$ARIMA(2, 1, 2)(1, 1, 1)^{12}$。分别估计这四个模型，发现这四个模型的
估计结果中各滞后多项式的根的倒数均在单位圆内，表明建立的模型是平
稳的，而且满足可逆性，模型设定合理。此外，这四个模型的残差序列均
为白噪声序列，所有模型残差的自相关和偏自相关系数均在 $\pm 2\sigma$ 之间，
在显著性水平 5% 的情形下与 0 无显著差异，说明残差之间不存在相关关
系，模型提取信息充分，建立的模型拟合效果很好。在对具有可比性的不
同模型进行选择时，除了检验模型参数 t 的显著性水平外，最主要的是考
虑模型的整体拟合效果，可以利用 AIC（Akaike Information Criterion）和
SC（Schwarz Criterion）。通过比较四个模型的参数显著性及拟合优度（见
表 5-4），综合考虑模型 $ARIMA(2, 1, 2)(1, 1, 1)^{12}$ 为最优模型。

表 5-4　模型的参数估计与检验结果

	EQ01	EQ02	EQ03	EQ04
AR（1）	−0. 279502	− 1. 183519 ***	0. 100101	0. 510944 ***
AR（2）		−0. 337456 ***		−0. 581885 ***
SAR（12）	−0. 420895 ***	−0. 461188 ***	−0. 414439 ***	−0. 423887 ***
MA（1）	−0. 057773	0. 850007 ***	−0. 466210	−0. 892524 ***

续表

	EQ01	EQ02	EQ03	EQ04
MA（2）			0. 214903	0. 982557***
SMA（12）	−0. 898437***	−0. 901672***	−0. 901131***	−0. 881460***
Adjusted R^2	0. 736280	0. 730311	0. 733200	0. 758915
AIC	−5. 866415	−5. 849068	−5. 841502	−5. 947950
SC	−5. 737929	−5. 784840	−5. 680895	−5. 753679

注：*** 表示在1%的显著性水平下显著。

利用 2004 年 1 月 至 2011 年 12 月 的 数据，运用模型 $ARIMA(2，1，2)(1，1，1)^{12}$ 得出估计结果，显示模型各参数均有显著性，$Q(36) = 19.686 < \chi^2_{0.05}(36 - 3 - 3) = 43.7729$，通过两种检验。进一步观察残差序列的自相关和偏自相关函数图，是一个白噪声序列。表明该模型是合适的。

四、预测

本章将 2012 年 12 个月的社会消费品零售总额月度数据作为检验集，运用拟合效果好的模型四进行样本外（2012 年 1—12 月）的动态预测，发现 MAPE（Mean Absolute Relative Error，相对误差绝对值平均）的取值为 1. 127565，通常 MAPE 取值小于或等于 10 则表明预测精度较高，因此该模型的预测能力较理想；另外，Theil 不等系数的取值为 0. 007669，通常 Theil 不等系数的取值范围在［0，1］之间，取值越小，表明预测值与真实值之间的拟合效果越好，因此该模型的预测效果很好。

通过对检验集的预测发现，随着预测时间的增长，其预测误差也在增大，证实了 ARIMA 模型适合短期预测，在短期内的预测精度较高。因此，运用模型四对 2013 年（预测集 1）与 2014 年（预测集 2）的社会消费品零售总额月度数据分别进行预测，且每一次都更新预测的样本集。预测集 1 与预测集 2 的动态输出结果均显示预测值在置信系数为 95% 的置信区间内，且 MAPE 的取值分别为 1. 926540 与 2. 769478，均小于 10，表明模型的预测效果较理想；Theil 不等系数的取值分别为 0. 011530 与 0. 015763，均在［0，1］之间，表明模型的预测值与真实值之间的拟合效果很好（见图 5-1）。

如图 5-1 所示，2013—2014 年社会消费品零售总额真实值均低于预测值，二者之间的误差率都比较小，但随着预测时间跨度的增大，误差率也在逐渐增大。2013 年社会消费品零售总额真实值合计 234379.9 亿元，预测值合计 238997.6 亿元，误差规模达到 4617.7 亿元，误差率为 1.97%；2014 年真实值合计 262394 亿元，预测值合计 269790.6 亿元，误差规模达到 7396.6 亿元，误差率为 2.82%。

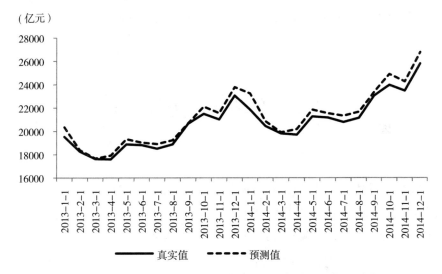

图 5-1　2013—2014 年社会消费品零售总额真实值与预测值

资料来源：根据预测结果与真实值绘制。

按照（5-2）式计算出 2013 年与 2014 年社会消费品零售总额的真实值与预测值的比值均值为 r = 0.976632，再根据（5-3）式推算出近几年预测值与真实值的差额，即为受政策影响而减少的灰色消费规模（见表 5-5）。

表 5-5　2004—2012 年典型的灰色消费规模

（单位：亿元）

年份	真实值	预测值	差额	年份	真实值	预测值	差额
2004	56430.7	57780.95	1350.25	2009	125342.7	128341.8	2999.15
2005	67176.6	68783.97	1607.38	2010	154553.7	158251.8	3698.10
2006	76410	78238.31	1828.31	2011	180910.1	185238.8	4328.74
2007	89210.2	91344.79	2134.59	2012	207166.7	212123.7	4957

续表

年份	真实值	预测值	差额	年份	真实值	预测值	差额
2008	108488	111083.9	2595.86				

资料来源：根据历年《中国经济景气月报》整理计算。

这一估算结果应该还是偏小的。因为2013年以后，政府等的灰色消费只是受到了限制，但是并没有彻底消失。以仍然存在灰色消费（尽管大大降低了）的数据为参照系的估算，当然结果还是偏小的。

第四节　公车私用消费估算

尽管近几年公车改革已取得明显成效，但是，在中央本级公布的"三公"经费中，公务用车购置及运行费用仍约占60%，其中公车运行费用所占比重最大。据中国机械工业联合会统计，2004年起，全国政府公务用车采购金额在政府采购金额中约占1/4，而且年均增速远远超过GDP增速。这种令人咋舌的采购规模仍在不断增长中，其中不乏违规、超编、超标采购和配备公车，导致我国公车保有量居世界之首。公车运行维护费用更是居高不下。报载，我国公车维修费用高出私车6倍[①]，公车每万里的运输成本高出社会车辆5—10倍[②]。一辆公车每年的运行维护费用（包括司机工资、福利、保养费、燃油费、维修费、过桥过路费、停车费、保险费等）至少15万元[③]。然而，公车使用效率低下，公车私用现象严重，民革

[①] 数据来源于某市交通局公路稽查大队的调查报告。参阅汪庆希：《不堪重负的公车》，《中国监察》2000年第3期。

[②] 参见焦建国：《公车改革症结：财政法制化》，《中国青年报》2004年8月24日，第6版。

[③] 根据某省统计局的调查，一辆公车一年的费用在15万元至20万元；2007年中纪委、公安部、监察部、审计署关于公车使用情况的调查报告显示，一辆公车一年的开支（不包括司机工资开支，包括汽油费、保养维修费、保险、折旧等）6万元至10万元，若加上司机工资、福利，领导和司机私用，大概在15万元以上，本章取15万元，这是较保守的估计。我们的调查是，某市公车仅维修费就达到了13万元/辆/年。

中央的《如何破解公车改革之困局》提案指出，公务用车使用有三个"1/3"：用于公务活动占 1/3，领导干部及其亲属私用、司机私用各占 1/3。[①] 公车私用屡禁不止，不仅造成严重浪费，增加财政负担，还严重损害了政府形象。

我国的公车私用主要集中于小型和微型载客汽车。在统计上，私人汽车包含在民用汽车中，因此可以根据民用汽车拥有量和私人汽车拥有量来计算公车数量。每年新增公车数量保守计算为每年民用载客汽车中小型、微型车的增量与每年私人载客汽车中小型、微型车增量的差额。假设每辆公车的购置费用（包括公车的购置价款、车辆购置税）为 25 万元[②]，那么每年新增公车购置费用的具体估算结果如表 5-6 所示。

表 5-6　2004—2012 年新增公车购置费用

年份	新增民用载客汽车（万辆）			新增私人载客汽车（万辆）			新增公车数量（万辆）	新增公车购置费用（亿元）
	小型	微型	合计	小型	微型	合计		
2004	231.68	14.54	246.22	199.73	19.81	219.54	26.68	667.09
2005	369.46	15.90	385.36	293.15	16.75	309.90	75.46	1886.46
2006	465.05	11.51	476.57	411.40	19.34	430.74	45.83	1145.73
2007	563.06	3.35	566.41	493.11	3.98	497.09	69.32	1733.11
2008	624.68	9.01	633.69	549.00	11.70	560.69	73.00	1824.88
2009	975.75	20.25	996.00	902.98	22.71	925.69	70.31	1757.79
2010	1251.47	18.81	1270.28	1157.20	22.31	1179.51	90.76	2269.05
2011	1329.18	13.63	1342.80	1230.15	15.81	1245.97	96.84	2420.88
2012	1475.09	3.59	1478.69	1402.87	6.19	1409.06	69.63	1740.76

资料来源：根据《中国统计年鉴 2014》的相关数据计算整理。

---

① 按照我们调查，只需要车改前的 1/4 车辆就足以满足办公用车需要，也即 3/4 的车辆并非用于真正的公务。

② 根据《中央国家机关公务用车编制和配备标准的规定》（国管财〔2004〕120 号），"一般公务用车配备排气量 2.0 升（含 2.0 升）以下、价格 25 万元以内的轿车（客车、越野车等除外）"，超过此标准的车辆，需报国管审批。因此，在政府采购中，20 万—25 万元的中高级轿车最受欢迎。当然，在我国政府公务车采购名单中不乏奥迪、宝马、奔驰、沃尔沃等高级品牌车，价格至少 50 万元；一些国有大中型企业、车辆所有权挂靠在单位的非国有企业的公务用车很多都为高级豪车，价格不菲。考虑到我国政府行政机关事业单位以一般公务用车为主，因此本章保守计算，假设每辆公车的购置费用为 25 万元。

除了新增公车的购置费用,公车运行维护费用也是一笔大开支。现存公车数量保守计算为每年民用载客汽车小型、微型数量与每年私人载客汽车小型、微型数量的差额。假设公车年运行维护费用(包括司机工资、福利、保养费、燃油费、维修费、过桥过路费、停车费、保险费等)为15万元/辆,现存公车的运行维护费用估算如表5-7所示。

表5-7　2004—2012年现存公车的运行维护费用

年份	民用载客汽车(万辆)			私人载客汽车(万辆)			现存公车数量(万辆)	现存公车运行维护费用(亿元)
	小型	微型	合计	小型	微型	合计		
2004	1248.89	284.42	1533.31	786.63	228.91	1015.54	517.77	7766.56
2005	1618.35	300.32	1918.67	1079.78	245.66	1325.44	593.23	8898.44
2006	2083.40	311.83	2395.24	1491.18	265.00	1756.18	639.06	9585.88
2007	2646.47	315.18	2961.65	1984.29	268.98	2253.27	708.38	10625.74
2008	3271.14	324.19	3595.34	2533.28	280.68	2813.96	781.38	11720.67
2009	4246.90	344.44	4591.34	3436.26	303.39	3739.65	851.69	12775.34
2010	5498.36	363.25	5861.62	4593.46	325.70	4919.16	942.45	14136.77
2011	6827.54	376.88	7204.42	5823.62	341.52	6165.13	1039.29	15589.30
2012	8302.63	380.47	8683.11	7226.48	347.71	7574.19	1108.92	16633.75

资料来源:根据《中国统计年鉴2014》的相关数据计算整理。

将表5-6中新增公车购置费用与表5-7中现存公车运行维护费用加总,得到公车购置与运行维护的总费用。根据民革中央提出的提案,公车用于公务活动、领导干部及其亲属私用、司机私用各占1/3。估算公车私用费用占公车购置与运行维护总费用的2/3,见表5-8。

表5-8　2004—2012年公车私用消费支出

(单位:亿元)

年份	新增公车购置费用	现存公车运行维护费用	公车购置与运行维护费用	公车私用总费用
2004	667.09	7766.56	8433.66	5622.44
2005	1886.46	8898.44	10784.89	7189.93

年份	新增公车购置费用	现存公车运行维护费用	公车购置与运行维护费用	公车私用总费用
2006	1145.73	9585.88	10731.61	7154.41
2007	1733.11	10625.74	12358.86	8239.24
2008	1824.88	11720.67	13545.55	9030.37
2009	1757.79	12775.34	14533.13	9688.75
2010	2269.05	14136.77	16405.82	10937.21
2011	2420.88	15589.30	18010.18	12006.79
2012	1740.76	16633.75	18374.51	12249.67

资料来源：根据表5-6和表5-7中的数据计算整理。

考虑到前些年我国公车私用现象严重，不仅包括政府公车，还包括企业的公车私用。由于本章统一计算出公车私用总费用，政府与企业公车私用同时包含在内，假定两者各占一半[①]，在统计上均应纳入居民消费支出中。

第五节 灰色消费规模与中国居民消费率

前文估算的典型的灰色消费与公车私用虽然费用是由公款支付的，但实际上是满足个人需求的消费行为，应当计入居民消费。按照国民经济核算的平衡原理，政府灰色消费与公车私用都已作为行政成本计入政府消费，应当划出，计入居民消费；企业灰色消费与公车私用作为企业运营成本则未计入GDP，在修正时，这部分既要计入居民消费，又要计入GDP与最终消费。根据修正后的数据重新计算相应的消费支出与消费率，对比

---

① 假定公车私用总费用全部为政府或企业时，按照国民经济平衡核算原理，分别计算出修正前后的消费率数据，与假定政府和企业各占一半时的情形对比，计算出的结果相差无几，因此本章假定两者各占一半。

修正前的数据，发现灰色消费支出占官方公布的支出法 GDP 的 4% 左右（见表 5-9），仅此一项，就导致我国居民消费率被低估了约 2—4 个百分点，最终消费率被低估了约 1 个百分点（见表 5-10、图 5-2）。

表 5-9　2004—2012 年灰色消费规模及占 GDP 的比重

（单位：亿元、%）

年份	典型的灰色消费	公车私用	灰色消费规模	支出法 GDP	灰色消费占比
2004	1350.25	5622.44	6972.69	160956.59	4.33
2005	1607.37	7189.93	8797.30	187423.42	4.69
2006	1828.31	7154.41	8982.71	222712.53	4.03
2007	2134.59	8239.24	10373.82	266599.17	3.89
2008	2595.86	9030.37	11626.22	315974.57	3.68
2009	2999.15	9688.75	12687.90	348775.07	3.64
2010	3698.10	10937.21	14635.31	402816.47	3.63
2011	4328.74	12006.79	16335.53	472619.17	3.46
2012	4957.00	12249.67	17206.68	529399.20	3.25

注：灰色消费占比＝灰色消费规模/官方统计的支出法 GDP×100%。
资料来源：根据《中国统计年鉴 2014》中的相关数据与表 5-5 以及表 5-8 中的数据计算整理。

表 5-10　根据重估的灰色消费规模修正后的消费支出及消费率

（单位：亿元、%）

年份	支出法 GDP	最终消费支出	居民消费支出	最终消费率	居民消费率
	修正前官方统计数据				
2004	160956.59	87552.58	65218.48	54.40	40.52
2005	187423.42	99357.54	72958.71	53.01	38.93
2006	222712.53	113103.85	82575.45	50.78	37.08
2007	266599.17	132232.87	96332.50	49.60	36.13
2008	315974.57	153422.49	111670.40	48.56	35.34
2009	348775.07	169274.80	123584.62	48.53	35.43
2010	402816.47	194114.96	140758.65	48.19	34.94
2011	472619.17	232111.55	168956.63	49.11	35.75
2012	529399.20	261993.60	190584.60	49.49	36.00

续表

年份	支出法 GDP	最终消费支出	居民消费支出	最终消费率	居民消费率
	修正前官方统计数据				
	根据估算的灰色消费修正后的数据				
2004	164442.94	91038.93	72191.17	55.36	43.90
2005	191822.07	103756.19	81756.01	54.09	42.62
2006	227203.89	117595.21	91558.16	51.76	40.30
2007	271786.08	137419.78	106706.32	50.56	39.26
2008	321787.68	159235.60	123296.62	49.48	38.32
2009	355119.02	175618.75	136272.52	49.45	38.37
2010	410134.13	201432.62	155393.96	49.11	37.89
2011	480786.94	240279.32	185292.16	49.98	38.54
2012	538002.54	270596.94	207791.28	50.30	38.62

注：①修正后的居民消费率=（原有居民消费支出+政府灰色消费+企业灰色消费）／（官方统计的支出法 GDP+企业灰色消费）×100%；②修正后的最终消费率=（原有最终消费支出+企业灰色消费）／（官方统计的支出法 GDP+企业灰色消费）×100%；③假定政府灰色消费与企业灰色消费各占灰色消费总规模的二分之一。
资料来源：根据《中国统计年鉴 2014》中的相关数据与表 5-9 中的数据计算整理。

第六节　结论与讨论

灰色消费并非中国独有，国外也有。它是理性人败德倾向的必然表现。区别在于：在不同体制下，灰色消费的程度和规模有所不同。在制度严格、监督有力的情况下，灰色消费数量较少，规模不大，不至于影响居民消费率的变化，在统计上可以忽略不计。但是，在中国特定时期，灰色消费的泛滥不仅成为腐败的一大表现，严重腐蚀了党政军有关部门，败坏了党和政府的形象，而且也导致了相关统计指标难以正确反映真实的经济结构关系，因而，在大力反腐，严格纠正灰色消费的同时，在统计上予以研究，了解灰色消费对我国居民消费率计算的影响，显然是十分必要的。

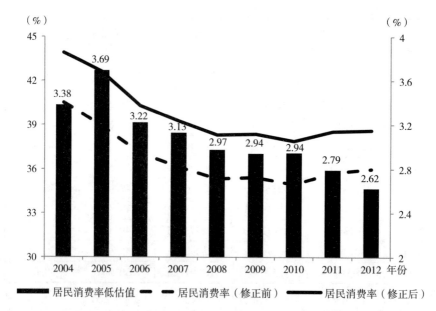

图 5-2　2004—2012 年中国居民消费率修正前后变化情况

资料来源：根据表 5-10 中的数据绘制。

　　本章对灰色消费规模进行了估算，发现灰色消费支出占官方公布的支出法 GDP 的 4% 左右，仅此一项，就导致我国居民消费率被低估了 2—4 个百分点，最终消费率被低估了约 1 个百分点。这不能不引起我们的高度重视。

　　之所以测算灰色消费规模，源于我们对中国居民消费率严重低于世界相近发展水平国家居民消费率的怀疑。为了更准确地估计中国真实的居民消费率。作为统一研究的一部分，我们此前重估了我国自有住房服务的虚拟租金并据之对我国居民消费率进行修正（李文溥、陈婷婷，2018）。这里，我们再将本章估算的灰色消费规模加入，重新计算居民消费率（见表 5-11）。

表 5-11　修正后的消费支出与消费率

（单位：亿元、%）

年份	支出法 GDP	最终消费支出	居民消费支出	最终消费率	居民消费率
2004	182133.10	108729.09	89881.34	59.70	49.35
2005	212555.38	124489.50	102489.32	58.57	48.22
2006	249979.71	140371.03	114333.98	56.15	45.74

续表

年份	支出法 GDP	最终消费支出	居民消费支出	最终消费率	居民消费率
2007	296999.14	162632.84	131919.38	54.76	44.42
2008	344253.87	181701.79	145762.81	52.78	42.34
2009	391438.94	211938.67	172592.44	54.14	44.09
2010	447603.53	238902.02	192863.37	53.37	43.09
2011	516622.90	276115.28	221128.12	53.45	42.80
2012	581509.19	314103.59	251297.93	54.02	43.21

注：①修正后的支出法 GDP=官方统计的支出法 GDP+企业灰色消费+居民自有住房服务虚拟租金
被低估值；②修正后的最终消费支出=原有最终消费支出+企业灰色消费+居民自有住房服务
虚拟租金被低估值；③修正后的居民消费支出=原有居民消费支出+政府灰色消费+企业灰色
消费+居民自有住房服务虚拟租金被低估值。
资料来源：根据表 5-10 与作者此前的研究《自有住房服务消费重估与中国居民消费率修正》中的
数据计算整理。

对比修正前后的数据，发现现有的官方数据，由于这两项不当计算，使我国居民消费率被低估了 7—10 个百分点，最终消费率被低估了 4—6 个百分点（见图 5-3）。

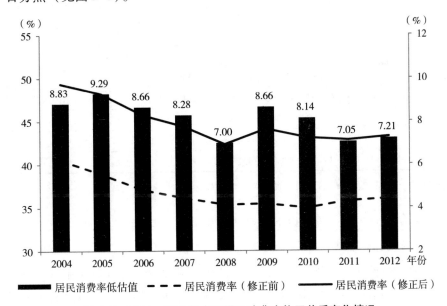

图 5-3　2004—2012 年中国居民消费率修正前后变化情况

资料来源：根据表 5-11 的数据绘制。

尽管调整后的中国居民消费率仍然徘徊在 42.34%—49.35%，还低于世界各类经济体的一般水平。但是，它已经比较接近中高等收入国家的平均水平，与同为东亚国家的韩国就更接近（见表 5-12 及图 5-4）。

表 5-12　世界上不同收入类型国家和地区的居民消费率

（单位:%）

国家和地区	2004 年	2005 年	2006 年	2007 年	2008 年	2009 年	2010 年	2011 年	2012 年
世界	58.06	57.73	57.17	56.97	57.14	58.22	57.52	57.56	57.77
经合组织成员国	60.43	60.37	60.07	59.85	60.32	61.08	60.82	60.98	60.96
低收入国家	76.77	76.84	77.08	75.16	80.14	80.33	76.77	74.50	77.10
中等收入国家	54.11	53.37	52.09	51.87	51.22	52.86	51.39	51.42	52.14
中高等收入国家	51.15	50.40	49.13	48.54	47.98	49.69	48.37	48.29	49.19
高收入国家	59.50	59.33	59.05	58.87	59.36	60.22	59.84	59.89	59.87
中国官方统计	40.52	38.93	37.08	36.13	35.34	35.43	34.94	35.75	36.00
本章重估结果	49.35	48.22	45.74	44.42	42.34	44.09	43.09	42.80	43.21
日本	55.53	55.62	55.88	55.68	56.64	58.49	57.75	58.25	58.64
韩国	51.37	52.20	52.78	52.38	52.43	51.65	50.32	50.96	51.37
美国	67.29	67.16	67.15	67.35	68.03	68.29	68.18	68.88	68.40
英国	66.35	65.93	65.28	65.03	65.74	66.13	65.57	65.26	65.71
巴西	60.21	60.50	60.44	59.87	59.73	61.96	60.22	60.27	61.41
泰国	55.87	55.84	54.45	52.55	53.64	53.07	52.18	52.96	52.96
马来西亚	44.00	44.19	44.34	45.15	44.71	48.84	48.12	47.97	49.65

资料来源：表 5-10、表 5-11 与世界银行 WDI 数据库。

总结本章内容，得到以下几点结论及供进一步讨论的观点：

（1）我国 2004—2012 年的灰色消费约占 GDP 的 4%。仅此导致我国居民消费率被低估了 2—4 个百分点，最终消费率被低估了约 1 个百分点。

（2）通常所说的中国的居民消费率远远低于世界各类经济体的一般水平，可能是不正确的。按照国际可比的核算方式，调整了自有住房消费服务计价，加入了此前忽略的灰色消费，调整后的中国居民消费率与相近收

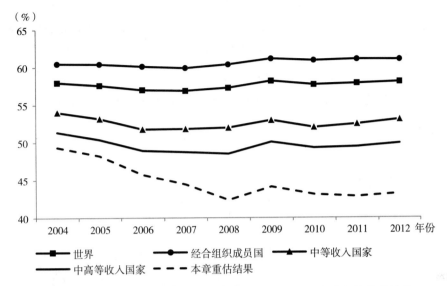

（%）

图 5-4 2004—2012 年修正后的中国居民消费率与世界各类经济体的比较

资料来源：根据表 5-12 数据绘制。

入水平国家，尤其是与有高储蓄传统的东亚国家相比，中国的实际居民消费率是比较接近的，尤其是 21 世纪初。[①]

（3）相近人均收入水平的国家，有相近的居民储蓄率，这与笔者在近 20 年前发现的，相近人均收入水平的国家具有相近的人口城市化水平非常相似（李文溥、陈永杰，2001）。这提示我们，人均收入水平更能体现一国的经济发展水平。相近的经济发展水平，经济结构也比较接近。出现过于特别的经济结构，可能是某些原因导致的假象。

（4）当然，即使是经过调整，中国目前的居民消费率，与中高收入经济体以及日本、韩国相比，也仍然略显偏低，而且这一差距在 2004 年之后逐渐扩大了（见表 5-12）。其中原因值得进一步研究。现在可以提出的两

[①] 以 2004 年为例，修正后的中国居民消费率与中高收入经济体的差距不到 2 个百分点，这几乎是在正常偏差范围内。之后的逐渐扩大，显然是另有原因的。当然，这里认为中国的居民消费率并不低于相近人均收入水平的国家，是建立在既有收入分配结构的基础上，但是，中国的国民收入分配结构不合理，居民的收入占比偏低，基尼系数过大，也会影响到居民消费率。笔者在《利率管制与居民财产收入占比下降》（《吉林大学社会科学学报》2015 年第 6 期）、《中国居民的财产收入状况分析》（《财贸经济》2016 年第 8 期）等文中讨论了这一问题。

点猜想是：它与 2003 年以后不断上涨的城市房价之间是否存在关系？灰色消费的存在一定扩大了原先就较高的基尼系数，但是，灰色消费是提高还是降低了居民消费率？还值得进一步研究。

（5）如果我们的研究结论可以成立，相应的宏观政策结论是：在房价没有降低至切实减轻居民负担之前，在基尼系数没有较大幅度缩小之前，扩大居民消费有多大的空间呢？

第六章　城乡居民的平均消费倾向

第一节　问题的提出

2008 年国际金融危机之后，中国的经济增长率逐渐下降。实践证明，传统的出口劳动密集型产品为导向的粗放型经济发展方式已难以为继。寻求增长新动力，实现增长动力转换，是我国经济从两高一低（高净出口、高投资、低居民消费）的经济旧常态向经济新常态过渡的关键之一。在中美贸易争端日趋激烈的背景下，依靠继续保持巨额贸易顺差拉动经济增长，似不太现实。而且理论分析也证明了，一个国家是无法依靠长期贸易顺差维持经济持续稳定增长的（李文溥、熊英，2015）。2016 年，民营投资增速出现断崖式下跌之后，迄今并无明显恢复迹象。一些学者把目光转向了消费，尤其是居民消费。

有学者认为，消费需求具备成为中国经济增长主要动力的能力。洪银兴（2013）提出，中国经济增长转向消费拉动有两个方面的原因：一是经济发展水平告别短缺时代，具备了消费需求拉动经济增长的能力；二是经济体制转向了市场经济，市场上形成了消费者主权。周学（2014）认为，消费需求是内需的核心，增加投资需求应从扩大消费需求入手。孙豪（2015）通过测算和比较 GDP 排名世界前 18 个国家的消费主导型程度，指出，处于不同发展阶段的国家，消费主导型的程度各不相同，但经济增长模式最终会趋于消费主导型。中国正处于由投资主导转向消费主导的转型阶段。国家统计局综合司课题组（2014）则认为，自 2010 年起，中国经济增长已经在逐步发生动力转换，其中趋势之一是投资和出口的动力衰减，消费动力日益增强，消费对经济增长的促进贡献逐渐加大。

国家统计局综合司课题组的观点基本上建立在对 2010 年以来三大需求增长对经济增长贡献率的分析基础上的。近年来，消费增长对经济增长的贡献率较之国际金融危机之前，确实显著提高。但是，这是建立在投资、净出口、消费三者的增长对经济增长的贡献率总和为 100% 的分析框架基础上的。在这一分析框架中，净出口和投资的增速大幅度下滑，从而对增长的相对贡献率大幅度下降，而消费增长率虽然也在下滑，但是，只要降幅——相对于投资和净出口的降幅而言——较低，消费增长对经济增长的相对贡献率就会因此增大。但是，消费增长对经济增长的绝对贡献却是与净出口、投资一起下降的。国际金融危机以来，随着消费对经济增长的相对贡献率提高，经济增长率是不断下行的。2017 年的经济增长率，已经降至不到国际金融危机爆发前的 2007 年的一半。

因此，必须明确：能够拉动经济增长的，不是消费、投资、净出口的绝对数，而是其逐年的增速。当年消费、投资、净出口的绝对量无论多大，只要其与上年的数量一样也即增速为零，它们就只能维持零经济增速；消费、投资、净出口对经济增长的相对贡献率，在三者占 GDP 的比重既定情况下，取决于三者增速的相对高低，其中增速相对较高者，对经济增长的相对贡献率会较大，但是，这与它对经济增长的绝对拉动作用大小无关。我国在国际金融危机前的高增长阶段，经济的高速增长，不是因为投资与净出口对经济增长的相对贡献率很高，而是因为投资与净出口每年都高达两位数的增长。因此，要想使消费成为拉动经济增长的主动力，而且希望经济增长保持较快的增速（例如，在现阶段，保持 6.5%—7% 的增速），那么就需要消费每年有较快的增速。在消费保持既有增速甚至略有下降的前提下，所能实现的经济增长率是较低而且是趋于降低的。

要想使消费成为促进经济较快稳定增长的主要动力，显然需要居民消费增速有较明显的提高。一些学者认为，中国现有的居民消费率是偏低的。如奎杰斯（Kuijs，2005）、易行健等（2008）、白重恩等（2012）以及李坤望和刘东皇（2012）、陈斌开和陆铭（2010）等认为，社会保障制度的缺失和不完善、金融市场扭曲、户籍制度会增加居民的储蓄动机，抑制居民消费；李稻葵等（2010）以及龚刚和杨光（2010）、龚敏和李文溥（2013）等认为，由于资本相对密集型行业扩张、要素价格扭曲等因素，造成劳动报酬在初次分配中占比较低，居民收入增长缓慢，从而导致消费比重的持续下降；杨汝岱和陈斌开（2009）、闫坤和程瑜（2009）认为，教育和医疗价格上涨过快，降低了居民消费。此外，颜色、朱国钟（2013）、周学（2014）还从房价上涨、住房消费占比过大的角度，分析了我国居民消费严重不足的内在因素。这可以用"供给挤压"机制来解释，即体制障碍造成某些产品供给不足，导致这些产品的单价越来越高，从而迫使居民不得不挤压其他消费（Wang & Wen，2012；徐朝阳，2014）。

　　如果简单地直接引用中国的官方统计数据进行国际比较，似乎可以得出中国居民消费率偏低的结论。1990 年以来，中国居民的最终消费支出占支出法 GDP 的比重一直低于 50%，近十年来，更低于 40%。[①] 据世界银行公布的数据，20 世纪 90 年代以来，居民最终消费支出占 GDP 的比重（即居民消费率）的世界平均水平为 60%，高收入国家基本是 60% 左右，中等收入国家一般都维持在 55% 左右，低收入国家甚至高达 77% 以上（见表6-1）。中国的居民消费率远远低于世界各类经济体的一般水平。

表6-1　世界上不同收入类型国家和地区的居民消费率

（单位:%）

国家和地区	1990 年	2000 年	2005 年	2010 年	2011 年	2012 年	2013 年
世界	58.7	59.5	59.2	59.5	59.8	59.8	59.9
低收入国家	80.3	78.2	79.0	77.0	77.6	77.5	77.1
中等收入国家	59.8	59.1	56.0	54.5	54.8	55.1	55.2
高收入国家	58.3	59.5	59.9	60.5	60.7	60.7	60.8
中国	47.0	46.7	38.1	34.7	35.9	34.8	34.1
日本	53.3	56.5	57.8	59.3	60.3	60.7	61.1
韩国	55.3	53.6	52.1	50.3	51.0	51.4	51.0
美国	63.7	65.5	66.7	67.8	68.6	68.2	68.0
英国	60.9	64.6	64.2	64.4	64.2	64.8	64.6

---

　　① 根据 CEIC 中国经济数据库相关数据整理计算得到。

国家和地区	1990 年	2000 年	2005 年	2010 年	2011 年	2012 年	2013 年
印度	64.6	64.2	57.6	56.4	56.4	59.5	59.2
巴西	59.3	64.3	60.3	59.6	60.3	62.6	62.6
南非	57.1	62.4	62.5	59.0	60.0	61.2	61.9
新加坡	44.8	42.1	38.6	35.5	36.6	37.8	37.7

资料来源：根据世界发展指数（World Development Indicators，WDI）数据库相关数据整理。

但是，对于现有中国居民消费的官方统计数据，有些学者表示怀疑。拉迪（Lardy，2011）认为中国的需求结构存在失衡，他认为中国的住房消费存在低估，可能影响到消费率统计数据的准确性。珀金斯（Perkins，2012）也认为中国官方的数据可能低估了消费率，但是，被低估的程度不足以推翻中国需求结构失衡的结论。

第二节　城乡居民的平均消费倾向

第四章、第五章的研究发现，在世纪之交，中国的居民消费占 GDP 的比重，存在着一定程度上的低估。改算后的结果证明，中国居民消费占 GDP 的实际比重，与相近收入水平国家（当时相近的是中等收入国家）相比，大约存在 5 个百分点的差距，到 2012 年，中国的居民消费占 GDP 的比重与相近收入水平国家（此时，相近的是中等偏上收入国家）居民消费占 GDP 的比重的差距，拉大到了近 9 个百分点。

居民消费占 GDP 的比重，是居民可支配收入占 GDP 的比重与居民平均消费倾向的乘积。观察 1979—2016 年的城乡居民平均消费倾向（见表 6-2、图 6-1）可以发现，就整体而言，1979—2016 年，城乡居民的消费倾向是比较接近的，两者仅相差 0.41 个百分点，但是，纵向看，则有两种不同的趋势：农村居民的平均消费倾向在 20 世纪 90 年代中期之前，基本稳定在 80% 以上；1997—2012 年，大致徘徊在 75% 左右；然而，从 2013

年起，再度回到了80%以上；总体而言，农村居民的平均消费倾向是相对稳定的。然而，城镇居民的平均消费倾向则基本上呈阶梯式下降趋势，1979—2016年，37年里下了两个台阶：1979—1997年，各年平均消费倾向均值80%以上，平均值为86.13%，比农村居民的平均消费倾向还高2.7个百分点；1998—2010年，从79.84%逐步降至70.5%，均值为75.57%，大致相当于同期农村居民的平均消费倾向均值；2011年起，城镇居民的平均消费倾向更进一步降到了70%以下，竟比同期农村居民的平均消费倾向低了11.84个百分点（见表6-2、图6-1）！在城乡居民的平均收入都迅速增长的同时，城乡居民平均消费倾向的变动趋势明显不同，这显然是不正常的。

表6-2　1979—2016年我国城乡居民人均收入、人均消费支出及消费倾向

年份	城镇居民			农村居民		
	人均收入（元）	人均消费（元）	消费倾向（%）	人均收入（元）	人均消费（元）	消费倾向（%）
1979	405.00	311.20	76.84	160.17	134.51	83.98
1980	477.60	412.44	86.36	191.33	162.21	84.78
1981	500.40	456.84	91.29	223.44	190.81	85.40
1982	535.30	471.00	87.99	270.11	220.23	81.53
1983	564.60	505.92	89.61	309.77	248.29	80.15
1984	652.10	559.44	85.79	355.33	273.80	77.06
1985	739.08	732.24	99.07	397.60	317.42	79.83
1986	900.90	798.96	88.68	423.76	356.95	84.23
1987	1002.10	884.40	88.25	462.55	398.29	86.11
1988	1180.20	1103.98	93.54	544.94	476.66	87.47
1989	1373.93	1210.95	88.14	601.51	535.37	89.00
1990	1510.16	1278.89	84.69	686.31	584.63	85.18
1991	1700.60	1453.81	85.49	708.55	619.79	87.47
1992	2026.60	1671.73	82.49	783.99	659.01	84.06
1993	2577.40	2110.81	81.90	921.62	769.65	83.51
1994	3496.20	2851.34	81.56	1220.98	1016.81	83.28
1995	4282.95	3537.57	82.60	1577.74	1310.36	83.05
1996	4838.90	3919.47	81.00	1926.07	1572.08	81.62

年份	城镇居民			农村居民		
	人均收入（元）	人均消费（元）	消费倾向（%）	人均收入（元）	人均消费（元）	消费倾向（%）
1997	5160.30	4185.64	81.11	2090.13	1617.15	77.37
1998	5425.05	4331.61	79.84	2161.98	1590.33	73.56
1999	5854.02	4615.91	78.85	2210.34	1577.42	71.37
2000	6279.98	4998.00	79.59	2253.42	1670.13	74.12
2001	6859.58	5309.01	77.40	2366.40	1741.09	73.58
2002	7702.80	6029.88	78.28	2475.63	1834.31	74.09
2003	8472.20	6510.94	76.85	2622.24	1943.30	74.11
2004	9421.61	7182.10	76.23	2936.40	2184.65	74.40
2005	10493.03	7942.88	75.70	3254.93	2555.40	78.51
2006	11759.45	8696.55	73.95	3587.04	2829.02	78.87
2007	13785.79	9997.47	72.52	4140.36	3223.85	77.86
2008	15780.76	11242.85	71.24	4760.62	3660.68	76.90
2009	17174.65	12264.55	71.41	5153.17	3993.45	77.50
2010	19109.44	13471.45	70.50	5919.01	4381.82	74.03
2011	21809.78	15160.89	69.51	6977.29	5221.13	74.83
2012	24564.72	16674.32	67.88	7916.58	5908.02	74.63
2013	26467.00	18487.54	69.85	8895.91	7485.15	84.14
2014	28843.85	19968.08	69.23	9892.00	8382.57	84.74
2015	31194.83	21392.36	68.58	10772.00	9222.59	85.62
2016	33616.25	23078.90	68.65	—	10129.78	—
1979—1997年平均	—	—	86.13	—	—	83.43
1998—2010年平均	—	—	75.57	—	—	75.30
2011—2016年平均（农村为2011—2015年平均）	—	—	68.95	—	—	80.79

续表

年份	城镇居民			农村居民		
	人均收入（元）	人均消费（元）	消费倾向（%）	人均收入（元）	人均消费（元）	消费倾向（%）
1979—2016 年平均（农村为1979—2015 年平均）	—	—	79.80	—	—	80.21

资料来源：根据历年《中国统计年鉴》的相关数据计算整理。

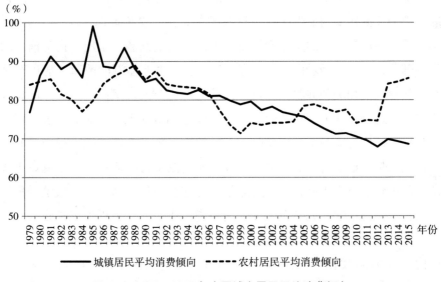

图 6-1　1979—2015 年中国城乡居民平均消费倾向

资料来源：根据表 6-2 绘制。

我们认为，问题可能出在：目前用来计算城镇居民平均消费倾向的城镇居民收入及城镇居民消费支出在不同时期实际上的统计口径是不同的。因而计算出来的各年的城镇居民平均消费倾向是不可比的。

从 1979 年到 2016 年，是计划经济逐步向市场经济转轨时期。在这一转轨过程中，我国城镇居民的收入内容结构发生了很大的变化。20 世纪 70 年代末 80 年代初，我国城镇居民的收入就其形式而言，基本上是工资收入，而且是国有及集体单位的工资收入，但是，这一工资收入，却不是全部的城镇居民实际收入。因为，城镇居民的住房基本上是计划分配的，或是住在机关单位的宿舍，或是租用的公租房，因此，在城镇居民的货币工资收入中是不包括住房这一块的（只包括象征性的房租），此外，城镇职工的医疗、教育费用等也主要由政府承担，许多公用事业服务也带有补贴性质，因此，在计划经济体制下，城镇居民的货币收入，仅仅是其显性收入，而不是其全部实际收入，维持其个人以及一家老小生活的全部工资收入，也即完全的劳动报酬（或完全的劳动力再生产费用），是由发给职工的货币工资（显性工资）及作为福利出现的隐性工资收入两者组成的，也即，城镇居民收入＝显性收入（货币工资）+隐性收入（福利分房等）。然而，随着市场经济的发展，城镇居民的收入内容和结构发生了变化，隐性收入部分逐渐转变为显性收入，到2000年之后，全面取消了福利分房，这标志着：在城镇居民的显性货币收入中，已经全额涵盖了用于住房消费的那一部分，此外，随着医疗、教育、社会公共事业体制的改革，居民对医疗、教育以及相关公共服务的付费，无论是从个人付费占这些服务的总成本之比，还是占其消费支出的比重，抑或是货币支出的绝对数上看，都大大增加了，成为应当由其显性收入支付的重要部分。在转轨过程中，城镇居民越来越多地不再就业于国有单位，他们或是自谋职业，或是就业于非国有的民营、外商投资企业，这部分（现在已经是大部分了）城镇居民的收入，从一开始起，就是完全市场化和货币化的，除了货币工资收入，一般没有类似计划经济体制下国有单位职工所享有的福利分房等隐性收入。因此，可以得出的结论是：从1979年至今，尽管城镇居民收入（从而城镇居民消费）这个指标的名称没有变化，但是，其中的内涵和构成发生了重要变化，不同年份的城镇居民收入和消费的数据，所包含的内容是不一样的，是不可比的。因此，通过对这一时间序列指标计算出来的城镇居民平均消费倾向序列发生了变化，并不能说明城镇居民平均消费倾向就发生了变化，相反，更大的可能是城镇居民的收入与支出所涵盖的内容和结构发生了变化。

当然，尽管在体制改革过程中，城镇居民的收入与支出所涵盖的内容与结构都在不断发生变化，但是，大的变化，往往是由于重大的体制变化所导致的。从支出角度看，我国的城镇住房商品化，是在世纪之交逐步展开的。在此前的居民收入及支出中，住房支出所占比重是比较小的，国家统计局所公布的城镇居民消费率中，所计算的城镇居民住房消费是严重偏低的。根据我们的估算，如果加入被低估的城镇居民住房消费，2004—2012 年的居民消费率一般是提高 5—7 个百分点。那么可以发现进入 21 世纪以来的城镇居民平均消费倾向与 20 世纪 90 年代中期之前的城镇居民平均消费倾向，差距是不大的。也即 1979 年以来，我国城镇居民的消费倾向基本上是稳定的。

从表 6-2 可以看出，尽管农村居民的人均收入与城镇居民的人均收入一样逐年增长，但是，同期农村居民的平均消费倾向却始终是比较稳定的。其原因是：农村居民的收入及消费所涵盖的构成，在这 37 年里，基本没有发生变化。从 20 世纪 50 年代初至今，农村居民始终既不享受公房配给，也没有公费医疗之类的隐性收入，其全部收入基本上体现为现有统计口径内的农村居民收入，即从 1979 年至今，尤其是实行农村联产承包责任制之后，农村居民收入及支出所要覆盖的范围，始终没有发生太大变化。农村居民在人均收入逐年提高的情况下，平均消费倾向基本不变，也从另一个角度说明了，随着收入水平提高，边际消费倾向递减的说法，不能获得经验支持，说明平均消费倾向具有很强的稳定性以及同期我国城镇居民平均消费倾向呈阶梯式下降，并不是所谓的边际消费倾向递减导致的。

在居民平均消费倾向基本稳定的情况下，我国居民消费占支出法 GDP 的比重偏低，那么主要原因就只能是居民可支配收入占支出法 GDP 的比重偏低。从表 6-3 可以看出，2000—2016 年，我国居民可支配收入占支出法 GDP 的比重，低于巴西、印度、墨西哥等中等、中等偏上收入国家的程度，是令人吃惊的。

表6-3 中国、巴西、印度、墨西哥居民可支配收入占支出法 GDP 比重与人均 GDP

年份	居民可支配收入占支出法 GDP 的比重（%）			
	中国	巴西	印度	墨西哥
2000	46.86	67.16	87.01	62.75
2001	46.69	66.28	88.63	63.19
2002	47.67	64.66	87.30	64.15

续表

年份	居民可支配收入占支出法 GDP 的比重（%）			
	中国	巴西	印度	墨西哥
2003	46. 94	63. 75	85. 90	73. 83
2004	45. 33	61. 57	82. 36	72. 52
2005	44. 44	61. 16	81. 44	72. 52
2006	43. 19	60. 89	80. 59	71. 89
2007	41. 86	60. 50	78. 26	71. 49
2008	41. 28	59. 11	83. 72	72. 70
2009	41. 86	61. 41	82. 81	71. 72
2010	40. 55	64. 14	80. 07	72. 27
2011	39. 97	64. 64	80. 52	70. 53
2012	41. 27	65. 66	80. 26	69. 80
2013	41. 76	66. 59	80. 21	71. 99
2014	42. 72	67. 46	78. 95	70. 76
2015	43. 71	69. 19	78. 00	71. 98
2016	44. 17	—	76. 70	—
2000—2016 年平均	43. 55	64. 01	81. 92	70. 26
人均 GDP（元）				
2000	7942. 069	30953. 9	3633. 097	57612. 6
2001	8716. 577	26047. 3	3699. 934	60768. 76
2002	9506. 203	23338. 23	3858. 744	61239. 88
2003	10666. 1	25324. 2	4478. 976	57143. 99
2004	12486. 94	29987. 26	5142. 528	60511. 37
2005	14363. 47	39075. 92	5791. 598	66266. 01
2006	16734. 64	46715. 91	6313. 873	70627. 88
2007	20495. 56	55612. 29	7742. 137	71575. 14
2008	24108. 16	61030. 83	6885. 96	67823. 88
2009	26220. 34	58428. 15	7447. 961	53228. 84
2010	30872. 39	75981. 91	9110. 191	61036. 91
2011	36387. 56	85046. 07	9440. 647	64023. 38
2012	40007. 89	77589. 88	9134. 095	62749. 21

续表

年份	居民可支配收入占支出法 GDP 的比重（%）			
	中国	巴西	印度	墨西哥
2013	43834.05	75661.73	8993.736	64412.77
2014	47198.22	73877.12	9681.077	64996.8
2015	50258.29	54499.89	10003.05	57866.57
2016	53917.33	57385.26	11407.98	56085.53

资料来源：联合国数据库 UNdata、国家统计局相关数据计算整理。

第三节　结论及政策含义

至此，结合第三、四、五章的研究，可以得出以下结论及相关政策建议：

（1）消费要成为拉动经济增长主动力，并使经济保持 6.5%的较快增速，需要消费每年保持较快增速。这取决于：居民人均可支配收入的增速；居民收入增速为既定的条件下，居民平均消费倾向逐年提高。从长期看，居民收入占 GDP 的比重，应当是比较稳定的。从长期看和从理论上说，居民平均消费倾向也不可能不断提高；在正常情况下，居民消费占其收入的比重，或者说平均消费倾向是比较稳定的——这是由于居民从整体上看，其消费行为是高度理性的。由此可以得到的结论是：居民消费对经济增长的拉动作用，就绝对数而言，是比较稳定的。

（2）在从需求侧讨论社会总需求（投资+消费+净出口）对经济增长的作用时，首先应当注意：能够拉动经济增长的不是消费、投资、净出口的绝对数，而是其年增速。当年消费、投资、净出口的绝对量无论多大，只要与上年一样也即增速为零，就只能维持零经济增速。有论者认为中国的消费数量巨大，完全可以拉动经济增长。这是误解。因为，只有消费

（投资、净出口也一样）增长才能拉动经济增长。其次，应当注意，所谓投资、消费、净出口增长对经济增长的相对贡献率，是指从需求增长对经济增长的贡献角度看，投资、消费、净出口三者增长对经济增长的相对贡献率。它们三者之和始终为100%，因此，三者对经济增长的相对贡献率是此消彼长的。消费、投资、净出口增长对经济增长的相对贡献率，在三者占GDP的比重既定情况下，取决其相对增速。增速较高者，对经济增长相对贡献率就较大，但这与它对经济增长的绝对拉动作用大小无关。我国经济在2002—2007年高速增长，年均增长率高达10%以上，不是因为投资与净出口对经济增长的相对贡献率高，而是因为投资与净出口每年都两位数高增长。然而，在居民可支配收入的增长速度既定的情况下，居民消费倾向的高度稳定性决定了居民消费从而消费增速的高度稳定性，因此，居民消费从而消费增长对经济增长是稳定器，是压舱石，其对经济增长的相对贡献率，主要取决于作为社会总需求其他组成部分——投资、净出口——对经济增长的相对贡献率以及经济增长率。在经济增长率较高的情况下，一般而言，投资与净出口增速大大高于消费增速，因此它们对经济增长的相对贡献率比较大；相反，2008年国际金融危机之后，我国的投资与净出口增速逐渐下降，投资与净出口增长对经济增长的相对贡献率也就逐渐下降，消费对经济增长的相对贡献率增大。与此同时，是经济增长率逐渐下降至较低。有论者认为，处于不同发展阶段的国家，消费主导型的程度各不相同，但经济增长模式最终会趋于消费主导型。但是，当经济增长趋于消费主导型或者说当消费成为经济增长的主动力时（也即投资和净出口增长对经济增长的相对贡献率降至很低的情况下），这一经济体的增长率将降至较低水平。

（3）从长期看，一个经济体是不可能依靠净出口拉动经济增长的（李文溥、熊英，2015），就中国目前进出口占世界贸易的比重看[①]，继续提高中国进出口占世界贸易比重的空间已经相当有限。维持现有的比重，也就意味着中国的净出口增长率是较低的，从长远看，中国进出口占世界贸易

[①] 2017年，中国货物进出口占世界货物进出口的比重已达11.48%，其中，进口占10.21%，出口占12.78%均位居世界第一。

的比重，将有所下降，因此，净出口增长（能够拉动经济增长的是净出口增长率而非进出口增长率）将难以继续成为拉动中国经济增长的主动力。

（4）中国居民可支配收入占 GDP 的比重决定了，当前，应当把提高居民可支配收入作为稳增长、提高人民群众获得感、幸福感、安全感的第一要务。近年来，各级政府高度重视稳增长、提高人民群众获得感、幸福感、安全感。这无疑是正确的。但是，从具体的政策措施上看，则方向有偏。因为，各级政府在稳增长、提高人民群众获得感、幸福感、安全感问题上，多是提出要增加政府预算，扩大民生支出，增加民生投资，基本服务均等化，提高社会保障程度。应当注意：稳增长、提高人民群众获得感、幸福感、安全感，并不能主要靠增加政府预算，扩大民生支出，增加民生投资，基本服务均等化，提高社会保障程度上。而应侧重控制财政收入占 GDP 的比重，扩大居民收入占 GDP 比重，提高居民可支配收入。任何导致扩大财政收入占比，压缩居民收入占比的"惠民"政策，都不利于真正改善民生，无助于提高人民群众获得感、幸福感、安全感。因为，目前财政收入占比已经过大，如不靠控制财政收入占 GDP 比重，压缩其他预算支出来改善民生，势必做得越多，越要增加财政收入，越降低居民收入占比，抑制居民消费，通胀威胁就越大，稳增长、稳就业、稳金融、稳投资、稳预期就越不可能，人民群众获得感、幸福感、安全感就越难以获得。预算规模如因此不断扩大，不仅可能增加财政赤字，加剧腐败、支出无效率，投资结构扭曲，而且将不断背离让市场在资源配置中起决定性作用的方向，不利于政府更好地发挥作用。因此，要真正实现稳增长、稳就业、稳金融、稳外贸、稳外资、稳投资、稳预期，提振市场信心，提高人民群众获得感、幸福感、安全感，根本之策是降低财政收入占 GDP 比，增加居民可支配收入，提高居民收入占 GDP 比重，实现预算收入平衡，控制货币投放，稳定物价水平，降低居民部门因高房价而不断攀升的负债率。

（5）从需求角度看，既然消费充其量只能充当经济增长的稳定器和压舱石，保障经济增速不至于过低，净出口又不能成为长期拉动经济增长的主动力，那么，在我国经济从中等收入向高收入经济体的过渡中，要实现稳定的较快增长（如现阶段的经济增长预期：6.5%左右），就不能不依靠投资。然而，实践证明，主要依靠政府与国有投资拉动经济增长，投资效率较低（厦门大学宏观经济研究中心 CQMM 课题组，2017）。于是，实现经济稳定较快增长的症结，也就再次回到如何激发民营投资的积极性上来了，从这个角度讲，充分重视民营经济在国民经济中不可或缺的作用，保障民营企业的财产权利，稳定民营经济的投资预期，就不是一个仅仅与民营经济相关的问题了。

第七章 需求结构转换与供给侧结构性改革

第一节 引　　言

为应对 2008 年爆发的国际金融危机，中国政府实施了以"四万亿"投资计划为代表的庞大财政刺激政策，然而仅仅时隔两年，中国的经济增速就从回升再度掉头向下，持续下行至今。沉重的现实促使决策高层反思自 2008 年国际金融危机以来的以总量需求为主导，侧重需求面，"大水漫灌"的宏观调控政策的缺陷，以及长期以来一直致力于转变经济发展方式但却无法取得突破性进展的症结；并于 2015 年末提出了适应经济新常态，重在改善有效供给能力，提高经济增长质量的供给侧结构性改革新政，明确了"去产能、去库存、去杠杆、降成本、补短板"的五大重点任务，坚定了从供给侧着眼，稳定经济增长，充分发挥我国经济巨大潜能的战略方向，做好产业结构调整的"加减乘除"四则运算，加快转变经济发展方式，培育形成新的经济增长动力。

应该说，供给侧结构性改革新政的提出是对过去数年关于中国经济增长的"三期叠加"和"新常态"判断的进一步探索和升华，是最高决策层基于对当前经济形势全面深刻的认识，针对现实经济中结构性、体制性、素质性问题，提出的治理方略。然而，目前来看，如何做好供给侧结构性改革，还众说纷纭，有待进一步深入研究。有论者认为，结构性改革要解决的核心问题是矫正要素配置扭曲，包括企业内部、企业间和产业间的要素配置结构的优化组合；其政策手段是激发微观主体的活力，打破垄断、放宽准入、激励创新，化解过剩产能，用改革的办法解决结构性问题（杨伟民，2015）。一些论者指出，供给侧结构性改革的核心在于经济结构调整和经济发展方式转变，在于提高全要素生产率。其首要目标是做"减法"，去结构性产能过剩（胡鞍钢、周邵杰、任皓，2016）。还有人则认为，"十三五"期间，政府可以从增加公共产品提供、加快产业新陈代谢以及利用科技改造生产结构三个方向实施供给侧结构性改革（李稻葵，2015）。可以看出，上述研究主要是从生产供给、从相对宏观的视角来解读供给侧结构性改革。然而，正如习近平总书记所强调的，"我们讲的供给侧结构性改革，既强调供给又关注需求"。需求，尤其是消费需求，对于供给侧结构性改革同样重要。供给侧结构性改革不仅不能忽视需求侧的重要意义，还要满足需求结构尤其是消费需求结构的变化，以实现"供需平衡"的理想状态。

为此，本章将着重从微观消费需求升级转换的视角阐述供给侧结构性改革。我们认为，当前要做好供给侧结构性改革，需要清楚地认识由中等偏上收入经济体向高收入经济体过渡阶段居民消费需求结构的升级转换及其趋势变化，供给侧的调整必须围绕居民消费需求结构的演变做文章，淘汰落后产能，构筑新增产能，借助于体制改革、机制创新、市场开放等相关措施，构建满足居民新消费结构的产品和现代服务供给体系，增加有效供给，重塑经济增长的新动力。

接下来，我们将从三个方面阐述上述观点。具体安排如下：第二节从产品供给与消费需求结构失衡的角度，对当前中国存在严重产能过剩与有效供给不足并存现象进行解释，指出投资结构偏离消费结构是导致上述现象产生的关键因素；第三节是结合先行国家的居民消费结构演变事实，分析由中等偏上收入经济体向发达经济体过渡阶段中国居民消费需求结构的升级转换方向；第四节是围绕这一升级转换方向，分析当前我国供给调整的主要障碍及其实现路径。第五节是简要结论及引申出来的政策含义。

第二节 产能过剩与有效供给不足并存

产能过剩是我国宏观经济运行中存在的突出问题，也是提出实行供给侧结构性改革的重要导火线。当前我国除钢铁行业外，电解铝、水泥、平板玻璃、造船、有色金属、建材、轻工、纺织、食品等行业的产能过剩问题均相当严重，产能过剩已成为制约我国当前和未来经济发展的顽疾（杨振，2016）。但是，这并不是说所有行业的产能都过剩了。一些高端行业的产能，如集成电路、发动机等反而是严重短缺的；甚至在某些产能过剩的行业内部，一些零配件供给也是短缺的。如风电设备总体过剩，但其内部控制系统、叶轮等零部件却还需要进口（张卓元，2016）。进一步地，从现代服务产品看，供给不足的现象就更为明显了。以教育、医疗和社会保障资源产品为例，幼儿园、中小学适龄儿童、青少年入园难、上学难、城乡居民看病就医难、养老难等问题已经成为全国性的难题。因此，可以说，产能过剩与有效供给不足同时并存是现阶段中国经济的主要特征之一（杨伟民，2015）。

究其原因，产能过剩与有效供给不足并存现象是我国现有供给体系未能适应需求的重大变化，进而导致了供给与需求不匹配、不协调的后果（张卓元，2016）。这里，需求的重大变化可以分解为外部需求和内部需求两个层面来加以理解。就外部需求而言，2008年以来，受国际金融危机和欧洲债务危机的接连爆发影响，外部需求明显下降，再加上用工成本的持续上涨，使得传统以劳动密集型产品为主的外向型供给体系出现极大困难，迫切需要改变。然而，这种长期经营形成的外向型供给体系却不是在短时间内能够纠正的。为此，政府希望通过鼓励出口转内销、通过扩大内需来消化产能。但是，随着中国顺利地由一个低收入经济体升级为中等偏上收入经济体并逐渐向高收入经济体过渡，其内部需求也正在发生明显的变化。主要体现在：

第一，以住房交通和食品衣着等实物消费为主的居民消费结构，逐渐转变为服务消费与实物消费并重的消费结构。经过30多年来高速经济增长带来的财富积累，中国正在逐步由中等收入经济体向高收入经济体过渡，东部沿海一些发达地区已经接近或达到了高收入经济体的水平，因此，居民的消费能力和消费观念发生了明显的改变。除了物质生活需求的满足之外，越来越追求更为高端的服务消费的满足，包括健康、便捷的生活，优质的教育、娱乐、文体产品等。2016年，中国城镇居民的食品、衣着及家庭设备用品支出占比约为43.02%，比2015年下降了0.77个百分点，居住和交通通信支出占比为35.91%，医疗保健、教育文化娱乐以及其他商品与服务支出占比约为21.07%，分别比2015年提高了0.28个和0.49个百分点。对于这一消费结构变化的解释，周学将经济发展阶段、宏观收入、宏观生产与宏观消费的变化联系起来，提出在不同的发展阶段，宏观消费的产品是不一样的。认为，在中等收入水平阶段，一国的宏观消费主要是以重型消费品为主，而到了高收入阶段，一国的宏观消费将转变为以服务为主（周学，2014）。贾康等同样认为，以家电、住房、汽车等大宗耐用品为主的消费基本走完排浪式的消费历程，中国居民的消费正走向个性化、多元化和服务型消费（贾康、冯俏彬，2015）。

第二，在实物性消费方面，居民消费对产品品质、品种、规格和安全的要求越来越高。例如，以往用户对于一些购物网站的评价多集中在价格便宜，现在越来越关注产品质量的好坏、安全与否等；以往出国购物的品种，多以奢侈品为主，现在出国购物则逐渐蔓延到日常用品。从奶粉到厨具，从马桶到电饭煲……从中国香港到日本，近些年来有关国内居民出境"海淘"的报道不绝于耳，这说明，随着收入水平的提高，国内居民的需求偏好已向发达国家的普通居民趋近，由此，对产品的品质要求也在提升。

而正是由于内部需求的上述变化，直接导致了现有以水泥、钢铁、煤炭、有色金属等与房地产业、交通运输设备业息息相关的行业产品为主的产品供给体系，以面向低收入群体为主的低质低价产品供给体系以及以出口加工劳动密集型产品为主的外向型产品供给体系，无法跟上消费需求的变动步伐，造成产品库存高企、产能严重过剩，"出口转内销"的战略实施不尽如人意。1999—2015年，所有工业行业的产品库存年平均增长率高达12.1%，其中与房地产业、交通运输设备业息息相关的上下游产业，如有色金属冶炼和压延加工业（16.3%）、黑色金属冶炼和压延加工业（13.7%）、黑色金属矿采选业（22.6%）、煤炭开采和洗选业（17.2%）、家具制造业（15.0%），以及与出口加工劳动密集型产品相关的行业，如纺织服装鞋帽制造业（14.0%）、农副食品加工业（15.9%）、木材加工和木竹藤棕草制品业（15.9%）、食品制造业（13.0%）等，均呈现出较高的产品库存年增长率。

进一步地，如果从经济发展导致需求结构转换的角度观察这一问题，我们会发现：这些产业，不仅要去库存，而且必须去产能。因为，随着消费需求结构的进一步升级转换，这些产业的需求将无可挽回地走向萎缩。不可能指望挺过严冬就是春天。

以房地产业为例。首先，从城镇居民人均居住面积看，2012年，中国城镇居民人均住房面积就已达到32.9平方米（温家宝，2013），基本接近英国、法国、德国和日本等发达国家在20世纪90年代初的水平①，进一步增长的空间有限。其次，从未来数年的住房需求看，对房地产的需求趋于见顶：（1）第三次人口生育高峰所出生的适龄买房人口（出生于1983—1990年之间）的刚性需求正在减弱；（2）城市化率超过50%之后，扩张速度将放缓，由此"城市新市民"对房地产的消化能力在下降。房地产市场库存的高企、供需格局的反转以及房地产企业对未来需求扩张预期的弱化，使企业的投资积极性明显下滑。2015年中国房地产开发投资额约为9.60万亿元，比2014年名义增长1%，2016年房地产开发投资额比2015年名义增长6.88%。最后，从更长期的视角看，根据以往的国际经验观察，随着一个国家逐渐由中等收入国家向更高收入的国家跨越，居民以住房消费、汽车消费等为主的重型消费结构将逐渐被现代服务品消费所替代（周学，2014）。这就意味着，如果中国在几年内顺利跨过人均GDP10000美元的大关，住房消费的需求将随之减弱。换言之，即使推出强有力的政策刺激诱发房地产业去库存顺利进行，但这或许也只不过是将未来几年的需求提前释放，房地产业作为重要支柱产业的时代一去不复返。此外，一

① 用于得到上述判断的文献资料，引自白雪、王洪卫：《住宅产业综合测度方法研究——基于恩格尔系数与人均住房面积模型分析》，《财经研究》2005年第9期；该文转引自关柯、芦金锋、曾赛星编著：《现代住宅经济》，中国建筑工业出版社2002年版，第3页。

般消费品产业、以出口为导向的劳动密集型产业、服务它们的上游产业也面临着壮士断腕式的去产能的需要。

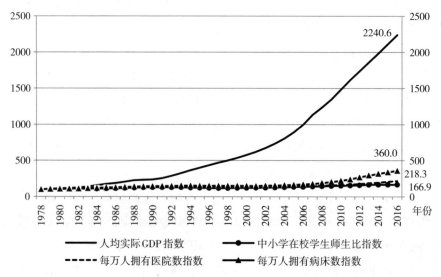

图 7-1 1978—2016 年中国教育医疗供给指标与人均实际 GDP 的增长指数对比
资料来源：整理自 CEIC 数据库。

与此同时，与过渡阶段居民消费升级方向相关的医疗、教育、文体、健康、休闲等现代服务品的供给却严重不足。如图 7-1 所示，以 1978＝100，到 2016 年，全国实际人均 GDP 的指数约为 2240.6，约为 1978 年的22.41 倍，而同期，全国中小学在校师生比、每万人拥有医院数和病床数指数约为 166.9、218.3 和 360.0，分别仅为 1978 年的 1.67 倍、2.18 倍和3.60 倍。现代医疗卫生、教育资源的供给远远落后于经济增长的步伐。并且，更加值得注意的是，当前对于上述现代服务品供给的投资不仅没有出现倾斜，反而还在下降或投资占比有限。2016 年，固定资产投资（不含农户）中，房地产业、汽车制造业、铁路船舶等其他交通设备制造业占总投资的比重约为 25.19%，如果再加上与之配套的道路运输业和铁路运输业固定资产投资，比重将进一步增加到 32.01%，超过同期全部制造业的固定资产投资占比（31.49%）。换言之，以住房、交通为主的重型消费品依然是当前中国投资的主要对象。而现代服务业中，教育、卫生行业的固定资产投资占比分别由 2004 年的 3.05% 降为 2016 年的 1.56%，以及由 2004

年的 0.71% 略升为 2016 年的 0.77%，远远落后于房地业、交通业的投资；文化、体育和娱乐业的投资占比 2016 年也仅为 1.31%。

综上所述，基本上可以得出以下判断：随着经济持续的增长，居民收入水平持续提高，居民的消费需求因此发生了显著的变化，而旧有产品供给体系，却没能及时跟随需求的重大变化而适时作出调整，从而共同导致了当前中国经济出现产能过剩与有效供给不足并存的怪现象。由于居民消费需求的形成与收入水平提高、消费观念的改变以及人追求更高生活享受、追求自我价值实现的本能息息相关，难以在短期内，甚至无法加以调整，因此，从这个意义上讲，当前强调供给侧结构性改革是抓住了问题的关键点。要破除产能过剩与有效供给不足并存的难题，必须是从供给侧加以调整，去除、淘汰过时产能，同时，围绕由中高收入经济体向高收入经济体过渡阶段居民消费结构的升级变迁方向，加大投资力度，构筑新增产能，以纠正产品供给结构与消费需求结构的扭曲失衡状态，重塑经济增长动力。

第三节　过渡阶段中国城乡居民消费结构的升级转换

一、中国城乡居民消费结构的变迁

利用 1992—2016 年全国城镇和农村居民人均八大类消费支出的调查数据，可以描绘出二十多年来中国居民消费结构的变化轨迹。

第一，食品支出比重大幅度缩小。1992 年，城镇居民的各类支出中，食品支出占 52.86%，到 2012 年，食品支出仅占 36.23%，下降了 16.63 个百分点，年均下降约 0.83 个百分点（见图 7-2）；同期农村居民的食品支出占比下降幅度更大，由 1992 年的 57.55% 下降到 2012 年的 39.33%（见图 7-3）。调整支出统计口径之后，2015 年和 2016 年的城乡居民食品支出占比进一步下降。其中，城镇居民食品支出占比分别下调为 29.73% 和 29.30%，农村居民食品支出占比分别下调到 33.05% 和 32.24%。

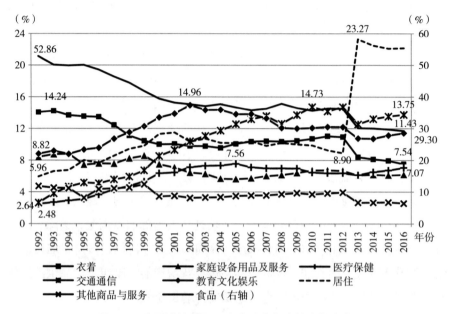

图7-2　中国城镇居民八大类消费支出的比例变化

资料来源：整理自 CEIC 数据库。

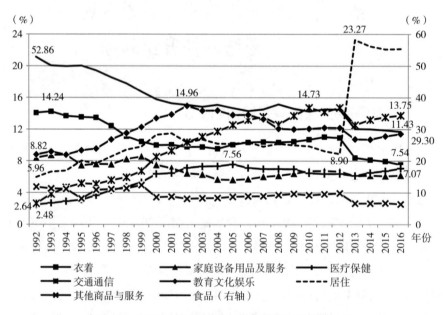

图7-3　中国农村居民八大类消费支出的比例变化

资料来源：整理自 CEIC 数据库。

第二，衣着支出、家庭设备用品及服务支出占比稳中趋降。其中，城镇居民这两类支出在前十年持续下降，到2004年前后，开始出现回升，但基本维持在一个平稳的水平。2012年，城镇居民衣着支出和家庭设备用品及服务支出的占比分别为10.94%和6.69%，较1992年下降了3.14个和1.73个百分点（见图7-2）；农村居民的这两类支出占比的变动幅度更小。1992—2012年，衣着支出占比仅由7.97%降至6.71%，家庭设备用品及服务支出占比则由5.56%微升至5.78%（见图7-3）。

第三，交通通信和居住支出显著提升，城镇居民的这两项支出占比之和已经超过食品支出占比，约占全部支出的三分之一强。其中，交通通信支出方面，城乡居民的占比均呈现出持续上扬的趋势。城镇居民由1992年的2.64%，快速提高到2012年的14.73%（见图7-2），农村居民由1992年的1.86%提高到2012年的11.05%（见图7-3）；居住支出在2013年统一城乡住户调查、调整相关统计口径之后，城镇居住支出占比跳升到23.27%，成为仅次于食品支出的第二大支出，2016年下降到22.16%；农村居住支出占比由2012年的18.39%上升至2016年的21.20%。

第四，教育文化娱乐支出呈现"先上升、后下降"的趋势。其中，城镇居民教育文化娱乐支出拐点出现在2002年，在占比最高达到14.96%之后，其比重开始逐步下降，下降几年后基本稳定在12.2%左右；2013年调整统计口径之后，比重下降到10.75%，随后缓慢上升，到2016年，比重提高到11.43%。农村居民的教育娱乐文化支出最高占比出现在2003年，达到12.13%，随后逐渐下降，到2012年，比重回到7.54%，基本跌到20世纪90年代初期的水平；2013年调整口径之后，比重提高到10.08%，之后缓慢上升，2016年达到10.57%，但仍处于较低水平。

第五，医疗保健支出出现城乡差异。城镇居民的医疗保健支出自1992年开始连续上升13年之后，从2006年开始缓慢下滑，直到2012年，仍处于下降趋势。2013年，调整口径之后，进一步下滑到6.15%，随后缓慢上升，2016年达到7.07%。农村居民的医疗保健支出则基本保持上涨趋势，从1992年的3.66%，一路升到2016年的9.17%，增长超过1倍。二者趋势差异可能与2005年之后城乡差别的医疗保险制度有关。城镇居民享受到的医疗保障要优于农村居民，从而导致城镇居民个人承担的医疗卫生支出增速放缓。

简单总结，过去20多年来，随着中国经济顺利突破贫困障碍，进入中等偏上收入国家，中国居民的消费行为呈现以下两个特征：

第一，食品衣着类支出在总支出中的比重大幅度下降，由原先占近七成以上，逐渐降到五成以下。交通通信和住房的支出大幅提高，逐渐成为消费支出的重要组成部分。这种消费结构的演变，基本符合发展经济学的理论预期，也与以往的国际发展经验相一致。当一个国家由贫穷向中等收入过渡时，随着资本财富的积累，消费者会逐渐降低对食品、衣着等满足最基本生存物品的消费，而逐渐提高对更高层次的实物消费比重。这就从需求层面解释了中国的汽车和房地产业在过去20年间的高速增长。可以说，恰恰是因为，居民对交通和住房的强烈需求，使得一旦制约这两大产品供给的体制障碍被突破，两个产业很快就发展起来，并迅速成为支撑经济增长的主要支柱产业。

第二，教育文化娱乐、医疗保健等服务产品的支出比重较低，不及全部消费支出的20%。并且，从趋势上看，自2002年以来，这两类支出的占比还呈现下降的趋势。这其中，一方面是由于住房、交通通信等现阶段居民主要消费项目占比提高带来的挤压；另一方面也与这些服务产品本身的供给机制不畅、价格高企息息相关。

二、中国城乡居民消费结构的升级转换

从现有的消费结构出发，未来5—20年，中国居民的消费结构将会如何进一步演变呢？理论上，随着一个国家经济由中等偏上收入经济体向发达经济体的过渡，居民消费结构将开始由以实物消费为主转变为服务消费与高质量的实物消费并重，渐趋服务消费为主的消费结构（周学，2014；贾康、冯俏彬，2015）。对比韩国的转型发展经验，这一判断基本成立。

2016年，中国城镇居民的教育文化娱乐、医疗保健以及其他项目的三项支出占总消费支出的比重约为21.07%，大约相当于韩国在20世纪80年代初的水平（18.89%）。2016年，中国以2010年价格计算的实际人均GDP是6894.46美元，与韩国在1987年的实际人均GDP（6629.04美元）

基本相当。而自 1981 年起，韩国的人均实际 GDP 在 8 年内增至 7784.94
美元，并于 1993 年跨入到万美元俱乐部行列。伴随经济顺利跨越中等收入
陷阱，韩国教育、健康、文化娱乐及杂项四项支出的比重也由 1981 年的
18.89%，迅猛提高到 1989 年的 28.81%。2009 年进一步上升至 33.25%
（见图 7-4）。韩国的经济发展历程及居民消费结构变迁轨迹提示我们：未
来五年到二十年内，随着中国经济由中等偏上收入水平逐渐向高收入水平
转变，居民的教育文化娱乐和医疗保健的支出比重将大幅度提高。

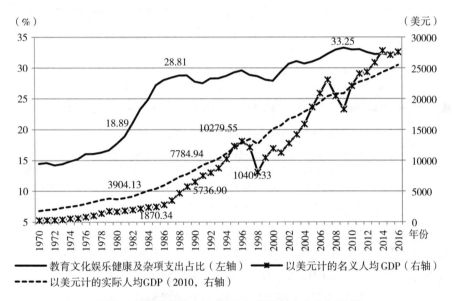

**图 7-4　韩国实际人均 GDP 与居民教育文化娱乐等
服务产品支出比重的变化对比**

资料来源：居民教育文化娱乐等服务产品支出包括教育、健康、文化娱乐及杂项四项支出之和，
　　　　　数据来自 UNDATA；以美元计的名义人均 GDP 和实际人均 GDP（2010 年价格平均）数
　　　　　据均来自世界银行 WDI 数据库。

进一步地，从韩国 20 世纪 70 年代以来的各项消费分类支出比重变化
中，我们还可以看出，在八九十年代，伴随韩国从中等偏上收入经济体向
发达经济体过渡，是教育文化娱乐健康等支出和住房交通通信支出的迅速
增长，在 90 年代初先后超过食品服装支出。其中，先是住房交通通信支出
上升较快，但自 1998 年起，在经过长达 23 年的支出占比提高之后，住房
交通通信支出的比重开始下降，并延续至今，而教育文化娱乐健康等支出

占比则保持上涨趋势，两者差距迅速缩小（见图7-5）。

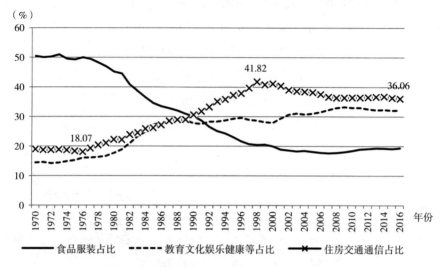

图7-5 韩国居民消费的分类支出比重变化

注：UNDATA 共将消费分成12项分类，分别是：1. 食品饮料；2. 酒精、烟草、麻醉品；3. 服装、鞋类；4. 住房、水电、燃料；5. 家具及住房维护；6. 健康；7. 交通；8. 通信；9. 文化娱乐；10. 教育；11. 餐饮住宿；12. 杂项。这里的教育文化娱乐健康等支出包含6、9、10、12项；食品服装支出包含1、3项；住房交通通信支出包含4、5、7、8项。

资料来源：数据来自 UNDATA。

事实上，这种随着收入水平的提高、居民消费结构逐渐偏向以教育文化娱乐健康为主的支出构成情况，并不仅仅是发生在韩国，在其他转型成功国家以及高收入国家，如日本、美国，也同样如此。如图7-6、图7-7所示，日本在1980—1995年人均GDP迅速提升的时期，教育文化娱乐健康及杂项支出的占比也由1980年的23.20%快速提高到1990年最高的29.05%，增加近5.85个百分点，随后一直保持平稳上升势头（见图7-6）。美国的情况更是迅猛。1970—2008年，近40年时间里，随着人均GDP的持续上涨，居民的教育文化娱乐健康等支出占比稳步由1970年的27.98%提高到2008年的45.11%，大幅增长了17.13个百分点。其中，自2010年起，美国居民的教育文化娱乐健康等支出占比正式超过食品服装住房交通通信支出占比，成为居民支出构成中的第一大支出（见图7-7）。

因此，综合上述分析，我们认为，随着中国从中等偏上收入经济体向高收入经济体过渡，中国居民的消费结构将出现新一轮的升级转换。即，以

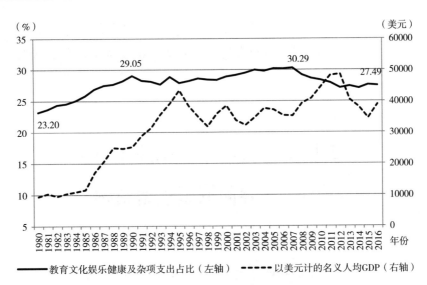

图 7-6　日本人均 GDP 与居民教育文化娱乐等
服务产品支出比重的变化对比

资料来源：居民教育文化娱乐等服务产品支出包括教育、健康、文化娱乐及杂项四项支出之和，
　　　　　数据来自 UNDATA；以美元计的名义人均 GDP 数据来自世界银行 WDI 数据库。

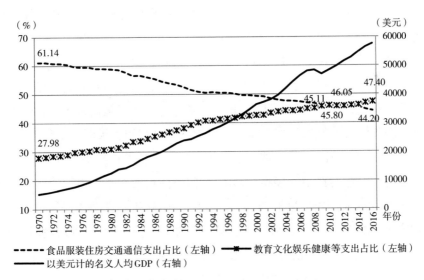

图 7-7　美国人均 GDP 与居民教育文化娱乐
等服务产品支出比重的变化对比

注：UNDATA 共将消费分成 12 项分类，分别是：1. 食品饮料；2. 酒精、烟草、麻醉品；3. 服装、
　　鞋类；4. 住房、水电、燃料；5. 家具及住房维护；6. 健康；7. 交通；8. 通信；9. 文化娱乐；
　　10. 教育；11. 餐饮住宿；12. 杂项。这里的教育文化娱乐健康等支出包含 6、9、10、12 项；
　　食品服装支出包含 1、3 项；住房交通通信支出包含 4、5、7、8 项。
资料来源：以美元计的名义人均 GDP 数据均来自世界银行 WDI 数据库。

住房交通和食品衣着等实物消费为主，逐渐转变为以服务消费与高质量的实物消费并重。它将逐步替代已高速增长了 20 年的住房交通消费需求，成为未来 10—20 年之内，中国经济的主要新增消费需求动力。

第四节 以需求结构转换为
导向调整供给结构

根据居民消费升级转换的方向，可以清楚地给出下一个阶段供给调整的着力点：一是去库存、去产能。即，去除旧有产品供给体系所产生的过剩产品和过剩生产能力，如钢铁、水泥、煤炭、房地产、纺织鞋帽等。二是增加投资、扩产能。在高质量实物消费品和现代服务品领域，要增加投资，扩大生产能力，形成有效供给。然而，要顺利实现这"一减一加"的供给结构调整，并非一件轻而易举的事情。

首先，在去除过剩产能方面，能否按照现有的政策安排，主要依靠政府"看得见的手"来加以调整呢？从以往的经验看，情况不容乐观。杨振的研究表明，在过去的二十多年间，我国的产能过剩已历经数次政策干预和宏观调控，但整体治理效果却难言显著。以钢铁、电解铝、水泥三个行业为例，自 2003 年起就被国家列为产能过剩行业，而历经十多年治理这三个行业依然是产能过剩行业的典型（杨振，2016）。问题的根源在于：现行的产能过剩治理政策主要基于供给侧的产能供给管制，其运转机制遵循"产能审核—判定过剩—分配指标—逐级淘汰—过剩缓解"的治理程序。尽管从逻辑上看，这一程序能够优化产能治理，但现实操作中，往往在各个环节都会出现难以控制的问题。比如，产能审核往往保护了既有相对落后的产能和技术、难以动态界定产能过剩的标准、分配指标过程中滋生了腐败和暗箱操作、逐级淘汰往往牺牲掉经营效率较高的民营企业等，这些都造成以政府管控为主导的去过剩产能方式，不仅难以取得应有的效果，反而可能进一步保护了与政府利益密切相关的国有企业和相对落后的产能。

其次，从扩张现代服务品的产能看，需要攻克的障碍和难关要更加艰巨。因为，造成当前我国现代服务有效供给能力不足、效率低下的关键是体制改革滞后和国有垄断。以分行业就业人数和固定资产投资占比为例，2016年，分行业城镇单位就业人员中，制造业的国有单位就业人数占比仅为 3.25%，而扣除掉批发零售、住宿餐饮以及公共管理、社会保障和社会组织业之后的第三产业国有单位就业人数占比约为 56.86%，其中，教育、卫生和社会工作、文化体育娱乐业的国有单位就业人数占比更是分别高达92.17%、86.79% 和 68.07%；2016年，分行业固定资产投资（不含农户）中，制造业的国有控股投资占比仅为 7.73%，同样地，扣除掉批发零售、住宿餐饮以及公共管理、社会保障和社会组织业之后的第三产业国有控股投资占比约为 51.41%，其中，教育、卫生和社会工作、文化体育业（扣除娱乐业）的国有控股投资占比分别高达 74.45%、61.25% 和 56.44%。可以说，在现代服务业领域，国有经济占据明显的主导地位。

破解上述难题，我们认为：在解决供给结构无法适应需求结构转换而适时调整的各种体制性、政策性障碍方面，市场机制的"无形之手"将比看得见的政府调控之手能够更快、更好、更彻底地实现供给结构调整。

以史为鉴，我国在前一个阶段顺利跨越贫困陷阱、实现居民消费结构升级与供给结构的匹配，其主要动力来自20世纪90年初，伴随居民消费支出逐渐转向住房、交通支出为主，我国在房地产行业实行了市场化改革①，在交通行业尤其是汽车行业较早地实行对外开放、引进外资、合资经营②，

① 1991年6月，国务院发布了《关于继续积极稳妥地推进城镇住房制度改革的通知》，提出了分步提租、交纳租赁保证金、新房新制度、集资合作建房、出售公房等多种形式推进住房制度改革的思路；10月，召开第二次全国住房制度改革工作会议，提出了"多提少补"或小步提租不补贴的租金改革原则；11月，国务院办公厅转发了国务院住房制度改革领导小组《关于全面推进城镇住房制度改革的意见》，明确了住房制度改革的指导思想和根本目的，标志着住房改革从探索和试点阶段，进入全面推进和综合配套改革的新阶段。

② 1983年规定汽车生产企业有一定比例的汽车产品自销权；1984年1月，由北京汽车制造厂与美国汽车公司合资经营的北京吉普汽车有限公司成立；同年5月，国营长安机器厂与日本铃木自动车工业株式会社达成生产 ST90 系列微型汽车技贸结合引进技术协议；11月，上海拖拉机汽车公司和泰国正大集团香港易初投资有限公司合资的上海易初摩托车有限公司成立；1996年5月，中德合资的联合汽车电子有限公司在上海浦东新区成立；1997年3月，中美合资上海通用汽车有限公司暨泛亚汽车技术中心有限公司签订合资合同；1998年4月，广州和日本本田签署合资合同。汽车行业的对外开放，一开始就走得异常顺利。

极大地释放了住房、汽车等相关产品的供给能力，满足了居民消费需求的升级变迁，从而实现资源的优化配置和效率使用。而现阶段，由于教育、医疗等产业长期以事业单位这种非市场形式的组织方式存在，缺乏运用"看不见的手"进行调节，热衷于"看得见的手"进行管制。一方面，通过资源垄断限制供给，使得产品供给能力严重不足，供不应求；另一方面，又由于行政价格管制，扼杀了价格对垄断行为的制约作用，进一步放大需求，造成更为严重的供需不匹配。因此，要调整当前的供给结构，使之与消费需求结构的升级转换相匹配，需要通过体制改革、机制创新、市场开放等相关措施，用市场的"无形之手"，淘汰落后产能，构建能够满足新消费结构的产品和现代服务供给体系，形成有效供给，重塑经济增长的新动力。供给侧结构性改革的关键是放松管制、释放活力、让市场发挥更大作用，降低制度性交易成本，提高供给体系质量和效率，提高投资有效性。

第五节　结论及政策含义

在经济持续减速的背景下，单纯地去产能，做减法，只会引起叠加性的需求下降，提高经济螺旋形下滑、陷入债务危机的风险。本章通过解释当前产能过剩与有效供给不足并存现象，指出，旧有产品供给体系无法满足居民消费结构的变化是导致上述现象产生的关键因素。同时，结合先行国家的居民消费结构演变事实，认为，在今后10年之内，随着中国从中等偏上收入经济体向高收入经济体过渡，中国居民的消费结构将逐渐由以住房交通和食品衣着等实物消费为主，转变为以服务消费与高质量的实物消费并重的消费结构。它将逐步替代已高速增长了近20年的住房交通消费需求，成为未来10—20年之内，中国经济的主要新增消费需求动力。最后，围绕居民消费的升级转换，在分析现有以政府产能管制为主的去过剩产能模式的缺陷，以及国有垄断对现代服务品供给抑制的基础上，提出，要做好供给侧结构性改革，需要通过体制改革、机制创新、市场开放等相关措施，用市场的"无形之手"，淘汰落后产能，构建能够满足新消费结构的产品和现代服务供给体系，形成有效供给，重塑经济增长的新动力。

根据上述分析，本章结论蕴含的政策含义如下：

第一，供给结构调整应当以新发展阶段背景下的需求结构转换为方向指引，在做减法的同时更加重视做加法，做除法的同时做乘法，在运用加法进行供给结构调整的同时扩大需求稳增长。中国自 2010 年人均 GDP 跨过 5000 美元之后，便开始进入了经济发展的新阶段：从中等偏上收入水平向现代发达经济过渡。由于同期又遭遇了国际金融危机的冲击，此前的宏观经济政策过多地关注了国际金融危机这一来自外部的周期性冲击，忽略了发展阶段转换所带来的结构性、体制性调整需要，过于重视扩大总需求的刺激政策，一定程度上掩盖了，也因此更进一步激化了经济发展内在的供需结构性矛盾，延缓了发展阶段转换亟待进行的结构调整及体制改革，从而导致了产能过剩与有效供给不足并存、经济增速不断下行的严重局面。然而，经济发展阶段转换所产生的内在要求是不可阻挡的，它体现为在经济不断下行的过程中，制造业与服务业的发展速度差异。根据中等偏上收入水平向现代发达经济过渡这一新发展阶段背景下的需求结构转换趋势，对供给结构进行调整，在做减法的同时更加重视做加法，做除法的同时做乘法，将使中国经济更快地实现供给结构调整。运用加法增加有效供给、调整供给结构的同时，将有效地扩大内需，实现经济运行的正向循环，稳定经济增长。

第二，在今后 10 年之内，随着中国人均收入逐渐从中等偏上收入经济体过渡到高收入经济体国家，中国居民的消费结构将出现新一轮的升级转换。居民消费将由以住房交通和食品衣着等实物消费为主的消费结构，逐渐转变为服务消费与高质量的实物消费并重的消费结构，对教育文化娱乐和医疗保健的支出比重将出现较大幅度的提高，并在未来 10—20 年之内，成为主要的消费需求动力。为应对消费结构的改善，必须尽快改变当前现代服务品的有效供给能力严重不足的现状。

第三，要充分发挥"看不见的手"在调节供给结构方面的作用，下一个阶段必须围绕未来 5—10 年、10—20 年的居民消费需求结构的趋势变化，借助于体制改革、机制创新、市场开放等相关措施，淘汰落后产能，构建能够满足新消费结构的产品和现代服务供给体系，形成有效供给，重塑经济增长的新动力。这既有利于供给侧结构性改革的加法和乘法操作，做到有的放矢，进一步明晰供给侧结构调整工作的重点和方向，同时，也可避免过剩产能问题的循环出现，使得新形成的供给能力与消费需求相适应，实现以新供给创造新需求、新需求推动新消费、新消费倒逼新产业产生的创造性破坏的良性产业演进过程。

第四，对于一个具备广阔内部市场的国家而言，在借助外部市场和工业化顺利跨越贫困增长阶段之后，其维持经济持续增长的关键早已转向国内，制约中国经济发展的症结是非均衡发展下的结构性、体制性矛盾而非周期性和外部性冲击。当此之时，增加投资，扩大需求，利用过剩产能是稳定经济增速的必要之举，在投资品价格为负数的情况下，增加投资，更是经济之举。问题在于：这一投资，虽然结果是扩大当前需求，但却必须立足于未来，根据需求转换的发展轨迹，以调整供给结构为导向。因此，在加快去除过剩产能、去库存的同时，需要放长眼光，围绕未来5—10年、10—20年的市场消费需求结构趋势变化，打造新兴产业，突破体制瓶颈，补齐供给短板。

第五，实行"腾笼换鸟"术，通过投资置换，以优质国有股份出让吸引民营投资，实行混合所有制改造，将有利于政府部门获得基础设施投资的资金来源，同时，这也将有利于扩大民营经济的投资领域，提高民营经济的投资增速。进一步地，由于国有经济目前主要集中在第三产业中的现代服务业，因此，对这些领域的国有企业实行混合所有制改造，也就意味着，打破垄断，解除管制，引进市场竞争，将大大提高现代服务业的资源利用效率、生产效率，实现了供给效率的提高。实行"腾笼换鸟"术，不仅要以既有的国有企业垄断退出为前提，而且必须以新的视角对既有非市场竞争领域的现代服务业的重新审视为前提，通过新的制度安排，使过去被视为事业领域，提供公共服务、社会福利但实际上是可市场化的部门获得进入市场、竞争性经营的可能。

第八章　中国服务业发展和行业结构演变

第一节　服务业的界定及分类

一、服务业的界定

要了解服务业结构，首先要对服务业有清晰的界定。目前我们所指的服务业仍主要是从三次产业分类的基础上来划分的，即除了农业和工业之外的其他产业活动，它部分地反映了产业活动在功能和性质上的区别。三次产业分类法由费希尔（Fisher，1935）提出，其定义是：第一产业是农业和矿产业，第二产业是加工制造业，第三产业是提供各种服务活动的产业。克拉克（Clark，1940）在继承配第、费希尔等研究成果的基础上，逐步完善并使之得到普及，故被称为克拉克产业分类法。20世纪70年代，库兹涅茨（Kuznets，1941、1971）进一步发展了这种分类法。克拉克三次产业分类法将产业分为农业、制造业、服务业三大类；库兹涅茨三次产业分类法也将产业分为农业、工业、服务业三大类。中国国家统计局在2013年《三次产业划分规定》中，明确了"第三产业即为服务业"。我们采用国家统计局2013年《三次产业划分规定》的"第三产业即为服务业"界定标准，即将服务业等同于第三产业。

二、服务业的分类

（一）标准或统计意义上的产业分类

联合国2008年公布了《国际标准产业分类》（2008）。中国国家统计局采用《国际标准产业分类》（2008）的分类标准，对《国民经济行业分类与代码》（GB/T 4754-2002）进行了修订，制定了《国民经济行业分类与代码》（GB/T 4754-2011）分类标准。在 GB/T 4754-2011 中，将 A 门类"农、林、牧、渔业"中的"05 农、林、牧、渔服务业"、B 门类"采矿业"中的"11 开采辅助活动"、C 门类"制造业"中的"43 金属制品、机械和设备修理业"三个大类一并调入第三产业。服务业具体分类见表8-1。从表 8-1 可以看出，服务业行业分类越来越细，突出了服务业的重要地位。

表8-1 服务业不同分类标准的分类

ISIC（2008）	GB/T4754-1994	GB/T4754-2002	GB/T4754-2011
批发和零售业；汽车和摩托车修理	地质勘查业、水利管理业	交通运输、仓储和邮政业	农、林、牧、渔服务业
运输与存储	交通运输、仓储和邮政通信业	信息传输、计算机服务和软件业	开采辅助活动
食宿服务	批发、零售、贸易和餐饮业	批发和零售业	金属制品、机械和设备修理业
信息和通信	金融、保险业	住宿和餐饮业	批发和零售业
金融和保险	房地产业	金融业	交通运输、仓储和邮政业
房地产	社会服务业	房地产业	住宿和餐饮业
专业、科学和技术	卫生、体育和社会福利业	租赁和商务服务业	信息传输、软件和信息技术服务业
行政和辅助	教育、文化艺术和广播电影电视业	科学研究、技术服务和地质勘查业	金融业
公共管理与国防；强制性社会保障	科学研究和综合技术服务业	水利、环境和公共设施管理业	房地产业
教育	国家机关、政党机关和社会团体	居民服务和其他服务业	租赁和商务服务业
人体健康和社会工作	其他	教育	科学研究和技术服务业
艺术、娱乐和文娱		卫生、社会保障和社会福利业	水利、环境和公共设施管理业
其他服务		文化、体育和娱乐业	居民服务、修理和其他服务业

续表

ISIC（2008）	GB/T4754-1994	GB/T4754-2002	GB/T4754-2011
家庭作为雇主的；家庭自用、未加区分的物品生产和服务	公共管理和社会组织	教育	
国际组织和机构		国际组织	卫生和社会工作
			文化、体育和娱乐业
			公共管理、社会保障和社会组织
			国际组织

鉴于 2013 年及以后，按照 GB/T 4754-2011 分类标准的服务业细分行业统计数据未发布，1990 年以前数据缺失严重，本章研究的时间区间选择为 1990—2012 年。由于按照 GB/T 4754-1994 和 GB/T 4754-2002 分类的服务业细分行业差别较大，以及统计指标数据的修正，我们并不尝试将统计数据转化为 1990—2002 年和 2004—2012 年可以比较的数据，而是将 1990—2012 年划分为 1990—2002 年、2004—2012 年两个阶段，来研究相关问题。为了下面行文方便，对按照 GB/T 4754-1994 和 GB/T 4754-2002 分类的行业做出编号，列为表 8-2。

表 8-2　1990—2002 年和 2004—2012 年行业对照表

1990—2002 年		2004—2012 年	
行业	编号	行业	编号
农、林、牧、渔业	I	农、林、牧、渔业	一
第二产业	II	第二产业	二
采掘业	II（1）	采矿业	二（1）
制造业	II（2）	制造业	二（2）
电力、煤气及水的生产和供应业	II（3）	电力、燃气及水的生产和供应业	二（3）
建筑业	II（4）	建筑业	二（4）
第三产业	III	第三产业	三
地质勘查业、水利管理业	III（1）	交通运输、仓储和邮政业	三（1）
交通运输、仓储和邮政通信业	III（2）	信息传输、计算机服务和软件业	三（2）

续表

1990—2002 年		2004—2012 年	
行业	编号	行业	编号
批发、零售、贸易和餐饮业	III（3）	批发和零售业	三（3）
金融、保险业	III（4）	住宿和餐饮业	三（4）
房地产业	III（5）	金融业	三（5）
社会服务业	III（6）	房地产业	三（6）
卫生、体育和社会福利业	III（7）	租赁和商务服务业	三（7）
教育、文化艺术和广播电影电视业	III（8）	科学研究、技术服务和地质勘查业	三（8）
科学研究和综合技术服务业	III（9）	水利、环境和公共设施管理业	三（9）
国家机关、政党机关和社会团体	III（10）	居民服务和其他服务业	三（10）
其他	III（11）	教育	三（11）
		卫生、社会保障和社会福利业	三（12）
		文化、体育和娱乐业	三（13）
		公共管理和社会组织	三（14）

（二）服务业细分行业归类

目前，为了分析细分行业在服务业发展中的地位和作用，学者们经常将服务业细分行业按照功能性质进行归类，大致有"二分法""三分法"和"四分法"三种归类方式。"二分法"将服务业细分行业归并为两类。莫米利亚诺和西尼斯卡索（Momigliano and Siniscalso，1982）利用投入产出表，将服务业中用于中间需求的部分界定为生产者服务业，而用于最终消费的部分界定为消费者服务业；李江帆（1990）将第三产业生产的产品分为精神型服务产品（教育、科研、技术、文艺等服务）和非精神型服务产品（医疗、交通、旅游、商业、通信等服务）两大类；郑凯捷（2008）将服务业分为最终需求服务和中间需求服务。"三分法"将服务业细分行业归并为三类，卡塔齐（Katouzian，1970）根据经济的发展阶段理论将服务业细分行业归为传统服务业、新兴服务业与补充性服务业三类；格鲁伯和沃克（Gruber 和 Walker，1993）从服务对象出发将服务业分为为个人服务的消费者服务业、为企业服务的生产性服务业和为社会服务的公共服务业。"四分法"将服务业细分行业归并为四类。辛格曼（Singelmann，1978）将服务业细分行业归为流通性服务、生产性服务、社会服务和个人服务；黄少军（2000）在辛格曼的基础上将服务业分为经济网络型服务（物资网络、资本网络和信息网络）、最终需求型服务（个人服务和社会服务）、生产者服务（工程建筑服务、研发设计等经营服务）和交易成本型服务（政府交易成本和企业交易成本服务）四大类。

对服务业细分行业进行归类，是统计学中分组及再分组方法的应用，是分析问题的重要方法之一。我们采用格鲁伯和沃克（Gruber 和 Walker，1993）的"三分法"，将服务业细分行业归类为生产性服务业、消费性服务业和公共服务业三类，按照 GB/T 4754-1994 和 GB/T 4754-2002 分类的服务业细分行业具体归类列为表 8-3。

表 8-3　服务业细分行业归类

时间	服务业分类	行业
1990—2002 年	生产性服务业	交通运输、仓储和邮政通信业；金融、保险业；科学研究和综合技术服务业
	消费性服务业	批发、零售、贸易和餐饮业；房地产业；社会服务业；其他
	公共服务业	地质勘查业、水利管理业；卫生、体育和社会福利业；教育、文化艺术和广播电影电视业；国家机关、政党机关和社会团体
2004—2012 年	生产性服务业	交通运输、仓储和邮政业；信息传输、计算机服务和软件业；金融业；租赁和商务服务业；科学研究、技术服务和地质勘查业
	消费性服务业	批发和零售业；住宿和餐饮业；居民服务和其他服务业；文化、体育和娱乐业；房地产业
	公共服务业	水利、环境和公共设施管理业；教育；卫生、社会保障和社会福利业；公共管理和社会组织

需要强调的是服务业细分行业归类是根据研究问题的需要而展开的，以通信业为例，它既可以为生产者服务，也可以为消费者服务，如何分类，则应当根据研究的目的而定；再如，在西方的许多研究中，将金融业、地产业都放在生产者服务一类中，我们沿用黄少军（2000）、郑凯捷（2008）等的归类方式，将金融业归为生产性服务业，将房地产业归为消

费性服务业，主要是考虑到近年来中国房地产市场的居民消费特征非常明显，房地产业并没有显现如发达国家那样明显的生产性服务性质。

第二节　中国服务业发展

服务业是现代经济的重要组成部分，在发达国家的产值和就业比重中都占到70%以上的份额；在中等收入国家也占据了主要地位，到20世纪末，中等收入国家的服务业的GDP比重超过了50%，一般发展中国家也超过了40%，若用就业份额衡量，服务业的份额会更高。对众多工业化国家的实证研究显示，在工业化之前，许多国家的服务业已占据重要的地位，即存在着工业化阶段之前的商业化社会阶段，商业服务业所占份额甚至超过第二产业，说明服务业具有相当深厚的基础，而在进入工业化快速发展时期，它的比重地位也不会下降很多。世界各国发展的一般规律显示，在低收入水平时，服务业比重已经较高，或高于工业；随着收入水平进入中等水平，服务业比重可能会略微下降；当收入水平进入高水平，服务业比重又会重新上升。总体来说，随着经济增长和收入水平的提升，服务业发展的总体趋势是上升的，但却不是单纯线性的。

一、服务业产值、就业和资本存量的变化

首先，从三次产业产值、就业和资本存量占国民经济总量的比例观察改革开放以来我国服务业的发展。图8-1、图8-2分别给出了1978—2013年我国GDP、就业（用全社会从业人员衡量）的三次产业占比变化。由图8-1可以看出，1978—2013年的35年间，第一产业的GDP占比在经历了20世纪80年代初期短暂上升后，一直呈现下降趋势，从1978年的27.9%下降到2013年的9.2%，下降了约18个百分点；第二产业的GDP占比变化不大，从1978年的47.6%下降到2013年的43.7%，下降了约4个百分点，而2013年与1990年第二产业的GDP占比几乎相同；第三产业的GDP

占比总体呈现上升趋势，从 1978 年的 24.5% 上升到 2013 年的 46.9%，上升了约 18 个百分点，在 2012 年超过第二产业。直观看来，我国改革开放以来，产值结构的变化是第一产业的产出份额下降，第三产业的产出份额上升，第二产业的产出份额基本上在 40%—50% 波动。

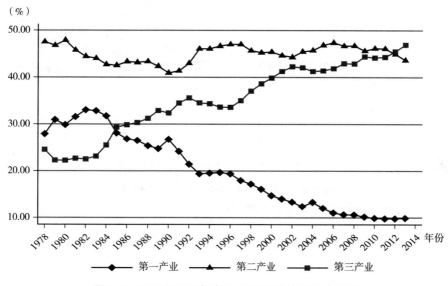

图 8-1　1978—2013 年我国 GDP 三次产业构成变化

注：GDP 指标以当年价格计算，即为名义 GDP。

资料来源：根据《中国统计年鉴 2014》数据计算得到。

从就业结构的变化来看（见图 8-2），1978 年以来，第一产业的就业占比总体上呈现下降趋势，从 1978 年的 70.5% 一直下降到 2013 年的 31.4%，下降了约 39 个百分点；第二产业的就业占比总体上呈现缓慢上升趋势，从 1978 年的 17.3% 上升到 2013 年的 30%，上升了约 13 个百分点。其中 20 世纪 90 年代后期由于国有企业改革，职工下岗分流的因素，出现短期的下降。第三产业的就业占比总体上呈现上升趋势，从 1978 年的 12.2% 上升到 2013 年的 38.5%，上升了约 26 个百分点。由第二、三产业的就业占比曲线的斜率可以看出：从第一产业转移出来的劳动力，1990 年以前由第二、第三产业共同接纳，1990—2002 年间主要转向第三产业，2002 年以后又由第二、第三产业共同接纳。

由于统计数据缺失，我们无法从 1978 年开始来分析服务业资本存量的

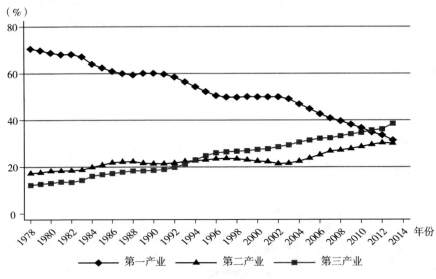

图8-2 全社会从业人员三次产业构成变化

资料来源：根据《中国统计年鉴 2014》数据计算得到。

变化，我们对 1990—2014 年的资本存量进行了测算①，下面根据测算结果进行分析。三次产业的资本存量份额变化见图 8-3。第一产业的资本存量占比整体呈现下降趋势，从 1990 年的 4.9% 下降到 2014 年的 2.4%，下降了约 2.5 个百分点；第二产业的资本存量占比呈现下降—小幅上升态势，从 1990 年的 52.4% 下降到 2004 年的 34.3%，2014 年提高到 38.1%；服务业的资本存量占比呈现上升—小幅下降态势，从 1990 年的 42.6% 上升到 2004 年的 62.9%，2014 年下降到 59.5%。

二、服务业劳动生产率的变化

鲍莫尔（Baumol，1967）认为，相对于工业制造业而言，服务业劳动生产率提高很慢，具有"停滞部门"的特征，因而，服务业比重的不断提高将不利于整体经济效率的提高，即存在所谓的"鲍莫尔成本病"（Baumol cost disease）。富克斯（Fuchs，1968）从服务业就业的角度表述了基本同样的观点，他认为，服务业相对于其他产业尤其是制造业较低的

---

① 具体计算见本书第九章。

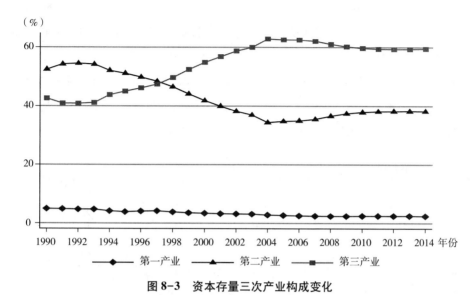

图8-3 资本存量三次产业构成变化

资料来源：根据本书第九章测算的资本存量计算得到。

劳动生产率增长率，是美国经济中服务业就业变得日益重要的主要原因。这就是著名的"鲍莫尔—富克斯假说"。高峰（2006）也认为，与制造业相比，服务业劳动生产率水平低且增长缓慢，其在国民经济中比重扩大会使整个经济的劳动生产率增长放慢，这也是发达国家进入后工业化时期生产率增长率下降的主要原因之一。

许多学者从"生产率计量问题""服务业行业异质性""溢出效应"三个方面对"鲍莫尔—富克斯假说"提出了质疑。黎塞留（Griliches，1994）认为，"鲍莫尔成本病"更多的是因为对服务业计量的统计方法上的不足而造成的结果。格鲁伯和沃克（Grubel 和 Walker，1989）、富尔顿（Qulton，2001）、沃尔夫（Wolfl，2007）、佐佐木（Sasaki，2007）、谭洪波等（2012）将服务业分类，检验了"鲍莫尔成本病"问题，强调服务业作为中间消费需求和中间生产需求的生产率作用。我们在对服务业单要素生产率和全要素生产率实证分析的基础上，对我国服务业是否存在"鲍莫尔成本病"进行检验。

（一）劳动生产率（绝对水平）

从劳动生产率（绝对水平）及其增长率的变化来看（见图8-4、图

8-5），由于 1990 年就业统计数据的大幅调整，以 1990 年为分界点，1990 年以前，第三产业和第二产业劳动生产率非常接近。劳动生产率增长率在 20 世纪 80 年代中前期，三次产业之间差距不大，20 世纪 80 年代后期出现分化。1990—2004 年期间，由于劳动生产率增长率差距较大，三次产业的劳动生产率差距越来越大，2007 年之后，三次产业劳动生产率的增长率短暂趋同，然后又分化，甚至出现第一产业劳动生产率增长率高于第二、三产业的现象。

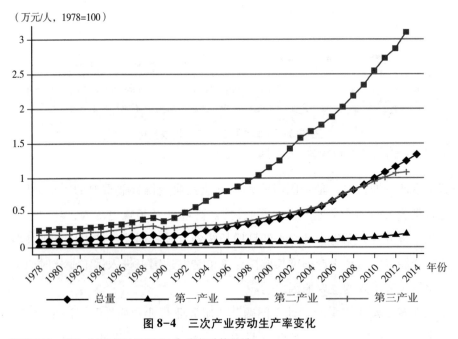

图 8-4　三次产业劳动生产率变化

资料来源：根据《中国统计年鉴 2014》数据计算得到。

（二）劳动生产率（相对水平）

相对劳动生产率是指不同产业的产值份额与就业份额的比率，它综合地反映各产业之间的相互关系和结构效益。通过相对劳动生产率可以衡量产业结构效益。图 8-6 为三次产业按当年价格计算的产值份额的相对劳动生产率，图 8-7 为三次产业按 1978 年价格计算的产值份额的相对劳动生产率，图 8-8 为三次产业的相对劳动生产率增长率。

由图 8-6 到图 8-8 可知：第一，三次产业中相对劳动生产率最高的是第二产业，其次是第三产业，最低的是第一产业；第二，以名义价格和以

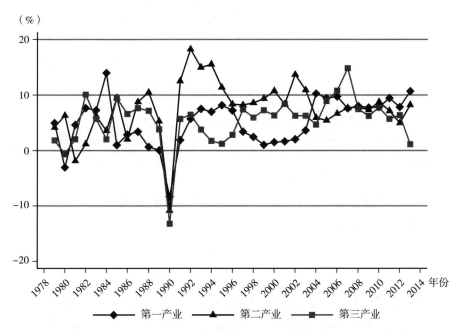

图 8-5　三次产业劳动生产率增长率变化

资料来源：根据《中国统计年鉴2014》数据计算得到。

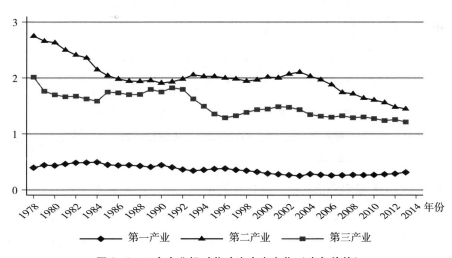

图 8-6　三次产业相对劳动生产率变化（当年价格）

资料来源：根据《中国统计年鉴2014》数据计算得到。

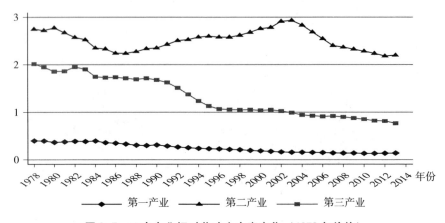

图 8-7 三次产业相对劳动生产率变化（1978 年价格）

资料来源：根据《中国统计年鉴 2014》数据计算得到。

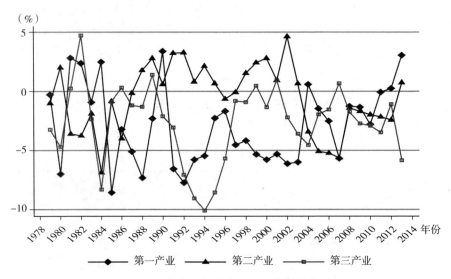

图 8-8 三次产业相对劳动生产率增长率变化

资料来源：根据统计年鉴数据计算得到。

实际价格来衡量的产值占比，来计算的第二、第三产业相对劳动劳动生产率结果有很大差异。以当年价格计算的第二、第三产业相对劳动劳动生产率差距相对较小，且 2004 年以后，呈现持续收窄的趋势，而以实际价格（1978 年价格）计算的结果和绝对劳动生产率的结果相似，两者收窄趋势并不明显；第三，对比图 8-4 和图 8-8 可知，第二、第三产业相对劳动生产率增长率的相对关系及趋势，与绝对劳动生产率增长率的结果类似。

（三）服务业资本生产率的变化

从劳动生产率的分析可知，绝对劳动生产率和相对劳动生产率的结果之间没有本质区别，这里仅从资本相对生产率的角度研究服务业资本的"成本病"问题，或资本效率问题。

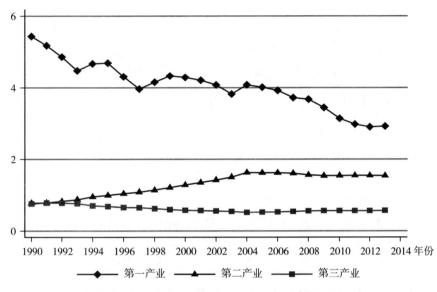

图 8-9　三次产业相对资本生产率变化（1990 年价格）

注：计算资本生产率使用的是 1990 年价格的 GDP 和资本存量。
资料来源：根据统计年鉴 GDP 数据和本书第九章测算出的资本存量计算得到。

表 8-4　三次产业相对资本生产率及其增长率变化（1990 年价格）

		1990 年	1995 年	2000 年	2002 年	2005 年	2010 年	2013 年
相对资本 生产率	第一产业	5.4373	4.6946	4.2860	4.0773	4.0106	3.1433	2.9275
	第二产业	0.7797	0.9975	1.2883	1.4242	1.6220	1.5454	1.5446
	第三产业	0.7595	0.6828	0.5805	0.5599	0.5255	0.5654	0.5690
		1992—2002 年		2005—2013 年		1992—2013 年		
相对资本 增长率 （%）	第一产业	−2.0263		−3.5828		−2.7267		
	第二产业	5.5639		−0.5927		2.7934		
	第三产业	−3.0757		1.0407		−1.2233		

注：①计算资本生产率使用的是 1990 年价格的 GDP 和资本存量；②各时间段的生产率增长率是计算的该段时期的年平均增长率。由于 2003 年投资统计数据的大幅调整，1992—2013 年时间结果为舍去 2003 年、2004 年，剩余 20 年的平均结果。
资料来源：根据统计年鉴 GDP 数据和本书第九章测算出的资本存量计算得到。

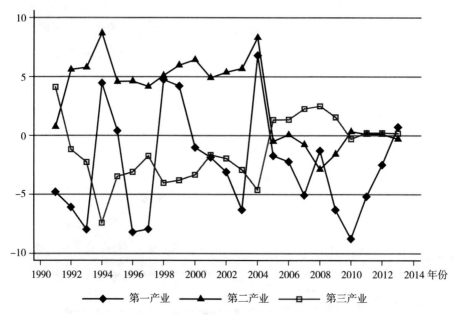

图 8-10　三次产业相对资本生产率增长率变化（1990 年价格）

注：计算资本生产率使用的是 1990 年价格的 GDP 和资本存量。

资料来源：根据统计年鉴 GDP 数据和本书第九章测算出的资本存量计算得到。

　　图 8-9 描述了 1990—2013 年我国三次产业相对资本生产率变化情况，图 8-10 描述了 1990—2013 年我国三次产业相对资本生产率增长率的变化情况，表 8-4 报告了 1990 年以来部分年份三次产业相对资本生产率水平和各阶段增长率的情况。图 8-8、图 8-9 及表 8-4 清晰地表明，相对资本生产率与相对劳动生产率相比，呈现截然不同的一幅图景：第一产业相对资本生产率不仅显著高于其他产业，而且波动较大；第二产业相对资本生产率水平呈现先上升，后下降趋势，但是降幅很小；第三产业相对资本生产率水平呈现先下降，后上升趋势，但波动幅度很小。第二、三产业相对资本生产率水平从 20 世纪 90 年代初期基本相同，随着生产率增长率差距不断扩大（见图 8-9、表 8-4），两者的差距迅速扩大，2004 年后两者差距略微收窄一点。值得关注的是，2005—2013 年，服务业相对资本生产率的年平均增长率为 1.04%，大于第二产业的 -0.59%，与相对劳动生产率的增长率的二者比较结果十分相似。这给我们以启示：若仅仅从单要素生产率增长率（劳动生产率或资本生产率）来考察"鲍莫尔成本病"问题，

其结论并不会有质的不同。我们下一部分将通过全要素生产率进一步研究该问题。

(四)服务业全要素生产率的变化

根据我们测算的细分行业 TFP 指数[①]，减去 1，得到各细分行业 TFP 相对于上一年的增长率，然后，分别以第二产业、第三产业细分行业名义 GDP 占比为权数，加总得到第二产业和第三产业 TFP 的增长率。三次产业 1990—2012 年的 TFP 增长率的变化列为图 8-11。1990—2002 年、2004—2012 年三次产业 TFP 年均增长率及三次产业对总量 TFP 增长的年均贡献份额列为表 8-5。

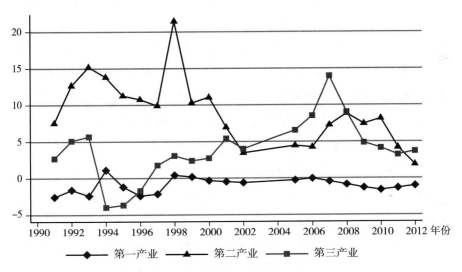

图 8-11　三次产业 TFP 增长率变化

注：1993—1994 年、1997—1998 年数据变化较大的原因在于就业统计数据的调整所致。
资料来源：根据本书第九章测算的各细分行业 TFP 指数计算得到。

表 8-5　三次产业 TFP 增长及对总量 TFP 增长的贡献

	1990—2002 年		2004—2012 年	
	TFP 增长率（%）	贡献份额（%）	TFP 增长率（%）	贡献份额（%）
第一产业	−0.9417	−18.2584	−0.8789	−18.7736

---

① 参见本书第九章。

	1990—2002 年		2004—2012 年	
	TFP 增长率（%）	贡献份额（%）	TFP 增长率（%）	贡献份额（%）
第二产业	5.3796	104.3068	2.6748	57.1371
第三产业	0.7196	13.9516	2.8854	61.6365
合计	5.1575	100	4.6813	100

注：①数据为时间段内的年平均值。②图 8-11 和表 8-5 第二产业、第三产业 TFP 计算使用的细分
行业截面是不相同的，因此 TFP 数值并不一样。
资料来源：根据本书第十章测算的各细分行业 TFP 指数计算得到。

由图 8-11 和表 8-5 可知，第一，我国服务业 TFP 增长率在 20 世纪 90
年代初期短暂下降后，从 90 年代中期到 2007 年呈现稳步上升趋势，由
1994 年的-3.98%提高到 2007 年的 14%，2008 年到 2012 年又出现下降、
趋稳态势。第二，1990—2002 年，第二产业 TFP 增长率要大于第三产业，
但由于第二产业 TFP 增长率的下降，第三产业 TFP 增长率的提高，两者差
距逐渐收窄。以全要素生产率来反映的服务业"鲍莫尔成本病"问题亦逐
渐减弱。2004—2012 年，第二、三产业 TFP 增长率呈现交替领先的态势，
2004—2008 年，服务业 TFP 增长率要高于第二产业，2008—2011 年期间，
服务业 TFP 增长率要低于第二产业，而 2012 年又出现服务业 TFP 增长率
反超第二产业的情形。因此，同劳动生产率和资本生产率所揭示的结果一
样，即在 2004 年以后，我国服务业并未体现出明显的"鲍莫尔成本病"
问题。由表 8-5 中第二、三产业的 TFP 增长率对总量 TFP 增长率的贡献率
也可以得到相同结论。

第三节　服务业结构演变

服务业结构的衡量指标，现有文献一般采用两种指标：一是产值（名
义 GDP）的细分行业构成，反映不同行业对服务业的贡献；二是就业（劳

动力)的细分行业构成,反映生产要素的细分行业分布状态。在本节,我们分析服务业结构的第三种衡量指标,即资本存量结构。揭示服务业资源配置问题①。

一、服务业产值结构演变

由于行业较多,下面使用饼状图,鉴于 1990—2002 年和 2004—2012 年行业划分的不同,将 1990—2012 年划分为 1990—2002 年、2004—2012 年 2 个阶段进行分析。

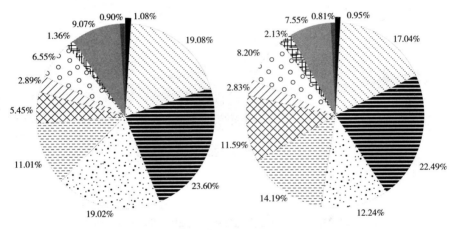

图 8-12　服务业分行业产值结构变化图(1990—2002 年)

注:以外凸部分起,按顺时针方向依次为地质勘查业水利管理业、交通运输仓储和邮政通信业、批发零售贸易和餐饮业、金融保险业、房地产业、社会服务业、卫生体育和社会福利业、教育文化艺术和广播电影电视业、科学研究和综合技术服务业、国家机关政党机关和社会团体、其他 11 个行业。

资料来源:根据《中国第三产业统计年鉴》(1997、2003)提供的 GDP 数据计算得到。

由图 8-12 可知,1990—2002 年,服务业名义 GDP 占比提高的行业有房地产业、社会服务业、教育文化艺术和广播电影电视业、科学研究和综合技术服务业四个行业,分别从 1990 年的 11.01%、5.45%、6.55% 和 1.36%,提高到 2002 年的 14.19%、11.59%、8.20% 和 2.13%。提升幅度

---

① 由于缺乏资本存量数据,现有大部分文献集中于劳动力的配置研究,鉴于劳动力是流动性较强的生产要素,当出现细分行业 TFP 变化与劳动力流动方向相反的情形时,一种可能的解释是细分行业 TFP 的提高对劳动力具有"挤出效应"。而用劳动力的配置效率下降来解释并不十分具有说服力。

最大的两个行业分别是社会服务业和房地产业，两者都为消费性服务业。服务业名义 GDP 占比下降幅度最大的两个行业为金融保险业、交通运输仓储和邮政通信业，分别从 1990 年的 19.02%、19.08%，下降到 2002 年的 12.24%、17.04%，两者皆为生产性服务业。结果导致 1990—2002 年，生产性服务业名义 GDP 占比下降，由 1990 年的 39.45% 下降为 2002 年的 31.40%。消费性服务业名义 GDP 占比上升，由 1990 年的 40.96% 上升为 2002 年的 49.07%（见图 8-14）。

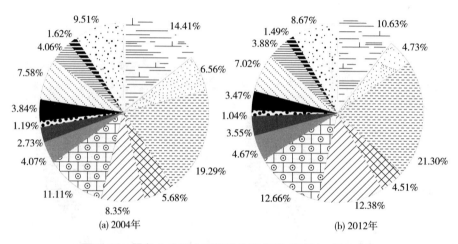

图 8-13　服务业分行业产值结构变化图（2004—2012 年）

注：以外凸部分起，按顺时针方向依次为交通运输仓储和邮政业、信息传输计算机服务和软件业、批发和零售业、住宿和餐饮业、金融业、房地产业、租赁和商务服务业、科学研究技术服务和地质勘查业、水利环境和公共设施管理业、居民服务和其他服务业、教育、卫生社会保障和社会福利业、文化体育和娱乐业、公共管理和社会组织 14 个行业。

资料来源：根据《中国第三产业统计年鉴 2006—2013》提供的 GDP 数据计算得到。

由图 8-13 可知，2004—2012 年，服务业名义 GDP 占比提高的行业有批发和零售业、金融业、房地产业、租赁和商务服务业、科学研究技术服务和地质勘查业五个行业，分别从 2004 年的 19.29%、8.35%、11.11%、4.07% 和 2.73%，提高到 2012 年的 21.30%、12.38%、12.66%、4.67% 和 3.55%。提升幅度最大的两个行业是批发和零售业、金融业。服务业名义 GDP 占比下降幅度最大的两个行业为交通运输仓储和邮政业、信息传输计算机服务和软件业，分别从 2004 年的 14.41%、6.56%，下降到 2012 年的 10.63%、4.73%，两者皆为生产性服务业。结果导致 2004—2012 年，虽然金融业、租赁和商务服务业、科学研究技术服务和地质勘查业的名义GDP 占比上升，但生产性服务业总体的名义 GDP 占比变化并不大（略微有所下降），2004 年、2012 年分别为 36.12%、35.97%。消费性服务业，在批发和零售业、房地产业的名义 GDP 占比上升的带动下，其名义 GDP 占比继续上升，2004 年、2012 年分别为 41.54%、43.42%。公共服务业的名义 GDP 占比，在其各细分行业的名义 GDP 占比均下降的带动下，呈现下降趋势，2004 年、2012 年分别为 22.34%、20.61%（见图8-14）。

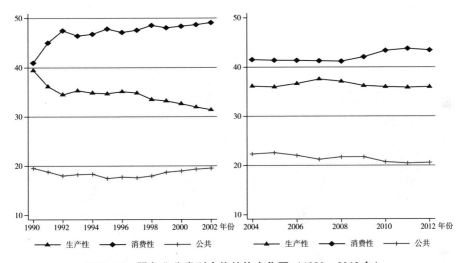

图8-14　服务业分类别产值结构变化图（1990—2012 年）

注：生产性、消费性和公共服务业的具体包含行业见表8-3。
资料来源：作者计算得到。

由图8-14 可知：第一，1990—2012 年，我国生产性服务业的名义GDP 占比呈现下降—上升—下降趋势；消费性服务业的名义 GDP 占比呈现上升—基本持平—上升趋势；公共服务业的 GDP 占比呈现下降—上升—下降趋势。第二，两次金融危机的结果不完全相同，1997—2002 年是消费性服务业和公共服务业共同对生产性服务业的替代，而 2008—2012 年是消费性服务业对生产性服务业和公共服务业的替代。第三，我国生产性服务业不发达，以信息传输计算机服务和软件业、租赁和商务服务业、科学研究技术服务和地质勘查业为代表的知识密集型服务业的名义 GDP 占比来说，甚至出现下降的情况，由 2004 年的 13.36%，降为 2012 年的 12.95%。

以"第二基础设施服务业"① 著称的信息传输计算机服务和软件业的名义 GDP 占比下降幅度更大，2004—2012 年，由 6.56% 降为 4.73%，下降了接近 2 个百分点。因此，我国向"服务经济"的过渡可谓任重道远。

二、服务业就业结构演变

1993 年服务业分行业就业统计数据做了大幅度调整，因此，我们用 1993 年就业数据而不采用 1990 年就业数据，与 2002 年的就业数据做比较。

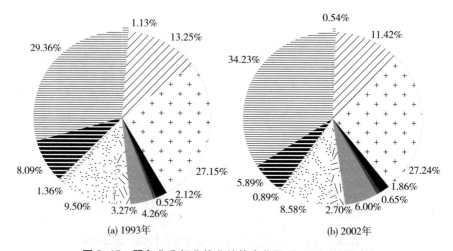

图 8-15　服务业分行业就业结构变化图（1993—2002 年）

注：以外凸部分起，按顺时针方向依次为地质勘查业水利管理业、交通运输仓储和邮政通信业、批发零售贸易和餐饮业、金融保险业、房地产业、社会服务业、卫生体育和社会福利业、教育文化艺术和广播电影电视业、科学研究和综合技术服务业、国家机关政党机关和社会团体、其他 11 个行业。

资料来源：根据《中国第三产业统计年鉴》（1997、2003）提供的就业数据计算得到。

由图 8-15 可知，1993—2002 年，服务业就业占比提高的行业有批发零售贸易和餐饮业、房地产业、社会服务业、其他服务业四个细分行业，四个行业均为消费性服务业。分别从 1993 年的 27.15%、0.52%、4.26%、29.36%，提高到 2002 年的 27.24%、0.65%、6.00%、34.23%。提升幅度最大的两个行业是其他服务业和社会服务业。服务业就业占比下降幅度最

_____

① "第一基础设施服务业"为交通运输仓储和邮政业。

大的两个行业为国家机关政党机关和社会团体、交通运输仓储和邮政通信业，分别从 1993 年的 8.09%、13.25%，下降到 2002 年的 5.89%、11.42%。体现出我国该时期市场化改革的一些成果。

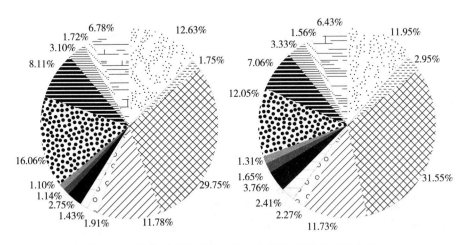

图 8-16　服务业分行业就业结构变化图（2004—2012 年）

注：以外凸部分起，按顺时针方向依次为交通运输仓储和邮政业、信息传输计算机服务和软件业、批发和零售业、住宿和餐饮业、金融业、房地产业、租赁和商务服务业、科学研究技术服务和地质勘查业、水利环境和公共设施管理业、居民服务和其他服务业、教育、卫生社会保障和社会福利业、文化体育和娱乐业、公共管理和社会组织 14 个行业。

资料来源：根据本书第九章就业测算数据计算得到。

由图 8-16 可知，2004—2012 年，服务业就业占比提高的行业有信息传输计算机服务和软件业、批发和零售业、金融业、房地产业、租赁和商务服务业、科学研究技术服务和地质勘查业、水利环境和公共设施管理业、卫生社会保障和社会福利业共 8 个行业，分别从 2004 年的 1.75%、29.75%、1.91%、1.43%、2.75%、1.14%、1.10% 和 3.10%，提高到 2012 年的 2.95%、31.55%、2.27%、2.41%、3.76%、1.65%、1.31% 和 3.33%。提升幅度居前 3 位的行业分别是批发和零售业、信息传输计算机服务和软件业、租赁和商务服务业。服务业就业占比下降幅度最大的 3 个行业为居民服务和其他服务业、教育、交通运输仓储和邮政业，分别从 2004 年的 16.06%、8.11% 和 12.63%，下降到 2012 年的 12.05%、7.06% 和 11.95%。就业占比基本不变的行业为住宿和餐饮业。

从图 8-17 可以看出：1990—2012 年，我国生产性服务业就业占比呈

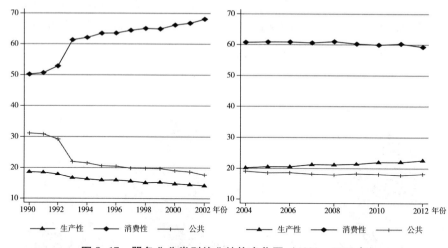

图 8-17 服务业分类别就业结构变化图（1990—2012 年）

注：生产性、消费性和公共服务业的具体包含行业见表 8-3。

资料来源：作者计算得到。

现下降—小幅上升趋势，消费性服务业就业占比呈现上升—基本持平趋势；公共服务业 GDP 占比呈现下降—基本持平趋势。1990—2002 年，服务业就业体现出由公共服务业和生产性服务业向消费性服务业的转移，而 2004—2012 年这种趋势并不明显。

三、服务业资本存量结构演变

本节根据本书第九章估算的 1990—2012 年各细分行业的资本存量，来分析服务业资本存量结构演变。

由图 8-18 可知，1990—2002 年，服务业资本存量占比提高的行业有交通运输仓储和邮政通信业、房地产业、社会服务业、国家机关政党机关和社会团体四个行业，分别从 1990 年的 17.25%、24.34%、4.37% 和 5.74%，提高到 2002 年的 26.76%、27.19%、7.48% 和 6.17%。服务业资本存量占比下降幅度较大的行业为其他服务业、教育文化艺术和广播电影电视业、卫生体育和社会福利业、批发零售贸易和餐饮业、地质勘查业水利管理业，分别从 1990 年的 25.98%、8.88%、2.28%、5.24% 和 4.84%，下降到 2002 年的 17.42%、6.04%、1.35%、3.45% 和 3.28%。体现出该时期公共服务业投资不足的问题。

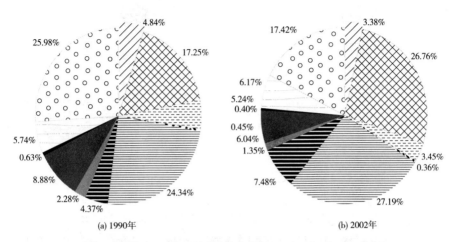

(a) 1990年　　　　　　　　　　(b) 2002年

图 8-18　服务业分行业资本存量结构变化图（1990—2002 年）

注：以外凸部分起，按顺时针方向依次为地质勘查业水利管理业、交通运输仓储和邮政通信业、批发零售贸易和餐饮业、金融保险业、房地产业、社会服务业、卫生体育和社会福利业、教育文化艺术和广播电影电视业、科学研究和综合技术服务业、国家机关政党机关和社会团体、其他 11 个行业。

资料来源：根据本书第九章资本存量测算数据计算得到。

由图 8-19 可知，2004—2012 年，服务业资本存量占比提高较大的行业有交通运输仓储和邮政业、住宿餐饮业、科学研究技术服务和地质勘查业、水利环境和公共设施管理业、卫生社会保障和社会福利业共 5 个行业，分别从 2004 年的 19.52%、1.57%、0.40%、1.20% 和 1.07%，提高到 2012 年的 20.16%、1.66%、0.54%、11.34% 和 1.16%。提升幅度最大的行业是水利环境和公共设施管理业。服务业资本存量占比下降幅度较大的行业为信息传输计算机服务和软件业、租赁和商务服务业、教育、公共管理和社会组织，分别从 2004 年的 4.81%、1.36%、7.95% 和 8.58%，下降到 2012 年的 1.58%、1.06%、4.61% 和 5.41%，这体现了我国知识密集型服务业的投资不足。其他行业资本存量占比基本不变。

由图 8-20 可知：第一，1990—2012 年，我国生产性服务业资本存量占比呈现上升—下降趋势，消费性服务业资本存量占比呈现上升—下降—基本持平趋势；公共服务业资本存量占比呈现下降—上升趋势。第二，对于两次金融危机，政府的应对措施不同，1997—2002 年是对生产性服务业

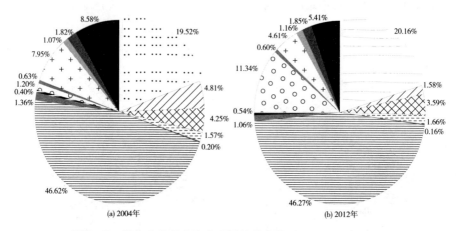

图 8-19　服务业分行业资本存量结构变化图（2004—2012 年）

注：以外凸部分起，按顺时针方向依次为交通运输仓储和邮政业、信息传输计算机服务和软件业、批发和零售业、住宿和餐饮业、金融业、房地产业、租赁和商务服务业、科学研究技术服务和地质勘查业、水利环境和公共设施管理业、居民服务和其他服务业、教育、卫生社会保障和社会福利业、文化体育和娱乐业、公共管理和社会组织 14 个行业。

资料来源：根据本书第九章资本存量测算数据计算得到。

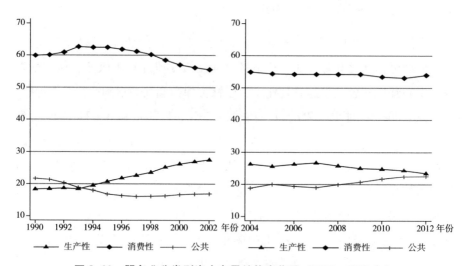

图 8-20　服务业分类别资本存量结构变化图（1990—2012 年）

注：生产性、消费性和公共服务业的具体包含行业见表 8-3。

资料来源：作者计算获得。

加大投资，尤其交通运输仓储和邮政通信业的资本存量占比上升幅度较大。而 2008—2012 年是公共服务业对生产性服务业的替代。第三，我国生产性服务业不发达的原因与生产性服务业投资不足息息相关。2004—2012年，以信息传输计算机服务和软件业、租赁和商务服务业、教育为代表的知识密集型服务业的资本存量占比出现大幅下降，由 2004 年的 14.12%，下降为 2012 年的 7.25%，下降接近 7 个百分点。

第四节　服务业发展的国际比较

一、三次产业的名义 GDP 占比比较

表 8-6、表 8-7 和表 8-8 是世界部分国家（地区）第一、二、三产业 1960—2012 年的名义 GDP 占比。

表 8-6　世界部分国家（地区）第一产业名义 GDP 占比

（单位：%）

	1960 年	1970 年	1980 年	1990 年	1995 年	2000 年	2005 年	2010 年	2012 年
中国			30.20	27.10	19.90	15.10	12.10	10.10	10.10
巴西	20.59	12.35	11.01	8.10	5.77	5.51	5.47	4.85	5.27
南非	11.21	7.16	6.20	4.63	3.86	3.29	2.67	2.63	2.39
俄罗斯				16.61	7.16	6.43	4.97	3.87	3.93
巴基斯坦	46.22	36.83	29.52	25.98	26.14	25.93	21.47	24.29	24.55
越南				38.74	27.18	22.73	19.30	18.89	19.67
印度	42.56	41.95	35.39	29.02	26.26	23.02	18.81	18.21	18.70
孟加拉国	57.47	54.56	31.55	32.75	26.38	23.77	19.60	17.81	17.09
埃及		29.43	18.26	19.37	16.78	16.74	14.86	13.99	14.47
印度尼西亚	51.46	44.94	23.97	19.41	17.14	15.60	13.13	13.93	13.37
泰国	36.44	25.92	23.24	12.50	9.08	8.50	9.20	10.53	11.57
蒙古国				12.86	34.36	30.88	22.06	13.07	12.67
菲律宾	26.94	29.52	25.12	21.90	21.63	13.97	12.66	12.31	11.83
马来西亚	43.72	32.58	23.03	15.22	12.95	8.60	8.26	10.09	9.79
乌克兰				25.57	15.40	17.08	10.40	8.27	9.05

续表

	1960 年	1970 年	1980 年	1990 年	1995 年	2000 年	2005 年	2010 年	2012 年
土耳其	55.99	40.17	26.50	18.09	16.29	11.31	10.80	9.46	8.84
斯里兰卡	31.66	28.30	27.55	26.32	23.01	19.90	11.82	9.46	7.99
阿根廷		9.64	6.35	8.12	5.79	5.05	8.44	8.18	6.70
委内瑞拉		6.11	4.80	5.47	5.53	4.21	4.02	5.79	5.47
哈萨克斯坦					12.89	8.69	6.79	4.77	4.67
墨西哥		12.73	9.00	7.85	4.37	3.54	3.37	3.34	3.35
韩国		27.52	15.11	8.22	5.82	4.39	3.15	2.47	2.46
澳大利亚			7.88	4.59	3.31	3.39	3.16	2.38	2.45
欧盟					2.82	2.39	1.82	1.62	1.69
日本		5.14	3.08	2.12	1.75	1.59	1.22	1.18	1.21
英国				1.48	1.53	0.92	0.66	0.74	0.68

资料来源：世界银行 WDI 数据库。

表 8-7 世界部分国家（地区）第二产业名义 GDP 占比

（单位:%）

	1960 年	1970 年	1980 年	1990 年	1995 年	2000 年	2005 年	2010 年	2012 年
中国			48.20	41.30	47.20	45.90	47.40	46.70	45.30
巴西	37.07	38.30	43.83	38.69	27.53	26.49	28.62	27.36	25.36
南非	37.82	38.18	48.38	40.10	34.87	31.89	30.28	30.16	29.73
俄罗斯				48.35	36.96	37.95	38.08	34.70	36.97
委内瑞拉		39.33	46.37	60.56	41.27	49.67	57.80	52.16	49.25
印度尼西亚	15.05	18.69	41.72	39.12	41.80	45.93	46.54	42.78	43.59
马来西亚	24.71	30.32	41.79	42.20	41.40	48.32	45.93	40.50	40.14
哈萨克斯坦					31.37	40.46	40.10	42.90	39.50
埃及		28.18	36.78	28.67	32.30	33.13	36.31	37.53	39.22
越南				22.67	28.76	34.20	38.13	38.23	38.63
韩国		24.48	34.17	38.18	38.38	38.09	37.50	38.27	38.07
泰国	18.52	25.31	28.68	37.22	37.53	36.84	38.63	40.03	37.46
墨西哥		32.15	33.65	28.42	32.47	34.86	35.17	35.13	36.42
蒙古国				42.48	34.68	24.99	36.21	36.98	34.62
斯里兰卡	20.40	23.79	29.64	25.97	26.53	27.28	30.19	29.68	32.32

续表

	1960 年	1970 年	1980 年	1990 年	1995 年	2000 年	2005 年	2010 年	2012 年
印度	19.30	20.48	24.29	26.49	27.40	26.00	28.13	27.16	31.74
菲律宾	31.27	31.89	38.79	34.47	32.06	34.46	33.83	32.57	31.25
阿根廷		42.28	41.22	36.02	28.44	28.06	34.68	30.90	29.79
乌克兰				44.57	42.68	36.32	32.35	31.34	28.42
澳大利亚			37.84	31.34	28.98	26.78	26.78	27.11	28.28
土耳其	17.66	22.54	23.82	32.16	33.24	31.33	28.46	26.39	26.67
孟加拉国	6.97	8.73	20.63	20.70	24.56	23.31	24.59	26.14	26.74
日本		43.67	39.06	38.05	33.06	31.06	28.13	27.54	26.03
欧盟					29.30	28.01	26.59	25.05	24.81
巴基斯坦	15.60	22.32	24.92	25.19	23.80	23.33	27.10	20.58	22.05
英国				31.59	30.00	27.06	23.29	20.78	20.76

资料来源：世界银行 WDI 数据库。

表 8-8　世界部分国家（地区）第三产业名义 GDP 占比

（单位:%）

	1960 年	1970 年	1980 年	1990 年	1995 年	2000 年	2005 年	2010 年	2012 年
中国			21.60	31.60	32.90	39.00	40.50	43.20	44.60
巴西	42.34	49.35	45.16	53.21	66.70	68.00	65.91	67.79	69.37
南非	50.97	54.66	45.43	55.27	61.27	64.82	67.06	67.21	67.88
俄罗斯				35.04	55.88	55.62	56.96	61.44	59.1
英国				66.93	68.46	72.03	76.05	78.48	78.56
欧盟					67.88	69.60	71.59	73.32	73.50
日本		51.19	57.86	59.82	65.19	67.35	70.65	71.28	72.76
澳大利亚			54.28	64.05	67.68	69.83	70.02	70.60	69.27
土耳其	26.5	37.29	49.68	49.75	50.47	57.36	60.74	64.15	64.49
阿根廷		48.08	52.43	55.85	65.77	66.88	56.88	60.92	63.51
乌克兰				29.86	41.92	46.60	57.26	60.39	62.53
墨西哥		55.11	57.36	63.73	63.16	61.61	61.46	61.53	60.24
斯里兰卡	47.95	47.91	42.81	47.71	50.46	52.82	57.99	60.86	59.69
韩国		47.99	50.72	53.6	55.8	57.51	59.36	59.26	59.47
菲律宾	41.79	38.59	36.10	43.62	46.31	51.58	53.50	55.12	56.92

续表

	1960 年	1970 年	1980 年	1990 年	1995 年	2000 年	2005 年	2010 年	2012 年
孟加拉国	35.55	36.71	47.81	46.55	49.06	52.91	55.81	56.05	56.16
哈萨克斯坦					55.74	50.85	53.11	52.34	55.84
巴基斯坦	38.18	40.85	45.56	48.83	50.06	50.74	51.43	55.13	53.4
蒙古国				44.66	30.95	44.13	41.73	49.95	52.72
泰国	45.04	48.78	48.08	50.28	53.39	54.66	52.17	49.44	50.97
马来西亚	31.57	37.10	35.18	42.59	45.65	43.08	45.81	49.41	50.07
印度	38.14	37.57	40.32	44.48	46.34	50.98	53.06	54.64	49.56
埃及		42.40	44.96	51.96	50.92	50.13	48.76	48.48	46.31
委内瑞拉		54.56	48.82	33.97	53.20	46.12	38.18	42.05	45.28
越南				38.59	44.06	43.07	42.57	42.88	41.70
印度尼西亚	33.5	36.37	34.31	41.47	41.06	38.47	40.33	40.67	40.87

资料来源：世界银行 WDI 数据库。

第一，1960—2012 年，所有国家（地区），所有时间段，第一产业的名义 GDP 占比均呈现持续下降趋势，第三产业的名义 GDP 占比，除了个别国家在某些年份有所波动外，均呈现持续上升趋势。但是，第二产业的名义 GDP 占比并没有表现出一致的发展趋势，主要原因是各个国家所处的工业化阶段不同。根据工业化阶段的不同，可以分为四类，第一类为发达国家（地区），如英国、欧盟、日本和澳大利亚等，由于在 20 世纪 60 年代以及之前就基本完成工业化，因此在我们考察的时间区间处于后工业化阶段，第二产业的名义 GDP 占比呈现持续下降趋势，但下降的幅度在收窄。第二类国家处在工业化后期，第二产业名义 GDP 占比较高，而且持续的时间已经较长，这类国家主要有巴西、南非、墨西哥、韩国、土耳其等。第三类国家处在工业化中期阶段，如中国、马来西亚、印度尼西亚、委内瑞拉、泰国、菲律宾等。其中，中国、印度尼西亚、马来西亚第二产业的名义 GDP 占比长期维持在 40% 以上，与这些国家"世界工厂"的地位相符合，这三个国家第三产业的名义 GDP 占比相对较低。第四类国家处在工业化前期阶段，如印度、越南等。

第二，从第三产业的名义 GDP 占比来看，中国 1990 年、2000 年和

2010年分别为31.6%、39.00%和43.2%，在样本国家（地区）之中处于很低的水平。2012年，只有印度尼西亚和越南两个样本国家低于中国，其余样本国家（地区）的服务业产值比重都高于中国，包括印度、巴基斯坦和孟加拉国等人均GDP低于中国的国家。纵向看，1990—2000年，我国服务业的名义GDP占比提高了大约8个百分点。2000—2010年只提高了约4个百分点，第二产业的发展并未有效促进服务业的发展。目前，我国服务业的名义GDP占比与前述第二产业占比较高的国家（印度尼西亚、马来西亚）比较接近。可以推论：我国第三产业的名义GDP占比较低与我国自20世纪90年代中期以来所推行的出口劳动密集型产品为导向的粗放型发展模式有一定关系，两头在外、大进大出的出口导向型发展战略使中国凭借低要素成本的优势成为"世界工厂"，使我国出现了"过度工业化"的倾向。改革开放以来，尤其是加入WTO以来，我国迅速嵌入国际分工体系，相对于发达国家的生产外包，我国企业往往处于全球价值链的低端环节，"两头在外"，即研发和市场在外，产品的研发设计、营销物流、售后等服务掌握在跨国公司手中，导致我国生产性服务业发展较慢，相关企业国际竞争力较弱。再加上我国的教育、研发体制存在的弊端，知识密集型服务业与工业生产企业脱钩等问题，种种原因导致我国生产性服务业的发展相对于工业的发展严重滞后[1]。

二、服务业劳动生产率比较

为了比较各国（地区）相对于其他产业水平的服务业劳动生产率，我们计算了各个国家（地区）的相对劳动生产率（相对于总量）。若相对劳动生产率大于1，表示服务业劳动生产率大于相比较的产业（总量）的劳动生产率，若相对劳动生产率小于1，表示服务业劳动生产率小于相比较的产业的劳动生产率。[2] 1980年、1990年、2000年、2010年和2012年服务业相对于总量的劳动生产率计算结果列为图8-21至图8-25。

比较图8-21至图8-25可以看出：

---

[1]　生产性服务业发展滞后问题将在后面详细分析。
[2]　计算使用的GDP占比为名义GDP占比数据。

第一，从服务业相对劳动生产率的时间序列变化来看，绝大多数国家（地区）表现出下降趋势，具有收敛为数值 1 左右（0.90—1.05）的趋势特征，且收敛速度逐渐下降。说明服务业劳动生产率逐渐趋向平均劳动生产率，这可以从发达国家（地区）的服务业相对劳动生产率在 1990—2012年的变化不大得到清晰体现。

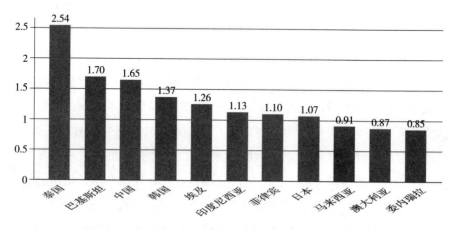

图 8-21　1980 年服务业相对劳动生产率（相对于总量）

资料来源：世界银行 WDI 数据库。

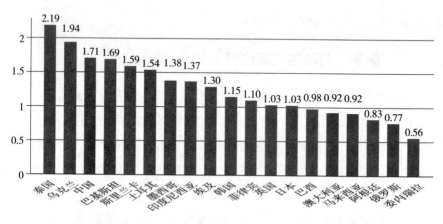

图 8-22　1990 年服务业相对劳动生产率（相对于总量）

资料来源：世界银行 WDI 数据库。

第二，从各年份的不同国家（地区）的横向比较来看，我国服务业相

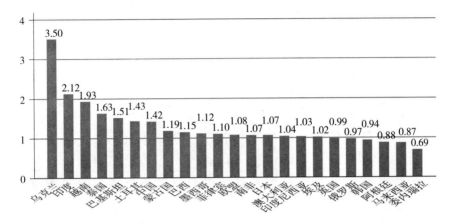

图 8-23　2000 年服务业相对劳动生产率（相对于总量）

资料来源：世界银行 WDI 数据库。

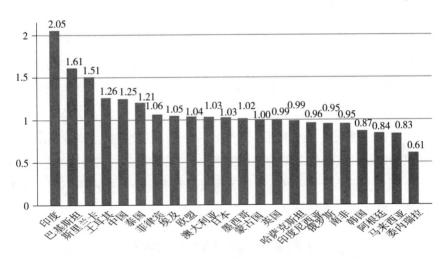

图 8-24　2010 年服务业相对劳动生产率（相对于总量）

资料来源：世界银行 WDI 数据库。

对劳动生产率处在比较高的水平。2012 年服务业相对劳动生产率大于 1.10 的样本国家有印度（1.76）、斯里兰卡（1.44）、越南（1.32）、泰国（1.29）、土耳其（1.26）、中国（1.24）、乌克兰（1.15）、蒙古国（1.13）和巴西（1.11）。是什么原因导致这些国家服务业的相对劳动生产率较高呢？能否归因于第一产业比重大，而且劳动生产率太低，还是由于

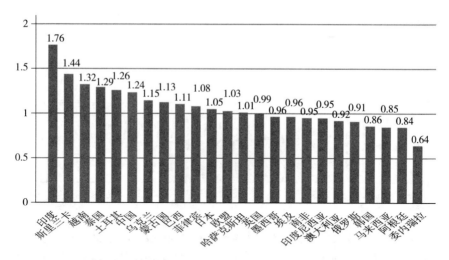

图 8-25 2012 年服务业相对劳动生产率（相对于总量）

资料来源：世界银行 WDI 数据库。

第二产业劳动生产率也相对较低？为此，我们分析部分国家服务业相对第一产业和相对第二产业的劳动生产率（见表 8-9）。对于表 8-9 中的国家，可以分为两类：第一类，服务业劳动生产率高于第一产业劳动生产率，但低于第二产业劳动生产率，包括巴西、中国、越南、泰国、埃及、蒙古国和印度尼西亚等国家，这些国家服务业相对于总量劳动生产率较高的原因在于第一产业和服务业之间的劳动生产率差异；第二类，包括印度、土耳其、乌克兰、斯里兰卡和巴基斯坦等国家，服务业劳动生产率不仅高于第一产业，而且高于第二产业。

表 8-9 服务业相对劳动生产率国际比较

	相对于第一产业			相对于第二产业		
	2000 年	2010 年	2012 年	2000 年	2010 年	2012 年
巴西	3.86		3.07	0.92		0.99
中国	4.70	4.54	4.11	0.70	0.77	0.83
越南	5.55		3.19	0.70		0.72
泰国	9.28	4.37	4.43	0.79	0.62	0.72

续表

	相对于第一产业			相对于第二产业		
	2000 年	2010 年	2012 年	2000 年	2010 年	2012 年
埃及	1.81	2.11	1.80	0.66	0.71	0.61
蒙古国	1.87	2.55	3.11	0.67	0.44	0.59
印度尼西亚	2.99	2.64	2.50	0.39	0.43	0.47
印度	5.53	5.76	4.44	1.31	1.69	1.38
土耳其	4.56	2.99	3.16	1.10	1.28	1.26
乌克兰	4.80		2.50	2.01		1.04
斯里兰卡		5.21	5.58		1.23	1.16
巴基斯坦	2.83	2.99		1.17	1.64	

资料来源：根据《中国劳动统计年鉴2014》和世界银行WDI数据库提供数据计算得到。

第三，我国服务业的名义GDP占比与某些第二产业的名义GDP占比较高的国家（印度尼西亚、马来西亚）比较接近，但是服务业相对于总量的劳动生产率却差别较大，这是什么原因导致的？

表8-10　服务业相对劳动生产率国际比较

	相对于第一产业				相对于第二产业			
	2000 年	2005 年	2010 年	2012 年	2000 年	2005 年	2010 年	2012 年
中国	4.70	4.78	4.54	4.11	0.70	0.65	0.77	0.83
印度尼西亚	2.99	3.63	2.64	2.50		0.44	0.43	0.47
马来西亚	1.86	1.46	1.10	1.09	0.58	0.53	0.57	0.60
委内瑞拉	1.75	1.34	0.92	0.90	0.32	0.20	0.26	0.28

资料来源：根据《中国劳动统计年鉴2014》和世界银行WDI数据库提供数据计算得到。

表8-10清晰地表明，马来西亚和委内瑞拉两个国家的服务业与第一产业之间劳动生产率差异较小，且呈缩小趋势。委内瑞拉甚至表现出服务业劳动生产率低于第一产业的情形，服务业与第二产业之间劳动生产率差异较大，且并未表现收窄趋势。

表 8-11　服务业相对劳动生产率国际比较①

	相对于总量				相对于第一产业				相对于第二产业			
	1980 年	1990 年	2000 年	2012 年	1980 年	1990 年	2000 年	2012 年	1980 年	1990 年	2000 年	2012 年
中国	1.65	1.71	1.42	1.24	3.75	3.79	4.70	4.11	0.62	0.89	0.70	0.83
韩国	1.37	1.15	0.94	0.86	3.08	2.50	2.27	2.16	1.16	1.06	0.69	0.55
马来西亚	0.91	0.92	0.87	0.85	1.47	1.56	1.86	1.09	0.52	0.60	0.58	0.60
阿根廷		0.83	0.88	0.84		0.04	0.12	0.08		0.72	0.71	0.67

资料来源：根据《中国劳动统计年鉴 2014》和世界银行 WDI 数据库提供数据计算得到。

第四，当前，中国是否落入和如何跨出"中等收入陷阱"的问题，是一个热门话题。从生产率的角度来看，劳动生产率增长停滞，是落入"中等收入陷阱"国家的一个共同特征。我们从落入和已经跨越"中等收入陷阱"的典型代表国家阿根廷、马来西亚和韩国的服务业相对劳动生产率的角度来简要阐述"中等收入陷阱"在生产率结构上的表现（见表 8-11）。

表 8-11 中的数据表明，在 20 世纪 80 年代，服务业生产率相对于总量、第一产业和第二产业来说，韩国均高于马来西亚、阿根廷，而且韩国服务业劳动生产率也高于第二产业劳动生产率。因此，在该时期韩国并没有表现出马来西亚、阿根廷等国家的过度服务化的问题，这应该是韩国成功跨过中等收入阶段的原因之一。1990 年以后，韩国服务业的劳动生产率相对于第二产业的劳动生产率，与 20 世纪 80 年代相比大幅下降，其原因在于该时期韩国第二产业相对较高的劳动生产率增长率。但是，马来西亚和阿根廷服务业相对于第二产业的劳动生产率变化不大。劳动生产率增长有两个来源，一是资本深化，即资本产出比的提高；二是全要素生产率增长。韩国 20 世纪 70 年代的"汉江奇迹"主要依靠出口导向战略，20 世纪 80 年代后将发展方向从扶持和保护产业转向鼓励竞争和创新，创新的主体由政府转向企业，使产业国际竞争力持续提升，较高的全要素生产率增长率使得韩国第二产业劳动生产率在 1980—2010 年一直保持较高的增长速

① 由于能够获得的阿根廷三次产业就业占比数据可能存在问题（三次产业占比加总小于1），导致计算得到的该国服务业相对于第一产业劳动生产率数值极低。若按照服务业相对于总量和相对于第二产业生产率的数值来推测，服务业相对于第一产业生产率应该大于相对于总量的生产率，该结果是符合现实情况的。

度，这应该是韩国成功跨过中等收入阶段的核心原因。中国改革开放以来，通过利用外资和跨国公司直接投资，通过技术引进和技术合作，利用后发优势，在资本深化和全要素生产率这两个方面，都有效促进了我国劳动生产率的高增长。未来，我国能否成功跨过中等收入阶段，其关键因素也仍然是劳动生产率，尤其是工业劳动生产率。但是，提高劳动生产率的动力必须由引进现成设备及技术的"模仿"向自主创新转换，由要素投入驱动向效率驱动，这就不仅仅是依靠第二产业本身所能做得到的了。社会化分工、专业化、规模经济、范围经济、科技进步、自主创新、人力资本提升，这些，在相当程度上有赖于第三产业的发展。

第五节　服务业内部结构的国际比较

由于能够获得的发展中国家服务业细分行业产值和就业的数据的时间序列很短，难以进行动态比较，下面我们应用特定年份数据进行截面比较。从发达国家（地区）服务业发展的经验看，服务业的发展基本可分为三个阶段，第一阶段，批发、零售贸易和交通业发展较快，第二阶段，金融业和通信业发展较快，第三阶段，金融业、商务服务业、科学教育卫生和社会事业等现代服务业快速发展。下面比较中国和部分国家（地区）2010 年服务业主要细分行业的名义 GDP 占比和就业占比数据，分析中国服务业结构的特点和问题。

表 8-12　2010 年服务业主要行业的名义 GDP 占比国际比较

（单位:%）

	批发、零售等	旅馆和饭店业	运输、仓储和通信	金融中介	房地产等	房地产	公共管理等	教育等
中国	20.24	4.57	10.83	11.88	17.30	12.90	9.18	10.20
印度	26.45	2.52	13.28	9.84	18.64		11.16	13.70

	批发、零售等	旅馆和饭店业	运输、仓储和通信	金融中介	房地产等	房地产	公共管理等	教育等
马来西亚	27.06	5.43	12.97	15.66	10.15		15.23	2.94
菲律宾	31.51	2.93	11.81	12.54	19.73		7.50	9.69
泰国	29.63	5.88	13.88	10.60	13.29		12.32	10.72
巴西	23.65	2.49	10.70	9.25	10.69		13.07	11.81
俄罗斯	28.19	1.42	12.87	6.23	17.23		8.52	9.54
南非			12.47	12.62	15.91		21.93	
墨西哥	24.78	3.57	14.84	6.05		19.68	6.91	10.42
欧盟28国	15.33	3.72	13.41	7.60		14.69	9.26	17.27
德国	14.29	2.07	13.16	6.62		16.66	9.14	16.68
法国	13.23	3.49	12.62	5.78		16.28	10.39	18.26
西班牙	16.20	9.12	12.30	6.21		14.21	9.27	16.90
英国	14.54	3.19	13.35	10.61		13.01	7.23	18.21
美国	14.79	3.37	11.94	8.56		15.18	11.76	16.57
澳大利亚	13.17	3.54	11.50	12.16		15.71	7.91	15.97
韩国	14.81	4.40	13.25	10.56		13.03	11.62	15.87
日本	19.33		14.49	6.96		16.67	8.66	

注：①批发、零售等为批发、零售贸易、机动车及个人家庭用品修理业；房地产等为房地产、租赁及商务活动；公共管理等为公共管理和国防、社会基本保障；教育等为教育、卫生和社会工作。②巴西为2009年数据。
资料来源：根据世界银行WDI数据库和经济合作及发展组织OECD数据库提供的数据计算得到。

表8-12提供了2010年世界部分国家（地区）服务业细分行业的名义GDP占比的对比情况，表8-13提供了2010年世界部分国家（地区）服务业细分行业的就业占比的对比情况。由于使用产值指标和就业指标的分析结论并不会有截然不同，我们仅以服务业细分行业的名义GDP占比为例来简要分析。将样本国家（地区）分为发展中国家和发达国家（地区）两大类，发展中国家的批发零售贸易行业的名义GDP占比普遍较高，而发达国家（地区）房地产业和教育、卫生和社会工作业的名义GDP占比普遍较高，但是，金融业在两者之间却并未表现出较大差异。其次，中国与其他发展中国家相比，并没有表现出突出的特点。若使用细分行业占总量的比

例指标进行比较，中国大多要比相同发展水平的国家低一些，说明我国第二产业的快速发展没有带动服务业相应地发展，突出表现为我国生产性服务业未得到充分发展。①

表8-13　2010年服务业主要行业的就业占比国际比较

（单位:%）

	批发、零售等	旅馆和饭店业	运输、仓储和通信	金融中介	房地产等	房地产	公共管理等	教育等
中国	30.76	11.38	11.37	1.99	5.85	2.06	6.11	10.22
马来西亚	28.26	12.35	9.13	4.20	9.28		12.55	15.47
菲律宾	37.68	5.69	14.59	2.14	6.14		9.89	8.72
泰国	39.19	16.37	7.59	2.75	4.99		9.06	12.64
巴西	29.30	6.44	7.88	2.01	10.69		8.45	15.43
俄罗斯	24.19	3.04	14.46	2.91	9.90		12.73	26.81
墨西哥	37.83	10.76	7.72	1.54	8.30		8.24	13.58
澳大利亚	24.34	9.86	9.24	5.20	18.41		9.10	27.74
西班牙	24.26	9.58	9.75	2.81		1.36	10.11	17.71
欧盟28国	21.15	6.51	10.89	3.83		1.53	9.47	23.69
德国	20.27	5.86	10.97	4.23		1.61	9.56	25.02
法国	18.35	5.53	10.75	3.81		1.74	12.12	27.44
英国	20.01	7.68	11.04	4.85		1.87	7.17	26.24
美国	17.19	8.33	9.52	5.75		2.03	8.11	27.93
韩国	21.93	11.57	11.93	4.95		3.17	5.88	18.08
日本	26.15		12.27	4.14		2.34	5.35	

注：①批发、零售等为批发、零售贸易、机动车及个人家庭用品修理业；房地产等为房地产、租赁及商务活动；公共管理等为公共管理和国防、社会基本保障；教育等为教育、卫生和社会工作。②马来西亚和巴西为2009年数据，泰国和墨西哥为2008年数据。
资料来源：根据世界银行WDI数据库和经济合作及发展组织OECD数据库提供的数据计算得到。

---

① 该问题由于发展中国家相关数据缺失，本章不再进行详细分析。

第九章　中国服务业分行业
全要素生产率测算

第一节　服务业全要素生产率
测算方法比较

肯德里克（Kendrick，1965）把生产率分为部分生产率、全要素生产率。部分生产率是指单一要素或单一劳动的投入与产出之比较，主要指劳动生产率。

全要素生产率（TFP）是指各要素（如资本和劳动等）投入之外的技术进步（变化）对经济增长贡献的因素。通常采用在估计总量生产函数后，从产出增长率扣除各要素投入增长率贡献后的余值来衡量全要素生产率。索罗（Solow，1957）则以技术变化来表示，认为 TFP 不能直接从经济统计中观测到，可观测到的是所有要素贡献产出增长后的余值，所以又称索罗余值。

一、服务业 TFP 测算方法比较

目前，已有研究采用不同的方法对我国的服务业 TFP 进行探讨。针对宏观数据，常用的计算方法有参数法和非参数法两类。参数法大致包括增长核算法和随机前沿分析（Stochastic Frontier Analysis，SFA）两种方法。其中增长核算法使用时间序列数据，用来测算总量或某一个产业（行业）的全要素生产率，随机前沿分析使用面板数据。非参数法一般使用数据包

络分析（DEA）方法，需要使用面板数据。

目前，对服务业全要素生产率的研究文献，比对总量和工业（或制造业）的全要素生产率的研究文献要少很多，而且主要使用服务业总量时间序列数据或服务业省级面板数据。使用服务业总量时间序列数据进行研究的文献主要有郭克莎（1992）、程大中（2003）、杨勇（2008）等。

使用省级面板数据，对服务业总量进行研究，现有文献采用的分析方法为随机前沿分析（SFA）和数据包络分析（DEA）两类。SFA方法为以回归分析为基础的参数方法，通过设定生产函数的形式，通过回归分析来确定参数的估计值，进而计算TFP及其构成部分的指数（或增长率）。使用SFA方法，对服务业省级面板数据进行研究的文献主要有徐弘毅（2004）、顾乃华（2005）、顾乃华和李江帆（2006）、蒋萍和谷彬（2009）、胡朝霞（2010）、张自然（2010）、黄莉芳等（2011）、张自然（2012）等。

由于参数的导入和回归方法的使用，随机前沿分析（SFA）方法的优缺点非常明显，SFA方法的优点在于，和确定性前沿生产函数比较，考虑了随机因素的影响，降低了生产前沿对随机误差的敏感性，一定程度上消除了随机因素对前沿生产函数部分的影响。其缺点主要有：第一，为满足技术非效率项的一致估计要求，要求面板数据的时间维度较长，即为长面板，在中国，能够满足此条件的面板模型数据是很难获得的，大部分文献并没有考虑该问题。第二，生产函数的设定问题。若使用CD生产函数，用时间趋势项或时间虚拟变量系数来表示技术进步增长率或技术进步，隐含所有截面（各省）技术进步水平相同的假设，会将本来属于截面技术进步的差距归于技术效率差距，从而会夸大截面之间技术效率差距。顾乃华（2005）也认为截面（各省）技术同质性的假定是一个非常强的假设。为了能够识别截面之间不同的技术进步，若使用更为复杂的生产函数，例如超越对数生产函数，虽然模型设定更趋一般化，同时也会带来另外一些问题，如：模型的自由度如何得到保证、参数估计值显著性、在参数估计值不显著的情况下的TFP测算结果的合理性等问题。第三，不同研究文献的TFP测算结果之间的可比较性较差。鉴于问题二，从现有研究文献来看，研究者设定的生产函数（回归模型）形式各式各样，回归结果的随意性较强，而 TFP 的测算结果往往和回归模型设定密切相关，造成文献之间 TFP 测算结果差异非常大。

数据包络分析（DEA）方法为非参数的确定性生产前沿法。使用 DEA 方法，对服务业总量省级面板数据进行研究的文献主要有张自然（2008）、原毅军等（2009）、孙久文和年猛（2011）、王耀中和张阳（2011）、王恕立和胡宗彪（2012）、王美霞（2013）、王婧（2014）、袁丹等（2015）等。

DEA 方法的主要优点有：第一，不需要考虑具体的生产函数形式，不需要投入与产出的价格数据。第二，可以研究多投入和多产出的全要素生产率问题。第三，投入产出变量的权重使用数学规划方法，不必做规模报酬不变的假设，因此不受人为主观因素的影响。第四，效率指标可以随时间和截面而改变。其缺点主要有：第一，DEA 为非参数的确定性生产前沿法，无法分析随机因素对全要素生产率的影响。第二，对数据敏感性较大，生产率测算结果波动性较大，对数据质量要求较高。

范·比斯布鲁克（Van Biesebroeck，2007）和范·贝弗伦（Van Bever-en，2012）在对全要素生产率几种主要测算方法测算结果稳健性检验和比较的基础上，认为在技术进步截面之间异质性很小，存在较大测量误差时可采用 SFA 方法；而在数据测量误差较小、技术进步截面之间存在异质性和可变规模报酬的情况下，应该优先选取 DEA 方法。①

鉴于我们进行全要素生产率测算所使用的数据为细分行业面板数据，SFA 方法适用性较低，原因在于：第一，细分行业之间技术进步同质性的假设显然是不合理的；第二，细分行业之间技术效率变化同方向的假设可能也是不合理的；第三，若要识别出技术进步的动态变化而使用较为复杂的函数形式，例如超越对数生产函数，则受限于可比较的较长时间序列数据的可获得性问题，存在模型的自由度及回归参数的一致估计得不到保证的问题。②

相对于 SFA 方法，DEA 方法需要的假设条件极少，我们采用 DEA 方法测算服务业细分行业的全要素生产率。为了保证测算结果的合理性，在

---

① 由于目前对中国服务业面板数据分析方法主要为 SFA 方法和 DEA 方法，此处仅仅对两者的适用性进行比较。其他方法的分析详见范·比斯布鲁克（Van Biesebroeck，2007）和范·贝弗伦（Van Beveren，2012）。

② 为了得到参数的一致估计，SFA 方法要求面板数据为长面板数据。

现有研究文献的基础上，我们在两个方面做了改进：第一，对测算所需数据详加考察，仔细甄别，改进现有文献数据质量存在的问题。第二，为了得到相对平滑的截面前沿，我们使用全部行业截面数据，而不仅仅使用服务业截面数据[①]。

二、数据包络分析（DEA）测算 TFP 原理

Malmquist 指数（以下简称 M 指数）是由瑞典经济学家马尔奎斯特（Malmquist，1953）提出，卡夫和克里斯滕森（Caves 和 Christensen，1982）首先将该指数应用于生产率变化的测算。目前在分析中，研究者一般采用法勒等（Fare 等，1994）构建的 DEA-Malmquist 指数方法，该方法是基于距离函数定义 M 指数，利用线性规划方法给出每个决策单元的边界生产函数的估算，从而对效率变化和技术进步进行测度。M 指数变动值即为全要素生产率（TFP）的变动值。

基于产出的 M 指数可表示为：

$$M_o^t = D_o^t(x^{t+1},\ y^{t+1})\ /\ D_o^t(x^t,\ y^t) \tag{9-1}$$

其中，$D_o^t(\ \cdot\ )$ 为距离函数，下标 O 表示基于产出的距离函数，x 和 y 分别表示投入和产出。式（9-1）的 M 指数测度了在时期 t 的技术条件下，从 t 时期到 $t+1$ 时期的全要素生产率的变化。

在时期 $t+1$ 的技术条件下，从时期 t 到时期 $t+1$ 的全要素生产率变化的 M 指数为：

$$M_o^{t+1} = D_o^{t+1}(x^{t+1},\ y^{t+1})\ /\ D_o^{t+1}(x^t,\ y^t) \tag{9-2}$$

为避免时期选择的随意性可能导致的差异，法勒等（Fare，1994）建议采用两个卡夫和克里斯滕森（Caves 和 Christensen，1982）类型 M 指数的几何平均值来测算 TFP 变化，即：

$$M_o(x^{t+1},\ y^{t+1};\ x^t,\ y^t) = \Big[\frac{D_o^t(x^{t+1},\ y^{t+1})}{D_o^t(x^t,\ y^t)} \times \frac{D_o^{t+1}(x^{t+1},\ y^{t+1})}{D_o^{t+1}(x^t,\ y^t)}\Big]^{1/2} \tag{9-3}$$

若 M_o 大于 1 时，表明从 t 时期到 $t+1$ 时期，全要素生产率（TFP）是

① 为了得到较合理的测算结果，DEA 方法要求截面数目相对较大，一般要求截面数目至少是变量的 2 倍以上。截面数目越多，规划的前沿面越平滑，测算结果将更合理些。

增长的。在规模报酬不变情况下，式（9-3）分解如下：

$$M_o(x^{t+1},\ y^{t+1};\ x^t,\ y^t) = \Big[\frac{D_o^t(x^{t+1},\ y^{t+1})}{D_o^t(x^t,\ y^t)} \times \frac{D_o^{t+1}(x^{t+1},\ y^{t+1})}{D_o^{t+1}(x^t,\ y^t)}\Big]^{1/2}$$

$$= \frac{D_o^{t+1}(x^{t+1},\ y^{t+1})}{D_o^t(x^t,\ y^t)} \times \Big[\frac{D_o^t(x^{t+1},\ y^{t+1})}{D_o^{t+1}(x^{t+1},\ y^{t+1})} \times \frac{D_o^t(x^t,\ y^t)}{D_o^{t+1}(x^t,\ y^t)}\Big]^{1/2}$$

$$= EC \times TC \tag{9-4}$$

$$= PEC \times SEC \times TC \tag{9-5}$$

EC 是规模报酬不变且要素自由处置条件下的技术效率变化指数，表示从时期 t 到时期 $t+1$ 生产决策单元到最佳生产可能性边界的追赶程度（追赶效应）。当 $EC>1$ 时，表明决策单元的生产更接近生产前沿面，相对技术效率有所提高。TC 为技术进步指数，它测度了技术前沿从时期 t 到时期 $t+1$ 的移动情况（增长效应）。当 $TC>1$ 时，说明技术水平提升。在规模报酬可变情况下，EC 又可以分解为纯技术效率变化指数 PEC 和规模效率变化指数 SEC，具体分解过程不再列出。

第二节　数据收集及测算

一、分行业 GDP 及 GDP 缩减指数

《中国统计年鉴 2005》给出了按照 GB/T4754-94 分类标准分类的，1997—2003 年各细分行业的名义 GDP 和 GDP 指数，《中国统计年鉴 1999》给出了按照 GB/T4754-94 分类标准分类的，1991—1997 年各细分行业的名义 GDP 和 GDP 指数，我们可以根据 GDP 指数来倒推出 GDP 平减指数。然后用 GDP 平减指数，将分行业名义 GDP 转化为以 1990 年为基期的实际 GDP。

但是，难点在于 2004—2012 年服务业细分行业的 GDP 平减指数的测算。对于 2004—2012 年的数据，《中国统计年鉴》只给出交通运输、仓储和邮政业、批发和零售业、金融业、房地产业的 GDP 缩减指数，而信息传输、计算机服务和软件业、批发和零售业、住宿和餐饮业、租赁和商务服

务业、科学研究、技术服务与地质勘查业、水利、环境和公共设施管理
业、居民服务和其他服务业、教育、卫生、社会保障和社会福利业、文
化、体育和娱乐业、公共管理和社会组织等 10 个细分行业的 GDP 缩减指
数并未给出，且 GDP 指数也没有统计。我们尝试用省级统计年鉴提供的省
级 GDP 指数指标，来测算全国的、未有统计的 GDP 缩减指数。通过查询
各省（市）2005—2013 年统计年鉴，我们只能够得到北京市、天津市、上
海市、浙江省、安徽省、山东省和河南省 7 个省份的上述 10 个细分行业
2005—2012 年的 GDP 指数（安徽省 2005 年 GDP 指数数据未提供）。通过
比较发现，这 7 个省份上述 10 个细分行业的 GDP 缩减指数差异很小。我
们假设，全国各省份服务业上述 10 个细分行业 GDP 缩减指数差异也很小。
因此，可以用这 7 个省份的各细分行业的几何平均数来表示全国的这 10 个
细分行业的 GDP 缩减指数，以体现上述 10 个细分行业之间在 GDP 缩减指
数上的差别。为了获得以 1990 年为基期的 GDP 缩减指数，我们用相近行
业的 1990—2003 年的 GDP 缩减指数，来表示该 10 个细分行业在 1990—
2003 年的 GDP 缩减指数。计算结果列为表 9-1。

表 9-1　2004—2012 年第三产业细分行业 GDP 缩减指数（1990＝100）

	2004 年	2006 年	2008 年	2010 年	2012 年
三（2）	148.84	159.38	153.70	156.32	159.55
三（3）	322.00	316.52	359.97	383.58	426.30
三（4）	246.58	255.17	293.20	308.16	347.26
三（7）	396.96	488.34	587.40	654.75	738.11
三（8）	291.11	329.25	367.02	397.07	447.11
三（9）	249.05	287.95	267.01	301.18	347.20
三（10）	372.40	409.20	405.28	403.78	425.27
三（11）	256.01	272.90	269.45	289.23	309.49
三（12）	221.72	228.01	247.10	269.17	303.78
三（13）	255.91	287.89	272.39	283.61	302.70
三（14）	213.99	227.02	264.30	280.28	302.85

注：①由于服务业以及其他细分行业的 GDP 缩减指数可以根据《中国统计年鉴》的 GDP 指数直
接计算得到。本表不再列出。②表中"三"表示第三产业，括号中的数字代表第三产业中的
细分行业，参见表 8-2。后同。
资料来源：根据《中国统计年鉴》和各相关省份统计年鉴数据计算而来。

根据名义 GDP 和实际 GDP 的关系，可以计算出以 1990 年为基期的三次产业及细分行业的实际 GDP。

二、全社会从业人员

现有研究文献在分析总量和三次产业就业时，基本上均使用全社会从业人员指标。而在研究细分行业相关问题的时候，由于 2003 年以后不再发布全国细分行业全社会从业人员的数据，省级细分行业全社会从业人员数据也不完整，因此，大部分文献直接用城镇单位就业指标来替代全社会从业人员指标。王恕立和胡宗彪（2012）、王林辉和袁礼（2014）尝试用细分行业城镇单位就业指标来推算细分行业全社会从业人员指标。二者使用公式"服务业分行业的全社会就业人数=服务业全社会总就业人数×（服务业分行业的城镇单位就业人数/服务业城镇单位总就业人数）"，即用服务业分行业城镇单位就业人数占比来表示服务业分行业全社会就业人数占比，即将城镇单位就业指标数据放大，从而测算出服务业分行业全社会就业人数。笔者认为，用城镇单位就业指标或放大的城镇单位就业指标是不科学的①。我们从两个方面进行验证，首先，比较三次产业全社会从业人员和城镇单位就业人员的结构（见图9-1）；其次，比较二者都有统计数据的 2001 年和 2002 年第三产业细分行业就业占比，比较结果见表9-2。

从图9-1 和表9-2 可以看出，无论三次产业，还是第三产业细分行业，全社会从业人员占比与城镇单位从业人员占比，都有非常大的差别。因此，用城镇单位从业人员占比代替全社会从业人员占比，来产生未统计的服务业细分行业全社会从业人员数据，不合理。因此，我们尝试使用其他方法来测算 2004 年到 2012 年的细分行业全社会从业人员细分行业数据。

---

① 在王林辉和袁礼（2014）中，发现各行业职工人数与就业人数呈稳定的比例关系，据此根据在岗职工人数占比通过放大来推算各行业就业人数，也是不合理的。成立还需要各个行业职工人数就业人数之比相同。

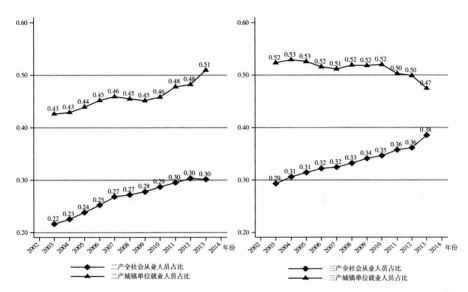

图 9-1 第二、三产业全社会从业人员和城镇单位就业人员占比

资料来源：由《中国统计年鉴 2014》提供数据计算而来。

表 9-2 2001 年、2002 年第三产业分行业就业占比

	2001 年		2002 年	
	全社会 从业人员	城镇单位 从业人员	全社会 从业人员	城镇单位 从业人员
III（1）	0.0052	0.0180	0.0054	0.0171
III（2）	0.1010	0.1091	0.1142	0.1087
III（3）	0.2349	0.1457	0.2724	0.1298
III（4）	0.0167	0.0507	0.0186	0.0508
III（5）	0.0053	0.0168	0.0065	0.0190
III（6）	0.0484	0.0803	0.0600	0.0855
III（7）	0.0245	0.0834	0.0270	0.0851
III（8）	0.0778	0.2623	0.0858	0.2688
III（9）	0.0082	0.0267	0.0089	0.0268
III（10）	0.0546	0.1888	0.0589	0.1872
III（11）	0.2902	0.0180	0.3423	0.0212

注：①由于 1990—2003 年城镇单位从业人员数据未统计，表中城镇单位从业人员数据为由在岗职
工计算而得的数据，可以替代的原因在于第三产业细分行业城镇单位从业人员和在岗职工占
比数据差别很小，我们用 2003 年和 2004 年数据做了相关的检验，检验结果不再列出。②表中
"III"表示第三产业，括号中数字代表第三产业中的细分行业，参见表 8-2。后同。

资料来源：由《中国统计年鉴 2004》数据计算而来。

　　我们使用省级全社会从业人员细分行业数据，来推算全国细分行业全社会从业人员指标。由于无法获得所有省份的全社会从业人员细分行业的数据，我们用能够获得的数据，然后根据其细分行业的占比乘以全国合计、第一产业、第二产业和第三产业的全社会从业人员统计数据，来放大省级加总数据，从而得到全国细分行业全社会从业人员的数据。我们能够获得的2004—2012年省级细分行业全社会从业人员统计数据如下：2004年、2007年、2008年和2010年有19个省份数据；2005年、2006年和2009年有18个省份数据；2011年和2012年有17个省份数据。为了说明这种方法的合理性，我们进行两方面检验。

　　首先，比较由全国统计数据计算的2004—2012年三次产业全社会从业人员占比和19个省份数据加总计算的2004—2012年三次产业全社会从业人员占比，比较结果见表9-3。

表9-3　全国统计和省级加总之间全社会从业人员占比的比较

年份	一产（统计）	一产（加总）	二产（统计）	二产（加总）	三产（统计）	三产（加总）
2004	0.469	0.459	0.225	0.251	0.306	0.290
2006	0.426	0.419	0.252	0.271	0.322	0.310
2008	0.396	0.391	0.272	0.287	0.332	0.322
2010	0.367	0.368	0.287	0.305	0.346	0.331
2012	0.336	0.342	0.303	0.314	0.361	0.334

资料来源：由《中国统计年鉴2013》和相关省市统计年鉴2005—2013年的统计数据计算得到。

表9-4　2001年、2002年第二、三产业细分行业的全社会从业人员占比比较

	2001年		2002年	
	加总	统计	加总	统计
II（1）	0.0414	0.0445	0.0396	0.0428
II（2）	0.6460	0.6415	0.6414	0.6367
II（3）	0.0202	0.0229	0.0196	0.0222
II（4）	0.2924	0.2912	0.2994	0.2984
III（1）	0.0055	0.0060	0.0050	0.0054

续表

	2001 年		2002 年	
	加总	统计	加总	统计
III（2）	0.1165	0.1166	0.1155	0.1142
III（3）	0.2739	0.2710	0.2775	0.2724
III（4）	0.0187	0.0192	0.0185	0.0186
III（5）	0.0051	0.0061	0.0056	0.0065
III（6）	0.0503	0.0558	0.0541	0.0600
III（7）	0.0269	0.0282	0.0262	0.0270
III（8）	0.0857	0.0897	0.0825	0.0858
III（9）	0.0076	0.0094	0.0074	0.0089
III（10）	0.0598	0.0630	0.0564	0.0589
III（11）	0.3503	0.3348	0.3514	0.3423

注：①表中数据为第二、三产业内部占比。②表中"III"表示第二产业，括号中数字代表第二、
　　三产业内部细分行业，参见表8-2。后同。
资料来源：由《中国统计年鉴》（2002、2003）的统计数据计算得到。

　　其次，我们选取全国和19个省份全社会从业人员都有统计的2001年和2002年的数据，比较细分行业全社会从业人员的占比（见表9-4）。由表9-3可以看出，由省级数据加总计算的占比结果和由全国统计数据计算的占比结果之间，误差基本在2个百分点以内。而表9-4的数据可以看出，两者差别更小。因此，我们认为，通过样本省级全社会从业人员加总数据来推算的全国细分行业全社会从业人员指标数据，相对于用城镇单位从业人员数据计算的结果要合理，更能够准确体现全社会从业人员细分行业之间的差别。测算的2004—2012年全国细分行业全社会从业人员的结果见表9-5。

表9-5　2004—2012年全国19个细分行业全社会从业人员

（单位：万人）

	2004 年	2006 年	2008 年	2010 年	2012 年
一	34829.82	31940.63	29923.34	27930.54	25773.00
二（1）	969.51	1057.69	1100.02	1120.22	1179.62

	2004 年	2006 年	2008 年	2010 年	2012 年
二（2）	10218.12	11667.41	12584.61	13138.42	14350.41
二（3）	323.11	343.95	369.67	373.76	392.35
二（4）	4547.70	5125.43	5782.17	6189.63	6543.90
三（1）	2721.81	2827.52	2918.65	2994.04	3223.95
三（2）	376.55	453.19	563.99	679.80	796.48
三（3）	6410.30	7011.83	7684.05	8099.01	8514.73
三（4）	2539.31	2679.60	2906.63	2995.88	3164.75
三（5）	411.95	420.81	458.97	523.01	611.76
三（6）	307.92	416.22	456.01	541.58	650.85
三（7）	591.57	763.81	827.48	999.15	1014.09
三（8）	245.97	260.60	313.16	408.65	445.86
三（9）	236.11	258.64	282.73	318.04	354.52
三（10）	3460.96	3514.29	3190.55	3270.03	3250.58
三（11）	1746.83	1795.48	1759.62	1852.01	1905.02
三（12）	667.72	760.33	746.72	838.03	897.46
三（13）	370.73	389.69	397.98	374.66	421.05
三（14）	1461.61	1479.16	1503.00	1608.12	1735.47

注：表中"一、二、三"分别表示第一、二、三产业，括号中数字代表各产业细分行业，参见表
8-2。后同。

资料来源：由《中国统计年鉴 2013》和 19 个省（市）统计年鉴的数据测算得到。

三、资本存量

（一）全社会固定资产投资指标序列

现有文献，分行业当年投资指标选取主要分两类：一是固定资本形成
总额，早期很多研究均采用该指标，如李治国和唐国兴（2003）、何枫等
（2003）、张军和章元（2003）、王金田等（2007）等。二是全社会固定资
产投资，王小鲁和樊纲（2000）、黄永峰等（2002）、薛俊波和王铮

（2007）、翁宏标和王斌会（2012）等均采用这一指标。

我们使用全社会固定资产投资指标来衡量投资。2006—2014 年《中国第三产业统计年鉴》提供了按照 GB/T4754-2002 分类的，2005—2013 年的第三产业及其细分行业以当年价格核算的全社会固定资产投资数据和以上年为基期的 1991—2013 年的固定资产投资价格指数；2006—2014 年《中国统计年鉴》提供了按照 GB/T4754-2002 分类的，2004—2013 年以当年价格核算的全社会固定资产投资数据；2004 年、2005 年《中国固定资产统计年鉴》提供了按照 GB/T4754-2002 分类①，2003 年、2004 年各细分行业，以当年价格核算的全社会固定资产投资数据；1997 年、1998 年、1999 年、2003 年《中国固定资产统计年鉴》提供了 1996 年、1997 年、1998 年和 2002 年按照 GB /T4754-1994 分类的，各细分行业以当年价格核算的全社会固定资产投资数据。对统计的以当年价格核算的全社会固定资产投资，用固定资产投资价格指数做平减处理，可以得到以 1990 年为基期的各行业的实际固定资产投资数据。

分行业全社会固定资产投资序列估算的难点在于，1990—1995 年、1999—2001 年的按照 GB/T4754-1994 分类的细分行业的全社会固定资产投资数据未有统计。原毅军等（2009）用基本建设投资和更新改造投资额的加总来代替。薛俊波和王铮（2007）假设细分行业基本建设及更新改造投资之和占全社会固定资产投资的比例相同。翁宏标和王斌会（2012）区分了细分行业基本建设及更新改造投资之和占固定资产投资的比例，但只计算出第三产业内部的金融业、农林牧渔业和其他服务业的投资数据。我们同翁宏标、王斌会（2012）观点一致，认为细分行业的基本建设及更新改造投资之和占固定资产投资的比例与全部行业的这两者之和占总的固定资产投资的比例一致，也就是对各个行业采取相同比例（基本建设及更新改造投资之和占固定资产投资的比例）的假设并不合理。我们用二者都有统计的 1996—1998 年和 2002 年的数据做了检验，结果见表9-6。

---

① 按照 GB/T4754-2002 和 GB/T4754-1994 分类的 1990—2002 年 16 个细分行业和 2004—2012 年 19 个行业见表 8-2。

表 9-6　基本建设及更新改造投资之和占固定资产投资的比例

（单位:%）

	1996 年	1997 年	1998 年	2002 年
总量	0.5318	0.5549	0.5785	0.5613
I	0.2246	0.2796	0.3660	0.4106
II	0.6745	0.6915	0.6966	0.6909
II（1）	0.6327	0.6771	0.6687	0.8360
II（2）	0.5963	0.5959	0.5918	0.6017
II（3）	0.9439	0.9485	0.9457	0.9377
II（4）	0.6561	0.5860	0.5765	0.4617
III	0.4419	0.4763	0.5224	0.4999
III（1）	0.9030	0.8751	0.8709	0.9281
III（2）	0.8507	0.8652	0.8842	0.8688
III（3）	0.6066	0.5618	0.5448	0.5972
III（4）	0.8583	0.8205	0.8231	0.8506
III（5）	0.0527	0.0591	0.0543	0.0258
III（6）	0.8413	0.8642	0.8800	0.9095
III（7）	0.8126	0.8299	0.8163	0.7842
III（8）	0.7550	0.7918	0.8005	0.8201
III（9）	0.9500	0.9417	0.9588	0.9212
III（10）	0.8593	0.8822	0.8829	0.8201
III（11）	0.0668	0.0698	0.0691	0.0692

注：表中"I、II、III"分别表示第一、二、三产业，括号中数字代表各产业的细分产业，参见表 8-2。后同。

资料来源：由《中国固定资产统计年鉴 1997—1999、2003》的数据计算得到。

由表 9-6 数据可以看出，细分行业之间的基本建设及更新改造投资之和占固定资产投资的比例差别很大，因此，薛俊波、王铮（2007）的假设是不合理的。但短期内大部分细分行业的占比变化不大。基于这一发现，我们对 1990—1995 年、1999—2001 年分行业全社会固定资产投资进行推算。1999—2001 年属于中间年份数据缺失，我们用线性插值法予以补充；1990—1995 年属于后延年份数据缺失，无法用插值法补充。由于短期内大部分细分行业的占比变化不大，可以利用 1996 年和 1997 年统计数据来推算出 1995 年的数据。假设 1995 年各细分行业的基本建设及更新改造投资之和占固定资产投资的比例是 1996 年和 1997 年的几何平均数，可以得到 1995 年各细分行业的基本建设及更新改造投资之和占固定资产投资的比例。依此类推，可以得到 1990—1994 年各年各细分行业的基本建设及更新改造投资之和占固定资产投资的比例。然后，用该比值去除各细分行业的基本建设和更新改造投资之和，从而得到 1990—1995 年、1999—2001 年各细分行业的固定资产投资数据。图 9-2 是通过对 1990—2002 年分行业基本建设及更新改造投资之和加总后放大的加总，得到的全社会固定资产投资的估计值，与固定资产年鉴中全社会固定资产投资总量统计数据的对比图。从图 9-2 可以得出，我们 1990—1995 年、1999—2001 年分行业全社会固定资产投资的估算结果是合理的。对 1990—2002 年以当年价格计算的全社会固定资产投资，用固定资产投资价格指数平减，得到 1990—2002 年以 1990 年为基期的全社会固定资产投资序列。

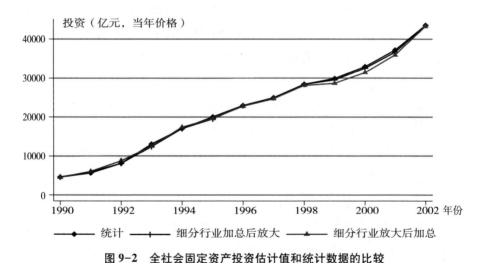

图 9-2　全社会固定资产投资估计值和统计数据的比较

资料来源：1996—1998 年、2002 年分行业数据源于《中国固定资产统计年鉴》（1997—1999、2003），1990—1995 年、1990—2001 年分行业数据为作者估算得到。

（二）分行业折旧率估算

现有文献主要是对总量或某一产业层面折旧率的估算，估计方法大致有四类：第一，直接根据经验估算固定资产折旧率，如徐现祥等（2007）、宗振利和廖直东（2014）、李谷成等（2014）等；第二，利用投入产出表的固定资产折旧额数据，然后根据 PIM 迭代公式计算出固定或时变的折旧率，如徐杰等（2010）、翁宏标和王斌（2012）、雷辉等（2014）、沈利生和乔红芳（2015）等；第三，将资本品分类分别估算折旧率，然后用不同类别资本品占比为权数，加权平均得到总的折旧率，如黄勇峰等（2002）、张军等（2004）、单豪杰（2008）、李宾（2011）、王金田等（2007）等；第四，计量方法，如陈昌兵（2014）等。

那么，细分行业折旧率估算，上述四种方法哪个更可取呢？方法一凭主观意愿，虽然简单易行，但太过武断。方法三适合于总量层面折旧率的估算，因为每个细分行业资本品估算是个问题，且由于行业性质的不同，同样的资本品的寿命周期，行业之间也可能不同。方法四的规模报酬不变的假设能否适合细分行业值得商榷。因此，从数据的可获得性和估算方法假设的适用性两个方面来看，细分行业折旧率估算选取方法三是比较切实可行的。

不同行业固定资产的折旧率应当是不同的，原因主要有两个：一是投资品结构的不同，投资品结构的不同是形成在特定时间段行业之间折旧率不同，以及特定行业折旧率的动态变化的一个主要因素。二是投资品寿命的不同，这导致特定行业折旧率的动态变化。投资品寿命受两个因素影响：一是投资品的物理损耗，如设备使用发生磨损和设备质量提高等；二是投资品的无形损耗，如新设备出现使现有设备贬值或相对效率下降、市场因素等。若在一段时间内，某行业折旧率较高的投资品比例提高，则该行业固定资产投资的折旧率将提高；若某产业内部折旧率较高的细分行业的投资占比提高，则该产业固定资产投资的折旧率将提高；若某行业固定资产投资品的寿命周期越长，该行业固定资产投资的折旧率越小。反之，则相反。因此，在估算细分行业资本存量时，在行业之间比较分析时，区分细分行业折旧率的差别是必要的。

由于缺少折旧额数据的支持，细分行业折旧率的估算相当困难，因此以往研究分行业资本存量和全要素生产率的文献，大多采用所有行业相同折旧率的方法，如张军（2004）、单豪杰（2008）、王恕立和胡宗彪（2012）、徐杰等（2010）等。薛俊波和王铮（2007）、翁宏标和王斌会（2012）区分了行业之间折旧率的差异，但二者在计算分行业折旧率的时候，混淆了期初资本存量和期末资本存量的概念，使用了错误的迭代公式。因此，其估算结果的合理性值得商榷。

我们在区分期初资本存量和期末资本存量的概念的基础上，对薛俊波和王铮（2007）、翁宏标和王斌会（2012）在估算折旧率时，使用的迭代公式做了修正。首先，利用2002年、2005年、2007年和2010年投入产出表的折旧额数据和统计年鉴提供的2004—2014年全社会固定资产投资序列，估计出来2004—2013年19个细分行业的平均折旧率。然后，根据按照GB/T4754-1994分类标准划分的1990—2002年16个细分行业，与按照GB/T4754-2002分类标准划分的2004—2012年19个细分行业之间的联系，按照行业相近、折旧率相同的原则，估计出1990—2002年16个细分行业的平均折旧率。最后，我们用当年细分行业投资占比作为权数，对细分行业折旧率加权平均，估算出动态变化的第二产业、第三产业和总量的折旧率。① 详细计算过程如下。

首先，假定资本效率采取几何递减模式且为常数，这时重置率与折旧率相等。i 行业第 t 年的年初名义资本存量为 $K_{it, b}$，年初实际资本存量为 $k_{it, b}$，年末名义资本存量为 $K_{it, f}$，年末实际资本存量为 $k_{it, f}$，i 行业第 t 年的名义投资为 I_{it}，实际投资为 i_{it}，i 行业第 t 年的名义折旧额为 D_{it}，实际折旧额为 d_{it}；i 行业第 t 年固定资本投资价格指数为 P_{it}，i 行业的折旧率为 δ_i。

现有文献估算资本存量采用的永续盘存法的迭代公式为：

$$k_{it, f} = \frac{K_{it, f}}{P_{it}} = (1 - \delta_i) * \frac{K_{it-1, f}}{P_{it-1}} + i_{it} = (1 - \delta_i) * k_{it-1, f} + i_{it} \qquad (9\text{-}6)$$

基于式（9-6）估算的是期末资本存量。我们使用的迭代公式为：

$$k_{it, b} = (1 - \delta_i) \times k_{it-1, b} + i_{it-1} \qquad (9\text{-}7)$$

折旧率、资本存量和折旧的关系为：

$$d_{it} = \frac{D_{it}}{P_{it}} = \frac{K_{it, b}}{P_{it-1}} \times \delta_i = k_{it, b} \times \delta_i \qquad (9\text{-}8)$$

---

① 由于统计数据质量问题，我们在尝试计算细分行业时变折旧率的时候，发现细分行业的折旧率具有时变特征，但阶段之间计算的结果差异很大。因此，不再细化更详细的阶段，来估算细分行业的时变的折旧率，而通过剔除异常结果，然后求几何平均，估算平均折旧率，以消除异常数据的影响。

将式（9-8）代入式（9-7）可得[①]：

$$d_{it} \div \delta_i = (1 - \delta_i) \times (d_{it-1} \div \delta_i) + i_{it-1} \qquad (9-9)$$

利用投入产出表2007年和2010年的数据，根据式（9-9），对于任何一个行业，可以得出2010年和2007年的期初资本存量关系为[②]：

$$d_{i2010} \div \delta_i = (1 - \delta_i) \times (d_{i2009} \div \delta_i) + i_{i2009}$$
$$= (1 - \delta_i) \left[(1 - \delta_i) \times (d_{i2008} \div \delta_i) + i_{i2008} \right] + i_{i2009}$$
$$= (1 - \delta_i)^3 \times (d_{i2007} \div \delta_i) + (1 - \delta_i)^2 \times i_{i2007} + (1 - \delta_i) \times i_{i2008} + i_{i2009}$$
$$\qquad (9-10)$$

投入产出表给出了2007年和2010年的名义固定资产折旧数据。分行业固定资产投资价格指数很难估算，我们采用相同的，统计年鉴可以提供的，以1990年为基期的固定资产投资价格指数。因此，在式（9-10）中，未知量只有折旧率 δ_i，解此方程可以得到2007—2010年的年均折旧率。同理，根据《投入产出表》（2002、2005、2007、2010），根据类似式（9-10）的公式，可以推算出2002—2005年、2005—2007年、2002—2007年、2005—2010年等的年平均折旧率。由于固定资产投资大的波动性质，以及固定资产投资和折旧额统计数据的误差，有些时间段计算结果不尽合理，我们将其剔除，以此为基础，通过求几何平均数以及用相近行业的折旧率替代，对结果进行校正，以使本章的估算结果更加精确合理。

由于《投入产出表》（1990、1992、1995、1997、2000）未提供或只提供了部分细分行业的折旧额数据，我们不能够采用类似估算2004—2012年计算折旧率的方法，对1990—2002年的折旧率进行精确估算。细分行业折旧率估算的主要目的是行业之间折旧率及固定资本存量的差别，假设1990—2002年与2004—2012年两者之间，相同或相似细分行业的折旧率相同，我们可以根据2004—2012年折旧率的估算结果，推算得到1990—2002年细分行业的平均折旧率。2004—2012年、1990—2012年细分行业平均折旧率估算结果见表9-7。

[①] 相对于现有文献对期末资本存量提取折旧的处理，我们认为对期初资本存量提取折旧，可能更加符合实际，因此我们使用（9-7）式和（9-8）式，来估算期初资本存量和折旧率。

[②] 薛俊波和王铮（2007）、翁宏标和王斌会（2012）等混淆了期初和期末资本存量的区别，使得（9-10）式多加了一项投资。

表 9-7　细分行业 1990—2002 年、2004—2013 年平均折旧率

	1990—2002 年平均折旧率	2004—2013 年平均折旧率	行业
总量	0.0597 (0.0770)	0.0597 (0.0684)	总量
I	0.1015	0.1015	一
II	0.0856 (0.0930)	0.0856 (0.0890)	二
II（1）	0.0720	0.0720	二（1）
II（2）	0.0798	0.0798	二（2）
II（3）	0.1280	0.1280	二（3）
II（4）	0.1853	0.1853	二（4）
III	0.0421 (0.0652)	0.0421 (0.0486)	三
III（1）	0.0265	0.0377	三（1）
III（2）	0.0584	0.1778	三（2）
III（3）	0.0950	0.0892	三（3）
III（4）	0.3020	0.1057	三（4）
III（5）	0.0382	0.3020	三（5）
III（6）	0.0910	0.0382	三（6）
III（7）	0.0844	0.2007	三（7）
III（8）	0.0287	0.2007	三（8）
III（9）	0.2007	0.0265	三（9）
III（10）	0.0378	0.0910	三（10）
III（11）	0.0910	0.0265	三（11）
		0.0844	三（12）
		0.0341	三（13）
		0.0378	三（14）

注：表中第二、三两列括号内数据为下文以细分行业投资占比为权数，对细分行业折旧率加权平均，然后再取几何平均数得到的数据。

资料来源：由《中国统计年鉴》（2003—2014）和《投入产出表》（2002、2005、2007、2010）的数据计算而来。

　　根据平均量与边际量的关系，用细分行业当年投资占比为权数，对估算出来的 1990—2002 年、2004—2012 年这两个阶段细分行业的平均折旧率进行加权平均，来分析由于投资结构发生变化，从而总量、第二产业和第三产业的折旧率发生的动态变化和时变特征，结果见图 9-3。由于时变的折旧率具有细分行业基础，我们在第四节估算资本存量时，总量、第二产业和第三产业的折旧率选用时变的折旧率数据。

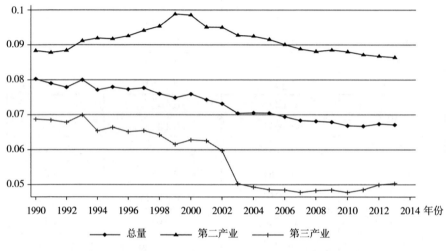

图9-3　1990—2013 年总量和第二、三产业时变折旧率
资料来源：作者计算得到。

　　由图 9-3 可以得出，由于投资结构的变化，我国总量和第三产业的折旧率在 1990—2010 年呈现下降趋势，2010 年后有稍微上升，第二产业折旧率在 1990—2013 年呈现先上升再下降趋势。这与翁宏标和王斌会（2012）利用投入产出表数据估算的分行业的折旧率的变化趋势一致，与林仁文和杨熠（2013）估算的会计折旧率的变化趋势一致，与孙文凯等（2010）的观点一致。但与陈昌兵（2014）、雷辉等（2014）等根据固定资产的最大役龄推算结果相反，这些文献认为中国资本存量总量的折旧率呈上升趋势[①]。

_____

　　① 这些文献的共同缺点是没有考虑到，即使相同的投资品，不同行业的役龄也可能是不同的。

总量折旧率估算结果变化趋势不一致的原因何在？我们认为其主要原因，在于微观折旧率和宏观折旧率的概念上的区别。总量或产业层面折旧率（宏观折旧率）的变化是投资结构、投资品寿命周期（包括物理寿命周期和投资品经济寿命周期）两个因素共同作用的结果。企业层面的折旧率（微观折旧率），由于生产技术的制约，投资品结构短期很难改变。折旧率的变化主要源于投资品的生命周期，而投资品的生命周期往往和国家的法定固定资产残值率密切相关，在短期内不会有大变化。细分行业由生产相同或相似产品或服务的企业组成，细分行业的折旧率在短期内亦不会发生大的变化。如果将行业更加细分一些，行业折旧率在短期内不会发生大的变化的结论会更合理。基于此，我们作出了 1990—2002 年与 2004—2013 年相同细分行业折旧率相同的假设。但是，在分析总量或产业层面的折旧率时，细分行业的投资结构的变化成为影响折旧率变化的主要因素。对产业结构变化较大的我国来说，投资结构变化可能是影响宏观折旧率变化的最主要因素。现有文献对折旧率大小，折旧率变化趋势的研究结果的不统一，揭示对由微观折旧率到宏观折旧率的传导路径的研究，将是下一步研究的重要课题。

（三）分行业资本存量的估算

利用投入产出表的折旧额数据，根据资本存量、折旧率与折旧额的关系，由式（9-8）可得到：

$$k_{it, b} = d_{it} \div \delta_i \tag{9-11}$$

根据式（9-11），利用估算的折旧率，计算出 1990 年、1992 年、1995 年、1997 年的总量、三次产业、第二产业内部细分行业的期初资本存量，以及 2005 年和 2007 年的各行业（包括细分行业）的期初资本存量；利用迭代公式（9-7），计算出其余年份，相关行业的期初资本存量[1]。

---

[1]　在计算细分行业折旧率的过程中，发现 2000 年和 2010 年的投入产出表的数据质量相对来说比较低。因此，在计算资本存量时，不再利用这些年份的折旧额数据。

表 9-8　1990—2002 年部分年份分行业年初资本存量

（单位：亿元，1990＝100）

	1990 年	1992 年	1994 年	1996 年	1998 年	2000 年	2002 年
总量	24449.1	35986.47	45325.04	59427.78	74604.8	92289.6	112953.83
I	1221.43	1588.76	1866.15	2490.02	2946.97	3132.13	3551.7
II	12386.66	17614.65	21938.3	27678.12	32385.21	35711.17	39933.6
II（1）	1934.17	3196.69	3808.36	4634.72	5424.42	5789.16	6252.17
II（2）	10080.47	13360.74	17567.27	23295.46	26415.15	27502.25	29323.51
II（3）	675.13	1275.06	1510.92	1914.65	3207.02	5034.4	6638.55
II（4）	345.41	523.25	600.13	741.75	810.19	909.49	1048.8
III	10824.61	15972.46	20040.07	27064.99	36930.91	50814.05	66558.08
III（1）	512.51	603.43	720.81	865.54	1127.42	1670.38	2248.58
III（2）	1827.58	2426.34	3640.75	5859.93	8644.03	13054.71	17798.69
III（3）	554.94	689.33	1073.13	1502.88	1771.49	2040.69	2292.9
III（4）	47.96	59.82	102.19	178.04	242.12	269.09	236.55
III（5）	2579.41	3412.38	4997.19	7733.08	10600.07	14081.34	18089.26
III（6）	462.97	621.93	969.52	1503.53	2222.41	3432.44	4979.12
III（7）	242.07	286.17	339.24	419.02	525.35	686.71	896.2
III（8）	940.92	1172.13	1437.81	1806.67	2339.81	3065.14	4021.23
III（9）	66.85	86.8	112.89	141.9	160.61	194.7	269.09
III（10）	608.44	742.25	1055.69	1535.67	2210.25	3187.28	4104.74
III（11）	2752.37	3663.95	5282.65	6758.75	8471.41	9811.24	11588.01

资料来源：作者计算得到。

对 1990—2002 年第三产业内部细分行业期初资本存量的估算，由于投入产出表只给出部分细分行业的折旧额数据，且数据质量也相对较低，我们根据当期投资与资本存量的关系，计算基期（1990）的期末资本存量，即：

$$k_{it,f} = \frac{i_{it}}{g_i + \delta_i} \qquad (9\text{-}12)$$

其中，g_i 为 1990—2002 年间的实际 GDP 的平均增长率，δ_i 为 1990—2002 年间的平均折旧率。

以及期末资本存量和期初资本存量的关系，即：

$$k_{it,f} = (1 - \delta_i) \times k_{it,b} + i_{it} \tag{9-13}$$

将式（9-12）代入式（9-13），可得到基期期初资本存量。即：

$$k_{it,b} = \left(\frac{i_{it}}{g_i + \delta_i} - i_{it} \right) \div (1 - \delta_i) \tag{9-14}$$

利用式（9-14），可以计算出 1990 年期初资本存量，作为基期资本存量[①]。然后利用迭代公式（9-7），可以计算出 1991—2002 年第三产业内部各细分行业的期初资本存量。1990—2002 年和 2004—2014 年分行业期初资本存量估算结果列为表 9-8 和表 9-9。

表 9-9　2004—2014 年部分年份分行业年初资本存量

（单位：亿元，1990＝100）

	2004 年	2006 年	2008 年	2010 年	2012 年	2013 年	2014 年
总量	160159	204779.59	279132.22	397810.44	563144	661764.56	779531.63
一	5001.57	5646.07	6948.13	10221.17	14274.16	16832.5	19188.58
二	57854.34	75423.61	107114.38	156054.09	221074.61	259572.89	304302.16
二（1）	6099.4	7685.3	10911.89	15985.52	22106.21	25362.89	28861.68
二（2）	47933.23	56993.88	78167.75	115632.39	167778.34	199772.38	237493.81
二（3）	6263.15	10957.72	16102.45	21924.05	27441.3	30004.12	33297.5
二（4）	1096.09	1602.36	2039.39	2667.7	3904.39	4543.57	5035.21
三	114429.92	141569.67	183789.05	250152.44	346204.81	403771.53	474411.78
三（1）	21932.45	28142.54	37468.86	51366.62	69362.13	78209.26	88632.16
三（2）	5409.57	5714.45	5831.75	5701.31	5447.54	5459.76	5609.73
三（3）	4778.32	5361.21	6684.81	8986.67	12353.4	14826.39	18125.64
三（4）	1768.27	1951.7	2607.68	3849.49	5719.17	6992.74	8448.78
三（5）	226.84	262.07	262.02	346.41	538.28	712.42	948.57
三（6）	52393.54	64405.37	83849.95	113093.06	159222.5	189275.7	225215.88
三（7）	1532.28	1616.45	1851.66	2441.72	3651.63	4631.66	5843.44
三（8）	455.02	636.01	841.55	1274.39	1866.09	2393.78	3051.82
三（9）	1348.23	3631.85	8752.29	21613.09	39012.59	48774.41	61168.66

---

①　我们假设本期投资在下一期才形成生产能力，把期初资本存量作为本期资本存量；当然也可以计算出期末资本存量，然后取期初资本存量和期末资本存量的几何平均数，作为本期平均资本存量，形成本期的生产能力。

续表

	2004 年	2006 年	2008 年	2010 年	2012 年	2013 年	2014 年
三（10）	707.32	860.1	1039.43	1373.62	2064.63	2571.06	3100
三（11）	8933.59	10353.45	11800.47	13591.98	15858.91	17120.02	18640.81
三（12）	1197.62	1533.8	1992.44	2846.75	4007.25	4622.88	5373.52
三（13）	2049.6	2425.01	3005.8	4383.72	6377.46	7716.45	9354.01
三（14）	9642.82	11349.47	13170.54	15554.01	18628.12	20128.67	21503.21

资料来源：作者计算得到。

（四）估算结果比较和分析

1. 比较总量、第二产业和第三产业直接计算数据和细分行业加总数据

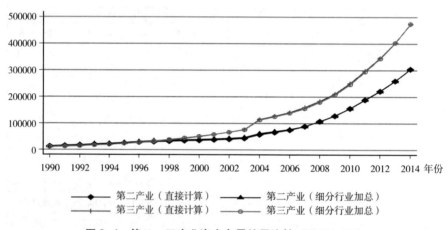

图 9-4　第二、三产业资本存量结果比较（1990=100）

资料来源：作者计算得到。

比较结果见图 9-4 和图 9-5。由图 9-4 可以看出，第二产业资本存量、第三产业资本存量直接计算结果和细分行业加总结果非常接近。由图 9-5 可以看出，1990—2003 年总量资本存量直接计算结果、三次产业加总结果和细分行业加总结果三者非常接近。2004—2014 年三次产业加总结果与细分行业加总结果非常接近，但比直接计算结果要大一些，每年的绝对差别大致相同，相对差别随着资本存量基数的迅速上升快速收窄。总体来看，第二产业资本存量、第三产业资本存量和总量资本存量三个指标，在大部分年份，细分行业加总结果与直接计算结果两者差别仅在 5 个百分点

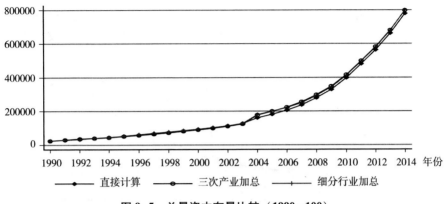

图 9-5 总量资本存量比较（1990＝100）

资料来源：作者计算得到。

以内。说明我们对资本存量估算的结果是合理的。

2. 与其他文献估算结果的比较

首先，总量资本存量估算结果的比较（见图 9-6）。由图 9-6 可知，我们对 1990—2003 年总量资本存量的估算结果比其他文献结果稍低一些，但每年差异基本相同，原因在于基期 1990 年资本存量估算差异。我们对 2004—2012 年总量资本存量估算结果介于张军等（2004）和陈昌兵（2014）之间。

其次，三次产业估算结果与其他文献估算结果的比较。由于能够获得的三次产业资本存量的连续序列的数据很少，三次产业仅选择与徐现祥等（2007）、宗振利和廖直东（2014）的估算结果进行比较①，比较结果见图 9-7。从比较结果来看，我们的三次产业估算结果与宗振利和廖直东（2014）的估算结果，在变化趋势上是基本一致的。我们对三次产业资本存量的待估算结果与其他文献估算结果不同的主要原因是所使用的折旧率不同，徐现祥等（2007）、宗振利和廖直东（2014）使用的折旧率分别为 3%、10%左右，而且三次产业的折旧率相同。我们区分了三次产业之间折旧率的差异和第二、三产业折旧率时间上的动态变化。若折旧率接近，估

---

① 由于只能够获得宗振利和廖直东（2014）估算的部分年份数据，对缺失年份数据，我们通过计算时间段的资本存量几何年增长率，从而计算出缺失数据，以便比较。

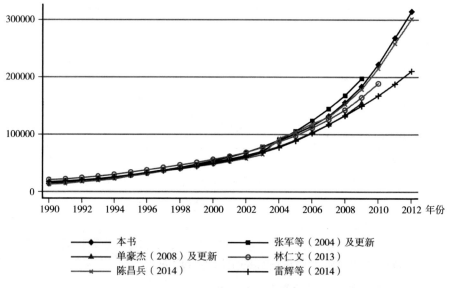

图 9-6　总量资本存量：与其他文献结果的比较（1952=100）

注：单豪杰（2008）数据为按每年折旧率计算的结果；陈昌兵（2014）数据为按可变折旧率计算的结果。

算结果也比较接近，这一点可以从我们对第二、三产业的估算结果与宗振利和廖直东（2014）的估算结果的比较中看出。

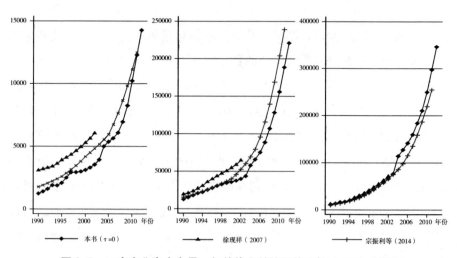

图 9-7　三次产业资本存量：与其他文献结果的比较（1990=100）

由于 1990—2002 年和 2004—2014 年第三产业细分行业的分类标准的不同，只能将时间分为 1990—2002 年和 2004—2014 年两个阶段，来分别测算细分行业资本存量。分段处理的缺点是资本存量估算结果在 2002 年到 2004 年之间出现跳跃。若研究问题仅仅涉及总量和三次产业，可以对 1990—2012 年进行连续估计，或者充分利用投入产出表数据来估算。二者都可有效解决资本存量估算结果在 2002 年到 2004 年之间出现的跳跃性问题。但我们目前所研究的仅仅是服务业的内部行业，因此不需要使用上述方法来修正总量、第二产业和第三产业的估算结果。

第三节　全要素生产率测算结果

1990—2002 年分行业全要素生产率（TFP）测算结果见表 9-10。2004—2012 年分行业全要素生产率测算结果见表 9-11。

表 9-10　1990—2002 年分行业全要素生产率指数（tfpch）测算结果

	1992 年	1994 年	1996 年	1998 年	2000 年	2002 年
I	0.924	1.056	0.878	1.023	0.979	0.959
II（1）	1.125	1.200	1.145	1.274	1.290	1.180
II（2）	1.132	1.148	1.122	1.246	1.066	1.003
II（3）	1.222	1.105	1.051	1.034	1.552	1.116
II（4）	1.058	1.054	1.016	1.054	0.959	1.033
III（1）	1.126	1.185	1.078	1.08	1.004	1.059
III（2）	1.056	0.984	1.062	1.123	1.091	1.035
III（3）	0.993	0.887	0.919	0.993	1.022	1.016
III（4）	0.988	0.923	0.917	0.970	0.902	1.079
III（5）	1.202	1.004	0.971	0.994	1.006	1.004
III（6）	1.117	0.935	0.982	1.026	1.075	0.987
III（7）	1.070	1.036	1.068	1.060	1.047	1.086

续表

	1992 年	1994 年	1996 年	1998 年	2000 年	2002 年
III（8）	1.061	0.971	1.108	1.087	1.050	1.105
III（9）	1.126	1.143	1.131	1.156	1.058	1.131
III（10）	1.072	1.073	1.008	1.072	1.066	1.099
III（11）	0.988	0.993	1.072	1.025	0.932	0.990

资料来源：作者计算得到。

表 9-11 2004—2012 年分行业全要素生产率指数（tfpch）测算结果

	2005 年	2007 年	2009 年	2011 年	2012 年
一	0.979	0.959	0.875	0.866	0.900
二（1）	1.315	1.008	0.943	1.233	0.959
二（2）	1.015	1.090	1.094	1.035	1.054
二（3）	1.043	1.078	1.105	1.110	0.983
二（4）	0.949	1.028	1.064	0.894	0.920
三（1）	1.067	1.097	1.031	1.070	1.020
三（2）	1.032	0.971	0.931	1.009	1.024
三（3）	1.068	1.155	1.082	1.058	1.117
三（4）	1.099	1.071	1.056	1.003	1.086
三（5）	1.159	1.230	1.079	0.914	0.957
三（6）	0.934	1.182	1.006	0.978	0.943
三（7）	0.872	1.064	1.036	1.071	1.136
三（8）	1.130	1.157	0.931	1.178	1.010
三（9）	0.874	1.190	1.036	1.065	1.004
三（10）	1.104	0.934	1.053	0.942	0.883
三（11）	1.116	1.191	1.087	1.159	1.060
三（12）	1.115	1.241	1.037	1.154	1.078
三（13）	1.128	1.168	1.445	1.072	1.074
三（14）	1.135	1.173	1.043	0.991	1.074

资料来源：作者计算得到。

对服务业细分行业 TFP 及其分解部分（即技术进步、技术效率、纯技术效率和规模效率）的增长率，用细分行业名义 GDP 占比为权数，通过加权平均，得到服务业的 TFP 及其各分解部分相对于上一年的增长率①，计算结果列为表9-12；另外，我们对服务业细分行业 TFP 及其分解部分的增长率，还将采取用细分行业就业占比或资本存量占比为权数，通过加权平均，得到服务业以就业占比或资本存量占比为权数的 TFP 及其各分解部分相对于上一年的增长率。其目的是，可以分析生产要素配置效率的动态变化或生产要素结构变化的生产率效应，计算结果列为表9-13、表9-14。

表9-12　服务业 TFP 及其分解部分增长率（GDP 占比权数）

（单位:%）

年份	TFP	技术进步	技术效率	纯技术效率	规模效率
1991	2.7218	-4.8776	8.0186	14.8997	-2.5228
1992	5.1098	2.0393	3.0648	5.2205	-1.7554
1993	5.7004	-2.4021	7.8695	0.9244	7.0186
1994	-3.9759	-2.1175	-0.6226	-9.2580	10.6396
1995	-3.6536	-5.6296	2.3747	-3.6346	7.0399
1996	-1.7208	-5.7891	4.5236	-1.7231	6.7927
1997	1.7734	-1.8261	3.7478	1.0087	2.7049
1998	3.1024	-1.4545	4.6851	1.8186	2.9173
1999	2.3987	-1.3225	3.7906	1.9606	1.8248
2000	2.7531	-8.0883	11.9811	14.9268	-1.0178
2001	5.4299	6.8847	-1.0603	-0.9757	-0.0036
2002	4.0077	6.5340	-2.2835	-2.0615	0.2116
2005	6.5417	11.3689	-4.3133	-3.1620	-0.8118
2006	8.5258	15.2807	-5.8330	-0.7015	-4.9941
2007	13.9958	20.6291	-5.2891	-3.9652	-1.1865
2008	9.0494	5.2394	3.6523	6.2896	-1.1494
2009	4.8776	7.6574	-2.6001	-4.2116	2.6226
2010	4.1529	4.6145	-0.4080	5.4492	-5.0164
2011	3.2120	-3.5798	6.9738	6.3061	1.7682
2012	3.6968	1.7686	1.8221	2.2475	-0.4300

资料来源：作者计算得到。

① 目前，大部分文献均以细分行业名义 GDP 占比为权数，通过对细分行业的 TFP 指数（或增长率）的加权平均得到的结果，作为服务业总量的 TFP 指数（或增长率），其他分解指标也一样。

表9-13 服务业TFP及其分解部分的增长率（就业占比权数）

（单位:%）

年份	TFP	技术进步	技术效率	纯技术效率	规模效率
1991	4.9500	−5.3343	10.8147	11.8600	2.3961
1992	3.3177	0.6664	2.6695	2.2880	1.1106
1993	−0.5371	−0.8387	0.1417	−10.8127	13.8113
1994	−3.2721	1.1450	−2.8528	−11.5069	10.7501
1995	−2.2602	−3.9218	2.1238	−5.4799	8.7672
1996	1.8296	−4.4439	6.7513	−2.5167	9.8828
1997	3.4500	−0.8251	4.4694	−0.0605	4.5457
1998	3.8564	−0.5770	4.5994	−0.3801	5.2579
1999	4.7830	−1.3129	6.1804	2.1885	3.9804
2000	0.7362	−9.4102	11.2343	12.0966	1.8456
2001	3.4272	6.6787	−2.7375	−3.1381	0.5829
2002	2.4300	7.1065	−4.3217	−2.9442	−0.9851
2005	7.8843	13.0643	−4.5333	−2.0991	−1.9129
2006	8.1864	16.3341	−7.0086	0.4204	−7.1265
2007	10.8768	22.6340	−9.5435	−5.4250	−3.9781
2008	10.1773	6.7797	3.2972	6.1842	−0.7988
2009	6.0292	7.6844	−1.5569	−4.8093	4.6808
2010	5.7858	4.0018	1.7644	9.1746	−6.0870
2011	4.1099	−3.9640	8.4016	10.8573	−0.9078
2012	5.1727	1.2834	3.7283	3.5415	0.1935

资料来源：作者计算得到。

表9-14 服务业TFP及其分解部分的增长率（资本存量占比权数）

（单位:%）

年份	TFP	技术进步	技术效率	纯技术效率	规模效率
1991	6.6621	−2.5961	9.6850	12.4488	1.3518
1992	7.8490	6.5941	1.2693	−1.7149	3.5846
1993	0.8478	−1.8246	2.6477	−5.9722	10.6871
1994	−0.3564	6.1026	−5.6225	−7.3826	2.1924
1995	0.9124	0.4408	0.5493	−1.4960	2.3401
1996	2.7702	−1.2267	4.0603	0.2796	3.9581

续表

年份	TFP	技术进步	技术效率	纯技术效率	规模效率
1997	2.7489	0.4244	2.3480	−0.1443	2.5123
1998	4.5909	1.2010	3.3417	−1.0829	4.6027
1999	5.4232	0.3348	5.0978	2.0117	3.0650
2000	2.5151	−6.4280	9.8621	5.8728	4.4708
2001	4.4663	3.7219	0.7908	−2.3943	3.3499
2002	2.4708	4.7802	−2.1502	−5.0408	3.3733
2005	0.8135	8.5913	−7.1773	−8.8899	2.0864
2006	5.3544	11.4391	−5.4726	−1.9812	−3.3263
2007	15.0962	14.7658	0.7182	−2.2520	3.0687
2008	3.9262	1.2731	2.4843	2.9918	0.8650
2009	3.0264	7.6038	−4.2608	−6.9241	3.3690
2010	2.9568	6.0047	−2.8452	−0.2130	−2.5503
2011	2.5400	−2.4778	5.0750	−0.8851	6.4591
2012	−0.6101	3.1013	−3.6602	−1.0610	−2.6347

资料来源：作者计算得到。

为了直观理解服务业各个效率的动态变化趋势，将表9-12数据，通过三年移动平均，作图为图9-8和图9-9。由图9-8和图9-9可以得出：

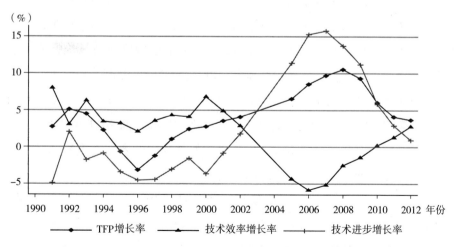

图9-8 服务业生产率增长率变化（GDP占比加权，三年移动平均）

注：1991年、1992年、2004年、2005年数据仍为表9-12数据，因为不能够通过三年移动平均得到。
资料来源：根据表9-12数据，通过三年移动平均得到。

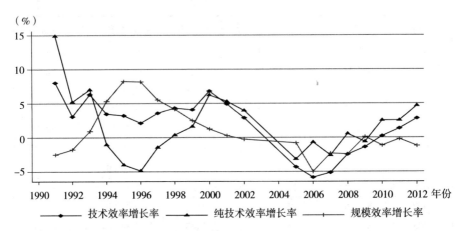

图 9-9 服务业生产率增长率变化（GDP 占比加权，三年移动平均）

注：1991 年、1992 年、2004 年、2005 年数据仍为表 9-12 数据，因为不能够通过三年移动平均得到。

资料来源：根据表 9-12 数据，通过三年移动平均得到。

第一，在 1992—2012 年，我国服务业 TFP 增长率、技术进步增长率呈现下降—上升—下降的"S"形特征。而技术效率增长率在 1992—2000 年期间相对比较平稳，2000 年后呈现出下降—上升的"U"形特征。

第二，以 2001 年、2011 年为分界点，我国服务业 TFP 增长的主要驱动力，在技术效率和技术进步之间进行了转换。在 2000 年及以前的所有年份，技术效率增长率高于技术进步增长率，导致 2000 年及以前的大部分年份，技术效率增长率也高于 TFP 增长率，说明在 2000 年及以前，服务业 TFP 增长的主导力量是技术效率提高。但是，自 2001 年起，技术进步增长率超过技术效率增长率，一直保持到 2010 年，说明 2001—2010 年，我国服务业 TFP 增长的主导力量是技术进步水平的提高。而 2011 年、2012 年，技术效率增长率又超过技术进步增长率，但是这次两者的转换究竟是趋势改变，还是短期波动，还需要时间验证。

第三，上述结果与我国市场化改革、对外开放的路径是相符合的。1992 年，党的十四大确立以社会主义市场经济体制为改革目标，《中共中央、国务院关于加快发展第三产业的决定》等相关政策出台，1993 年党的十四届三中全会确定我国国有企业改革的目标为建立现代企业制度。这些政策措施极大地调动了企业和劳动者的积极性，推动了非公服务业的迅速

发展，市场化改革改善了资源配置的效率，技术效率增长率在 20 世纪 90
年代一直维持在较高水平，年平均增长率约为 4.94%。但是，随着时间的
推移，我国渐进式改革的全要素生产率的"一次性水平效应"问题（郑京
海等，2008）和"粗放式"经济增长方式的弊端，例如，资本形成中所累
积的一系列低效率问题（张军，2002）等也逐渐凸现出来。其结果表现
为，无论用名义 GDP 加权、就业加权和资本存量加权得到的服务业技术效
率增长率，在 2001—2007 年都持续下降，对服务业 TFP 的增长贡献为负
值，只是由于同期技术进步的高增长掩盖了技术效率低下的问题。

从测算结果来看，1990—1996 年，我国的技术进步增长率处于下降阶
段，以后有所改善，20 世纪 90 年代年平均为-3.15%，对 TFP 的增长贡献甚
至为负。2001—2010 年，是我国对外开放全面展开的十年，技术进步增长率
在 2001—2007 年持续提高，使得我国与世界发达国家的技术差距迅速缩小。
随着这种"后发优势"的逐渐缩小，再加上 2008 年金融危机导致的全球经
济持续低迷，我国在 2008 年以后，技术进步增长速度呈现下降趋势。

第四，从技术效率构成部分来看，20 世纪 90 年代纯技术效率和规模效
率增长方向相反，纯技术效率呈先下降再上升的"U"形特征，而规模效率
呈先上升后下降的倒"U"形特征。2001—2007 年，在纯技术效率和规模效
率增长率皆为负的双重作用下，服务业技术效率出现大幅度下降，2008 年之
后，在纯技术效率大幅改善拉动下，服务业技术效率增长率又转负为正。
2004—2012 年，服务业技术效率年平均增长率为-0.75%，纯技术效率年平
均增长率为 1.03%，规模效率年平均增长率为-1.15%。

对服务业细分行业 TFP、技术进步、技术效率、纯技术效率和规模效
率增长率分别用就业占比、资本存量占比为权数，可以得到服务业各效率
指标的增长率，列为图 9-10 到图 9-14。通过比较可知：

第一，以就业占比权数与以资本存量占比权数加总，得到的服务业的
各效率指标增长率之间，20 世纪 90 年代与 21 世纪以来呈现不同的对比关
系。总体上来说，服务业 TFP、技术进步、纯技术效率增长率三个指标，
20 世纪 90 年代，以资本存量为权数的加总结果要大于以就业为权数的加
总结果，而 21 世纪以来，以资本存量为权数的加总结果要小于以就业为权
数的加总结果。

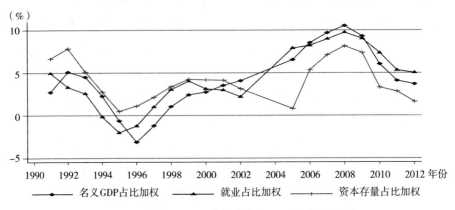

图 9-10　服务业 TFP 增长率变化（三年移动平均）

注：1991 年、1992 年、2004 年、2005 年数据仍为表 9-12 数据，因为不能够通过三年移动平均得到。
资料来源：根据表 9-12、表 9-13 和表 9-14 数据，通过三年移动平均得到。

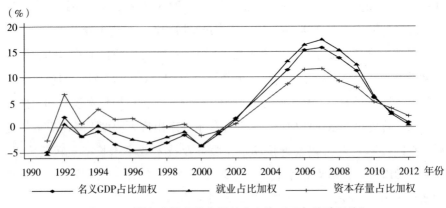

图 9-11　服务业技术进步增长率变化（三年移动平均）

注：1991 年、1992 年、2004 年、2005 年数据仍为表 9-12 数据，因为不能够通过三年移动平均得到。
资料来源：根据表 9-12、表 9-13 和表 9-14 数据，通过三年移动平均得到。

　　这表明，总体来说，20 世纪 90 年代，资本的配置效率要好于劳动力的配置效率，而 21 世纪以来正好相反，资本的配置效率比劳动力的配置效率要差。主要原因在于，两个最主要生产要素，资本和劳动力的禀赋状况，或相对稀缺程度在两个阶段发生了逆转。20 世纪 90 年代，是资本相对稀缺，资本配置效率高于劳动力配置效率是市场机制的必然要求。21 世纪以来恰好相反，一方面，由于国家积极的财政政策和宽松的货币政策、

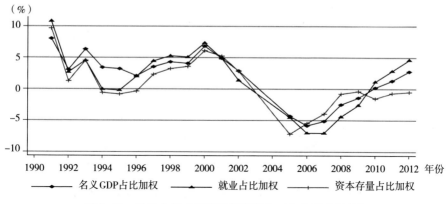

图9-12　服务业技术效率增长率变化（三年移动平均）

注：1991年、1992年、2004年、2005年数据仍为表9-12数据，因为不能够通过三年移动平均得到。
资料来源：根据表9-12、表9-13和表9-14数据，通过三年移动平均得到。

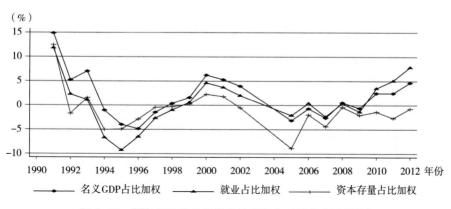

图9-13　服务业纯技术进步增长率变化（三年移动平均）

注：1991年、1992年、2004年、2005年数据仍为表9-12数据，因为不能够通过三年移动平均得到。
资料来源：根据表9-12、表9-13和表9-14数据，通过三年移动平均得到。

加入WTO后资本来源渠道的拓展和企业自身的资本积累，资本由稀缺转变为相对富余。另一方面，随着我国经济总量的迅速扩大、劳动力结构的改变，我国"劳动力红利"逐渐消失，该时期我国劳动力成本因此迅速提高。同理，该时期劳动力配置效率高于资本配置效率也是市场机制的必然要求。

第二，技术效率和规模效率增长率两个指标的走势却是另外一种景象。20世纪90年代，两者劳动力的配置效率要高于资本配置效率，21世

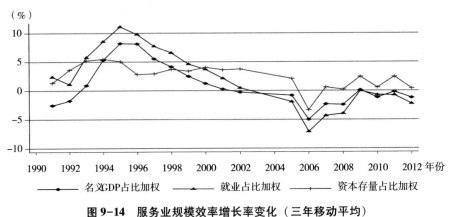

图 9-14　服务业规模效率增长率变化（三年移动平均）

注：1991 年、1992 年、2004 年、2005 年数据仍为表 9-12 数据，因为不能够通过三年移动平均得到。
资料来源：根据表 9-12、表 9-13 和表 9-14 数据，通过三年移动平均得到。

纪以来规模效率、2009 年前的技术效率的资本配置效率要优于劳动力配置效率。2009 年以后，技术效率劳动力配置效率要优于资本配置效率。什么原因导致了服务业技术效率和规模效率两个指标与效率总体指标 TFP 的走势不一致呢？我们认为，可能原因在于：对于规模效率来说，在 20 世纪 90 年代更多归功于劳动力规模，而 21 世纪以来更多归功于资本规模，表现出 20 世纪 90 年代以就业占比为权数加总得到的规模效率要大于以资本存量占比为权数加总得到的结果，而 21 世纪以来却是相反的。

第四节　服务业全要素生产率贡献分析

对服务业细分行业 TFP 增长率，以细分行业名义 GDP 占比为权数，进行加权平均，可以得到 1991—2012 年各年相对于前一年的服务业全要素生产率增长率（TFPG）。然后用服务业的 TFPG 除以相应年份的服务业 GDP 的增长率，从而得到服务业 TFPG 对服务业 GDP 增长的贡献。为了缓解个别年份、个别行业 TFP 测算结果异常的影响，我们通过两种方式来处理，一是对加权平均得到的服务业全要素生产率增长率（TFPG）进行三年移动平均处理，然后再计算服务业 TFPG 对服务业 GDP 增长的贡献，结果见图 9-15。二是分别计算 1990—2002 年、2004—2012 年两个时间段 TFPG 的平均值，方法为取每个细分行业时间段内 TFPG 的几何平均值，作为各细分行业 TFPG 的年平均增长率，时间段内的名义 GDP 占比也进行相应处理。然后，对时间段内细分行业几何平均的 TFPG，用细分行业几何平均的名义 GDP 占比为权数，加总得到 1990—2002 年和 2004—2012 年两阶段的服务业 TFPG 平均值。[①] 计算结果列为表 9-15。

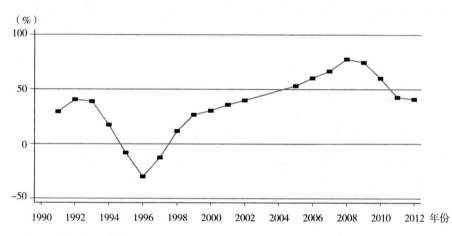

图 9-15　服务业 TFPG 对服务业 GDP 增长的贡献（三年移动平均）

资料来源：作者计算得到。

表 9-15　服务业 TFP 增长对服务业 GDP 增长的贡献

	1990—2002 年	2004—2012 年
服务业 GDP 年均增长率（%）	10.2670	11.1675
服务业 TFP 年均增长率（%）	2.1896	6.7966
服务业 TFP 增长对服务业 GDP 增长的贡献（%）	21.3264	60.8606

注：①数据为时间段内的年平均值；②表 9-14 与表 9-15 中服务业 TFP 增长率并不相等，原因在于两者计算使用的细分行业截面不同，表 9-14 使用全行业截面，而表 9-15 仅使用服务业细分行业截面。

资料来源：作者计算得到。

---

　　① 另一种方法为直接取每年细分行业的加权平均结果的几何平均值，作为服务业 TFPG 阶段内的平均值。两者结果差异不大，但本章处理方式对缓解个别异常数据影响会更有效。

由图9-15和表9-15可知，第一，我国服务业TFP增长对服务业GDP增长的贡献在20世纪90年代初期呈下降趋势，由表9-12知，1994年、1995年和1996年为负贡献。从20世纪90年代中期开始，到2007年，服务业TFP增长对服务业GDP增长的贡献份额呈上升趋势，此后呈下降趋势。第二，1990—2002年，中国服务业TFP年均增长约2.19%，而在同时期服务业GDP年均增长约10.27%，服务业TFPG对服务业GDP增长的贡献年均为21.33%。而在2004—2012年，中国服务业TFP年均增长约6.80%，同时期服务业GDP年均增长约11.17%，服务业TFPG对服务业GDP增长的贡献年均为60.86%。总体来说，服务业TFP增长对服务业GDP增长贡献大幅度提高。第三，由前面的分析可以知道，2004—2012年，服务业TFP对服务业GDP增长贡献份额的大幅提高，主要归功于服务业技术进步增长率的大幅提高。

从服务业分行业TFP贡献来看（见表9-16）：第一，1990—2002年，对服务业TFP增长贡献最大的是公共服务业，年均贡献高达75.27%，其次为生产性服务业，年均贡献39.77%，消费性服务业贡献为负值，年均贡献-15.05%。细分行业中，贡献最大为交通运输仓储和邮政通信业，年均贡献52.26%，但受金融保险业负贡献（-21.35%）的影响，生产性服务业整体贡献大幅下降。而消费性服务业的负贡献几乎全部源于批发零售贸易和餐饮业（年均贡献为-46.30%）。

表 9-16　服务业分行业 TFP 贡献

	1990—2002 年		2004—2012 年		
	名义 GDP 加权	贡献（%）	名义 GDP 加权	贡献（%）	
III（1）	0.1212	5.5338	0.7507	11.0447	三（1）
III（2）	1.1443	52.2628	0.1367	2.0114	三（2）
III（3）	-1.0138	-46.2998	2.1323	31.3736	三（3）
III（4）	-0.4674	-21.3483	0.3108	4.5733	三（4）
III（5）	0.1577	7.2040	0.8057	11.8551	三（5）
III（6）	0.5305	24.2269	0.0552	0.8122	三（6）
III（7）	0.2722	12.4310	0.1602	2.3567	三（7）

续表

	1990—2002 年		2004—2012 年		
	名义 GDP 加权	贡献（%）	名义 GDP 加权	贡献（%）	
III（8）	0.6553	29.9291	0.2206	3.2454	三（8）
III（9）	0.1940	8.8593	0.0323	0.4753	三（9）
III（10）	0.5995	27.3775	0.0014	0.0203	三（10）
III（11）	−0.0039	−0.1763	0.8642	12.7150	三（11）
			0.3033	4.4628	三（12）
			0.1900	2.7962	三（13）
			0.8331	12.2581	三（14）
生产性服务业	0.8709	39.7738	2.0739	30.5132	
消费性服务业	−0.3294	−15.0452	2.6898	39.5755	
公共服务业	1.6481	75.2714	2.0329	29.9112	
合计	2.1896	100	6.796611	100	

注：数据为时间段内的年平均值。

资料来源：作者计算得到。

第二，2004—2012 年则是另外一种情形，所有细分行业对服务业 TFP 增长的贡献都为正，贡献最大的为批发零售业，年均贡献为 31.73%，贡献最小的行业为居民服务和其他服务业，年均贡献仅仅为 0.02%。说明细分行业之间 TFP 增长率的差距趋于缩小，服务业整体在向更加合理化的方向发展。这也可以从服务业分类别的贡献看出，2004—2012 年，生产性服务业、消费性服务业和公共服务业的 TFP 增长年均贡献分别为 30.51%、39.58% 和 29.91%。

第三，我国生产性服务业的 TFP 增长贡献相对于发达国家仍然偏低，主要原因在于我国生产性服务业的 GDP 份额较低，而且呈下降趋势。谭洪波和郑江淮（2012）认为"中国生产者服务业 TFP 增长率对整个服务业 TFP 增长率贡献偏低的原因主要是制造业与生产者服务业没有大规模实现主辅分离以及中国的生产者服务业没有像制造业和印度的软件业那样融入全球化分工体系，而且国内生产者服务业市场还受到发达国家生产者服务业的排斥"。

第四，1990—2002 年和 2004—2012 年两个阶段之间，和服务业总量一样，细分行业 TFP 增长的原因是不同的（见表 9-17 和表 9-18）。1990—2002 年，细分行业（除房地产业和其他服务业外）TFP 增长的动力主要是技术效率，而 2004—2012 年，所有细分行业 TFP 增长的动力主要是技术进步。

最后，作为本章总结及下文分析问题的需要，我们将测算的 1990—2002 年和 2004—2012 年两阶段服务业细分行业全要素生产率及其构成部分的 Malmquist 指数报告为表 9-17 和表 9-18。

表 9-17　1990—2002 年服务业细分行业各效率指标指数

	TFP	技术进步	技术效率	纯技术效率	规模效率
	（1）	（2）	（3）	（4）	（5）
III（1）	1.102	1.012	1.089	1.020	1.068
III（2）	1.067	1.014	1.053	1.070	0.984
III（3）	0.958	0.926	1.035	1.004	1.031
III（4）	0.968	0.968	1.000	1.000	1.000
III（5）	1.011	1.011	1.000	1.000	1.000
III（6）	1.053	1.014	1.039	0.971	1.070
III（8）	1.095	1.015	1.079	1.009	1.070
III（7）	1.093	1.015	1.077	1.019	1.057
III（9）	1.116	1.015	1.100	1.000	1.100
III（10）	1.076	1.015	1.060	1.023	1.036
III（11）	0.992	1.015	0.977	0.901	1.085

注：①数据为时间段内的年平均值。②各效率指标指数的关系为：（1）=（2）×（3），（3）=（4）×（5）。
资料来源：作者计算得到。

表 9-18　2004—2012 年服务业细分行业各效率指标指数

	TFP	技术进步	技术效率	纯技术效率	规模效率
	（1）	（2）	（3）	（4）	（5）
三（1）	1.061	1.070	0.991	0.943	1.052

续表

	TFP	技术进步	技术效率	纯技术效率	规模效率
	（1）	（2）	（3）	（4）	（5）
三（2）	1.022	1.063	0.961	0.974	0.987
三（3）	1.107	1.099	1.007	1.060	0.950
三（4）	1.063	1.099	0.967	1.019	0.949
三（5）	1.068	1.068	1.000	1.000	1.000
三（6）	1.002	1.045	0.959	0.951	1.008
三（7）	1.034	1.094	0.945	1.012	0.934
三（8）	1.066	1.094	0.975	1.000	0.975
三（9）	1.028	1.058	0.972	1.000	0.972
三（10）	0.996	1.037	0.961	0.974	0.986
三（11）	1.121	1.082	1.036	1.050	0.986
三（12）	1.080	1.094	0.987	1.025	0.963
三（13）	1.117	1.080	1.034	1.056	0.978
三（14）	1.084	1.077	1.007	1.026	0.982

注：①数据为时间段内的年平均值；②各效率指标指数的关系为：（1）=（2）×（3），（3）=（4）×（5）。

资料来源：作者计算得到。

第十章　服务业结构变迁对全要素生产率动态变化的影响

第一节　误差修正模型（VECM）

在我国，用可计算一般均衡方法来计算总资源配置效应有一定难度，为此我们拟采取直接测度产业结构变化的方法来验证结构变迁和生产率增长的关系。限于细分行业数据的可得性，我们无法构建省级分行业面板模型（面板 VECM 模型），我们以全国细分行业的相关指标数据，测算总量结构变化的静态指标和动态指标，对行业结构变化指标与全要素生产率（TFP）增长率做平稳性、格兰杰因果关系、协整检验，构建结构变化与TFP 变化之间的误差修正模型（VECM），来分析行业结构和 TFP 增长之间的长期关系和短期波动。

一、结构变化衡量指标设定

（一）结构合理化

服务业结构合理化是指在特定时期，各细分行业的名义 GDP、就业、资本存量等指标的份额分布状况，用来表示产业结构是否合理，资源配置是否有效率，结构合理化常用的衡量指标有结构偏离度、方差（标准差）、结构熵指数（EI）和赫芬达尔—赫希曼指数（HHI）。在一些文献中，如王辉（2014）将结构偏离度、干春晖等（2009）将泰尔熵（也就是结构熵）作为产业结构合理化的衡量指标，且认为指标越小越合理。OP 协方差也是对 TFP 增长率行业间分布是否合理的一种描述方式。本章拟用结构熵指数（EI）来衡量服务业结构的合理化，计算公式为：

$$EI_t = \sum_i^n w_{it} \times \ln(1/w_{it}) \tag{10-1}$$

其中，EI_t 为 t 期的结构熵，w_{it} 表示 t 期第 i 行业的份额。EI_t 越大，表示服务业行业结构形态越趋向多元化，最大值为 $\ln n$；EI_t 越小，表示行业结构形态越趋向专业化。

（二）结构高级化

测度产业结构高级化的指标一般有产业结构变动值指标和 Moore 结构变化值两种。

1. 行业结构变动值

行业结构变动值计算公式为：

$$\Delta S_i = S_{it+\Delta t} - S_{it} \tag{10-2}$$

其中，ΔS_i 为第 i 行业结构变动值，$S_{it+\Delta t}$ 为报告期衡量指标的第 i 行业占比，S_{it} 为基期占比。若计算出的 ΔS_i 值越大，说明行业结构的变动幅度越大。该指标仅将各行业份额变动的绝对值简单相加，并不反映某个具体行业结构变动的情况，也不分辨结构演变中各产业的此消彼长的方向变化（刘志彪和安同良，2002）。因此，本章不使用该指标衡量结构变化指标。

2. Moore 结构变化值

该指标运用空间向量测定法，以向量空间中夹角为基础，将国民经济分为 n 个细分行业，构成一组 n 维向量，把两个时期间两组向量间的夹角，作为表征行业结构变化程度的指标，称为 Moore 结构变化值。计算公式为：

$$M_{t+1}^+ = \sum_i^n (w_{it} \times w_{t+1}) / (\sum_i^n w_{it}^2)^{1/2} \times (\sum_i^n w_{it+1}^2)^{1/2} \tag{10-3}$$

其中，M_{t+1}^+ 表示 $t+1$ 期相对于 t 期的 Moore 结构变化值，w_{it} 表示 t 期第 i 行业份额，w_{it+1} 表示 $t+1$ 期第 i 行业份额。

定义矢量（行业份额）之间变化的总夹角为 θ，则：

$$\cos \theta_{t+1} = M_{t+1}^+$$
$$\theta_{t+1} = \cos^{-1} M_{t+1}^+ \tag{10-4}$$

其中，θ_{t+1} 为 $t+1$ 期相对于 t 期的结构变化度，如果结构变化度数大，则产业结构变动程度大；反之，则变动程度小。但是，Moore 结构变化值或变化度不能分辨产业结构演变中方向的变化。为弥补这一缺点，付凌晖（2010）、郑少智和陈志辉（2011）、王辉（2014）等利用修正的 Moore 指数来衡量三次产业结构的高级化水平。鉴于本章以服务业细分行业的份额来计算服务业 Moore 结构变化度，我们并不能够确定细分行业的何种变化方向为高级化。因此，本章直接使用式（10-4），而不使用付凌晖（2010）等的修正公式，来计算 Moore 结构变化度，用其作为衡量行业结构动态变化的指标。

二、指标选取和数据说明

我们选取 1990—2012 年服务业细分行业的名义 GDP、就业和资本存量数据，计算出 Moore 指数（度）和结构熵指数，结果见表 10-1。效率指标选取本书第九章估算出的细分行业的 TFP 指数（TFP）的几何平均值、技术效率指数（EFF）的几何平均值和技术进步指数（TE）的几何平均值。为减小异方差性的影响，以及便于对回归系数经济含义的解释，对各变量进行对数化处理，分别记为 $\ln mgdp$、$\ln maem$、$\ln mfas$、$\ln egdp$、$\ln eaem$、$\ln efas$、$\ln tfp$、$\ln eff$、$\ln te$。

表 10-1　服务业结构熵指数和 Moore 指数

年份	Moore 指数			EI 指数		
	GDP 结构	就业结构	资本结构	GDP 结构	就业结构	资本结构
	（1）	（2）	（3）	（4）	（5）	（6）
1990				2.0222	2.0074	1.9568
1991	7.5340	0.7303	0.4498	1.9983	2.0032	1.9519
1992	2.9493	3.5029	0.9780	1.9974	1.9888	1.9343
1993	3.9073	13.5500	1.7499	2.0292	1.8728	1.9136
1994	1.5106	1.5328	1.9093	2.0378	1.8543	1.9139
1995	2.1886	1.2150	3.6797	2.0348	1.8390	1.9010
1996	0.8760	0.8825	2.1556	2.0394	1.8394	1.8955
1997	1.8383	0.8729	1.9157	2.0496	1.8287	1.8864
1998	2.6594	2.3084	1.7958	2.0601	1.8270	1.8852

续表

年份	Moore 指数			EI 指数		
	GDP 结构	就业结构	资本结构	GDP 结构	就业结构	资本结构
	（1）	（2）	（3）	（4）	（5）	（6）
1999	1.3883	1.4637	2.9707	2.0721	1.8341	1.8839
2000	4.8652	3.9170	2.9131	2.0765	1.8109	1.8843
2001	1.7711	0.8440	1.7212	2.0833	1.8050	1.8823
2002	1.4271	1.1777	1.4136	2.0870	1.7899	1.8777
2003	1.9057	1.2893	1.6471	2.0862	1.9638	1.8049
2004	1.7297	1.4010	1.8806	2.4122	2.1377	1.7321
2005	1.5537	1.5126	2.1141	2.4202	2.1381	1.7457
2006	2.3792	0.7533	0.8019	2.4158	2.1506	1.7338
2007	4.0602	2.5167	0.8957	2.4012	2.1528	1.7245
2008	3.3782	1.3680	2.4554	2.3941	2.1495	1.7274
2009	3.6270	1.1712	2.2384	2.3942	2.1584	1.7271
2010	2.6525	0.8904	2.5495	2.3832	2.1757	1.7391
2011	1.6134	1.8067	2.0743	2.3801	2.1695	1.7372
2012	1.0988	1.4030	1.5259	2.3849	2.1934	1.7222

注：①2003 年第（2）、（3）、（5）和（6）项为插入值，2004 年第（2）、（3）项为插入值，因为未有合适统计数据使用。

资料来源：作者计算得到。

三、变量稳健性检验

我们使用单位根检验方法，即 DF-GLS 方法，各变量均为不平稳序列，各变量一阶差分为平稳序列，具体检验结果见表 10-2。

表 10-2 单位根的 DF-GLS 检验结果

变量	DF-GLS 检验值	10%临界值	变量	DF-GLS 检验值	10%临界值
D. lntfp	-3.100	-3.002	D. ln$mfas$	-3.299	-3.002
D. lneff	-4.795	-3.002	D. ln$egdp$	-2.444	-2.156
D. lnte	-3.724	-3.002	D. ln$eaem$	-2.462	-2.156

续表

变量	DF-GLS 检验值	10%临界值	变量	DF-GLS 检验值	10%临界值
D. ln*mgdp*	−3.193	−3.002	D. ln*efas*	−2.675	−2.156
D. ln*maem*	−3.067	−3.002			

注：DF-GLS 检验值>−3 的值为不带时间趋势项的结果。

由于时间序列只有 20 年，我们将变量分 ln*tfp*、ln*mgdp*、ln*egdp*；ln*eff*、ln*mgdp*、ln*egdp*；ln*te*、ln*mgdp*、ln*egdp*；ln*tfp*、ln*maem*、ln*eaem*；ln*eff*、ln*maem*、ln*eaem*；ln*te*、ln*maem*、ln*eaem*；ln*tfp*、ln*mfas*、ln*efas*；ln*eff*、ln*mfas*、ln*efas*；ln*te*、ln*mfas*、ln*efas* 九组，分别检验变量之间的协整关系，检验结果如表 10-3 所示。

表 10-3　协整检验

检验向量	滞后阶数	协整向量个数
ln*tfp*　ln*mgdp*　ln*egdp*	4	1
ln*tfp*　ln*maem*　ln*eaem*	1	1
ln*tfp*　ln*mfas*　ln*efas*	1	1
ln*eff*　ln*mgdp*　ln*egdp*	4	1
ln*eff*　ln*maem*　ln*eaem*	3	1
ln*eff*　ln*mfas*　ln*efas*	3	1
ln*te*　ln*mgdp*　ln*egdp*	1	0
ln*te*　ln*maem*　ln*eaem*	3	1
ln*te*　ln*mfas*　ln*efas*	4	1

四、格兰杰因果关系检验

接下来，进行格兰杰因果关系检验，检验结果如表 10-4 所示。格兰杰因果关系检验结果显示：第一，以就业占比构建的 Moore 指数和 EI 指数与各效率指标不存在格兰杰因果关系，因此，在构建误差修正模型时，舍去该指标。第二，影响 TFP 变化的结构指标有 ln*mgdp*、ln*egdp* 和 ln*mfas*。第三，影响技术效率变化的结构指标有 ln*egdp*、ln*mfas* 和 ln*efas*。第四，影响技术进步变化的结构指标有 ln*mfas* 和 ln*efas*。

表 10-4 格兰杰因果关系检验

因变量	检验变量	滞后阶数	P 值	因变量	检验变量	滞后阶数	P 值
ln*tfp*	ln*mgdp*	4	0.000	ln*eff*	ln*mgdp*	4	**0.284**
	ln*egdp*	4	0.000		ln*egdp*	4	0.018
ln*mgdp*	ln*tfp*	4	0.000	ln*mgdp*	ln*eff*	4	0.000
	ln*egdp*	4	0.000		ln*egdp*	4	0.002
ln*egdp*	ln*tfp*	4	0.054	ln*egdp*	ln*eff*	4	**0.281**
	ln*mgdp*	4	0.001		ln*mgdp*	4	**0.202**
ln*tfp*	ln*mfas*	1	0.000	ln*eff*	ln*mfas*	3	0.001
	ln*efas*	1	**0.185**		ln*efas*	3	0.033
ln*mfas*	ln*tfp*	1	**0.403**	ln*mfas*	ln*eff*	3	0.031
	ln*efas*	1	**0.326**		ln*efas*	3	**0.160**
ln*efas*	ln*tfp*	1	**0.417**	ln*efas*	ln*eff*	3	**0.757**
	ln*mfas*	1	**0.214**		ln*mfas*	3	**0.851**
ln*te*	ln*mgdp*	1	**0.566**	ln*te*	ln*mfas*	4	0.018
	ln*egdp*	1	**0.307**		ln*efas*	4	0.054
ln*mgdp*	ln*te*	1	0.068	ln*mfas*	ln*te*	4	**0.495**
	ln*egdp*	1	**0.559**		ln*efas*	4	0.001
ln*egdp*	ln*te*	1	**0.254**	ln*efas*	ln*te*	4	0.000
	ln*mgdp*	1	**0.748**		ln*mfas*	4	0.065
ln*tfp*	ln*maem*	1	**0.512**	ln*eff*	ln*maem*	3	**0.352**
	ln*eaem*	1	**0.321**		ln*eaem*	3	**0.244**
ln*maem*	ln*tfp*	1	**0.509**	ln*maem*	ln*eff*	3	0.107
	ln*eaem*	1	**0.904**		ln*eaem*	3	**0.482**
ln*eaem*	ln*tfp*	1	**0.517**	ln*eaem*	ln*eff*	3	**0.614**
	ln*maem*	1	**0.186**		ln*maem*	3	**0.463**
ln*te*	ln*maem*	3	**0.898**				
	ln*eaem*	3	**0.485**				
ln*maem*	ln*te*	3	**0.738**				
	ln*eaem*	3	**0.741**				
ln*eaem*	ln*te*	3	**0.211**				
	ln*maem*	3	**0.300**				

注：表中黑体字数字表示相应的检验变量在 10% 水平上，不是相对应的因变量的格兰杰原因。

资料来源：作者计算获得。

五、模型结果及分析

由于本章研究的是结构变化的生产率效应，下面以 TFP 变化（ln*tfp*）、GDP 动态结构变化（ln*mgdp*）、GDP 静态结构变化（ln*egdp*）三个变量，以技术效率变化（ln*eff*）、资本存量动态变化（ln*mfas*）和资本存量静态变化（ln*efas*）三个变量，以技术进步变化（ln*te*）、资本存量动态变化（ln*mfas*）和资本存量静态变化（ln*efas*）三个变量，分别构建误差修正模型（VECM）。

（一）ln*tfp*、ln*mgdp* 和 ln*egdp* 之间的误差修正模型

VAR 模型检验显示，VAR 模型应滞后 4 阶，VEC 协整检验显示，只有 1 组线性无关的协整向量。VECM 残差自相关检验显示可以接受无自相关的原假设，残差正态性检验显示可以接受正态分布的原假设，VECM 系统稳定性检验（见图 10-1）显示，除了 VECM 本身所假设的单位根之外，伴随矩阵的所有特征值均落在单位圆之内，说明 VECM 系统是稳定的。

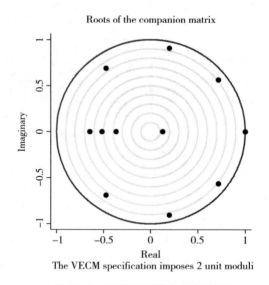

图 10-1　VECM 系统稳定性判别图

根据 VECM 输出结果，我们将协整方程写为[①]：

$$\ln tfp_t = 0.0427 + 0.1069 \ln mgdp_t - 0.0921 \ln egdp_t$$

$$(0.000) \qquad (0.137) \qquad\qquad (10\text{-}5)$$

OLS 回归结果如下：

$$\ln tfp_t = 0.0253 + 0.0291 \ln mgdp_t - 0.0714 \ln egdp_t$$

$$(0.032) \qquad (0.394) \qquad\qquad (10\text{-}6)$$

$R^2 = 0.2372$

由协整方程系数及其 P 值可得出：第一，名义 GDP 的 Moore 指数若提高 1%，则 TFP 指数将提高 0.11%，也就是说 TFP 增长率将提高 0.11%，且在 1%的水平上是显著的。表明以名义 GDP 占比表示的服务业结构的高级化对服务业 TFP 增长率的增长起正向作用。第二，名义 GDP 的 EI 指数若提高 1%，则 TFP 增长率将下降 0.09%，表明行业的多元化发展不利于 TFP 增长率的提高，但即使在 10%的水平上也是不显著的。第三，VECM 与 OLS 回归结果比较显示，变量 $\ln mgdp$ 系数虽然在数值上有大小区别，在本质上是一致的。变量 $\ln egdp$ 系数，VECM 与 OLS 回归结果之间却存在本质区别，但回归系数 P 值显示，名义 GDP 的 EI 指数与 TFP 增长率之间并没有显著的相关关系，这与结构分解结果是一致的，即 TFP 增长率的变化主要源于内部效应而不是结构效应[②]。由于 VECM 使用极大似然（MLE）方法，其估计效率可能会更高些。第四，OLS 回归的可决系数 R^2 仅为 0.24，表明模型整体拟合效果并不好，模型仅能解释 TFP 增长率变化的很小一部分。

限于篇幅，考虑到研究目的，仅将以 D. $\ln tfp$ 为被解释变量的短期的误差修正模型方程列出，见式（10-7）。

由于误差修正项 EC_{t-1} 系数为负，存在负向反馈机制。我们通过正交化脉冲反应函数来看调整过程。

由图 10-2 可知，第一，如果 0 期 1 单位的 $\ln mgdp$ 冲击，由于其滞后 1 期和 2 期的系数与误差修正项 EC_{t-1} 系数均为负，$\ln tfp$ 的脉冲反应呈现出

---

①　式（10-5）、式（10-6）中括号内数据为 p 值。

②　也可能还有一些模型没有包括的结构变化。这将在下章分析。

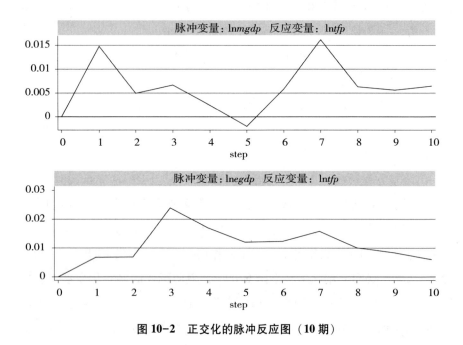

图 10-2 正交化的脉冲反应图（10 期）

正负交替形式，表明 GDP 结构的动态变化对 TFP 增长率的影响趋势并不明显；第二，ln*egdp* 的变化对 TFP 增长率具有同向而且持久的影响，这意味着行业的多元化发展对 TFP 增长率的提升具有持久的正向作用[①]。

$$D.\mathrm{ln}tfp_t = -0.0099 + 0.7231\, ec_{t-1} - 0.4719D.\mathrm{ln}egdp_{t-1} - 0.2238D.\mathrm{ln}egdp_{t-2}$$

$$(0.005) \qquad (0.086) \qquad\qquad (0.219)$$

$$- 0.1288D.\mathrm{ln}egdp_{t-3} - 0.0378D.\mathrm{ln}egdp_{t-1} - 0.0411D.\mathrm{ln}egdp_{t-2}$$

$$(0.254) \qquad\qquad (0.081) \qquad\qquad (0.004)$$

$$- 0.0184D.\mathrm{ln}egdp_{t-3} - 0.2714D.\mathrm{ln}egdp_{t-1} - 0.2594D.\mathrm{ln}egdp_{t-2} - 0.6283D.\mathrm{ln}egdp_{t-3}$$

$$(0.009) \qquad\qquad (0.013) \qquad\qquad (0.017) \qquad\qquad (0.000)$$

$$R^2 = 0.9213 \tag{10-7}$$

我们用 2009 年之前的数据来估计 VECM 的参数，然后预测 2009—2018 年的 10 年数据，并与 2012 年之前的实际观测值比较，结果见图 10-3。由图 10-3 可以看出，2009—2012 年的观测值均在预测值 95% 的置

[①] 这说明一些文献将产业的多元化发展作为合理化的界定标准具有合理性。

信区间内,说明本章构造的 ln*tfp*、ln*mgdp* 和 ln*egdp* 之间的误差修正模型可以用于预测服务业 TFP 变化。

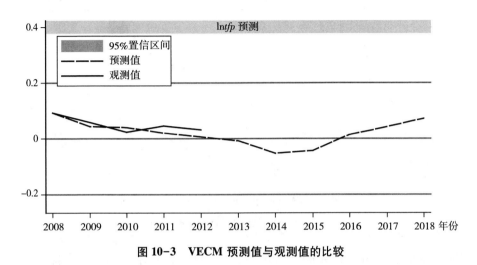

图 10-3 VECM 预测值与观测值的比较

(二) ln*te*、ln*mfas* 和 ln*efas* 之间的误差修正模型

VAR 模型检验显示,VAR 模型应滞后 4 阶,VEC 协整检验显示,只有 1 组线性无关的协整向量。VECM 残差自相关检验显示可以接受无自相关的原假设,残差正态性检验显示可以接受正态分布的原假设,VECM 系统稳定性检验(见图 10-4)显示,除了 VECM 本身所假设的单位根之外,伴随矩阵的所有特征值均落在单位圆之内,说明 VECM 系统是稳定的。

根据 VECM 输出结果,我们将协整方程写为[1]:

$$\ln te_t = 0.0068 + 0.4353 \ln mfas_t - 0.5440 \ln egfas_t$$

$$(0.000) \qquad\qquad (0.000) \qquad\qquad (10\text{-}8)$$

OLS 回归结果如下:

$$\ln te_t = 0.5547 + 0.0448 \ln mgdp_t - 0.8214 \ln egdp_t$$

$$(0.032) \qquad\qquad (0.394) \qquad\qquad (10\text{-}9)$$

$R^2 = 0.4520$

由协整方程系数及其 p 值可得出:第一,资本存量的 Moore 指数若提

---

[1] 式(10-8)、式(10-9)中括号内数据为 p 值。

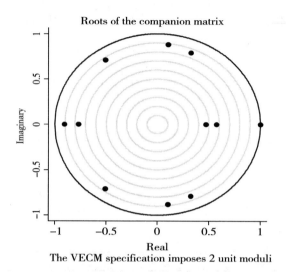

图 10-4　VECM 系统稳定性判别图

高 1%，则技术进步指数将下降 0.44%，也就是说技术进步增长率将下降
0.44%，且在 1% 的水平上是显著的。表明以资本存量占比表示的服务业结
构的高级化对服务业技术进步增长率的增长起负向作用，服务业资本配置
的技术进步效应存在恶化现象。第二，资本存量的 EI 指数若提高 1%，则
技术进步增长率将上升 0.54%，表明服务业资本的多元化发展有利于技术
进步增长率的提高，且在 1% 的水平上是显著的。第三，VECM 与 OLS 回
归结果比较显示，变量 lnmgdp 系数虽然在数值上有大小区别，但在本质上
是一致的。另 OLS 回归系数 p 值显示，资本存量表示的 EI 指数与 TFP 增
长率之间并没有显著的相关关系。VECM 使用极大似然（MLE）方法，其
估计效率会更高些，且估计系数与结构分解结果更加相符合一些。第四，
OLS 回归的可决系数 R^2 仅为 0.45，表明模型整体拟合效果并不好，模型仅
能解释技术进步增长率变化的很小一部分。

$$D.lnte_t = -0.0126 + 0.0490ec_{t-1} - 0.5453D.lnte_{t-1} + 0.0527D.lnte_{t-2}$$
$$(0.897) \quad (0.212) \quad (0.926)$$
$$-0.1177D.lnte_{t-3} - 0.0966D.lnmfas_{t-1} - 0.0295D.lnmfas_{t-2} + 0.0321D.lnmfas_{t-3}$$
$$(0.828) \quad (0.351) \quad (0.655) \quad (0.493)$$
$$-0.9110D.lnefas_{t-1} - 0.4191D.lnefas_{t-2} + 0.7898D.lnefas_{t-3}$$
$$(0.562) \quad (0.775) \quad (0.608) \quad (10-10)$$

同样，仅将以 D.ln*te* 为被解释变量的短期的误差修正模型方程列出，见式（10-10）。

由于各变量系数均不显著，我们不再利用式（10-10）进行技术效率的预测。系数不显著同时说明服务业的技术进步增长来源于细分行业内部增长，即服务业结构变化的技术进步效应不显著。

第二节　面板模型分析

一、模型说明

在已有的类似研究中，大多学者，如范等（Fan 等，2003）、包米克和埃斯特林（Bhaumik 和 Estrin，2007）、博斯沃思和柯林斯（Bosworth 和 Collins，2008）、龚刚和林毅夫（Gong 和 Lin，2008）都是从三次产业间要素再配置角度研究要素重置与结构变迁对生产率提高和经济增长的影响作用。但是，这些研究均忽略了各产业内部行业间的要素流动。显然从分行业的角度研究要素重置与结构变迁对经济增长的影响会更加客观与全面。

乌格勒（Wurgler，2000）构造出估算资本配置效率的模型，用来检验金融体系与资本配置效率之间的关系。方军雄（2006）对乌格勒（Wurgler，2000）的模型进行了修正，使用修正后的后模型，研究了我国市场化进程与资本配置效率之间的关系。赵春雨等（2011）将要素配置效率的标准从部门规模或利润的增长改进为部门全要素生产率的增长，对 1999—2009 年中国经济总体 8 大部门和工业 18 个分行业劳动和资本的配置效率进行了研究。

鉴于本章研究的是结构变化的生产率效应，结构变化是解释变量，而生产率变化是被解释变量。此前的格兰杰因果关系检验表明，GDP 动态结构变化是 TFP 变化、技术效率变化、技术进步变化的格兰杰原因，资本存量动态结构变化是 TFP 变化、技术效率变化、技术进步变化的格兰杰原因。本章使用的模型（记为 W 模型）为：

$$\ln \frac{A_{it}}{A_{it-1}} = \alpha_i + \beta_i \ln \frac{w_{it}}{w_{it-1}} + \mu_{it} \qquad (10\text{--}11)$$

其中，i 表示行业，t 表示年份，A_{it}/A_{it-1} 表示第 t 年的效率指标指数。本章选取的效率指标是全要素生产率指数（*tfpch*）、技术效率指数（*effch*）和技术进步指数（*tech*），将技术效率和技术进步指标纳入分析的目的是考察结构变化对 TFP 变化作用的途径。结构指标选取 GDP、就业和资本存量，相应地，w_{it} 表示 i 行业第 t 年的名义 GDP、全社会从业人员和名义资本存量的份额。W_{it}/w_{it-1} 表示第 t 年相对于上一年的份额指数，名义 GDP 份额指数、名义资本存量份额指数和就业份额指数分别用 *indexgdp*、*indexfas* 和 *indexaem* 表示。若 W_{it}/w_{it-1} 大于 1，表示该行业份额相对于上一年有所提高；若小于 1，则表示该行业份额相对于上一年有所下降。β_i 表示第 i 行业效率指数对结构份额指数的弹性系数，若 $\beta_i>0$，表示如果 i 行业第 t 年的 GDP（就业、资本存量）所占份额相对于上一年有所提高，则该行业第 t 年的全要素生产率（技术效率、技术进步）相对于上一年亦有所上升，即具有"结构红利"效应；反之，则具有"结构负利"效应。

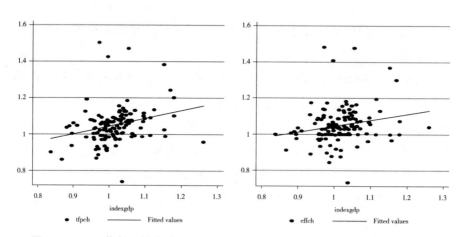

图 10-5　TFP 指数、技术效率指数和 GDP 份额指数的散点图（1990—2002 年）

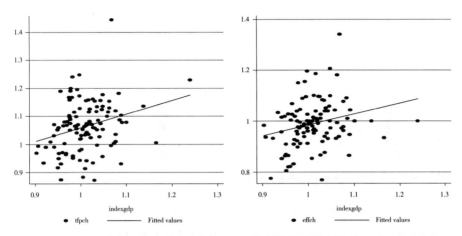

图 10-6　TFP 指数、技术效率指数和 GDP 份额指数的散点图（2004—2012 年）

二、回归结果及分析

先通过散点图直观感受变量间的关系，各 TFP 和技术效率指标与结构指标的散点图列为图 10-5 到图 10-10。

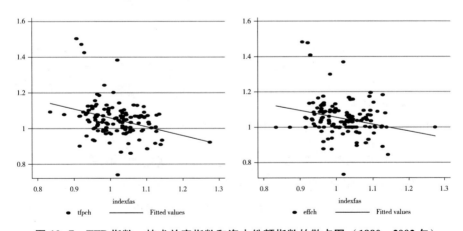

图 10-7　TFP 指数、技术效率指数和资本份额指数的散点图（1990—2002 年）

由图 10-5 到图 10-10 可知，第一，由于技术进步指数（*tech*）与各结构指标份额指数之间的相关性很小（散点图未列出），这说明细分行业的技术进步主要来自行业内部自身的积累，资源再配置效应不明显，回归结

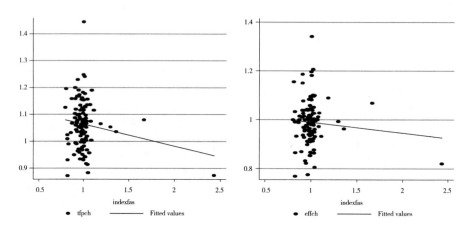

图 10-8　TFP 指数、技术效率指数和资本份额指数的散点图（2004—2012 年）

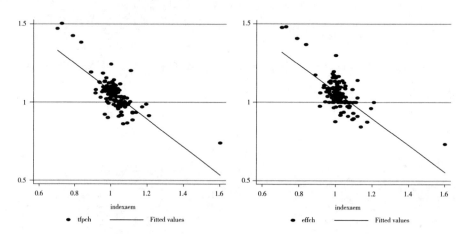

图 10-9　TFP 指数、技术效率指数和就业份额指数的散点图（1990—2002 年）

果也显示系数不显著①。第二，结构变化对 TFP 变化的影响途径，主要是通过技术效率（effch）效应，这点可以从全要素生产率指数（tfpch）、技术效率效应（effch）与相应结构指数的拟合线直观得出。

---

① 由于回归结果不显著，在表 10-5 中，我们没有列出效率指数 tech 与各结构指标份额指数的回归结果。

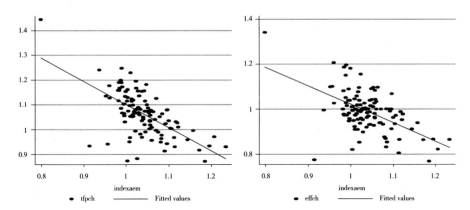

图 10-10　TFP 指数、技术效率指数和就业份额指数的散点图（2004—2012 年）

表 10-5　1990—2002 年服务业结构变化效应回归结果（TFP）

模型	RE	RE	RE	RE	RE
	（1）	（2）	（3）	（4）	（5）
变量	ln*tfpch*	ln*tfpch*	ln*tfpch*	ln*tfpch*	ln*tfpch*
ln*indexgdp*	0. 3759 ***				
	（2. 98）				
ln*indexfas*		−0. 5671 ***		−0. 3671 ***	−0. 3114 ***
		（−4. 46）		（−6. 60）	（−4. 40）
ln*indexaem*			−0. 8915 ***	−0. 8331 ***	−0. 8593 ***
			（−11. 34）	（−12. 58）	（−14. 56）
year					−0. 0027 *
					（−1. 87）
cons	0. 0407 **	0. 0538 ***	0. 0610 ***	0. 0653 ***	5. 4536 *
	（2. 54）	（3. 02）	（5. 33）	（5. 05）	（1. 89）
N	132	132	132	132	132
R^2	0. 0825	0. 0992	0. 6271	0. 6419	0. 6575

注：①表中括号内数据为 t 统计量值，* 、** 、*** 分别表示在 10%、5%、1% 水平上显著；N
为样本个数；R^2 为可决系数。②ln*tfpch* 为 TFP 指数的对数；ln*indexgdp*、ln*indexfas*、ln*indexaem*
分别为 t 年与 t-1 年的 GDP 份额比、资本存量份额比、全社会从业人员份额比的对数；*year*
为年份，系数表示趋势效应，*cons* 为截距项。③表中使用的回归模型均为在 OLS、FE 和 RE
之间，通过 F 检验和豪斯曼检验后选择的模型。

与此前一样，将 1990—2012 年分为 1990—2002 年和 2004—2012 年两个阶段，利用 OLS 模型和面板模型，回归得到 β 的估计值。1990—2002 年回归结果列为表 10-5 和表 10-6，2004—2012 回归结果年列为表 10-7 和表 10-8。

表 10-6　1990—2002 年服务业结构变化效应回归结果（技术效率）

模型	RE	RE	RE	RE	RE
	（1）	（2）	（3）	（4）	（5）
变量	ln*effch*	ln*effch*	ln*effch*	ln*effch*	ln*effch*
lnindexgdp	0.3102***				
	(2.59)				
ln*indexfas*		−0.3788**		−0.1410*	−0.0352
		(−2.12)		(−1.74)	(−0.59)
ln*indexaem*			−0.8564***	−0.8369***	−0.8886***
			(−8.97)	(−9.02)	(−10.39)
year					−0.0061***
					(−4.41)
cons	0.0404***	0.0499***	0.0592***	0.0609***	12.3262***
	(3.56)	(3.88)	(9.23)	(8.71)	(4.43)
N	132	132	132	132	132
R^2	0.0440	0.0598	0.5647	0.5725	0.6192

注：①表中括号内数据为 t 统计量值；＊、＊＊、＊＊＊分别表示在 10%、5%、1% 水平上显著；N 为样本个数；R^2 为可决系数。②ln*effch* 为技术效率指数的对数；ln*indexgdp*、ln*indexfas*、ln*indexaem* 分别为 t 年与 $t-1$ 年的 GDP 份额比、资本存量份额比、全社会从业人员份额比的对数；*year* 为年份，系数表示趋势效应，*cons* 为截距项。③表中使用的回归模型均为在 OLS、FE 和 RE 之间，通过 F 检验和豪斯曼检验后选择的模型。

表 10-7　2004—2012 年服务业结构变化效应回归结果（TFP）

模型	RE	RE	RE	RE	RE
	（1）	（2）	（3）	（4）	（5）
变量	ln*tfpch*	ln*tfpch*	ln*tfpch*	ln*tfpch*	ln*tfpch*
ln*indexgdp*	0.5295***				
	(4.16)				

续表

模型	RE	RE	RE	RE	RE
	（1）	（2）	（3）	（4）	（5）
变量	ln*tfpch*	ln*tfpch*	ln*tfpch*	ln*tfpch*	ln*tfpch*
ln*indexfas*		−0.0935*		−0.1261***	−0.1308***
		（−1.70）		（−3.07）	（−3.04）
ln*indexaem*			−0.9723***	−0.9910***	−0.9887***
			（−7.38）	（−7.85）	（−8.06）
year					−0.0060**
					（−2.13）
cons	0.0535***	0.0574***	0.0946***	0.0943***	12.0627**
	（5.18）	（5.79）	（6.64）	（6.80）	（2.15）
N	112	112	112	112	112
R^2	0.0820	0.0181	0.3802	0.4076	0.4344

注：①表中括号内数据为 t 统计量值，*、**、*** 分别表示在 10%、5%、1%水平上显著；*N* 为样本个数；R^2 为可决系数。②ln*tfpch* 为 TFP 指数的对数；ln*indexgdp*、ln*indexfas*、ln*indexaem* 分别为 *t* 年与 *t*−1 年的 GDP 份额比、资本存量份额比、全社会从业人员份额比的对数；*year* 为年份，系数表示趋势效应，*cons* 为截距项。③表中使用的回归模型均为在 OLS、FE 和 RE 之间，通过 F 检验和豪斯曼检验后选择的模型。

表 10-8　2004—2012 年服务业结构变化效应回归结果（技术效率）

模型	RE	RE	RE	RE	RE
	（1）	（2）	（3）	（4）	（5）
变量	ln*effch*	ln*effch*	ln*effch*	ln*effch*	ln*effch*
ln*indexgdp*	0.4711**				
	（2.37）				
ln*indexfas*		−0.0381		−0.0577	−0.0501**
		（−0.81）		（−1.61）	（−2.10）
ln*indexaem*			−0.8398***	−0.8461***	−0.8750***
			（−4.39）	（−4.36）	（−4.83）
year					0.0173***
					（5.55）

模型	RE	RE	RE	RE	RE
	（1）	（2）	（3）	（4）	（5）
变量	ln*effch*	ln*effch*	ln*effch*	ln*effch*	ln*effch*
cons	−0.0189 **	−0.0150 **	0.0167	0.0165	−34.6835 ***
	（−2.51）	（−2.05）	（1.30）	（1.30）	（−5.54）
N	112	112	112	112	112
R^2	0.0680	0.0028	0.2828	0.2892	0.4787

注：①表中括号内数据为 t 统计量值，*、**、*** 分别表示在 10%、5%、1% 水平上显著；N 为样本个数；R^2 为可决系数。②ln*effch* 为技术效率指数的对数；ln*indexgdp*、ln*indexfas*、ln*indexaem* 分别为 t 年与 $t-1$ 年的 GDP 份额比、资本存量份额比、全社会从业人员份额比的对数；*year* 为年份，系数表示趋势效应，*cons* 为截距项。③表中使用的回归模型均为在 OLS、FE 和 RE 之间，通过 F 检验和豪斯曼检验后选择的模型。

为了检验系数的稳定性，我们通过将两个投入要素资本和劳动（就业）的份额指数联合作为解释变量，再加入时间趋势的控制变量①，回归结果见表 10-5 到表 10-8 的第（4）、（5）项，以及将 1990—2002 年分为 1990—1994 年、1994—1998 年和 1998—2002 年三个阶段，将 2004—2012 年分为 2004—2008 年、2008—2012 年两个阶段，分别进行 OLS 回归②，回归结果见表 10-9 和表 10-10。

表 10-9　细分阶段 OLS 回归结果（TFP）

模型	（1）	（2）	（3）	（4）	（5）
	1990—1994 年	1994—1998 年	1998—2002 年	2004—2008 年	2008—2012 年
变量	ln*tfpch*	ln*tfpch*	ln*tfpch*	ln*tfpch*	ln*tfpch*
ln*indexgdp*	0.5143	0.1818	0.5827 ***	0.6150 ***	0.4621 *
	（1.76）	（1.34）	（4.68）	（5.38）	（1.89）

①　对于各个结构指标份额指数，分别加入时间趋势的回归，回归系数变化很小，限于篇幅未列出。

②　相同间隔细分阶段回归的目的，一是检验系数的稳定性，二是可比较阶段之间的差异。由于细分阶段后数据量的减少，以及上文 OLS 和面板回归结果显示系数比较接近，细分阶段的回归仅采用 OLS 回归，且仅列出变量系数值。

续表

模型	（1）	（2）	（3）	（4）	（5）
	1990—1994 年	1994—1998 年	1998—2002 年	2004—2008 年	2008—2012 年
变量	ln*tfpch*	ln*tfpch*	ln*tfpch*	ln*tfpch*	ln*tfpch*
ln*indexfas*	−0.9906***	−0.4331	0.1507	−0.1243**	0.0179
	（−3.78）	（−1.77）	（0.1695）	（−2.56）	（0.17）
ln*indexaem*	−0.9164***	−0.9856***	−0.7051***	−0.8495***	−0.8962***
	（−12.88）	（−3.64）	（0.0065）	（−3.51）	（−4.96）

注：①表中括号内数据为 t 统计量值，∗、∗∗、∗∗∗ 分别表示在 10%、5%、1%水平上显著；N 为样本个数；R^2 为可决系数。②ln*tfpch* 为技术效率指数的对数；ln*indexgdp*、ln*indexfas*、ln*indexaem* 分别为 t 年与 t−1 年的 GDP 份额比、资本存量份额比、全社会从业人员份额比的对数。

表 10-10　细分阶段 OLS 回归结果（技术效率）

模型	（1）	（2）	（3）	（4）	（5）
	1990—1994 年	1994—1998 年	1998—2002 年	2004—2008 年	2008—2012 年
变量	ln*effch*	ln*effch*	ln*effch*	ln*effch*	ln*effch*
ln*indexgdp*	0.4659	0.0723	0.3797*	0.4727**	0.3031
	（1.54）	（0.59）	（2.21）	（2.57）	（1.04）
ln*indexfas*	−1.0110**	−0.3046*	0.3489***	−0.0780	0.0862
	（−2.81）	（−1.99）	（3.28）	（−1.75）	（0.72）
ln*indexaem*	−0.9169***	−0.6514**	−0.6491**	−0.6616*	−1.0342***
	（−12.64）	（−2.61）	（−2.41）	（−1.99）	（−13.99）

注：①表中括号内数据为 t 统计量值，∗、∗∗、∗∗∗ 分别表示在 10%、5%、1%水平上显著；N 为样本个数；R^2 为可决系数。②ln*effch* 为技术效率指数的对数；ln*indexgdp*、ln*indexfas*、ln*indexaem* 分别为 t 年与 $t-1$ 年的 GDP 份额比、资本存量份额比、全社会从业人员份额比的对数。

由回归结果可以得出：第一，全要素生产率指数（ln*tfpch*）与各结构份额指数（ln*indexgdp*、ln*indexfas*、ln*indexaem*）的回归系数均是显著的。技术效率指数（ln*effch*）与各结构份额指数（ln*indexgdp*、ln*indexfas*、ln*indexaem*）的回归系数除表 10-8 中的第（2）项均是显著的，表 10-8 中的第（2）项系数虽然不显著，但仍然为负。

第二，从模型稳定性检验来看，各种检验显示 ln*tfpch*、ln*effch* 对于 ln*indexaem* 的回归模型是稳定的。ln*tfpch*、ln*effch* 对于 ln*indexgdp* 的回归系

数，除 1990—1994 年、1994—1998 年的 OLS 回归外均显著（见表 10-9 和表 10-10 的第（1）、（2）项），1990—1994 年、1994—1998 年的 OLS 回归系数虽然不显著，但系数仍然均为正，综合来看模型是稳定的。lntfpch、lneffch 对于 lnindexfas 的回归体现出一定程度的不稳定性，鉴于本模型的目的主要是进行趋势分析，因此，lntfpch、lneffch 对于 lnindexfas 的回归体现出一定程度的不稳定性，对分析结论的影响不大。

第三，以产出结构份额变化（lnindexgdp）为解释变量，由表 10-5 到表 10-8 的第（1）项可知，以全要素生产率指数和技术效率指数为被解释变量的回归系数均为正，说明我国服务业产出份额（以名义 GDP 表示）由全要素生产率或技术效率较低的行业向较高行业发生了转移，表现出产出"结构红利"效应。

从回归系数的动态变化来看，lntfpch、lneffch 对于 lnindexgdp 的回归系数分别从 1990—2002 年的 0.3579、0.3102，提高到 2004—2012 年的 0.5295、0.4711。以全要素生产率指数（tfpch）对名义 GDP 份额指数（indexgdp）的弹性系数为例，1990—2002 年份额指数第 t 年相对于上一年每提高 1%，全要素生产率指数细分行业平均提高 0.3579%，而 2004—2012 年为 0.5295%。说明我国服务业总体结构变化的"结构红利"效应有所提升。从细分阶段回归结果来看（见表 10-9），在 1990—1994 年、1994—1998 年、1998—2002 年、2004—2008 年、2008—2012 年五个细分阶段 lntfpch 对于 lnindexgdp 的回归系数分别为 0.5143、0.1818、0.5827、0.6150、0.4621，表现出下降—上升—下降的特征，这与此前结构分解的趋势特征是基本一致的。在上述五个细分阶段，lneffch 关于 lnindexgdp 的回归系数分别为 0.4659、0.0723、0.3797、0.4727、0.3031，同 lntfpch 对于 lnindexgdp 的回归系数一样，表现出下降—上升—下降的特征，也与此前结构分解的趋势特征结果是基本一致的。

第四，以 lnindexaem 为解释变量，由表 10-5 到表 10-8 的第（3）项可知，以全要素生产率指数和技术效率指数为被解释变量的回归系数均为负，说明我国的就业份额由全要素生产率或技术效率较高的行业向较低行业发生了转移，表现出劳动力"结构负利"效应。从回归系数的动态变化来看，lntfpch 对于 lnindexaem 的回归系数从 1990—2002 年的 -0.8915，下降到 2004—2012 年的 -0.9723，说明服务业就业结构朝更加不利于全要素生产率增长的方向发展。lneffch 对于 lnindexaem 的回归系数从 1990—2002 年的 -0.8564，提高到 2004—2012 年的 -0.8398，提高幅度甚微。以全要素生产率指数（tfpch）对就业份额指数（indexgdp）的弹性系数为例，1990—2002 年份额指数第 t 年相对于上一年每提高 1%，全要素生产率指数细分行业平均下降 0.8915%，而 2004—2012 年为 0.9723%。说明我国服务业就业结构变化的"结构负利"效应有所恶化。从细分阶段回归结果来看（见表 10-9），在 1990—1994 年、1994—1998 年、1998—2002 年、2004—2008 年、2008—2012 年五个细分阶段 lntfpch 对于 lnindexaem 的回归系数分别为 -0.9164、-0.9856、-0.7051、-0.8495、-0.8962，表现出上升—下降的特征，这与此前结构分解的趋势特征是基本一致的。在上述五个细分阶段，lneffch 关于 lnindexaem 的回归系数分别为 -0.9169、-0.6514、-0.6491、-0.6616、-1.0342，同 lntfpch 对于 lnindexaem 的回归系数一样，表现出上升—下降的特征，也与此前结构分解的趋势特征结果是基本一致的。

那么，服务业就业结构变化所表现出的全要素生产率和技术效率增长负效应，以及变化趋势恶化的原因何在？直观来看，服务业细分行业就业变化方向和生产率变化方向的不一致的扩大导致了服务业就业"结构负利"效应的恶化。深层次原因，我们认为可能与劳动力作为可变投入的流动性较高有直接关系，即全要素生产率或技术效率增长较快行业对劳动力"挤出效应"有关，与生产率增长较快行业资本对劳动力的替代有关（资本深化）。

第五，以 lnindexfas 为解释变量，由表 10-5 到表 10-8 的第（2）项可知，以全要素生产率指数和技术效率指数为被解释变量的回归系数均为负，说明我国的资本存量份额由全要素生产率或技术效率较高的行业向较低行业发生了转移，表现出资本"结构负利"效应。从回归系数的动态变化来看，lntfpch 对于 lnindexfas 的回归系数从 1990—2002 年的 -0.5671，大幅度提高到 2004—2012 年的 -0.0935，说明服务业资本结构朝更加有利于全要素生产率增长的方向发展。lneffch 对于 lnindexfas 的回归系数从 1990—2002 年的 -0.3788，提高到 2004—2012 年的 -0.0381。技术效率提高幅度没有全要素生产率提高幅度那么大，印证了此前结构分解关于服务业资本结构变化具有技术进步增长效应的结论。以全要素生产率指数（*tfpch*）对资本份额指数（*indexfas*）弹性系数为例，1990—2002 年间份额指数第 *t* 年比上一年每提高 1%，全要素生产率指数细分行业平均下降 0.5671%，而 2004—2012 年为 0.0935%。说明我国服务业资本结构变化的"结构负利"效应有所缓解。从细分阶段回归结果来看（见表 10-9），在 1990—1994 年、1994—1998 年、1998—2002 年、2004—2008 年、2008—2012 年五个细分阶段 ln*tfpch* 对于 ln*indexfas* 的回归系数分别为 −0.9906、−0.4331、0.1507（不显著）、−0.1243、0.0179（不显著），表现出持续上升的特征，这与此前结构分解的趋势特征是基本一致的。在上述五个细分阶段，ln*effch* 关于 ln*indexfas* 的回归系数分别为 −1.0110、−0.3046、0.3489、−0.0780（不显著）、0.0862（不显著），基本表现出上升的特征，也与此前结构分解的趋势特征结果是基本一致的。

从细分阶段回归结果来看，全要素生产率指数和技术效率指数的资本"结构负利"效应均表现出持续好转趋势，以至于 2008—2012 年表现出结构"结构红利"效应，虽然系数并不显著。

第六，ln*tfpch*、ln*effch* 对 ln*indexgdp* 的回归系数，服务业比总量经济的要小一些[①]。

三、模型间比较

回归模型分析结果与此前结构分解模型 OP 模型和转移份额模型分析结果比较，直观上看，似乎存在矛盾。但是，由于三种模型是从不同角度对结构变化效应进行的分析，因此结果并不完全可比。第一，结构分解模型（OP 模型）是从静态的角度来分析资源配置的效率，即行业结构是否合理，然后再纵向比较，来分析资源配置效率的动态变化，而转移份额模型和 W 模型直接从动态比较出发，来反映细分行业结构变化和效率指标变化二者之间的方向是否一致，从而确定结构变化的效应。因此，OP 模型结果和转移份额模型、W 模型结果之间不存在可比性。第二，转移份额法

---

① 限于篇幅，总量的回归结果不再列出。

先通过加权平均得到总量指标，然后再反过来分解出结构效应，细分行业份额或权重的大小对结果影响很大。而 W 模型只考虑本行业权重的动态变化方向，来分析细分行业的效率指标和份额指标二者之间的关系，且计量结果反映的是时间段内细分行业的平均值。第三，本章在转移份额模型分析时，效率指标使用的是增长率指标，而在 W 模型分析时，对数化处理的需要不能够使用增长率指标，而只能使用指数指标，这是二者分析结果直观表现不同的重要原因。例如，指数指标的下降，并不能够表明增长率为负值。第四，转移份额模型和 W 模型结果在结构效应变化趋势上是基本一致的。

第十一章　中国全要素生产率增长率的变化及提升途径

第一节　引　言

改革开放以来，中国经济实现了堪称"世界奇迹"的近40年高速增长。但是，经济增长质量却也不断受到一些学者的质疑（克鲁格曼（Krugman），1994；杨（Young），2003；吴（Wu），2014），理由是中国全要素生产率增长率（TFPG）水平太低，难以支撑经济长期高速增长。另外，2012年以来，中国经济增速大幅下降，目前仍面临着继续下降的较大压力，如何在新常态下夯实经济增长的内生动力基础，是当前中国亟须解决的问题。

自20世纪90年代以来，随着TFP测算方法（如数据包络分析、随机前沿分析）的扩展，以及可获得统计数据（如省际面板数据、产业面板数据和微观数据）的增加，对中国各层面TFP测算及相关问题（如TFP增长率及其对经济增长的贡献、结构变化的TFP增长效应）的研究呈现方兴未艾之势。根据采用数据的不同，文献可以归为总量时间序列、省际面板、行业面板三个大类。其中，省际面板又可以分为总量省级面板和某一产业（行业）省级面板两类，行业面板又可以分为三次产业面板、总量细分行业面板、工业（制造业）细分行业面板和服务业细分行业面板四类。鉴于本章从产业视角考察经济总量层面TFP相关问题，以下仅对总量时间序列、三次产业面板和总量细分行业面板的相关文献进行梳理①。

总量时间序列文献主要有张军扩（1991）、邹至庄（Chow，1993，2002）、李京文等（1996）、胡和汗（Hu 和 Khan，1997）、王小鲁（2000）、张军（2002a）、杨（Young，2003）、OECD（2005）、彭国华（2005）、孙琳琳和任若恩（2005）、珀金斯和罗斯基（Perkins 和 Rawski，2008）、王小鲁等（2009）、陈彦斌和姚一昊（2010）、朱（2012）、李平等（2013）、吴国培等（2014）等。文献研究内容主要包括两个方面：一是 TFP 增长对经济增长的贡献，二是 TFPG 的变化动态。对于前者，文献之间的结果差异非常大，体现为 TFPG 绝对数值的较大差异，TFPG 测算结果从负值到6%不等。测算结果有差异的主要原因在于使用数据不同和要素产出弹性系数不同两个方面。其中，数据上的不同主要表现为，资本是使用存量指标还是流量指标以及相应指标的测算差异，劳动力是否考虑人力资本因素等。要素产出弹性系数的不同主要来源于测算方法（包括自行设定、回归法和收入份额法）的不同。对于后者，文献之间研究结果是基本一致的，TFPG 的变化动态体现出顺周期特征。但是，由于要素产出弹性系数时间序列上的不变性，即使少许文献基于收入份额法（OECD，2005；孙琳琳和任若恩，2005）或自回归模型（高宇明和齐中英，2008；吴国培等，2014）考察了要素产出弹性系数的时变性，经济波动对要素产出弹性系数，进而对 TFPG 变化动态的影响很难被精确识别出来。

三次产业面板文献主要有刘伟和张辉（2008）、干春晖和郑若谷（2009）、辛超等（2015）、王鹏和尤济红（2015）、蔡跃洲和付一夫（2017）等。该类文献的研究主题是产业结构变化的生产率效应，主要使用结构分解方法，将生产率增长分解为内部效应和结构变化效应，进而考察结构变化对生产率增长的贡献。文献之间的研究结果大体上是一致的，主要有两个：一是劳动力结构变化具有显著的"结构红利"效应，资本结构变化的"结构红利"效应不明显，生产率无论是单要素生产率还是全要素生产率；二是无论"结构红利"效应是否显著，生产率增长主要源于内

---

① 部分总量省级面板文献也涉及本章的一个研究内容——经济增长来源及其变化动态，但其研究主题（省际之间 TFPG 的异质性）与行业面板存在较大差异，且文献数量比较多，在涉及具体文献时再予以引用。

部效应。

总量细分行业面板文献主要有姚战琪（2009）、赵春雨等（2011）、贺京同和何蕾（2016）等。该类文献与三次产业面板的研究主题和研究方法大体相同，在内部效应对生产率增长的贡献和劳动力结构变化效应的定性判断这两个方面的研究结果也基本一致。但是，对于资本结构变化效应定性判断的观点有所差别，总量细分行业面板文献认为资本结构变化效应为负值。究其原因，应该在于是否包含产业内部细分行业之间的结构变化。

综合现有研究来看，从行业尤其细分行业角度对中国总量 TFP 及相关问题的研究还非常少。其中的文献也主要研究结构变化效应这一主题，相应的政策内涵也必然是结构变化视角上的，但是，2008 年以后中国 TFP 增速大幅下降的主导因素却可能不是结构上的。此外，一些文献也还存在投入产出指标数据处理不尽合理和细致之处。

本章在现有研究基础上展开，力求有所创新，我们的工作重点，一是构建和使用更为合理的投入产出指标数据，力求 TFPG 及其变化动态的研究结果更加符合中国实际；二是拓展研究视角，从行业内部视角，综合运用产业结构变化和产业关联的相关理论，深入探讨 2008 年以后中国 TFPG 大幅下降的原因和提升途径，可以为当前的改革提供一些政策思路；三是尝试使用 TFPG 反推时变要素产出弹性，资本产出弹性的测算结果能够较好地反映出经济波动的影响，这可能对更精确地测算产能利用率具有借鉴意义。

第二节　数据构建和全要素生产率测算方法选择

一、数据来源及构建

本章研究所需变量主要有产出、资本和劳动三个，分别采用增加值、资本存量和全社会从业人员指标来衡量。受限于统计数据缺失，本章的研究时段设定为 1990—2014 年。研究期间细分行业划分涉及三个标准：
GB/T4754‑1994、GB/T4754‑2002 和 GB/T4754‑2011。其中，GB/
T4754‑1994 和 GB/T4754‑2002 之间第三产业细分行业划分不同，需要分
阶段分别测算细分行业的 TFP 指数。而 GB/T4754‑2002 和 GB/T4754‑
2011 之间细分行业划分差别较小，两者的不同体现在更为细分行业的调进
和调出，且主要涉及农林牧渔业、制造业、居民服务和其他服务业三个行
业。GB/T4754‑2011 从 2012 年开始实施，但是 2010—2011 年按照新标准
的细分行业增加值和全社会固定资产投资统计数据亦有发布（《中国统计
年鉴 2016》），受此影响的主要是 2009—2010 年 TFP 指数的测算结果。但
考虑到调出和调进的数据数值相对非常小，对该年度 TFP 指数测算结果的
影响也应该不会太大，本章不再以 2010 年为分界点分段研究。综上考虑，
本章将整个研究时段分为 1990—2002 年和 2004—2014 年两个子时段，包
含的细分行业分别为 16 个和 19 个，详细分类见表 11‑1。其中，第一产业
没有进一步细分，将其视为一个细分行业。行文方便起见，对行业进行了
编号。下面对缺失的统计数据详加考察，仔细甄别，构建细分行业面板的
投入产出指标，以期对现有文献数据质量问题有所改进。

表 11‑1　1990—2002 年和 2004—2014 年国民经济行业分类表

1990—2002 年		2004—2012 年	
行业	编号	行业	编号
农、林、牧、渔业	I	农、林、牧、渔业	一
第二产业	II	第二产业	二
采掘业	II（1）	采矿业	二（1）
制造业	II（2）	制造业	二（2）
电力、煤气及水的生产和供应业	II（3）	电力、燃气及水的生产和供应业	二（3）
建筑业	II（4）	建筑业	二（4）
第三产业	III	第三产业	三
地质勘查业、水利管理业	III（1）	交通运输、仓储和邮政业	三（1）
交通运输、仓储和邮政通信业	III（2）	信息传输、计算机服务和软件业	三（2）
批发和零售贸易、餐饮业	III（3）	批发和零售业	三（3）
金融、保险业	III（4）	住宿和餐饮业	三（4）

续表

1990—2002 年		2004—2012 年	
行业	编号	行业	编号
房地产业	III（5）	金融业	三（5）
社会服务业	III（6）	房地产业	三（6）
卫生、体育和社会福利业	III（7）	租赁和商务服务业	三（7）
教育、文化艺术及广播电影电视业	III（8）	科学研究、技术服务和地质勘查业	三（8）
科学研究和综合技术服务业	III（9）	水利、环境和公共设施管理业	三（9）
国家机关、政党机关和社会团体	III（10）	居民服务和其他服务业	三（10）
其他行业	III（11）	教育	三（11）
		卫生、社会保障和社会福利	三（12）
		文化、体育和娱乐业	三（13）
		公共管理和社会组织	三（14）

（一）分行业增加值及增加值平减指数

《中国统计年鉴 2005》给出了按照 GB/T4754-1994 分类标准分类的 1997—2003 年的各细分行业的名义增加值和增加值指数，《中国统计年鉴 1999》给出了按照 GB/T4754-1994 分类标准分类的 1990—1997 年各细分行业的名义增加值和增加值指数，可以根据两者计算得到增加值平减指数（简称平减指数）。然后用平减指数，将名义增加值转化为以 1990 年为基期的实际值①。2006—2016 年《中国统计年鉴》提供了按照 GB/T4754-2002（或 GB/T4754-2011）分类的 2004—2014 年各细分行业的名义增加值数据。但是，只给出了 2004—2014 年交通运输、仓储和邮政业、批发、零售业、住宿和餐饮业、金融业、房地产业的增加值指数，没有给出信息传输、计算机服务和软件业、批发和零售业、住宿和餐饮业、租赁和商务服务业、科学研究、技术服务与地质勘查业、水利、环境和公共设施管理业、居民服务和其他服务业、教育以及卫生、社会保障和社会福利业、文化、体育和娱乐业、公共管理与社会组织 11 个细分行业的增加值指数。我

---

① 1990—2014 年间，工业内部三个细分行业的平减指数，不能根据《中国统计年鉴》和各省份统计年鉴提供的数据来做区分处理，本章用工业的平减指数来表示。

们尝试使用省级统计年鉴提供的细分行业增加值指数，来测算统计数据缺失的全国各细分行业的平减指数，以便更准确地识别细分行业之间实际增加值的差别，进而提高 TFP 的测算精度。查询 2005—2016 年各省份统计年鉴，我们只能够得到北京市、天津市、上海市、浙江省、安徽省、山东省和河南省七个省份上述行业 2004—2014 年以上一年为基期的增加值指数（安徽省统计年鉴未提供 2005 年增加值指数）。通过比较计算出的平减指数，我们发现七个省份之间，各行业的平减指数差异很小。假设全国各省份之间，11 个细分行业的平减指数差异也很小，可用上述七个省份细分行业平减指数的算术平均值来表示全国相应行业的平减指数。为了得到以 1990 年为基期的平减指数，我们用 1990—2003 年相近行业的平减指数，来表示该期间这 11 个行业的平减指数，从而得到以 1990 年为基期，上述 11 个细分行业的平减指数。测算结果报告为表 11-2。最后，根据名义增加值和实际增加值的关系，计算得到以 1990 年为基期的各细分行业的实际增加值。

表 11-2　2004—2014 年第三产业细分行业平减指数（1990＝100）

行业	2004 年	2006 年	2008 年	2010 年	2012 年	2014 年
三（2）	148.84	159.38	153.70	156.32	159.55	175.05
三（3）	321.88	316.43	359.81	385.25	427.30	442.15
三（4）	246.66	255.10	293.20	294.56	338.84	363.32
三（7）	396.96	488.34	587.40	654.75	738.11	809.81
三（8）	291.11	329.25	367.02	397.07	447.11	490.54
三（9）	249.05	287.95	267.01	301.18	347.20	380.93
三（10）	372.40	409.20	405.28	403.78	425.27	466.58
三（11）	256.01	272.90	269.45	289.23	309.49	339.55
三（12）	221.72	228.01	247.10	269.17	303.78	333.29
三（13）	255.91	287.89	272.39	283.61	302.70	332.11
三（14）	213.99	227.02	264.30	280.28	302.85	332.27

注：第三产业其他细分行业的平减指数可以根据《中国统计年鉴》的增加值指数直接计算得到，
　　本表不再列出。
资料来源：根据《中国统计年鉴》和各相关省份统计年鉴数据，由作者计算获得。

（二）全社会从业人员

总量和三次产业的劳动力，现有文献基本上使用全社会从业人员来衡量。在研究细分行业相关问题时，由于 2003 年以后全国细分行业全社会从业人员统计数据未发布，而且省级细分行业全社会从业人员统计数据也不完整，大部分文献直接使用城镇单位就业人员衡量劳动力投入。在测算服务业细分行业劳动力投入时，王恕立和胡宗彪（2012）、王林辉和袁礼（2014）等使用细分行业城镇单位就业人员推算细分行业全社会从业人员。两者使用的公式为"服务业分行业的全社会就业人数＝服务业全社会总就业人数×（服务业分行业的城镇单位就业人数／服务业城镇单位总就业人数）"，即通过放大城镇单位就业人员数据，从而得到服务业细分行业全社会从业人员的估算值。通过比较 2003—2014 年第二、三产业全社会从业人员和城镇单位就业人员的占比（见图 11-1），通过比较 2001 年和 2002 年第三产业内部细分行业两者的占比（见表 11-3），可以发现，两者占比差异均非常大，甚至 2003—2012 年第三产业两者占比的变化趋势也不一致。因此，不宜用城镇单位就业人员或放大的城镇单位就业人员来衡量劳动力指标。

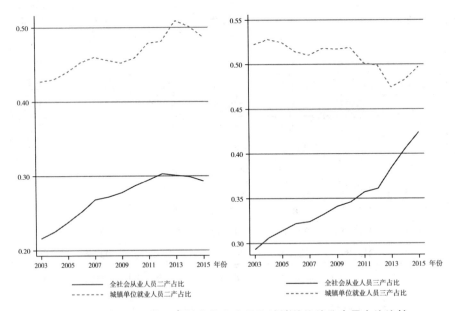

图 11-1　第二、三产业全社会从业人员和城镇单位就业人员占比比较

资料来源：根据《中国统计年鉴 2016》数据，由作者计算获得。

表 11-3　2001 年、2002 年第三产业分行业劳动力占比比较

行业	2001 年		2002 年	
	全社会 从业人员	城镇单位 就业人员	全社会 从业人员	城镇单位 就业人员
III（1）	0.0052	0.0180	0.0054	0.0171
III（2）	0.1010	0.1091	0.1142	0.1087
III（3）	0.2349	0.1457	0.2724	0.1298
III（4）	0.0167	0.0507	0.0186	0.0508
III（5）	0.0053	0.0168	0.0065	0.0190
III（6）	0.0484	0.0803	0.0600	0.0855
III（7）	0.0245	0.0834	0.0270	0.0851
III（8）	0.0778	0.2623	0.0858	0.2688
III（9）	0.0082	0.0267	0.0089	0.0268
III（10）	0.0546	0.1888	0.0589	0.1872
III（11）	0.2902	0.0180	0.3423	0.0212

注：由于 1990—2003 年城镇单位就业人员数据未统计，表中城镇单位就业人员占比基于在岗职工
数据计算得到。可以用在岗职工替代城镇单位就业人员的原因在于，第三产业细分行业城镇
单位就业人员和在岗职工之间占比差别很小，我们用 2003 年和 2004 年数据做了相关的检验，
检验结果不再列出。
资料来源：根据《中国统计年鉴 2004》数据，由作者计算获得。

　　我们用省级相关统计数据推算 2004 年及以后全国细分行业全社会从业
人员数据。发布细分行业全社会从业人员统计数据的省份如下：2004 年、
2007 年、2008 年和 2010 年有 19 个省份，2005 年、2006 年和 2009 年有 18
个省份，2011—2013 年有 17 个省份，2014 年有 16 个省份。各年均包含
东、中、西部省份样本，样本省份总量劳动力加总值占全国统计值的比例
在 0.65—0.71 之间，说明样本具有比较高的代表性。对各年样本省份细分
行业全社会从业人员进行加总，进而得到加总的各细分行业的全社会从业
人员占比，然后用该比例乘以全国的全社会从业人员统计数据。即通过放
大样本省份细分行业加总数据，从而得到全国各细分行业全社会从业人员
的估算值。为了验证该方法的合理性，我们同样做两个方面检验：一是比
较 2004—2014 年分别基于全国统计数据和样本省份加总数据计算出的三次
产业占比（见表 11-4）；二是选取全国和样本省份全社会从业人员均有统
计数据发布的 2001 年和 2002 年，比较分别基于两者计算出的细分行业占

比（见表 11-5）。比较结果显示，三次产业占比的差别基本上在 3 个百分点以内，细分行业占比的差别更小。因此，使用样本省份统计数据推算全国细分行业全社会从业人员的方法更为合理，更能够准确体现细分行业之间全社会从业人员的差别。测算结果报告为表 11-6[①]。

表 11-4　统计数据和省份加总数据之间三次产业全社会从业人员占比比较

年份	第一产业		第二产业		第三产业	
	统计	加总	统计	加总	统计	加总
2004	0.469	0.471	0.225	0.247	0.306	0.282
2006	0.426	0.430	0.252	0.267	0.322	0.303
2008	0.396	0.401	0.272	0.283	0.332	0.316
2010	0.367	0.376	0.287	0.297	0.346	0.327
2012	0.336	0.353	0.303	0.311	0.361	0.335
2014	0.295	0.324	0.299	0.320	0.406	0.356

资料来源：根据《中国统计年鉴 2015》和相关省份统计年鉴 2005—2015 年数据，由作者计算获得。

表 11-5　2001 年、2002 年第二、三产业细分行业的全社会从业人员占比比较

行业	2001 年		2002 年	
	加总	统计	加总	统计
II（1）	0.0414	0.0445	0.0396	0.0428
II（2）	0.6460	0.6415	0.6414	0.6367
II（3）	0.0202	0.0229	0.0196	0.0222
II（4）	0.2924	0.2912	0.2994	0.2984
III（1）	0.0055	0.0060	0.0050	0.0054
III（2）	0.1165	0.1166	0.1155	0.1142
III（3）	0.2739	0.2710	0.2775	0.2724
III（4）	0.0187	0.0192	0.0185	0.0186
III（5）	0.0051	0.0061	0.0056	0.0065

---

① 由于篇幅所限，表 11-2 和表 11-6 仅分别报告了部分年份平减指数和全社会从业人员的测算结果，若需要全部年份的数据，可以向作者索取。

续表

行业	2001 年		2002 年	
	加总	统计	加总	统计
III（6）	0.0503	0.0558	0.0541	0.0600
III（7）	0.0269	0.0282	0.0262	0.0270
III（8）	0.0857	0.0897	0.0825	0.0858
III（9）	0.0076	0.0094	0.0074	0.0089
III（10）	0.0598	0.0630	0.0564	0.0589
III（11）	0.3503	0.3348	0.3514	0.3423

注：数据为第二、三产业内部占比。

资料来源：根据《中国统计年鉴》（2002、2003）数据，由作者计算获得。

表 11-6　2004—2014 年细分行业全社会从业人员

（单位：万人）

行业	2004 年	2006 年	2008 年	2010 年	2012 年	2014 年
一	34829.82	31940.63	29923.34	27930.54	25773.00	22790.00
二（1）	1044.22	1135.63	1177.36	1199.42	1246.88	1148.11
二（2）	10714.72	12204.06	13130.38	13707.12	15052.34	14854.97
二（3）	325.52	347.30	373.19	376.82	398.26	428.58
二（4）	4557.86	5142.09	5803.67	6214.40	6547.66	6579.13
三（1）	2876.59	2968.95	3054.92	3094.79	3148.66	3762.55
三（2）	397.05	474.99	592.31	701.68	789.80	1137.42
三（3）	6763.58	7353.81	8023.58	8366.89	8873.48	9613.63
三（4）	2675.05	2807.70	3036.99	3093.76	3293.09	3598.08
三（5）	435.84	442.73	481.27	541.23	629.14	745.87
三（6）	324.71	435.73	475.65	558.61	667.52	910.00
三（7）	622.52	800.10	862.47	1030.59	1042.56	1477.84
三（8）	260.54	273.47	327.54	421.90	457.63	658.42
三（9）	250.59	272.60	296.93	329.26	365.45	452.71
三（10）	3633.67	3670.18	3323.38	3365.09	3324.77	3276.94
三（11）	1844.55	1883.73	1841.40	1913.18	1957.77	2151.19
三（12）	704.67	797.13	780.89	865.62	922.55	1110.29

续表

行业	2004 年	2006 年	2008 年	2010 年	2012 年	2014 年
三（13）	390.71	407.97	415.50	386.43	431.63	472.06
三（14）	1544.72	1553.81	1574.38	1663.33	1785.95	1997.01

资料来源：根据《中国统计年鉴 2015》和 19 个省（市）统计年鉴数据，由作者测算得到。

（三）资本存量

本章总量及细分行业资本存量数据均采用田友春（2016）投资转换率为 100%的估算结果。根据《中国房地产统计年鉴 2000》提供的 1999 年细分行业的全社会固定资产投资数据，本章重新估算了 1999—2002 年各细分行业的资本存量。相对于其他文献（姚战琪，2009；王恕立和胡宗彪，2012；等），田友春（2016）识别了细分行业之间差异化的折旧率，从而细分行业资本存量估算结果会更精确一些。

二、TFP 测算方法选择

基于省级面板数据的 TFP 测算方法，主要有随机前沿分析（SFA）和数据包络分析（DEA）两类。那么，基于细分行业面板数据，哪种方法更适合呢？

SFA 是以回归分析为基础的参数方法，需要预先设定生产函数的形式，通过回归分析来确定参数的估计值，进而计算 TFP 及其构成部分的指数（或增长率）。回归方法的使用使得该方法优缺点非常明显。优点在于，和确定性前沿生产函数相比，SFA 考虑了随机因素的影响，从而降低了生产前沿对随机误差的敏感性，在一定程度上消除了随机因素对前沿生产函数的影响。缺点在于生产函数的设定，若使用 CD 生产函数，用时间趋势项或时间虚拟变量的估计值来表示技术进步水平，隐含所有截面技术进步水平相同的假设，会将本来属于截面技术进步的差异归于技术效率差异，从而夸大截面之间技术效率的差异。为了能够识别截面之间差异化的技术进步，若使用更复杂的生产函数，如超越对数生产函数（Translog），虽然模型设定更趋一般化，但也会带来另外一些问题，如模型的自由度如何得到保证、参数估计值是否显著、在参数估计值不显著情况下的 TFP 测算结果是否合理。实践中，为了保证参数估计值的显著性，许多文献并不基于生产函数来设定解释变量，对解释变量的设定较随意，导致文献之间测算结果的可比性较差。

DEA 为非参数的确定性生产前沿方法。其主要优点有：第一，可以研究多投入和多产出的全要素生产率问题；第二，投入产出变量的权重使用数学规划方法，不必做规模报酬不变的假设，测算结果较少受人为主观因素的影响；第三，技术效率指标可以随时间和截面而动态变化。其缺点是：第一，无法分析随机因素对全要素生产率的影响；第二，对数据敏感性较大，生产率测算结果波动性较大，对数据质量要求较高。

在对 TFP 主要测算方法测算结果比较和稳健性检验的基础上，范·比斯布鲁克（Van Biesebroeck，2007）和范·贝弗伦（Van Beveren，2012）认为，在截面之间技术异质性很小、数据测量误差较大时可采用 SFA 方法；在数据测量误差较小、截面之间技术存在异质性和可变规模报酬的情况下，宜优先选取 DEA 方法。田友春等（2017）认为，对于宏观的分行业数据，DEA 是较优的测算方法，原因在于，参数方法行业之间生产技术相同的假设不甚合理。综上考虑，本章采用 DEA 方法测算细分行业的 TFP指数。

三、TFP 指数测算原理及结果

本章使用单一产出、两种投入（资本和劳动）基于产出的 DEA 模型。Malmquist 指数（简称 M 指数）由瑞典经济学家马斯奎斯特（Malmquist，1953）提出，卡夫和克里斯滕森（Caves and Christensen，1982）将该指数应用于生产率变化的测算。目前，研究者一般采用法勒等（Fare et al.，1994）构建的 DEA-M 指数方法。该方法基于距离函数定义 M 指数，利用线性规划方法给出每个决策单元（DMU）的技术前沿的估算，进而对效率变化和技术进步变化进行测度。

基于产出的 M 指数可表示为：
$$M_o^t = D_o^t(x^{t+1}, y^{t+1}) / D_o^t(x^t, y^t) \tag{11-1}$$

其中，$D_o^t(\cdot)$ 为距离函数，下标 O 表示基于产出的距离函数，x 和 y 分别表示投入和产出。式（11-1）的 M 指数测度了在 t 期的技术条件下，从

t 期到 $t+1$ 期的 TFP 的变化。

在 $t+1$ 期的技术条件下,从 t 期到 $t+1$ 期的 TFP 的 M 指数为:

$$M_o^{t+1} = D_o^{t+1}(x^{t+1},\ y^{t+1}) / D_o^{t+1}(x^t,\ y^t) \qquad (11-2)$$

为了避免时期选择的随意性可能导致的差异,法勒等(Fare 等,1994)建议采用两个卡夫和克里斯滕森(Caves 和 Christensen,1982)类型 M 指数的几何平均值来测算 TFP 指数,即:

$$M_o(x^{t+1},\ y^{t+1};\ x^t,\ y^t) = \left[\frac{D_o^t(x^{t+1},\ y^{t+1})}{D_o^t(x^t,\ y^t)} \times \frac{D_o^{t+1}(x^{t+1},\ y^{t+1})}{D_o^{t+1}(x^t,\ y^t)} \right]^{1/2}$$

$$(11-3)$$

若 M_o 大于 1,则表明从 t 期到 $t+1$ 期,TFP 是提高的。在规模报酬不变情况下,式(11-3)分解如下:

$$M_o(x^{t+1},\ y^{t+1};\ x^t,\ y^t) = \left[\frac{D_o^t(x^{t+1},\ y^{t+1})}{D_o^t(x^t,\ y^t)} \times \frac{D_o^{t+1}(x^{t+1},\ y^{t+1})}{D_o^{t+1}(x^t,\ y^t)} \right]^{1/2}$$

$$= \frac{D_o^{t+1}(x^{t+1},\ y^{t+1})}{D_o^t(x^t,\ y^t)} \times \left[\frac{D_o^t(x^{t+1},\ y^{t+1})}{D_o^{t+1}(x^{t+1},\ y^{t+1})} \times \frac{D_o^t(x^t,\ y^t)}{D_o^{t+1}(x^t,\ y^t)} \right]^{1/2}$$

$$= EC \times TC \qquad (11-4)$$

$$= PEC \times SEC \times TC \qquad (11-5)$$

EC 是规模报酬不变且要素自由处置条件下的技术效率指数,表示从 t 期到 $t+1$ 期决策单元到技术前沿的追赶程度,当 $EC>1$ 时,表明决策单元的生产更接近技术前沿。TC 为技术进步指数,它测度了技术前沿从 t 期到 $t+1$ 期的移动情况,当 $TC>1$ 时,说明技术水平提升。在规模报酬可变情况下,EC 又可以分解为纯技术效率指数(PEC)和规模效率指数(SEC),鉴于本章对 PEC 和 SEC 不做考察,具体分解过程不再列出。

本章使用 DEAP2.1 软件对细分行业 TFP 指数及构成部分进行测算。细分行业 TFP 指数及其构成部分的 1991—2002 年和 2005—2014 年年均测算结果报告为表 11-7,总量 TFP 指数及其构成部分的每年计算结果报告为表 11-8。

表 11-7　细分行业 TFP 及构成部分的 M 指数

1991—2002 年平均				2005—2014 年平均			
行业	TFP	技术进步	技术效率	行业	TFP	技术进步	技术效率
I	0.945	0.924	1.023	一	0.912	1.012	0.901
II（1）	1.169	1.012	1.155	二（1）	1.079	1.087	0.993
II（2）	1.118	1.014	1.103	二（2）	1.078	1.093	0.987
II（3）	1.116	1.012	1.102	二（3）	1.035	1.050	0.986
II（4）	0.993	0.924	1.075	二（4）	0.970	1.012	0.959
III（1）	1.102	1.012	1.090	三（1）	1.048	1.080	0.970
III（2）	1.067	1.014	1.053	三（2）	1.015	1.074	0.945
III（3）	0.959	0.927	1.035	三（3）	1.099	1.106	0.994
III（4）	0.968	0.968	1.000	三（4）	1.044	1.106	0.944
III（5）	1.009	1.009	1.000	三（5）	1.058	1.058	1.000
III（6）	1.053	1.014	1.039	三（6）	0.988	1.057	0.935
III（7）	1.095	1.015	1.079	三（7）	1.020	1.101	0.926
III（8）	1.093	1.015	1.077	三（8）	1.049	1.101	0.953
III（9）	1.116	1.015	1.100	三（9）	1.029	1.069	0.963
III（10）	1.076	1.015	1.060	三（10）	0.967	1.012	0.955
III（11）	0.991	1.015	0.977	三（11）	1.107	1.091	1.014
				三（12）	1.074	1.102	0.975
				三（13）	1.099	1.089	1.009
				三（14）	1.064	1.086	0.980
平均	1.052	0.993	1.059	平均	1.037	1.072	0.967

资料来源：由 DEAP2.1 软件处理。

表 11-8　总量 TFP 及构成部分的 M 指数

年份	TFP	技术进步	技术效率	年份	TFP	技术进步	技术效率
1991/1990	1.0157	0.9453	1.0734	2005/2004	1.0466	1.1174	0.9380
1992/1991	1.0575	1.0080	1.0486	2006/2005	1.0558	1.1409	0.9264
1993/1992	1.0674	0.9755	1.0909	2007/2006	1.0889	1.2066	0.9037
1994/1993	1.0644	0.9753	1.1139	2008/2007	1.0727	1.0681	1.0103
1995/1994	1.0325	0.9415	1.1002	2009/2008	1.0418	1.0780	0.9665
1996/1995	1.0251	0.9416	1.0892	2010/2009	1.0656	1.2718	0.8380
1997/1996	1.0343	0.9833	1.0502	2011/2010	1.0357	0.9559	1.0815

年份	TFP	技术进步	技术效率	年份	TFP	技术进步	技术效率
1998/1997	1.1209	0.9856	1.1361	2012/2011	1.0225	1.0019	1.0206
1999/1998	1.0611	0.9847	1.0776	2013/2012	1.0000	1.0030	1.0002
2000/1999	1.0530	0.9149	1.1513	2014/2013	1.0090	0.9392	1.0762
2001/2000	1.0468	1.0705	0.9829				
2002/2001	1.0271	1.0709	0.9596				
1991—2002 平均	1.0505	0.9831	1.0728	2005—2014 平均	1.0438	1.0783	0.9762

注：①从分量到总量的加总方法有算术平均和加权平均两种，由于行业之间 TFP 增长率的异质性和名义增加值份额的非均衡性，使用加权平均方法较为合理，数据是以细分行业名义增加值份额为权数加权平均的结果。②1997—1998 年各效率指标非常异常，原因在于 1998 年细分行业劳动力统计数据的大幅调整。

资料来源：根据 DEAP2.1 软件处理结果，由作者计算获得。

第三节　全要素生产率增长率及其变化动态

为了数据的合理性以及便于分析起见，我们对测算的 TFP 指数做如下处理：第一，对统计数据调整所导致计算结果非常异常的 1997—1998 年总量各生产率指标进行修正，方法为 TFP 指数用前后一年的算术平均值（1.0477）替换，然后根据生产率指标之间的关系，将技术效率修正为 1.0630；第二，对缺失的 2002—2003 年和 2003—2004 年的总量各生产率指标①，用 2001—2002 年和 2004—2005 年的相应指标平滑插入；第三，TFP 及构成部分的增长率用相应指标的 M 指数减去 1，再乘以 100 得到。

一、经济增长来源及其变化

自克鲁格曼（Krugman）1994 年的论文发表以来，中国经济增长来源

---

① 缺失原因在于细分行业统计口径调整导致不能够测算出细分行业这两年的各生产率指标值。

一直是学界讨论的热点问题。一类文献认为中国经济增长粗放特征显著，若要持续高速发展，必须改变粗放的增长方式。其中，早期文献认为20世纪90年代中后期到21世纪初中国TFP增长率比较低（年均2%以下）（王小鲁，2000；Young，2003；郑京海和胡鞍钢，2005；郭庆旺和贾俊雪，2005；章祥苏和贵斌威，2008；等）。近期文献之中，武鹏（2013）认为，1991—2010年中国TFPG比较低，2003年以后甚至为负值；董敏杰和梁泳梅（2013）认为，1991—2002年中国TFPG较高（年均接近4%），而2003—2010年年均TFPG仅为0.55%[①]。另一类文献基于改革开放以来中国经济高速增长，尤其21世纪以来仍能继续保持较高增速的事实，反思以前文献在数据和测算方法上的不足，在对TFP重新测算的基础上，认为TFP增长对经济增长的贡献不可忽视（王小鲁等，2009；Zhu，2012；李平等，2013；张少华和蒋伟杰，2014；吴国培等，2014；刘世锦等，2015；蔡跃洲和付一夫，2017）。

若仅仅分析TFP增长对经济增长贡献份额，直接用前文测算的总量TFPG除以总量增加值增长率即可。我们尝试用测算的TFPG来反推要素产出弹性，进而可以计算出其他要素（资本和劳动）对经济增长的贡献。具体方法为，把计算得到的总量TFPG看作CD生产函数的索罗余值，在规模报酬不变假设条件下，可以利用增长核算公式计算得到要素（资本和劳动）产出弹性，然后乘以要素增长率得到其增长贡献，计算结果报告为表11-9。

表11-9　1991—2014年中国经济增长来源

时间	经济增长率（%）	资本弹性	经济增长率贡献（%）			经济增长贡献率（%）		
			TFP	资本	劳动	TFP	资本	劳动
1991—2014年	10.20	0.37	4.35	5.37	0.48	42.67	52.65	4.68
1991—2002年	9.73	0.32	4.44	4.58	0.71	45.63	47.08	7.29
2005—2014年	10.81	0.40	4.38	6.19	0.23	40.58	57.29	2.13

资料来源：作者计算。

---

① 董敏杰和梁泳梅（2013）根据其表1未调整数据计算得到。

由表11-9可知，第一，20世纪90年代以来，中国经济能够较长时期保持较高增长速度，不仅在于高速度的资本积累，TFP增长的贡献也非常显著，中国经济的高速增长由资本积累和TFP增长"双引擎"共同驱动；第二，1991—2014年资本产出弹性系数年均值约为0.37，相较于采用总量时间序列的一些文献，如陈彦斌和姚一昊（2010）、吴国培等（2014），本章的测算结果要低一些。主要体现为，在经济突然下行时期（1997—2001年、2008—2010年），资本产出弹性大幅度下降为0.30以下。若剔除这两个时间段，其余年份资本产出弹性的平均值约为0.45，与上述两文的结果较接近。① 资本投入有资本存量和资本服务流量两类衡量指标，国内文献大多使用资本存量指标，其缺点在于，往往无法识别出资本利用率对TFPG的影响。在经济高涨时期，资本利用率较高，选择存量或流量指标对TFPG测算结果影响不大。但是，在经济下行期间，"资本闲置"问题比较突出，则会高估实际投入生产的资本数量，测算结果表现为资本产出弹性系数下降或经济增长资本积累贡献过高。显然，在经济突然下行时期，资本产出弹性下降的测算结果应该更为合理一些，相应地本章TFPG的时间序列变化也更能够准确反映其实际演变动态。

具体来看（见图11-2），劳动力增长对经济增长的贡献一直很小，而且变化幅度也不大，原因在于劳动力较低的增长速度②。20世纪90年代后期到21世纪初，在较低的资本增速和资本产出弹性的作用下，资本积累贡献大幅下降，从而TFP增长贡献较高。此后，由于资本增速提高和资本产出效率改善，经济增长的资本贡献较高，同时，随着经济增长速度的提高，经济增长的TFP增长贡献也处在上升通道之中。2008年以后，受美国"次贷危机"持续发酵以及此后低迷的全球经济形势的影响，中国外需大幅下滑，企业开工不足，出现"资本闲置"现象，表现为测算的资本产出弹性的大幅下降。但是，政府为稳定经济增长，公共投资的扩大使得资本增速不但没有下降，反而有大幅度提高，导致资本积累贡献并没有大幅度

① 陈彦斌和姚一昊（2010）、吴国培等（2014）资本产出弹性系数的测算结果分别为0.469、0.478。

② 由于使用全社会从业人员来衡量劳动力指标和未考虑劳动力质量（人力资本）因素，本章计算的劳动力增长率相对较低一些。因此，劳动的贡献份额也相对低一些。

下降。另外，由于政府公共投资的行业主要为基础设施和房地产业，这些行业的投资增加并不能够有效提高或保持 TFPG 水平，原因在于这些行业本身的 TFPG 较低，尤其是房地产业。总之，外部负面冲击、资本增速提高和投资行业 TFPG 较低三者叠加，使得 2009 年以后 TFP 增长对经济增长的贡献大幅下降，贡献率从之前的 46.59% 下降为 30.05%。

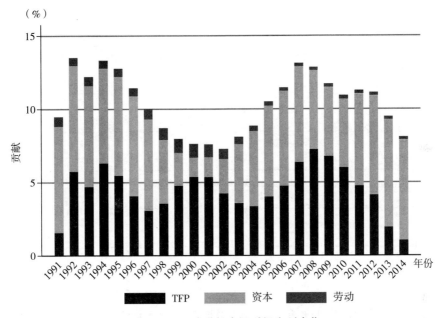

图 11-2　经济增长来源时间序列变化

注：为了考察趋势变化及减缓 DEA 方法测算结果较大的波动性，图为三年移动平均结果。
资料来源：作者计算。

二、TFP 增长动力及其变化

我们将总量 TFP 增长分解为技术进步增长和技术效率增长两个部分，来考察 TFP 的增长动力及其演变。图 11-3 显示，以 2001 年、2011 年为分界点[1]，中国 TFP 增长的主要驱动力，在技术效率和技术进步之间进行着转换[2]。

---

　　[1]　分界点是根据每年的测算结果选择的，而图 11-3 为三年移动平均结果，文字表述与图 11-3 显示的具体年份略有出入。

　　[2]　为慎重起见，我们一方面剔除 DEA 的关键行业（DMU），另一方面采用"技术不退"DEA 模型，分别对 TFP 指数进行了重新测算，测算结果并没有本质差别，说明该结论是比较稳健的。

在 2001 年以前，技术效率增长率高于技术进步增长率和 TFPG，说明在此期间 TFPG 提升的主导力量是技术效率增速提高。自 2001 年起，技术进步增速超过技术效率增速，一直保持到 2010 年，说明 2001—2010 年，中国 TFPG 提升的主导力量是技术进步增速的提高。而 2011—2014 年，技术效率增速又超过技术进步增速，但是这次两者的转换需要时间来验证是趋势改变，还是短期的波动。

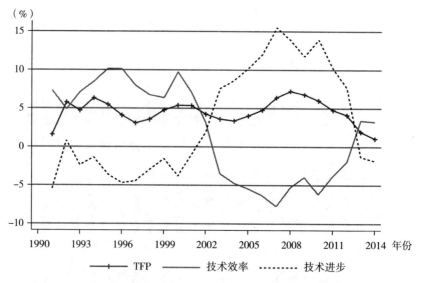

图 11-3　TFP 及构成部分的增长率变化（三年移动平均）

资料来源：作者计算。

与现有文献进行比较可知，本章与大部分文献一样，均认为 21 世纪以来技术进步提高是 TFP 增长的主要动力，如：傅勇和白龙（2009）、赵春雨等（2011）、张健华和王鹏（2012）和董敏杰和梁泳梅（2013）等。但对于 20 世纪 90 年代，本章与郑京海和胡鞍钢（2005）、傅勇和白龙（2009）、董敏杰和梁泳梅（2013）的研究结论不同。郑京海和胡鞍钢（2005）、董敏杰和梁泳梅（2013）在整个研究时间区间（1979 年以后）技术效率一直退步的结果似乎与中国的改革实践并不相符。[1] 1992 年，党

---

[1]　对此，郑京海和胡鞍钢（2005）表示，由于使用模型问题，有可能过高估计了技术进步从而低估了技术效率改善对生产率的贡献。

的十四大确立社会主义市场经济体制的改革目标，1993 年党的十四届三中全会确定中国国有企业改革的目标为建立现代企业制度，市场化改革对 TFP 提升的作用主要来自要素配置和激励机制的改善（王小鲁等，2009），即市场化改革主要通过技术效率的改善来提高 TFPG 水平。相关政策措施的实施调动了企业和劳动者的积极性，使得技术效率增长速度在 20 世纪 90 年代中前期一直维持在较高水平。但是，随着时间的推移，中国渐进式改革的 TFP 的"一次性水平效应"（郑京海等，2008）和资本形成中所累积的一系列低效率（张军，2002b）等问题也逐渐凸现出来，其结果表现为技术效率增长率从 20 世纪 90 年代末期持续下降，以至于本世纪以来其对 TFP 增长贡献为负值，只是由于同期技术进步的高增长掩盖了技术效率增长率低下的问题。由于中国起步晚、底子薄，技术进步水平的提高依靠自我发展，需要较长时间的积累，且 20 世纪 90 年代初，中国的对外开放还处于起步阶段，技术引进的渠道也不十分通畅，国外投资对技术进步提高发生作用也有一定的滞后期，结果导致 20 世纪 90 年代初期技术进步增长率在低位徘徊。随着外资企业相继投入生产和国外投资的持续增长，以及在"干中学"、国家和企业研发投入增加的共同作用下，技术进步增长率在 20 世纪 90 年代末期到 2007 年间持续提高，体现出中国作为发展中国家的"后发优势"。同时也使中国与世界发达国家的技术差距迅速缩小，甚至许多方面的技术达到世界前沿水平（刘世锦等，2015；龚刚等，2017）。随着这种"后发优势"的逐渐缩小，中国 2008 年以后，技术进步增长速度呈现下降趋势。

三、总量 TFP 增长的行业来源及其变化

由于 GB/T4754-1994 和 GB/T4754-2002 之间第三产业细分行业分类口径不同，1990—2002 年和 2004—2014 年细分行业的可比性较差。考虑两个阶段的可比较性，我们将第三产业细分行业归并为生产性服务业、消费性服务业和公共服务业三类，具体归类见表 11-10。通过计算 1991—2002 年和 2005—2014 年两个时段，总量 TFP 增长的三次产业、第二产业内部行业、第三产业内部分类别行业的年平均贡献，来考察 1991—2002 年到 2005—2014 年总量 TFP 增长的行业来源及其变化。由于修正细分行业

数据比较复杂，我们剔除 1997—1998 年异常数据，使用其余 11 年数据来计算 1991—2002 年的均值（见表 11-11）。

表 11-10　第三产业细分行业归类

年份	分类	行业
1990—2002	生产性服务业	交通运输仓储和邮政通信业；金融保险业；科学研究和综合技术服务业
	消费性服务业	批发和零售贸易、餐饮业；房地产业；社会服务业；其他行业
	公共服务业	地质勘查业水利管理业；卫生体育和社会福利业；教育、文化艺术及广播电影电视业；国家机关政党机关和社会团体
2004—2014	生产性服务业	交通运输仓储和邮政业；信息传输计算机服务和软件业；金融业；租赁和商务服务业；科学研究技术服务和地质勘查业
	消费性服务业	批发和零售业；住宿和餐饮业；居民服务和其他服务业；文化体育和娱乐业；房地产业
	公共服务业	水利环境和公共设施管理业；教育；卫生社会保障和社会福利业；公共管理和社会组织

注：2004—2014 年采用李善同和李华香（2014）的分类标准，1990—2002 年参照郑凯捷（2008）、李善同和李华香（2014），具体分类由作者作出。

表 11-11　1991—2002 年和 2005—2014 年总量 TFPG 行业来源比较

行业	1991—2002 年年均			2005—2014 年年均		
	TFPG（%）	增加值占比	贡献（%）	TFPG（%）	增加值占比	贡献（%）
	（1）	（2）	（3）	（4）	（5）	（6）
第一产业	-6.0273	0.1855	-1.1710	-8.6700	0.1033	-0.8654
采掘业	16.0636	0.0454	0.7391	8.8500	0.0504	0.5161
制造业	10.7727	0.3561	3.8279	7.8500	0.3195	2.4998
电力等	13.1364	0.0267	0.3878	4.1400	0.0287	0.1266
建筑业	-0.8636	0.0583	-0.0269	-2.8900	0.0637	-0.1899
第二产业	10.1781	0.4864	4.9279	6.3835	0.4623	2.9526
生产性服务业	2.2136	0.1116	0.2470	4.4095	0.1622	0.6602
消费性服务业	-1.1228	0.1558	-0.1506	5.1576	0.1815	0.9063

行业	1991—2002 年年均			2005—2014 年年均		
	TFPG（%）	增加值占比	贡献（%）	TFPG（%）	增加值占比	贡献（%）
	（1）	（2）	（3）	（4）	（5）	（6）
公共服务业	9.0766	0.0606	0.5545	8.1270	0.0907	0.7311
第三产业	1.8800	0.3281	0.6509	5.4924	0.4344	2.2976
总量		1.0000	4.4078		1.0000	4.3848

注：①表中数据之间的关系大致为：（3）＝（2）×（1），（6）＝（4）×（5）。②本表与表 11-2 之间，1991—2002 年总量 TFPG 有些许差异，其原因在于是否剔除 1997—1998 年数据。
资料来源：作者计算。

由表 11-11 可知，TFPG 为负的行业，1991—2002 年有第一产业、建筑业和消费性服务业三个，名义增加值份额为 39.96%；2005—2014 年则有第一产业、建筑业两个，名义增加值份额下降为 16.96%。从细分行业来看，TFPG 为负的行业的名义增加值份额 1991—2002 年为 38.05%，2005—2014 年下降为 23.64%。两者均表明中国的名义增加值份额正逐步向有利于 TFP 增长的行业转移。而细分行业 TFPG 贡献的标准差，1991—2002 年为 1.1320，2005—2014 年下降为 0.7154。因此，近十余年来，中国 TFP 增长的行业来源正在向多元化和均衡化的方向发展。

具体来说，对两个阶段进行比较，可以发现：第一，1991—2002 年和 2005—2014 年两个阶段，总量 TFPG 年均分别为 4.41% 和 4.38%，差别并不大。但是，两个阶段总量 TFP 增长的行业来源不同，1991—2002 年三次产业对总量 TFP 增长分别拉动 -1.17 个、4.93 个和 0.65 个百分点，总量 TFP 增长主要是由第二产业贡献的；而 2005—2014 年间三次产业对总量 TFP 增长分别拉动 -0.87 个、2.95 个和 2.30 个百分点，总量 TFP 增长是由第二、三产业共同贡献的。第二，第一产业负贡献下降的原因是增加值份额的大幅下降，第二产业贡献下降的原因是细分行业 TFPG 的下降，第三产业贡献上升是由 TFPG 提升和增加值份额上升二者共同导致的。第三，第三产业 TFP 的增长，1991—2002 年来源于生产性服务业和公共服务业，分别贡献了 0.24 个和 0.55 个百分点；而消费性服务业贡献是负数，为 -0.15 个百分点，而 2005—2014 年，三者的贡献相对均衡，分别为 0.66 个、

0.91 个和 0.73 个百分点。与此相对应，第三产业对总量 TFP 增长贡献的大幅度提高亦由三者所贡献，其中主导因素是消费性服务业的贡献由负转正。而且，由 TFPG 和名义增加值份额变化可知，上述改变不仅仅体现为消费性服务业名义增加值份额的提高，更体现为其 TFPG 的大幅度上升。我们认为，随着居民收入水平的快速提高，需求的扩大和需求结构的改变是消费性服务业增加值份额提高的主要原因，而消费性服务业 TFPG 的提升则主要得益于物流、互联网、信息技术等社会基础设施的发展，从而有效提高了消费性服务生产的技术进步增长速度。

第四节　全要素生产率增速下降原因及提升途径

一、TFPG 下降的行业来源

为了详细探讨 2008 年国际金融危机以后中国总量 TFPG 大幅下滑的细分行业原因，我们将 2005—2014 年细分为 2005—2009 年和 2010—2014 年两个阶段，对两个阶段总量 TFP 增长、技术进步增长和技术效率增长的细分行业贡献进行比较。结果报告为表 11-12。

表 11-12　2005—2009 年与 2010—2014 年总量 TFPG 行业来源比较

（单位:%）

行业	2005—2009 年平均			2010—2014 年平均			变化（年均）		
	TFP	技术进步	技术效率	TFP	技术进步	技术效率	TFP	技术进步	技术效率
一	-0.57	1.58	-1.86	-1.16	-0.93	-0.12	-0.59	-2.51	1.74
二（1）	0.73	0.60	0.17	0.31	0.36	0.01	-0.42	-0.24	-0.16
二（2）	2.26	4.10	-1.52	2.74	2.24	0.84	0.48	-1.86	2.36
二（3）	0.05	0.13	-0.09	0.20	0.19	0.02	0.16	0.06	0.11

续表

行业	2005—2009 年平均			2010—2014 年平均			变化（年均）		
	TFP	技术进步	技术效率	TFP	技术进步	技术效率	TFP	技术进步	技术效率
二（4）	0.00	0.84	-0.71	-0.38	-0.67	0.40	-0.39	-1.52	1.12
二	3.04	5.67	-2.16	2.87	2.11	1.28	-0.17	-3.56	3.43
三（1）	0.37	0.54	-0.15	0.14	0.32	-0.12	-0.23	-0.22	0.03
三（2）	0.09	0.22	-0.10	0.00	0.15	-0.11	-0.09	-0.06	-0.01
三（3）	0.90	1.19	-0.23	0.78	0.62	0.24	-0.12	-0.57	0.46
三（4）	0.16	0.33	-0.14	0.03	0.13	-0.07	-0.13	-0.20	0.07
三（5）	0.63	0.63	0.00	-0.14	-0.14	0.00	-0.77	-0.77	0.00
三（6）	0.14	0.27	-0.11	-0.26	0.41	-0.58	-0.40	0.14	-0.46
三（7）	0.04	0.25	-0.18	0.05	0.13	-0.05	0.01	-0.12	0.13
三（8）	0.07	0.18	-0.09	0.07	0.07	-0.01	0.00	-0.08	0.08
三（9）	0.01	0.03	-0.02	0.02	0.02	0.00	0.00	0.00	0.01
三（10）	0.07	0.22	-0.13	-0.15	-0.14	0.00	-0.22	-0.37	0.14
三（11）	0.39	0.36	0.04	0.25	0.21	0.08	-0.14	-0.15	0.04
三（12）	0.13	0.22	-0.08	0.11	0.10	0.03	-0.02	-0.12	0.11
三（13）	0.12	0.07	0.05	0.01	0.05	-0.02	-0.11	-0.03	-0.07
三（14）	0.53	0.46	0.07	0.02	0.28	-0.20	-0.51	-0.18	-0.27
生产性服务业	1.20	1.81	-0.52	0.12	0.57	-0.29	-1.08	-1.25	0.23
消费性服务业	1.39	2.08	-0.57	0.42	1.06	-0.43	-0.97	-1.02	0.13
公共服务业	1.06	1.07	0.01	0.40	0.62	-0.10	-0.65	-0.45	-0.10
三	3.65	4.97	-1.08	0.95	2.25	-0.82	-2.70	-2.72	0.26
总量	6.12	12.22	-5.10	2.65	3.44	0.33	-3.46	-8.78	5.43

资料来源：作者计算。

由表 11-12 可知，2010—2014 年相对于 2005—2009 年，总量年均 TFPG 从 6.12% 下降为 2.65%，下降了 3.46 个百分点。第一、二、三产业对总量 TFP 增长的年均贡献分别下降 0.59 个、0.17 个和 2.70 个百分点，说明总量 TFPG 下降主要源于第三产业。更进一步说，其原因在于第三产业技术效率增速的改善远低于技术进步增速的下降，而第一、二产业，尤其是第二产业，技术效率增速的改善有效弥补了技术进步增速的下降。从第三产业分类别来看，生产性服务业、消费性服务业和公共服务业对总量 TFPG 的贡献年均分别下降 1.08 个、0.97 个和 0.65 个百分点。从细分行业来看，对总量 TFPG 下降贡献较大（大于 0.3 个百分点）的细分行业有金融业、第一产业、公共管理和社会组织、采掘业、房地产业、建筑业六个行业，分别下降 0.77 个、0.59 个、0.51 个、0.42 个、0.40 个、0.39 个百分点。这六个细分行业约占总量 TFPG 下降的 90%，而且主要由技术进步增长率的下降所导致。从技术效率增长细分行业贡献的变化来看，相对于 2005—2009 年，2010—2014 年大部分细分行业技术效率增速有所提高，但采掘业、信息传输、计算机服务和软件业、房地产业、文化、体育和娱乐业、公共管理和社会组织 5 个行业的技术效率增速却在下降，金融业技术效率增速也没有提高。

因此，从总量 TFP 增长的行业来源来看，要改变中国 TFPG 过快下降的任务是双重的：一方面需要改变各行业技术进步增速普遍下滑的趋势，尤其需要着重扭转第一产业、制造业、建筑业、批发零售业、金融业 5 个行业的技术进步增速大幅下降的不利局面；另一方面需要改善第一产业长期以来低下的技术效率增长水平，需要扭转采掘业、信息传输、计算机服务和软件业、房地产业、文化、体育和娱乐业、公共管理和社会组织 5 个行业技术效率增速仍在下降的趋势。

二、经济结构服务化一定会导致 TFPG 下降吗？

鲍莫尔（Baumol，1967）指出，相对于工业（制造业）而言，服务业劳动生产率提高较慢，具有"停滞部门"的特征，因而，从工业化向经济结构服务化阶段过渡，服务业比重的不断提高将不利于整体经济效率的提高，即经济结构服务化必然导致"鲍莫尔成本病"（或"成本病"）。20 世纪 80 年代以来，一些学者从生产率计量问题（黎塞留（Griliches），1994；盖雷（Gadrey），2000）、服务业行业生产率增长率的异质性（桑切斯和鲁拉（Sanchez 和 Roura），2009）和溢出效应（鲍莫尔和沃尔夫（Baumol 和

Wolff），1983；沃尔夫（Wolfl），2007）三个方面对"成本病"假说提出了质疑。21世纪以来，一些学者对中国经济是否存在着"成本病"进行了检验（程大中，2004；朱轶和熊思敏，2010；谭洪波和郑江淮，2012），他们认为中国经济存在"成本病"，主要理由在于第二产业生产率增长速度快于第三产业。我们认为，他们的观点值得商榷。以下仅通过"成本病"存在的两个前提条件是否满足进行检验。首先，本章研究期间甚至从改革开放开始，中国产业结构变化的特征事实是，产值份额（名义增加值份额）从第一产业向第三产业转移，劳动力份额从第一产业向第二、三产业转移，因此，"鲍莫尔成本病"存在的一个前提条件，即第二产业向第三产业转移或鲍莫尔所指的工业化阶段之后的经济结构服务化阶段，并不满足。从此角度来看，目前在中国，"成本病"是个"伪命题"。其次，从第二、三产业之间TFPG的变化动态上看（见图11-4），20世纪90年代第二产业TFPG确实远大于第三产业，然而，本世纪初到2012年第二、三产业之间TFPG差距开始收窄，呈现交替领先态势[1]，因此，"成本病"存在的"第二产业生产率增长速度大于第三产业"的这一个前提条件也未得到满足。这意味着，即使从工业化向经济结构服务化阶段过渡，中国经济总量TFPG也并不必然下降。当然，中国的经济结构服务化阶段还刚刚开始，目前"鲍莫尔成本病"之说是否成立尚难得出确定性结论，还有待于时间序列扩展后的进一步研究。

由结构变化生产率效应的相关理论可知，产出（或投入）份额由生产率增长率较低的部门向较高部门的转移可以提高经济总体的生产率增长率，即存在"结构红利"效应。中国第一产业低下的TFPG使得产业结构变化的生产率增长效应为正，但是，其还会通过内部效应负的贡献阻碍总量TFPG的提升。我们研究发现，无论以名义增加值份额，还是以劳动力份额作为结构衡量指标，第一产业的内部效应负的贡献要远大于结构变化效应正的贡献。因此，未来需要通过第一产业富余劳动力的进一步转移，来扭转第一产业长期以来阻碍总量TFP增长的不利局面，

---

[1] 采用劳动生产率指标的分析结论是基本一致的。且20世纪80年代第二、三产业之间劳动生产率增长率的差异也是非常小的。

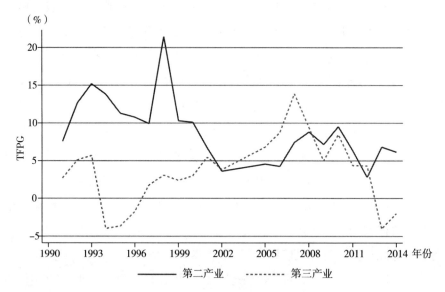

图 11-4　第二、三产业 TFPG 比较

注：①数据由产业内部细分行业 TFPG 乘以其名义增加值份额加总得到。②1993—1994 年、1997—1998 年数据变化较大的原因在于劳动力统计数据的调整所导致的一些细分行业 TFPG 测算结果异常。

资料来源：作者计算。

因为，这不仅在短期可以发挥结构变化 TFPG 正效应的作用，更为重要的是，富余劳动力的转出也是第一产业生产经营方式变革，进而提升其 TFPG 的前提。

三、制造业技术进步增速下降的原因[①]

前面的分析显示，中国制造业技术进步增速在 2008 年以后呈现下降趋势。从技术进步来源角度来看，一般来讲，中国制造业技术进步来源于境外技术引进（简称"外引"）和国内自主创新两个渠道。在"外引"方式上，一方面表现为依附于机器设备进口的技术引进，文献往往使用实际外商直接投资（FDI）指标来识别（布隆斯特罗姆和科科（Blomström 和 Kokko），1998；李（Lee），2006；谢建国，2006；等等）。另一方面表现为依附于外购中间投入品的技术引进，从理论上来讲，投入产出的前向关联效

---

　　① 对工业的相关分析结果大体一致，限于篇幅，不再报告计算结果。

应是上游行业作用于下游行业技术进步的一个重要渠道，这一渠道可以通过下游行业中间投入的来源进行识别（罗德里格斯·克莱尔（Rodriguez-Clare），1996；迪兰和施纳布尔（During and Schnabl），2000；雅沃奇克（Javorcik），2004；帕斯（Paz），2014；潘文卿等，2011）。除此之外，我们认为，跨国公司在中国所建合资（独资）企业以及依附于跨国公司的在华研发机构对技术进步的贡献，也应该至少部分应该归于"外引"。由于该渠道在识别上存在较大困难[①]，本章仅就前两个渠道进行考察。

图 11-5　制造业中间投入进口份额和 FDI 制造业份额比较

资料来源：中间投入来源于 WIOD，FDI 来源于《中国统计年鉴》，作者计算。

图 11-5 显示，在 2004 年之前，FDI 制造业份额和制造业中间投入进口份额均呈上升趋势，在国外技术"空降"及其"扩散效应"的作用下，中国一般性产品的技术水平迅速提升。而此后两者的快速下降则表明，中国一般性产品的技术水平已达到（或接近）世界前沿水平，技术进步"外引"渠道正在逐渐收窄，因为一般性产品市场是竞争性的，而且发达国家的技术壁垒也比较低。那么，中国是否可以继续依靠技术"空降"保持一

---

① 困难的原因体现为两个方面：一是采用什么指标进行识别；二是该渠道和前两个渠道存在交叉，如何分离是个大问题。

般性产品的世界技术前沿水平呢？我们认为这是不太现实的。究其原因，除了上述中国技术进步与世界前沿水平差距收窄以外，当前还面临两个方面的制约因素：一是当前"逆全球化"的国际环境；二是伴随中国生产成本的提高，跨国公司生产基地逐渐由中国转移至其他国家（地区）。另外，对于高新技术产品，虽然中国的技术水平与世界前沿水平还存在一定差距，对高新技术的需求也比较迫切，但发达国家对高新技术的保护也使得中国不得不选择自主研发来提升技术进步水平。因此，国内外因素的叠加将迫使中国技术进步的主要方式由"外引"转向自主创新。

表 11-13　制造业中间投入来源的国际比较（2000—2014 年年均）

（单位:%）

来源	巴西	印度	德国	美国	日本	中国大陆	韩国	中国台湾地区
制造业	44.95	48.80	50.08	50.30	63.87	65.18	71.14	74.98
生产性服务业	15.21	14.55	18.20	15.91	11.82	8.01	9.88	6.40
进口（制造业）	18.93	20.34	39.06	19.35	10.68	11.60	23.34	38.40

注：①生产性服务业由 WIOD 中的 H49-53、J61-63、K64-66、M69-75 细分行业组成。②前两项为采用国内投入产出表的计算结果，采用投入产出总表（含进口）计算的国家（地区）的排序基本相同。③进口（制造业）为制造业中间投入来源于制造业的部分中进口占比。
资料来源：根据世界投入产出表数据库（WIOD）数据，由作者计算。

　　国内渠道分为制造业内部研发（包括企业内部研发和企业之间的技术外溢）和从国内专业科研机构（下面用生产性服务业或知识密集型服务业表示）引进（简称"内引"）。由表 11-13 可知，与其他经济体相比较，东亚四个经济体表现出特有的"一高"和"一低"，即制造业中间投入由制造业所提供的比例较高，由生产性服务业提供的比例较低。与此相对应，制造业技术进步主要来源于制造业本身，生产性服务业贡献不足。同韩国和中国台湾地区相比较，中国大陆和日本还表现出另一个"低"，即制造业中间投入来源于制造业部分中进口份额（或制造业中间投入进口份额）较低，两者的技术进步直观地表现为主要由制造业内部的创新所驱动。但是，中国大陆和日本相同特征背后的原因是不一样的，日本在于其独特的企业制度——株式会社制，而中国则可能与国内有大量外资企业有关。因此，我们不能简单地从制造业产品占制造业中间投入份额非常高的表象上，将中国制造业快速的技术进步主要归因于自主创新。当前，作为创新主导力量，中国生产性企业（尤其是中小企业）的自主创新能力还较弱，还存在创新激励机制不完善等问题（如风险资本市场发展不足、中小企业融资渠道较窄及融资成本过高、研发投入机会成本过高），创新的外部环境也比较恶劣（如知识产权保护不力），这将极大地损害企业自身研发投入的积极性，严重侵蚀中国技术进步的基础。

中国可以像日本那样，主要依靠大企业的研发来提升技术进步水平吗？我们认为，"日本模式"并不符合中国国情。原因在于，中国业已存在许多事业单位性质的独立研发机构和依托于大学的科研部门，这些部门理应成为中国知识生产和技术开发的重要力量，应该是中国的创新体系的重要组成部分。但是，作为知识生产者和技术传播者的角色，中国生产性服务业（知识密集型服务业）发挥得并不好。制造业（甚至经济总体）所需中间投入来源于生产性服务业的份额还比较低，而且在中国加入 WTO 的 10 年间（2002—2011 年）呈现下降趋势，表现出制造业技术进步"外引"对"内引"的"挤出效应"。"内引"不足固然与中国在全球分工体系中"世界工厂"的地位有关，但也与知识密集型服务业与生产部门脱节相关。知识密集型服务业与生产部门脱节固然与中国研发起步晚、底子薄有关，但也与中国研发体制的弊端所导致的科研部门创新能力不足、研发效率低下相关。因此，破除知识密集型服务业与生产部门脱节的痼疾，构建开放性的知识密集型服务业和生产性部门之间的协同创新体系，是未来提升生产性部门的技术进步增速水平的关键。

四、服务业技术效率增速提升缓慢的原因

如前所述，FDI 制造业份额在 2004 年以后逐步下降，2004—2014 年下降了大约 38 个百分点，相应地服务业所占份额逐步上升。图 11-6 显示，消费性服务业份额的上升（约 25 个百分点）远大于生产性服务业份额的上升（约 13 个百分点）。图 11-7 显示，在生产性服务业中，FDI 份额（2004—2014 年年均）从大到小的行业排序依次为租赁和商务服务业、交通运输仓储和邮政业、信息传输计算机服务和软件业、科学研究技术服务

和地质勘查业、金融业，体现出对外开放程度不同，行业市场竞争性不同的特征。消费性服务业相对于生产性服务业开放程度较高，市场竞争性较强，在生产性服务业中，知识密集型服务业开放程度较低，行业垄断特征也较明显。结合表11-12，我们可以发现，当面对外来负面冲击时，开放程度越高，市场竞争性越强，行业技术效率增速改善越大，从而可以较大程度地弥补技术进步增速下降对 TFPG 的影响；反之，则反是。因此，如制造业的市场化改革之路一样，扩大服务业对外开放水平，发挥对外开放的倒逼机制，破除服务业市场化改革滞后所形成的垄断，尤其是行政垄断，提升行业的竞争性水平，是未来中国服务业技术效率增速提高的必由之路。而生产性服务业的市场化改革尤为紧迫，一方面需要通过改革知识密集型服务业与生产部门脱节的痼疾，提升知识密集型服务业创新能力和研发效率水平；另一方面需要通过金融业的改革，加快风险资本市场的发展，改善中小企业研发投入不足问题。

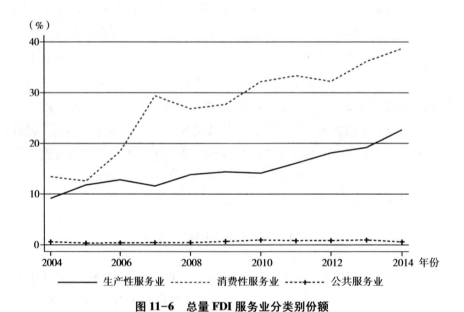

图11-6　总量 FDI 服务业分类别份额

资料来源：根据《中国统计年鉴》（2005—2015）提供的数据，由作者计算。

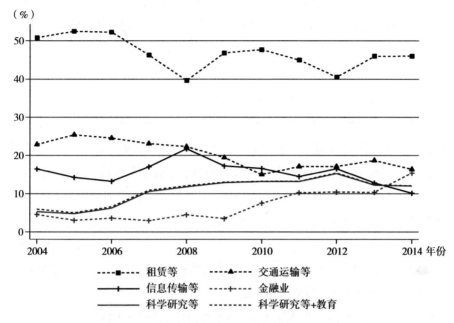

图 11-7　生产性服务业 FDI 的内部细分行业份额

注：计算科学研究等+教育份额的分母为生产性服务业 FDI，若使用生产性服务业+教育的 FDI，计
　　算结果差异很小。
资料来源：根据《中国统计年鉴》（2005—2015）提供的数据，由作者计算。

第五节　结　　论

　　本章在对部分细分行业平减指数、全社会从业人员估算的基础上，运用 DEA-Malmquist 生产率指数方法，测算了 1991—2014 年中国细分行业的 TFP 指数，并加总得到总量和第二、三产业的 TFP 指数。从经济增长来源和 TFP 增长动力两个方面，揭示了中国 TFPG 水平及其动态变化，分析了总量 TFPG 变化的现实因素和细分行业来源。深入探讨了 2008 年以来中国 TFPG 大幅下降的原因和提升途径。主要结论如下：

　　第一，20 世纪 90 年代以来，中国经济的高速增长由资本积累和 TFP

增长"双引擎"共同驱动，中国的经验并没有背离经典经济增长理论的基本结论。研究期间，中国年均 TFPG 为 4.35%，对经济增长的贡献份额达到 42.67%。但是，受外部需求和供给的负向冲击、资本增速提高和投资行业 TFPG 较低的影响，2009 年以后 TFP 增长对经济增长的贡献大幅下降，贡献率从之前的 46.59% 下降为 30.05%。

第二，在不同阶段，中国 TFP 增长的动力不同，TFP 增长动力在技术效率和技术进步之间进行着转换。在 1991—2000 年，TFP 增长的主导力量是技术效率改善；在 2001—2010 年，TFP 增长动力在于技术进步的提高；而 2011—2014 年，技术效率增速又超过技术进步增速，但两者的转换是趋势改变还是短期的波动需要时间来验证。

第三，总量 TFP 增长的行业来源更趋多元化和合理化。突出表现为，消费性服务业 TFPG 由负转正、名义增加值份额向 TFPG 为正的细分行业进行转移和细分行业 TFPG 贡献标准差变小三个方面。

第四，中国经济结构服务化并不必然导致总量 TFPG 下降，但需要通过第一产业劳动力的进一步转出，从根本上扭转其长期以来阻碍总量 TFP 增长的不利局面；需要借助对外开放的倒逼机制，推进第三产业垄断性行业的市场化改革，提高行业的技术效率增长速度；需要通过加快生产性服务业的市场化改革，构建知识密集型服务业和生产性部门之间的协同创新体系，提升生产性部门的技术进步增速水平。上述问题的解决将是一个系统问题，涉及城市化、政府与市场之间关系界定、创新体制改革、税收体制改革和国有企业改革等"深水区"问题，相关问题和政策有待今后更加深入地研究。

第十二章　金融服务业效率：既有的研究

随着经济水平不断提高，金融服务业在宏观经济中的地位将不断提高，其经济活动关系到经济资源在各个部门之间的优化配置，其效率也影响着宏观经济的运行效率和微观经济活动的活力。然而，尽管金融对经济的支持功能得到了文献深入的讨论（莱文（Levine），1997），但金融行业效率这一重要命题一直以来并未得到充分的重视（沈军和白钦先，2013）。既往文献讨论金融效率这一命题时，并不关注宏观与微观视角的衔接，令两者存在一定程度的割裂。基于微观的效率研究关注点往往在于"企业的绩效"，而基于宏观的研究则更倾向于讨论金融体系整体与其他宏观经济要素的互动影响。事实上，宏观金融体系的效率正是由行业中微观主体的效率构成的（见图 12-1），要准确量化和理解宏观效率，就有必要深入到行业主体的视角、探讨其行为决策；而微观主体的效率最终将决定经济系统的效率，要评估企业效率的最终经济影响，又要求研究者能够具有一个宏观统括的视角。

图 12-1　微观效率与宏观效率的衔接

资料来源：巴特尔斯曼和多姆斯（Bartelsman 和 Doms，2000），图 1。

本章将介绍既往研究对相关命题取得的理论成果和经验认识。根据本研究的基本框架，介绍遵循"锁定问题—回溯成因—评估后果"的脉络组织论述，先介绍产业效率估算方面的各种方式方法并对其经济含义进行剖析和比较，再介绍关于各种效率水平影响因素的探寻，最后介绍关于金融服务业效率偏低潜在宏观经济后果的研究。同时，经济学研究的关注点呈现由宏观视角不断深化到微观视角的大方向，当已有研究对于某一问题具备初步了解后，对其具体形成机制和实现细节的更进一步兴趣往往就被唤起。因此，当我们讨论金融服务业的效率等问题时，始终强调"效率"这一概念在宏微观视角上的分野及其最终落脚点，试图理清概念，加强宏微观视角的衔接。此外，本章在介绍效率评估相关文献时，并不局限于金融服务业的效率估算，也注意兼顾工业或服务业整体等其他领域的效率测算文献，这有助于把握厘清不同类型主流研究工具演变、分流和融合的全貌，亦有助于跨产业借鉴经济思想和建模理念。

第一节　效率测度：分流与融合

当讨论金融服务业效率时，被唤起的效率概念较为复杂。以往文献所关注的金融效率，有从微观角度提出的企业层面效率，包括成本效率、利润效率、技术效率、微观的全要素生产率等；也有从宏观金融体系角度提出的效率概念，比如区域金融效率、金融中介成本等。不同视角所提到的概率事实上有着内在的关联，但在细节界定上存在一定差异，本节首先进行金融服务业概率定义上的辨析，以廓清分歧、明晰概念，便于展开下文论述。与效率概念经济含义上的分歧相似，在技术上，相关领域的效率测度方法也存在明显的分流。① 微观效率测度领域早已出现了前沿分析方法，而最初主要在宏观增长领域得到应用的生产函数估算方法自奥利和帕克斯（Olley 和 Pakes，1996）之后才切入微观效率测度领域；两类方法在各自的主流应用范围内得到了广泛采用，但始终呈现隔离而并流的局面，直到近来随着经济理论和统计数据在宏微观分野上的隔阂逐渐消解，才逐渐出

---

① 关于这一问题的辨析，感谢查德·赛弗森（Chad Syverson）教授的指教。

现融合的势头。然而，从测算效率的基本理念到技术改进所针对的主要问题，两类方法都存在较大的区别，在讨论由不同方法求得的效率指标以及跨领域借鉴不同方法时，都需要特别辨明其异同。

一、效率定义辨析

金融服务企业效率、金融服务业效率和宏观金融效率是一组递进的概念，三者有贯穿延续的内涵，但其概念边界并不完全重叠。金融服务企业的效率反映出其业务运作的绩效，某种程度上，即是企业以一定投入换取产出的"增益幅度"之大小；行业中企业的效率共同构成了全行业的效率[①]，即金融服务业效率，而全行业作为一个整体部门纳入宏观经济框架中，对整体经济产生影响，表现为宏观金融效率。由此可见，在这一链条中，金融服务企业效率是宏观金融效率的"因"，宏观金融效率是金融服务企业效率的"果"，金融服务业效率即是两者的交集。

从研究宏观经济的角度，我们更加关心宏观金融体系的效率，毕竟与某一个别企业是否有效的问题相比，行业层面的效率关系到国民经济，影响更加重大以及深远。但要准确评估这一效率的水平以及理解其形成机制，最终还是需要落实回微观金融企业的行为。事实上，工业行业的效率研究已经呈现这一趋势（鲁晓东和连玉君，2012）。然而，与工业行业不同，既有关于金融服务业的研究早已存在宏微观的分野，双方理解的"效率"并不一致。效率本质上是一种"投入产出比"，因此投入产出的定义在一定程度上决定了效率的定义。从微观企业的视角，各种生产要素被视为投入，产品、产值、增加值或利润等被视为产出；而从宏观经济的视角，对金融服务部门的投入被视为投入，经济整体得到的产出被视为产出。尽管微观企业的投入要素加总基本上可以认为就是对金融服务部门的投入，但是，宏微观的产出界定显然不同。从根本上说，由于金融服务部门与其他部门联系紧密（何德旭和姚战琪，2006），其效率不仅决定了自

---

① 具体还受到其他因素的影响，相关论述见巴特尔斯曼和多姆斯（Bartelsman 和 Doms，2000）。

身绩效，也影响着其他行业的发展，这一过程存在较大的外部性。①

正是由于这一研究视角的割裂，现有的从宏微观两种角度审视金融服务业的文献所讨论的效率往往难以简单地进行参照与对比。为了在两种观点之间寻找一个合适的"法兰"（Flange，管道衔接器件），有必要对金融服务业这一层面的效率进行合适的定义。这一方面，云鹤等（2012）提出的三种金融效率定义较为成功地在宏微观视角之间建立了关联。该文将帕加诺（Pagano，1993）提出的金融与增长关联机制中所描述的金融效率切分为"分置效率""转化效率""配置效率"，分别表示金融部门吸纳资金、将获得的负债转化为资产以及资产如何配置这三个方面的效率。这一效率分类本身意在强调金融部门在宏观经济中的功能作用，但在微观上又可与金融服务企业吸引资金、扩张信贷、分配信贷的行为一一对应，有利于实现宏微观金融效率讨论的衔接。为此，当需要对统括的金融企业效率、金融服务业效率或者宏观金融效率进行细化讨论或比较时，本研究主要采用这一框架对不同方面的效率进行分解。而在金融服务业效率基于企业层面的经验测算中，出于简化研究过程、突出研究主题的考虑，本章并未对三种效率进行独立的估计，而是在微观文献通常提及的成本效率、利润效率、替代盈利效率这三种金融服务企业层面效率中（伯杰和汉弗莱（Berger and Humphrey），1997），选取企业的利润效率作为这三种效率统括的代表。理由在于，无论是金融服务企业能够以较高的效率吸收资金、扩张信贷或是最优化地分配信贷，最终都应转化为企业的利润。

二、由微观到宏观：生产前沿分析方法

与工业方面的研究相比，金融方面的研究文献很早就引入了基于企业层面数据的效率度量工具，这一理念和工具上的分歧在某种程度上是由数据可得性、技术条件和行业特征共同催生的。早在1957年，法雷尔（Farrell，1957）就首创了用于度量企业和组织效率的前沿分析方法，指出效率

---

① 试想一家金融企业能够为市场高效率地提供大量资金，但自己却无法从这一过程中获利。以微观企业绩效的角度来看，其经营是相当失败、低效的。但从宏观角度或者说社会计划者的角度来看，市场以较低的成本完成了大量资金融通，则是比较高效的。这一过程中，该企业产生的正外部性是两种视角产生分歧的重要原因。

可以通过比较企业与由产业中支配企业形成的最佳实践边界来估计；基于这一理念产生的众多前沿分析方法随后在金融企业效率测算领域得到了广泛的运用。

根据是否需要对生产前沿进行函数形式和参数上的假定，前沿分析方法大致可以区分为参数和非参数两大类方法，前者中较具影响力的有数据包络分析（Data Envelop Analysis，DEA）和自由处置包方法（Free Disposal Hull，FDH），后者则有随机前沿分析（Stochastic Frontier Analysis，SFA）、自由分布方法（Distribution-Free Approach，DFA）和厚前沿方法（Thick Frontier Approach，TFA）。这五类主流的前沿效率分析方法中，又以 DEA 和 SFA 应用最为广泛。但是无论具体技术细节实现有何不同，其根本思路都是以样本的最优效率构造生产前沿，进而以此为基准评价样本中各单位的效率。

自开创以来，前沿分析方法就着眼于微观层面的效率估算，因此在企业绩效特别是金融企业绩效领域形成了大量经验研究成果。伯杰和汉弗莱（Berger 和 Humphrey，1997）总结了 1996 年之前 130 项关于金融领域特别是银行系统的效率研究；伯格等（Berger 等，2000）对 1998 年之前涉及美国等 5 个国家的 16 项保险机构效率的研究进行了总结；伊灵和卢恩（Eling 和 Luhnen，2010）则对 2000 年后关于保险效率研究的 95 篇文献进行了汇总分析。可以说，前沿分析方法在基于微观单位的效率估算领域已经具备了非常深厚的实践基础。

在引入我国后，前沿分析方法也在金融服务企业效率评估的相关研究中得到了广泛应用。张宗益等（2003）、高杰英（2004）对国外主流的五种前沿效率分析方法作出了比较与分析，是国内较早关注这类工具的文献。随后，相关研究纷纷涌现。一批文献利用 DEA 及其改进方法对金融机构的技术效率、规模效率等进行了估计和评价（朱南等，2004；甘小丰，2007；赵永乐和王均坦，2008；袁晓玲和张宝山，2009；蒋浩等，2009；张鹤等，2011；王兵和朱宁，2011），均留意到国有商业银行或保险公司的普遍效率比股份制的商业银行或保险公司更低；也有文献应用 SFA 及相应改进方法测算金融机构的成本效率和利润效率（王聪和谭政勋，2007；甘小丰，2008；张健华和王鹏，2009；姚树洁等，2011；侯晓辉等，2011；

程茂勇和赵红，2011)，多认为我国金融服务企业的成本效率与利润效率整体上仍处于较低水平，但处于动态改善的过程之中；邱兆祥和张爱武（2009）则运用 FDH 方法对中国商业银行的 X 效率进行了测算。除了金融服务业效率外，其他行业的效率测度中也能见到前沿分析方法的身影。譬如，涂正革和肖耿（2005）采用随机前沿分析研究我国的大中型工业企业，发现企业投入要素的配置效率对全要素生产率的增长几乎没有贡献。

除在微观企业效率估算方面得到运用之外，前沿分析方法也得到了宏观领域文献的关注，被用于宏观单位效率的测度。相关研究在增长领域、区域或产业效率领域均有所分布。如王兵等（2007）运用当期 DEA 和序列 DEA 两种方法测度了 1960—2004 年 17 个 APEC 国家或地区的技术效率、技术进步率及 Malmquist 指数，据此对经济增长的趋同效应进行检验；李培（2007）利用 Malmquist 指数和一系列反映地区差异的统计指标对中国 216 个地级市 1990—2004 年经济增长的效率和差异进行描述，采用因子分析和空间计量方法分析了中国城市经济增长的主要影响因素；王志刚等（2006）利用 SFA 模型对改革开放以来的地区间生产效率演变进行了研究；邵军和徐康宁（2011）采用 DEA 方法对我国省级单位的生产率增长进行了分解；徐晓光等（2014）采用 DEA 和 SDEA 等方法衡量中国内地代表性城市与香港的整体金融效率，对内地城市的金融效率提升路径提出讨论；李苍舒（2014）运用 DEA 和 Malmquist 指数测度了我国分省份的金融服务业效率并进行了对应分析。而在产业或行业方面，徐宏毅和欧阳明德（2004）、顾乃华（2005）、顾乃华和李江帆（2006）、谷彬（2009）、胡朝霞（2010）、黄莉芳等（2011）等研究分别运用不同函数形式的随机前沿模型估算了服务业总体的生产率；李小平等（2008）和姚战琪（2009）等用 DEA 方法分析了工业全要素生产率的增长；杨向阳和徐翔（2006）、顾乃华（2008）、原毅军等（2009）等研究则采用 DEA 方法分析了我国服务业的全要素生产率增长状况、效率特征、分布差异和影响因素等。

在技术实现上，参数化和非参数的前沿分析方法存在较大的区别；具体在参数方法和非参数方法的内部，不同方法的实现也彼此各异。然而总体来看，无论是哪一种前沿分析方法，其用于衡量效率的标杆都是样本中最为领先的企业，因此得到的效率都是"相对水平"。这一效率在样本内部具有很强的可比性，但在不同样本间计算出的效率值可比性受到较大的制约，石晓军和喻珊（2007）就指出，这类研究对金融机构效率的测度始终存在估计结果不一致的情况。这在一定程度上限制了前沿分析法的应用范围和解释力度。

三、由宏观入微观：非前沿面的计量方法

经典经济学方法一般通过估计生产函数实现对效率的测度。实证上，通常把总产出中不能由要素投入的"剩余"解释为生产效率，或者全要素生产率（TFP）。正如德尔·加托等（Del Gatto 等，2011）指出，TFP 反映了"生产效率"这个概念的经济本质。TFP 包含了技术水平、管理技能、组织效率、制度环境等因素的影响，也包含了估算过程中的随机误差，因此并非是纯粹的技术效率，而是生产过程中所有影响要素投入平均产出水平的因素作用的集合。

正因如此，经典的全要素生产率估算是从估计生产函数开始的，此后扩展出各种具体估算形式，但是各类方法中总是包括或隐含着生产函数的设定。早期对全要素生产率的测度主要是针对国家或者产业等宏观层面展开的，肇始于索洛的增长理论，其重要目的在于揭示当前经济表现的国别差异，可以统称为总量方法。总量方法包括增长核算法和增长率回归，主要关注全要素生产率在经济增长中的作用。相应国外文献的经典程度已经到了不必再行列举的程度，国内文献也普遍采用这一方法估算宏观区域或产业级别的全要素生产率。例如，程大中（2003）运用规模报酬不变的总量生产函数研究指出，从 20 世纪 90 年代开始，资本产出比增长率对服务业人均产出增长率的贡献开始超过全要素生产率增长的贡献，中国服务业增长的驱动力发生转换；郭庆旺和贾俊雪（2005）运用包含生产函数估计在内的四种方法测算了我国全要素生产率并对不同结果进行了比较和分析；杨勇（2008）利用 Cobb-Douglas 生产函数测算了中国服务业全要素生产率，发现其对产出的贡献率经历由波动向平稳的转变过程。

随着数据可得性的日益改善，相关研究开始向微观层面推广，然而简单地向增长率回归等方法中代入微观数据会遭遇到严重的内生性问题；两者本质性的区别在于，研究对象对于生产过程是否具有主动决策能力。与

宏观经济单位明显不同，以企业为代表的微观主体直接面对自己的生产过程，当其能够在事前观察到自己的效率水平，就可能根据这一水平调整要素投入，令一般设定的生产函数出现明显的内生性问题，导致包括生产函数估计在内的一些宏观生产率研究方法不再适用。总之，宏观的生产函数与微观生产函数的内涵不一致使得早期基于 OLS 或固定效应的生产函数估计等方法不适用于更加细化的企业层面数据（范·贝弗伦（Van Beveren），2012）。

上述所谓企业生产的共时性决策问题早在 20 世纪 40 年代就为马夏克和安德鲁斯（Marschak 和 Andrews，1944）所指出，但是到 20 世纪 90 年代才被奥利和帕克斯（Olley 和 Pakes，1996）较好地解决。通过引入企业对自身效率水平观察的代理变量，结合非线性估计方法，奥利和帕克斯（Olley 和 Pakes，1996）较为令人信服地处理了共时性问题带来的内生性，使生产函数估计方法得以向微观效率估计领域进军，顺应了微观数据应用日益增多的浪潮，其后更催生了列文森和彼得林（Levinsohn 和 Petrin，2003）等的改进方法。

国内目前对这些半参数代理变量估计方法的应用主要围绕工业领域展开。余淼杰（2010）、聂辉华和贾瑞雪（2011）、陈永伟和胡伟民（2011）、鲁晓东和连玉君（2012）、杨汝岱（2015）等纷纷基于相应方法和中国工业企业数据库进行了工业或制造业方面的全要素生产率测算，并对其演变路径、影响要素、部门差异等进行讨论。由于服务业下分类庞杂，各种类型企业的生产模式较为多样，难以用同一个生产函数概括，相应方法在服务业方面还未有应用。而具体到金融服务业方面，虽然企业行为复杂的难点有所缓解，但长期以来前沿分析方法已占据主流，就作者所知，同样没有采用生产函数估计法的研究。

四、前沿方法与生产函数估计的异同

与前沿分析方法不同，生产函数估计过程中形成的效率标杆是样本中企业"普遍"的效率水平。其中，普遍水平或者说平均水平的衡量形成于投入要素的系数估计过程中，而正的残差体现出较普遍水平更高的效率、负的残差体现出较普遍水平更低的效率。如此一来，所得到的效率指标比前沿分析方法具有更强的"绝对性"：首先在样本内部，实现了不同效率企业更好的分离；其次，即便是跨样本的比较，不同样本的平均水平变动相较于前沿水平往往更小。

进一步解释，基于某种视角，生产函数估计方法可以看作一种投入产出比（巴特尔斯曼和多姆斯（Bartelsman 和 Doms），2000；西维尔森（Syverson），2011）。生产函数的设定本质上是对企业生产过程的抽象，这一抽象包括投入产出要素的定义与要素组织形式的确定。以此观之，生产函数即是一定投入要素以某种组织形式合成产出的过程描述，而生产函数的"余量"，实为不同生产单位在投入转化为产出过程中实现的不同"增益幅度"，正是一种投入产出比。[①] 生产函数的系数估计过程是通过调整系数使这一函数尽量贴合样本的过程，典型的最小二乘法及类似方法的原理使得最终估出的系数反映出样本内企业组织投入要素的"一般形式"，而余量为 0 表明样本企业完全契合这一理论上的"一般形式"。[②]

需要额外注意的是，在采用生产函数法估算全要素生产率时，经典分析关注的投入弹性其实并不完全重要。为了控制效率水平的某些冲击或异质性因素，生产函数中往往引入其他控制变量（德·洛克尔（De Loecker），2007），令实际的投入要素变得更复杂。虽然理论上这些控制变量应该只影响效率而对关键投入要素弹性没有影响，但实际上几乎必然分走关键投入要素对产出的一部分解释力度，使弹性偏低。不过，在效率估算中，要素弹性估计值虽有重要的参照意义，但并非研究的最终关注点。以投入产出比的视角观之，经过各种方法和控制变量控制后，估出准确而稳健的效率才是关键。

前沿分析方法和生产函数估计法除了上述"相对"和"绝对"意义上的区别，在技术改进的关注方向上也存在区别。由于前沿分析方法的估算存在相对性，一个重要的改进方向在于加强指标的可比性和绝对性；同时

---

①　经典对数形式 CD 生产函数最为明显，其余量体现为 $\ln(y) - \alpha\ln(k) - \beta\ln(l)$ ，可进一步写为 $\ln(y / k^{\alpha} l^{\beta})$ 。注意到 $k^{\alpha} l^{\beta}$ 正是所谓投入要素以某种形式（这里属于一种 CES 加总的特例）组织后的"投入总量"，这一余量恰恰就是投入产出比的对数。

②　与前沿分析方法不同，通常不会有多少样本完全落在这一水平上，因此生产函数估计法一般能够对样本企业实现更彻底的分离。

由于前沿分析方法依赖对生产前沿的精确构造，改进方向也包括加强对不合意产出的考虑（托恩（Tone），2001）、对生产动态过程的描述（刘易斯和塞克斯顿（Lewis 和 Sexton），2004）、函数形式的灵活性（克鲁普斯（Klumpes），2004）等；此外，近期的研究也越来越重视控制一系列外生影响要素，包括经济环境等（黄薇等，2013）。而对于生产函数估计法而言，近期最重要的改进就在于奥利和帕克斯（Olley 和 Pakes，1996）对共时性偏误的解决。

德尔·加托等（Del Gatto 等，2011）将既有的生产效率估算方法在前沿与非前沿、确定性与随机、宏观和微观三个维度上作了归类，是较少的正视前沿分析方法和非前沿分析方法的文献之一。在这篇文献中，由于经验研究上既成的事实，前沿分析方法被归为同时适用于宏微观数据的方法。然而按照前文的论述，这类方法并未对共时性问题造成的内生性偏误加以考虑。以与生产函数估计法较为接近的 SFA 方法为例，其主要关注点在于将生产函数的残差 ε 构造为对前沿面的偏差 u 和随机误差 v，然后通过不同的分布假设将两者分离，这一过程并未体现对共时性问题的考虑。相比之下，以奥利和帕克斯（Olley 和 Pakes，1996）为代表的代理变量估计方法主要修正了 ε 对投入要素的影响，而对随机误差并未进行处理，因此求得的效率中必然混杂有随机扰动。然而通常而言效率值在总残差中总是占据决定性的比重，这使得代理变量估计方法所作出的修正比 SFA 方法更加重要。出于这一考虑，我们的研究将主要采用生产函数的代理变量估计方法测算效率。

五、其他方法简介

除去上述两类主流的效率估算方法，尚有其他一些方法被用于效率估算，其中传统的增长核算法是典型适用于宏观经济单位的方法，但一般针对经济总量使用。早期宏观层面的金融效率主要通过单个代表性指标加以体现，如王志强和孙刚（2003）采用了投资和储蓄的转化率，李广众和王美今（2003）则采用私营企业所获信贷的占比，类似指标到较近期的文献中仍可见到应用。基于内生经济增长理论中对金融角色的描述，沈军和白钦先（2013）利用修正的 AK 模型和 SVAR 方法对金融体系效率进行了测算，属于有别于前沿分析方法的宏观金融效率测算的较新进展。微观单位的效率估算方面，程柯等（2012）利用分位数回归方法估算了 12 家商业银行 2000—2009 年的利润效率，认为分位数回归方法较其他方法更充分地捕捉了数据所蕴含的信息。

第二节　金融服务业效率的影响因素

一、企业内部因素

经典经济学框架下由企业层面视角进行的金融企业效率研究强调企业自身特性对其效率的影响，这方面研究与对生产性工业企业的研究并无不同。典型的研究如规模经济和范围经济的检验，分别考察金融企业的规模及业务范围或分支机构是否能够带来效率的提升。一般而言，规模效率的实证结果更加积极，如姚等（Yao 等，2007）检验了 22 家中国保险公司的规模对效率的影响，发现该效应显著为正；但区别所有制的研究则给出了样本内差异化的结果，王聪和邹朋飞（2004）研究指出，我国股份制商业银行存在规模经济，而国有商业银行存在规模不经济。相比之下，多元化经营、分支机构扩张等范围经济的实证结果更加不一致。国外的经验研究已经存在各种不同的结果，我国由于市场结构的特殊性呈现更加复杂的局面，例如，杜莉和王锋（2002）与王聪和谭政勋（2007）、杨大强（2008）关于不同所有制银行范围经济差异的研究结论就截然相反。

近年来，对于金融企业微观层面的效率研究逐渐开始关注其中介特色与治理结构中存在的委托—代理问题（许荣和向文华，2009）。作为资金融通的中介，金融企业具有独特的资产负债表，其运营决策可能受到负债方的监督。内田和撒达克（Uchida 和 Satake，2009）针对日本银行的研究表明，存款负债正面促进了商业银行的成本效率，但是存款负债与利润效率之间并未发现显著的关系。这在一定程度上说明，负债方的监督可能影响到金融企业的成本管理决策，但并不必然影响最终的利润效率。

对资产负债表的管理也涉及风险，金融服务业本质上是应对风险的行业，休斯等（Hughes 等，1996）研究发现，银行的风险和经营效率之间存在复杂的交互作用，对于风险过度抗拒的银行可能需要付出额外的风险溢价减少风险，降低了自身经营效率。相应地，德·扬等（De Young 等，2001）认为，有效率的银行能够更好地处理更多风险，最终赢得更出色的利润绩效。帕斯特和塞拉诺（Pastor 和 Serrano，2005）考察 596 家欧洲银行 1993—1997 年的数据后发现，风险可作为一项银行自身决策的投入影响效率，根据风险调整后的成本效率和利润效率比调整之前更加稳定。黄和帕拉迪（Huang 和 Paradi，2011）就这一命题针对中国保险公司样本进行了研究，也发现竞争、风险和效率之间存在彼此交互的影响。

考虑到委托—代理问题的影响，休斯等（Hughes 等，2003）对 169 家美国上市的银行控股公司进行了研究，发现一旦管理人员和股东之间存在较大的代理成本，管理人员就可能在背离规模经济或范围经济的情况下展开并购，致力于扩大自己的权力。克特尔（Koetter，2006）在设定同时考虑利润和风险因素的管理人员效用函数后，对德国银行 1993—2004 年的样本展开研究，发现考虑上述因素设定后给效率的估算带来了明显的区别。

二、市场结构

市场结构对金融企业效率的影响一直以来都是学界争论的焦点，竞争性的假说包括"效率结构"假说（德姆塞茨（Demsetz），1973）和"平静生活"假说（伯杰和汉纳（Berger 和 Hannan），1989）。前者认为，有效率的金融企业自然能够在竞争中占据优势，因此市场势力是企业效率的如实反映，两者之间存在正相关关系；后者则认为，垄断势力令企业能够通过效率竞争以外的方式把持市场，且市场内企业能够阻止其他竞争者的进入，因此变得怠于提高效率，静享"平静生活"。

长期以来，对于两者均有相应的经验文献表示支持。国内针对这一因素的研究同样莫衷一是，张健华（2003）、齐树天等（2008）等研究倾向于"平静生活"假说，袁晓玲和张宝山（2009）、李小胜和郑智荣（2015）等研究则提供了银行市场份额与效率正相关的证据。其他一些研究提出了在不同维度上差异化的结论：傅和霍夫曼（Fu 和 Heffernan，

2009）研究表明，1979—1992 年，银行的市场份额对其效率有负面影响，但在 1993—2002 年，经验证据又倾向于支持效率结构假说；程茂勇和赵红（2011）指出，银行的市场势力对成本效率有负面影响、对利润效率有正面影响；侯晓辉等（2011）则认为，市场份额对银行效率不存在显著影响，但市场集中度的提高会显著降低银行效率。姜琪和李占一（2012）的研究则表明，在控制了经济总体的增长态势之后，银行业较高的利润似乎更可由市场垄断势力解释，而非高效率；这从侧面支持了"平静生活"假说。

除了市场既成的势力结构外，市场的开放程度也可以视为结构特征的成因纳入考虑。开放可分为对内开放与对外开放。何德旭和王朝阳（2006）对民营资本进入银行业存在的一些有形与无形阻碍进行了梳理；田晓耕和殷晓红（2008）、陈浪南和逄淑梅（2012）、姚战琪（2015）等利用不同指标计算了中国金融服务业的对外开放度。在金融服务业逐渐开放并引入外资的背景下，关于外资进入对金融服务业效率影响的讨论也日益增多（黄薇，2011；姚树洁等，2011；等等）。

三、所有制因素

伯杰等（Berger 等，2005）指出，与发达经济体相比，新兴市场中企业的股权结构对效率的影响远比治理结构更强，这主要是由于不同类型股东的主要诉求不一致，但法制环境又无法充分保障投资者的权利造成的。作为佐证，他们的文章同时考察了阿根廷银行效率的影响因素，发现国有银行效率明显较外资银行和民营银行更低。米科等（Micco 等，2007）基于 179 个国家约 6000 家银行的经验研究印证了上述观点，指出发展中国家的国有银行效率明显低于非国有银行，但这一差距在发达国家并不显著。

对于中国的研究基本符合上述观点。甘小丰（2007）发现，国有产权对银行效率显著为负。林和张（Lin 和 Zhang，2009）考察了 1997—2004 年中国银行所有权改革对其效率的影响，发现城市商业银行和股份制商业银行的效率高于垫底的四大国有银行。虽然侯晓辉和张国平（2008）指出所有权对银行效率的影响并不显著，但侯晓辉等（2011）的研究更新了这一结论，认为国有商业银行的全要素生产率显著低于其他股份制商业银行。此后的研究如王兵和朱宁（2011）、姚树洁等（2011）等多倾向于认同国有所有制对银行效率存在负面影响。由于所有制在我国金融服务业企业效率中扮演着如此重要的角色，几乎已经成为相关研究无法绕开的研究要素。在下面的章节中我们将就这一问题展开讨论，说明所有制对效率的负面影响很可能是通过多种渠道共同作用产生的。

四、其他因素

除了上述关键因素以外，也有一些文献探讨了我国金融服务业企业效率的其他影响因素。甘小丰（2007）除借鉴弗里德等（Fried 等，1999）的四步法控制了所有权因素外，也控制了一些宏观因素，发现银行效率存在顺周期性，当经济增长时效率提升、经济放缓时效率下降；无独有偶，甘小丰（2008）针对保险业 1996—2005 年样本的研究也说明类似观点可以拓展到其他金融服务业领域。同时，甘小丰 2007 年和 2008 年针对银行和保险业的研究分别表明，M2 增速或 M2 占 GDP 比重对效率的影响不显著或显著为负，李小胜和郑智荣（2015）的研究则认为 M2 占 GDP 比重对银行效率的影响并不显著。赵永乐和王均坦（2008）检验了盈利能力、资源配置能力、流动能力、创新能力和风险能力对银行效率的影响，认为这五种能力对效率影响的强弱是逐渐减小的；袁晓玲和张宝山（2009）也确认了创新能力对银行效率的积极影响。上述创新主要指银行的中间业务创新，而从更广泛的角度，梁玲玲等（2014）讨论了金融服务业创新活动与绩效之间的关系，提出研发经费等指标代表的一般性的创新活动能够显著增进绩效；而根据杨丽霞和李悦（2013）的研究，政府规制与创新之间存在重要关联，可见这一领域尚有进一步挖掘的空间。赵桂芹（2009）基于我国产业保险业 2002—2007 年数据的研究发现，资本投入不足对经营效率的影响不显著，但资本投入过度对权益报酬率和收入效率产生了负面影响，说明这一时期产业保险业的资本增加缺乏效率。姚树洁等（2011）检验了银行业样本外资参股与 IPO 等治理结构变化的选择效应与动态效应，认为 IPO 不具有明显的"择优上市"效应，也不具备对银行效率的长期改善作用，但能够在短期内加强银行的获利能力。黄强（2012）针对金融控股对银行效率的影响进行了研究，认为金融控股显著地提高了银行的技术效率水平，但对全要素生产率和技术进步的影响并不明显。陈凯和赵晓菊（2012）在比较中国、美国和德国的商业银行效率后指出，与美国银行混业经营、长于创新，德国银行高效利用资源相比，中国银行的创新能力不足，盈利能力主要依靠政策性利差及低风险的中间业务增长。管仁荣等（2014）的研究表明，互联网金融发展程度对银行综合效率、纯技术效率产生了积极的效应，且对国有银行的影响更加明显。中国经济增长与宏观稳定课题组（2009）指出，城市化率对服务业效率应存在正面促进作用，陈志刚等（2015）则检验了宏观金融效率是否构成城市化的动力，暗示两者可能存在交互的影响。

第三节 金融效率损失的宏观影响

自戈德史密斯（Goldsmith，1969）提出金融发展能够促进经济增长以来，已有大量研究跟进讨论了金融系统功能与经济发展之间存在的关联，且绝大多数都继承了戈德史密斯（Goldsmith，1969）的观点，认为金融功能的健全和强化能够促进经济增长（莱文（Levine），2005）。鉴于国外相关研究已经汗牛充栋，而且结论相对一致，本节主要介绍针对中国的研究。

一、金融效率损失对关联产业的影响

作为生产性服务业，金融服务业运作的效率直接影响其他经济部门所面对的资金约束和融资服务；作为资金融通的中介，金融服务业又通过自身的高效运作不断优化着资源在不同效率部门之间的配置，促进优胜劣汰，这一过程的效率在宏观上起到提高经济整体效率的作用。何德旭和姚战琪（2006）基于多国投入产出表进行了详尽的分析，在计算了 9 个 OECD 成员国金融服务业与其他产业的前后向关联度后发现，金融服务业的产业链条较长，几乎同其他所有产业都存在关联，而且对国民经济有明显带动作用，对服务业的带动效应又强于制造业；与这些国家相比，中国的金融服务业就业占比相对于产值占比而言偏低，且与资本密集型的制造业关联较强、对服务业的渗透力较差，总体而言经营效率低下，仍属于粗放型发展。丁宁（2013）指出，宏观金融效率的一个代表性指标——存贷利差对工业企业效率有负面影响，意味着金融服务业的效率如果较低，将会拖累工业企业的效率。孙国茂和陈国文（2014）考察了金融业对制造业利润的影响，基于金融业净利润、制造业净利润和经济景气指数的 VAR 模型表明，金融业在一定程度上侵占了制造业的利润。张望（2014）通过构建三部门模型证明，金融市场的效率越高，企业的研发强度就越高，因此金融市场效率提高能够促进其他部门的创新。

二、金融效率损失对收入和消费的影响

帕加诺（Pagano，1993）所提出的金融—增长联结机制中，金融部分地通过改变经济的储蓄率发挥宏观经济效应，这一效应被解释为金融部门能够通过优化资源配置提高资产回报率，从而吸引更多的储蓄。由于居民的收入水涨船高，储蓄增加的同时也伴随着消费增长。由于长期的利率管制以及金融企业在储蓄市场上的强势等原因，这一效应在我国长期是负面的。陈彦斌和陈军（2009）指出，居民消费低迷的重要原因之一在于我国居民人均财产水平过低，且财产不平等与消费不足形成了自我抱死的恶性循环，这一情况难以自行改变。邱崇明和李辉文（2011）、李涛和陈斌开（2012）均发现我国的金融抑制对居民消费产生了不利影响，导致了消费增长率和未来消费水平下降。但邱崇明和李辉文（2011）认为，该效应主要是通过信贷约束而非财产性收入产生的；而陈彦斌等（2014）则认为，我国居民消费不足与居民财产水平和财产分配状况存在紧密的关联。李文溥和李昊（2015）指出，我国居民部门生产性资本占全社会生产性资本比重自 2006 年之后下降以及长期的利率管制对居民财产性收入的提高极为不利，对最终消费也形成了较大的负面影响；李文溥和李昊（2016）进一步从国别比较的视角论证了这一观点。

金融服务业效率尤其是"分置效率"除作用于居民消费外，也对居民收入不平等的情况产生了影响。李实和赵人伟（1999）、李实等（2005）

延续性的研究表明，中国居民财产分布不均等的状况出现了快速而明显的加剧，扩大趋势主要来自城乡差距；其中李实等（2005）还认为，居民金融资产未来对总财产分布不均等的推动效应还将继续加强。此后文献多关注在中国特色的城乡二元经济结构之中，金融发展或金融效率对城乡收入不平等的影响（温涛等，2005；张立军和湛泳，2005；楼裕胜，2008；曾小彬和刘凌娟，2008；陈志刚和王皖君，2009；夏传文和刘亦文，2010；王修华和邱兆祥，2011；张敬石和郭沛，2011；李志阳和刘振中，2011；等等），多认为金融规模扩张在一定程度上加剧了城乡收入差距，而金融效率的提升能够缩小城乡收入差距。

三、金融效率损失对经济增长的影响

金融服务业效率对于经济增长的方面包括两方面。一方面，作为自身创造产出的一个现代服务业部门，金融服务业的产出也是总产出的一部分，其创造自身产出的效率高低直接影响整体经济的增长。另一方面，金融部门的效率通过影响其他部门资金供给改变其投资，对经济增长又有全局性的影响。

两种类型影响的关联主要由鲍莫尔（Baumol，1967）的思想加以体现。鲍莫尔（Baumol，1967）首先以两部门的非均衡增长模型阐述了以服务部门为典型的低效率部门扩张引起增长停滞的思想，但受到时代的局限，其观点忽视了生产率较高的生产性服务部门，或者从本质上说，没考虑到内生增长。欧尔顿（Oulton，2001）通过引入生产中间品的生产性服务部门改进了鲍莫尔（Baumol，1967）的结论，使非均衡模式下的持续增长成为可能，从而揭示了服务经济与制造业互动产生的增长效益。在此基础上，谭洪波和郑江淮（2012）曾以一个修正的非均衡增长模型解释了中国高速发展与服务业滞后并存的情形。与鲍莫尔（Baumol，1967）和欧尔顿（Oulton，2001）相比，威尔伯（Wilber，2002）则从一个更广的视角，在两部门中均引入资本密度，从而揭示了在服务部门相对资本密度较高的情形下，其扩张提高长期增长率的可能性。由于金融服务业是典型的现代服务业和生产性服务业，上述讨论都适用于金融服务业效率对经济增长的影响。概括而言，作为现代服务业，金融服务业自身具有较高的效率，当其效率正常发挥时，足以保证经济长期的增长率不会随着该部门份额的上升而持续降低；而作为生产性服务业，其效率提升又对经济中的其他部门具有促进作用，即便自身效率在各个经济部门中不是最高的，只要保证一定水平，也能够有效推动经济整体的长期增长。

对于金融服务业促进其他部门发展的具体机制，理论文献又进一步提供了两种机制。一类在放松新古典增长理论的前提假设后，将信息不完全和交易成本因素加入考虑，使金融活动对经济增长产生实质的"增长效应"。在这一框架下，金融活动降低了信息不对称的影响，提高了资本配置效率、分散了投资风险从而促进了投资（陈志刚和郭帅，2012）。前文论及的内生增长理论则提供了更加基础的角度，侧重强调金融服务业活动对资本积累过程的促进，具体而言，即是通过分置效率、转化效率和配置效率（云鹤等，2012），使得经济的储蓄增加、资产扩张、投资配置优化，最终促进资本积累和经济增长。

经验研究方面，谈儒勇（1999）的研究认为，金融中介发展与经济增长很可能具有相互促进的关系，但股票市场发展对增长的促进并不显著。周业安和赵坚毅（2005）构造了我国金融市场化指数，发现市场化过程明显影响经济增长；如果同时考虑金融结构，其系数为负，说明主要是市场化过程影响经济增长。陈邦强等（2007）从金融中介、金融市场、政府行为和金融开放四个角度进行考察，认为这些因素彼此相互关联，但短期内我国的金融市场化并未明显促进经济增长，反而是经济增长促进了金融市场化并倒逼政府改革。鲁晓东（2008）利用省级面板数据对经济增长的影响因素进行检验，发现我国当前金融体系存在严重的金融资源错配，致使金融的发展反而牵制了经济的增长。江曙霞和陈玉婵（2011）探讨了金融约束政策下的金融发展与经济效率，经省级面板数据的检验发现金融规模扩张也未能提升经济效率，仅有金融效率的提高对经济效率促进明显。但陆静（2012）对金融发展与经济增长之间所作的面板格兰杰检验却表明，以存款或贷款表示的金融发展程度均为经济增长的格兰杰原因，金融发展对经济增长具有明显推动效应。

四、金融效率损失对资源配置的影响

作为金融资源配置的核心部门，金融服务业效率与社会的资源配置效率息息相关。沈春苗和郑江淮（2015）指出，在计划经济向市场经济转型的过程当中，我国资源配置效率整体上已经有所改善，但资源错配的情况仍然较严重，金融扭曲造成的摩擦正是其中一个原因。

谢和克莱诺（Hsieh 和 Klenow，2009）代表性的研究指出，若中国制造业的资源配置效率与美国相当，则总产出水平本能够提高 40%。聂辉华和贾瑞雪（2011）的研究表明，在一个放开准入管制的市场中维持对低效率国有企业的保护势必要求金融资源分配带有"所有制歧视"，这是当下资源错配的主要成因。鲁晓东（2008）强调，这种金融扭曲不仅降低了资本积累效率，还降低了全要素生产率。

李青原等（2013）借助沃格勒（Wurgler，2000）的资本配置效率估算模型衡量了工业行业的资本配置效率，发现金融发展程度与之正向相关，说明中国地区实体经济的资本配置随着金融的发展得到优化，但地方政府的干预可能会影响这一过程；同样借助沃格勒（Wurgler，2000）的模型，蒲艳萍和成肖（2014）测算了 2004—2011 年的服务业资本配置效率，认为中国服务业的资本配置整体有效但是波动性太强，以银行存贷款额、存贷款比率、股票交易额衡量的金融发展对这一效率有促进作用。

马光荣和李力行（2014）基于理论模型分析了金融契约效率对企业的影响并以中国工业企业数据进行了验证，研究主要发现金融契约效率对不同生产率企业的退出具有差别影响，较高的金融契约效率能够降低高效率企业的退出概率而加速低效率企业的退出过程，这对经济整体的资源配置是一种优化。现实中，这一机制是通过金融服务企业对投资对象的审查和监督实现的，高效率企业面临短期流动性困难时能够得到帮助、低效率企业则被准确筛查而无法得到资金，这属于金融服务业的"配置效率"。张慕濒和孙亚琼（2014）由上市公司融资约束的角度看待金融资源配置效率，指出我国当前实业金融化的趋势主要源自金融资源可及性的增加而非企业经营利润的增长，资金配置的利润导向不明确，国有上市公司预算软约束依然存在，因此当前的经济金融化趋势并不能够改善金融资源配置效率。

第四节 结 论

既往企业级别效率测度的文献呈现前沿分析方法和非前沿生产函数估计方法分流的局面；而金融服务业效率的测度则存在着宏观与微观视角的割裂。具体而言，探讨金融服务业宏观层面效率影响的研究所采用的效率测度通常不建立在微观企业效率的基础上，而金融服务业的微观企业效率测度又较为明显地局限于前沿分析方法。通过评析和比较，我们认为，在工业领域得到较多应用、而目前尚未被用于金融服务业效率测算的生产函数代理变量估计方法相对于前沿分析方法在指标的分离度、可比性和对共时性决策问题的处理上具有一定优势。因此，我们在效率测度方面主要考虑引入非前沿的生产函数代理变量估计方法，估算金融服务业企业层面数据，以填补当前研究的空白。同时，为了充分利用当前使用较为成熟的前沿分析方法所能提供的信息，为生产函数代理变量估计方法的估计结果提供参照，我们也将采用前沿分析方法进行平行的估算。当然，为了避免前文提及的前沿分析方法所固有的弊病，我们考虑对测算样本进行重构，令样本不但包括研究对象，还包括根据实际经济情况外生选定的标杆。基于这一标杆，准确判断研究对象的效率变动情况。

关于金融服务业效率的影响因素，既往研究提出了包括规模、多样性、治理结构、所有制结构、委托—代理问题、风险偏好、创新能力、人力资本等在内的多种企业自有的影响因素，也提出了包括宏观经济增长、金融深化程度、通货膨胀、市场结构等环境外在的影响因素，较为全面地涵盖了企业效率的各种潜在成因。然而，这些发现主要还是基于经济理论的论说和经验数据的检验，关于各个因素的理论和检验都显得孤立，各因素之间的内在关联和协同影响并未得到更深入的挖掘，同时更缺少从企业微观决策视角展开的分析。如前所述，随着经济理论的深入和经济数据的丰富，当前研究从宏观到微观的细化越来越得到重视。在制造业文献中，已经有学者开始考虑低效率是否是企业在外在机制扭曲下的一种理性选择；但在金融服务业效率领域，类似的细化认知还较为欠缺。我们将在归纳我国金融服务业市场典型结构性扭曲的基础上，尝试由企业微观决策的视角出发，解释这些因素协同作用、交织影响对企业效率决策产生的效应。

至于金融服务业效率的宏观影响，以往研究发现金融服务业在资金供应方面的效率影响到其他行业的投资、利润、创新活动，在吸纳资金、提供回报方面的效率影响到居民收入及消费行为，在资源配置方面的效率影响到总产出、总效率和行业内的优胜劣汰，基本涵盖了金融服务业效率在宏观经济中的三重角色。而考察金融服务业效率对增长的影响则往往发现，我国金融服务业规模与增长关联并不紧密，效率对增长的促进要明显得多。这些研究对加深关于我国金融服务业发展质量的理解具有重要的意义。不过，这些研究多数还是基于宏观变量进行计量回归，虽有直接简明之利，却难以全面而准确地刻画金融服务业效率通过对不同经济部门的关联性传导最终产生的综合效应。如前所述，金融服务业具有与其他经济部门关联紧密的特点，对经济的影响应是全局性的。倘若不能把握这一特质，求得的效应就难言精准。仅有少数文献如云鹤等（2012）基于经济增长模型对金融部门对经济的多重影响进行了刻画，然而其关键的联结方程仍然是根据经验给出的，不具备更扎实的微观基础。为了弥补现有文献之不足，我们拟构建包含金融服务部门的动态随机一般均衡（DSGE）模型，刻画金融服务业与各经济部门的关联互动，根据中国数据校准后，以之模拟金融服务业效率变动对宏观经济各主要变量的冲击，从而在全局性、系统性的视角上观察金融服务业效率对宏观经济整体的影响。

第十三章　中国金融服务业效率的测度

在对中国金融服务业效率问题展开进一步讨论之前，有必要先明确中国金融服务业的真实效率水平——倘若中国的金融服务业当前已经具备较为领先的效率水平，或者效率水平已经处于长期动态改善的进程之中，则研究这一问题的现实意义将大打折扣。尽管既往文献（甘小丰，2007；王聪和谭政勋，2007；程茂勇和赵红，2011；姚树洁等，2011；侯晓辉等，2011；沈军和白钦先，2013；李苍舒，2014；等等）多认同中国金融服务业效率整体上还具有较大的提升空间，蒲艳萍和成肖（2014）、张慕濒和孙亚琼（2014）等也从产业角度出发指出我国金融资源配置效率的相对低下，但仍有必要对这一情形进行数量上的确认；这既有利于实现本研究与既往研究的参照与衔接，也为后续讨论提供了量化的评估指标与分析材料。此外，在充分参考以往研究的基础之上，我们将尝试改进测度方法、引入新的金融服务业效率测度工具，以期对中国金融服务业的效率进行更加细化的衡量，从而准确把握问题所在，以利于展开更深入的讨论。

基于上述考虑，本章将首先从经典宏观金融效率指标的角度出发，回顾中国金融服务业整体效率变迁进程，以把握中国金融服务业效率概况。虽然我们主要讨论金融服务业的行业效率和宏观层面的影响，然而，宏观效率是由微观经济主体的效率构成的，在数据和处理方法齐备的情况下，行业效率的测算最终还是要落实到微观企业之上。故本章在对基于宏观指标的金融体系效率作回顾之后，将进一步引入企业层面数据，从相对效率和绝对效率两个角度分别评估基于企业的全要素生产率；企业层级的效率不仅能够展现出行业内部代表性企业的效率分布细节，还能够进行汇总，衡量出建立在微观企业基础上的中国金融服务业整体效率水平。正如鲁晓东和连玉君（2012）所指出，当前无论是经济理论模型或者统计数据分析都呈现由宏观向微观拓展的趋势：从数据质量的角度看，宏观总量数据在加总过程中抹除了大量数据细节，相比之下，企业层面的数据能够提供更加丰富的信息；从更本质的角度看，作为经济活动的主体，恰恰是企业的效率构成了经济整体的宏观效率。因此，由企业视角出发进行的估算当可对中国金融服务业效率水平提供更加细化而可靠的衡量。

第一节　金融服务业效率概况
——基于宏观指标

金融企业的效率是金融服务业效率的成因，宏观金融体系的效率则是金融服务业效率的结果。由两个不同的角度出发，均可对金融服务业效率进行评估。20世纪90年代以来的金融发展理论（莱文（Levine），1997）通常以储蓄—投资转化率、私企获得的信贷占比、国有银行资产占全市场的份额等指标考察金融体系的效率，相应指标往往反映了转化效率、配置效率、市场结构等与整体金融效率直接或间接相关的因素。从宏观视角进行考察，有助于把握金融效率变动的全貌。

金融服务业典型的经济角色是作为资金融通的中介。菲利蓬（Philippon，2015）从宏观经济的视角审视金融中介活动的成本和绩效，指出资金融通的耗损在于中介过程中附加的额外成本，而这一成本最终将转化为中介部门的利润；据此，他将金融增加值占GDP的份额视为中介成本，以中介活动总成本除以中介产出总规模衡量金融体系的低效性，评价了美国1880年以来的金融效率。基于这一思想，我们简单采用中国银行业总资产和金融业增加值占比绘制了图13-1，可见，以这一指标度量，中国的金融中介总成本是上涨的、金融中介的平均成本却是下降的，后者意味着金融效率的提高。本质上，该指标仍属于一种投入产出比[①]，然而推敲

---

① 中介资产的平均成本越低则效率越高，因此，这一视角下的效率＝中介资产规模/中介成本，即单位中介成本能够创造的融通规模。其中中介资产规模为产出，中介成本为投入。

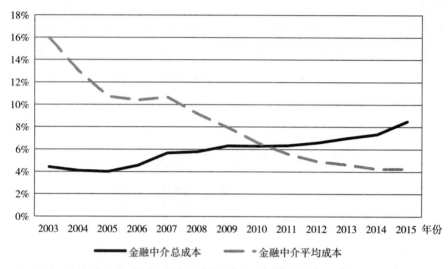

图 13-1　中国的金融中介总成本和平均成本（2003—2015 年）

资料来源：根据 CEIC 数据计算。

其投入产出指标的选择，可以发现一些值得商榷之处。首先，从产出的角度看，金融中介资产均被视作产出；但事实上，资产并非总是合意的产出，低效率的资产徒具其量，并没有把资金配置到真正需要它的地方去。[1]其次，从投入的角度看，以金融服务业增加值（占比）评价整体中介成本有失偏颇；站在企业的立场上，高效率的企业总能够把效率优势转化为较低的成本，从而在以同样投入提供相当规模的产出时获得更丰厚的利润。这两点待商榷之处体现了纯粹宏观视角可能带来的误导。就第一点而言，以资产规模作为产出仅能体现企业的转化效率，但资产配置的质量属于企业的配置效率；不结合企业生产视角审视这一过程，难免顾此失彼。就第二点而言，企业视角与社会计划者视角存在外部性的分歧，高效率的中介企业本应能在宏观中介成本中分得更多利润，这是其通过提高效率降低损耗实现的，宏观视角却将此一概视为损耗。[2]综上所述，图 13-1 所呈现的

---

[1]　而且一部分金融资产是反复衍生而创造的，并未对经济提供新的融通服务。

[2]　设想，如果一家代表性的金融企业创生了大量资产却几乎不能获得盈利，以企业运营的标准来看无疑是非常失败的，而依据上述指标却会对其得出极高的评价。倘若采用宏微观结合的视角，就容易辨析这一分歧：该企业的转化效率高，而配置效率低；本应有的部分盈利作为一种正外部性流失出去了，但是宏观视角无法区分这一点。

中国金融服务业效率上升虽然乍看与近年来金融业快速发展的直观认知相吻合，却仍可能存在误导，还有必要进一步考察其他更细化角度的宏观指标。

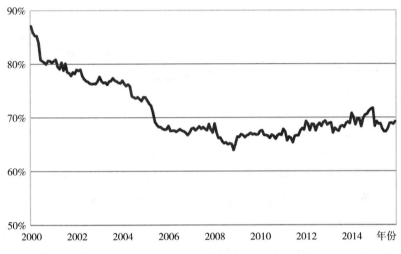

图 13-2　中国的贷款与存款比例（2000—2015 年）

资料来源：根据 CEIC 数据计算。

　　王志强和孙刚（2003）、陈志刚等（2015）运用贷款和存款比例测度中国宏观金融效率；依照前文的观点，这实质上是在测算金融体系的"转化效率"。由图 13-2 可见，2000 年以来，由存款与贷款比例反映的中国宏观金融效率总体上呈下降趋势，2006 年之后进入了相对停滞的阶段。事实上，近年来中国的金融市场有着相当迅速的发展，这一直观认知似乎与图 13-2 体现的趋势并不吻合。这当然可能与指标的选择有关，因为贷款与存款比例既非越高越好，在一定时期内还受到管制；但考虑到该指标与沈军和白钦先（2013）借助修正的 AK 模型和 SVAR 方法、综合考虑多方面效率后得到的整体金融效率在大趋势上相对一致，就不能不令人加以重视。沈军和白钦先（2013）指出，中国金融体系存在"量性发展有余、质性发展不足"的特点，因此规模快速扩张与效率停滞不前并存不足为奇。

　　中国季度宏观经济模型"CQMM"课题组（2015）的研究指出，当前经济中新增的信贷资源并未有效配置到实体经济特别是民营企业中去。私企信贷与 GDP 的比值也常被用于衡量金融市场的效率，这一指标实质上体

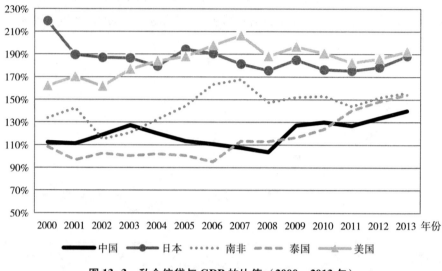

图 13-3　私企信贷与 GDP 的比值（2000—2013 年）

资料来源：WDI。

现了金融系统的"配置效率"。图 13-3 提供了这一指标的国别比较，容易
看出，美国和日本显著较高，中国与人均收入较为接近的泰国、南非大致
处于同一水准。然而，如果着重关注近几年的动态表现，中国的这一指标
已被泰国和南非拉开差距。考虑到这一落后甚至是在信贷资源充分扩张的
背景下发生的，则中国金融体系的效率停滞已经成为不得不正视的问题。

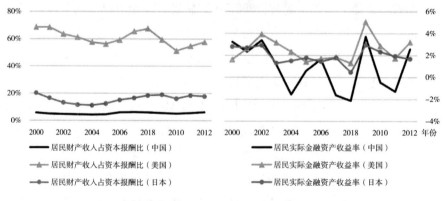

图 13-4　居民财产性收入占比及实际收益率（2000—2012 年）

资料来源：李文溥、李昊：《中国居民的财产收入状况分析》，《财贸经济》2016 年第 8 期。

为了体现金融服务业的"分置效率"，图 13-4 呈现了我国居民财产性收入占比及实际收益率与美国、日本的比较。可见，从水平上，我国居民的财产性收入在总资本报酬中的比重以及扣除通胀后的实际收益率均处于较低水平，这与我国近年来高投资的情况大不相符。由"分置效率"看，我国金融服务业效率不容乐观。

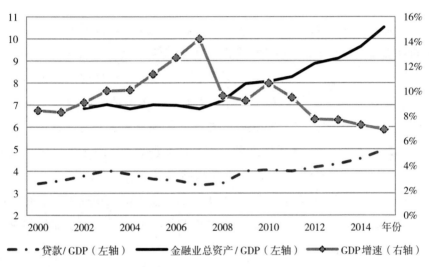

图 13-5　金融相关比例与 GDP 增速（2000—2015 年）

资料来源：CEIC。

金融相关比例在一定程度上体现了金融资源的丰富程度，常常被用于代表金融发展水平。具体操作上，经常用金融业总资产与 GDP 的比值进行衡量，张军（2006）采用了贷款与 GDP 的比值。从图 13-5 可以看出，两者随时间的变动较为一致，均表明我国金融市场在最近十余年来总体呈上升态势，特别在 2007 年国际金融危机之后加速发展。然而，与张军（2006）就已经指出的情形相似，金融规模扩张与经济增长并未展现出很好的同步性，表明中国信贷扩张难以有效促进经济增长的痼疾仍未改观。以至于在最近几年，货币政策维持宽松的情况下，金融业总资产的规模显著上扬，却难以提振持续下滑的 GDP 增速。金融业规模的扩张无法有效支持经济增长，体现了其宏观效率偏低。

第二节　基于金融企业的相对效率测算

作为金融服务业效率的"后果"，宏观金融效率间接反映了金融服务业的效率，有助于快速把握中国金融服务业效率的概况。然而，宏观金融效率的形成除了与金融服务业自身效率相关之外，还可能受到其他因素的影响，因此要准确衡量金融服务业的效率，最终还是要由行业的构成主体——企业着手。与工业方面的研究相比，金融方面的研究文献很早就引入了基于企业层面数据的效率度量工具，这一理念和工具上的分歧在某种程度上是由数据可得性、技术条件和行业特征共同催生的。法雷尔（Farrell，1957）率先提出，可以将行业中领先企业的表现视为"实践中最佳"（best practice）的生产前沿，进而以此为标杆衡量其他企业的相对效率；基于这一理念产生的众多前沿分析方法随后在金融企业效率测算领域得到了广泛的运用。

由于既往关于金融服务业效率测算的研究多采用 DEA 或者 SFA 等前沿分析方法，为与相应研究实现更好的衔接，同时为我们主要依靠的 PDV-LP 半参数代理变量估计方法的结果提供参照，本节将应用 DEA 方法对中国金融服务业效率进行测算。值得注意的是，与传统微观企业经济理论不同，前沿分析方法中的"生产前沿面"以样本中的最高效企业加以定义，① 因此测得的效率水平属于"相对效率"，导致测得值在绝对水平意义和跨时可比性上存在不足。为了避免这一问题，本节将采用包含部分香港金融企业在内的数据样本，从而对中国内地金融服务业整体效率提供更加客观的评估。

---

① 在某种程度上，这是以平均企业（the average）和最优企业（the most efficient）为标杆的区别。

一、估算方法介绍

查恩斯等（Charnes 等，1978）最先提出的数据包络分析（Data Envelope Analysis）方法是对法雷尔（Farrell，1957）"最优实践前沿"思想的极佳呈现。在获取并界定"决策单位"（Decision Making Units，DMU）的投入、产出数据后，DEA 通过数学规划方法寻找样本内的最高效观测并以之构建一个凸性的生产可能性边界，再将其他 DMU 与这一生产前沿相比，得到其各自的相对效率。

由于无须对投入产出过程的"生产函数"进行参数化设定，也就避免了潜在的设定失误，加之其能够处理多投入多产出的优秀特性，DEA 模型自提出以来，在企业效率评估领域得到了广泛的运用，也衍生了大量变体，如最初假设规模报酬不变的 CCR 模型（查恩斯（Charnes）等，1978）、假设规模报酬可变的 BCC 模型（班克（Banker）等，1984），等等。

最经典的 CCR 模型蕴含生产规模报酬不变的假设。[①] 设有 k 个决策单位（DMU），都有 m 种投入和 n 种产出，且各单位的投入产出向量分别可以记为：$x_k = (x_{k1}, x_{k2}, \cdots, x_{km})^T$ 和 $y_k = (y_{k1}, y_{k2}, \cdots, y_{kn})^T$，则测算第 i 个 DMU 相对效率的 CCR 由下式构成：

$$
\begin{cases}
\max \dfrac{\nu^T y_i}{\mu^T x_i} \\
\text{s. t. } \dfrac{\nu^T y_i}{\mu^T x_i} \leqslant 1 \\
\mu \geqslant 0 \\
\nu \geqslant 0
\end{cases}
\tag{13-1}
$$

式中，$\mu = (\mu_1, \mu_2, \cdots, \mu_m)^T$ 和 $\nu = (\nu_1, \nu_2, \cdots, \nu_n)^T$ 分别为 m 种投入和 n 种产出的权重向量。分式规划的 Charnes-Cooper 变换定义：

$$
t = (\mu^T x_i)^{-1}
\tag{13-2}
$$

---

① 菲利蓬（Philippon，2015）指出，金融中介是规模报酬不变的，因此采取 CCR 模型有其合理性。

则权重向量重新记为：

$$\omega = t\mu$$
$$\varphi = t\nu \tag{13-3}$$

可令分式规划等价地转化为线性规划模型。继续引入非阿基米德无穷小 ε，分式规划的 CCR 模型可以转化为一般形式：

$$
\begin{cases}
\min\left[\theta - \varepsilon(e^T s^+ + e^T s^-)\right] \\
\text{s. t. } \theta x_i = \sum_{j=1}^{k} x_j \lambda_j + s^- \\
\quad y_i = \sum_{j=1}^{k} y_j \lambda_j - s^+ \\
\lambda_j \geq 0, \ for j = 1, 2, \cdots, k; \ s^+ \geq 0; \ s^- \geq 0
\end{cases} \tag{13-4}
$$

其中，$s^- = (s_{j1}^-, s_{j2}^-, \cdots, s_{jm}^-)^T$ 表示与最优前沿相比可以减少的投入，$s^+ = (s_{j1}^+, s_{j2}^+, \cdots, s_{jn}^+)^T$ 则代表与最优前沿相比可以增加的产出。$e = (1, 1, \cdots, 1)^T$，θ 为相对效率值，λ_j 为组合的比例。如果模型的最优解 $\theta = 1$，$s^- = s^+ = 0$，则对应 DMU 位于前沿面上，属于 DEA 有效；若 $\theta = 1$，但 s^- 及 s^+ 任一非零，则对应 DMU 为弱 DEA 有效，存在过剩投入和不足产出。而小于 1 的 θ 值给出了 DMU 相对于前沿面的效率评价值。

二、样本说明与指标选取

如前所述，DEA 方法反映了法雷尔（Farrell，1957）提出的"最优实践前沿"的测度理念，运用线性规划方法评价各个决策单位投入与产出的权重，进而以效率最高的投入产出组合确定"实践有效"的生产前沿面，最终以此为标准评估各 DMU 与前沿面的相对效率。一个问题在于，DEA 方法的生产前沿面由样本内的最优投入产出组合构成，虽然能够准确评价样本内 DMU 的相对效率关系，却不利于跨样本和跨时期的比较。设想，当一组样本的容量减少、原有的生产性前沿被剔除后，运用 DEA 方法仍然可以构建新的"生产前沿面"并评估剩余 DMU 的相对效率，但此时前沿面上被视为"有效"的单位并非原样本中有效率的单位。跨时期的比较与此相似。虽然近来相关领域涌现出不少研究、致力于改善这些缺点，譬如将生产的动态结构囊括进 DEA 模型中，强化其跨时可比性和绝对水平意义，但 DEA 方法基于样本最优点构建前沿的基本思路并未改变，生产前沿随样本不同而偏移的问题也就难以被彻底解决。

当然，这些缺点的存在并不妨碍微观效率的评价，因为当效率评价对象是微观企业时，样本内企业的相对表现通常才是关注的主题。然而，如果我们需要基于这些微观企业的效率评估样本整体的效率表现时，这些缺点将带来极具误导性的结果。举例而言，虽然对宏观金融效率的概览已经表明，中国的金融服务业效率恐怕欠佳，但运用 DEA 对历年中国金融企业进行效率评价时，仍可得到一系列位于前沿面上、效率为 1 的企业，虽然这些企业在跨国比较中可能还是缺乏效率的，但是在当前样本内它们确实就是"效率前沿"，这就令最终的整体效率有所高估；跨时比较的缺点则不利于评价历年效率值的动态演变性质。

为了克服相应问题，在徐晓光等（2014）的启发下，我们在样本中引入部分香港金融服务企业。作为重要的国际金融中心，香港以金融服务业为支柱产业，其金融市场交易活跃、市场运行有效而透明。徐晓光等（2014）就指出，香港重视金融机构的合理安排，而且其完善的金融相关法律法规有利于保障金融创新发展；同时香港实施低税政策和简单税制，恪守尽量避免干预金融市场运作的原则；[1] 这些因素都有利于金融服务业的发展，从而取得公认较高水平的金融服务业效率。此外，香港与中国内地在文化等特性上相对一致，经济关联性也较为紧密，这有助于排除一些外在环境因素对金融服务业效率的影响，为两地金融服务业的相对效率比较提供更加准确的衡量。综上所述，香港特别合适为评价中国内地金融服务业整体效率提供一个客观的、外在的标杆。可以预期，当纳入香港样本后，来自香港的金融服务企业有较高的概率出现在生产前沿面上，而作为国际金融中心，香港的金融服务效率当属世界发达水平，这就使得估算出的"效率前沿"确实代表了一个绝对意义上较高的水平，而非仅仅是样本内相对最高的水平。因此，在样本中纳入香港有助于强化所求得的 DEA 指标对中国内地金融服务业整体效率的评价效力。

---

[1] 香港金融服务业的介绍参见：http：//www. gov. hk/tc/about/abouthk/factsheets/docs/financial_ services. pdf。

　　本节采用的中国内地金融服务业企业样本为上市银行样本，包含16家上市银行2006—2014年139组观测值，采用的香港金融服务业企业样本为以港元或美元结算的香港上市银行样本，含有包括恒生银行、汇丰银行等12家代表性银行同一时期的122组观测值。原始数据取自国泰安（CSMAR）数据库，数据时间频度为年度，大面积缺少关键变量的样本已被舍去，部分缺失的关键数据通过企业年报补全、无法修复的通过插值方法补齐。

　　采用上市公司样本的主要原因在于香港非上市金融服务企业的数据难以获取，而在限定了香港部分数据需要使用上市公司样本后，考虑到上市公司和非上市公司整体在业务规模、经营绩效等方面特性的不同，为了避免低估中国内地金融服务业效率，中国内地部分的数据也只能作出适应性的匹配。当然，这样做也有额外的好处，上市公司对财务数据和治理信息的披露较为规范，数据质量较高，避免了样本测量误差和异常值带来的误导。选用上市银行的考虑则在于，金融行业内部的企业性质差异较大，银行业样本的财务指标和业务分析等较具一致性。虽然这进一步局限了样本数量，但是，一切建立在特定样本上的实证研究都难免受到推广有效性（External Validity）的质疑，关键还要看研究结果是否基于样本的特定性质而成立。针对关键需要测度的中国内地金融服务业而言，长期以来银行业在金融服务业中的资产占比都维持在90%以上，样本期内上市银行在银行业中的资产占比又始终维持在80%—90%的水平，确保了这一样本的代表性；而且上市公司通常是相应行业中绩效较为突出的企业，如果连上市公司的效率都偏低，那本节试图确认的经验事实在更广泛的尺度上也就同样能够成立。

　　进一步考虑以哪些指标定义企业样本的投入产出，伯杰和汉弗莱（Berger和Humphrey，1991）列举了6类普遍被使用的定义方法，分别是中介法、生产法、资产法、附加值法、使用者成本法以及现代方法。这些方法从不同角度看待金融服务企业的生产过程，但主要是围绕生产法与中介法展开变形（齐树天等，2008）。班森（Benston，1965）提出的生产法最为接近传统工业企业的视角，将金融机构提供的交易件数视为服务性产出的度量；由于实际交易数据难以获取和整合，也有研究以存贷款账户数目等指标代为衡量产出。除了数据获取的难度之外，这一方法不太合理，主要还是从"制造"的角度考虑产出，未能充分考虑金融服务业的独特属性。比方说，如果金融中介的业务形态随着技术进步发生了改变，过去需要许多笔交易才能实现的资金融通现在只需要一笔交易即可完成，那么产出反而会被认为是下降了。西利和林德利（Sealey 和 Lindley，1977）提出的中介法则将金融中介放款和投资等资产项目视为产出，将员工投入、资本费用和存款视为投入，这一做法强调了金融服务业的中介属性。但从中介角度来看，存款同时具有产出与投入的性质，伯杰和汉弗莱（Berger 和 Humphrey，1991）据此提出修正，用利息支出代替存款作为投入，此即修正的中介法。

修正的中介法正视了金融企业的中介角色，同时合理定义了金融企业的产出，成为其后多数效率研究文献的优先选择。然而，本节对微观企业效率的测度最终要汇总成行业层面的效率，因此还要从企业生产效率在宏观体系层面影响的角度细加推敲。回顾前文关于宏微观效率性质的讨论不难发现，中介法所隐含的效率实质上对应宏观层面的"转化效率"，无法反映"分置效率"和"配置效率"。倘若一家金融机构对低效率的企业大量注资，实质上的配置效率必然低下，但单纯从中介法来看，效率也会很高。为了避免这一问题带来的误导，我们将在贷款总量中扣除不良贷款。不良贷款反映了资产配置的低效率，因此扣除不良贷款后的贷款总量指标能在一定程度上体现"配置效率"。此外，要寻找一个综合反映各方面效率的指标，企业利润也是合理的选择；企业运营的最终目标是利润最大化，不论在生产过程中的实际作用机制如何，各方面效率最终都会体现为金融企业的利润。出于这一考虑，我们对修正的中介法进行调整，仍以员工、资本和利息支出为投入，而以扣除不良贷款后的贷款总量和税后利润为产出。这一做法蕴含的对于生产过程的抽象与甘小丰（2007）类似：金融服务企业雇用劳动力操作固定资产提供服务，这一服务将类似中间投入的负债项目转化为资产项目；该过程产生的价值则在于两点，一是为所有者创造了利润，二是为资金需求方提供了融通。

具体而言，我们采用下列指标：税后利润；扣除不良贷款的总贷款；工资支出；实收资本或股本；利息支出。相应变量的统计描述如表 13-1 所示。

表 13-1　本节变量的统计描述

（单位：千万元）

	变量	观测数	均值	标准差	最小值	最大值
内地样本	税后利润	139	4503.826	6186.263	28.97743	27628.6
	非不良贷款	139	210992.5	257554	3996.096	1090170
	工资支出	137	881.9039	1123.502	10.39135	4769.7
	实收资本或股本	139	7888.532	11797.36	183.6751	35349.5
	利息支出	139	7043.532	8014.214	105.8746	35635.7
香港样本	税后利润	122	542.7921	686.3949	2.2534	2667.8
	非不良贷款	122	25722.64	32736.37	227.6286	138826.5
	工资支出	122	165.2684	406.4093	0.451845	1764.792
	实收资本或股本	122	1134.179	1873.375	7.520658	5957.275
	利息支出	122	2540.944	6546.002	1.420377	41507.38
合并样本	税后利润	261	2652.308	4944.952	2.2534	27628.6
	非不良贷款	261	124391.3	210438.8	227.6286	1090170
	工资支出	259	544.3382	933.4322	0.451845	4769.7
	实收资本或股本	261	4731.325	9322.294	7.520658	35349.5
	利息支出	261	4938.874	7687.527	1.420377	41507.38

注：以港币或美元计价的香港企业指标均以当年汇率转为人民币。

三、估计结果

利用 CCR 模型计算企业效率后，汇总得到中国内地和香港的整体金融服务业效率估算指标。图 13-6 展示了相应估算结果。在汇总指标时，我们采用企业的资产份额对其效率值进行加权平均，这样能够充分体现不同体量企业的效率水平对市场整体效率不同程度的影响；同时也提供了以往类似文献多采用的企业效率均值作为对照。

观察图 13-6 的左右图中加权指标与平均指标的走势可以发现，两种测算下的中国内地整体金融效率基本相当，但香港整体金融效率差别较大。后者的原因在于，均值指标更易受到个别企业特别是小型企业效率极

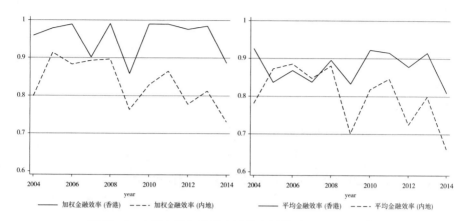

图 13-6 中国内地与香港金融效率测算（2004—2014 年）

资料来源：作者估算。

端值的影响，而小型企业的绩效表现值波动通常较大，当某家小企业的效率表现异常低时，将无差别地拉低均值指标。由直接估算的企业效率可以发现，[①] 香港金融服务企业的内部效率明显分化，恒生、汇丰等银行长期位于效率前沿，另外一些体量较小的银行效率并不出众，即便与内地银行相比也位于中下游。因此，加权指标能够更准确地衡量整体效率。而内地两种测算结果相近的原因在于，内地体量较大的银行在效率上并不存在明显的优势，这再度印证了前文关于内地金融服务业"量性发展有余，质性发展不足"的观察。

从各指标时序变动的角度来看，香港的加权金融效率在历史期内曾经遭受了两次较大的冲击，前一次是 2007 年国际金融危机，后一次是 2009 年香港经济负增长。观察内地和香港效率指标的联动关系又可发现，前一次冲击中内地金融行业效率并未受到显著影响，但此后表现出明显的联动模式。显然，这反映出近年来内地金融市场开放度和外向关联度的提升。2013 年之后，随着中国经济的高速增长逐渐放缓、全球经济复苏预期趋于悲观，内地和香港金融业效率再度同步出现下滑。

进一步考察内地和香港金融效率的相对趋势可以发现，以香港金融服

---

① 后文与其他方法对照结果时将提供一些代表性企业的排序；完整的具体企业效率测算结果与主题关联不大，不再另行公布。

务业整体效率为标杆，内地金融服务业整体效率差距先缩小、后扩大。2004 年以降，内地的金融服务业效率对处于前沿面的香港呈现追赶之势，两者差距在 2008 年前后达到最小（以均值指标计甚至已经超越香港），随后又渐渐拉大。这一点反映了金融危机后全球经济下行背景下香港的金融服务业效率相对内地金融服务业出现了较快的反弹；同时这一分离时点与图 13-5 所呈现的金融相关比例与经济增长的背离非常一致，进一步说明近年来内地金融业的快速发展更多属于体量上的扩张而非效率上的提升，甚至在体量扩张的背景之下，边际效率或许还有下降之虞。

第三节　基于金融企业的绝对效率测算

尽管近年来前沿分析工具得到了许多修正和改进，测得指标的绝对属性和跨时可比性等均有所加强，但其测度终究需要依赖对生产前沿的构建，[①] 测算结果始终具有相对性。尽管在金融效率测算的相关文献中，DEA 或者 SFA 等前沿分析方法得到了更多应用，但是在关于企业全要素生产率的主流研究中，非前沿的生产函数估算法仍是讨论的核心（巴特斯曼和多姆斯（Bartelsman 和 Doms），2000；西弗森（Syverson），2011）。与前沿分析方法相比，生产函数法能够更加具体和准确地体现生产效率的经济含义。如西弗森（Syverson，2011）所指出，TFP 在本质上就是生产函数的残差，体现了产出不能为可观测投入解释的部分。因此，如果将前沿分析方法得到的效率称为"相对效率"，生产函数估算法得到的全要素生产率可谓是"绝对效率"。它通过结构化的生产函数，把企业将投入转化为产出过程中的增益因素进行测度，恰如其分地体现了效率的内涵。尽管生产函数的概念本质上是基于微观企业的，但是受限于微观数据的可得性，早期针对生产函数进行估计的研究多从国家或产业等宏观层面展开，所估

---

① 若不如此，就不叫"前沿"分析了。

计的生产函数是宏观总量的生产函数，由此得到的估计残差亦即全要素生产率也就是宏观层面的全要素生产率。近年来，企业级数据的流行使得相关研究向着更加细化的方向拓展，对生产函数的估计回归企业的层面也就变得可行。

利用生产函数估算全要素生产率，需要先对生产函数的形式进行设定。实际应用中，Cobb-Douglas 生产函数以其形式简明和估算稳健得到了多数文献的青睐；除此之外，也有一些文献采用超越对数（Trans-Log）生产函数（卡夫（Caves）等，1982）。两者实质上分别可以视为更一般形式生产函数的一阶和二阶近似（西弗森（Syverson），2011），尽管后者更加灵活而具备理论上的优势，但是实用中却不能提供更多的信息（鲁晓东和连玉君，2012），而且过多自变量的设定可能在样本有限时令模型参数的估计产生偏误或失去显著意义，从而抵消形式灵活带来的优势（程柯等，2012），因此仍不及 Cobb-Douglas 生产函数应用广泛。建立在以往文献讨论的基础上，我们仍选择测度结果直观易解的 Cobb-Douglas 生产函数作为生产过程的假设。

一、估算方法介绍

假设企业的生产过程符合 Cobb-Douglas 生产函数，则其对数形式可以写作：

$$y_{it} = a_{it} + x_{it}\beta + \varepsilon_{it} \tag{13-5}$$

其中，下标 i 区分不同企业，下标 t 表示时间。a_{it} 即为特定企业在特定时期的全要素生产率，x_{it} 为各类投入的行向量，β 为相应投入产出弹性的列向量。误差项 ε_{it} 包含了由于环境因素、统计因素、制度变化等外生影响带来的不可观测的个体冲击和测量误差等。企业通过决定 x_{it} 以最大化产出，a_{it} 决定了这一产出过程受到效率影响产生的增益，而 ε_{it} 对企业来说是无法预期到的，因此不影响企业的投入决策，与 x_{it} 不相关。在此设定下，运用计量方法估计（13-5）式，可以得到关于 β 的估计 $\hat{\beta}$，代入已知的投入要素向量，将之作为 y_{it} 的估计 $\hat{y}_{it}$，则可得到关于全要素生产率的估计值 $\hat{a}_{it}$。

在宏观文献中，这一操作通常直接对（13-5）式采取 OLS 估计，然而这一操作在企业层面不可取。与宏观总量问题相比，企业生产问题的显著区别在于每个单位都具有自主的决策权。具体到（13-5）式，企业事实上能够观察到自己在每一时期的生产效率 a_{it}，并据此决定 x_{it}。当直接采用 OLS 估计时，潜在的模型事实上是（克莱特和格里希斯（Klette 和 Griliches），1996）：

$$\tilde{y}_{it} = x_{it}\beta + u_{it} \tag{13-6}$$

其中，$u_{it} = a_{it} + \varepsilon_{it}$，由于包含 a_{it} 而与 x_{it} 相关，这令 OLS 的假设被破坏，估计结果存在内生性偏误。[①] 这一问题最早为马沙克和安德鲁斯（Marschak 和 Andrews，1944）所提出，被称为共时性偏差（Simultaneity Bias）。针对这一问题，一个自然的解决方案是对全要素生产率 a_{it} 施加额外的假设。例如，假设 a_{it} 是不随时间改变的不可观测效应，则可以通过面板数据的固定效应估计方法加以剔除。然而，全要素生产率非时变的假设过强，且固定效应估计仅在严格外生性成立的情况下一致，这要求不可观测且非时变的全要素生产率不能影响到当前以及未来的要素投入决策，显然已经违背了校正共时性偏差的初衷。

相关问题直到奥利和帕克斯（Olley 和 Pakes，1996）提出半参数的代理变量估计框架（以下简称 OP 方法）才得到较好的解决。其根本思路在于：既然企业能够观察到 a_{it} 并据此作出决策，则必然能够通过企业在 x_{it} 之外的某些决策反推 a_{it} 的水平。将这样一个决策变量作为代理变量，以合适的形式纳入估计方程中，就可以将 a_{it} 从误差项中提取出来。假定生产要素投入为资本 k 和劳动 l，且 a_{it} 服从一个一阶的马尔科夫过程，则生产函数转化为：

$$y_{it} = \beta_k k_{it} + \beta_l l_{it} + a_{it} + \varepsilon_{it} \tag{13-7}$$

其中 $a_{it} = E(a_{it} \mid \Omega_{it}) = E(a_{it} \mid a_{it-1}) + \mu_{it}$，$\mu_{it}$ 体现了当期新的全要素生产率冲击。劳动决策仅作用于当期，而资本存在一个累积过程：

$$K_{i,\ t+1} = (1 - \delta) K_{it} + I_{it} \tag{13-8}$$

大写表示非对数形式。与永续盘存法（Perpetual Inventories Method）

---

① 或者换个角度来看，简单地将与决策相关的全要素生产率放入误差项，造成了遗漏变量问题。

相比，（13-8）式的不同之处在于，本期投资 I_{it} 决定的是未来的资本存量 $K_{i,\,t+1}$，因此是着眼于未来的投资，与当期资本 K_{it} 正交。企业根据历史信息，形成对未来生产效率的预期，再据此决定未来的资本存量，则可以得到本期应该投资的额度。假设这一过程存在一个最优的投资函数 $i_{it}=i(k_{it},\ a_{it})$，则 $i(k_{it},\ a_{it})$ 应该是关于 a_{it} 严格单调递增的；同时根据（13-8）式描述的过程，当 i_{it} 决定时，k_{it} 应是已知的；于是 a_{it} 可以记为 i_{it} 的反函数：

$$a_{it}=a(k_{it},\ i_{it}) \tag{13-9}$$

将（13-9）式代入（13-7）式，则有：

$$y_{it}=\beta_k k_{it}+\beta_l l_{it}+a(k_{it},\ i_{it})+\varepsilon_{it} \tag{13-10}$$

由于 $\beta_k k_{it}$ 项与 $a(k_{it},\ i_{it})$ 都受到 k_{it} 的影响，可整体记为 $\varphi_{it}(k_{it},\ i_{it})$，实际操作中由 k_{it} 和 i_{it} 的高阶多项式近似拟合。不论该项的具体系数估计为何，将 k_{it} 和 i_{it} 的影响完全控制后，（13-10）式估计的劳动的产出弹性 β_l 将是一个一致估计量，记作 $\hat{\beta_l}$。将已经明确的一致估计部分去除，得到：

$$y_{it}-\hat{\beta_l}l_{it}=\beta_k k_{it}+E(a_{it}\mid a_{it-1})+\mu_{it}+\varepsilon_{it} \tag{13-11}$$

如果企业根据当期的全要素生产率形成未来的预期，则 $E(a_{it}\mid a_{it-1})=a_{it-1}=a(k_{it-1},\ i_{it-1})=\varphi_{it-1}-\beta_k k_{it-1}$，于是得到：

$$y_{it}-\hat{\beta_l}l_{it}=\beta_k k_{it}+\hat{\varphi}_{it-1}-\beta_k k_{it-1}+\mu_{it} \tag{13-12}$$

在约束 k_{it} 与 k_{it-1} 系数相同的情况下，可与运用非线性最小二乘法估计出 β_k。而与前文的第一步估计相似，实际操作中，$\hat{\varphi}_{it-1}$ 本身仍可由相关项的高阶多项式拟合。当该步计算完成后，关于 k 和 l 的产出弹性都得到了正确估计，代入（13-7）式即可得到关于全要素生产率的一致估计。与固定效应方法相比，OP 方法避免了对一些非时变信息的"误伤"，能够保留更多的变差；而且 OP 方法通过构造企业的最优动态投资决策问题，令 a_{it} 的时变特性得以保留。除此之外，OP 方法也考虑到了由于样本企业能够内生地决定退出市场带来的样本选择偏误（Sample Select Bias）。与最优的动态投资决策相似，企业每期也进行是否退出市场的决策，考虑在（13-12）式中引入企业的生存概率 P_{it}：

$$y_{it} - \hat{\beta_l} l_{it} = \beta_k k_{it} + g(\hat{\varphi}_{it-1} - k_{it-1}, \hat{P}_{it-1}) + \mu_{it} \tag{13-13}$$

其中，$\hat{P}_{it-1}$ 为 P_{it-1} 的估计值，由投资和资本的高阶多项式对企业留存的哑变量进行 probit 回归获得，$g(\cdot)$ 则由其中项目 $\hat{\varphi}_{it-1}$、k_{it-1}、$\hat{P}_{it-1}$ 的高阶序列展开代表。由于本节采用的数据不涉及这一问题，因此不作赘述。

OP 方法涉及企业投资过程的构造，这对投资数据提出了较高要求。然而，并非每个企业在每一时期都会进行新的投资，这就使得估计过程损失了大量样本。针对这一问题，列文森和佩特林（Levinsohn 和 Petrin，2003）提出了改进的方法（简称 LP 方法），将中间品投入视为全要素生产率的代理变量。与 OP 方法的过程颇为相似，对中间品投入 m_{it} 施加与 OP 方法中 i_{it} 类似的假设，则可将 a_{it} 记为：

$$a_{it} = a(k_{it}, m_{it}) \tag{13-14}$$

对应于 OP 方法第一阶段中（13-10）式的估计方程转化为：

$$y_{it} = \beta_k k_{it} + \beta_l l_{it} + a(k_{it}, m_{it}) + \varepsilon_{it}$$
$$= \beta_l l_{it} + \varphi'_{it}(k_{it}, m_{it}) + \varepsilon_{it} \tag{13-15}$$

仍以 k_{it} 和 m_{it} 的高阶多项式拟合 φ'_{it}，则通过简单的 OLS 估计，可以得到 β_l 的一致估计量 $\hat{\beta_l}$，进一步得到（13-12）式的对应方程：

$$y_{it} - \hat{\beta_l} l_{it} = \beta_k k_{it} + \hat{\varphi}'_{it-1} - \beta_k k_{it-1} + \mu_{it} \tag{13-16}$$

此时，由于失去了 OP 方法"前瞻性投资"设定带来的正交性条件，当期的中间品投入决策将与生产率的当期冲击 μ_{it} 相关，因此不能效仿 OP 方法的后半步骤。LP 方法引入 GMM 估计解决这一问题：

$$[\hat{\beta_k}, \hat{\beta_m}] = \arg\min_{[\beta_k, \beta_m]} \sum_h \left(\sum_i \sum_{t=T_i^0}^{T_i^1} \hat{\mu}_{it} Z_{iht} \right)^2$$

其中，h 为 $Z_t = (k_t, m_{t-1})$ 中元素的下标，T_i^0 和 T_i^1 分别是第 i 个企业进入和退出市场的时期。其中，$\hat{\mu}_{it}$ 为：

$$\hat{\mu}_{it} = y_{it} - \hat{\beta_l} l_{it} - \hat{\beta_k} k_{it} - \hat{\beta_m} m_{it} - E[a_{it} \mid a_{it-1}] \tag{13-17}$$

而 $E[a_{it} \mid \hat{a}_{it-1}]$ 通过对 a_{it-1} 的高阶多项式拟合估出。

与 OP 方法相比，由于中间品投入并非典型的状态变量，LP 方法在估计策略和经济理论之间建立了更好的连接（列文森和佩特林（Levinsohn 和

Petrin），2003）；不再依赖投资变量也避免了实践中常见的零投资数据过多造成的样本损失。不仅如此，LP方法也提供了甄选代理变量的方法，能够更好地应对不同类型的企业数据。

尽管 OP 方法和 LP 方法都对存在共时性偏误的企业生产效率测算提供了较为理想的解决方案，但是尚有一个问题存在。现实中，不同类型企业具有不同类型的产出——对于服务类型企业尤其如此，无法简单地归并运算，因此通常采用产值代表产出。采用产值则涉及名义变量与实际变量的转化，多数研究直接以分行业或分地区的价格指数平减，然而这种做法隐含着相应范围内的企业面对着相同价格的假设，暗示了一个完全竞争的市场。实践中，垄断竞争是更为常见的市场，多数企业面对着不同的价格水平，简单地采用宏观价格指数平减将错误地衡量企业产出，带来遗漏价格偏误（Omitted Price Bias）。针对这一问题，凯莱特和格里希斯（Klette 和 Griliches，1996）较早予以关注并提出了修复方法（Price-Dispension-Correction，以下简称PDC），梅利兹（Melitz，2000）则进一步提出将之纳入半参数代理变量框架的思路。考虑一个 CES 形式的加总需求函数：

$$U = U\left(\left[\int_{i=1}^{n_t} Y_{it}^p\right]^{\frac{1}{\rho}}, D\right) \tag{13-18}$$

其中，n_t 表示 t 时刻异质性企业的数量，D 表示令总需求平移的冲击，不同企业产出的替代弹性为 $\frac{1}{1-\rho}$，$U(\cdot)$ 是可导并拟凹的。据此，每个企业可以观察到以对数项表示的逆需求函数为：

$$y_{it} = \frac{p_{it} - p_t}{1-\rho} + [r_t - p_t - n_t] \tag{13-19}$$

其中，p_t 和 p_{it} 分别是平均的价格水平和企业 i 的定价，r_t 是对数形式的总成交量，$r_t - p_t - n_t$ 则表示平均的平减后的成交量。（13-19）式反映，垄断竞争的企业根据观察到的需求函数进行定价/定产，其最终产出为平均水平扣除一个垄断势力的对应水平。结合（13-5）式，可得：

$$p_{it} - p_t = (1-\rho)[r_t - p_t - n_t - x_{it}\beta - a_{it}] \tag{13-20}$$

由此即实现了对垄断溢价的度量。德·勒克尔（De Loecker，2007）和德尔·加托等（Del Gatto 等，2008）分别将此框架与 OP 方法和 LP 方法相结合，同时解决了共时性偏误和遗漏价格偏误。基于所采用数据的特性，本节将主要借鉴后者的工作，采用 PDC-LP 方法进行测度。

二、样本说明

与上一节相比，本节采用了包含上市、非上市样本，涵盖国有控股银行、全国性股份制商业银行、城市商业银行、农村商业银行和外资银行等279 家不同所有制中国内地银行 2000—2014 年的完整数据集。原始数据主要来源于国泰安（CSMAR）数据库的中国银行财务分析数据库，不足部分根据各银行年报或《中国金融年鉴》补齐。在剔除国家开发银行、中国进出口银行和中国农业发展银行 3 家政策性银行及一些关键数据缺损的观测后，数据集共提供了 1474 组观测。尽管近年来我国非银行金融服务业发展迅猛，但是在金融服务业当中，银行仍占据不可撼动的主导地位。截至样本期末的 2014 年底，中国银行业资产总额高达 172.3 万亿元，占金融业资产的份额超过 90%;[①] 而从融资渠道的角度看，间接融资占比高达82.62%。可见，采用银行数据能够保证本研究所具有的代表性。与进一步添加其他金融服务业企业数据相比，纯粹的银行样本在资产负债结构、财务指标口径方面更为统一，能够避免研究在口径调整、指标选取方面出现问题。此外，其他金融服务业的统计数据可得性、完整性远不及银行业，无法提供相当质量和长度的数据。而银行业样本的覆盖时长、所有制类型、规模跨度都较为令人满意，对于我们所试图识别的影响效应能够提供足够的变差（Variation）。

我们所使用的数据包含全国性大型银行，这类企业数据和 OP/LP 等方法通常应用于的微观企业数据还有一定区别。大型商业银行往往包含大量分支机构，每个分支机构都相当于一家小型企业，或许会令人对半参数代理变量估计法的适用性产生疑问。我们认为，企业数据与宏观数据的区别本质上在于决策主体的能动性，而非规模。纵然一家大型商业银行可能在全国各地拥有许多分支机构，以至于在规模上能够与宏观单位等量齐观，

---

① 截至 2015 年 9 月底，银行业金融机构资产总额进一步攀升至 192.7 万亿元，在金融业中占比仍逾九成。

但是作为同一家企业，仍具有整体而一致的规划战略和经营决策，这就使得半参数代理变量估计法所针对的共时性偏误依然存在，因此 LP 方法是适用的。此外，我国金融服务业的竞争尚不够充分，相应企业往往拥有一定的市场势力，因此采取结合 PDC 校正也符合现实。

对于企业层面的资本存量，我们以"实收资本或股本"项目代表；根据会计记账原则，该项目包含了企业实际收到的货币投资，房屋建筑、材料物资、机器设备等实物资产，以及专利权、土地使用权等无形资产，较为全面地描述了企业的资本状况。为了体现劳动投入的质量区别，我们并未直接采用员工人数，而是采用工资支出除以金融业平均工资代表劳动投入。薪酬水平往往是员工人力资本在劳动力市场上的反映，这一指标考虑了员工薪酬，因此比员工人数更能体现人力资本的水平。依据修改的中介法的观点，中间投入指标采用利息支出代表。由于本方法只能处理单产出的情形，因此取税后利润为产出。考虑在于，不论金融服务企业是持有资产、作为中介或是创生信贷，其经济活动的核心仍在于获取利润；如前所述，各方面的高效率最终总是会在利润上得到体现。因此根据利润指标求得的企业效率能够更好地与三类宏观效率对接。如此一来，在考虑金融企业"中介"属性之后，我们对其生产过程的抽象可归纳为：企业通过整合劳动力资源和资本得到生产能力，付出利息（中间产品费用）得到存款等负债（中间投入），运用其生产能力将负债转化为资产（产品）；经由资产，企业赚取了总收入（总产值），扣去成本后最终得到利润（增加值）。由此，金融企业生产过程得以纳入增加值视角下的 CD 生产函数框架进行解释，在这一框架下运用 LP 系列方法时，中间投入仅作为修正共时性误差的代理变量而不作为投入项目之一。

表 13-2　本节变量的统计描述

变量	观测值	均值	标准差	最小值	最大值
营业收入	1170	1652.706	6460.48	0.8063	65889.2
税后利润	1170	630.2193	2564.283	−21.2453	27628.6
工资支出	1165	119.2716	475.8271	0	4769.7
实收资本或股本	1168	1155.491	4760.897	0	35349.5

变量	观测值	均值	标准差	最小值	最大值
利息支出	1170	1026.155	3563.637	0	35635.7
居民消费物价指数	1474	1.028431	0.017475	0.992	1.059
金融业平均工资	1474	78249.63	25314.99	13478	108273
固定资产投资价格指数	1474	1.311215	0.104039	1	1.390986

资料来源：作者估算。

三、估计结果

利用上文介绍的方法和数据，我们对我国银行 2000—2014 年的全要素生产率进行了估算。为了给上述估计方法提供参照，我们同时采用 OLS 和面板固定效应方法进行了估计，估计模型如下：

$$\ln Y_{it} = \beta_0 + \beta_k \ln K_{it} + \beta_l \ln L_{it} + \sum_m \delta_m year_m + \varepsilon_{it} \qquad (13\text{-}21)$$

其中，产出、资本、劳动等项目如前定义，$year$ 为年份的哑变量，用于控制相应时期全行业的冲击。对该式采用经典最小二乘法和固定效应回归的结果，以及 PDC-LP 方法估计的结果如表 13-3 所示。

表 13-3　三种估计方法的生产函数估计结果

方法	变量	系数	标准误	T/Z	P	观测数
OLS	$\ln L_{it}$	0.303932	0.043564	6.98	0.000	1159
	$\ln K_{it}$	0.539456	0.113726	4.74	0.000	
FE	$\ln L_{it}$	0.183885	0.021631	8.5	0.000	1159
	$\ln K_{it}$	0.408325	0.037437	10.91	0.000	
PDC-LP	$\ln L_{it}$	0.105268	0.023610	4.46	0.000	1146
	$\ln K_{it}$	0.422795	0.195324	2.16	0.030	

资料来源：作者估算。

所谓生产函数估计，本质上是把握目标企业样本中是否存在一种稳定的投入产出关系，而基于生产函数的效率估计，考察投入要素贡献率的估计结果关键不在于呈现产出弹性，而是对比和分析不同方法的估计结果，检验所采取的方法是否产生了合理的调整，以确认估算的准确性。OLS 的估计结果落在较为经典的区间内，但是固定效应与 PDC-LP 方法估得的系数与通常制造业微观估计的结果相差较大。其中，PDC-LP 方法的结果与鲁晓东和连玉君（2012）运用 LP 方法对工业企业样本的估算较为接近，说明这一区别可能是方法本身带来的；但是固定效应估计也呈现相似的变化，因此我们倾向于认为这一区别是合理的。关键在于，固定效应估计和 PDC-LP 的估算结果呈现比较一致的变化，两者的资本产出弹性和劳动的产出弹性均有所下降，说明两者针对内生性问题的校正均发挥了相同方向的作用。考虑到银行业样本的生产有其特殊性，这一区别并非不可理解。进一步比较固定效应方法和 PDC-LP 方法的结果，后者的劳动产出弹性进一步下降，而资本产出弹性有所提升，这一变动方向与鲁晓东和连玉君（2012）一致，表明 PDC-LP 方法在固定效应的基础上更好地控制了共时性偏误引起的内生偏差。

第四节　测度结果对比与评价

基于第三节的估计结果，本章计算得到中国内地 279 家银行多年的绝对效率测度。图 13-7 呈现了该方法测得 TFP 水平的核密度函数图。这一结果的分布形式与鲁晓东和连玉君（2012）得到的较为相似，说明虽然各行业生产函数的特性有所不同，但是其效率评价值的形式和性质有共通之处。

图 13-8 进一步汇报了 2007—2014 年以银行样本为代表的中国金融服务业全要素生产率总体情况。可见，2007 年之后，全行业全要素生产率的平均值与加权平均值发生了逆转。平均值相对停滞不前，而加权平均值整体较平均值高一个档次。这一情况表明，2007 年前后，中国大型金融企业的效率有过一段时间较为明显的提高，这一跳转与王兵和朱宁（2011）、程柯等（2012）观察到的现象相吻合，反映出金融危机后中小银行遭受冲

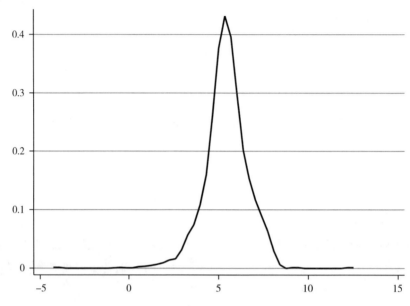

图 13-7　中国金融企业全要素生产率的分布

资料来源：作者估算。

击，而大型银行经营维持相对稳健和有效的情景。与中小银行相比，大型国有银行的资本更加雄厚、客户群体的体量也较大，对抗异常风险的能力更强。回顾相对效率部分的估计结果，这也是中国内地金融服务业效率和香港最为接近的时候。

　　图 13-9 呈现了分所有制的效率估算结果。[①] 与整体效率相似，加权值较平均值来得高，说明大规模的金融企业拥有较高效率。无论是加权指标还是平均指标，不同所有制效率之间的相对变动较为一致。国有银行和全国性股份制商业银行明显高于代表性城市商业银行；国有银行效率在 2010 年之前一度高于全国性股份制商业银行，但是此后又被反超；三者的增速近来均有所放缓。其中，考察期初的城市商业银行效率呈现停滞或下降态势，而国有银行对其他股份制商业银行完成了超越。这一变动和图 13-8

---

　　① 由于样本中城市商业银行的数目较多，性质各异，本研究参照王兵和朱宁（2011），选取北京银行、天津银行、上海银行、宁波银行、南京银行、杭州银行、温州银行、徽商银行、东莞银行、汉口银行和重庆银行作为城市商业银行的代表，并且将业务主要局限于注册地的恒丰银行也归入其中。

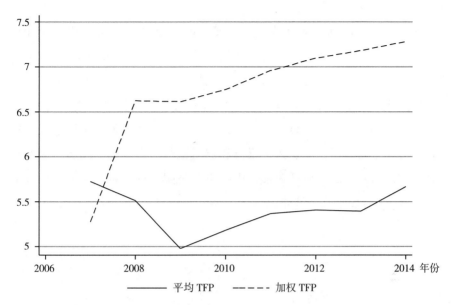

图 13-8 中国金融服务业效率（2007—2014 年）

资料来源：作者估算。

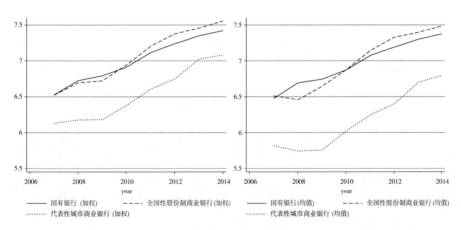

图 13-9 中国金融服务业分所有制效率（2007—2014 年）

资料来源：作者估算。

所展示的跳转相吻合，也可与王兵和朱宁（2011）、程柯等（2012）的观察相互参照，表现出金融危机冲击下大型银行特别是国有银行经营的相对稳健性。然而，后续走势表明这一超越并未延续太久，2010 年之后，国有银行效率重新落后于股份制商业银行。

　　基于微观企业测算的优势之一在于，能够将估算结果细化至企业层面。这不仅有利于细化和深化对行业整体效率形成原因的理解，还有助于通过确认典型企业效率变动的情况，验证估算是否准确。图 13-10 呈现了代表性企业的效率变动。可见，四大国有银行的效率排序基本保持稳定，与以往研究相似，工商银行效率最高、农业银行效率最低。全国性股份制商业银行中，效率最高的是兴业银行和招商银行，两者的效率多年来互有超越，整体领先于股份制商业银行中的第二集团。这一结果与以往研究如甘小丰（2007）、袁晓玲和张宝山（2009）等取得的认知较为一致。

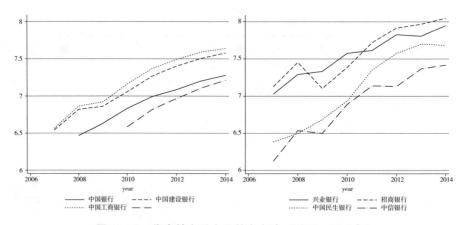

图 13-10　代表性金融企业效率变动（2007—2014 年）

资料来源：作者估算。

　　虽然第二节和第三节得到的相对效率与直接效率不能直接比较，但是两者对一定范围内样本的效率评估排序应当是一致的。鉴于以往文献多采用前沿分析方法评估金融企业效率，其效果已经得到较为普遍的认同，我们另辟蹊径，所得结果自然应该与之参照。虽然方法不同，得到的结果有所差异，但是稳健的方法结果不会相去太多。表 13-4 提供了本章第二节 DEA 方法估算结果中中国内地上市银行子样本内的内部排序，与本节方法估算结果的排序进行了对比。可见，两种方法得出的银行效率排名相对一致，佐证了新方法的稳健性。其中，DEA 对效率前沿上的样本点分离效果不佳，常常得出多个效率为 1 的 DMU，难以进行进一步分析，绝对效率的估算则不存在这一问题。

需要说明的是，上一节测算结果指出的内地金融服务业近年来效率降低，与图 13-8 呈现的效率提升并不矛盾。上节测算的是内地金融服务业相对于香港的效率水平，随着时间的推移和技术的进步，两地的金融服务业效率水平总是会提升的，相对效率下降仅代表内地的效率水平在绝对意义上提升得更慢一些。无论如何，两者共同确认了一件事实：中国内地金融服务业的效率水平在 2008 年后提升缓慢，其增速可能弱于总体技术进步趋势，导致相对效率上与香港渐渐拉开差距。逆水行舟，不进则退，考虑到我国金融服务业效率水平的起点本就偏低，这种动态上的恶化是令人难以接受的。我们不得不追问这一状况的成因何在，以及这种状况倘若持续下去，将对宏观经济发展造成怎样的后果。

表 13-4　绝对效率和相对效率排序对比

	2010 年		2011 年		2012 年		2013 年		2014 年	
	LP	DEA	LP	DEA	LP	DEA	LP	DEA	LP	DEA
中国银行	8	13	9	13	10	14	9	14	10	10
中国建设银行	5	5	6	4	6	6	6	7	6	6
中国工商银行	4	2	4	4	5	3	5	1	5	5
中国农业银行	12	15	12	12	12	12	11	15	11	8
兴业银行	1	2	2	4	2	1	3	1	3	1
交通银行	10	11	10	11	11	9	12	9	12	9
浦东发展银行	3	6	3	8	3	5	2	1	2	4
平安银行	9	9	8	9	7	2	10	1	9	2
中国民生银行	6	8	5	4	4	7	4	16	4	14
招商银行	2	7	1	4	1	4	1	1	1	11
中信银行	7	4	7	4	9	8	7	8	7	7
光大银行	13	14	13	15	13	10	13	12	13	12
华夏银行	11	16	11	16	8	16	8	11	8	13

资料来源：作者估算。

第十四章　金融服务业低效率的成因：理论分析

正如前一章所揭示，我国金融服务企业的比较效率不容乐观，动态改善也进展缓慢。当经济增速放缓、结构亟待转型的时刻，金融效率的落后很有可能令经济失去本该得到的支持，拖累改革进程，进而对我国长期经济增长造成较强的负面作用。要针对性地破解这一难题，当务之急是理清其形成机制，找到金融企业效率偏低的成因。

现有研究对于金融服务业低效率成因的探索已经较为全面，但是对于这些成因的作用机制并未提供更深入的讨论。金融服务业的效率受到哪些因素影响只是冰山一角，尚有90%深藏在水面以下，有待进一步发掘。由金融企业决策的视角看待这些影响因素，有助于揭示金融企业在扭曲因素下的内生决策反应，从而加深我们对于相应因素作用机制的理解。

本章第一节从金融企业微观决策的视角出发，强调寻找对企业行为决策有影响的机制扭曲，分析我国金融服务市场现存的机制扭曲，归纳出僵化考核、市场准入管制、政府信贷干预三项典型的扭曲性因素。这些因素未必直接影响企业效率，但是会通过改变企业的激励而扭曲其正常追求高效率的经济决策，造成金融企业的效率偏低。本章第二节将上述三项因素对企业的影响归结为"效率减损效应"和"信贷偏向效应"。结合前文关于微观企业效率与宏观金融效率对应的分析，前一效应将主要降低金融企业的分置效率和转化效率，后一效应则主要拖累金融企业的配置效率。本章第三节基于上述讨论构建了一个简单模型，突出了金融服务企业具有中介色彩的决策特点，试图证明在上述扭曲性因素的作用下，金融企业最优决策的结果是选择一个低于常态的效率水平。第四节对这一模型进行了扩展，使基础模型得以完整包含上述各类扭曲性因素和各种效率。

第一节　金融服务市场现存机制扭曲

传统基于企业视角展开的金融效率研究主要侧重于企业自身因素对效率的作用，然而不同经济中存在的监管考核、市场结构、产权和法律等制度因素也具有无法忽视的重要影响。例如，针对银行效率如何为制度特征与经济环境所影响的机制，休斯和梅斯特（Hughes 和 Mester，2008）作了讨论，认为包含特许从业经营制度、会计制度、政府管制及市场经济程度在内的多种制度因素可以通过组织类型、股权结构、薪酬体系等内部机制和同业竞争压力、监管要求等外部机制影响银行效率。从宏观角度来看，制度因素可对一时一地的全部行业内企业产生作用，最终影响一个地区的整体金融效率，无论深度或广度都与单个企业自有特征的作用不可同日而语，更好地解释了国别金融效率差距。中国经济中现存的对金融服务业效率有影响的制度性因素主要存在于所有权、市场结构、开放程度等方面，以往文献已有所涉及（甘小丰，2007；王聪等，2007；赵永乐等，2008；阎志军，2008；侯晓辉等，2008；赵桂芹，2009；伯杰等（Berger 等），2009；傅和霍夫曼（Fu 和 Heffernan），2009；黄薇，2011）。本节主要从考核机制与激励扭曲、市场准入管制和信贷决策干预三个方面归纳现存的不利制度因素。在我国当前金融服务业市场尚未充分开放的背景下，这些因素对金融服务业全体企业均有影响，但对于行业中的国有企业影响尤为明显。

一、考核机制与激励扭曲

长期以来，金融服务行业被认为是具有特殊性质的行业，当扮演资金中介角色时，其资产负债率较高，自有资本较低，相关业务活动与不同经济部门联动紧密，被认为具有较强的外部性。此外，中国政府对于促进经济增长的强烈动机促使其在以税收为支撑的财政相对集中能力下降后，格外重视对于金融资源的控制（巴曙松等，2005）。由此，不管是由管控风险的角度出发，抑或是从扶持经济发展的动机出发，中国的金融服务企业都要受到来自不同上级部门多方面的监管和考核，其经营决策的自主权利受到影响，很可能偏离经济效益最大化的目标。例如，财政部于2010年制定发布了《金融企业绩效评价办法》，财政部据此组织实施中央管理金融企业的绩效评价工作，省级人民政府的财政部门则据此组织实施本地区金融企业的绩效评价工作，评价结果作为评价金融企业绩效、确定金融企业负责人薪酬、加强金融企业经营管理的重要依据，反馈给金融企业及相关部门并以适当形式公开；银监会于2012年制定发布了《银行业金融机构绩效考评监管指引》，包含合规经营类、风险管理类、经营效益类、发展转型类、社会责任类五个方面的考评指标；中国人民银行长期或间歇性地运用存贷比红线、信贷规模控制等工具对金融市场进行监管；除此之外，各地地方政府往往也根据自己的政策目标，制定相应具有"地方特色"的金融业发展绩效考核办法。[①] 这些监管考察的方面多有重叠，依发起部门的诉求不同而强度不一，但对于金融服务企业而言，只能尽量执行各方面的最高标准。一些监管行为已对金融企业的微观决策形成了过度干预，超过了合规性监管的范围（王喆等，2015）。来自诸多上级部门的监管与考核令金融企业的决策空间被限制在不同考核办法的"交集"之中，在效益决策之外还需要兼顾许多目标，其行为模式被迫"异化"，无法灵活根据自身实际情况做出最符合经济效益的选择。

相应监管考核机制属于针对行业内企业的机构考核，但是其考核目标进一步通过对象企业的内部绩效评定机制层层分解到分支机构、部门乃至个人，经由这一"内化"过程，实际上能够影响到行业内的每一个市场行为主体，此即休斯和梅斯特（Hughes 和 Mester，2008）指出的"内部机制"渠道。在过多上级考核的干预下，金融企业内部绩效评定对业绩增长和风险管控施加了过度刚性的规定。以商业银行为例，国家开发银行金融

---

① 值得注意的是，一些管理办法的出台日期较新只是说明其规范化的时间较近，并不意味着相应的考核在此前就不存在。事实上，在规范化、科学化的管理办法出台之前，相关由不同上级部门发起的考核就以非正式的形式存在。

研究中心提供的调查分析显示①，将经营效益类和风险管理类指标作为绩效考核重点的被调查单位分别达到 90.2% 和 91.1%，且仅有不足 10% 的银行授予分行自行确定考核体系的自主性。关于业绩和风险两方面规定的要旨分别可以进一步归纳为：对业绩务求增长、对风险过于厌恶。仍以银行为例：一些银行对于分支机构利润增长的部分核发绩效，如果利润下降，则要倒扣基本薪资②；而一些银行则针对不良贷款设置对经办人员及至高级管理人员的严厉惩罚措施，包括倒扣绩效收入、无法离职等③。两者的共同作用令决策者的最优动态决策"异化"为：在收益未达到期望目标时正常争取利润最大化，而在收益达到期望目标后表现出越来越强的风险厌恶，最终令企业偏离经济最优的决策路径。休斯等（Hughes 等，1996）较早指出，经营者的风险偏好对金融企业的效率有明显的影响，风险厌恶的管理者愿意额外消耗成本以降低风险，这令企业效率受损；黄和帕拉迪（Huang 和 Paradi，2011）关于中国保险行业效率的研究对此形成了支持。

上述机制对各类金融服务企业均有影响，然而对于国有金融机构，影响尤其强烈。国有金融机构的管理者往往具有"隐性行政级别"，受到社会舆论钳制，难以获得完全市场化的短期薪酬激励④⑤，而中长期股权激励则被明令禁止⑥，导致管理者的经济利益与企业效益脱钩，从而其目标函数更易偏离企业效益最大化目标而迎合考核机制。此外，由于国有金融企业尚不具有充分市场化的职业经理人市场，干部的选派具有较强的"行政任命"意味，管理者的企业绩效无法充分转化为其就业市场上的良好声誉与职业生涯的竞争力，反而是能更好应对上级部门考核的管理者更具发展优势。不仅如此，在经济激励缺位的情况下，政府往往诉诸行政升迁激

①　刘明康：《商业银行绩效考核调查分析》，国家开发银行金融研究中心，2014 年 2 月。
②　《华夏时报》，2014 年 9 月 12 日。
③　《第一财经日报》，2015 年 9 月 24 日。
④　中国银行业协会行业发展研究委员会：《求解社会主义国有银行家激励约束机制困局》，2014 年 11 月。
⑤　瀚纳仕咨询 2014 年调查发布的《中国金融行业薪酬趋势和人才留任》报告指出，金融行业中非国有企业的薪资比国有企业平均高出 30%。
⑥　财政部 2008 年 6 月《关于清理国有控股上市金融企业股权激励有关问题通知》（65 号文）规定，国有控股上市金融企业不得擅自进行股权激励，计划设立和已着手进行股权激励的企业应予暂停。

励，然而这进一步破坏了市场经济的要求，令管理者对自身定位出现偏差，将金融从业行为视为未来行政晋升的跳板，反而容易诱发短期行为，加剧了考核机制对国有金融企业决策的扭曲。[①] 考虑到国有金融机构在金融服务业中占据较大的份额且具有比较明显的市场势力，相关制度对金融服务行业整体造成的扭曲是相当明显的。

二、市场准入管制

构建开放和竞争的金融服务市场是完善社会主义市场机制的必由之路，也是建立现代化的金融市场体系的关键命题之一。开放的金融体系有助于发挥市场调节机制，引入资本、加强竞争，从而有利于提高行业内企业的效率，激发金融活力。然而长期以来，民间资本或国外资本进入我国金融服务业却面临着较高的进入壁垒。斯蒂格勒（Stigler，1968）将进入壁垒具体化为新企业试图加入某一行业时所需负担的额外成本；当该成本过高时，潜在的新企业就会知难而退。早期研究如贝恩（Bain，1956）等倾向于认为，进入壁垒主要在规模经济、沉淀成本、差异化产品和绝对成本优势等市场性因素主导下自发形成；但斯蒂格勒（Stigler，1968）指出，另一典型的情形来自政府实施的管制，甚至在许多情况下，经济性壁垒本身也是以政府管制壁垒为基础建立的。一般认为，我国金融服务业的进入壁垒以政府的行政性管制为主（王喆等，2015），具体到准入管制上，[②] 突出体现为资质门槛与审批障碍两方面（何德旭等，2006），前者如资产要求、经营年限要求等，后者则主要指繁复审批程序带来的高昂成本和行政风险。准入管制又可分为对国外资本和民间资本的限制。关于国外资本，姚战琪（2015）测算加入 WTO 以来的中国服务业开放度后指出，我国金

---

① 中共中央、国务院 2015 年 9 月公布《关于深化国有企业改革的指导意见》，指出应推行职业经理人制度，实行内部培养和外部引进相结合，畅通现有经营管理者与职业经理人身份转换通道，董事会按市场化方式选聘和管理职业经理人，合理增加市场化选聘比例，加快建立退出机制。意见针对这一问题提出了可行的改善方法，但也从侧面印证了问题的存在。

② 针对金融服务业的行政性管制还在其他许多方面存在。以外资为例，除准入限制外，还接受：股比限制，比如单个股东的持股比例，外资总占比的限制；业务范围限制，即对准入后公司业务范围的限制和要求；业绩限制以及其他一些限制，比如吸收贷款的数额要求，同业拆借对实收资本的比例等；对高级管理层的限制，比如国籍要求等。

融服务业对外开放的程度在服务业各行业中处于偏低水平，而且市场准入方面的承诺开放度低于国民待遇方面。关于民间资本，尽管国务院于 2005 年和 2010 年先后提出"非公有制经济 36 条"和"新 36 条"①，明确指出"允许非公有资本进入金融服务业""鼓励和引导民间资本进入金融服务领域"，但是配套的施行细则未能及时出台、权责归属仍未明确，② 多数政策仍停留在指导性文件的层面③。全国工商联《中国民营经济发展报告 2012—2013》指出，500 万元以上规模的城镇投资中，金融行业的民间投资占比不足一成。针对中国民营 500 强企业进行的调查则表明，逾半数的民企认为垄断行业的门槛较高，45.6% 的企业认为部分政策的实施细则操作性不够，44.4% 的企业认为，民企投资某些垄断行业时缺少应有的话语权；调查还指出，货币金融服务和保险业位于销售净利润率最高的行业之列，但入围企业数量都只有 1—2 家。④ 可见，金融服务业准入的"铁门"虽已不复存在，"玻璃门""旋转门"和"弹簧门"却仍未完全拆除。⑤

　　微观经济理论指出，准入管制排除了潜在的进入者，使行业中企业的数量偏少、竞争不足，这令行业集中度增加、行业内企业的市场势力加强，易于形成垄断性的市场结构。从实际数据来看，在各种有形或无形的准入管制限制下，中国金融服务市场已经具有了较高的集中度；即便历经多年改革发展，仍呈现出高度集中的寡头垄断型市场结构（石涛等，2012）。依据银监会公告和 CSMAR 数据，截至 2015 年第三季度，我国银行业资产占金融业总资产的 90% 左右，五大国有银行在银行业总资产中的

---

　　① 分别是《国务院关于鼓励支持和引导个体私营等非公有制经济发展的若干意见》和《国务院关于鼓励和引导民间投资健康发展的若干意见》。

　　② 《中国民营经济发展报告 2013—2014》，中华全国工商业联合会，2014 年。

　　③ 中国人民银行等多部门于 2015 年 10 月发布《进一步推进中国（上海）自由贸易试验区金融开放创新试点 加快上海国际金融中心建设方案》，进一步细化鼓励民营资本进入金融业的举措，但后效仍待观望。

　　④ 《2014 年中国民营企业 500 强调研分析报告》，中华全国工商业联合会，2014 年。

　　⑤ "铁门"代表原则上的禁令；"玻璃门"形容原则上开放但实际上缺乏进入途径；"旋转门"如能够参与招标，但实操中受政策歧视而被半途淘汰；"弹簧门"指进入后面临不公平的竞争而不得不退出。

占比又高达 42.6%。尽管在政策推动下，[1] 深圳前海微众银行、浙江网商银行、温州民商银行、天津金城银行以及上海华瑞银行首批五家民营银行已于 2014 年经批准试点，但是试点的数量少、范围窄、规模小、速度慢，难以撼动业已形成气候的市场势力。传统集权审批式的管理方式已经落后于金融发展的步调，难以有效为固化的市场格局注入新的活力，在某种程度上对真正推动试错型金融改革形成了阻碍。

关于市场势力与企业效率之间相互作用机制的理论假说，主要有"效率结构"假说（德姆塞茨（Demsetz），1973）和"平静生活"假说（伯杰和汉纳（Berger 和 Hannan），1989）。[2] 依据前者的观点，效率较高的企业能够利用自己的优势赢取较大的市场份额，因此市场势力是高效率的自然呈现；而从后者的逻辑出发，拥有较强市场势力的企业将会倾向于通过垄断定价使自己得以享受免于竞争的"平静生活"，不再致力于追求利润最大化的经济目标。具体而言，如果金融企业拥有一定市场势力，管理者就能够相对轻松地利用定价策略保证令人满意的利润，从而怠于管控成本、增进效率；不仅如此，在市场地位相对稳固的情况下，管理者的首要目标也可能转向企业扩张、内部和谐或维护市场势力等方面，这就可能导致额外的效率损耗；最后，竞争不充分的市场中，缺乏真才实学的管理者有机会滥竽充数，这也会对企业效率产生不利影响。考虑到我国金融服务业市场发展早期呈现较强的管制特征，企业市场势力主要通过政府管制获得，"效率结构"假说并不适用。相比之下"平静生活"假说似乎更具解释力度，也得到了更多经验证据支持。王聪等（2007）指出，竞争性的市场机制对企业效率有促进作用；傅和霍夫曼（Fu 和 Heffernan，2009）区分时期的研究也较为倾向"平静生活"假说。程茂勇等（2011）研究发现，越强的市场势力将会带来更低的成本效率和更高的利润效率；姜琪等（2012）则在控制了整体经济影响后指出，银行业高利润主要来自市场势

---

① 2013 年 7 月，国务院发布《关于金融支持经济结构调整和转型升级的指导意见》，提出尝试由民间资本发起设立自担风险的民营银行等金融机构；同年 11 月，党的十八届三中全会再度提出，在加强监管的前提下，允许具备条件的民间资本依法发起设立中小型银行等金融机构。

② "市场力量"假说与"平静生活"假说有相似的出发点与基本一致的推论，在此不再细分。

力溢价与宏观经济增长而非效率。侯晓辉等（2011）发现，尽管全要素生产率和相对市场份额之间不存在显著关系，却和市场集中度显著负相关；朱晶晶等（2015）的研究则表明，金融市场竞争度的提升有利于缓解企业融资约束。

三、信贷决策干预

改革开放数十年来，我国始终围绕经济建设为核心布局国家发展战略，经济建设取得了显著成就，但政府尝试主导和管控经济发展的意图也始终相当强烈，导致市场化建设在某些领域裹足不前。艾伦等（Allen 等，2005）指出，中国的制度建设与其近数十年来全球领先的经济增速相比存在反差性的滞后。对于这一情形，侧重分权背景下地方政府追求财政收入而着力发展经济的"财政联邦"假说（钱和韦恩加斯特（Qian 和 Weingast），1996）和集权背景下地方官员为追求晋升而加意推动 GDP 增速的"晋升锦标赛"假说（周黎安，2007）等纷纷被提出。各类假说虽然切入点不同，但均同意中国政府对经济具有较强的影响力；在经济自主权利朝民间不断让渡的改革进程中，财政干预经济的能力开始下降，为了保证对于经济的掌控，政府愈加强调对金融资源进行控制（何贤杰等，2008）。由于我国金融市场的结构相对单一，企业筹措资金的主要渠道是通过银行贷款实现，且国有银行在银行业占据相当大的份额，这令政府相对易于实现对金融资源的垄断和控制。即便名义上并非国有的银行，如城商行，往往也有明显的"官方持股"色彩而受到地方政府的干预（钱先航等，2011）；甚至一些民营银行也不能例外。

既有文献对政府干预地方国企过度投资（程仲鸣等，2008；唐雪松等，2010；曹春方等，2014）或民企通过政治关联获取金融资本（罗党论等，2008；法恩等（Fan 等），2008；于蔚等，2012）多有阐述，实际上均已隐含政府能够干预甚至操纵金融资源流向的前提。政府通过干预金融服务业的信贷决策，能够使金融资源流向自己意图扶持的领域、行业或企业，从而实现诸如制度改革、结构调整、经济增长、地方就业等不同方面的改革目标；换个角度来看，这相当于令金融服务企业的经济目标"变异"，由利润最大化转变为同时兼顾多个不同目标而忽视经济利润最大化的目标函数。尽管有理论认为，这有利于支持那些能够增进社会效益但又不易获得资金的项目，从而消除外部性、增进整体福利，但在现实中，政府干预下的资金主要流向国有企业和政府主导的基础设施投资。关于基础设施的重复、过度投资，不仅文献早有评述（周黎安，2004），政府工作报告也屡屡提及，其经济上的低效性自不待言；而关于国有企业，文献多认同其整体效率较私有企业更低，因此信贷偏向于国有企业难以显著推动经济增长（张军，2006），从而降低了金融发展的增长效益。事实上在这样一种干预下，经济增长固然缺乏效率，金融企业自身的经济效益也会受到损害。

第二节　扭曲机制下企业的内生反应

既有文献虽然对上述扭曲机制有所涉及，但是主要考虑扭曲机制对经济增长、行业效率、金融表现等经济"结果"的影响，这本质上是从宏观视角考虑若干个变量的相互作用，忽视了"过程"，无助于理解这些作用的微观实现渠道。在上述扭曲机制下，金融企业的行为和决策会朝何种方向变化？这些决策又是如何影响到宏观层面观察到的经济"结果"？现有文献难以提供解答。我们认为，上述扭曲机制的存在会令金融企业的目标函数发生"异化"，激发企业内生的反应，进而令企业的行为和决策发生显著的改变。这些改变主要集中在效率减损和信贷偏向两方面，我们将它们分别称为效率减损效应和信贷偏向效应。扭曲的考核激励与市场势力共同作用，会使金融企业主动选择一个偏低的生产效率，此即效率减损效应；扭曲的考核激励与信贷干预交织，则使金融企业的资金倾向于配置到低效率的企业中去，此即信贷偏向效应。在宏观上，前者主要影响金融服务业的分置效率、转化效率，后者主要影响金融服务业的配置效率。

一、效率减损效应

来自多部门基于不同出发点的考核与管制对金融服务企业的决策空间构成了较强约束。这种复合来源、复合目标的管制不仅限制范围较广，而且考核标准较高。容易理解，不同部门发起的考核及管制牵涉不同领域，故其限制范围较广；考核标准较高的原因则在于，尽管不同部门对重复考核标准设置的强度不同，但被审查的金融企业只能争取满足最高的标准，"取法乎上"，因此实际的考核或监管强度将是不同标准的"上包络"。过强的监管迫使企业偏离利润最大化的决策路径，以争取满足各方要求，最终令其目标函数在不同盈利水平出现变化。当业绩还未达到能够满足业务扩张标准的目标时，企业能够正常地进行利润最大化的决策；当业绩满足这一目标后，企业转而关注严控风险，呈现出越来越强的风险规避特性。金融服务业本质上属于应对和管理风险的行业，当其不能理性看待风险时，效率必然趋于下降。

与此同时，金融服务业较强的准入管制令行业内企业多拥有一定程度的市场势力。凭借市场势力，企业能够较为轻松地获取一定垄断利润，这保证了其能够尽快满足考核或监管所要求的业绩目标，从而更快进入到规避风险的决策阶段。除此之外，"平静生活"假说也指出，拥有市场势力的企业更容易转向其他目标而偏离利润最大化的经济目标，这也造成了效率的损失。

总之，当这两种扭曲共同存在时，企业的目标函数将发生适应性的改变，其最优决策将不可避免地顾及利润最大化之外的非经济目标，从而自发地选择一个偏低的产出效率。

二、信贷偏向效应

如前所述，过强的监管与考核制度下，金融企业的激励将会出现扭曲，其目标函数呈现分阶段特性，在满足一定业务目标后，呈现出不断加强的风险厌恶倾向。当金融企业相对不再看重回报率、转而重视风险时，优先将资金配置给尽管效率较低，但是体量较大、抗风险能力较强且似乎拥有"隐性担保"的国有企业就成为合理的选择。将资金配置给国有企业不但具有较小的经济风险，也具有较低的政治风险。如果给予非国有企业的贷款出现坏账，经办人甚至可能会有受贿的嫌疑，从而承担令国有资产流失的指控（卢峰等，2004）；相比之下对国有资产的坏账被认为是可以接受的，如何贤杰等（2008）针对银行信贷数据的分析表明，在总借款比例相同时，银行对国有企业的会计稳健性标准相对更低。当这种情况存在时，金融企业面向非国有企业的信贷就被附加了额外的风险成本，从而令金融企业在业务压力不大时体现出更强的风险厌恶倾向。

以商业银行为例。2003年银监会成立后，商业银行开始使用信贷打分的方法评估贷款申请，并在2004年采用国际通行的贷款五级分类规则，即按风险程度将贷款划分为五类：正常、关注、次级、可疑、损失，其中后三种为不良贷款。在此基础上，信贷部门使用"5C"原则进行信贷评估，即借贷人品德（Character）、资本（Capital）、偿付能力（Capacity）、抵押（Collateral）以及经济周期（Cycle）。同时，银行系统建立起多层级的贷款审核制度。支行发放的贷款要通过分行的信贷审批委员会审批，之后再由分行行长提交给总行的信贷审批中心；同时为了增加竞争力，商业银行的分支行也有一定的审批自主权。上述信贷评估机制似乎是非常科学的，但其无法应对过强监管对风险的额外要求。在考虑因过强监管而形成的"递增性风险厌恶"后，银行在上述评估机制外附加一系列不成文的规则以进一步降低风险（Yeung，2009）：首先，企业所有权是不成文规则中最重要的一个，国有企业身份所带来的较低的交易成本使其更容易获得贷款，相比之下，私营企业因被认为产权结构不清、管理不善、固定资产有限等原因而被视为存在过高风险，难以获得贷款；其次，企业规模也被纳入考虑，私营企业一般为中小企业，也被认为是信贷风险最高的，而国有企业和外资企业则风险较小；另外，企业所在的产业部门也是规则之一，银行会给予国家优先发展的重点项目以尽可能优惠的贷款条件，这也是国有商业银行间最激烈的业务竞争。

政府直接实行的信贷干预政策进一步强化了上述机制。一般而言，政府通过一些引导性的奖励制度影响金融企业的信贷决策，在必要情况下，也采取行政干预手段。尽管一些信贷也会被引导向与政府具有政治关联的私营企业，但是国有企业毕竟与政府具有天然的紧密联系，这一操作通常还是会直接引导金融资源向国有企业配置。虽然当前信贷管制已经得到了较大放松，但是在过去相当长的一段时间内，贷款规模管理的色彩始终浓重（于蔚等，2012），因此流向国有企业的金融资源增长几乎必然意味着流向私营企业的金融资源减少。不仅如此，由于这种干预下形成的借贷通常比金融企业自主进行的针对国企的借贷质量更差，金融企业往往会出于"亡羊补牢"的目的加强对非国有企业的审核要求。因此，信贷在政府干预下被引导向国有企业的同时，也经由"总量约束"和"风险代偿"两种渠道挤出了潜在的针对私营企业的借贷。

综上所述，两种扭曲机制的共同作用令金融企业的最优资产配置偏向于国有企业。考虑到国有企业整体上较低的生产效率，这必然导致宏观上较低的配置效率。不仅如此，对于金融企业而言，这也会造成利润的损失，而令其利润效率受损。

三、反应力度：所有制的影响

前面提及的扭曲因素对于各种类型的金融服务企业均有影响，但是，对于国有金融服务企业的影响尤其显著。

首先，公有产权属性的国有金融企业存在难以避免的委托—代理问题。虽然国有企业由全体国民所有、由代表国民意志的"国家"代为管理，但这一国民意志在现实层面仅仅是一个虚拟的符号。全体国民作为委托人，尽管具有合法的剩余索取权，却不具备实际的剩余控制权；而政府官员和经理人虽然具有实际的剩余控制权，却不具有合法的剩余索取权。无论委托人层面或代理人层面都存在控制权和索取权的错位，造成了严重的委托—代理问题（吴延兵，2012）。虽然 20 世纪 90 年代以来的国有企业改革已经在一定程度上强化了激励机制并取得了一定成效（Sun 和 Tong，2003），但国有金融企业经营者的利益与企业绩效仍未充分挂钩，故这一问题还未得到真正有效的解决。委托—代理问题存在的情况下，面对重风险而轻收益的考核，国有金融企业的经营者更加缺乏激励去追求更高的盈利表现，经营风格将愈加趋于保守，这直接造成了经营效率的降低。而由于创新投入的回报本就具备较强的不确定性、异质性和长期性（霍尔斯特罗姆（Holmstrom），1989），国有企业的经营者通常也缺乏激励进行创新方面的投入（斯莱弗（Shleifer），1998）。具体对中国的国有金融企业来说，创新的异质性使创新投入过程中的努力难以得到有效监督，加强了国有企业经营过程中的委托—代理问题；结合过于强调风险的僵化考核标准，令经营者更加抗拒具有不确定性的创新投入；不仅如此，国有金融企业经营者的选派和升任具有"行政任命"的意味，任期通常是不确定的，这既令其对上级部门的考核加倍重视，也令其经营行为具有了更强的短期化特征。

其次，国有金融企业在市场中占据的份额最大，结合其所有制安排必然导致的对效率追求的偏离，其经营者特别容易进入"平静生活"假说所描述的状态，倾向于凭借市场势力完成绩效考核，怠于风险经营和创新投资。虽然我国金融市场上的企业名义上包含多种所有制，但是国有股东在各领域的金融机构中都处于较为强势的控股地位，财政部、汇金公司及社保基金等国家股东持有重要的银行、证券和保险公司，各类城商行、农商行、信托、证券、基金等则往往由地方政府或央企持股。前者的典型如五大国有银行，占有金融业总资产的30%以上；后者绝大多数为地方政府或央企出资创立，[①] 虽然股权在多年改革后已经逐渐多元化，但实际控制权多数仍掌握在地方政府或央企手中。如果将国有控股的金融服务企业资产视为"准国有资产"，那么这部分资产在金融业总资产中的占比达到80%以上。[②] 无论是在银行、证券或保险业，监管机构出于不愿意为潜在风险承担责任的原因，倾向于不触动国有主导的既成市场格局，对民营资本进入金融服务业的态度趋于保守，进一步固化了这一局面。

最后，政府、国有企业和国有金融机构之间天然的政治联系，使得政府对金融企业信贷决策的干预特别容易发生在国有金融企业身上。这一情况并非中国独然，国外经验文献往往也发现了政党对国有银行能够施加一定的影响力（萨皮恩扎（Sapienza），2004；丁克（Dinç），2005；等等），但在国有金融资产份额和国有企业份额占比较大的中国，这一情况尤为明

---

① 例如，1995年《城市商业银行暂行管理办法》中规定，城商行股东由当地企业、个体工商户、城市居民和地方财政入股组成，其中地方财政为最大股东，持股比例约为30%，而单个法人股东持股不得超过10%，单个自然人持股不得超过2%。

② 根据冯兴元、聂日明专栏文章《改革应全面放开金融业的准入》中的数据推算。

显。施莱弗和维什尼（Shleifer 和 Vishny，1994）指出，政府会为了自身政治目的而非社会目标去掌控金融资源；而中国"财政联邦"或"政治锦标赛"的治理架构加强了这一行为的动机，国有金融资产占比高企的现状则为这一行为提供了条件。需要强调的是，由于银行的信息不对称较为严重，便于官员掩盖信贷行为隐藏的政治动机（丁克（Dinç），2005），且中国的银行业长期以来在金融业中占据较大比重，这类干预的发生以国有银行为典型（何贤杰等，2008）。

总之，对于国有金融服务企业，我们前面提及的作用机制将得到不同程度的放大，对其效率产生的影响将尤为明显。

第三节　金融服务企业效率损失的模型分析

前面的理论分析指出，金融服务行业现有的扭曲性机制可能会影响行业内企业的行为决策，令其主动减少对于更高生产率的追求，最终同时影响分置效率、转化效率和配置效率。本节将从企业最优决策的视角出发，尝试构建一个简单的理论模型框架，在对上述理论探讨中的关键机制及核心要素作出一定抽象的基础上，进一步阐明其具体作用过程。

一、基本模型设定

斯坦（Stein，2003）曾针对制造业企业在特殊情况下主动选择偏低生产效率的决策进行过建模，通过在生产函数上附加效率的损益项，令企业的最优决策取得低效率的均衡。这一建模策略也为田伟（2007）、于蔚等（2012）等国内研究继承，用以探讨政治关联下的企业低效率问题。然而，相似的建模策略无法简单推广到金融服务企业上。与制造业企业通常的生产模式不同，金融服务业企业的微观决策过程难以用简单的柯布—道格拉斯（Cobb-Douglas）生产函数刻画。制造业企业投入劳动、资本以获得产出，其生产过程和柯布—道格拉斯生产函数之间可以建立非常直观的联系；但金融服务业的"生产"并非一个具体的产出过程，如以柯布—道格拉斯生产函数描述，其决策细节将被过度简化。事实上，与其说金融服务企业的"生产"是一个"产品产出"过程，毋宁说是一个"资产配置"过程——行业内企业获取金融资源，将之在不同资产之间进行分配，最终取得资产回报。因此，其利润不妨描述为：

$$\pi = \int_0^1 R_\omega \, q_\omega \mathrm{d}\omega - C(q_\omega, \ \theta) \tag{14-1}$$

其中，资产 ω 在 $[0, 1]$ 区间内连续分布，R_ω 是资产 ω 的总体收益率，q_ω 是持有资产 ω 的数量；如果资产是风险资产，那么对应的回报率是期望回报率。$C(q_\omega, \ \theta)$ 体现金融企业管理资产的成本，$\dfrac{\partial C(\cdot)}{\partial q_\omega} > 0$，说明管理的资产越多、需要付出的成本越高；$\theta$ 为金融企业选择达到的效率水平，$\dfrac{\partial C(\cdot)}{\partial \theta} > 0$，说明为了达到更高的效率水平，金融企业需要付出额外的成本。在斯坦（Stein，2003）的建模策略中，追求高效率的额外成本被解释为有限的企业家管理精力由于兼顾建立政治关联而分流；在此处，为了追求高效率所需要付出的额外成本可以理解为员工激励、加班费用、创新投入、提高人力资本的培训或企业家精力等微观因素。

同时，金融企业能够配置的金融资源受到其资源动员能力的约束：

$$\int_0^1 q_\omega \mathrm{d}\omega \leqslant u(\theta) \ (K^\alpha L^{1-\alpha})^{\ \gamma} A(\theta)^{\ 1-\gamma} \tag{14-2}$$

上式中，A 表示金融企业的负债，如商业银行揽得的储蓄、保险公司获得的保费；金融企业投入资本 K 和劳动 L，获得金融资源的动员能力，将负债转化为可以分配到不同类型资产中去的"流动性"；$u(\theta)$ 为这一过程中的"转化效率"，$\dfrac{\partial u(\cdot)}{\partial \theta} > 0$，表明企业的效率水平越高，就能对掌握的金融资源进行愈加高效的利用。这一模型框架中，效率既能够体现在金融资源的获取上，也能够体现在金融资源的利用上，还能够体现在不同资产的有效配置上，分别对应前文提及的分置效率、转化效率和配置效率。

现实中，金融服务企业受到较多的管制和干预，其经营决策并非单纯考虑利润，还要顾及上级部门的考核评定。因此，金融服务企业的经营决策所致力于最大化的不是利润，而是一个体现了这种考核激励的目标函数 $U(\cdot)$。如前所述，这些考评标准往往在经营扩张和风险管控两方面均有要求，据此，金融服务企业经营决策的最大化问题可以写作：

$$\max EU(\pi / \pi^e) \tag{14-3}$$

上式中 E 为期望算子，根据该式，企业最大化目标函数 $U(\cdot)$ 的期望值。π^e 是为满足考评标准中经营扩张要求所需要达到的预期利润；$U(\cdot)$ 为凹函数，即 $U'(\cdot) > 0, U''(\cdot) < 0$，因此具有一定的风险规避特性。两者分别体现了考评标准中对经营业绩和风险管控的要求。由于 π^e 往往基于历史绩效表现形成，因此不妨设 $\pi^e_t = \pi_{t-1}$，则目标函数中的项目变为 π_t / π_{t-1}，即利润的增幅；此时，$\dfrac{\partial U_t(\cdot)}{\partial \pi_{t-1}} < 0$，意味着过高的当期业绩将对下期考评造成压力。进一步地，考虑到考评机制中对风险管控的要求具有区间变化的特性，在企业业绩达到 π^e 这一基本水平后，对风险的规避倾向将会加强，体现为 $U(\cdot)$ 的凹性在 $\pi > \pi^e$ 的区间将会不断增加。

二、金融企业最优决策

本节讨论的基准模型将金融企业的决策问题简化为单期问题，同时假设企业在已经越过 π^e 这一基本业绩水平的区间进行决策，这一简化避免了跨期动态决策带来的复杂性，而主要突出僵化考核对风险偏好造成的影响。同样为了简明起见，假定企业仅面临两种资产，分别是面向国有企业和私营企业提供的融资，两者的数量分别为 m 和 n、期望回报率分别为 R_s 和 R_p。仅假设面向私营企业的融资是风险资产，且作为风险资产的私企贷款具有更高的期望回报率，即 $R_p > R_s$。基于上述假设，进一步利用确定性等价的思想和 $U'(\cdot) > 0$ 的性质，企业的最优化问题（14-3）式转化为：

$$\max_{\{m, n, \theta\}} R_s m + R_p n - c(m + n) - C(\theta) - P(n) \tag{14-4}$$

上式通过引入风险资产 n 的风险溢价 $P(n)$，体现了考核机制引发的风险规避特征，亦即目标函数 $U(\cdot)$ 的凹性。$P'(\cdot) > 0$，进一步体现目标函数 $U(\cdot)$ 凹性递增的性质。为了便于求解，将总成本分解为两项，其中对所持资产的管理具有不变的边际成本 c ，而达到一定效率水平具有单独的成本 $C(\theta)$ 。相应地，这一最优化问题的预算约束为：

$$\text{s.t.} \quad m + n \leqslant u(\theta)\, F^{\gamma} A^{1-\gamma} \tag{14-5}$$

为了简化起见，基准模型中设 $K^{\alpha} L^{1-\alpha} = F$ ，省略了金融企业对资本和劳动的决策，这一处理对模型结论不会产生任何实质影响。出于同样的理由，也暂时隐去 θ 对 A 的影响；这一基准模型主要通过 $u(\theta)$ 体现转化效率，通过 m/n 体现配置效率，关于分置效率的讨论将在随后的扩展模型中进一步引入。金融企业通过选择合适的资产配置和效率水平达到最优化。由一阶条件可得：

$$P'(n) = R_p - R_s - c \tag{14-6}$$

$$(R_s - c)\, F^{\gamma} A^{1-\gamma} = C'(\theta) \,/\, u'(\theta) \tag{14-7}$$

（14-6）式和（14-7）式都具有清晰的经济意义。（14-6）式暗示，在其他条件给定的前提下，金融企业对私营企业的融资量存在一个最优值。在企业绩效达到考核标准之后，企业进一步扩张业务、追求更高利润的动机将有所减弱，而对第二项考核内容也即经营风险的关注度将有所上升。随着对更高收益风险资产的持有量不断加大，企业的经济效益不断提高，但面对风险也变得越发谨慎，这将降低风险资产对企业的吸引力。当风险资产相对无风险资产的价差不足以覆盖边际成本和风险溢价时，金融企业对私营企业的融资就将停止增长。最优的风险资产配置 n^* 同时也暗示了最优无风险资产配置 m^* 的存在。将令（14-6）式成立的 n^* 代入紧的预算约束（14-5）式，即可得到 m^* 。相应地，（14-7）式则暗示了最优效率的存在。提高效率一方面增加了已有金融资源的利用效率，从而放宽预算约束，令企业能够持有更多的获利资产，对企业利润产生正面影响；另一方面也需要付出更高的成本 $C(\theta)$ 去维持，给企业利润带来了额外负担。由于效率成本的存在，维持一个过高或过低的效率都无法取得最优解。由一个偏低的效率水平出发，企业可以考虑适当提高效率投入、加强资源利用水平，由此充分动员金融资源，持有更多资产以获取回报；反之，则可以减少维持效率的投入，以节省成本。在（14-7）式描述的最优效率水平下，效率提升一个微小的单位，由预算放宽带来的利润增幅

$(R_s - c) F^{\gamma} A^{1-\gamma} u'(\theta)$ 恰好可以支付提高这一单位效率需要付出的成本 $C'(\theta)$ 。

具体地，如果依据上文定义的性质，设 $C(\theta) = \theta^{\lambda}$，$\lambda > 0$；$u(\theta) = \theta^{\nu}$，$\nu > 0$；$P(n) = e^{\varphi n}$，$\varphi > 0$。则（14-6）式和（14-7）式化为：

$$\varphi e^{\varphi n} = R_p - R_s - c \tag{14-8}$$

$$(R_s - c) F^{\gamma} A^{1-\gamma} = (\lambda/\nu) \theta^{\lambda - \nu} \tag{14-9}$$

由此可以得到最优的 m^*、n^*、θ^* 分别为：

$$\theta^* = \left[(R_s - c) F^{\gamma} A^{1-\gamma} \left(\frac{\nu}{\lambda} \right) \right]^{\frac{1}{\lambda - \nu}} \tag{14-10}$$

$$n^* = \frac{[\ln(R_p - R_s - c) - \ln\varphi]}{\varphi} \tag{14-11}$$

$$m^* = \left[(R_s - c) \left(\frac{\nu}{\lambda} \right) \right]^{\frac{\nu}{\lambda - \nu}} (F^{\gamma} A^{1-\gamma})^{\frac{\lambda}{\lambda - \nu}} - \frac{[\ln(R_p - R_s - c) - \ln\varphi]}{\varphi} \tag{14-12}$$

更进一步，可以得到最优决策时的利润水平 π^*、信贷配置比例 $r_{mn}^* = m^*/n^*$、资本利用效率 $u(\theta^*)$。设 $P_0(n) = e^{\varphi_0 n}$ 是管制较轻的情形，且有 $\varphi_0 < \varphi$。容易证明，$\pi^* < \pi_0^*$，$r_{mn}^* > r_{0,\ mn}^*$，$u(\theta^*) < u(\theta_0^*)$。即与管制较轻的情形相比，金融服务企业最优决策对应的转化效率、配置效率都会偏低。

第四节　理论模型的扩展

本节将在基准模型的基础上，进一步引入针对国企偏向性贷款的额外回报、市场准入限制带来的市场势力、金融服务企业的分置效率等细节，令模型更加完整。在丰富上述细节之后，模型能够全面讨论第一节中提及的扭曲机制产生的影响，同时上文得到的基本结论仍然能够成立。

一、扩展讨论：针对国企偏向性贷款的额外回报

基础模型中，考虑到上级部门考评机制后的企业目标函数主要仍是关注业绩表现；国有企业与私营企业的区别主要在于回报率和风险。现实中，政府部门还有可能出于经济增长、维护地方支柱产业等需要，通过各种手段对金融企业的信贷分配决策施加干预，以实现对国有企业的间接补贴（孙铮等，2005；张军，2006；何贤杰等，2008；曹春方等，2014）。无论这一目标是通过对合作的奖励或对不合作的惩罚达成的，最终均可通过在目标函数中考虑对国企贷款的额外回报加以体现。在企业目标函数中引入国企贷款的额外回报 $S(m)$，则（14-4）式转化为：

$$\max_{[m,\ n,\ \theta]} R_s m + R_p n - c(m+n) - C(\theta) - P(n) + S(m) \qquad (14\text{-}13)$$

其中，$S'(\cdot) > 0$，说明增加对国有企业贷款能够带来额外的利益。考虑该项后，企业最优的私营企业贷款数量（14-11）式变为：

$$n_1^* = \frac{[\ln(R_p - R_s - c - S'(m)) - \ln\varphi]}{\varphi} \qquad (14\text{-}14)$$

由于 $S'(\cdot) > 0$，因此 $n_1^* < n^*$。而企业最优的国有企业贷款数量（14-12）式变为：

$$m_1^* = \left[(R_s - c + S'(m))\left(\frac{\nu}{\lambda}\right)\right]^{\frac{1}{\cdot}}(F^\gamma A^{1-\gamma})^{\frac{1}{\cdot}} - \frac{[\ln(R_p - R_s - c - S'(m)) - \ln\varphi]}{\varphi}$$

$$(14\text{-}15)$$

可见，国有企业贷款的额外回报通过两种渠道影响了金融企业针对国企的信贷决策。（14-15）式中，等号右侧的第一项表明，额外回报的存在吸引企业动员更多金融资源投入信贷，增加了市面上的资金供给，从而增加了对国企的贷款；等号右侧的第二项则表明，额外回报的存在令私营企业贷款的吸引力降低，结果令市面上已有的信贷资源向国有企业倾斜。前者可称为"扩张效应"，后者可称为"替代效应"，两种效应的共同作用令 $m_1^* > m^*$。

二、扩展讨论：考虑准入管制带来的市场势力

发达国家主要以经济性准入壁垒为主，由于金融服务市场较为成熟，

非经济性壁垒尤其是行政壁垒得到了一定程度的遏制。相比之下，我国的金融服务业准入壁垒则以行政性壁垒为主。这是由我国的经济发展战略、市场开放程度和金融市场结构所决定的。在过去几十年间，我国始终坚持将经济建设作为国家发展的核心战略，国家希望能够管理和控制资金的流向，这也为我国的金融实践所证实。为保护国有金融机构的经营环境，最大限度地将资金集中到国家可以控制的国有金融机构中，我国对外资和民营资本投入金融服务业制定了诸多限制。[①] 此外，由于我国的金融市场结构单一，即银行业最为成熟，而保险业和证券业等相对落后，导致银行成为国家筹措经济发展所需资金的主要主体，这也使得国家对金融资本的垄断和控制变得相对容易。

准入管制在拒绝行业外资本进入的同时，也保障了行业内企业的市场势力，有助于企业在经营活动中取得优势地位。其中一个突出体现在于，具有垄断势力的金融服务企业能够获得较为稳定而廉价的金融资源。例如，我国长期以来的利率管制令银行部门能够获取较为稳定的利差收入。尽管在 2015 年，存款利率上限最终放开标志着利率市场化基本完成，但是在以往相当长的一段时间内，这一机制都在持续造成扭曲。为体现行业准入管制为金融企业融资能力带来的积极影响，本小节在预算约束（14-5）式中引入一个乘子 ω。$\omega > 1$，且与企业的垄断势力成正比。则新的预算约束写作：

$$\text{s.t.} \quad m + n \leqslant \omega u(\theta) \, F^{\gamma} A^{1-\gamma} \tag{14-16}$$

容易理解，企业的市场势力越大，则其获取资金就越容易。在考虑了准入管制的影响之后，企业的最优效率决策（14-10）式变为：

$$\theta_2^* = \left[\omega (R_s - c) \, F^{\gamma} A^{1-\gamma} \left(\frac{\nu}{\lambda} \right) \right]^{\frac{1}{\lambda - \nu}} \tag{14-17}$$

显然，$\partial \theta_2^* / \partial \omega$ 的取值取决于参数 λ 和 ν 的取值，或者更具体地说，取

---

① 目前，我国金融服务业对民营资本和外资存在多方面的限制，包括：准入限制，比如对开设机构的母公司经营年限、资产规模的限制；股比限制，比如单个股东的持股比例，外资总占比的限制；业务范围限制，即对准入后公司业务范围的限制和要求；业绩限制以及其他一些限制，比如吸收贷款的数额要求，同业拆借对实收资本的比例等；对高级管理层的限制，比如国籍要求等。

决于 $\lambda - \nu$ 的取值。由于 λ 和 ν 分别是控制效率边际成本和效率边际回报的参数,这一结果的经济含义在于:更大的市场势力一方面加强了提升效率的边际回报,令金融企业能够在既定的效率成本约束下选择更高的效率水平,表现出对效率的"增益效应";同时也令金融企业在维持经营规模不变的情况下,得以选择更低的效率水平以节约成本,表现出对效率的"替代效应";两种效应综合后的净效应决定了市场势力对企业效率选择的影响。在特定的参数取值范围内,即 $\lambda < \nu$ 时,$\dfrac{\partial \theta_2^*}{\partial \omega} < 0$。此时企业的市场势力越强,最优决策下的效率也就越低。这种情况下,较强的准入管制保证了企业的市场垄断地位,有助于其以较低的成本实现预期利润目标,从而怠于管控风险、争取更高利润。值得注意的是,当 $\theta_2^* > \theta^*$ 时,$r_{2, mn} > r_{mn}$,说明即便市场势力的增益效应大于替代效应,配置效率也仍会是下降的。

三、扩展讨论:引入分置效率

如前所述,考虑到金融服务业在整体经济中的金融中介角色,其生产过程具有两阶段的性质,而效率亦可细分为三种,分别是分置效率、转化效率、配置效率。此前模型主要通过 $u(\theta)$ 刻画了转化效率,通过 r_{mn} 刻画了配置效率,但并未涉及分置效率。引入分置效率,将可更加完整地呼应前文讨论,但是否会对基准模型的结论造成影响呢?本小节试图讨论这一问题。

根据分置效率的定义——金融部门吸纳资金的效率,允许预算约束(14-5)式中的企业总负债 A 与效率水平 θ 挂钩,则新的预算约束为:

$$\text{s.t.} \quad m + n \leqslant u(\theta) \, F^\gamma A(\theta)^{1-\gamma} \tag{14-18}$$

在此设定下,企业一般效率水平的提升不但能够加强转化效率,也能够加强获取资产的能力。可见,在金融服务企业两阶段生产的模型中,分置效率与转化效率具有相似的作用,更高的分置效率和转化效率都能够放宽预算约束,使企业有能力持有更多的盈利资产。这种情况下,企业最优效率水平 θ 由下式决定:

$$(R_s - c) \, F^\gamma A^{-\gamma} [\nu A + (1 - \gamma) \theta A'] = \lambda \, \theta^{\lambda - \nu} \tag{14-19}$$

其中，A 和 A' 均为 θ 的函数。具体地，考虑 $A(\theta) = \theta^{\xi}$，则可以解得：

$$\theta_3^* = \left[(R_s - c) F^{\gamma} \left(\frac{\nu(1-\gamma) + \xi}{\lambda(1-\gamma)} \right) \right]^{\frac{(1-\gamma)}{(\lambda-\nu)(1-\gamma)-\xi}} \qquad (14-20)$$

易证，$\theta_3^* > \theta^*$。容易理解，当效率水平 θ 对预算约束具有额外放松作用时，提高效率带来收益上升，这使最优效率选择最终停留在一个更高的水平上。当然，在参数取合理范围内的值的情况下，分置效率的引入对基准模型所取得的结论基本不产生影响。

第十五章　金融服务业低效率的
成因：经验证据

第十三章基于企业层面的效率测算表明，中国金融服务业效率虽然大体呈上升态势，但是近年来增速有所放缓，且整体水平较最优实践前沿的差距呈扩大之势。两者相为参照，表明中国金融服务业效率的动态改善趋势有所恶化。结合以往研究所取得的主流认识，似可总结：中国金融服务业的整体效率水平起点较低，且近来改善过程有所放缓。对于这一问题，第十三章由企业微观决策的角度指出，相对僵化的隐性考核机制、较为封闭的市场准入管制与政府对企业决策的干预可能是其成因；数理模型证明了这一观点在逻辑上能够成立，然而相应解释是否符合中国的现实情况，还需要经验证据的支持。本章将基于第十三章测算得到的效率指标，对第十四章提出的影响因素进行计量检验，内容安排如下：第一节介绍所采用的计量模型和数据；第二节呈现并解读基准计量模型的估计结果；第三节进行稳健性检验，验证估计结果的可靠性；最后对本章主要研究结论进行小结。

第一节　数据选取与计量模型设定

一、计量模型设定

本章主要对第十四章提出的假说进行检验。基于此前的讨论，相对僵化的考核机制令企业过度厌恶风险、较为封闭的市场准入管制令企业拥有较强的市场势力而怠于创新、政府对企业微观决策的干预都有可能令企业放松对更高生产效率的追求，因此可以构建如下实证模型：

$$TFP_{jt} = \alpha + \beta_1 Ase_{jt} + \beta_2 Ace_t + \beta_3 Inter_{jt} + \sum \delta_k X_{kjt} + \varepsilon_{jt} \qquad (15-1)$$

其中，下标 j 和 t 表示不同企业和不同时期，TFP_{jt} 为第 t 期第 j 个企业的生产效率，Ase_{jt} 为考核机制强度的代理变量，Ace_t 为市场准入难易度的代理变量，$Inter_{jt}$ 为企业受到政府干预强度的代理变量，X_{kjt} 为一些控制变量，包括某些企业财务特征和宏观环境变量等，β_1、β_2、β_3 和 δ_k 则为对应项的待估计参数。α 和 ε_{jt} 分别是截距项和扰动项。预计考核的力度越大、市场准入的难度越高、政府干预的程度越深，则对应的效率水平越低。

二、数据来源和变量选取

与第十三章相似，本章数据主要来自国泰安（CSMAR）数据库的中国银行财务分析数据库，不足部分根据各银行年报或《中国金融年鉴》补齐，最终构成包含 2000—2014 年 279 家银行的非平衡面板数据。在剔除国家开发银行、中国进出口银行和中国农业发展银行 3 家政策性银行及一些关键数据缺损的观测后，数据集仍可提供 1474 个样本。如前文所述，尽管近年来我国非银行金融服务业经历了快速发展，但是银行业在金融服务业当中仍占据难以动摇的主导地位。截至样本期末的 2014 年底，从资产份额的角度看，中国银行业资产总额高达 172.3 万亿元，占金融业资产的份额超过 90%；而从融资渠道的角度看，通过银行的间接融资占比高达 82.62%。可见，采用银行数据具有相当的代表性。此外，银行样本在资产负债表结构、财务指标口径方面更加一致，这避免了口径调整可能引致的争议，确保了研究的准确性。

本章采用的因变量为第十三章通过 PDC-LP 方法测得的银行全要素生产率。由于这一估算值实际上为前一阶段估计方法求得的残差，因此这一做法实际上是所谓两阶段的效率影响因素估计方法。有研究者对这种做法表示质疑（昆巴卡和洛维尔（Kumbhakar 和 Lovell），2000；杨和波利特（Yang 和 Pollitt），2009；姚树洁等，2011），因为第二阶段考虑的影响因素既然与效率相关，就该在第一阶段估算效率时加以考虑。然而，正如德尔·加托等（Del Gatto 等，2011）所指出，无论何种形式的效率测算，本质上都是在求取"投入产出比"，因此我们认为第一阶段的模型设定实际上反映了"生产函数"这一对生产过程进行的理论抽象，将非主动控制的环境变量和特征变量等归为"投入"在经济意义上缺乏良好的解释。而从技术角度来看，作为残差的"效率"反映了投入之外非直接可控的要素，其影响因素并不通过影响投入决策而作用于第一阶段的估算，[①] 因此问题的关键或许在于如何从第一阶段估计的"残差"中剔除环境等因素的影响、提取更加纯粹的"技术效率"，[②] 但第一阶段得到的"残差"仍不可不视为自"全要素生产率"角度对企业效率水平所作的一种衡量。[③]

本章采用的第一个关键解释变量需要代表来自上级部门考核的强度。然而，该类考核多具有部门内部执行、非明文公开的特点，部门间的标准和执行力度也不尽一致，难以直接量化。考虑到该类考核主要影响到企业的风险行为，本章利用对企业风险行为的测度代表风险考核的强度，选用拨备覆盖率与当年同类型[④]银行均值之差（cover）代表银行运营的保守程度。由于拨备覆盖率与不良贷款率有关，本章将额外控制不良贷款率，以确保拨备覆盖率能够较为纯粹地体现考核要求带来的额外风险规避，而非不良资产的被动影响。此外，这类考核对不同类型金融企业的针对力度有别，也令通过企业所有制差异识别考核的影响具备了可行性。通常而言，国有银行遭受的考核力度最强，大型股份制商业银行次之，接着随城市商业银行、农村商业银行及外资银行等性质不同不断减弱。然而，由于下文主要采用了固定效应的面板估计方法，基本不具备时变性的所有制因素将被剔除，因此无法直接纳入回归模型。在稳健性检验中，本章将尝试通过

---

① 以第十三章设定的生产过程为例。金融企业投入劳动力和资本获得经营能力，再付出利息得到相当于中间投入的负债项目的资金；运用经营能力将资金配置为各种资产的过程类似于生产，这一过程的配置决策就蕴含了效率。显然，这一"效率"过程可能受到其他因素影响，譬如政府干预，但是这些因素并不影响投入决策。

② 例如弗里德等（Fried 等，1999）。

③ 在某种程度上，对全要素生产率进行第二阶段回归的合理性与 Frisch-Waugh-Lovell 定理的思想相似。

④ 指国有银行、股份制商业银行、城市商业银行等分类。

分所有制样本的检验利用这一信息。

本章采用的第二个关键解释变量需要体现进入市场的难易程度。一般而言，这类指标可以通过对相关规定和章程进行分析得到。然而，由于早期相关规章的制定和公布不够规范，且实践中还有未经明文界定的"玻璃门""弹簧门"等存在，对此同样难以构建合适的量化指标。陈浪南和逄淑梅（2012）曾对我国金融业的开放水平进行过测度，但主要是从资金流动角度而非企业准入角度进行考虑；姚战琪（2015）也对包含金融服务业在内的服务业开放程度进行过测度，但其指标只能提供中国服务业贸易自由化承诺践行之后应然的开放水平，而非历年实然的开放水平。由于市场准入程度主要通过企业的市场势力对企业效率产生影响，本章考虑通过捕捉市场势力对企业效率的作用间接衡量这一效应。企业的市场势力主要通过总资产占市场的份额（$power$）进行测度。① 此外，还可以从市场开放实效的角度，以民间资本或国外资本实际占比度量市场的开放度，相应的指标将在稳健性检验中加以考虑。

本章采用的第三个解释变量需要体现政府的干预程度。由于可以预见政府对金融资源的控制和对金融企业的干预会与政府经济活动的强度成正比，本章选用财政支出占 GDP 的比重（gov）代表这一效应。现实中，对金融企业的信贷决策有较强干预需求的往往是地方政府而非中央政府，这一结构上的差异可能对该指标的合理性造成影响，对此，本章也将在稳健性检验中进行检验。

同时，本章选用了一系列控制变量，以剔除其他可能存在的相关因素对金融企业效率的影响，包括：银行总资产的对数值（$lgasset$）；存贷比（$rdeposit$）；不良贷款率（$badloan$）；单位总资产带来的利息净收入（iok）；单位所有者权益带来的净利润（roe）；企业是否上市的虚拟变量（$listed$）；净佣金和手续费收入与净利息收入在经营收入中的占比（$rmid$、$rint$）；宏观环境变量 cpi 和 $lggdp$ 则分别以居民消费物价指数和 GDP 的对数值代表通货膨胀与经济增长的影响。

---

① 本章也构建了银行贷款占市场总贷款份额的指标 $share$ 进行测度，估计结果基本一致。

表 15-1 主要变量的统计描述

变量名	观测数	平均值	标准差	最小值	最大值	定义
TFP	1155	5. 419891	1. 203903	-4. 04862	12. 32004	全要素生产率
cover	1100	0	0. 107696	-2. 42441	0. 207449	拨备覆盖率均值减实际值
power	1168	0. 012843	0. 044349	0	0. 491422	资产份额
gov	1474	0. 222458	0. 020027	0. 159221	0. 23869	财政支出占 GDP 比重
lgasset	1168	24. 66192	1. 882627	2. 397895	30. 32678	总资产的对数值
rdeposit	1446	0. 658406	0. 167639	0. 051646	3. 184803	存贷比
badloan	1369	0. 022988	0. 037	0	0. 3515	不良贷款率
roe	1165	0. 170551	0. 09328	-0. 04419	0. 684568	所有者权益收益率
iok	1165	0. 026953	0. 010212	0. 000139	0. 077084	单位资产的利息收入
listed	1474	0. 104478	0. 305983	0	1	是否上市
rmid	1170	0. 057891	0. 074536	-0. 05458	1. 235117	净佣金等收入占比
rint	1170	0. 848471	0. 133197	0. 287215	1. 658193	净利息收入占比
cpi	1474	1. 028431	0. 017475	0. 992	1. 059	居民消费物价指数
lggdp	1474	10. 6704	0. 422039	9. 2081	11. 06023	GDP 的对数值

资料来源：作者计算。

第二节 估计结果

基于上述数据，分别采用面板固定效应和随机效应对（15-1）式进行估计，结果如表 15-2 所示。考虑到中国主要银行经历过较大的体制变革，回归时间段取 2003 年之后，以避开一些结构性的断点。实际估计中，将 3 个关键解释变量逐步引入，以确认各变量单独估计系数的可靠性，相应模型分别记作模型（1）至模型（4）。可见，逐步引入关键解释变量的过程中，各关键解释变量和控制变量的系数保持稳定。整体上看，固定效应和随机效应估计结果的显著性和系数方向差别不大。Hausman 检验结果拒绝两种估计不存在系统性偏差的假设，说明固定效应是更加可靠的选择，因此本章将以固定效应估计的模型（4）作为基准模型。由于 cover 变量设置为当年同类型银行拨备覆盖率的平均水平减去实际拨备覆盖率，取值越大代表考核力度越松，该变量的系数预期为正；代表市场势力的变量 power 和代表政府干预程度的变量 gov 系数则应该为负。可见，回归结果较好地支持了此前猜想，3 个重要解释变量的系数方向都符合预期，且不同程度地表现显著。

表 15-2 基准回归结果

	模型（1）		模型（2）		模型（3）		模型（4）	
	固定效应	随机效应	固定效应	随机效应	固定效应	随机效应	固定效应	随机效应
cover			0.1605 *** (0.0514)	0.1123 *** (0.0288)	0.1615 *** (0.0513)	0.1137 *** (0.0287)	0.1461 *** (0.0518)	0.1073 *** (0.0287)
power					-1.1071 ** (0.5638)	-1.5082 *** (0.5752)	-0.9834 * (0.5658)	-1.3518 ** (0.5762)
gov							-5.4844 ** (2.6471)	-7.8132 *** (2.8351)
lgasset	0.7168 *** (0.05)	0.5217 *** (0.023)	0.7236 *** (0.0498)	0.5559 *** (0.0242)	0.7479 *** (0.0512)	0.5721 *** (0.0249)	0.7409 *** (0.0512)	0.5672 *** (0.0249)
rdeposit	0.3469 ** (0.1371)	0.0357 (0.1137)	0.315 ** (0.1367)	-0.0411 (0.1139)	0.2987 ** (0.1367)	-0.0636 (0.1139)	0.2583 * (0.1379)	-0.0952 (0.1141)
badloan	-1.1322 (0.7362)	-3.8298 *** (0.7036)	-1.1184 (0.7322)	-4.4114 *** (0.7075)	-1.1097 (0.731)	-4.3412 *** (0.7059)	-1.33 * (0.7372)	-4.5967 *** (0.7098)
roe	4.7179 *** (0.1387)	4.9526 *** (0.144)	4.7001 *** (0.138)	4.9719 *** (0.1446)	4.6518 *** (0.14)	4.9128 *** (0.1459)	4.6092 *** (0.1412)	4.8493 *** (0.1472)
iok	18.1001 *** (2.6045)	21.9031 *** (2.3953)	18.3498 *** (2.5918)	22.2807 *** (2.3789)	18.6797 *** (2.5927)	22.9691 *** (2.3868)	18.71 *** (2.5875)	22.9769 *** (2.3792)
listed	0.6227 *** (0.1463)	0.2114 * (0.1155)	0.6139 *** (0.1455)	0.2338 ** (0.1138)	0.6178 *** (0.1453)	0.2672 ** (0.1142)	0.6082 *** (0.1451)	0.2552 ** (0.1139)
rmid	1.1719 *** (0.3619)	0.7513 ** (0.3658)	1.2274 *** (0.3604)	0.7308 ** (0.3661)	1.1017 *** (0.3654)	0.5885 (0.369)	1.149 *** (0.3654)	0.6556 * (0.3687)
rint	-0.4235 *** (0.128)	-0.6376 *** (0.128)	-0.3877 *** (0.1278)	-0.6202 *** (0.1283)	-0.4079 *** (0.128)	-0.6585 *** (0.1288)	-0.3895 *** (0.128)	-0.6283 *** (0.1289)
cpi	1.4005 *** (0.5278)	0.5867 (0.5457)	1.436 *** (0.5251)	0.6401 (0.5495)	1.4227 *** (0.5242)	0.5593 (0.5487)	0.2386 (0.7748)	-1.0976 (0.8128)
lggdp	0.1447 (0.0883)	0.4075 *** (0.0527)	0.1283 (0.0879)	0.3368 *** (0.0551)	0.0719 (0.0924)	0.2847 *** (0.0584)	0.3512 ** (0.1633)	0.676 *** (0.1535)

续表

	模型（1）		模型（2）		模型（3）		模型（4）	
	固定效应	随机效应	固定效应	随机效应	固定效应	随机效应	固定效应	随机效应
N	1048		1048		1048		1048	
Hausman	P = 0.0000		P = 0.0000		P = 0.0000		P = 0.0000	

注：①上述结果中括号内为标准误；②***、**、*分别表示通过1%、5%和10%的显著性水平检验。

资料来源：作者计算。

其他控制变量的结果也较为稳定且符合预期。银行资产的对数值显著为正，符合对于规模效益的判断；这一变量控制了银行规模本身对效率存在的影响，从而能够使 power 变量更加纯粹地体现相对市场份额对效率的影响。存贷比指标在相应固定效应模型中均显著为正，说明更加积极主动配置资产的银行能够取得更高的效率。不良贷款率指标在多数模型中显著为负，说明其较好地控制了不良贷款对效率的负面效应，从而确保了 cover 指标能够准确衡量风险考核所致的过度审慎行为。所有者权益收益率和单位资产的利息收入显著为正，这说明银行运用资产获利的能力越强则效率越高，符合预期。是否上市的虚拟变量显著为正，表明上市企业具有较优秀的效率表现。净佣金等收入占比和净利息收入占比在绝大多数模型中都为显著的一正一负，共同说明，较不依赖利息收入的银行具有更为出色的效率表现。最后，通胀指标在多数模型中不显著，而经济增长指标显著为正，说明通货膨胀的影响并不明显，但银行的综合效率表现具有"顺周期"的特性，当需要考虑不受总体宏观波动影响的纯净"内在效率"时，确有必要对经济增长变量加以控制。

第三节　稳健性检验

上一节的计量分析对前面的论述提供了有利证据，指出风险考核所致的过度审慎、准入管制造成的市场势力以及政府直接干预均对金融企业效率形成了负面的影响。相应结果是否稳健？本节将尝试从多个方面进行推敲。

一、时域约束与类型限制

上述研究选取了 2004—2014 年共 10 年的时段，这回避了 2004 年之前主要银行体制改革可能造成的结构性差异。但是，2004 年主要国有银行进行了大规模的不良贷款剥离，2007 年则爆发了席卷全球的国际金融危机，这些重大事件都有可能对银行效率形成冲击，形成结构断点；此外，多年来我国金融市场也在持续改革的过程之中，金融服务业的面貌已有极大变革。为了验证上述估计结果在较近的时间段内是否依然成立，我们将数据样本期约束至国际金融危机基本平息的 2010 年之后进行检验。结果如表 15-3 所示，cover 变量和 gov 变量的系数方向不变且保持显著，power 变量系数仍然为负，但显著度低于 5%。其他控制变量的系数方向都维持不变，仅个别变量显著性有所变动；由于样本期内银行的上市状态都不再发生改变，listed 变量被固定效应所排除。

既往关于金融企业效率影响因素的文献多重视控制所有制的差异。由于我们主要采用固定效应的估计方法，这一因素的影响已得到了天然的控制。不过，对于不同所有制银行的表现仍有必要进行考察。我们选取国有银行、全国性股份制商业银行和代表性的城市商业银行子样本，进行独立的估计，相应结果呈现在表 15-3 中。显然，3 个主要因变量在国有银行中都保持系数方向不变且较为显著，说明第十四章论述的影响在国有银行中表现最为明显。相比之下，全国性股份制商业银行和代表性城市商业银行的关键解释变量系数仍维持稳定，但大多变得不再显著。考虑到上述机制在不同类型银行身上确实具有不同的作用强度，这一差异性的结果从侧面加强了所采用的指标能够表征上述机制的可信程度。

我们继续考察基准模型在上市和未上市银行样本中的表现，估计结果见表 15-3 最后两列。除 gov 变量在未上市银行样本中变得轻微不显著之外，其他关键变量的系数均保持了稳定显著。其他控制变量的表现互有参差，但模型整体表现仍属稳健。

表 15-3 时域约束与类型限制

	2009—2014 年	国有银行	全国性股份制商业银行	城市商业银行	上市	未上市
cover	0.122*** (0.0444)	0.2159** (0.1064)	0.0828** (0.045)	0.0994 (0.0961)	0.1556*** (0.0515)	0.1488*** (0.0544)
power	−4.6658 (4.472)	−1.4324*** (0.4359)	−0.9658 (0.7923)	−2.8212 (3.0628)	−0.8779* (0.4869)	−5.4446** (2.6654)
gov	−8.4074** (3.9484)	−10.5441*** (3.3542)	−1.5868 (6.2678)	−2.5013 (6.5633)	−7.8386* (4.0258)	−5.2826 (3.2214)
lgasset	0.5996*** (0.0681)	0.2217 (0.2137)	0.4769 (0.3)	0.5445** (0.2479)	0.184 (0.1477)	0.7795*** (0.057)
rdeposit	0.2377* (0.1442)	−0.2025 (0.2618)	0.552 (0.8109)	−0.5478 (0.5919)	−0.0878 (0.4537)	0.2457 (0.1496)
badloan	−5.2466*** (1.0516)	−4.1528 (4.0898)	−5.0335*** (1.7453)	7.2547 (4.7455)	−5.3456*** (1.3378)	−0.7455 (0.825)
roe	4.2753*** (0.1739)	3.603*** (0.6606)	4.297*** (0.3504)	4.0962*** (0.3851)	4.9925*** (0.4855)	4.5725*** (0.1589)
iok	19.5913*** (2.6238)	12.5478* (6.0966)	0.8523 (12.4019)	27.2361*** (10.2506)	7.6446 (9.3258)	19.2344*** (2.8034)
listed	(omitted)	(omitted)	0.8131*** (0.236)	0.3271* (0.1842)	(omitted)	(omitted)
rmid	0.0728 (0.3468)	−1.5928** (0.7546)	2.1484** (1.0466)	−0.2859 (0.9435)	1.7196** (0.7762)	1.0946** (0.4268)
rint	−0.5494*** (0.1287)	−1.5587*** (0.5126)	1.0651* (0.6219)	0.0605 (0.3991)	0.5385 (0.4176)	−0.4226*** (0.1402)
cpi	−0.8312 (0.9512)	−2.3485*** (0.7228)	0.3366 (1.8651)	−2.2882 (1.9483)	−1.8564 (1.1724)	0.5026 (0.9067)
lggdp	0.3926* (0.2126)	1.396*** (0.2307)	0.6293 (0.5948)	0.7947 (0.5145)	1.2764*** (0.3524)	0.2734 (0.1896)
N	796	37	94	94	137	911
df_r	561	21	72	70	110	686
r2_a	0.6515	0.9965	0.9376	0.8368	0.947	0.7004
F	143.3742	924.1224	118.2369	41.6622	223.2885	195.9267

注：①上述结果中括号内为标准误；②***、**、*分别表示通过 1%、5% 和 10% 的显著性水平检验。
资料来源：作者计算。

二、置换变量检验

为了进一步确认所选用的关键解释变量能否准确体现所需要的内涵，我们用其他变量进行替换检验。对于考核所致的过度审慎行为，基准回归中利用拨备覆盖率超出当年同类型企业平均水平的值加以代表，此处则采用核心资本充足率 car 进行替换。与拨备覆盖率有所不同，核心资本充足率是银行稳健经营的重要变量。虽然核心资本充足率处于过高水平可能说明银行在资产配置上缺乏效率，但是核心资本充足率较低也可能说明银行的经营处于较高的风险之中，同样属于缺乏效率的状态。由于该指标较高或较低的样本都可能缺乏效率，该指标单独估计的系数应当不显著。为此，我们同时考虑核心资本充足率的平方项 $car2$，以把握这种非线性关系；如果这一设计合理，car 的系数应该显著为正而 $car2$ 的系数应该显著为负，其中一次项的系数体现了与不良贷款率控制变量相似的内涵，即银行在风险管理方面的表现不佳会影响效率，而二次项的系数体现了因考核所致的过度审慎行为对效率的负面影响。表 15-4 的前两列呈现了单独引入 car 和同时引入 car、$car2$ 的估计结果。与预期相似，在独立回归时 car 的系数不显著，而在共同回归时，car 的系数为正、$car2$ 的系数显著为负。关键解释变量中，市场势力 $power$ 作用方向不变但转为轻微不显著，政府干预变量 gov 则保持稳定。其他控制变量表现也基本稳定，说明了基准模型的稳健性。

对于准入管制的强度，基准模型以市场势力 $power$ 进行代表，本质上是通过准入管制可能导致的垄断后果反映管制的强度。侯晓辉等（2011）指出，虽然较大的市场份额会降低银行追求创新的激励，也可能使银行在开展业务和管控风险方面牵扯更多的精力从而降低效率，但是具备垄断势力的银行在经营上具有优势，导致该指标可能没有市场集中度来得显著。因此，我们采用市场的赫芬达尔指数 HHI 替代 $power$ 进行回归，[1] 结果如表 15-4 所示，HHI 的估计系数显著为负，同时模型基本维持稳健（关键解释

---

[1] 文中报告的是基于资产的赫芬达尔指数。与市场份额变量相似，作者也同步计算了基于存款的赫芬达尔指数，两者结果相似，不再另行汇报。

变量 *gov* 方向不变但不再显著）。此外，我们也考虑直接通过市场中的外资份额 *ropen* 反映准入管制的强度，表 15-4 的结果显示，这一指标系数为正，但是不显著。

最后，我们考虑了政府干预变量 *gov* 的替换。如前所述，地方政府是对企业实施干预的主体，*gov* 变量无法细分这一结构差异。为此，我们以地方财政支出对中央财政支出的比例 *localgov* 代替 *gov* 进行回归。一般认为，地方政府面临财权、事权不对等的尴尬局面，使其有更强烈的动机去掌控金融资源，具体手段包括通过政府拥有的企业向银行间接借贷，或者采取各种手段干预信贷决策、间接补贴国有企业（张军，2006）；考虑到国有企业的整体效率长期以来较私营企业更低，以及相关信贷隐含的补贴性质，其回报率恐难理想，最终对企业效率产生负面效应。与 *gov* 相比，*localgov* 变量更加突出了地方政府经济活动的强度。表 15-4 最后一列显示，在模型整体维持稳健的情况下，*localgov* 的系数显著为负，表明地方政府经济活动越强烈，就越对金融效率有负面影响。

表 15-4　置换变量

	替换因变量 1		替换因变量 2		替换因变量 3
car	0.1995 (0.2759)	1.4329 *** (0.4257)			
car2		−0.8592 *** (0.2272)			
cover			0.1412 *** (0.0517)	0.1434 *** (0.0518)	0.1489 *** (0.0514)
HHI			−1.1225 ** (0.5611)		
ropen				9.5117 (8.6637)	
power	−0.9942 * (0.5942)	−0.9054 (0.5896)			−1.1768 ** (0.5625)
localgov					−0.094 ** (0.0371)
gov	−6.0153 ** (2.7612)	−5.5768 ** (2.7403)	−3.618 (2.8814)	−5.8948 ** (2.6361)	

续表

	替换因变量 1		替换因变量 2		替换因变量 3
lgasset	0.7417 *** (0.0544)	0.7693 *** (0.0544)	0.7177 *** (0.0496)	0.7091 *** (0.0505)	0.7326 *** (0.0514)
rdeposit	0.1418 (0.147)	0.1756 (0.146)	0.2671 * (0.1376)	0.2718 ** (0.1379)	0.2647 * (0.1369)
badloan	−0.6899 (0.8076)	−0.5508 (0.8016)	−1.3542 * (0.7366)	−1.4606 ** (0.7439)	−1.3275 * (0.7336)
roe	4.7399 *** (0.1559)	4.8758 *** (0.1589)	4.6393 *** (0.1394)	4.6387 *** (0.1398)	4.5754 *** (0.1427)
iok	20.0199 *** (2.759)	18.3695 *** (2.7713)	18.0427 *** (2.5877)	18.3148 *** (2.587)	18.6705 *** (2.5841)
listed	0.637 *** (0.1475)	0.6179 *** (0.1463)	0.6277 *** (0.1454)	0.6283 *** (0.1469)	0.6366 *** (0.145)
rmid	1.1683 *** (0.3866)	1.2096 *** (0.3835)	1.26 *** (0.3592)	1.3219 *** (0.3637)	1.175 *** (0.3653)
rint	−0.4713 *** (0.137)	−0.4292 *** (0.1363)	−0.3687 *** (0.1275)	−0.3559 *** (0.1283)	−0.3943 *** (0.1277)
cpi	−0.1059 (0.8075)	0.001 (0.8012)	0.8863 (0.8567)	0.6812 (0.9148)	0.8997 (0.5617)
lggdp	0.3897 ** (0.1689)	0.3273 * (0.1683)	0.4312 *** (0.1576)	0.3113 * (0.189)	0.0958 (0.0925)
N	983	983	1048	1048	1048
df_ r	750	749	809	809	809
r2_ a	0.7428	0.7471	0.7453	0.7445	0.7457
F	235.959	223.8523	254.0345	252.9467	254.4849

注：①上述结果中括号内为标准误；② *** 、 ** 、 * 分别表示通过 1%、5% 和 10% 的显著性水平
检验。

资料来源：作者计算。

三、遗漏变量检验

对于金融企业效率的影响因素，既往文献从各种不同角度提出了解释，
这些因素无法——包含在基准模型之中。为了避免上文所得估计结果是由于
某些影响金融企业效率的重要解释变量未包含在计量模型中造成的，我们参
考其他竞争性解释，引入新的控制变量，以验证所得结果的稳健性。

我们以银行样本代表金融企业,这考虑了银行样本在市场份额上的代表性和财务特征上的一致性。以融资渠道看,在样本期内,经过银行部门的间接融资在社会总融资中的比重最低也有83%以上,融资结构仍然明显以间接融资为主。然而,资本市场的发展以及直接融资的兴起仍是不可忽视的潮流,可能会对纯粹由银行构成的样本产生冲击。控制资本市场发展的影响之后,基准模型能否保持稳健?参考王兵和朱宁(2011)的做法,我们引入股票筹资额在信贷中的占比代表资本市场的成熟度,估计结果见表15-5第一列。结果发现,资本市场成熟度对银行效率产生了负向影响,这与王兵和朱宁(2011)的结果一致,说明即便将样本期延长至2014年,中国的货币市场与资本市场之间仍以"零和"的资源争夺为主,尚未发展出良性的技术竞争,金融市场发展仍然任重而道远。而在控制了这一效应之后,关键解释变量及控制变量的系数均保持稳定、显著。

一般认为金融深化对经济增长会产生正面的影响,但是张军(2006)指出,这一正向关系在中国并不显著。金融深化在本质上落实为金融资产的增长、金融从业人员的增加、金融工具的多样化等,这些因素本该带来金融企业效率的提升。那么,在中国,这一关系是否明显呢?我们引入货币化比率,即广义货币存量M2占GDP的比例代表金融深化程度。估计结果见表15-5第二列,该指标的估计系数并不显著,与李小胜和郑智荣(2015)的实证结果一致。中国季度宏观经济模型"CQMM"课题组(2015)指出,近年来的货币宽松未能够有效配置到民营经济中去,流动性充分与金融资源配置的低效并存已经成为当前经济面临的一大痼疾,这一观察有助于解读我们关于金融深化的实证结果。中国的金融深化并未带来金融企业效率的显著提升,自然也就无从促进经济增长,这又为张军(2006)的观点提供了更加细化的注解。

表15-5 遗漏变量

	资本市场成熟度	金融深化	利差	信息化	城镇化率	IPO
cover	0.1396 *** (0.0517)	0.1442 *** (0.0519)	0.1437 *** (0.0518)	0.143 *** (0.0517)	0.1453 *** (0.0518)	0.1465 *** (0.0518)

续表

	资本市场成熟度	金融深化	利差	信息化	城镇化率	IPO
power	−1.4632 ** (0.6006)	−1.1819 * (0.6836)	−0.9307 (0.5678)	−1.0046 * (0.5653)	−1.241 * (0.659)	−1.0208 * (0.5693)
gov	−11.2777 *** (3.6266)	−4.955 * (2.8389)	−4.6323 * (2.7614)	−5.488 ** (2.6441)	−3.7974 (3.4502)	−5.0882 * (2.7258)
lgasset	0.7395 *** (0.0511)	0.7388 *** (0.0514)	0.7457 *** (0.0514)	0.7375 *** (0.0512)	0.7358 *** (0.0517)	0.7388 *** (0.0514)
rdeposit	0.2573 * (0.1375)	0.2538 * (0.1382)	0.2622 * (0.1379)	0.2573 * (0.1377)	0.2536 * (0.138)	0.2649 * (0.1383)
badloan	−1.6848 ** (0.7508)	−1.4332 * (0.764)	−1.3381 * (0.7372)	−1.4891 ** (0.7425)	−1.4348 * (0.7501)	−1.3023 * (0.7389)
roe	4.5719 *** (0.1417)	4.5989 *** (0.1426)	4.6052 *** (0.1412)	4.6147 *** (0.1411)	4.5933 *** (0.1428)	4.6207 *** (0.1425)
iok	17.8924 *** (2.6042)	18.7503 *** (2.5899)	17.9752 *** (2.6749)	18.6141 *** (2.5853)	18.9198 *** (2.6028)	18.665 *** (2.5896)
listed	0.6653 *** (0.1467)	0.6314 *** (0.1518)	0.5963 *** (0.1455)	0.6417 *** (0.1463)	0.6388 *** (0.1505)	0.6017 *** (0.1455)
rmid	1.21 *** (0.3653)	1.1565 *** (0.3658)	1.1729 *** (0.366)	1.1591 *** (0.365)	1.1606 *** (0.3658)	1.1568 *** (0.3657)
rint	−0.334 ** (0.1299)	−0.3809 *** (0.1292)	−0.3659 *** (0.1299)	−0.3763 *** (0.1281)	−0.3866 *** (0.1281)	−0.3953 *** (0.1284)
cpi	0.1366 (0.7739)	0.7185 (1.2085)	−0.1194 (0.8424)	0.3678 (0.7778)	0.9932 (1.2569)	0.3071 (0.7831)
lggdp	0.5515 *** (0.1842)	0.2503 (0.2544)	0.2878 * (0.1735)	0.3439 ** (0.1632)	−0.1596 (0.6895)	0.338 ** (0.1648)
追加控制变量	−2.8723 ** (1.2329)	0.1785 (0.3448)	0.0366 (0.0338)	0.32 * (0.191)	4.2558 (5.5803)	0.157 * (0.0929)
N	1048	1048	1048	1048	1048	1048
r2_ a	0.7464	0.7448	0.7451	0.7456	0.7449	0.7438
F	237.2119	235.3411	235.6685	236.2621	235.4549	234.1777

注：①上述结果中括号内为标准误；②*** 、** 、* 分别表示通过1%、5%和10%的显著性水平
　　检验。

资料来源：作者计算。

2015 年，中国完成了利率市场化改革，但是在此之前，存贷款利率的
管制为金融部门保证了长期偏高的利差。这一管制制度自然有其与历史条

件相适应的合理性，但是随着市场经济建设的不断完善，早已成为提高金融资源配置效率的阻碍。李文溥和李昊（2015）指出，利率管制为银行业维持的高利差本质上是以居民财产收入补贴金融部门，而得到稳定利差收入和低廉资金成本的金融部门也就缺乏激励去改善资金利用效率。为了检验利差对于银行效率的影响，我们引入各年平均的存贷款利率差额作为控制变量。如表15-5第三列所示，控制了利差因素后，仅市场势力变得轻微不显著，但模型整体维持稳定。不过，利差因素本身的回归系数并不显著。考虑到利差可能在短期内令银行稳定获取高额利润，使我们测得的效率项有所高估，这一结果也是可以理解的。

近年来，随着信息技术的迅速发展，金融服务业的业态出现了显著变化。一方面，信息技术令金融企业的内部管理和业务开展等方面工作变得更加高效、便利，这有助于推高金融企业的效率。汤英英和王子龙（2014）关于生产性服务业信息化水平的研究指出，以工商银行为代表的金融企业在生产性服务业中具有较高的信息服务水平。另一方面，以互联网金融为代表的新兴金融行业快速崛起，对传统金融秩序构成了有力的冲击。[1] 更激烈的竞争是会侵蚀原有金融企业的利润、造成其效率降低，还是会促使其在竞争中适应变革、变得更加高效？我们引入信息化水平以考察这一效应。一般可以通过互联网普及率、宽带用户接入数等指标衡量信息发展水平，但是由于人口上限的存在，互联网普及率也有一个临近饱和的上限。近年来，互联网普及率等指标增速已逐步放缓，不能够准确代表信息化水平的推进速度。[2] 为了避免这一问题，我们选用新设光缆里程数衡量信息化水平的增速。表15-5第四列的估计结果表明，信息化水平对金融企业效率总体上呈现正向影响且相对显著，与此同时，关键解释变量的估计方向和显著性仍保持稳定。

城镇化与金融业的发展可能存在交互性的影响。中国经济增长与宏观稳定课题组（2009）指出，城镇化对工业和服务业的竞争力均具有正向促进作用；陈志刚等（2015）则指出，金融发展能够有效推进城市化进程。

---

[1] 《中国银行家调查报告（2014）》，中国银行业协会，2014年。

[2] 与此相似的还有IPv4地址等指标，也趋于饱和，多年来变动极小。

不过，后者同时指出，金融规模扩张对城市化具有较明显的促进作用，金融效率则不存在显著影响。因此，我们将城镇化率作为控制变量纳入检验，结果如表 15-5 倒数第二列所示。城镇化率的回归结果为正但是并不显著，这可能是因为相关变量的对应难以进一步细化导致的。一地的城镇化进程应当对当地的金融机构有显著影响，而我们所取的企业层面数据并未细化到分支机构的层级。占据大部分市场份额的大型银行在全国范围内均有展开业务，各地的城镇化进程对其分支机构产生了不一致的影响。而对于业务局限在当地的城商行、农商行而言，全国的城镇化率又显得过于笼统。其他变量大多数保持稳定，仅政府干预变量 gov 受到了一定影响，变得不显著。作为政府主导型的经济体，中国的城镇化进程也受到政府的强力推动，因此城镇化率与政府支出之间可能存在交织的影响，这带来了一定干扰。

姚树洁等（2011）曾对 IPO 对银行效率表现的影响进行过细致探讨，指出，IPO 事件本身在短期内对银行效率有一定促进，但在长期内不存在改善作用，这或许说明 IPO 对效率的影响主要源于上市前的"财报美化"。由于我们的上市虚拟变量 listed 设计与姚树洁等（2011）的 IPO 动态效应指示变量有相似之处，稳健性检验中仅新增 IPO 当年取值为 1 的虚拟变量对"财报美化"效应进行控制。表 15-5 最后一列可见，新增变量与 listed 变量均显著为正，表明 IPO 不仅具有短期促进效应，也具有长期促进效应。这一结果与姚树洁等（2011）略有不同，或许是因为动态效应变量设计上的区别所导致的：我们的 listed 变量在 IPO 之后各年均取值为 1，而姚树洁等（2011）设为 IPO 之后的累计年份，后者要求 IPO 之后的效率改进是持续累加的，这一要求较高，可能导致了不显著。

本章基于第十三章测算得到的中国金融服务业企业层面的效率水平，对第十四章理论探讨中归纳的金融服务业效率负面影响机制进行了检验。经验研究表明，由僵化考核机制所引起的过度审慎程度越强、由准入管制导致的市场势力越大，以及政府的干预力度越明显时，金融服务企业的效率都会受到显著的负面影响。由此可以得出：僵化的考核机制、市场准入管制、政府信贷干预解释了当前金融服务业效率偏低的一部分成因。

第十六章　金融服务业效率水平偏低的宏观影响

　　为讨论金融服务业效率的宏观经济效应，有必要在一个整体经济一般均衡的框架下，分析金融服务业效率水平偏低是如何通过与其他经济部门的互动和反馈层层传递、最终对整体宏观经济产生了影响。既往研究绝大多数利用金融部门效率水平与相应的宏观经济变量进行回归分析，这种简化形式（reduced-form）虽然直接简明，却无助于解释金融服务业与经济中各个不同部门之间的互动；少数文献如云鹤等（2012）基于帕加诺（Pagano）金融—增长联结机制建立增长模型对此进行讨论，然而其核心关联机制仍是基于经验给出的，不具备坚实的微观基础。为弥补已有研究存在的不足，我们将构建一个动态随机一般均衡（DSGE）模型，刻画金融服务业与各经济部门的关联互动，从而准确衡量其效率水平偏低带来的宏观影响。

　　尽管 DSGE 模型自成型以来迅速成为主流宏观经济研究认可的标准建模方式，但在 2008 年国际金融危机爆发之前，金融因素在模型中并未得到充分重视。也正因此，DSGE 模型对此次危机屡弱的预测和解释能力受到了猛烈的质疑。危机爆发之后，宏观经济学家纷纷着手构建带有金融部门的 DSGE 模型，对金融部门在经济中的角色和行动进行了独立刻画，相关文献的涌现对我们采用 DSGE 模型对金融服务业效率水平偏低的宏观影响进行研究提供了有力支持。

　　我们所构建的模型主要借鉴克里斯蒂亚诺等（Christiano 等，2010）的框架，在斯梅茨和伍特斯（Smets 和 Wouters，2003）相关研究的基础上，引入了查里等（Chari 等，1995）所描述的新古典银行部门及伯南克等（Bernanke 等，999）提出的"金融加速器"机制，在其模型基础上，进一步针对中国经济所具有的特点进行了扩展和调整。首先，如前所述，中国信贷市场上的企业具有鲜明的异质性，能够在央行基准利率水平上获得贷款的企业主要是大型国有企业，而中小企业特别是中小规模的民营企业通常要承担偏高的利率，这不但会使我国货币政策的稳定作用产生扭曲（王艺明等，2012），也会令金融服务业效率调整的宏观效应出现变化。为此，我们对模型中的生产性企业施加了异质性的设定，不同类型企业面临的差异化要素价格将扭曲其资源配置及定价决策，这一设定更加贴合中国经济现实。其次，根据我国金融行业及货币政策所具有的特点，我们参考刘斌（2008）的做法对金融部门设定和货币政策规则进行了调整。最后，除结合经典校准方法（Calibration）和贝叶斯（Bayes）估计对模型参数进行设定外，对于新引入的参数，迭代遍历其取值范围、寻找使模型稳态特征尽量贴合实际值的取值进行校准。

第一节　模型设定

整体经济包含家庭、商品企业、资本服务部门、代表性的金融服务企业及政府。其中，商品企业分为最终产品厂商和中间品厂商，中间品厂商又进一步细分为国有企业和私营企业；资本服务部门则分为资本生产商和企业家。家庭向金融服务企业及中间品厂商提供劳务获取工资，并将自身财富在不同资产之间分配以获取资本报酬和流动性。具有垄断竞争性质的中间品厂商在一个 [0，1] 连续统上分布，通过向金融服务企业融资，雇佣劳动和租赁资本生产差异化的中间商品，完全竞争的代表性最终产品厂商购入这些中间品并合成总的产出。这些产出部分为居民消费，完成消费品的生产循环；部分为资本生产商作为投资品购入，并结合未折旧的旧有资本产生下一期可用的新资本，企业家则融资买下这些资本，向中间品厂商提供资本租赁服务，如此完成资本品的循环。在整个模型中，中间品厂商和最终产品厂商、资本生产商和企业家分别可以视为完整产品生产部门和资本服务部门的分割表现。

如无特殊说明，本章模型的变量或参数名、符号、脚标、上标等服从下列规则：大写英文字母代表包含趋势的名义变量，对应的小写英文字母代表去除趋势后的实际变量；除国内与国外、国企与私企等重要分类由大写上标区分外，为避免与幂混淆，其他分类主要由脚标区分；脚标由前往后，以逗号分隔，依次区分不同类型单位、不同个体和不同时间，其中不同个体一般由 i、j 表示，不同时间由 t 表示，两者在不引起混淆的情况下可以并列。

一、最终产品厂商

完全竞争的最终产品市场上，一个代表性企业通过 Dixit-Stiglitz Formulation 的加总生产函数，将差异化的中间产品合成最终产品：

$$Y_t = \left(\int_0^1 Y_{jt}^{\frac{1}{\nu_{f,t}}} \mathrm{d}j \right)^{\nu_{f,t}}, \ 1 \leqslant \nu_{f,t} \leqslant \infty \tag{16-1}$$

其中，Y_{jt} 表示第 j 个中间品厂商在 t 期的产出，Y_t 表示 t 期的最终产品产出，$\dfrac{\nu_{f,t}}{\nu_{f,t}-1}$ 表明中间品在最终产品 t 期生产过程中的替代弹性。需要注意，$\nu_{f,t}$ 具有时间下标，表明其不是一个固定参数，而是一个随时间变化的随机过程，该设定始见于斯梅茨和伍特斯（Smets 和 Wouters，2003），有助于提高模型对现实的贴合程度。设 Y_t 的价格为 P_t，Y_{jt} 的价格为 P_{jt}，完全竞争的最终产品厂商视价格为给定，调整各种中间品的使用量以最大化利润。容易得到其最优条件为：

$$Y_{jt} = \left(\frac{P_{jt}}{P_t} \right)^{\frac{\nu_{f,t}}{1-\nu_{f,t}}} Y_t \tag{16-2}$$

这实际上也是具有垄断势力的中间品厂商 j 所面对的需求曲线。在此设定下，最终产品的价格水平为：

$$P_t = \left(\int_0^1 P_{jt}^{\frac{1}{1-\nu_{f,t}}} \mathrm{d}j \right)^{1-\nu_{f,t}} \tag{16-3}$$

如前所述，这一价格水平是最终产品的价格水平，而最终产品可能被作为消费品和投资品。为了体现投资品生产时较消费品更为领先的技术变动，假定投资品额外以 $Y^t \mu_{Y,t}$ 的速度贬值，则消费品的价格仍为 P_t，而投资品的价格为 $P_t / Y^t \mu_{Y,t}$。其中，$Y > 1$，为投资技术进步的一个稳定趋势；$\mu_{Y,t}$ 为投资技术进步过程的平稳随机冲击。

二、中间品厂商

垄断竞争的中间品生产企业分布在一个 $[0，1]$ 的连续统上，生产差异化的商品。其中，厂商 j 的生产函数为：

$$Y_{jt} = \begin{cases} \varepsilon_t K_{jt}^{\alpha} (z_t l_{jt})^{1-\alpha} - \Phi z_t^* & if \ \varepsilon_t K_{jt}^{\alpha} (z_t l_{jt})^{1-\alpha} > \Phi z_t^* \\ 0 & otherwise \end{cases} \tag{16-4}$$

其中，K_{jt} 和 l_{jt} 表示厂商 j 在 t 期所租赁的资本和雇佣的劳动，α 和 $1-\alpha$ 是相应的产出份额，$0 < \alpha < 1$；ε_t 是针对中间品厂商的生产过程设置的随机冲击；$z_t = \mu_{z,t} z_{t-1}$ 体现了经济的整体技术趋势，其中 $\mu_{z,t}$ 为平稳的随机过程；Φ 体现了生产的固定成本；如前文所述，投资技术有一个额外领先的进步趋势 Y，因此涉及资本投入的中间厂商固定成本具有一个加权的趋势 $z_t^* = z_t Y^{\frac{\alpha}{1-\alpha} t}$。

在要素市场上，中间品厂商是竞争性的，面对的要素价格为资本租金 $R_{k,t}$ 和工资 W_t。除此之外，与现实中相仿，企业资本成本的 ψ_k 比例需要贷款预付，这建立了企业生产过程与金融部门的关联。结合中国经济所具有的结构性特征，本章在此处引入企业的异质性，将中间品厂商划分为国有企业和私营企业，两者面对不一样的融资成本：国有企业享有贷款优势，其融资利率为 $R_{s,t}$，而私营企业的融资利率为 $R_{p,t}$，$R_{s,t} < R_{p,t}$。为简便起见，在不影响模型表现的情况下，设 $R_{s,t} = 0$，记 $R_{p,t} = R_t$，则国有企业和私营企业面对的总用资成本分别为 $R_{k,t}$ 和 $R_{k,t} [1 + \psi_k R_t]$。由此，在利润最大化时，国有企业 i 和私营企业 j 的最优要素配比分别为：

$$\frac{l_{it}}{K_{it}} = \frac{(1-\alpha) R_{k,t}}{\alpha W_t} \tag{16-5}$$

$$\frac{l_{jt}}{K_{jt}} = \frac{(1-\alpha) R_{k,t} [1 + \psi_k R_t]}{\alpha W_t} \tag{16-6}$$

由于 $[1 + \psi_k R_t] \geqslant 1$，可见，与郭路等（2015）相似，国有企业将倾

向于减少劳动雇佣而增加资本投入。相应地，两种厂商的边际成本分别为：

$$mc_t^G = (1-\alpha)^{-(1-\alpha)} \alpha^{-\alpha} \frac{(r_t)^\alpha \left(\frac{W_t}{P_t}\right)^{1-\alpha}}{\varepsilon_t z_t^{1-\alpha}} \qquad (16-7)$$

$$mc_t^P = (1-\alpha)^{-(1-\alpha)} \alpha^{-\alpha} \frac{(r_t(1+R_t\psi_K))^\alpha \left(\frac{W_t}{P_t}\right)^{1-\alpha}}{\varepsilon_t z_t^{1-\alpha}} \qquad (16-8)$$

这一差异将影响两者的最优定价。由于针对最终产品厂商具有垄断势力，中间品厂商能够观察到最终产品厂商的需求（16-2）式，从而制定利润最大化的价格 $\widetilde{P}_{jt}$。与克里斯蒂亚诺等（Christiano 等，2010）相似，本章采取卡尔沃（Calvo）黏性定价机制的一个变体。在每个时期，厂商都仅有 $1-\xi_p$ 的概率能够重新制定最优价格，而有 ξ_p 的概率仅能跟随预期的通胀水平微调价格至 $\bar{P}_{it}$，其调整机制为：

$$\bar{P}_{it} = \bar{\pi}_t P_{i,(t-1)}, \ where \ \bar{\pi}_t = (\pi_t^{target})^\iota (\pi_{t-1})^{1-\iota} \qquad (16-9)$$

$\bar{\pi}_t$ 代表厂商综合考量政策指向和历史信息后形成的预期通胀水平，其中 π_t^{target} 为货币当局设定的目标通胀率，而 π_{t-1} 是上一期的通胀率。在此约束下，对于得以重新制定最优价格的厂商而言，它们应当充分考虑未来无法重新定价的可能性，制定出令整个无法调价的未来所获取的贴现总利润最大化的价格 $\widetilde{P}_{jt}$：

$$\max_{\{\widetilde{P}_{jt}\}} \sum_{k=0}^\infty (\beta\xi_p)^k \lambda_{t+k} \left[\widetilde{P}_{jt}\left(\prod_{q=0}^k \bar{\pi}_{t+1+q}\right) Y_{j,t+k} - cost(Y_{j,t+k})\right]$$

其中，β 是贴现因子，λ_{t+k} 是家庭最优化问题中货币的边际效用。该问题的一阶条件建立了最优定价与边际成本的关系。如（16-7）式和（16-8）式指出，国有企业和私营企业的边际成本不同，因此两者的最优定价也不同。设国有企业在中间品厂商中占有 γ_g 的比例，则最终的 CES 加总价格为：

$$P_t = \left[(1-\xi_p)(1-\gamma_g)\widetilde{P}_t^{p\frac{1}{1-\nu_{f,t}}} + (1-\xi_p)\gamma_g\widetilde{P}_t^{G\frac{1}{1-\nu_{f,t}}} + \xi_p(\bar{\pi}_t P_{t-1})^{\frac{1}{1-\nu_{f,t}}}\right]^{1-\nu_{f,t}} \qquad (16-10)$$

中间品厂商租赁的资本 K_{jt} 由企业家提供，雇用的劳动力 l_{jt} 则由家庭提供。整个中间品生产部门雇用的同质性劳动可以表示为各 τ^c 家庭差异化劳动供给 h_{jt} 的 CES 加总：

$$l_t = \left(\int_0^1 (h_{jt})^{\frac{1}{\nu_w}} dj \right)^{\nu_w} \tag{16-11}$$

其中，$\nu_w \geq 1$，为劳动的工资相对于成本的加成参数，体现了劳动供给具有的垄断性质；据此，不同家庭劳动之间的替代弹性为 $\dfrac{\nu_w}{1 - \nu_w}$。

三、资本生产商

模型中，完全竞争的代表性资本生产商购买一部分最终产品作为投资品，结合未折旧的已有资本存量，生成新的资本。记新增投资为 I_t，资本生产商购入的二手未折旧资本为 x，新生成的资本为 x'，则资本生产商的生产行为可以描述为：

$$x' = x + F(I_t, \ I_{t-1}, \ \zeta_{i,\ t}) = x + \left(1 - S\!\left(\mu_{i,\ t}, \ \frac{I_t}{I_{t-1}}\right)\right) I_t \tag{16-12}$$

其中，$F(\cdot)$ 反映了资本生产商的技术，其中包含了资本形成损耗 $S\!\left(\mu_{i,\ t}, \ \dfrac{I_t}{I_{t-1}}\right)$。$\mu_{i,\ t}$ 是引入的随机冲击，反映了资本形成效率的波动。I_t / I_{t-1} 项则说明，资本形成的损耗也与投资增速有关。如果投资增速过大，浪费和损耗就会加剧。

$$\Pi_{k,\ t} = P_{K^-,\ t}\left[x + \left(1 - S\!\left(\mu_{i,\ t}, \ \frac{I_t}{I_{t-1}}\right)\right) I_t \right] - P_{K^-,\ t}\,x - \frac{P_t}{\mu_{Y,\ t}\,Y^t} I_t$$

$$\tag{16-13}$$

在上述生产技术下，资本生产商的利润如（16-13）式所示。式中第一项是资本生产商以价格 $P_{K^-,\ t}$ 卖出资本 K' 的所得，后两项是其收购未折旧资本 K 和投资品 I_t 的成本；$\bar{K}_t$ 代表 t 期初投入中间品生产的资本。如前所述，投资 I_t 的价格为 $P_t / \mu_{Y,\ t} Y^t$；而新旧资本在同一期内以 $1:1$ 的效率转换，所以两者的价格都是 $P_{K^-,\ t}$。也正因为新旧资本是等价的，两者在（16-13）式中刚好抵销，x 的选择并不影响利润决策。故不妨令资本生产商购入本期生产的全部剩余资本进行翻新，即 $x = (1 - \delta) \bar{K}_t$，如此能够保证市场出清。这么一来，（16-13）式转变为：

$$\bar{K}_{t+1} = (1 - \delta) \bar{K}_t + F(I_t, I_{t-1}, \zeta_{i, t}) \tag{16-14}$$

而资本生产商最大化对未来利润贴现和的预期，将只考虑投资 I_t。投资 I_t 在本期带来作为投资的成本和转为资本后的回报，又会影响下一期的资本形成效率，因此资本生产商的跨期决策将令这些损益相等：

$$E_t \left[\lambda_t P_{K', t} F_{1, t} - \lambda_t \frac{P_t}{\mu_{Y, t} Y^t} + \beta \lambda_{t+1} P_{K', t+1} F_{2, t+1} \right] = 0 \tag{16-15}$$

其中，λ_t 仍为居民最优化问题中的货币边际效用，$F_{k, t}$ 表示 $F(\cdot)$ 针对第 k 个变量的偏导数，如 $F_{1, t}$ 为 $\partial F_t / \partial I_t$。

四、企业家

企业家是资本服务部门的另一个主体，与资本生产商共同提供资本的生产和租赁服务。经济中存在许多企业家，但是以下不作区分，主要讨论整个部门加总的表现。在 t 期，当中间品厂商完成资本的使用后，企业家收取租金、出售未折旧的资本，再与银行结算前一期的贷款利息，得到本期的资产净值 N_{t+1}。在资本生产商完成二手资本的翻新后，企业家以自己的资产 N_{t+1} 买下所有新产出的资本 $\bar{K}_{t+1}$，不足部分向金融部门贷款，故贷款 $B_{t+1} = P_{K', t} \bar{K}_{t+1} - N_{t+1}$。这些资本将保留到下一期，供下一期的中间品厂商使用。跨期过程中，企业家购入的资本将经历一个增益或损耗，转变为 $\bar{K}_{t+1} \omega$，这个波动系数可以理解为经营过程存在的风险。具体地，假设在整个企业家群体内，ω 服从对数正态分布，其累计分布函数为 $F_t(\omega)$。分布的方差 σ_t 为一个随机过程，有利于引入冲击。当 σ_t 取稳态值时，分布的期望设置为1，体现在一般状况下经营风险对 $\bar{K}_{t+1}$ 的影响在宏观上是中性的。对于每期面临的 ω，企业家自己有所自觉，但是银行需要付出额外的监督成本才能观察到这一风险。

在 $t + 1$ 期，企业家将资本 $\bar{K}_{t+1} \omega$ 租赁给中间品厂商，其经营才能体现为对资本利用率 u_{t+1} 的制定。若一单位资本在生产周期中使用了两次，则相当于发挥了两单位资本的作用，因此实际的资本供给量是 $u_{t+1} \bar{K}_{t+1} \omega$。在提供资本服务时，企业家并不单纯进行"供给"，也由客户成本的角度出发，为中间品的生产规划合适的资本利用率。其决策依据为：

$$\max_{\{u_{t+1}\}} E_t \left[R_{k,\ t} u_{t+1} - \frac{P_{t+1}}{Y^{t+1}} \tau_{t+1}^{energy} a(u_{t+1}) \right] \omega \bar{K}_{t+1} \qquad (16\text{-}16)$$

资本利用率的提高能够帮助企业家尽可能挖掘资本的价值，但是集约化的使用也给中间品厂商带来额外的成本，企业家的决策兼顾这一点，这在（16-16）式的中括号内的后半部分得到体现。其中，τ_{t+1}^{energy} 体现能源价格的冲击，在 CMR 的系列文献中，以石油价格外生作出定义。$a(u_{t+1})$ 是为达到相应资本利用率需要付出的单位成本提升，资本品的使用越集约，相应的成本就会快速上升。该项的存在避免了经济主体选取一个过高甚至无穷大的资本利用率。为与线性提高的资本利用收益在合理区间内制衡，该函数是一个单调递增的凸函数，$a(1) = 0$，$a'(1) = R_k$，$a''(1) = \sigma_a a'(1)$，其中 R_k 是 $R_{k,\ t}$ 的稳态值。这些属性表明，当资本没有加强利用时，额外的成本为 0；在一定范围内加强资本的利用率能够带来额外收益；如果能源的价格越低，则企业密集利用资本的动机越强。

上述 $t+1$ 期的决策过程中，企业家向中间品厂商提供资本，并参与制定最优资本利用率，最终得到了相当于 $u_{t+1} \bar{K}_{t+1} \omega$ 数量资本的回报。进一步加上其回收并转卖的剩余二手资本，企业家在与银行结算上期贷款合约前，所取得的经营成果是：

$$\left\{ \left[u_{t+1} R_{k,\ t} - \frac{P_{t+1}}{Y^{t+1}} \tau_{t+1}^{energy} a(u_{t+1}) \right] + (1-\delta) P_{K^-,\ t+1} \right\} \omega \bar{K}_{t+1}$$

需要注意，$\bar{K}_{t+1}$ 是企业家在 t 期购入的，因此购入时的单位成本是 $P_{K^-,\ t}$。进一步考虑到资本税负，企业家在这一过程中所取得的平均名义回报可以记作：

$$1 + R_{k,\ t+1} \equiv \frac{(1-\tau_k) \left[u_{t+1} R_{k,\ t} - \dfrac{P_{t+1}}{Y^{t+1}} \tau_{t+1}^{energy} a(u_{t+1}) \right]}{P_{K^-,\ t}} + \frac{(1-\delta) P_{K^-,\ t+1}}{P_{K^-,\ t}} + \tau_k \delta$$

$$(16\text{-}17)$$

由于（16-17）式体现的是企业家平均的回报率，而如前文设定，$E(\omega) = 1$，因此不存在 ω 项的影响。然而对于每个独立的企业家个体而言，他们的实际回报率彼此不同，可能高于平均回报也可能低于平均回报，尽管每个企业家都对自己的经营状况心知肚明，金融企业却无法直接观察到这些信息。伯南克等（Bernanke 等，1999）在构建金融加速器机制时引入汤森（Townsend，1979）提出的"高价查证"（Costly State Verification）设定描绘这一信息不对称问题，本模型设定与此相似。签订合约时，金融部门只能根据一个预期的、示范性的 ω 水平，记为 $\bar{\omega}_{t+1}$，签订一个利率为 $R_{e,\,t+1}$ 的标准债务合约：

$$\bar{\omega}_{t+1}(1 + R_{k,\,t+1}) P_{K^-,\,t} \bar{K}_{t+1} = (1 + R_{e,\,t+1}) B_{t+1} \qquad (16\text{-}18)$$

对于一个经营状况好于 $\bar{\omega}_{t+1}$ 的企业家来说，他的所得在清偿利息后还有剩余，这构成他在 $t+1$ 期的资产净值；而经营状况劣于 $\bar{\omega}_{t+1}$ 的企业家将资不抵债，从而破产，将全部剩余资产偿付给金融企业。假设金融企业需要付出额外成本监督企业家的经营状况，且成本与企业家的经营规模正相关，为 $\mu(1 + R_{k,\,t+1}) \bar{\omega} \bar{K}_t P_{K^-,\,t}$，则银行在这种情况下最终只能收回 $(1 - \mu)(1 + R_{k,\,t+1}) \bar{\omega} \bar{K}_t P_{K^-,\,t}$。面对贷款回报的不确定性，金融企业将调整 $R_{e,\,t+1}$ 或者说 $\bar{\omega}_{t+1}$ 的设定，以规避损失。

债务清偿后，得出了当期净值，企业家可以选择是否继续工作。假设企业家有 $\xi_{s,\,t+1}$ 的概率决定留在行业中，则相应地有 $(1 - \xi_{s,\,t+1})$ 的概率选择退休，退休的企业家将自有资产净值的 γ_c 比例带走消费，剩余部分转为居民的收入。同一时间，也有相当数量的创业者加入企业家的行列，使企业家的总数保持不变。所有企业家都能从家庭部门得到一份为数不多的启动资金，记为 W_e，以确保破产和新晋的企业家能够进入下一个生产循环。由此，企业家平均的净值 $\bar{N}_{t+1}$ 应为：

$$\bar{N}_{t+1} = \xi_{s,\,t} \left\{ (1 + R_{k,\,t}) P_{K^-,\,t-1} \bar{K}_t - \left[(1 + R_{e,\,t}) B_t + \mu \int_0^{\bar{\omega}_t} \omega d F_t(\omega) (1 + R_{k,\,t}) P_{K^-,\,t-1} \bar{K}_t \right] \right\} + W^e$$

$$(16\text{-}19)$$

需要注意，（16-19）式是以 t 期为例的。中括号里的部分体现了贷款的总成本；大括号里的部分反映贷款的净收益；因为退出的企业家无净值可言，因此大括号前乘以 $\xi_{s,t}$。

五、金融服务企业

金融服务部门拥有一个代表性、完全竞争的金融服务企业。这一企业构成了家庭、中间品厂商和企业家之间的金融中介，提供流动性服务和投融资渠道，杂糅了一般商业银行和广义金融企业的角色。其主要经济活动为：向居民和企业提供存款业务，存款利率为 $R_{a,t}$；向居民提供短期可交易证券及长期理财服务，回报率分别为 $R_{m,t}$ 和 $R_{T,t}$；向中间品厂商提供短期贷款，针对国有企业的贷款利率为 $R_{a,t}$，针对私有企业的贷款利率为 $R_{a,t}+R_t$；向企业家提供长期贷款，贷款利率为 $R_{e,t}$。

金融服务企业对中间品厂商的短期贷款被用于预付资本租金。考虑到现实中的会计处理方式，企业的短期贷款通常会直接体现在其短期存款账户中，因此短期贷款的实际成本应为名义贷款利率减去短期存款利率 $R_{a,t}$ 的利差。对国有企业而言，利差为 0，而对私有企业而言，利差为 R_t。由于中间品厂商在期内生产完成后就可以清偿贷款，因此这种贷款被认为是短期的。设私有企业的短期贷款为 L_t^P，则有：

$$(1+R_t)L_t^P = (1+R_t)\psi_k P_t \tilde{r}_t^k K_t \tag{16-20}$$

金融服务企业针对企业家的贷款则是跨期的。如前所述，企业家向金融服务企业贷款记为 B_t，由于银行实际上不能够对全部债务都收取合约利率 $R_{e,t+1}$，因此实际收益低于这一水平。设银行就这份贷款所得的平均收益是 $R_{b,t}$，则有：

$$(1+R_{b,t+1})B_{t+1} = [1-F_t(\bar{\omega}_t)](1+R_{e,t+1})B_{t+1} +$$
$$(1-\mu)\int_0^{\bar{\omega}_{t+1}} \omega d F_t(\omega)(1+R_{k,t+1})P_{K^-,t}\bar{K}_{t+1} \tag{16-21}$$

上式等号右侧的第一项表示金融企业回收的正常偿付的企业家贷款，第二项表示扣除监管比例 μ 后回收的经营不善而破产的企业家资产。作为完全竞争的金融中介，金融服务企业将这笔贷款打包后作为理财产品出售，自身获得零利润。因此，结合（16-18）式中关于 $\bar{\omega}_t$ 的定义，可得：

$$[\Gamma_t(\bar{\omega}_{t+1}) - \mu\, G_t(\bar{\omega}_{t+1})]\, \frac{1 + R_{k,\,t+1}}{1 + R_{b,\,t+1}}(B_{t+1} + N_{t+1}) = B_{t+1} \qquad (16-22)$$

其中，$\Gamma_t(\bar{\omega}_{t+1}) \equiv \bar{\omega}_{t+1}[1 - F_t(\bar{\omega}_{t+1})] + G_t(\bar{\omega}_{t+1})$，表示企业家所得为银行收取的份额，因此 $1 - \Gamma_t(\bar{\omega}_{t+1})$ 就表示企业家留存的份额。而

$$G_t(\bar{\omega}_{t+1}) \equiv \int_0^{\bar{\omega}_{t+1}} \omega\, \mathrm{d}\, F_t(\omega)$$，$\Gamma_t(\bar{\omega}_{t+1}) - \mu\, G_t(\bar{\omega}_{t+1})$ 表示扣除监管成本后银行收取的净份额。这样一份标准债务合约涉及借贷数量 B_{t+1} 和合约利率 $R_{e,\,t+1}$ 两个参数，两者的取值应该能够令企业家的下期财富净现值最大化。最优化求解可得两者取值。

$$\max_{\{B_{t+1},\, \bar{\omega}_{t+1}\}} E_t\Big\{ [1 - \Gamma_t(\bar{\omega}_{t+1})]\, \frac{1 + R_{k,\,t+1}}{1 + R_{e,\,t+1}}(B_{t+1} + N_{t+1}) +$$

$$\eta_{t+1}\Big([\Gamma_t(\bar{\omega}_{t+1}) - \mu\, G_t(\bar{\omega}_{t+1})]\, \frac{1 + R_{k,\,t+1}}{1 + R_{e,\,t+1}}(B_{t+1} + N_{t+1}) - B_{t+1} \Big) \Big\} \qquad (16-23)$$

与两项贷款资产相比，金融服务企业有四项负债，分别是居民活期存款 $D_{h,\,t}$ 和企业的活期存款 $D_{f,\,t}$，短期可交易证券 $D_{m,\,t}$ 和长期理财服务 T_t。前三者与金融服务企业提供的流动性服务绑定。与查理等（Chari 等，1995）相似，金融服务企业通过投入劳动 $l_{b,\,t}$、资本 $K_{b,\,t}$，将超额储备金 ER_t 转换为流动性服务：

$$\frac{D_{h,\,t} + D_{f,\,t} + \zeta D_{m,\,t}}{P_t} = x_{b,\,t}\left((K_{b,\,t}^\alpha)\, (z_t\, l_{b,\,t})^{1-\alpha} \right)^{\nu_{b,\,t}} \left(\frac{ER_t}{P_t} \right)^{1 - \nu_{b,\,t}}$$

$$(16-24)$$

其中，ζ 为一个正的标量，$0 < \alpha < 1$ 为产出份额，$x_{b,\,t}$ 反映金融服务企业的生产效率。这一效率对应前文所细分的"信贷创生效率"，在给定超额准备金数量的情况下，随机过程 $\nu_{b,\,t}$ 和 $x_{b,\,t}$ 共同决定了金融服务企业能够提供多少流动性服务。此处，超额准备金作为一个生产要素进入式（16-24）中，是为了直接地体现金融服务企业对于未知风险的预防动机。

金融服务企业中吸纳的居民短期存款 $D_{h,\,t}$ 恰好等于居民存入的数额 A_t。在每期循环中，金融服务企业都需要等居民先存入这些高能货币才能

够创生信贷，因此这部分存款银行持有全部现金储备。因此有：

$$D_{h,t} = A_t \qquad (16-25)$$

与此同时，考虑到现实的会计处理方式，短期内，厂商得到的短期贷款仍托付金融服务企业进行管理，体现为银行中的活期存款，因此又有：

$$D_{f,t} = L_t \qquad (16-26)$$

模型所设的金融服务企业包含银行和其他金融企业的角色，不妨认为银行部分的角色应对流动性服务。这一角色面临央行制定的准备金率 τ 制约。超额储备金来自高能货币 A_t 和同业拆借金额 F_t 之和扣除存款准备金：

$$E R_t = A_t - \tau (D_{h,t} + D_{f,t}) \qquad (16-27)$$

换言之，高能货币进入金融部门以后，对其中的流动性负债进行部分担保，剩余的部分即为超额储备金。金融服务企业通过自身的信贷扩张功能将之转换为流动性，其中溢出的部分可以形成短期理财产品。短期可交易债券 $D_{m,t}$ 和长期理财产品 T_t 未被定义为存款，因此不受到存款准备金率制约。银行的剩余资产与负债恰好出清，则有：

$$D_{m,t+1} + T_t = B_{t+1} \qquad (16-28)$$

换言之，短期可交易债券和长期理财产品不受法定存款准备金率的约束，金融服务企业通过理财项目对长期贷款进行融资，恰好完成期限匹配。两者的不同在于，短期可交易债券可以在到期前变现。因此，事实上，这是一项介于流动性资产和长期理财产品之间的产品。为了得到更强的流动性，其回报率 $R_{m,t+1}$ 比长期理财产品的回报率 $R_{T,t+1}$ 更低。考虑到长期理财产品和长期贷款恰好完成期限匹配，两者的回报应该相等，因此有 $R_{T,t+1} = R_{b,t+1}$。

给定上述设定，金融服务企业的 t 期利润为：

$$\Pi_{b,t} = (1 + R_t + R_{a,t}) L_t^P + (1 + R_t) L_t^P + (1 + R_{e,t}) B_t + A_t + T_t + D_{m,t+1} - B_{t+1} - (1 + R_{a,t})(D_{h,t} + D_{f,t}) - (1 + R_{m,t}) D_{m,t} - (1 + R_{T,t}) T_{t-1} - \left[(1 + \psi_k R_t) R_{k,t} K_{b,t} \right]$$

六、家庭部门

一个连续统的家庭分布在 [0，1] 之间。第 i 个家庭的 t 期偏好为：

$$E_{i,t} \sum_{j=0}^{\infty} \beta^j \zeta_{c,t+j} \left\{ u(C_{t+j} - b\, C_{t+j-1}) - \psi_t \left(\frac{h_{i,t+j}^{1+\sigma_L}}{1+\sigma_L} \right) - H\left(\frac{M_{t+j}}{P_{t+j}} \middle/ \frac{M_{t+j-1}}{P_{t+j-1}} \right) - \frac{v \left[\frac{(1+\tau_c)\, P_{t+j}\, C_{t+j}}{M_{t+j}^{1-\chi_{m,t}}\, {}^\theta D_{h,t+j}^{1-\chi_{m,t}}\,{}^{(1-\theta)} (D_{m,t+j}\, b)^{\chi_{m,t}}} \right]^{1-\sigma_q}}{1-\sigma_q} \right\}$$

$$(16\text{-}29)$$

其中，$E_{i,t}$ 是预期算子，包含了所有关于历史异质性冲击的信息；$\zeta_{c,t+j}$ 是对偏好的外生冲击，可用于引入需求冲击；C_{t+j} 是相应期消费，当 $b > 0$ 时，具有消费惯性；$h_{i,t+j}$ 是劳动时长；τ_c 是消费税率。M_{t+j} 是居民持有的货币量，因此 H 项反映了居民持币量变动带来的效用波动；H 函数为凹函数，在持币量增速为稳态值时取得全局最小值。大括号中的最后一项表示居民持有流动性资产的偏好，消费水平越高，居民就越倾向于保持多一些流动性；χ_{t+j} 为这一偏好提供了外生冲击来源。

居民每期将初始现金存量的一部分存入银行，另一部分直接持有，即：

$$M B_t \geq M_t + A_t \tag{16-30}$$

因此初始现金存量是除了长期资产之外居民持有的期初财富。居民的资产积累方程为：

$$(1 + R_{a,t})(M B_t - M_t) + X_t - T_t - D_{m,t+1} - (1 + \tau_c) P_t C_t +$$
$$(1 - \gamma_c)(1 - \xi_s) V_t - W^e + Lum\ p_t + (1 + R_{T,t}) T_{t-1} +$$
$$(1 + R_{m,t}) D_{m,t} + (1 - \tau^l) W_{j,t} h_{j,t} + M_t + \Pi_t + A_{j,t} \geq M B_{t+1} > 0$$

$$(16\text{-}31)$$

其中，X_t 为每一时期经济中居民获得的现金转移支付；由于支付期较晚，居民无法用它购买商品。$(1 + R_{a,t})(M B_t - M_t)$ 为银行活期存款的利息，与 X_t 一样在期末获得，居民不能将之提出后购物，因此活期存款虽然对银行而言是期内资产，对居民而言却属于跨期配置的资产。$- W^e + Lum\ p_t$ 代表总量税收和总量转移收入，前者用于支付企业家每期添置的启动资金。

对于居民来说，还需要进行垄断竞争的劳动供给与定价。他们提供差异化的劳动供给，因此享有垄断竞争的市场势力。工资定价机制与中间品厂商相仿，是埃尔采格等（Erceg 等，2000）提出的卡尔沃定价的变体。作为具有垄断势力的一方，他们能够观察到针对自己劳动力的需求：

$$h_{j,\,t} = \left(\frac{W_{j,\,t}}{W_t} \right)^{\frac{\nu_w}{1-\nu_w}} l_t , \;\; 1 \leqslant \nu_w \tag{16-32}$$

在中间品厂商决策环节，已经定义 l_t 为将异质性劳动加总而成的同质性总劳动。居民根据观察到的需求函数决定自己的最优化工资开价，但是同样只有 $1 - \xi_w$ 的概率能够重定价，而有 ξ_w 的概率无法重新定价，只能根据下式微调：

$$\bar{W}_{j,\,t} = \bar{\pi}_{w,\,t} \, \mu_{z^*}^{1-\vartheta} \, \mu_{z^*,\,t}^{\vartheta} \, W_{j,\,t-1} , \;\; \text{where} \;\; 0 \leqslant \vartheta \leqslant 1$$

$$\text{and} \;\; \bar{\pi}_{w,\,t} \equiv (\pi_t^{target})^{\iota_w} \, (\pi_{t-1})^{1-\iota_w} , \;\; \text{where} \;\; 0 < \iota_w < 1 \tag{16-33}$$

由于劳动力具有共同趋势，因此微调的方程与厂商的调价方程略有不同。但是仍是根据货币当局目标通胀率和上期通胀率的加权通胀率形成预期，据此微调上期定价。

七、其他条件

其他条件包括资源约束条件与货币政策。对于整个经济来说，最终产品市场出清，意味着：

$$\mu \int_0^{\bar{\omega}_t} \omega \mathrm{d} \, F_t(\omega) \, (1 + R_{k,\,t}) \frac{P_{\bar{K},\,t-1}}{P_t} \bar{K}_t + \frac{\tau_t^{energy} a(u_t) \bar{K}_t}{Y^t} + \frac{(1 - \gamma_c)(1 - \xi_s) V_t}{P_t} +$$

$$G_t + C_t + \frac{1}{\mu_{Y,\,t} Y^t} I_t \leqslant Y_t \tag{16-34}$$

换言之，经济的 GDP（消费 C_t、投资 I_t、政府消费 G_t），加上银行监管、资本利用率的成本、企业家退休的消费等耗损，应不大于经济的总产出。其中，政府消费 $G_t = z_t^* g_t$，即经济共同趋势乘以一个随机过程。这有利于拟合模型而得到一个稳定的长期平衡增长路径。

货币当局的政策遵循扩展的泰勒规则。央行根据下列规则调整管控的利率：

$$\hat{R}_{e,\,t+1} = \rho_i \hat{R}_{e,\,t} + \frac{(1-\rho_i) \alpha_\pi \pi}{R_e} (E_t(\hat{\pi}_{t+1}) - \hat{\pi}_t^{target}) + \frac{(1-\rho_i) \alpha_{\Delta y}}{4 R_e} \log \left(\frac{GDP_t}{\mu_z \cdot GDP_{t-1}} \right)$$

$$+ (1-\rho_i) \left[\frac{\alpha_{\Delta\pi} \pi}{R_e} (\hat{\pi}_t - \hat{\pi}_{t-1}) + \frac{\alpha_{\Delta c}}{R_e} \log \left(\frac{B_{all,\,t}}{\mu_z \cdot B_{all,\,t-1}} \right) \right] + \frac{1}{400 R_e} \varepsilon_t \tag{16-35}$$

标记∧表示对稳态值偏移的比例。

第二节　模型参数设定

运用模型进行模拟之前需要先对参数进行确定。合理的参数设定能够使模型的表现尽可能贴合中国经济的实际状况，从而让模拟结果更符合现实。CMR 模型的参数数量较大，其中一部分参数控制了模型的确定性稳态，另一部分参数影响模型的动态，两部分参数需要分开确定。本章主要采用多种校准方法设定控制稳态的参数；剩余参数通过贝叶斯方法直接估计。

在基德兰德和普雷斯科特（Kydland 和 Prescott，1982）具有奠基意义的文献中，不同于以往计量估计的"校准"（Calibration）方法被用于确定模型参数。在基德兰德和普雷斯科特（Kydland 和 Prescott，1982）的原始文献中，最初的校准方法在形式上可以归为三类：首先，部分参数直接参照其他微观经济研究的结果设定，例如一些消费偏好参数；其次，当经济中一些长期稳定的比率特征如消费收入比、资本收入比等在模型里能够用一些参数显性表示时，直接代入经济的长期稳定特征值求解参数；最后，部分参数被保留为自由参数，研究者调整参数值以使模型的稳态结果能够以某种准则与历史数据尽量匹配。第一种校准方法实现了宏观模型与其他研究的衔接，而后两种方式实质上有内在的共通性，都是调节参数以使模型迎合某些重要的经济基本特征。普雷斯科特（Prescott，1998）曾以"为温度计上标"比喻校准操作，这一比喻更加符合后两种方法的内涵。

一、稳态参数校准

本章的稳态参数设定涉及多种校准方式：部分具有明确经济含义的参数直接根据历史数据长期均值或参照其他文献的研究给出；部分参数在稳态时与前述参数具有关联，将前述参数代入稳态条件即可确定这部分参数；剩余个别参数作为自由变量，将利用循环算法遍历其取值范围，以寻找令模型稳态最贴合现实经济长期特征的取值。本章模型的时间单位为季度，因此根据一些年度数据特征进行参数赋值时，要考虑季度和年度的转化。

决定模型稳态的参数涉及家庭部门、生产部门、资本服务部门以及金融服务部门，还包括一些宏观政策参数。以下逐部门介绍这些参数的设定。

家庭部门的稳态参数包括主观贴现率 β、劳动的效用权重 ψ_L、劳动的效用曲率 σ_L、货币的效用权重 υ、货币的效用曲率 σ_q、持有现金的效用份额 θ、持有短期理财产品的效用份额 χ、习惯形成参数 b、劳动供给的弹性参数 ν_w。其中，劳动的效用权重 ψ_L 可以利用稳态条件求解，货币的效用权重 υ 为保留的自由变量。

在居民跨期决策中，主观贴现率 β 主要与利率相关。我国近 20 年来的存款利率均值为 3.26%，据此可得 $\beta = 0.992$。对应的年度贴现率约为 0.968，处于合理区间之内。斯梅茨和伍特斯（Smets 和 Wouters，2007）取值为 0.9926，与此非常接近。劳动的效用曲率 σ_L 是劳动供给 Frisch 弹性的倒数，后者衡量了劳动供给对工资的跨期弹性，微观研究的估计值通常在 [0.1，0.5] 区间内，则与此一致的 σ_L 范围应在 2—10。克里斯蒂亚诺等（Christiano 等，2010）取值为 1，其模型在 σ_L 过高时无法求解，为在模型可解的前提下与微观研究尽量一致，本章取 $\sigma_L = 2$。持有现金与持有活期存款同时产生效用，效用份额分别为 θ 和 $1 - \theta$，实质上分别体现了两者的边际效用，两者的比值决定了活期存款相对现金的价格，即活期利率。活期存款的份额理应低于流动性更强的现金，因此 θ 应该大于 1。但是我国的活期利率长期处于极低的水平，因此 θ 也不应高出 $1 - \theta$ 太多。参照全冰（2010），设该值为 0.51。视居民效用函数中持有现金和活期存款的部分即为最终实现的货币需求，则货币的效用曲率 σ_q 的倒数可以视为货币需求关于基准利率的弹性。以 2000—2015 年季节调整后的季度名义 GDP 对 M1 去除趋势，视为居民货币需求的度量，对利率回归求取半弹性，得到半弹性为 -3.6，再将一年期贷款利率的 10 年均值 5.8% 视作基准利率的稳态值，据此校准 $\sigma_q = -1.2$。持有短期理财产品的效用份额 χ 与现金效用份额具有相似的作用，其取值决定了短期理财产品相对现金和活期存款应有的回报，因此不应大于 0.5。设短期理财产品的回报率在 3% 左右，则基准利率稳态值与其比值约为 1.93，据此得到 $\chi = 0.47$。对于习惯形成参数 b，杭斌（2010）的经验研究表明，1990 年后我国居民的消费习惯形成参数已经稳定在 0.4 左右，本节选用该值。劳动供给的弹性参数 ν_w 体现了劳动力市场的市场势力，依照克里斯蒂亚诺等（Christiano 等，2010）的做法，设为 1.05。

生产部门待校准的参数有：经济增长的平均趋势 μ_z，生产活动中需要预付的投资金额比例 ψ_k，折旧率 δ，资本产出份额 α，中间品供给的弹性参数 ν_f，中间品生产的固定成本 Φ，投资技术进步趋势 Y。

经济增长的平均趋势 μ_z 可以与人均 GDP 增速的长期均值相对应。近20 年来，我国按不变价格计算的人均 GDP 增速的均值为 8.84%，据此得到 $\mu_z = 1.021$。刘斌（2008）根据国内企业短期贷款占生产资金的比重将生产活动中需要预付的租金比例 ψ_k 设为 0.9，本章采信这一设定。折旧率 δ 根据年折旧 12% 的水平，设 $\delta = 3\%$。对于资本产出份额 α 的设定，主流文献多采用张军和章元（2003）的方法估算资本产出弹性。相关的文献为数不少，所得结果大同小异，本章不再重复，仅综合考虑一般文献设定，设为 0.5。中间品供给的弹性参数 ν_f 影响中间品市场的厂商势力，同样按照克里斯蒂亚诺等（Christiano 等，2010）的做法取为 1.2。中间品生产的固定成本 Φ 的取值需要令稳态利润恰好为 0。为简化起见，设投资技术进步趋势 $Y = 1$。

资本服务部门待校准的参数有企业家破产比例 $F(\omega)$、企业家面临的冲击 σ、破产清算损耗 μ、企业家留存概率 γ、退休企业家的消费比例 Θ、创业启动资金 ω^e。根据 1998—2007 年《中国工业统计年鉴》，中国1990 年后开张企业的平均寿命为 5.43 年，假设其破产服从指数分布，则每个季度的破产比例约为 4.6%。根据破产比例与 $E(\omega) = 1$ 的条件，可以根据分布假设倒推合适的 σ。创业启动资金 ω^e 根据模型设计，仅仅是用于保障模型得以运行的一个指标，取一个较小的正数即可。其余参数保留以调整模型稳态。

金融服务部门参数包括超额储备金的产出份额 $1-\xi$ 、金融服务业效率 x^b 、信贷扩张参数 ζ 、资本回报率 R_k 、现金占基础货币的比重 m 。张勋和徐建国（2014）、白重恩和张琼（2014）等近来对资本回报率进行了新的估算，前者估算了基于宏观和微观的资本报酬率，后者估计了 1978— 2013 年中国的总体资本回报率，均发现 2008 年之后中国资本回报率出现了大幅下降。后者研究表明，不考虑存货的资本回报率在扣除了税收之后，近五年平均仅为 6.5% 左右。据此将资本回报率设为 6.5% 。现金占基础货币的比重 m 为货币当局资产负债表中货币发行项目占储备货币的比重，取近 10 年均值为 0.29 。在此基础上，进一步假设金融服务部门的劳动就业比例 v_l ，则可将剩余参数直接代入稳态参数求解。根据金融从业人员占比 2000 年以来的均值 3.23% ，设该值为 0.97 。

宏观参数包括货币增速 x 、法定准备金率 τ 、消费税率 τ^c 、资本所得税率 τ^k 、劳动所得税率 τ^l 、政府消费份额 η_g 。货币增速可以表示为通胀率与长期增长趋势的乘积，根据 2000 年以来季度平均增幅约 0.56% ，可得 $x=1.0277$ ，折合年度增长 11.5% 左右。至于模型中的各项税率，已有文献核算的结果不一，此处统一效仿刘斌（2008）设为 0.1 。

二、其他参数的确定

通过校准确定上述参数后，还有两类稳态参数和两类动态参数待确定。前者除国有企业的份额 rs 、货币的效用权重 v 等作为自由参数，在其他参数确定后遍历其取值以使模型的关键经济变量比值与现实尽量贴合外，其他稳态参数均可以将已校准的参数代入稳态条件求出。

两类动态参数则包括模型的动态控制参数和外生冲击方程参数，均通过贝叶斯估计决定。模型中输入的数据序列包括 GDP、消费、投资、政府支出、工资总额、人均工资、居民消费物价指数、固定资产投资价格指数、广义货币、短期贷款利率、短期存款利率、国债利率、社会融资总量、布伦特石油价格，数据主要来自 CEIC 数据库，按照厦门大学中国季度宏观经济模型"CQMM"课题组（2015）的处理方式统一处理为季度数据。

这些参数的设定过程与其他文献大同小异，与本章主题相关度不高，在此不再赘述。

第三节　金融服务业效率变动的模拟

在模型设定完成后，本章主要针对金融服务业效率变动对宏观经济关键变量产生的冲击进行模拟，以体现"效率减损效应"的宏观影响；同时也将比较存在资金市场借方异质性与否时这一变动的影响大小，以体现"信贷偏向效应"的宏观影响。在评价金融服务业效率变动的宏观影响时，主要通过降息或加息的货币政策作为比较，这一设计主要是考虑到 2015 年以来宽松货币政策与金融服务业低效率并存的观察。

图 16-1 呈现了模型分别经受 1 单位标准差的金融服务业效率冲击和利率冲击时，主要宏观变量受到的影响。由上往下各行分别是总产出、投资和消费，左列三图呈现效率冲击产生的影响，右列三图呈现降息产生的影响。图中横轴为时期，纵轴为变量偏离稳态的百分比。

由图 16-1 的结果可以看出，金融服务业效率提升与降息对总产出、投资与消费基本产生了同方向的影响，但在持续性和作用结构上存在差异。首先，与降息相比，效率提升的影响更加持久，几乎接近一种结构性因素的影响。相比之下，降息政策的作用短期内见效明显，但是持续性不佳，边际效应快速消散。其次，金融服务业效率的提升对消费的促进相对明显，对投资的促进则相对微弱。相比之下，降息冲击对消费的促进弱于效率提升，对投资的短期促进效应则明显强于效率提升。当综合效应体现在总产出上时，无论是幅度或者持久度，效率提升都较降息表现出更明显的优势；不仅如此，考虑到两者对消费和投资差异化的影响，可以判断，总产出的结构也会发生相应的变化。

图 16-2 呈现了上述冲击对货币相关关键指标的影响。由第二行图形可见，两者均令利率向下偏离稳态。对于降息冲击，这一变化显而易见，因为这基本就是冲击本身；金融服务业的效率提升则是通过有效改善资金

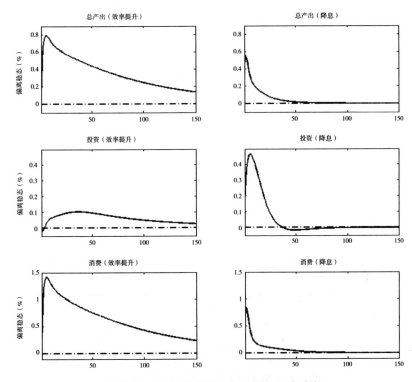

图16-1　效率提升与降息的宏观经济效应

资料来源：作者估算。

供给面、调节货币市场供需相对关系的渠道令利率产生了下降。对于信贷总量，降息政策起到了短暂的刺激作用，随后有所反复，但是总体影响仍然为正；效率提升则对信贷总量产生了持久的促进作用。最后，降息冲击对通货膨胀有短暂的正向刺激作用，效率提升则令物价出现了下滑，但就幅度而言都极其微弱，均不超过1个基点。

以上讨论了金融服务业效率改善和利率政策相比对宏观经济不同的影响。可以看出，金融服务业效率提升对宏观经济的促进是全局性、持久性的，资金运作效率的提升起到了类似宽松政策的效果，且其长期效益和结构性改善意义都较降息为佳。但是基于我们此前的观察和测度，中国金融服务业的效率增长近年来趋于停滞。回到本章的题目，如果金融服务业效率没有得到改观，甚至受到负面的冲击，将会产生什么样的宏观影响？类似中国当前的情形，主要通过宽松政策加以弥补，是否能取得理想的效

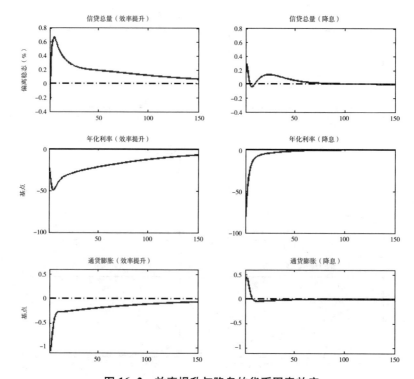

图 16-2　效率提升与降息的货币因素效应

资料来源：作者估算。

果？图 16-3 对利率和金融服务业效率同时受到 1 单位负向冲击的情景进行了模拟。结果表明，降息仅能在短期内对各主要宏观变量产生积极影响。金融服务业效率的下滑令资金市场的配置功能趋于弱化，产生了与宽松货币政策迅速抵消并超过了降息的效应，使经济增速出现长期性的下滑。且在短期之内，消费和投资此消彼长，国民账户结构进一步恶化。

　　为了更好地刻画中国经济所具有的特质，本章的模型在克里斯蒂亚诺等（Christiano 等，2010）的基础上进一步引入了国有企业和私营企业在信贷市场上的异质性。如前所述，我国金融服务业现存的各种机制扭曲可能造成"效率减损效应"和"信贷偏向效应"，后者又可能令金融企业效率进一步下降，两者存在交织的影响。不仅如此，信贷市场上存在的这种异质性还有可能令金融服务业效率作用于宏观经济的渠道遭受阻滞。换言之，不但国有企业在信贷市场上的特殊优势会抑制金融服务业的效率，而

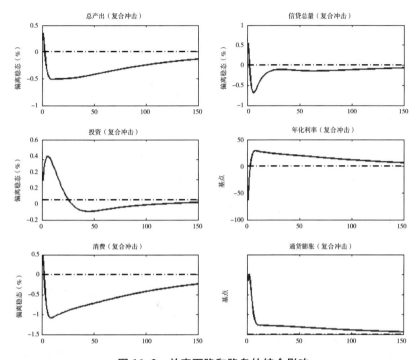

图 16-3 效率下降和降息的综合影响

资料来源：作者估算。

且就算金融服务业的效率事实上处于较高水平，对宏观经济的促进作用也会被削弱，从而在宏观上体现为效率偏低。本章的模型刻画是否准确描述了这种情景？图 16-4 比较了根据中国数据校准后的克里斯蒂亚诺等（Christiano 等，2010）基准模型与本章的模型在同样面对 1 单位金融服务业效率冲击时的表现。可以发现，在引入信贷市场上的异质性结构后，金融服务业效率正向冲击对各宏观经济主要变量的影响都减弱了；其中投资受到的影响最为明显。厦门大学中国季度宏观经济模型"CQMM"课题组（2015）指出，当前环境下的新增信贷配置重复流向国有企业而非更需要资金的私营企业，因此货币宽松未能有效促进投资。这一过程中自然有金融服务业效率特别是配置效率偏低的问题，但是客观存在的信贷市场异质性结构也是原因之一，很难说偏向性的信贷纯然是金融服务企业扭曲性选择的结果，市场结构与之毕竟存在互相强化的关系。图 16-4 的模拟就表明，当信贷市场确实存在地位超然的国有企业时，金融服务业效率提升对

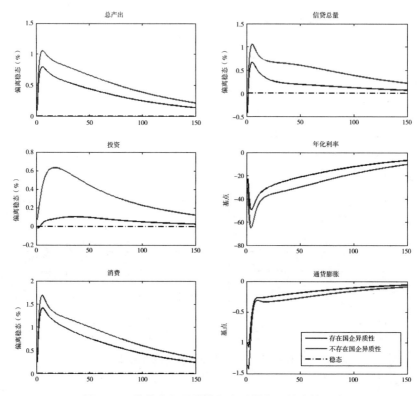

图 16-4　信贷市场异质性和金融服务业效率的影响

资料来源：作者估算。

投资的促进作用将会受到极大的削弱。

为了准确衡量基于金融服务业效率变动对宏观经济整体可能产生的全局性影响，本章没有采用以宏观计量为代表的局部分析方法，而是构建了包含金融服务部门在内的动态随机一般均衡模型，根据中国数据校准后，检验金融服务部门效率变动的经济效应。这贯彻了我们构建在微观基础上看待宏观效率的主线。主体模型在克里斯蒂亚诺等（Christiano 等，2010）的基础上，着重刻画了中国信贷市场所特有的国有企业信贷偏向优势。这一异质性的引入对模型模拟结果存在明显的影响。研究表明，金融服务业效率对于主要宏观变量如 GDP、消费、投资等能够起到和宽松货币政策相似的促进作用，这主要是通过信贷市场上金融资源的高效运转和分配实现

的。并且，与宽松政策如降息相比，效率提升对经济的影响更加明显和长效。当金融服务业效率面临负向冲击时，即便以宽松的货币政策加以刺激，也难以收到理想效果，甚至在长期内负面效应都会持续显现，这在一定程度上解释了我国当前信贷极度宽松、投资却趋于萎缩、经济增速持续下滑的情况，结合前文对于中国金融服务业效率偏低的观察，不能不说是一种警示。研究还发现，信贷市场的偏向性异质结构会对金融服务业效率的宏观经济促进作用产生较大幅度的抑制。

第十七章　中国服务业"鲍莫尔病"探析

第一节　问题的提出

近年来，中国服务业发展迅速。2017 年，服务业增加值占 GDP 的比重约为 51.6%，连续六年超过第二产业增加值比重，对当年经济增长的贡献率达到 58.8%；服务业就业比重 44.9%，连续七年超过第一产业和第二产业就业比重，与两者差距分别拉大到 17.9 个和 16.8 个百分点。进一步地，从服务业内部构成看，生产性服务业占比也在平稳上升①，占 GDP 比重接近三分之一（李平等，2017）。然而，从劳动生产率的视角看，服务业的实际劳动生产率长期低于制造业，特别是 2012 年之后，这一趋势得以强化（见图 17-1）。1990—2017 年，扣除价格因素之后的第二产业单位劳动产出年均增速为 9.39%，远高于同期第三产业单位劳动产出的年均增速 5.86%，二者的比值由 1990 年的 1.10 提高到 2017 年的 2.55，年均比值约为 2.01，服务业实际劳动生产率不及制造业的一半，似乎出现了所谓的"鲍莫尔病"②。

---

① 如果以交通仓储邮电业、信息传输计算机服务和软件业、金融业、租赁和商业服务业、科研技术服务和地质勘查业五个行业来代表生产性服务业（余泳泽等，2016），2005—2015 年，生产性服务业增加值占服务业增加值的比重由 36.6% 逐步提高到 39.7%；而如果加上批发零售业，相同期间内，比重由 54.6% 提高到 58.8%，无论是哪一种口径，生产性服务业的比重都呈现稳步提高的态势。

② 鲍莫尔（Baumol，1967）认为，由于服务业的快速增长，使得劳动力不断从其他部门流向生产率较低的服务业，最终导致整体经济增长率下降并趋于停滞。

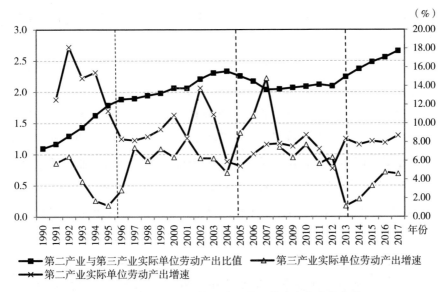

图 17-1 第二产业与第三产业单位劳动产出比值变化

注：①实际单位劳动产出数据是将第二产业和第三产业的 GDP 分别以 1990 年为 100 的不变价第二产业和第三产业 GDP 指数作为平减指数，再除以就业人数得到；②图中第二产业和第三产业实际单位劳动产出增速序列对应的是右轴坐标。

资料来源：整理自 CEIC 数据库。

经验研究表明，全要素生产率（TFP）是决定劳动生产率的主要因素（王耀中和陈洁，2012）。因此，大量研究将中国服务业的低劳动生产率归因于较低的 TFP 水平，认为中国服务业 TFP 要显著低于制造业（程大中，2004；顾乃华，2005；杨勇，2008；刘兴凯和张诚，2010；王耀中和张阳，2011；王恕立和胡宗彪，2012；王恕立等，2015；崔敏和魏修建，2015；王恕立等，2016）。然而，近些年来，越来越多的外文文献研究对"鲍莫尔病"提出质疑，认为服务业 TFP 并不低于制造业（格里希斯（Griliches），1994；富尔顿（Oulton），2001；特里普莱和博斯沃思（Triplet and Bosworth），2003；博斯沃思（Bosworth）等，2005；拉乌尔（Pugno），2006；马罗托和夸德拉多（Maroto 和 Cuadrado），2009；马罗托（Maroto），2010；杨（Young），2014）。一些国内的研究文献也同样认为，随着现代服务业的发展，中国服务业比重的提升也并不必然造成经济整体

TFP 的下降，进而导致经济增长的"结构性减速"①，中国经济并不存在"鲍莫尔病"（顾乃华和夏杰长，2010；庞瑞芝和邓忠奇，2014；张月友等，2017、2018）。

如何理解上述争议呢？通过对劳动生产率的式子分解，我们发现，如果考虑不同劳动者的效率差异，根据罗伊（Roy，1951）、杨（Young，2014）提供的平均劳动效率理论——就业比重越高的行业，就业人员的平均劳动效率会越低，容易推得，对于那些就业比重上升明显的行业，其劳动生产率的下降不一定是由于 TFP 下降引起的，而是因为就业比重上升带来的平均劳动效率下降造成的。为证明上述推断，本章先利用 2001—2016 年 A 股上市公司数据，采用代理变量 LP 法对不同行业的 TFP 进行测算，并实证检验行业就业比重变动对 TFP 的作用。结果显示：样本期内，就业比重的提升会降低 TFP 增长。其次，在此基础上，本章测算了不同情况下的制造业和服务业 TFP 水平，发现：如果不考虑行业就业比重对行业平均劳动效率的制约作用，制造业 TFP 要高于服务业，并且二者差距呈现扩大趋势；而剔除了平均劳动效率影响之后，服务业 TFP 反而要高于制造业。

基于此，本章认为，当前中国服务业"鲍莫尔病"加剧的原因并不在于服务业 TFP 进一步降低，而在于大量劳动力流入服务业，致使服务业平均劳动效率下降，最终，促使服务业劳动生产率下降。造成这一现象的根源在于：中国制造业部门吸纳就业能力下降以及服务业内部劳动力市场割裂所导致的劳动力被迫长期停留在具有较低劳动生产率的传统服务业部门，难以有效提升其平均劳动效率。

本章的第二节是文献述评；第三节是方法、数据和测算结果；第四节是供给理论分析和实证检验结果；第五节是新测算结果比较；第六节是结论和政策含义。

---

① 袁富华（2012）、中国经济增长前沿课题组（2012、2013、2014）、张平（2014）、袁富华等（2016）等认为，尽管中国的服务业发展较快，但多为效率较低的行业，服务业劳动生产率只有制造业劳动生产率的一半。因此，经济结构服务化会导致中国经济出现"结构性减速"。

第二节 文献述评

有关服务业劳动生产率的研究，可以追溯到鲍莫尔（Baumol，1967）、福克斯（Fuchs，1968）的研究。他们认为，服务业就业比重上升的主要原因是其劳动生产率相对滞后，而随着劳动力不断转移到较低生产率的服务业部门，整体经济的增长速度将下降。这就是所谓的"鲍莫尔—福克斯假说"[1]。而随着现代服务业的发展，越来越多的学者提出了质疑。格里希斯（Griliches，1994）认为，是由于美国服务业统计和劳动生产率测度方法上的不足，导致鲍莫尔和福克斯得出了错误的结论。类似的，博斯沃思等（Bosworth 等，2005）指出，传统方法在测算服务业生产率时没有考虑到产品的质量差异，这会导致服务业产出和生产率被低估。

另有一些研究，则从服务业与制造业产品差异视角来重新检验二者之间的劳动生产率差异。例如，将服务业产品视为制造业的中间投入品（富尔顿（Oulton），2001；特里普莱和博斯沃思（Triplet 和 Bosworth），2003），考虑服务业产品对广义人力资本的积极作用（拉乌尔（Pugno），2006）等。这些研究的结论均认为，服务业的 TFP 并不逊色于制造业。还有一些研究，则从服务业的细分行业视角比较其与制造业之间的差异，认为，尽管服务业整体 TFP 要低于制造业，但服务业内部不同性质的行业TFP 存在较大差异，一些现代服务业、知识密集型服务业 TFP 反而要高于制造业。因此，随着现代服务业比重的提升，整体服务业的生产效率也会逐渐赶超制造业（沃尔夫（Wolfl），2003；马罗托和夸德拉多（Maroto 和Cuadrado），2009；马罗托（Maroto），2010）。

杨（Young，2014）结合罗伊（Roy，1951）的劳动效率理论，指出，

---

① 关于"鲍莫尔—福克斯假说"研究新进展的进一步讨论，可参阅王耀中和陈洁（2012）的研究综述。

假设个体工人依据相对劳动效率大小来选择行业，越是劳动效率高的工人，越不会选择流动。这样，对于那些就业比重增加迅速的行业，新劳动力流入较多，行业平均劳动效率会出现下降，而对于那些劳动力流出的行业，平均劳动效率反而会出现提高。由此，他认为，在利用生产函数估算TFP时，需要剔除掉这一就业比重变动因素的影响，否则估算结果将会出现系统性偏差。利用美国和OECD国家的TFP数据，他的实证研究结果显示，在考虑了就业比重变动的影响之后，制造业和服务业具有相似的TFP水平。

国内方面，现有研究大致可以划分为两类：一是认为中国服务业TFP水平较低，服务业比重上升将导致"鲍莫尔病"发生。顾乃华（2005）的研究指出，1992—2002年，中国服务业的技术效率水平低下，增长具有粗放型特性，发展主要依靠要素投入推动，TFP贡献微弱；杨勇（2008）研究了中国1952—2006年服务业TFP的时序变化，认为，中国服务业的发展潜力和技术效率水平均具有较大的改善空间；刘兴凯和张诚（2010）使用Malmquist指数测算了1978—2007年中国28个省份的服务业TFP变动情况，发现，自改革开放以来，中国服务业TFP不断提高，但增长幅度呈现阶段性下降，TFP对服务业增长的贡献渐趋下降；王耀中和张阳（2011）同样使用DEA-Malmquist指数测算了1978—2007年中国27个省份的服务业TFP变动，指出，源于技术进步率的增长倒退，服务业TFP总体呈下降态势。基本上，上述研究都是认为中国服务业TFP较低，并且呈现逐渐下降的趋势。但这些研究所涉及的样本时期都相对较早，无法反映中国服务业的最新发展状况。

袁富华（2012）、中国经济增长前沿课题组（2012、2013、2014）、张平（2014）、袁富华等（2016）等一系列最近的研究成果明确指出，长期增长过程中，服务业比重提高会导致一国经济增长减速。其中，张平（2014）认为，中国的产业结构服务化将使得经济增长面临效率减速冲击。原因在于，尽管中国的服务业发展较快，但多为效率较低的行业。例如，现代服务业主体的一部分属于事业单位（科教文卫），另一部分则存在严格的管制（电信、金融、铁路、航运以及大量的公共服务部门，如水电气供给与排污等），结果造成服务业劳动生产率只有制造业劳动生产率的一半。而借助不同国家或地区在跨越中等收入阶段的增长分化表现,袁富华等(2016)总结性地解释了产业结构服务化之所以会造成经济增长结构性减速的内在机理,指出,对于大多数后发国家而言,由于服务业的要素化趋势不明显、服务消费的效率补偿程度较低,造成无法从根本上扭转对传统和非正规服务业规模扩张的依赖,服务业主导的增长范式往往会加剧经济增长的"鲍莫尔病",导致其对低效率增长模式的锁定。上述研究的问题是多停留在定性研究或统计相关分析,缺乏对中国服务业 TFP 的测算以及排除了其他因素或内生性问题之后的定量研究佐证(张月友等,2017、2018)。

与之补充的是,王恕立和胡宗彪(2012)利用序列 DEA-Mamlquiest 指数估算了 1990—2010 年中国服务业及其细分行业的 TFP,指出服务业 TFP 存在较大行业异质性,但总体上呈现增长态势。同时,通过与其他测算制造业 TFP 的文献进行对比,他们认为,中国服务业 TFP 增长要相对滞后于制造业。进一步地,王恕立等(2015、2016)指出,如果考虑环境污染等"坏产出"因素,服务业 TFP 增长率会进一步下降。

二是认为中国服务业不存在"鲍莫尔病",经济结构服务化并不必然造成经济生产效率下降,甚至反而会促进经济效率提升,加快经济增长。这类研究多利用现代计量方法来实证检验经济结构服务化对中国经济增长的效应。顾乃华、夏杰长(2010)利用 2003—2007 年的城市层面数据,结合面板门槛模型,实证检验发现,服务业比重与经济增长之间的关系并非线性负相关,中国服务业存在"鲍莫尔病"的说法带有误导性;庞瑞芝和邓忠奇(2014)将能源消耗、环境污染与增加值一同视为行业投入的产出,同时利用方向距离法(DDF)来测算不同行业的生产效率和 TFP,其结果,不仅发现 1998—2012 年中国服务业生产率呈现稳步提高态势,而且还显示,考虑了环境污染和能源损耗之后,尽管整体服务业 TFP 的增长速度还是要略微低于工业,但两者的差异很小,服务业 TFP 有赶超工业的趋势;张月友等(2018)则实证检验了产业结构服务化对中国总经济生产率的作用,发现,产业结构服务化非但没有阻碍反而显著促进了中国尤其是东部地区的 TFP 提升。由此,他们认为,近年来中国经济增长动力衰减的产业原因不在于服务业,而在于工业;不在于经济结构服务化,而在于经济结构服务化的趋势还尚不突出。

结合上述分析，我们认为，已有研究可以从以下几个方面加以改进：

第一，绝大多数文献忽略了劳动生产率与 TFP 差别。然而，一方面，根据定义，劳动生产率可以根据现实统计数据计算获得，但 TFP 却没有对应的统计观察；另一方面，如果考虑劳动效率差异（杨（Young），2014），劳动生产率除了受 TFP 的变动影响，还取决于劳动者效率的变化，并且后者的变动可能会导致劳动生产率与 TFP 出现趋势背离。

第二，从研究方法上看，多数文献采用的是 DEA、Malmquist 指数及其他诸如方向距离法（DDF）等扩展的非参数方法来对服务业 TFP 进行测算（杨向阳和徐翔，2006；刘兴凯和张诚，2010；王耀中和张阳，2011；王恕立和胡宗彪，2012；庞瑞芝和邓忠奇，2014；王恕立等，2015；王恕立等，2016；杨廷干和吴开尧，2017 等）[①]。与利用索洛余量等经济计量方法相比较，这类方法的主要优势在于[②]：假设样本个体并非完全效率，从而可以将 TFP 的来源区分为技术进步和技术效率，分析其具体贡献来源。但不足在于：对样本的要求较高，覆盖面要广、数量要多，方有代表性；所得结论也容易受异常值和样本变动的影响；更重要的是，前沿方法（包括随机前沿分析（Stochastic Frontier Analysis）方法）并不适用于两个不同样本的效率指数比较。因为，不同样本的效率前沿是不一样的，据此得到的 TFP 和效率指数也将缺乏可比性（科埃利等（Coelli 等），2005）[③]。

---

① 随机前沿分析（Stochastic Frontier Analysis）方法也是比较常用的测算服务业 TFP 的方法（顾乃华和李江帆，2006；蒋萍和谷彬，2009；崔敏和魏修建，2015 等）。与 DEA 等非参数方法相比，SFA 方法的优点在于可以进行假设检验和考虑效率前沿的随机性，但缺点是需要对具体生产函数以及非效率项分布函数的具体形式进行设定。但无论是确定前沿的非参数方法，抑或随机前沿的分析方法，相较于利用索洛余量法等经济计量方法而言，都将面临不同样本可能不可比的效率前沿问题。使用经济计量法的研究还相对较少，并且时期也较早。郭克莎（1992）、程大中（2003）和杨勇（2008）均是使用此类方法来进行服务业的 TFP 估算。

② 有关 DEA、SFA 和经济计量方法测算 TFP 的更具体优缺点介绍，可参阅 Coelli 等（2005）的研究。

③ 王恕立和胡宗彪（2012）将利用 DEA-Mamlquiest 指数估算的服务业 TFP 与估算制造业 TFP 的文献直接进行对比，无视样本和研究方法差异所可能产生的不可对比性；庞瑞芝和邓中奇（2014）则将服务业和工业样本分开，再利用方向距离函数（DDF）的非参数方法测算其 TFP，并加以比较。他们认为，制造业和服务业都是生产决策单元，都在消耗和配置有限的经济资源，以提供产品或服务。不同部门之间的生产率是可比。但这里的问题不在于不同部门之间的生产率不可比，而在于非参数方法不适用于不同部门之间的比较。

第三，对估算中国服务业 TFP 以及解释服务业劳动生产率相对较低的原因而言，杨（Young，2014）的研究结论，至关重要。过去数十年来，大量的农村剩余劳动力转移进入服务业，使得服务业就业比重的增长速度明显快于增加值速度。1991—2017 年，服务业就业比重的平均年增长速度为 3.36%，高于其增加值比重年均 1.77% 的增速，同时也远高于第二产业就业比重的年均增速（1.05%），其就业比重早在 1994 年就已经赶超第二产业。然而，大量涌入的非熟练农村劳动力不仅造成了服务业平均劳动效率下降，而且由于服务业内部劳动力市场分割的存在，导致先期流入服务业的劳动力难以有效流转到能够匹配其劳动效率提升的现代服务业，大量劳动力被迫长期集中在具有较低劳动生产率的传统服务业①，进一步恶化了服务业的平均劳动效率。这究竟会在多大程度上影响服务业 TFP？剔除平均劳动效率下降影响之后的服务业 TFP 又将处于怎样的水平呢？知晓这些问题的答案，将有助于我们准确估算中国服务业 TFP 的真实水平，并寻找到导致服务业劳动生产率较低的真正原因。

因此，我们首先以 2001—2016 年上市公司数据作为研究对象，利用代理变量方法——LP 法来测算不同行业的 TFP 变动。其好处：一是基于生产函数法的测算，可以避免前沿方法存在的不可比问题②；二是 21 世纪以来，随着微观企业数据的可获得性增强以及考虑企业异质生产率的理论研究工作越来越受到重视（德尔·加托等（Del Gatto 等），2011），利用企业数据来测算 TFP 的方法渐趋普及。其优势在于放松了使用宏观数据估计 TFP 时隐含的个体同质性假设。根据经济增长理论的新认识，企业相互竞争和差异化选择（阿吉翁等（Aghion 等），1999）、企业的组织和生产方式（阿西莫格鲁等（Acemoglu 等），2006），会通过创新、技术改进等渠道传

---

① 近些年来，中国服务业内部出现了增加值与就业结构的"趋势背离"现象。即，以金融业为主的生产性服务业在增加值比重方面快速增长，但就业比重贡献微弱；而以消费性和分配性服务业为主的传统服务业增加值比重稳步下降，就业比重却保持高位并呈现增长态势。由此，两者在劳动生产率方面呈现出明显的背离趋势：生产性服务业的劳动生产率越来越高，而传统服务业的劳动生产率则越来越低。考虑到当前消费性和分配性服务业仍占据中国服务业的主体地位，这意味着，服务业就业比重的提升将导致服务业整体平均劳动生产率的下降。

② 为此可能需要付出具体生产函数设定的估算偏差代价，但佐以常用的生产函数设定，如果仅是由于生产函数不同而引发的差异，其对制造业和服务业的作用效应应该是相似的。因此，尽管可能影响其数值大小，但对两者的相对数值以及趋势变动的作用有限。

递到经济增长上。因此，结合微观数据，考虑企业的异质性，将会更为准确地估算不同企业的 TFP 以及建立在此基础上的不同行业、不同地区和总体平均 TFP①。

其次，在前述估算的不同行业 TFP 的基础上，我们将实证检验不同行业的就业比重变动对其 TFP 的影响效应，并结合样本时期内服务业整体就业比重提高、制造业就业比重下降的经验事实，估算和比较未经过和经过平均劳动效率调整之后的服务业和制造业 TFP。这是以往估算中国服务业乃至制造业 TFP 文献研究所忽略的。接下来，将介绍相关 TFP 的测算方法、数据来源、变量处理以及初步估计结果。

第三节　全要素生产率测算方法与数据样本说明

一、TFP 测算方法

（一）TFP 与劳动生产率之间的关系

为保持一般性，我们采用多数文献使用的柯布—道格拉斯（Cobb-Douglas）生产函数作为研究的基础。具体式子如下：

$$Y_{it} = A_{it} K_{it}^{\alpha} (Z_{it} L_{it})^{\beta} \tag{17-1}$$

Y_{it} 表示第 i 个部门的产出，L_{it} 和 K_{it} 分别表示第 i 个部门的劳动和资本投入，A_{it} 代表第 i 个部门的全要素生产率（TFP），满足希克斯中性假设，Z_{it} 表示第 i 个部门的劳动效率，用来反映劳动者的异质性，代表由于非技术因素造成的劳动效率差异，如个人能力差异等。将上述式子两边同除以

① 得益于 1998—2009 年《中国工业企业统计数据库》支持，已有不少研究采用代理变量方法（OP、LP 方法）来估算制造业全要素生产率，如余淼杰（2010）、鲁晓东和连玉君（2012）、布兰特等（Brandt 等，2012）、杨汝岱（2015）等。用于服务业的研究还相对少见。王恕立和刘军（2014）曾采用世界银行提供的企业调查数据，运用 LP 法测算了中国服务企业 1999—2002 年的生产率，但样本时间较早，难以反映当前的情况。

L_{it}，可得第 i 个部门的劳动生产率的式子：

$$\frac{Y_{it}}{L_{it}} = A_{it} \left(\frac{K_{it}}{L_{it}}\right)^{\alpha} (Z_{it})^{\beta} (L_{it})^{\alpha+\beta-1} \tag{17-2}$$

取对数之后，再对时间 t 求导数，可得：

$$\widehat{y_{it}} = \widehat{A_{it}} + \alpha \widehat{k_{it}} + \beta \widehat{Z_{it}} + (\alpha + \beta - 1) \widehat{L_{it}} \tag{17-3}$$

（17-3）式显示，劳动生产率的变化 $\widehat{y_{it}}$ 是由 TFP 的变化 $\widehat{A_{it}}$、劳均资本的变化 $\widehat{k_{it}}$、劳动效率的变化 $\widehat{Z_{it}}$ 和劳动数量的变化 $\widehat{L_{it}}$ 四个变量，以及资本和劳动要素的产出弹性 α 和 β 两个参数共同决定的。假设传统要素增长乏力，劳均资本 $\widehat{k_{it}}$ 和劳动数量 $\widehat{L_{it}}$ 的增长变化都趋于 0，则劳动生产率可以改写为：

$$\widehat{y_{it}} = \widehat{A_{it}} + \beta \widehat{Z_{it}} \tag{17-4}$$

容易推论，只要 TFP 的变化 $\widehat{A_{it}}$ 与劳动效率 $\widehat{Z_{it}}$ 之间是负相关关系并且劳动效率的变化幅度超过 TFP，那么，劳动生产率与 TFP 就有可能出现趋势背离的变化。进一步地，如果放宽对劳均资本 $\widehat{k_{it}}$ 和劳动数量 $\widehat{L_{it}}$ 的增长假设，那么劳动生产率与 TFP 之间的关系将更为复杂化，还要取决于资本和劳动两大要素的增长变动及其各自的产出贡献弹性大小。因此，如果将（17-3）式用之于比较两个不同的行业劳动生产率，理论上，完全有可能出现某一个行业的 TFP 高于另一个行业，而与此同时，其劳动生产率又要低于另一个行业的情况。

（二）已有 TFP 测算方法存在的问题及其矫正

目前来看，已有测算中国服务业和制造业 TFP 的文献甚少考虑劳动效率差异的影响，而根据（17-3）式、（17-4）式的分析，这样的后果是容易将两个不可观测的变量 $\widehat{A_{it}}$ 和 $\widehat{Z_{it}}$ 混淆在一起，从而造成测算出来的 TFP 值与实际 TFP 值存在明显误差。具体来看，重新整理（17-3）式，可得：

$$A_{it}(est) = \widehat{A_{it}} + \beta \widehat{Z_{it}} = \widehat{y_{it}} - \alpha \widehat{k_{it}} - (\alpha + \beta - 1) \widehat{L_{it}} \tag{17-5}$$

可以看出，如果不区分 TFP 和劳动效率的差别，传统生产函数法的估计——先估计出要素产出弹性系数代入（17-5）式，再以索洛余量来代表

TFP, 会导致实际 TFP 与估计出来的 TFP 存在一个劳动效率缺口。即:

$$\widetilde{A}_{it}(est) - \widehat{A}_{it} = \beta \widehat{Z}_{it} \tag{17-6}$$

其中, $\widetilde{A}_{it}(est) = \widehat{Y}_{it} - \widetilde{\alpha}\widehat{K}_{it} - \widetilde{\beta}\widehat{L}_{it}$, 表示以索洛余量表征的 TFP, 带 " $\sim$ " 表示对应变量或参数的估计值。显然, 如果不考虑劳动效率差异, 估计得到的 TFP 将与劳动生产率 $\widehat{y}_{it}$ 保持一致变化, 特别是在传统资本和劳动要素增长趋缓的背景下, 容易推出, 估计得到的全要素生产率 $\widetilde{A}_{it}(est)$ 实际上就等同于劳动生产率 $\widehat{y}_{it}$ [1]。但是, 如果考虑劳动效率差异的话, 结果将大不一样。

为分析这种差异, 首先, 根据杨 (Young, 2014) 的设定, 假设工人的平均劳动效率变化与就业比重的增长变化相关:

$$\widehat{Z}_{it} = \xi \widehat{\pi}_{it} \tag{17-7}$$

其中, $\widehat{\pi}_{it}$ 表示第 i 个部门就业比重的增长变化率, ξ 表示两者的相关系数。将 (17-7) 式代入 (17-6) 式, 可得:

$$\widetilde{A}_{it}(est) = \widehat{A}_{it} + \beta\xi\widehat{\pi}_{it} \tag{17-8}$$

由于 $\beta > 0$, 若 $\xi < 0$, 即部门的就业比重与平均劳动效率是负相关关系, 则 $\widehat{A}_{it} > \widetilde{A}_{it}(est)$。这意味着, 实际 TFP 会高于不考虑劳动效率差异时估计得到的 TFP; 反之, 若 $\xi > 0$, 结论则相反。因此, ξ 的符号和大小将左右实际 TFP 与估计 TFP 之间的偏差方向和大小。在传统生产要素增速放缓的背景下, 假设 $\xi < 0$ 且 ξ 的数值足够大, 则必将存在某一部门实际全要素生产率 $\widehat{A}_{it}$ 增长较快, 但经由生产函数法估计出来的 $\widetilde{A}_{it}(est)$, 也即劳动生产率 $\widehat{y}_{it}$ 却比较低的情况。

其次, 为估计 ξ 的符号及大小, 利用 (17-8) 式, 结合杨 (Young, 2014) 的方程设定, 我们给出了相关计量方程:

---

[1]　假设劳均资本 $\widehat{k}_{it}$ 和劳动数量 $\widehat{L}_{it}$ 的增速趋于 0, 根据式 (17-5), 不考虑劳动效率影响的 TFP 估计值 $A_{it}(est)$ 就等同于劳动生产率 $\widehat{y}_{it}$。

$$\widetilde{A}_{it}(est) = \theta \, \widehat{\pi}_{it} + \alpha_i \, x_{it} + \varepsilon_{it} \qquad\qquad (17-9)$$

其中，$\widetilde{A}_{it}(est)$ 表示不考虑劳动效率差异、根据生产函数直接估计得到的第 i 个部门 TFP；x_{it} 表示外生控制变量；ε_{it} 则是服从独立同分布的随机干扰项；就业比重 $\widehat{\pi}_{it}$ 的系数 $\theta = \beta\xi$。因此，只要估计出系数 $\widetilde{\theta}$，代入估算 $\widetilde{A}_{it}(est)$ 时得到的劳动产出弹性估计系数 $\widetilde{\beta}$，将得到最终的 $\widetilde{\xi}$ 大小。

（三）测算不同部门实际 TFP 的步骤

如前所述，要估计剔除了劳动效率差异的实际 TFP，需要先估计出不考虑劳动效率差异的不同部门 TFP，然后再将估计得到的 TFP 与对应部门的就业比重变化进行计量回归，得到系数 $\widetilde{\xi}$。因此，第一步，我们需要做的是基于生产函数法，估计不考虑劳动效率差异的部门 TFP。为实现这一目的，同时克服宏观数据同质性假设的不足，我们利用微观企业的数据来估计不同部门的 TFP。具体式子写成：

$$Y_{jt} = A_{jt} \, K_{jt}^{\alpha} L_{jt}^{\beta} \qquad\qquad (17-10)$$

Y_{jt} 表示第 j 家企业的产出，L_{jt} 和 K_{jt} 分别表示第 j 家企业的劳动和资本投入，A_{jt} 代表第 j 家企业的全要素生产率（TFP），满足希克斯中性假设。两边取对数之后，加上随机扰动项，可写成以下计量方程的形式：

$$y_{jt} = \alpha \, k_{jt} + \beta \, l_{jt} + a_{jt} + \varepsilon_{jt} \qquad\qquad (17-11)$$

其中，y_{jt}、l_{jt}、k_{jt}、a_{jt} 分别表示 Y_{jt}、L_{jt}、K_{jt}、A_{jt} 的对数形式，ε_{jt} 代表随机扰动项，用来衡量可能存在的测量误差和由市场或环境变动引发的不可观测的异质性冲击，满足白噪声冲击的设定。由于个体企业的全要素生产率 a_{jt} 通常是无法直接观测的，会与随机扰动项 ε_{jt} 混淆在一起。因此，如果直接利用 OLS 法对（17-11）式进行估计，考虑到 a_{jt} 与要素投入 k_{jt} 和 l_{jt} 之间相关①，意味着残差项 $a_{jt} + \varepsilon_{jt}$ 与解释变量之间也将存在相关性，OLS 估计的结果将存在偏差。

---

① 马夏克和安德鲁斯（Marschak 和 Andrews，1944）指出，企业决策者在进行当期生产决策的时候，是可以观察到本企业的效率信息的。而为实现企业利润最大化，企业决策者会根据这些信息来调整资本和劳动等生产要素的投入组合。在这种情况下，OLS 的估计结果将出现偏差，即同时性偏差。

　　为处理上述偏差，一种方法是使用固定效应法（Fixed Effect，以下简写为 FE）来估计（17-11）式。即假定企业的全要素生产率 a_{it} 不随时间变化，写成 a_i，然后使用面板固定效应模型进行回归估计，得到一致的估计结果。但问题是：企业 TFP 不随时间而发生改变的假设，在现实中难以找到支持证据。

　　奥利和帕克斯（Olley 和 Pakes，1996）提出了一种代理变量方法（简称 OP 法）来解决上述问题。假定企业根据当前的生产率状况进行投资决策，则可以将当期投资作为 TFP 的代理变量，并使用两阶段估计法来估计生产函数。列文森和珀汀（Levinsohn 和 Pertin，2003）进一步提出了使用企业的中间品投入来替代投资变量作为企业 TFP 的代理变量方法（简称 LP 法）。相对于 OP 法，LP 法的优势在于[1]：一是现实中大量企业的投资数据为零或是负值，不被纳入研究的样本，而中间品投入的数据相对较为完整；二是较投资变量而言，中间品投入更具有非状态变量的属性（德尔·加托等（Del Gatto 等），2011），从而更便于假设其决定于生产率，而不受跨期变化的影响。考虑到上市公司数据中，没有能与同期固定资产净值、产出增加值数据等相匹配的投资数据[2]，我们选择用 LP 方法来估算（17-11）式。

　　第二步估计则是在前一步估算的基础上，根据使用 LP 方法估计得到的资本和劳动要素产出弹性估计系数 $\tilde{\alpha}$ 和 $\tilde{\beta}$，求得企业层面的 TFP，再按照相应的部门分类标准，将企业归类到不同部门，并以其实际产出增加值占部门总产出增加值的比重作为权重，加权求和得到不同部门的

---

　　[1]　关于 OP、LP 方法的更详细过程及比较，请参阅德尔·加托等（Del Gatto 等，2011）的研究。

　　[2]　上市公司的现金流量表中，有关于投资活动的现金流出数据，包括购买固定资产、无形资产和其他长期资产以及收购子公司产生的现金流出。这看起来类似于企业的投资支出数据，但是，一方面，现金流量表只是记录一切收付实现制的资金往来，而不是反映权责发生制下的当期投资数据。即，现金流出数据并不是指当期的投资支出数据，而是包含不同时期的投资支出在本期的现金收付合计。另一方面，投资也可能以债券、股份等非现金的形式体现，存在一个投资的付现率缺口。因此，现金流量表中的投资活动现金流出数据并不能很好地反映当期实际发生的投资数据。

TFP 数值。[①] 随后，利用（17-9）式，将估算得到的 TFP 与就业比重变化作计量回归，得到调整系数 $\tilde{\xi}$，从而得到经平均劳动效率调整过后的实际 TFP。为细化研究以及获取足够的第二阶段估计数据样本，我们采用证监会行业大类分类的行业来代表不同的部门。

二、数据样本说明

如前所述，我们将使用上市公司数据来估算不同行业的 TFP。理由在于：首先，从数据来源上看，上市公司的数据涉及较大规模的服务业企业统计，并且更新比较及时。而另外可资利用的涉及服务业企业调整的数据库，如 2004 年第一次和 2008 年第二次的全国经济普查数据，样本时间都相对较早，无法反映中国服务业的近期变化。在当前互联网、智能自动化、即时通信和支付手段等新一代技术广为普及的背景下，服务业企业的生产要素投入方式发生了质的改变，不宜以十年前的数据来反映当前企业的 TFP 变动。其次，与制造业相比，服务业包含的行业众多，生产行为相对复杂，难以用统一的 C-D 生产函数来加以刻画（杨汝岱，2015），并且更麻烦的是，不同服务业行业的性质差异较大（江小涓，2011），其中，有些服务业是非营利性的，有些则是半营利性半公共品行业，其要素投入及生产目的异于营利性行业。因此，即使抛开样本时期较早的缺点，使用经济普查的服务业企业数据来估算整体服务业 TFP 也是不合适的。[②] 而使用上市公司的数据可以部分避免上述问题的发生。第一，上市企业均要符合《公司法》关于企业上市的诸多条件要求，无论制造业企业，抑或服务业企业，其准入门槛是一致的。第二，上市企业的目标也相对具有一致

---

①　从企业层面 TFP 到行业层面的 TFP 估算转化，已有文献有两种处理方式：一是以某一变量权重为基础，简单加权平均；二是对不同行业假设不同的替代弹性，给出行业权重，再加权计算最终的制造业 TFP。谢和克莱诺（Hsieh 和 Klenow，2009）、布兰特等（Brandt 等，2012）和杨汝岱（2015）等均采用第一种方法。进一步地，杨汝岱（2015）讨论了以工业总产值、工业增加值占比为权重、以就业人员占比为权重的制造业加权 TFP，并将其与直接取平均值的结果进行对比，发现，不同权重加权的制造业 TFP 具有类似的变动趋势，增长率变动基本保持一致。我们沿袭杨汝岱（2015）的处理方式。

②　使用全国或是省级服务业宏观数据来测算服务业 TFP 的研究，无论是基于生产函数法，抑或是前沿非参数方法，均难以避免不同服务业的性质差异问题。

性，至少要满足股东利益的最大化①。并且，在类似的财务制度要求下，上市企业的生产行为决策机制也将趋于一致。第三，上市公司的产出增加值、要素投入、财务数据的透明度、准确性会更高，统计的误差也会相对较小。此外，样本期内，上市公司也几乎没有出现退出的情况，出现样本选择性偏差的概率较小②。

不过，使用上市公司数据估算 TFP 也可能存在一些问题和不足。首先，代表性不够。这既体现在企业数量规模上，也体现在所囊括的行业类别上。前者是指上市企业的个数相对于庞大的企业数量而言，较为有限；后者是指上市企业囊括的行业种类有限，一些行业几乎没有上市企业。其次，由于服务产品的质量标准化程度较差，以上市企业的 TFP 来表征整体服务业 TFP，其偏差可能会大于制造业。换言之，上市公司样本的 TFP 与总体样本 TFP 之间的偏差，存在行业异质性，这会削弱二者对比结果的全局代表性。但是，一方面，随着资本市场的扩张，上市企业的产值占总产值的比重在日益提升，对整体经济的重要性和代表性也在稳步提高。事实上，我们的后续测算结果显示，相似样本时期内，根据上市公司数据测算出来的制造业 TFP，无论是在绝对值上，还是在增长率方面，均接近于使用《中国工业企业统计数据》测算的制造业 TFP 结果。另一方面，更重要的是，从 TFP 的角度出发，能上市的企业大多是各细分行业领域内成长性最好的企业，代表最前沿的生产技术水平，反映行业内最高的 TFP 水平。从行业比较的角度看，将不同行业内各自具有最高生产效率的企业进行对比，也是比较不同行业生产效率差异的重要途径之一。因此，尽管使用上市公司数据来估算行业的 TFP，会整体高估行业的 TFP，但在没有更好的微观数据前提下，仍不失为反映行业 TFP 的重要数据资源。基于上述分析，最终我们选取 2001—2016 年中国 A 股上市公司数据作为测算样本时

①　对于不同类型的企业上市要求和目标导向，可能由于政府在不同时期政策层面上的激励和扶持而有所差异，但公司化、市场化的运营前提是必需的。

②　利用 OLS 估计微观企业数据过程中，另一个容易出现的问题是样本选择性偏差。即，在较低 TFP 水平下，资本存量较大的企业留在市场的概率更高，因为规模较大的企业具有较高的抵抗风险能力，从而对未来收益抱有更高的期望，使得他们不会轻易退出市场。由于存在上述现象，在较低 TFP 时，企业退出市场的概率和企业资本存量之间存在负相关关系，这会导致资本项的估计系数被低估。

期内不同行业 TFP 水平的数据样本，相关数据来源于 WIND 数据库。在正式使用之前，我们对所选取的数据进行如下一些筛选：（1）删除归属于第一产业（农业）的公司；（2）删除固定资产净值、产出增加值、中间投入、支付给职工以及为职工支付的现金、企业就业人员等变量为零、小于零及存在缺失值的公司。最后得到的样本观测值共计 29283 个，涉及 77 个行业大类 3353 家上市企业。

第四节　两步计量回归的变量处理、估计结果与稳健性检验

一、第一步计量回归

（一）变量处理

第一，产出增加值。产出增加值的定义是企业在一定报告期内创造的以货币形式表现的新增价值，其表示企业生产活动的总成果扣除了生产过程中消耗或转移的物质产品价值后的余额。产出增加值的计算方法有两种：一是生产法，即从生产过程中的产品和劳务价值形成角度入手，剔除生成环节中投入的中间品价值。二是收入法，计算公式为：产出增加值＝固定资产折旧+营业利润+职工工资+营业税金及附加+应交增值税。从实际角度看，通过收入法计算产出增加值可操作性更强。因此，我们选取收入法计算产出增加值。在计算过程中，由于企业年报并未直接公布职工工资的数据，我们通过如下公式间接计算得到：职工工资＝支付给员工以及为员工支付的现金+应付员工薪酬的期末值−应付员工薪酬的期初值。同时，为了剔除价格对产出增加值的影响从而获得实际值变动，我们将计算所得的企业产出增加值分别使用其所在省份对应的第二产业和第三产业 GDP 平减指数进行平减，得到不变价的产出增加值。各平减指数都以 2007 年为基年，数据来源自国家统计局。由于西藏没有公布固定资产投资价格指数无法进行平减，并且西藏在 A 股上市公司数目较少，我们也删除了属于西藏

的上市公司样本。

第二，物质资本存量（K）和员工人数（L）。物质资本存量采用上市公司年报资产负债表中披露的固定资产净额科目，并根据上市公司所在省份的当年固定资产投资价格指数进行平减；员工人数采用上市公司年报所披露的员工数据。

第三，中间品投入（M）。中间品投入是指在一定报告期内企业在生产或提供劳务与服务过程中，本期一次性消耗和转换的所有非固定资产的货物和服务价值。由于企业财务报表并未直接公布中间品投入数据，实际操作中有两种办法计算中间品投入：一是直接法，即分别将制造费用、管理费用、销售费用中属于中间消耗的部分相加，再加上财务费用和直接材料得到中间投入。二是倒算法，即：中间投资额=主营业务成本+管理费用+销售费用+财务费用−本期固定资产折旧−劳动报酬总额（职工工资）。受制于数据的可获得性，本章采用倒算法计算中间品投入，并且同样根据上市公司所在省份的当年固定资产投资价格指数进行平减，以消除价格因素变动的影响。上述变量的描述性统计见表 17-1。

表 17-1　主要变量描述性统计

变量	变量名	观测值	均值	标准差	最小值	最大值
ln$y$	产出增加值	29283	19.3340	1.4587	10.7466	27.0295
ln$k$	资本	29283	19.6153	1.7296	7.2348	27.1017
ln$l$	劳动力	29283	7.4724	1.3584	1.9459	13.2228
ln$m$	中间品投入	29283	20.4377	1.5501	13.0995	28.2834

资料来源：作者测算。

（二）估计结果

基于上述变量设定，结合（17-11）式，我们对资本和劳动要素产出弹性系数进行估计。为对比分析，我们给出了 OLS、FE 和 LP 这三种方法的计量回归结果（见表 17-2）。可以看出，不同方法下，资本和劳动要素的产出弹性系数估计都在 1% 的显著性水平之内显著，估计结果具有可靠性。并且，由于考虑了中间品投入对总产出的贡献，LP 方法估计的资本和劳动要素产出弹性系数分别为 0.194 和 0.322，两者之和明显小于 OLS 和

FE 方法估计的要素弹性系数之和；同时，FE 方法估计的系数结果也要小于 OLS 方法所估计的结果。这意味着，考虑了相关性因素影响之后，FE 和 LP 方法均将会削弱传统资本和劳动要素对产出的贡献。

表 17-2 不同估算方法下的要素产出弹性估计结果

变量	OLS	FE	LP
$\ln k$	0.310***	0.251***	0.194***
	(67.99)	(14.59)	(13.40)
$\ln l$	0.496***	0.502***	0.322***
	(85.51)	(21.27)	(24.10)
N	29283	29283	29283

注：括号中为相应系数的 t 值，* 表示 $p < 0.10$，** 表示 $p < 0.05$，*** 表示 $p < 0.01$。
资料来源：作者测算。

二、第二步计量回归

（一）变量处理

首先，被解释变量——不同行业的 TFP 增长率。根据上述使用 LP 方法估计得到的资本和劳动产出弹性估计系数 $\widetilde{\alpha}$ 和 $\widetilde{\beta}$，先计算得到企业层面的 TFP，再按照证监会的行业大类分类标准，将企业归类到各行业，并以企业产出增加值占其所在行业的总产出增加值比重作为权重，加权求和得到不同行业的 TFP，用符号"tfp_ lp_ ind"来表示。对其求增长率之后，可得模型估计的被解释变量，亦即（17-9）式中的 $\widehat{A_{it}}(est)$，用符号"g_ tfp_ lp"来表示。

其次，主要解释变量——不同行业的就业比重增长率。采用各行业就业人员数占全部就业人员数比重的增长率来表征，用符号"g_ l"来表示。如果符号为负，意味着，不考虑就业比重变动的 TFP 估算结果会低估就业比重增加的行业 TFP；反之，如果符号为正，则意味着高估其 TFP。

最后，控制变量。一是考虑到国有与民营企业之间存在较大的资源动员能力、固定资产净值以及就业吸纳和技术应用能力差异，我们将各行业内国有企业产值占全部产值的比重，作为该行业的国有化程度变量，衡量行业的国有化程度，用符号"$state\_y\_ind$"来表示。该变量的估计系数预期为负，即：国有化程度越高，其产出增长越依赖于资本要素的投入，从而使得其对应的行业 TFP 越低。二是我国不同区域之间的经济发展阶段差异较大，我们也将考虑区位因素对行业 TFP 的影响。具体做法是以行业内东部地区的企业产出占比来作为该行业的区域指标，用符号"$east\_y\_ind$"来表示。该变量的估计系数预期为正，即：处于东部地区的行业将具备更高的 TFP。三是成立时间越久的企业，其技术使用的效率以及产品的生产效率可能会越低。我们用行业内企业的平均成立时间作为该行业的生命周期指标，用符号"age_y_ind"来表示。变量的估计系数预期为负，即：行业内的企业成立时间越长，该行业的 TFP 会越低。

相关变量的描述性统计量见表 17-3。容易看出：第一，不同行业的 TFP 增长率差别较大，最小的为-0.82，最大的为 9.90；第二，上市公司数据中，国有企业的产出占比较高，均值达到 0.595，表明当前 A 股上市企业的国有化程度较高；东部企业占据了七成以上（0.719）的总产出比重，地区分布极不均衡；行业内企业成立时间均值为 12.86 年，还相对较为年轻，具备较强的成长性。为避免控制变量与被解释变量之间可能存在的同期相关性，在回归方程中，所有控制变量都将以滞后 1 期的形式呈现。

表 17-3　相关变量的描述性统计量

变量	观察数	均值	标准差	最小值	最大值
行业 id	1158	38.407	21.755	1	77
全要素生产率 tfp_lp_ind	1158	7.043	1.294	0.506	10.649
全要素生产率增长率 g_tfp_lp	1075	0.029	0.309	-0.820	9.901
就业比重增长率 l_share_ind	1158	0.014	0.022	0.000	0.159
就业比重变化率 g_l	1075	0.133	1.319	-0.868	24.467
国有企业占比 $state\_y\_ind$	1158	0.595	0.346	0	1

续表

变量	观察数	均值	标准差	最小值	最大值
东部地区占比 east_ y_ ind	1158	0.719	0.280	0	1
企业平均成立时间 age_ y_ ind	1158	12.860	4.954	0.176	32

资料来源：作者测算。

（二）估计结果

根据上述变量设定和数据特征，我们先尝试采用面板固定效应模型（FE）和随机效应模型（RE），对（17-9）式进行估计。见表17-4，方程Ⅰ和方程Ⅱ分别对应 FE 和 RE 的估计结果。Hausman 检验统计量为 20.17，显著拒绝了估计系数不存在系统偏差的原假设，表明 FE 的效果要好于RE。然而，根据"鲍莫尔病"的推论，部门就业比重与 TFP 之间可能存在内生性问题，即：较低的部门 TFP 客观上需要更多的劳动力流入该部门，以弥补技术不足，增加产品供给，满足产品需求。为此，本章采用面板工具变量法（XTIV）对模型的方程进行重新估计，工具变量选用滞后 1 期的被解释变量和滞后 3 期的就业比重变化变量（$L. g_ tfp_ lp$、$L3. g_ l$）。检验结果显示：第一，上述工具变量的选择具有良好的识别性。Anderson canon. corr. LM 统计量显著拒绝了不存在内生性的原假设，说明内生变量与扰动项之间存在相关性。类似的，对 XTIV 和 FE 模型估计结果的Hausman 检验统计量为 54.03，也显著拒绝了二者估计不存在系统性偏差的原假设，说明模型存在内生性问题。第二，Cragg-Donald Wald F 统计量为 37.31，大于 Stock-Yogo 提供的弱 ID 检验 10% 偏误下的临界值（19.93），拒绝弱工具变量的原假设，说明工具变量与内生变量之间具有较强相关性。第三，Sargan 检验的结果在较高水平上接受工具变量与扰动项不相关的原假设，不存在过度识别的问题。

因此，比较 FE 模型，考虑了内生性问题的 XTIV 模型估计结果将更为准确和一致。见表17-4 中方程Ⅲ的估计结果，可以发现：第一，主要解释方面，就业比重增长率变量的估计系数在 1% 的显著性水平内显著为负（-0.2192），说明，部门就业比重增长得越快，越不利于 TFP 的提升。这与杨

（Young，2014）的研究观察一致。第二，控制变量方面，各估计变量的符号均符合预期。其中，国有企业占比变量（$L. state\_y\_ind$）估计系数显著为负，说明国有化程度越高的行业 TFP 增长越慢；东部地区占比变量（$L. east\_y\_ind$）的估计系数显著为正，说明东部地区的企业具备更快的 TFP 增长效应；而企业平均成立时间变量（$L. age\_y\_ind$）的估计系数也是为负，但不显著，说明样本企业的生命周期对其 TFP 的作用不太明显。

表 17-4　方程估计的结果

被解释变量：g_tfp_lp	方程 I FE	方程 II RE	方程 III XTIV
就业比重增长率（g_l）	0.0053 （0.0074）	0.0082 （0.0072）	−0.2147 *** （0.0472）
国企占比（$L. state\_y\_ind$）	−0.2365 *** （0.0743）	−0.0482 * （0.0285）	−0.2503 ** （0.1276）
企业平均成立时间（$L. age\_y\_ind$）	−0.0060 ** （0.0028）	−0.0008 （0.0020）	−0.0046 （0.0045）
东部地区占比（$L. east\_y\_ind$）	0.2222 *** （0.0739）	0.0259 （0.0348）	0.7253 *** （0.1390）
截距项	0.0830 （0.0822）	0.0464 （0.0441）	—
样本数	1075	1075	853
R_square	0.0216	0.0101	—
F 统计量/Waldχ^2 统计量	5.37 *** （0.0002）	5.36 （0.2516）	10.84 *** （0.0000）
Hausman 检验	20.17 *** （0.0005）	—	54.03 *** （0.0000）
不可识别检验 （Anderson canon. corr. LM 统计量）	—	—	70.37 *** （0.0000）
弱识别检验 （Cragg－Donald Wald F 统计量）	—	—	38.426 （19.93）
过度识别检验 （Sargan 统计量）	—	—	0.288 （0.5915）

注：估计系数对应的括号内数值为标准差；＊表示 $p < 0.1$，＊＊表示 $p < 0.05$，＊＊＊表示 $p < 0.01$；Hausman 检验、不可识别检验与过度识别检验对应的括号内数值为 P 值，弱识别检验对应的括号内数值为 Stock-Yogo 弱 ID 检验 10%以内的显著值；工具变量为滞后 1 期的被解释变量和滞后 3 期的就业比重变化变量（$L. g\_tfp\_lp$、$L3. g\_l$）。

三、稳健性检验

为检验上述估计结果的稳健性。接下来，我们将分别从替代变量、平衡样本及子样本三个层面，对方程 III 的估计结果进行验证。

首先，替代变量检验。行业 TFP 的测算结果对第二步计量回归的影响较大，因此，基于不同方法测算的行业 TFP 可能会导致估计结果出现偏差。这里，其一，我们将分别以 OLS、FE 方法估算的 TFP 来替代 LP 方法下估算的 TFP，看主要解释变量的估计符号是否会发生逆转变化。其二，从企业层面的 TFP 到行业层面的 TFP，之前采用的是权重加权法。这里，我们将进行两个类似指标的检验：一是以企业 TFP 的简单平均值来表示行业 TFP；二是将某一行业内的所有企业视为同质的，加总其实际产出、实际固定资产净值以及就业人数，再结合第一步估计得到的资本和劳动产出弹性系数，计算得到行业 TFP。

表 17-5 中，方程 IV—VII 分别对应基于 FE 方法（g_tfp_fe）、OLS 方法（g_tfp_ols）、平均值法（$g\_tfp\_lp\_a$）和行业内企业同质算法（$g\_tfp\_lp\_s$）的回归结果，工具变量设定与前述方程保持一致。结果显示：第一，所有方程的就业比重变量估计系数均显著为负。其中，基于 LP 方法估算的三个方程，就业比重变量的系数估计结果比较接近，基本在 -0.21 至 -0.22 之间，显示出较强的结果稳定性。而 OLS 方法的估计系数（-0.4991）与 LP 方法的估计系数相差较大，FE 方法的估计系数（-0.1915）则同样接近于 LP 方法的估计结果。第二，控制变量方面，LP 方法下的方程 III、VI 和 VII，无论在系数估计的显著性，还是系数符号上，均保持一致，并且符合预期，而 OLS 和 FE 方法的国企变量和企业成立时期变量符号发生了逆转，不符合预期，东部地区变量则保持一致。这说明，不同估算方法下的行业 TFP 变化会对国有化程度以及企业成立时间之于 TFP 的作用产生较大的影响。因此，如果是主要关注所有制关系或者企业成立时间对于 TFP 作用的研究，需要进一步强调方法上的准确性。此外，导致这种差异的原因可能也部分在于，对于方程 IV 和方程 V 而言，工具变量的选择结果并不理想。弱识别检验的结果显示，二者分别只能在 15% 和 25% 的临界水平值内拒绝原假设。

表 17-5　替代变量的稳健性检验

被解释变量：	方程 III g_tfp_lp	方程 IV g_tfp_fe	方程 V g_tfp_ols	方程 VI $g\_tfp\_lp\_a$	方程 VII $g\_tfp\_lp\_s$
就业比重增长率 （g_l）	-0.2147*** (0.0472)	-0.1915*** (0.0479)	-0.4991*** (0.1696)	-0.2192*** (0.0446)	-0.2117*** (0.0469)
国企占比（$L.state\_y\_ind$）	-0.2503** (0.1276)	0.1958** (0.091)	0.2508 (0.1901)	-0.2033* (0.1188)	-0.2501** (0.1262)
企业平均成立时间（$L.age\_y\_ind$）	-0.0046 (0.0045)	0.0084** (0.0023)	0.0139* (0.0076)	-0.0033 (0.0045)	-0.0043 (0.0048)
东部地区占比（$L.east\_y\_ind$）	0.7253*** (0.1390)	0.2300* (0.1175)	0.8115*** (0.3152)	0.7188*** (0.1390)	0.7294*** (0.1474)
样本数	853	853	853	853	853
F 统计量/Wald χ^2 统计量	10.84*** (0.0000)	4.67*** (0.0010)	2.21* (0.0660)	11.60*** (0.0000)	10.96*** (0.0000)
不可识别检验（Anderson canon. corr. LM 统计量）	70.37*** (0.0000)	33.715*** (0.0000)	10.033*** (0.0066)	68.50*** (0.0000)	69.65*** (0.0000)
弱识别检验（Cragg-Donald Wald F 统计量）	38.426 (19.93)	17.51 (11.59)	5.05 (7.25)	37.31 (19.93)	37.992 (19.93)
过度识别检验（Sargan 统计量）	0.288 (0.5915)	0.138 (0.7100)	0.718 (0.3970)	0.028 (0.8680)	0.213 (0.6447)

注：估计系数对应的括号内数值为标准差；* 表示 $p<0.1$，** 表示 $p<0.05$，*** 表示 $p<0.01$；方程III—方程V弱识别检验对应的括号内数值分别为 Stock-Yogo 弱ID检验10%、15%和25%以内临界值；工具变量为滞后1期的被解释变量和滞后3期的就业比重变化变量（$L.g\_tfp\_lp$、$L3.g\_l$）。

其次，平衡面板检验。从数据构成看，前述回归的样本属于非平衡样本，部分行业的数据长度较短。如非金属矿采选业（B10），机动车、电子产品和日用产品修理业（O80）以及体育业（R88）等均只有1年。这样的行业数据可能并不会提供额外的信息，或是由于时间较短导致传递的信息不够准确。为此，本章尝试去除具有较短时间数据的行业，进一步整理出67个具有完整样本时期（2001—2016年）数据的平衡面板样本，再对其进行回归，以判断估计结果的稳健性。表17-6的方程VIII显示，在平衡样本的情况下，就业比重变量的估计显著性进一步得以提高，数值也增大为-0.2231；其余控制变量的显著性以及工具变量的各项检验统计量也得到强化。

表 17-6 平衡样本及子样本的稳健性检验

	方程 VIII	方程 IX	方程 X
被解释变量：g_tfp_lp	平衡样本	2001—2006 年	中小板样本
就业比重增长率（g_l）	−0.2231 *** (0.0459)	−0.1454 ** (0.0652)	−0.2118 * (0.1199)
国企占比（$L.state\_y\_ind$）	−0.2036 * (0.1223)	−2.8514 *** (0.5070)	0.0546 (0.0935)
企业平均成立时间（$L.age\_y\_ind$）	−0.0038 (0.0047)	−0.0262 (0.0430)	0.0027 (0.0035)
东部地区占比（$L.east\_y\_ind$）	0.8135 *** (0.1521)	2.4818 *** (0.4851)	−0.0884 (0.0930)
样本数	804	206	538
F 统计量/Waldχ^2 统计量	11.90 *** (0.0000)	21.85 *** (0.0000)	0.82 (0.5126)
不可识别检验（Anderson canon. corr. LM 统计量）	69.08 *** (0.0000)	20.65 *** (0.0003)	4.035 * (0.1030)
弱识别检验（Cragg - Donald Wald F 统计量）	37.85 (19.93)	11.71 (11.59)	2.014 (7.25)
过度识别检验（Sargan 统计量）	0.000 (0.9865)	1.892 (0.1690)	2.688 (0.1011)
工具变量	L. g_tfp_lp、L3. g_l	L2. g_tfp_lp、L. g_l	L. g_tfp_lp、L2. g_l

注：估计系数对应的括号内数值为标准差；＊表示 $p < 0.1$，＊＊表示 $p < 0.05$，＊＊＊表示 $p < 0.01$；方程 VIII—方程 X 弱识别检验对应的括号内数值分别为 Stock-Yogo 弱 ID 检验 10%、15% 和 25% 以内临界值。

最后，子样本检验。一方面，过高的股票市场波动可能会导致企业的生产行为出现异常。2007 年，中国股市进入了历史性的繁荣高点，这可能会激励或扭曲上市公司的投资行为，导致其非正常增长。为此，我们截取股市波动相对较平缓的 2001—2006 年作为研究的子样本，以检验其估计结果的稳健性。另一方面，尽管从上市条件上看，A 股中小板和主板的上市条件并无明显差异，但是，一般而言，发行股票数量较多、行业成熟度较高以及增速稳定的企业会选择在主板上市，而发行股票数量较少、新兴行业成长性较高、盈利能力较强的企业会选择在中小板上市。从动态视角看，那些成长性较好的中小企业 TFP 和就业比重发生变化的可能性会更大、更为明显，从而更能反映二者的联系。为此，我们也选择以中小板的上市公司样本作为新的子样本，重新回归上述计量方程。见表 17-6，方程 IX 和方程 X 分别对应 2001—2006 年以及 A 股中小板上市企业的子样本回归结果，可以看出，两个子样本回归的就业比重变量系数依然保持显著为负的估计结果，表明变量估计的系数在不同时期、不同子样本下具备一定的稳健性。而控制变量方面，对于不同时期的样本，各变量的估计系数和显著程度基本与方程 III 的估计结果保持一致，体现出稳定性；中小板样本则由于较大规模的、成立时间较久的企业，包括大多数国有企业，并不包含在样本之内，造成前述控制变量的估计结果基本不显著。

综上所述，我们的实证研究和稳健性检验结果均显示，就业比重的变化会降低 TFP 的增长，即 $\xi<0$。因此，样本时期内，对于那些就业比重上升的行业而言，如果不考虑就业比重上升所造成的行业平均劳动效率下降效应，基于生产函数估算出来的 TFP 会低估实际 TFP，其结果将导致不同行业之间的 TFP 增长对比出现偏差，进而可能得到关于行业间 TFP 增长差异的错误结论。

第五节　制造业和服务业全要素生产率的比较及其事实解释

一、制造业和服务业 TFP 的比较

按照国家统计局公布的三次产业分类标准，容易将证监会的行业大类归类为制造业和服务业两大产业。结合前述加权得到的行业 TFP 估计值，取其平均值，可得到制造业和服务业的平均 TFP 水平。同时，考虑样本时期内服务业和制造业就业比重的变化率 $\hat{\pi}_{it}$ 及前述第二步计量回归的估计系数（-0.2147），可得调整之后的实际 TFP：$\hat{A}_{it}(true) = \hat{A}_{it}(est) + \hat{\theta}\hat{\pi}_{it}$。最

终结果显示（见表17-7）：

第一，样本期内，未经调整的制造业TFP（6.31）平均要高于服务业（6.18），并且两者的差距以2008年为拐点，呈现"先下降、后上升"的趋势。其中，2001—2007年，制造业TFP年均要高于服务业0.12，而2009—2016年，该数值差距扩大为0.14。

第二，从TFP增长率上看，2001—2016年，制造业和服务业TFP的简单平均年增长率分别为1.60%和1.58%，环比年均增长率分别为1.59%和1.56%，制造业TFP增速要略快于服务业。分阶段看，2002—2007年，服务业TFP的简单年均增速为2.81%，要大于同期制造业TFP年均2.41%的增速[①]；但2009—2016年，服务业TFP的简单年均增速下降为1.09%，制造业TFP则保持在1.46%的水平，说明国际金融危机之后，服务业和制造业的平均TFP增长呈现出差异化，制造业TFP的增速要明显快于服务业。

表17-7　制造业和服务业TFP比较

| 年份 | 未经调整 | | | | | 调整之后 | | | | |
| | TFP值 | | | TFP增速 | | TFP值 | | | TFP增速 | |
	制造业	服务业	之差	制造业	服务	制造业	服务业	之差	制造业	服务
2001	5.49	5.35	0.14			5.49	5.35	0.14		
2002	5.69	5.39	0.30	3.65	0.75	5.66	5.49	0.17	3.14	2.54
2003	5.74	5.64	0.11	0.92	4.51	5.69	5.83	-0.14	0.41	6.12
2004	5.84	5.70	0.15	1.71	1.05	5.79	5.86	-0.06	1.87	0.58
2005	5.83	5.71	0.12	-0.25	0.21	5.73	6.03	-0.31	-1.16	2.96
2006	6.13	6.11	0.02	5.24	7.11	6.03	6.45	-0.42	5.29	6.98
2007	6.33	6.31	0.02	3.19	3.21	6.13	6.91	-0.77	1.70	7.02
2008	6.20	6.19	0.01	-2.04	-1.85	5.99	6.81	-0.82	-2.28	-1.36
2009	6.35	6.31	0.04	2.47	1.88	6.11	7.00	-0.89	2.00	2.80

---

① 对比类似研究，鲁晓东和连玉君（2012）运用OP、LP等方法估计1999—2007年的制造业TFP。其中，LP方法下估算的TFP数值均值在6.56，增速在2%—5%；杨汝岱（2015）利用OP方法估计的1998—2007年制造业简单平均TFP数值在2.0—3.5之间，增速在2%—6%之间。而根据表17-7的数值，本章估计的2002—2007年制造业TFP均值约为5.86，年均增速为2.41%，接近于鲁晓东和连玉君（2012）估计的结果，说明上市公司数据的使用具有合理性，能够反映出行业全要素生产率的变动情况。

年份	未经调整					调整之后				
	TFP 值			TFP 增速		TFP 值			TFP 增速	
	制造业	服务业	之差	制造业	服务	制造业	服务业	之差	制造业	服务
2010	6.52	6.37	0.15	2.71	0.96	6.30	7.03	-0.73	3.02	0.39
2011	6.65	6.51	0.14	1.98	2.19	6.43	7.17	-0.74	2.08	2.01
2012	6.63	6.51	0.12	-0.40	-0.09	6.41	7.14	-0.73	-0.23	-0.42
2013	6.76	6.60	0.17	2.06	1.41	6.55	7.24	-0.69	2.07	1.38
2014	6.84	6.68	0.16	1.17	1.31	6.61	7.36	-0.75	1.00	1.64
2015	6.91	6.82	0.10	1.01	2.00	6.66	7.54	-0.88	0.76	2.50
2016	6.96	6.75	0.21	0.66	-0.98	6.68	7.52	-0.83	0.33	-0.36
2001—2016	6.31	6.18	0.12	1.60	1.58	6.14	6.67	-0.53	1.33	2.32

资料来源：作者测算。

第三，调整之后的服务业实际 TFP 要高于制造业。2001—2016 年，服务业实际 TFP 均值为 6.67，较未调整的数值（6.18）增加 0.49，增速也由年均 1.58% 大幅提高到 2.32%；而制造业的实际 TFP 均值则下降为 6.14，年均增速也降低为 1.33%。造成这一变化的原因在于：2001—2016 年，属于服务业的上市公司就业人数占比由 2001 年的 22.0%，逐渐提高到 2016 年的 35.7%，增加了 13.7 个百分点，而制造业就业人数占比则由 78.0% 稳步下降至 64.3%。由于 θ 估计系数的符号为负（-0.2147），这意味着，调整之后，就业比重稳步上升的服务业 TFP 将出现提升，而制造业 TFP 则会出现下降。

总之，利用 2001—2016 年的上市公司数据，我们对于制造业和服务业 TFP 的测算结果表明：如果不考虑就业比重变化带来的平均劳动效率变动，样本期间内，依据生产函数法测算的中国制造业 TFP 均值和增速都将大于服务业；而如果考虑平均劳动效率的作用效应，服务业 TFP 的均值和增速反而均超过制造业。结合前述关于劳动生产率与 TFP 关系的讨论，这说明，当前中国服务业的劳动生产率之所以大幅低于制造业，其原因可能并不在于服务业 TFP 低于制造业，而在于服务业的就业比重出现了快速提升，导致平均劳动效率的下降，进而拉低服务业的劳动生产率。

二、事实解释

上述结论还可以通过一些统计数据的观察，间接找到佐证。首先，从就业人员受教育程度上看，2006—2016 年，服务业就业人员中，初中及以下的人员占比仅由 35.46% 小幅下降到 34.61%，高中及大学就业人员占比也仅由 63.10 小幅下降为 62.02%，基本保持稳定。与之对比，制造业就业人员中，初中及以下人员的比重由 71.42% 大幅减少到 60.19%，降低了约 11.23 个百分点，而高中及大学的就业人员比重则相应提高了 10.93 个百分点，显示出较强的受教育程度结构升级趋势（见表 17-8）。考虑到计算机、互联网等现代科技设备的普及推广，可能会使得具有更高受教育程度的劳动者能够更好地提高其工作效率，这意味着，2006—2016 年，制造业就业人员的平均劳动效率改善程度将有较大的可能性超过服务业。

表 17-8　2006—2016 年制造业和服务业就业人员受教育程度占比变化

年份	初中及以下		高中及大学		研究生	
	服务业	制造业	服务业	制造业	服务业	制造业
2006	35.46	71.42	63.10	28.42	1.44	0.16
2007	39.94	71.78	58.83	28.08	1.31	0.14
2008	39.14	70.97	59.52	28.84	1.38	0.19
2009	38.72	70.80	59.95	29.00	1.35	0.20
2010	36.92	70.13	59.78	29.59	3.30	0.29
2011	36.57	65.20	61.62	34.60	1.83	0.20
2012	38.27	63.60	59.99	36.00	1.75	0.40
2013	37.22	63.54	60.95	36.15	1.83	0.32
2014	38.78	62.60	59.30	37.11	1.92	0.30
2015	33.94	60.68	63.82	38.83	2.25	0.49
2016	34.61	60.19	62.02	39.35	3.37	0.46
2006—2016	-0.85	-11.23	-1.08	10.93	1.93	0.30

资料来源：整理自历年《中国劳动统计年鉴》。

其次，从研发经费支出的发明专利转化率看，近些年来，服务业不仅不逊色于制造业，反而要高于制造业。2014—2016 年，服务业每百万研发经费支出的有效发明专利数分别为 0.49 件、0.57 件和 0.65 件，分别要高出制造业 0.27 件、0.29 件和 0.31 件，差距呈现扩大的趋势（见图 17-2）。如果以发明专利来衡量行业的技术创新水平，服务业的创新能力并不弱于制造业，甚至还强于制造业。事实上，沃尔夫（Wolff，2002）对美国服务业的研究显示，停滞服务业在计算机设备上的投资要大于制造业和进步服务业（1987—1996 年大约为 3 倍）[1]，并且，停滞服务业的每单位就业人员的办公室设备、计算机设备以及会计设备年投资从 1947—1956 年到 1987—1996 年增长 36 倍，制造业和先进服务业只有 9 倍。因此，单纯从设备投资和使用的角度看，服务业的生产率不应当低于制造业。

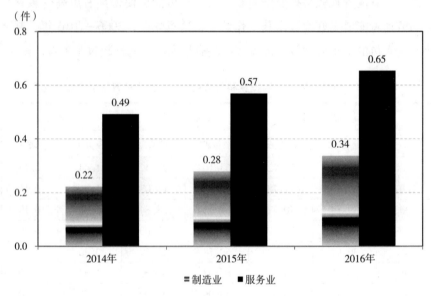

图 17-2　制造业和服务业每百万研发经费支出的有效发明专利数

资料来源：整理自 2015—2017 年《中国科技统计年鉴》。

---

　　[1]　这里定义的停滞服务业，指的是批发零售贸易、金融保险和房地产、一般服务业以及政府和政府企业。

第六节　结论及政策含义

根据劳动生产率的分解式子，我们先从理论上指出，假设劳动者存在劳动效率差异，那么，劳动生产率与 TFP 之间至少还差一个劳动效率缺口。因此，服务业的较低劳动生产率并不必然是由于 TFP 较低造成的，也可能是因为行业的平均劳动效率下降引起的；接着，利用上市公司的微观数据，采用 LP 方法，我们测算了企业层面的 TFP，并通过两步计量回归的设计、处理和估计，对上述推论进行实证检验。结果显示，如果不考虑劳动效率差异，服务业 TFP 会低于制造业，而考虑了劳动效率差异之后，情况发生了逆转，服务业的实际 TFP 反而要高于制造业。这就证实了前述推论。

基于此，我们认为，与发达国家的情景类似，随着计算机、互联网技术的广泛运用以及具有较高技术水平的现代服务业的比重提升，中国服务业的 TFP 增长很快，不再显著地低于制造业；但中国服务业的实际劳动生产率却依旧要远低于制造业，只有制造业的一半左右，发达国家的服务业实际劳动生产率则基本已经与制造业持平（张平，2014）。这一现象背后的原因在于：中国服务业就业比重的迅速提升，造成服务业劳动者工作效率出现较大幅度的下降，从而不仅抵消了服务业 TFP 增长对于劳动生产率的正向作用，而且进一步拉低了劳动生产率，使得过去十多年来中国服务业的"鲍莫尔病"问题不仅未能得到有效缓解，反而有加剧恶化的趋势。见图 17-3，1990 年以来，三次产业就业占比中，服务业比重上升同时其他两大产业比重均出现下降的年份只出现过两次，一次是 1996—2002 年，另一次是 2013—2017 年。而与之对应，在这两次时期内，第二产业与服务业的实际劳动生产率比值均出现持续的扩张（见图 17-1）。换言之，服务业相对于第二产业的劳动生产率出现加速下降的情况。

进一步地，上述分析可以延伸出两个重要问题的探讨：一是为什么劳

（%）

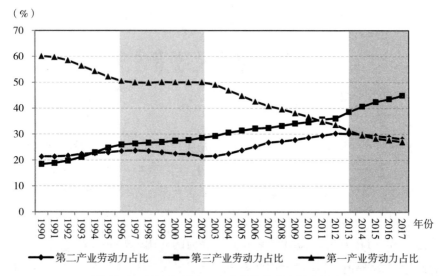

图 17-3　1990 年以来三次产业的就业人数占比变化
资料来源：整理自 CEIC 数据库。

动力会流向服务业呢？二是服务业就业比重的提升是否必然会带来行业平均劳动效率的下降吗？

对于前者，我们认为，首先，近些年来，以制造业为主的实体经济持续低迷，导致制造业投资的增速持续下滑，难以产生足够的劳动力需求。而与此同时，一方面，随着居民消费结构向服务产品的升级转换，服务业各行业对劳动力的需求在增加；另一方面，互联网经济、共享经济蓬勃发展所产生的市场规模效应，大幅降低了传统服务业行业的准入门槛，网络平台吸引了大量年轻劳动力从事网上批发零售贸易和交通运输业务，导致工业化模式下的"厂房生活"对年青一代的劳动者不再具备吸引力。其次，服务业的名义平均工资水平较高也是劳动力流向服务业的重要因素之一。2013—2016 年，即使不考虑金融行业，服务业的年平均工资分别为55486.3 元、59418.1 元、63984.1 元和 68012.8 元[①]，要明显高出相应年

[①]　共包括服务业的十二个细分行业，分别是批发和零售业、交通运输仓储及邮政业、住宿餐饮业、信息传输软件和信息技术服务业、房地产业、租赁和商务业、科学研究和技术服务业、水利环境和公共设施管理业、居民服务修理和其他服务业、教育、卫生和社会工作、文化体育和娱乐业等。数据整理自 CEIC 数据库。

份制造业 42911 元、47241 元、50684 元和 54338 元的平均工资水平。依据各类别服务业的就业人数占比加权之后，2013—2016 年，服务业的加权工资分别下降为 47423.4 元、51388.5 元、55202.8 元和 58351.1 元，仍然要高于制造业。

而针对第二个问题，杨（Young，2014）对 OECD 国家的实证检验，证实了这种就业比重与劳动效率之间负相关关系的存在，意味着，劳动力流向服务业，导致服务业实际 TFP 被低估的现象具有普遍性。不过，从中国服务业的发展状况看，还存在一些会加剧服务业劳动效率下降的特殊因素。正如张平（2014）所指出来的，中国现代服务业主体的一部分属于事业单位（科教文卫），另一部分则存在严格的管制（电信、金融、铁路、航运以及水电气供给与排污等公共服务部门），这造成了中国服务业的劳动力市场长期处于割裂的状态。早期进入服务业劳动力市场的劳动者难以根据个体相对劳动效率优势的变化来选择行业，也很难通过改善自身的劳动技能，打破体制性约束，导致大量劳动力长期堆积在劳动生产率较低的传统生活性服务业和低端分配性服务业，陷入"低质量就业陷阱"。根据全国从业人员的行业构成数据显示，2005 年，批发零售业、住宿餐饮业、居民服务修理及其他服务业这三项传统服务业行业的从业人员占比约为31.6%；到 2016 年，该数值不降反升，大幅提高到 43.8%，增长了约 12.2个百分点。[①]

我们这一研究的政策含义在于：首先，中国服务业的"鲍莫尔病"并不是由于服务业的 TFP 较低引起的。因此，解决服务业"鲍莫尔病"的重点不在于服务业企业的技术效率改进或规模效应提升。服务业企业的规模不是越大越好，使用设备和技术也不是越先进越好，尽管这些方式也有助于提高服务业劳动生产率。其次，要有效缓解服务业"鲍莫尔病"，应致力于提高服务业劳动者的平均劳动效率。一方面，要降低现代服务业的准入门槛，增加现代服务业的产品供给，打破就业市场的割据局面，拓宽服务业劳动力的效率提升通道；另一方面，也需要加大对实体经济，尤其是

---

① 数据整理自 CEIC 数据库。这里的从业人员总数是由国有单位从业人员和私营个体从业人员加总而来。2016 年从业人员总数约为 3.7 亿人。

制造业的投资力度，重塑制造业的劳动力需求，分摊流向服务业的劳动力。此外，我们的实证检验也显示了，国有化程度高的服务行业不利于 TFP 的提升。因此，积极采取措施，通过加大重点领域深化改革力度，鼓励社会资本进入社会性服务业领域，也将有助于改善服务供给的效率，促进总体服务业生产效率的提升。

第十八章　人力资本增进型消费与
跨越"中等收入陷阱"

随着我国从中等偏上收入经济体向高收入经济体转变，居民消费结构正在发生重要变化：实物产品消费渐趋饱和，新增需求逐步转向以教育、医疗卫生、文化娱乐、旅游等为主的服务产品[①]。消费结构转变将引导产业结构转换。汽车和房地产业在过去二十多年高速发展并成功成为中国经济支柱产业的结构演进轨迹基本验证了这一结论。因此，偏向现代服务品的消费结构转型，也必将导致产业结构服务化。2013 年中国服务产出占GDP 比重首次超过第二产业，截至 2019 年，服务业比重已经超过第一、第二产业的产出之和。中国正在进入经济服务化阶段。

施瓦茨（Schultz，1961）认为，人力资本是人作为生产者和消费者的能力，体现为人身上的知识、技能、健康等因素。人们可以通过对自身有计划的投资形成人力资本，其主要投资方式为医疗保健、学校教育、在职培训和迁徙流动。而根据内生增长模型，人力资本是经济保持长期持续增长的关键要素（卢卡斯（Lucas），1998）。因此，从理论上讲，偏向于教育、医疗卫生、文化娱乐等的消费结构，能够通过加快人力资本要素积累，作用于经济的长期持续增长。

然而，中国 2012 年以来的经济表现表明，消费结构的服务化还不足以抵消传统增长驱动因素（资本和劳动力）动力衰减之后对经济增长的负面影响。国际经验表明，在日本、韩国的经济发展历程中，偏向教育、医疗卫生、文化娱乐等服务产品消费与经济增长之间的关系也较为复杂。因此，有必要通过一定假设基础上的模型研究，来明晰消费结构服务化与经

---

① 请参阅本书第六章。

济增长之间的关系。通过一个两部门人力资本内生增长模型，本章的研究表明，具有人力资本创造效应的消费（定义为人力资本增进型消费）比重上升，在不同的经济增长阶段，对经济长期增长具有不同的作用。在适当条件下，人力资本增进型消费的增加，不仅直接促进经济的长期增长，而且是决定经济长期持续均衡增长的关键。在此背景下，顺应消费结构变迁的产品供给体系调整，是当前中国经济增长动力转换的主要方向，是中国经济顺利跨越"中等收入陷阱"的重要依托。

本章接下来的安排如下：第一节是文献综述及主要研究结论；第二节是中国居民消费结构变迁趋势研判；第三节是一个两部门人力资本内生增长模型及其动态分析；第四节是数值模拟检验；第五节是研究总结。

第一节　前人的研究

尽管传统的经济增长理论主要从生产角度讨论经济增长（索洛（So-low），1956），但消费对经济增长的作用也受到关注。早期的文献多讨论食品、营养健康等消费支出对于提高劳动者工作努力程度（威尔福德（Wilford），1973），提升劳动效率，进而促进经济增长的作用（阿罗拉、萨奇特（Arora，Suchit），2001）。而随着内生增长理论的兴起，更多的研究开始从促进技术创新和人力资本积累视角来分析消费对经济增长的影响。如，费米和齐维穆勒认为，消费者偏好会激励企业创新，引致创新的产生和发展（Foellmi 和 Zweimuller，2006）；阿西莫格鲁强调消费市场的规模效应是决定技术进步的重要因素（Acemoglu，2002）。

斯德格指出，居民在教育文化、医疗等方面的支出将加快技术创新和经验积累，推进人力资本积累，促进长期经济增长（Steger，2000）。但该研究将人力资本与物质资本视为等同。在该假定下，消费等同于投资，导致产出全部作用于资本积累，随之又推动新的产出增长，其循环作用的结果是经济无法收敛于稳定的均衡状态（Steger，2002）。伊奇洛—戴特霍延续了这一研究思路，并通过人口的负增长来平衡资本要素的累加效应，以实现稳定的均衡解（Ichiroh Daitoh，2010），但其关注的重点在于对发展中国家进行发展援助的经济增长效应，而并非消费。

国内方面，一些研究探讨了消费对健康人力资本积累的作用，以及它对经济体跨越贫困陷阱的影响，其研究框架类似于食品营养支出对经济增长的作用研究，关注的是贫困增长阶段的分析，对消费在中等收入和高收入阶段的不同作用缺乏必要的探讨（王弟海，2012）。另有分析，则将消费品分解为知识产品和通用产品，并以此将生产部门相应划分为知识产品部门和传统工业、服务业部门，指出，知识产品部门具有生产消费一体化的特征，知识产品的消费将有利于广义人力资本提升和创新内生化，并以其外溢性促进传统工业、服务业部门的发展，推动产业结构升级和经济长期增长（中国经济增长前沿课题组，2015）。

但是，迄今为止，一方面，关于食品营养支出对微观劳动生产效率的激励作用，多在贫困国家、发展中国家得到验证，在发达经济体中，并没有找到相应的经验证据（斯德格（Steger），2000）。这意味着，食品支出对于生产效率的激励可能随着收入的提升而递减，对经济增长的作用存在限制条件。另一方面，有关科教文卫等服务产品消费对经济增长的作用，韩国、日本以及美国的经验数据显示出不同的特征关系，甚至同一国家的不同阶段，也出现明显的特性差异。1995—2007 年，日本居民的教育文化娱乐健康等服务性支出占全部支出的比重由 28.4% 稳步提升到 31.7%，而同期人均名义GDP 却由 42522.1 美元下降到 34033.7 美元，深陷经济增长停滞陷阱；而韩国，1995—2007 年，居民教育文化娱乐健康等服务性支出占比由 29.5% 提高到 33.2%，人均名义 GDP 则由 12403.9 美元迅速增长到 23101.5 美元，几乎翻了一番。但是，往前一个阶段，1986—1994 年，韩国的人均名义GDP 增长迅速，由 2906.2 美元跃升到 10275.3 美元，同期居民教育文化娱乐健康等服务性支出占比却仅由 27.7% 小幅调整至 28.8%；美国则自 1970年开始，居民教育文化娱乐健康等服务性支出占比与人均名义 GDP 均保持着持续上升的态势，显示出高度显著的正向统计相关性。①

---

① 相关数据来源，参阅本章的第三节。

为解释上述差异，本章基于一个两部门内生人力资本增长模型，抽象了诸如经济周期波动等非本质因素，假定现代服务品消费（定义为人力资本增进型消费）对人力资本积累存在正向但边际递减的效应，分析服务消费对经济增长的长期影响。本章的研究发现：（1）人力资本增进型消费比重的提高，对经济的长期增长效应受制于经济体所处的增长阶段。在主要依靠劳动力和资本要素推动的初级阶段，它只对经济增长产生短期水平效应，无法形成长期增长效应。如果将劳动生产效率视为广义人力资本要素之一的话，这就解释了为何食品营养支出对经济增长的正向作用只在贫困或较贫困经济体发生而且难以长期持续维持；而当一个经济体由要素驱动阶段过渡到人力资本推动阶段之后，在特定的参数条件下，人力资本增进型消费比重的提高将对经济增长产生长期增长效应，并将成为经济保持长期持续增长的关键因素。（2）在传统劳动力要素增长停滞的背景下，只有规模报酬不变或递增的人力资本部门，才可能使消费结构的转型产生长期的经济增长效应。并且，劳动力增长越缓慢，越是要求人力资本部门提高国民经济效率。这也就部分解释了为何不同国家在不同的阶段，消费结构变迁与经济增长会有迥然不同的统计关系。

第二节　中国居民消费结构变迁趋势的经验研究

一、中国居民消费的结构变化

利用 1992—2015 年我国城镇居民人均消费支出的调查数据，可以描绘出中国居民消费结构的变化轨迹。为便于分析，本章将八大类居民消费支出进一步归纳为以下三项支出：

（1）食品衣着家庭设备支出＝食品支出＋衣着支出＋家庭设备用品及服务支出－食品加工服务费－衣着加工服务费－家务服务支出；

（2）住房交通通信支出＝交通和通信支出＋居住支出；

（3）教育医疗及其他服务性支出＝医疗保健支出＋教育文化娱乐服务支出＋其他商品服务支出＋食品加工服务费＋衣着加工服务费＋家务服务支出。

具体支出构成的变化，见图 18-1。

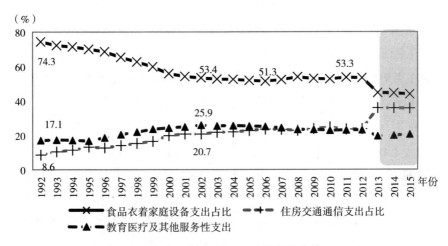

图 18-1　中国城镇居民消费构成变化

资料来源：整理自 CEIC 数据库。

第一，食品衣着家庭设备支出占全部消费支出的比重尽管大幅度缩小了，但目前仍是居民最大的支出项目。1992 年，该类支出占比高达 74.3%；到 2002 年降为 53.4%，减少了约 20.9 个百分点，年均下降约 2.1 个百分点。此后，进一步下降至 2006 年的 51.3%。但是从 2007 年起，该项比重略有回升，到 2012 年，占比回升至 53.3%，接近 2002 年的水平。导致这种变化产生的原因可能是住房支出严重被低估，使得其他两大类的支出比重偏高。直接证据是，在调整支出统计口径之后，2013—2015 年食品衣着家庭设备支出占比较前一个阶段年均急剧减少了近 10.0 个百分点，并且再次呈现逐年下降的趋势。2015 年，该支出的占比仅为 43.8%，不过，它依然是居民的最大消费支出项目。

第二，住房交通通信支出占比显著提升，基本呈现一路上扬的趋势。1992 年，城镇居民该类支出占比约为全部消费支出的 8.6%；到 2012 年，增长至 23.6%；2013 年统一城乡住户调查、调整统计口径之后，该类支出占比跳升到 35.8%，与食品衣着家庭设备支出的占比差距由 1992 年的 65.7 个百分点缩小到 8.8 个百分点，明显超过教育医疗及其他服务性支出占比，成为居民的第二大支出项目。

第三，教育医疗及其他服务性支出占比呈现"先上升、后下降"的趋势。支出占比的拐点出现在 2002 年，在最高达到 25.9% 之后，逐步下降到 2012 年的 23.0%。2013 年调整口径之后，比重进一步下降到 19.6%。不过，在新统计口径下，2013—2015 年，教育医疗及其他服务性支出的占比呈现逐年增长的势头，由 19.6% 增长到 20.6%，两年提高 1.0 个百分点，而住房交通通信支出占比和食品衣着家庭设备支出占比则分别下降了 0.2 个和 0.8 个百分点。

值得注意的是，上述对于居民三大类支出构成的分析，仅仅是从居民自身支出的角度进行的分析，并没有考虑政府所提供的公共产品及服务。而自中共十六大报告将"社会保障体系比较健全、社会就业比较充分"作为全面建设小康社会的重要内容，明确要求建立健全同经济发展水平相适应的社会保障体系之后，2003 年起，社会保障在养老、医疗、工伤等重要方面全面推进，如养老金社会化发放，颁布《工伤保险条例》，推动农村新型合作医疗试点工作等。社保覆盖面的不断增加，使得政府在健康医疗等方面的支出规模越来越大，对居民实际支出的替代效应也越来越强。同样的情况，也出现在政府教育支出对居民教育支出的替代。因此，如果将政府在教育、医疗卫生等方面的支出调整到居民个人支出，将能够得到更为准确的居民消费构成。① 为此，本章根据政府支出的分类数据，将政府支出中有关教育、医疗卫生的支出加入居民个人的教育医疗及其他服务性支出中，并按照人口数平均，重新计算调整后的居民支出构成。具体计算指标如下：

（1）调整后的教育医疗及其他服务性支出占比 =（教育医疗及其他服务性支出+人均政府教育文卫支出）/（全部消费支出+人均政府教育文卫支出）；其中，"人均政府教育文卫支出"的数据，1992—2006 年是

---

① 根据联合国统计委员会制定的国民经济核算的最新国际统计标准——《国民经济核算体系 2008》（SNA（2008））的规定，这些都应当计算为居民消费。发达国家已如此计算，因此，我们对中国数据的调整，也有利于国际比较。

将财政支出中"文教科学卫生事业费"与"教育费附加支出"之和，除以总人口数得到；2007—2015 年的数据则是由财政支出中的"教育""医疗卫生与计划生育""文教体育与传媒"三项支出之和，除以总人口数得到。

（2）调整后的食品衣着家庭设备支出占比＝（食品支出＋衣着支出＋家庭设备用品及服务支出－食品加工服务费－衣着加工服务费－家务服务支出）／（全部消费支出＋人均政府教育文卫支出）。

（3）调整后的住房交通通信支出占比＝（交通和通信支出＋居住支出）／（全部消费支出＋人均政府教育文卫支出）。

从估算结果容易看出（见图 18-2）：

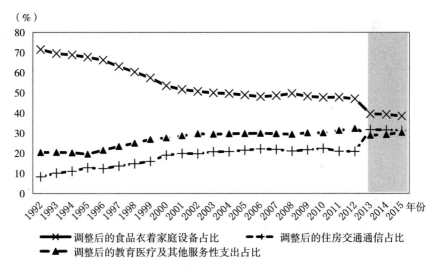

图 18-2　调整后的中国城镇居民消费构成变化

资料来源：整理自 CEIC 数据库。

首先，调整后的教育医疗及服务性支出占比，在 2002 年之后，不再呈现"下降"趋势，而是继续保持缓慢增长趋势；其次，从绝对数上看，调整后三大类支出差距明显缩小，2015 年，教育医疗及服务性支出与住房交通通信支出占比基本持平，均在 30%线上；最后，2013—2015 年，三大类支出的变化趋势与未经政府支出调整的支出占比变化一致，即教育医疗及其他服务性支出占比上升，而其余两类支出则出现持续下降趋势。

综上所述，可以将过去 24 年中国居民消费结构的变动趋势总结如下：

第一，食品衣着家庭设备支出在总消费支出中的比重大幅度下降，但仍然是最大的支出项目；住房交通通信支出大幅提高，并逐渐超过教育医疗及其他服务性支出，成为第二大消费支出项目。这种变化，符合发展经济学的理论预期，也与既有的国际发展经验一致。依照恩格尔定律，当一个国家由贫穷向中等收入水平过渡，居民人均收入水平提高，消费者会逐渐降低对食品、衣着等满足基本生存需要的消费，逐渐提高更高层次的实物消费比重。

第二，尽管居民实际承担的教育医疗及其他服务性支出比重较低，但是，如果加入政府承担的此类支出，居民在教育医疗及其他服务性支出的比重将明显提升。并且，从近三年来新的统计口径数据看，居民消费结构已经出现向教育医疗及其他服务性支出倾斜的趋势，其他两类支出占比都在逐步下降。

二、中国居民消费结构的转变趋势

未来 5—20 年，中国居民的消费结构将会如何进一步演变呢？理论上，随着一个经济体由中等偏上收入水平向发达经济过渡，居民将从实物消费为主转变为服务消费与实物消费并重（周学，2014），最后逐渐向服务消费为主的消费结构转化（贾康、冯俏斌，2015）。对比韩国、日本以及美国的发展经验，这一判断基本成立。

1981—1989 年，韩国的人均实际 GDP 在 8 年内由 4151.2 美元增至 8158.1 美元[1]，并于 1992 年跨入 10000 美元俱乐部。伴随着顺利跨越中等收入阶段，韩国教育、健康、文化娱乐及杂项四项支出的比重也由 1981 年的 18.8%，猛增至 1989 年的 28.6%（见图 18-3）。进一步地，从韩国 20 世纪 70 年代以来的各项消费支出比重变化中，还可以看出，在 80—90 年代，随着韩国从中等偏上收入经济体向发达经济体过渡，居民的教育文化娱乐健康支出和住房交通通信支出都迅速增长，在 90 年代初先后超过食品

---

[1] 2014 年，中国以 2005 年价格计算的实际人均 GDP 是 3862.0 美元，与韩国在 1981 年的实际人均 GDP（4151.2 美元）大致相当。

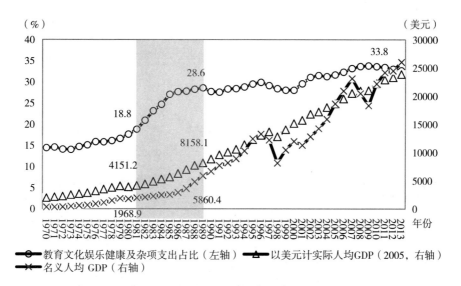

图 18-3 韩国实际人均 GDP 与居民教育文化娱乐等服务产品支出比重对比

注：居民教育文化娱乐等服务产品支出包括教育、健康、文化娱乐及杂项四项支出之和，数据来自 UNDATA；以美元计的名义人均 GDP 和实际人均 GDP（2005 年价格平均），数据均来自 CEIC 数据库。图 18-5、图 18-6 同。

服装支出。其中，先是住房交通通信支出上升较快，随后，自 1998 年起，在经过长达 23 年的支出占比提高之后，住房交通通信支出的比重开始下降，并延续至今，教育文化娱乐健康支出占比则保持上涨趋势，两者差距迅速缩小（见图 18-4）。

这种随着收入水平提高、居民消费结构逐渐转向以教育文化娱乐健康支出为主的支出结构，不仅发生在韩国，在日本、美国也是如此。日本在 1980—1995 年人均 GDP 迅速提升的时期，教育文化娱乐健康及杂项支出占比由 1980 年的 23.3% 快速提高到 1990 年的 29.4%，增加近 6.1 个百分点，之后一直保持平稳上升势头（见图 18-5）。美国在 1970—2008 年的近 40 年，随着人均 GDP 的持续上升，居民的教育文化娱乐健康等支出占比由 1970 年的 28.2%，稳步提高到 2008 年的 45.3%，增长了 17.1 个百分点。1998 年起，教育文化娱乐健康等支出占比超过食品服装住房交通通信支出占比，成为居民消费的第一大支出（见图 18-6）。

经济发展中的结构变迁尤其是居民消费结构的演变，在相当程度上具

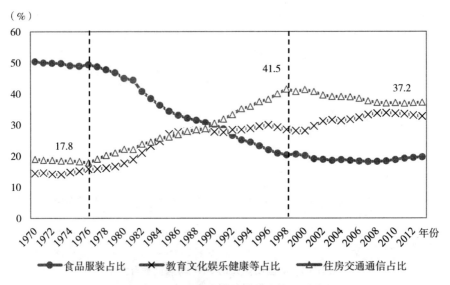

图 18-4　韩国居民消费的分类支出比重变化

注：UNDATA 共将消费分成 12 项分类，分别是：1. 食品饮料；2. 酒精、烟草、麻醉品；3. 服装、鞋类；4. 住房、水电、燃料；5. 家具及住房维护；6. 健康；7. 交通；8. 通信；9. 文化娱乐；10. 教育；11. 餐饮住宿；12. 杂项。这里的教育文化娱乐健康等支出包含 6、9、10、12 项；食品服装支出包含 1、3 项；住房交通通信支出包含 4、5、7、8 项。数据来自 UNDATA。图 18-6 同。

有规律性，因此先行国家的经济发展轨迹，对于后发国家而言，有重要的启示作用。美、日、韩等国在相应历史阶段的居民消费结构演变以及经济增长动力的转换，提示着我们：今后十年，随着从中等偏上收入经济体向高收入经济体过渡，中国居民的消费结构将出现新一轮的较大变化，即从住房交通和食品衣着等实物消费为主，逐渐转变为以服务消费与高质量的实物消费并重。然而，这种消费结构的转变并不必然带来经济的持续增长，两者之间的关系存在明显的阶段差异和国别差异。因此，仅仅根据统计数据的趋势分析，很难直接归纳出消费与经济增长之间的规律性关系。为此，我们下面将引入一个两部门的人力资本模型，对消费支出结构与经济增长之间的关系进行进一步分析。

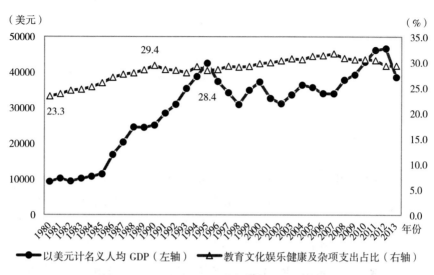

图18-5 日本人均GDP与居民教育文化娱乐等
服务产品支出比重的变化对比

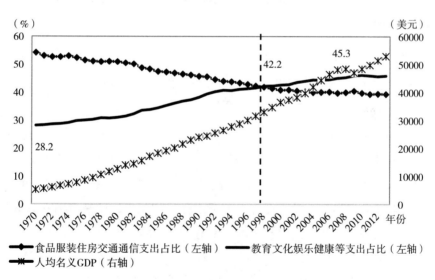

图18-6 美国人均GDP与居民教育文化娱乐等
服务产品支出比重的变化对比

第三节　一个两部门人力资本模型

一、基本假设

假定经济体中存在两个部门：生产部门和人力资本部门。其中，生产部门的生产要素包括物质资本存量和效率劳动力，不考虑技术进步，要素之间满足规模报酬不变，生产函数采用的是 C-D 生产函数的形式：

$$Y(t) = K(t)^{\alpha} (H(t)N(t))^{1-\alpha}, \ 0 < \alpha < 1 \tag{18-1}$$

其中，$K(t)$ 表示第 t 期的物质资本存量，$N(t)$ 表示第 t 期的劳动力数量，$H(t)$ 表示第 t 期的人力资本存量，人力资本通过与劳动力结合形成有效率的劳动力。假设总产出都用于物质资本的投资和消费，不考虑物质资本折旧，则：

$$\dot{K}(t) = Y(t) - C(t) = sY(t) \tag{18-2}$$

这里，$C(t)$ 表示第 t 期的总消费，s 表示外生的社会总储蓄率。

假设劳动力数量增速以常数 n 增长，即：

$$\dot{N}(t) = nN(t) \tag{18-3}$$

参照斯德格的研究（Steger，2000），人力资本存量 $H(t)$ 的动态方程简化为取决于物质产品投入（以消费表征）以及自身积累的函数。并且，假设并非所有的消费都可以促进人力资本存量的积累，而是将消费分成人力资本增进型消费和非人力资本增进型消费两个部分：

$$(t) = C_H(t) + C_N(t) \tag{18-4}$$

其中，人力资本增进型消费 $C_H(t)$，除了具备消费品本身所应有的满足居民消费需求的作用之外，还可以促进人力资本的积累；非人力资本增进型消费 $C_N(t)$ 则不具备后一项作用。最终，人力资本部门的动态方程写成以下形式：

$$\dot{H}(t) = \varphi(C_H(t), H(t)) = B \, C_H(t)^{\theta} H(t)^{\gamma} \tag{18-5}$$

参数 θ 表示人力资本增进型消费对新增人力资本的贡献程度。假设 $0 < \theta < 1$，则 $\varphi'(C_H) > 0$，$\varphi''(C_H) < 0$，$\varphi(\cdot)$ 是一个有关人力资本增进型消费 C_H 的凹函数，其经济含义是消费对人力资本的作用存在边际递减效应。同时，由于消费会挤占投资，进而对物质资本的积累形成挤出效应，不利于长期的经济增长。因此，从产出的视角看，消费对长期经济增长的整体作用取决于这两个渠道的效应大小。另外，参数 B 表示人力资本部门的要素生产技术水平，假定为外生变量；参数 γ 表示现存人力资本对新增人力资本的贡献程度，数值不受限制。

二、模型分析

（一）动态方程推导

首先，将生产函数式（18-1）代入（18-2）式可得：

$$\dot{K}(t) = sY(t) = s\,K(t)^{\alpha}\,(H(t)N(t))^{1-\alpha} \tag{18-6}$$

两边同除以 $K(t)$，再取对数，可得：

$$\ln g_K = \ln s + (\alpha - 1)\left[\ln K(t) - \ln H(t) - \ln N(t)\right] \tag{18-7}$$

$g_K = \dfrac{\dot{K}(t)}{K(t)}$ 表示物质资本存量的增长率。进一步地，对时间 t 取导数，整理得：

$$\frac{\dot{g}_K}{g_K} = (1 - \alpha)(n + g_H - g_K) \tag{18-8}$$

同样地，$g_H = \dfrac{\dot{H}(t)}{H(t)}$，表示人力资本的增长率。

其次，将（18-5）式两边同除以 $H(t)$，再取对数，可得：

$$\ln g_H = \ln B + \theta \ln C_H(t) + (\gamma - 1)\ln H(t) \tag{18-9}$$

简便起见，在（18-4）式基础上，假设 $C_H(t) = \lambda C(t)$，$C_N(t) = (1 - \lambda)C(t)$，$\lambda$ 表示每个时期人力资本增进型消费占全部消费的比重，外生决定。则（18-9）式可改写为：

$$\ln g_H = \ln B + \theta \ln \lambda + \theta \ln C(t) + (\gamma - 1)\ln H(t) \tag{18-10}$$

同样地，对时间 t 取导数，可整理得：

$$\frac{\dot{g}_H}{g_H} = \theta\, g_C C + (\gamma - 1)\, g_H \qquad (18-11)$$

其中，$g_C = \dfrac{\dot{C}(t)}{C(t)}$。由于 $C(t) = (1 - s)Y(t)$，结合生产函数式 (18-4)，容易得到：

$$g_C = g_Y = \alpha\, g_K + (1 - \alpha)(g_H + n) \qquad (18-12)$$

将 (18-12) 式代入 (18-11) 式，可得：

$$\frac{\dot{g}_H}{g_H} = \theta[\,\alpha\, g_K + (1 - \alpha)(g_H + n)\,] + (\gamma - 1)\, g_H \qquad (18-13)$$

(二) 均衡状态及其动态转移路径分析

(18-8) 式和 (18-13) 式构成了一个关于物质资本和人力资本增长率变化的动态经济系统。在均衡状态下，物质资本和人力资本的增长率将不再变动，即 $\dot{g}_K = \dot{g}_H = 0$。

对于 $\dot{g}_K = 0$，可得：$g_K = n + g_H$

$$g_K = n + g_H \qquad (18-14)$$

对于 $\dot{g}_H = 0$，结合 (18-14) 式，可得：

$$g_K = \frac{1 - \gamma}{\theta}\, g_H \qquad (18-15)$$

利用 g_K、g_H 的相位图，可以分析参数 n、θ、γ 在不同取值条件下的均衡点及其收敛路径的变化情况。

1. 假设 $n > 0$

如图 18-7 (a) 所示，在以 g_K 为纵轴、g_H 为横轴的相位图中，$\dot{g}_K = 0$ 的曲线是一条斜率为 1、纵轴截距为 $n > 0$ 的射线。容易判断，在曲线的上方，$\dot{g}_K < 0$（用向下的箭头表示），物质资本的增长率将随时间的推移而下降；反之，在曲线的下方，$\dot{g}_K > 0$（用向上的箭头表示），物质资本的增长率将随时间的推移而上升。$\dot{g}_H = 0$ 的曲线则是一条经过原点、斜率为 $\dfrac{1 - \gamma}{\theta}$

的射线。由于参数 γ 的取值不受限制，因此，该曲线的斜率 $\dfrac{1-\gamma}{\theta}$ 有可能

大于、等于或小于 1，受此影响，$\dot{g}_H = 0$ 曲线与 $\dot{g}_K = 0$ 曲线在第一象限内可能相交、平行或者不相交，其产生的系统均衡状态和动态转移路径也将不同。

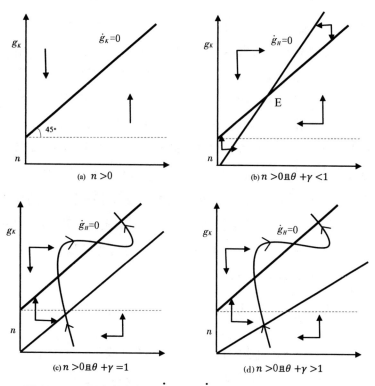

图 18-7　不同参数取值下 $\dot{g}_H = 0$ 与 $\dot{g}_K = 0$ 曲线的相位图分析（一）

具体而言，首先假设：$\dfrac{1-\gamma}{\theta} > 1$，$\theta + \gamma < 1$ 即，表示人力资本部门满

足规模报酬减少。由于 $\dot{g}_H = 0$ 曲线的斜率大于 1，$\dot{g}_H = 0$ 曲线与 $\dot{g}_K = 0$ 曲线

将相交于 E 点。并且，在 $\dot{g}_H = 0$ 曲线的上方，$\dot{g}_H > 0$（用向右的箭头表

示），而在其下方，$\dot{g}_H < 0$（用向左的箭头表示）。因此，如图 18-7（b）

所示，两条曲线的相交点 E 是一个稳定收敛的均衡点。无论 g_K、g_H 初始的

增长点在哪里，只要任意一个不为 0，最终都会收敛到均衡点 E 所对应的均衡增长率。进一步地，简单计算之后，可以得到 E 点所对应的 g_K^*、g_H^* 分别为：

$$g_H^* = \frac{n\theta}{1-(\theta+\gamma)}, \ g_K^* = \frac{n\theta}{1-(\theta+\gamma)} + n \qquad (18\text{-}16)$$

可以发现：第一，参数 θ 越大，均衡状态下的人力资本增长率 g_H^* 和物质资本增长率 g_K^* 越高，进而总产出和总消费的增长率也会越高。表明，人力资本增进型消费对人力资本的贡献程度越大，长期中的经济增长速度也将越快。并且，由于 $n > 0$，物质资本的增长速度将大于人力资本的增长速度。第二，均衡状态下的人力资本增长率不包含消费结构参数 λ，因此，消费结构的变化不会影响长期均衡状态下的人力资本增长率，进而也不会对长期经济增长产生影响。但是，根据（18-10）式可知，λ 越大，对应的 g_H 越高，说明，更倾向于人力资本增进型消费的消费结构，短期内会产生更高的人力资本增长速度，但在长期中则收敛于一个一致的均衡增长率（E 点）。也就是说，消费结构的变化只会影响图 18-7（b）中的动态系统从哪个区域收敛于 E 点，而并不会改变最终均衡状态下的增长率。消费结构的变化只具备水平效应，不具备增长效应。

其次，假设 $\frac{1-\gamma}{\theta} = 1$，即 $\theta + \gamma = 1$，表示人力资本部门满足规模报酬不变。这意味着，$\dot{g}_H = 0$ 曲线的斜率为 1，$\dot{g}_H = 0$ 曲线与 $\dot{g}_K = 0$ 曲线平行。如图 18-7（c）所示，整个经济动态系统呈现出发散的态势，不存在稳定收敛的点。并且，由于 $g_K > g_H$，长期增长的路径将围绕 $\dot{g}_K = 0$ 曲线波动上行。同样的情况也发生在 $\frac{1-\gamma}{\theta} < 1$，即 $\theta + \gamma > 1$ 的假设条件下（见图 18-7（d））。

基于上述分析，容易得到：

结论一：在劳动力保持正增长的条件下，经济的长期持续增长并不要求高效率的人力资本部门，不取决于人力资本部门的效率高低。由此，居民消费结构升级对长期经济增长也不起决定性的作用，尽管更高比例的人力资本增进型消费的结构也将通过人力资本积累作用于经济增长。

2. 假设 $n = 0$

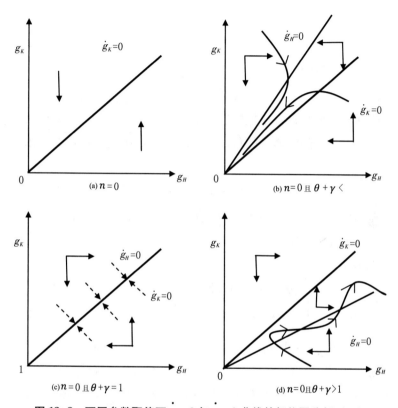

图18-8 不同参数取值下$\dot{g}_H = 0$与$\dot{g}_K = 0$曲线的相位图分析（二）

首先，当$\theta + \gamma < 1$时，由于$n = 0$，$\dot{g}_H = 0$与$\dot{g}_K = 0$曲线相交于原点，经济动态系统出现向原点收敛的趋势（图18-8（b））。这说明，当劳动力要素不再增长时，人力资本部门的规模报酬递减，将导致经济在长期出现增长停滞，出现低增长陷阱。即无论经济增长的起点在何处，长期增长率都将收敛为零。其次，当$\theta + \gamma = 1$时，情况与$n > 0$时截然不同。如图18-8（c）所示，$\dot{g}_H = 0$与$\dot{g}_K = 0$曲线将重合在一起。从作用方向看，图中曲线上的任何一点都可能成为经济系统的均衡点。越高的经济增长初始值将对应越高的均衡增长率。在这一条件下，消费结构λ对经济均衡增长率的作用将得以体现。由于λ越大，对应的g_H越高，经济系统将收敛于一个具有更高增长率的均衡点。因此，偏向人力资本增进型消费的消费结构，不仅对经济存在水平增长效应，而且还具备长期增长效应。最后，当 $\theta + \gamma > 1$ 时，由于 $\dot{g}_H = 0$ 曲线在 $\dot{g}_K = 0$ 曲线的下方，$g_K < g_H$，长期增长的路径将围绕 $\dot{g}_H = 0$ 曲线波动上行，经济将无法收敛（见图18-8（d））。

因此，容易得到：

结论二：当劳动力增长停滞时，需要相对高效的人力资本部门，以实现经济长期均衡增长；规模报酬递减的人力资本部门将无法弥补劳动力要素增长停滞对长期经济增长的负面冲击，造成经济增长停滞，陷入"中等收入陷阱"。

结论三：在人力资本部门实现规模报酬不变的条件下，更高的人力资本增进型消费占比，将产生更高的长期均衡增长速度，居民消费结构的转型升级将促使经济长期增长的加快。

3. 假设 $n < 0$

首先，$\theta + \gamma < 1$、$\theta + \gamma = 1$ 两种情景（见图18-9（b）和（c）），与图18-8中的（b）类似，均是出现向零增长率收敛的状况，经济增长将趋于停滞；而当时 $\theta + \gamma > 1$，$\dot{g}_H = 0$ 曲线与 $\dot{g}_K = 0$ 曲线将在第一象限内形成一个鞍点均衡（见图18-9（d））。这表明，经济系统存在唯一的路径通往均衡点E，经济增长的初始点对于经济系统能否收敛于均衡点至关重要。因此，同样的，消费结构的变化将可能通过对人力资本增长初始值的作用，使得经济系统由扩散、不均衡的状态向收敛、均衡的状态转变。例如，当初始人力资本增速在数值上小于劳动增长率时，$g_H < |n|$，经济系统将是扩散的，并且是向零增长转移，出现增长陷阱；而此时，若消费结构 λ 提升，将可能促使初始人力资本增速跨越低增长门槛，进入向稳态点E对应的增长收敛路径。

为此，得到本章的第四个重要结论：

结论四：在劳动力负增长的条件下，人力资本部门必须是规模报酬递增的，才可能避免陷入经济增长停滞。其中，偏向人力资本增进型的消费结构是经济体进入唯一能够长期稳定增长的鞍点路径的重要推动力。

综合对比上述相位图分析结果以及从中得出的四个重要结论，本章所

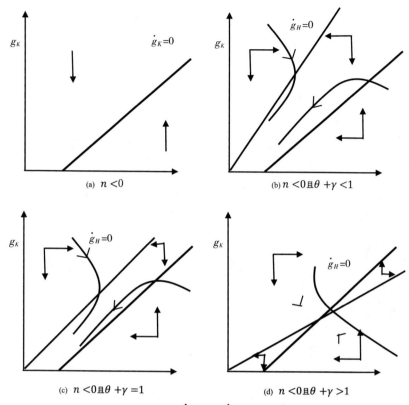

图 18-9　不同参数取值下的$\dot{g}_H=0$与$\dot{g}_K=0$曲线的相位图分析（三）

构建的两部门模型揭示：

第一，对应不同的劳动力数量增长（正增长、零增长、负增长）和人力资本部门生产效率（规模报酬减少、不变和增加）假设，经济系统存在三个不同的均衡状态：稳定均衡、任意均衡和鞍点均衡。这其中，在出现劳动力要素衰减的情况下，要实现经济长期稳定增长的鞍点均衡，要求劳动力要素的衰减过程恰好要与人力资本部门的效率提升形成此消彼长的关系。

第二，如果将劳动力数量正增长、零增长和负增长条件，近似地与一个经济体处于贫困或由贫困向中等收入过渡阶段、中等收入或中等收入向高收入过渡阶段以及发达阶段相对应的话①，那么，在经济发展的初级阶

---

① 从现实经济中世界各国的人均收入与劳动力增长之间的关系看，大致存在越是收入高的国家，劳动力数量增长的速度越缓慢的情况。

段，经济增长可以主要依赖劳动力和资本要素数量的驱动，而当经济体开始由中等收入向高收入过渡，或是进入高收入阶段之后，由于劳动力要素增长逐渐衰减，甚至趋于停滞，一个有效率的人力资本部门（规模报酬不变或增加）就成为决定经济能否取得长期稳定增长的关键要素，经济增长的驱动力逐渐由劳动要素驱动转向了人力资本驱动。低效率的人力资本部门（规模报酬减少），将会导致长期经济增长停滞，出现"中等收入陷阱"或"高收入陷阱"[①]。因此，越是收入高的阶段，越是需要人力资本部门有较高的效率。

第三，当人力资本部门成为驱动经济长期稳定增长的主要动力时，居民消费结构转换对长期经济增长的重要性将得以体现。偏向于人力资本增进型消费的居民消费结构，将通过形成更高的人力资本积累水平，或是更快的人力资本积累速度，不仅对经济增长产生短期的水平增长效应，而且还能够促进经济的长期稳定增长，甚至充当整个经济系统向均衡增长路径转移的重要推动力。

第四节　数值模拟

为了更直观地理解前述理论模型的分析结论，接下来，本章将通过参数赋值的数值模拟，展示不同的均衡状态下，居民消费结构变化对长期经济增长所产生的影响。简单起见，假设生产部门中，初始物质资本 K_0、人力资本 H_0 和劳动力数量 N_0 均为 1，储蓄率 s 为 0.1，劳动增长率 n 分别取值 1%、0 以及 -1%，资本对产出的贡献程度 α 为 0.6；人力资本部门中，人力

① 改革开放以来，中国经济在前 30 年，依靠大量从农业、农村转移出来的剩余劳动力，加快增长，迅速地由一个低收入经济体过渡到中等偏上收入经济体，目前正向高收入经济体过渡。但在 2008 年国际金融危机爆发之后，伴随着人口红利的拐点不期而至，中国面临着未富先老的困境，劳动力增长速度开始放缓。2012 年全国 15—60 岁的适龄劳动人口为 9.37 亿，比前一年下降 345 万，是数十年来首次出现劳动年龄人口下降。此后连续四年劳动人口绝对值下降，劳动力增速进入负增长状态。与此同时，中国经济也正面临如何跨越"中等收入陷阱"的有力挑战。

— 450 —

资本部门的外生技术水平 B 为 0.012，消费对人力资本积累的贡献程度 θ 为 0.4，现存人力资本对新增人力资本的贡献程度 γ 分别取值 0.5、0.6 和 0.7，对应规模报酬减少、不变和增加的情况。消费结构方面，人力资本增进型消费的比重 λ 分别取值 0.18 和 0.55，这样可以得到（g_K，g_H）的两个不同初始值组合为（0.1，0.01）和（0.1，0.015）。值得注意的是，λ 取值越大，g_H 的初始值越高。

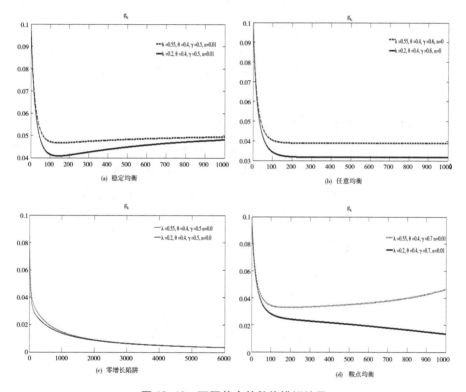

图 18-10　不同状态的数值模拟结果

模拟结果如图 18-10 所示，稳定均衡下（n = 0.01 > 0 且 $\theta + \gamma$ = 0.4 + 0.5 = 0.9 < 1），不同初始值起点的组合，长期中均收敛于 0.05（$\frac{n\theta}{1-(\theta+\gamma)}$ + n）的增长速度（见图 18-10（a））；任意均衡下（n = 0 且 $\theta + \gamma$ = 1），初始值更高的点会产生更高的稳态增长速度。换言之，λ 取值越大，长期稳态的增速也会越大。图 18-10（b）中，虚线表示

$\lambda = 0.55$ 的情形，其稳态水平明显高于 $\lambda = 0.2$ 的情形。因此，在任意均衡状态下，偏向人力资本增进型的消费结构升级将促进长期经济增长。图18-10（c）则显示在劳动力零增长阶段，或者中等收入向高收入过渡阶段，如果人力资本部门是低效的，那么经济长期增长率将趋于0，出现增长陷阱。在这种情况下，消费结构 λ 取值变化，将无法改变长期的增长状况。图18-10（d）则表明，在鞍点均衡下（$n < 0$ 且 $\theta + \gamma = 0.4 + 0.7 > 1$），不同 λ 取值对应的增长路径是不一样的，其中，$\lambda = 0.55$ 时经济增长呈现出扩散的趋势，而 $\lambda = 0.2$ 时，经济增长则趋于收敛。不断地变化 λ 取值，将可以找到一条路径，使得经济长期增长收敛于一个常态值。因此，从长期平稳增长的角度看，消费结构的改变将带来经济平稳增长的可能性。

总之，数值模拟的结果与模型推导的结论是吻合的。偏向于人力资本增进型的消费结构在不同的条件下对经济增长具有不同的作用。这一作用伴生于人力资本对于经济增长的重要程度。在人力资本成为经济增长的主要驱动力阶段，人力资本增进型消费的比重越大，不仅越有助于促进经济长期稳定增长的速度，而且在一定的条件下，还是推动经济顺利跨越中等收入陷阱的重要保障。

第五节　结　　论

近20年来，在经济发展水平较低的特定历史背景下，投资驱动、出口拉动的经济增长模式，在推动中国经济高增长的同时，逐渐形成了我国"高投资、高出口、低消费"的畸形总需求结构。这一扭曲的结构，一方面，使得物质资本不断深化，对经济增长的贡献效率急剧下降，物质资本积累和人力资本积累之间的关系严重失衡；另一方面，也抑制了消费需求对经济增长的贡献，使得经济增长难以实现由外需向内需的动力转换。当前，随着劳动人口的绝对下降，人均物质资本存量将因之更快提高，这意味着物质投资的边际回报率将进一步下滑，"两高一低"的经济增长模式势必更加难以维续，消费需求必须在推动增长中发挥更大作用。然而，怎样的消费才能创造新的经济增长动力，建立新的良性循环？我们认为，在劳动人口出现绝对下降的背景下，促进经济增长的唯一路径是提高劳动生产率，而提高人力资本的积累是提高劳动生产率的关键所在。

通过一个两部门的人力资本增长模型，本章的研究结果显示：增加人力资本增进型消费，也即科教文卫型服务消费，将有助于促进人力资本积累，形成新的增长动能，带动长期经济增长。但是，既有经济发展的经验以及模型推导的结果证明，这一增长效应并非必然发生，它有赖于人力资本部门的生产效率改善。也即，在劳动力出现负增长的背景下，相对高效的人力资本部门是实现经济长期稳定增长的先决条件。基于上述判断，本章认为，要充分挖掘当前中国居民消费结构转型升级所可能带来的长期经济增长潜力，必须高度重视改善和提高人力资本部门的生产效率。要做到这一点，意味着要大力改善和提高教育、医疗卫生、科技、文化等现代服务品产品的供给效率。但是，目前，这些服务部门恰恰因长期严格管制、改革滞后而效率低下。因此，本章研究的政策含义是，政府决策部门应适应居民消费向现代服务品消费升级转换的大趋势，着重于解决现代服务品供给效率低下问题，通过解除管制、体制改革、机制创新、市场开放等全面深化改革措施，构建能够满足新消费结构的产品和现代服务供给体系，形成高效率的服务产品供给体系，促进现代服务品消费，提供人力资本积累效率，重塑经济增长的新动力。

最后，总结一下本章的主要贡献与不足。本章的主要贡献是：第一，在两部门人力资本模型的基础上引入人力资本增进型消费对人力资本积累的作用，并利用相位图，分析不同参数条件下的均衡状态及动态路径转移，剖析不同条件下的消费结构变迁对长期经济增长的影响。第二，本章的研究为不同国家不同发展阶段的消费支出与经济增长之间的关系差异提供了一种理论解释。人力资本部门的生产效率高低会直接影响消费支出对长期经济增长的作用大小，并且越是高收入阶段的国家，面临的挑战越大。第三，本章的研究也在一定程度上回答了消费需求能否成为以及怎样成为当前正处于跨越"中等收入陷阱"关键阶段的中国经济增长主要动力。随着劳动力数量增长的停滞，甚至负增长，中国正逐渐进入依靠人力资本推动的发展新阶段（Masahiko Aoki, 2012；蔡昉, 2013），由此，消费结构的转型升级将对经济长期增长产生更为重要和持续的作用，讨论消费需求能否成为经济增长的主要动力必须要考虑消费需求结构变动所产生的经济增长效应。第四，本章在一定程度上突破了以往在讨论经济增长时供给和需求两分法的窠臼，将供给和需求纳入一个统一的模型框架中讨论其相互影响，是对经济分析方法尤其是增长分析方法的一种改进。本章的不足之处在于模型没有完全反映消费者个体选择行为，同时，也没有考虑货币、价格因素带来的影响。这些将在我们后续的研究中逐步展开。

第十九章　利率管制与居民财产收入占比下降

　　20 世纪 90 年代中期之后，我国居民收入占 GDP 比重一改 1978 年以来上升趋势，掉头下降。资金流量表数据显示，1992—2012 年，居民初次分配收入占 GDP 的比重从 66.06% 降至 61.65%。政府和企业收入占比分别上升了 2.25 个和 4.23 个百分点。再分配也没有改变初次分配格局。2000—2012 年，居民部门可支配收入占比与初次分配收入占比基本持平。国际比较说明，我国居民收入占比明显偏低（见图 19-1）。

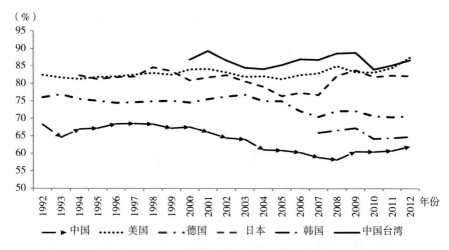

图 19-1　不同经济体的居民可支配收入占比变化

资料来源：根据 CEIC 数据库整理。

　　居民部门初次分配收入由劳动报酬和财产收入组成。劳动报酬取决于劳动要素对生产的贡献以及劳资双方的博弈。财产收入取决于资本收益分配。资金流量表数据显示：1992—2012 年，我国居民持有的金融资产中，储蓄存款余额占当期 GDP 的 54.83%—84.95%。财产收入却仅为同期 GDP

的 1.05%—3.47%。即使将高通胀的 1993—1995 年扣除,其余年份居民的金融资产实际回报率也仅在-1.94%至 7.60%之间[1],远低于同期全社会总资本回报率[2]。

我国居民金融资产回报率低,财产收入占比下降,根本原因是金融管制和利率管制使得金融市场化程度低,国有银行垄断程度高,金融产品种类少,大部分居民金融投资仍以银行存款为主。1992—2012 年我国居民财产收入中利息收入占比高达 73.83%—99.60%,同期美国家庭存款仅占其金融资产的 11.82%—19.68%。日本 1998—2013 年家庭各类存款占其金额总资产的 45.80%—52.87%。由于利率管制,扣除通胀因素后,1990—2013 年,我国银行一年定期存款实际利率平均仅为 0.27%,其中超过 1/3 时段实际利率为负。金融管制下,过低的存款利率实际上是迫使存款者补贴银行和贷款者。

本章利用 1992—2012 年资金流量表的数据分析这 20 年的国内资本报酬分配,估算利率管制导致的居民财产收入损失。其中,第一节为文献综述;第二节以资金流量表为基础,结合相关统计年鉴的数据,计算 1992—2012 年资本要素收入在部门间分配情况;第三节估算利率管制导致的 1992—2012 年的居民财产收入损失;第四节是结论。

第一节　文献综述

对于我国利率管制政策的形成和延续的成因,主要有三种解释:一是为了稳定金融市场,防范金融风险(斯蒂格利茨(Stiglitz),1994;黑尔曼

---

[1]　1993—1995 年居民的金融资产实际回报率分别为-2.39%、-11.07%、-6.93%。

[2]　中国的总资本回报率仍存在较大争议,单豪杰、师博(2008)认为中国 1978—2006 年的工业资本回报率呈"U"形变动,变动幅度在 5.7%—28.5%。Chong-En Bai 等(2006)的估测结果表明中国资本回报率在整个改革开放时期几乎一直保持在 20%以上的高水平。方文全(2012)的估算认为 1993—2007 年中国税后实际资本回报率在 6.9%—12.9%。

等（Hellmann 等），1997，2000；李稻葵，2001；王晋斌，2000）；二是为了支持特定产业或特定部门优先发展（陈斌开、林毅夫，2012；王勋、安德斯·约翰逊（Anders Johansson），2013；李广众，2001；卢文鹏，2002；王曙光，2003；宋李健，2008；刘瑞明，2011）；三是为了推动本国金融深化和经济增长（中国经济增长与宏观稳定课题组，2007）。大部分研究者都认为金融抑制的扶持对象是整个企业部门。低利率政策主要是为了加速企业投资，促进高增长。

我们认为，中国的金融抑制政策即使从"一五"时期算起，至今也超过 60 年。尽管不同时期各有原因，其基本出发点还是政府力图控制国民储蓄及其使用。20 世纪 50 年代至 80 年代中期，是重工业优先的赶超型战略使然。80 年代中期至 90 年代中后期，重点转向维持国企，筹措转型成本等。90 年代中后期至今，是追求高投资、高增长。银行系统则借机"搭车"，攫取垄断利润，将居民部门应得财产收入部分转为本部门收入。①

对于低利率政策下资金使用方获得的补贴规模，已有一些初步估算（胡和立，1989；万安培，1995，1998；周业安，1999；尹希果、许岩，2011）。但一是大多是 2000 年之前进行的；二是没有对利率管制的居民财产收入影响进行研究；三是估算较为粗糙，以主观经验判断为主，缺乏理论和数据依据，结果差异极大。本章拟从部门间金融资产占比的角度来审视资本报酬分配的合理性，对此前被忽略的利率管制的居民财产收入损失进行估算。

第二节　改革开放以来的资本要素收入分配

现有统计资料中，只有资金流量表报告了企业、居民以及政府部门经过初次分配和再分配的收入情况。资金流量表是研究国民收入部门间分配

---

① 包括金融及非金融企业。

的基础性数据。许宪春（2002）、李杨、殷剑锋（2007）、白重恩、钱震杰（2009）都利用了该数据分析国民收入分配格局。对于一个经济部门而言，在初次分配阶段可能有三个收入来源：一是向其他部门提供劳动力、资本等获得要素报酬收入；二是本部门创造的增加值扣除要素报酬、生产税净额后的经营性留存；三是生产税净额。对于企业、居民和政府部门而言，不同的经济活动特性决定了收入来源各不相同。由于土地和其他自然租金收入在我国收入分配中占比极小①，为简化起见，本章将非劳动报酬收入都视为资本要素报酬，不再单独考虑自然租金报酬。依据2008年版SNA对财产收入的定义，本章对各部门的资本报酬构成定义如下：

企业部门占有的资本报酬=经营性留存+财产收入

居民部门占有的资本报酬=财产收入-财产支出

政府部门占有的资本报酬=生产税净额+经营性留存+财产收入

与其他研究略有不同的是对居民财产支出的处理。考虑到在我国现有的金融市场环境下，个体经营者很难通过正规渠道获得贷款，居民利息支出大部分是住房和消费信贷产生的。因此将净财产收入定义为居民部门获得的资本报酬。

根据以上定义，利用CEIC数据库中的1992—2012年资金流量表实物交易表数据可以核算出这21年中资本要素收入在三部门之间的分配情况（见表19-1）。

表19-1　1992—2012年资本要素收入分配情况

（单位：十亿元）

年份	全社会资本报酬 绝对值	非金融企业部门 绝对值	占比	金融企业部门 绝对值	占比	政府部门 绝对值	占比	居民部门 绝对值	占比
1992	1032.68	402.33	38.96%	65.61	6.35%	446.222	43.21%	118.525	11.48%
1993	1497.36	621.94	41.54%	86.78	5.80%	609.802	40.73%	178.842	11.94%
1994	1952.19	774.42	39.67%	80.70	4.13%	821.673	42.09%	275.395	14.11%

① 资金流量表中要素收入分配数据表明，土地租金收入仅占全社会财产收入的0.6%—3.39%，至2010年，该项收入占全社会初次分配总收入的比重也仅为0.61%。

续表

年份	全社会资本报酬	非金融企业部门		金融企业部门		政府部门		居民部门	
	绝对值	绝对值	占比	绝对值	占比	绝对值	占比	绝对值	占比
1995	2373.92	1052.97	44.36%	115.24	4.85%	910.305	38.35%	295.406	12.44%
1996	2717.99	1075.48	39.57%	109.96	4.05%	1166.032	42.90%	366.517	13.48%
1997	2987.54	1243.79	41.63%	75.13	2.51%	1333.436	44.63%	335.18	11.22%
1998	3175.16	1289.40	40.61%	55.21	1.74%	1472.875	46.39%	357.675	11.26%
1999	3394.67	1484.59	43.73%	90.88	2.68%	1517.094	44.69%	302.11	8.90%
2000	3413.81	1853.00	54.28%	79.44	2.33%	1286.489	37.68%	194.88	5.71%
2001	3873.89	2161.78	55.80%	150.46	3.88%	1369.715	35.36%	191.93	4.95%
2002	4433.61	2366.72	53.38%	202.77	4.57%	1660.002	37.44%	204.119	4.60%
2003	5070.95	2713.24	53.51%	294.47	5.81%	1838.737	36.26%	224.5	4.43%
2004	6467.49	3697.88	57.18%	307.19	4.75%	2191.299	33.88%	271.12	4.19%
2005	7437.26	4153.75	55.85%	349.43	4.70%	2607.369	35.06%	326.71	4.39%
2006	9002.06	4819.14	53.53%	522.39	5.80%	3137.369	34.85%	523.16	5.81%
2007	11475.57	6152.60	53.61%	682.48	5.95%	3926.656	34.22%	713.83	6.22%
2008	13876.37	7460.90	53.77%	947.60	6.83%	4654.867	33.55%	813	5.86%
2009	14163.83	7327.30	51.73%	1089.50	7.69%	4960.643	35.02%	786.39	5.55%
2010	16616.97	8338.90	50.18%	1458.22	8.78%	5992.73	36.06%	827.12	4.98%
2011	19480.29	9485.40	48.69%	1735.82	8.91%	7206.726	36.99%	1052.34	5.40%
2012	21183.60	9702.30	45.80%	2075.30	9.80%	8097.6	38.23%	1308.4	6.18%

资料来源:《中国统计年鉴》(1998—2014);《中国资金流量表历史资料:1992—2004》。

1992—2012 年，居民部门资本收入不仅十分有限，而且增速大大低于全社会资本报酬增速。这 20 年，全社会资本报酬增长 19.51 倍，居民部门资本报酬仅增长 10.06 倍，[①] 它导致了 1994 年之后居民部门资本报酬占全社会资本报酬的比重不断下降。1992 年尚有 11.48%，2012 年跌至 6.18%，是所有部门中占比最低的。由于我国金融市场至今仍以间接融资

---

① 需要指出的是:同期居民部门的金融资产增长大大快于全社会生产性资本的增长速度。1992—2012 年，按照现价计算的全社会生产性资本增长了 23.83 倍，居民部门的金融资产增长了 27.66 倍。然而，居民部门的资本报酬增长速度却仅为全社会资本报酬增长速度的一半。

为主，银行存款还是多数居民主要的储蓄和投资手段，居民财产收入至今仍有 80% 以上是利息收入。居民部门资本报酬增长缓慢，占比不断下降，与金融市场管制，投资渠道狭窄，存款利率过低密切相关。

居民部门财产收入占比不断下降的另一面是企业和政府部门获得了绝大部分资本要素收益。1994 年就占全社会资本收益的 85.89%，2000 年之后更基本稳定在 95% 左右（见图 19-2）。

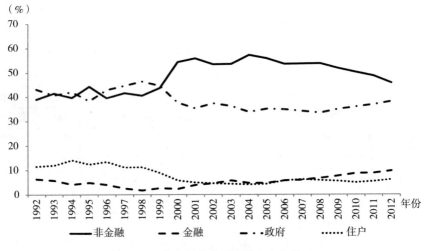

图 19-2　各部门资本要素收入占比情况

资料来源：根据《中国统计年鉴》资金流量表实物交易部分整理。

1999 年以前，企业部门的资本收入约占 45%，略高于政府部门。2000—2012 年稳定在 59% 左右，然而，企业部门内金融与非金融企业的分配格局却发生了重大变化。1992—2012 年，金融企业资本收入增长 30.63 倍。比非金融企业、全社会和居民部门分别快 7.5 倍、11.12 倍、20.57 倍。2000—2012 年，金融企业资本收入占比从 2.33% 猛增至 9.80%，增长了 320.6%，是该时期唯一资本收入占比持续上升的部门。2000—2012 年，金融部门收入占企业部门收入的比例从 4.11% 上升至 17.62%。其主要原因是寡头垄断和利率管制而非经营效率提高。1995 年 7 月至 1999 年 6 月，一年及一年内贷款利率与一年期定期存款的利差从 1.08% 上升至 3.6%，此后至 2014 年 10 月，始终维持在 3% 以上。另一方面，1995 年《商业银行法》的正式实施增强了银行系统的经营独立性。1998 年银行机构精简以及 1999 年 1.4 万亿元不良贷款的剥离大大减轻了国有银行的经营负担。存贷款利差扩大、固化以及银行独立性增强赋予国有银行将信贷市场上的垄断地位转化为攫取垄断租金的能力，银行成为中国股市上最盈利的企业。2013 年深沪两市上市公司年报显示，该年净利润最高的十家上市公司中，银行占七家，四大国有银行更稳居前四。2013 年 16 家上市银行实现净利润 11682.9 亿元，占 2489 家上市公司净利润的 47.02%，其中仅四大国有银行净利润占比就达 32.52%。

第三节　居民财产收入占比下降的原因分析

国民收入中的资本报酬来源于生产性实物资本在生产中创造的增加值。资本报酬分配则取决于用于生产的实物资本或对此类实物资本的收益索取权（即金融资产）在各部门之间的分布以及生产参与者之间的博弈。一国资本报酬在部门间分配是否合理主要应看分配结果与各部门的资本所有权结构是否匹配。居民部门一般不直接占有生产性实物资本，而是通过持有金融资产参与资本报酬分配。在市场有效运行情况下，居民资本报酬占比应当和居民金融资产对全社会生产性实物资本的比例保持同向变化。本章讨论的生产性实物资本包含政府和企业投资建设的住房以外的非生产性项目，包括各类公共设施、文教科卫等部门的资产。此类资产虽难以估计其产出价值，但也是社会生产不可或缺的投入要素，因此可视为广义的生产性实物资本。住房主要用于居住消费，是耐用消费品，不进入生产过程，因此许多学者在估算生产性实物资本存量时都予以剔除（Chen 等，1988a、1988b；谢千里等，1995；大琢启二郎等，2000）。

1992—2012 年我国居民部门财产收入占比降低源于居民通过持有金融资产参与收益分配的生产性资本占比下降和金融抑制导致的资本收入转移，即低存款利率、高存贷利差下企业经营性留存和银行垄断利差收入对居民应得财产收入的侵蚀。为检验第一种因素的可能性并衡量当前资本收入分配的合理性，我们对 1978 年以来我国生产资本存量中的居民占比进行估算。

居民部门的净金融资产等于现金、存款、证券、债券等金融资产减去贷款等金融负债。中国人民银行金融稳定司发布的《中国金融稳定报告》自 2010 年起增加了"政府、企业和住户财务分析"部分。公布了 2004—2010 年居民部门各年持有的各类金融资产余额。2004 年之前和 2010 年之后的居民部门金融资产状况目前只能用流量数据估算。1992 年，深沪两市 A 股市场的全部流通市值 0.225 亿元，仅为当年储蓄存款余额的 0.1%，因此我们以储蓄存款余额作为 1991 年之前居民金融资产的替代值。资金流量表中的金融交易表报告了 1992—2012 年居民金融投资的流量数据。若以 1991 年存款余额为基期值利用该数据逐年累加可获得历年居民金融资产的估计值。算得 2004 年、2005 年居民金融资产规模为 174359.58 亿元、204272.38 亿元，分别是《中国金融稳定报告》中同期数据的 96.67% 和 97.70%，估算误差在 4% 之内。因此以此方式估算 1992—2003 年以及 2011 年、2012 年的居民金融资产规模。

中国人民银行自 2007 年起开始提供分部门信贷数据，2007 年以前的居民金融负债只能依据资金流量表金融交易部分的居民贷款数据估算：即假设各年贷款余额为之前贷款流量的加总。该数据起始年份为 1992 年，该年居民新增贷款为 157.8 亿元，仅为当年居民新增存款的 5.86%。至 1998 年则降至 2.01%。从个人信贷的历史看，居民消费和住房信贷的转折点出现在 1998—1999 年：1998 年 7 月国务院下发《关于进一步深化城镇住房制度改革、加快住房建设的通知》正式终结了单位福利分房制度，原有单位住房福利全部改为住房货币化补贴。银行随后推出个人住房贷款服务，中国人民银行于 1999 年 2 月下发《关于开展个人消费信贷的指导意见》，标志着个人住房、消费信贷业务正式展开。此后居民个人贷款规模迅速扩大，2012 年，新增个人贷款与新增储蓄存款之比已达 0.47。根据个人贷款规模变化的历史成因，本章认为 1992 年之前居民个人信贷规模与居民存款余额相比可以忽略不计。据此本章假设 1992 年之前居民部门没有金融负债。

对全社会资本存量的估算已有较多研究成果。CCER "中国经济观察"

研究组（2007）、白重恩等（2006）、单豪杰和师博（2008）、方文全（2012）都采用永续盘存法估计我国总资本存量 K。目前通用的估算方法是戈德—史密斯（Gold-Smith）的永续盘存法，基本估算公式为：

$$K_t = K_{t-1}(1 - \delta_t) + I_t$$

利用永续盘存法对总资本存量进行估算涉及：（1）基期资本存量 K；（2）各年投资序列数据 I_t；（3）各年固定资本折旧率 δ_t；（4）各年的投资价格指数。综合已有研究成果和现有数据资料，本章对这些变量的选取和处理如下：（1）以1978年为基期，当期资本存量参照邹至庄（Chow，1993）核算的1978年末当年现值资本存量：14112亿元。基期总资本存量中建筑和机器设备的比例假定与历年投资序列中建筑投资和机器设备投资的平均比例相同，从而得到1978年建筑和机器设备的资本存量分别为10294.32亿元和3817.682亿元。（2）选取国家统计局公布的全社会固定资产投资数据作为历年投资增量，扣除历年住宅投资。1981—1994年的住宅投资数据采用国家统计局公布的非生产投资中的住宅投资数据，1995—2003年则使用固定资产投资中的房地产投资数据，2004—2014年则采用国家统计局自2004年开始公布的新的住宅投资数据。假设1978—1980年的住宅投资占建安工程投资比例与1981年相同。（3）房屋建筑物和机器设备的折旧率差别较大。假设房屋建筑物和机器设备使用寿命分别为38年和12年，按余额折旧法计算的折旧率为0.08和0.24。最终算得综合折旧率均值为10.47%[1]。（4）国家统计局自1990年起公布各年建安工程和机器设备购置的价格指数，1978—1989年的价格指数，我们分别采用工业品出厂价格指数中的建材工业和机械工业出厂价格指数替代。1990—2011年，两者相关系数达到0.93和0.98。

据此可以算出1978—2013年以当年现值计价的全社会生产资产总额，我们的估算结果与同样使用现值估算的白重恩（Chong-En Bai）等2006年的估算结果十分接近（见表19-2）。

---

[1] 该数值略低于单豪杰、师博（2008）核算工业企业资本存量时设定的11.6%，略高于Zhang等（2007）所使用的9.6%，与白重恩等（2007）计算的年折旧率极为接近。

表 19-2　1978—2012 年居民部门生产性资本占比情况

（单位：亿元）

年份	社会总生产性资本存量（1）	居民部门净金融资产（2）	居民部门的生产性资本占比（3=（2）/（1））	居民净财产收入占总资本报酬比例（4）	全社会税后资本报酬率（5）	居民金融资产报酬率（6）
1978	14112.00	210.6	1.49%	—	—	—
1979	12974.20	281	2.17%	—	—	—
1980	12127.93	399.5	3.29%	—	—	—
1981	11322.14	523.7	4.63%	—	—	—
1982	10757.51	675.4	6.28%	—	—	—
1983	11226.25	892.5	7.95%	—	—	—
1984	11997.54	1214.7	10.12%	—	—	—
1985	14692.60	1622.6	11.04%	—	—	—
1986	17641.42	2238.5	12.69%	—	—	—
1987	20060.67	3081.4	15.36%	—	—	—
1988	24458.76	3822.2	15.63%	—	—	—
1989	30943.46	5146.93	16.63%	—	—	—
1990	33728.19	7034.18	20.86%	—	—	—
1991	37958.20	9106.99	23.99%	—	—	—
1992	46303.62	11387.2	24.59%	11.48%	13.63%	10.41%
1993	64740.38	14436.69	22.30%	11.94%	14.34%	12.39%
1994	78053.23	20924.87	26.81%	14.11%	15.06%	13.16%
1995	85418.71	28712.79	33.61%	12.44%	17.27%	10.29%
1996	93912.46	37482.46	39.91%	13.48%	16.86%	9.78%
1997	102748.46	45091.13	43.88%	11.22%	16.60%	7.43%
1998	110327.69	51378.55	46.57%	11.26%	15.72%	6.96%
1999	118446.51	56277.25	47.51%	8.90%	15.80%	5.37%
2000	129122.75	58015.65	44.93%	5.71%	16.54%	3.36%
2001	140352.78	63938.85	45.56%	4.95%	17.58%	3.00%
2002	153803.05	72013.55	46.82%	4.60%	18.31%	2.83%
2003	177209.38	81731.95	46.12%	4.43%	17.72%	2.75%
2004	218340.44	101887.5	46.66%	4.19%	19.22%	2.66%
2005	258370.19	119322.7	46.18%	4.39%	18.67%	2.74%

续表

年份	社会总生产性资本存量（1）	居民部门净金融资产（2）	居民部门的生产性资本占比（3=（2）/（1））	居民净财产收入占总资本报酬比例（4）	全社会税后资本报酬率（5）	居民金融资产报酬率（6）
2006	307540.57	133844.7	43.52%	5.81%	19.26%	3.91%
2007	378660.67	131187.7	34.65%	6.22%	19.87%	5.44%
2008	491133.06	171420.1	34.90%	5.86%	19.02%	4.74%
2009	572567.52	186863.1	32.64%	5.55%	16.29%	4.21%
2010	718277.72	203099.9	28.28%	4.98%	14.74%	4.07%
2011	941813.26	216785.4	23.02%	5.40%	13.26%	4.85%
2012	1149494.89	250052.2	21.75%	6.18%	11.75%	5.23%

资料来源：根据 CEIC 数据库、《中国统计年鉴》和《中国金融年鉴》相关数据计算。

从居民部门生产性资本占全社会生产性资本比重看，1978—1999 年是居民部门生产性资本迅速增长的 22 年，该比重从 1978 年的 1.49%迅速上升至 1999 年的 47.51%，年均上升 2.21 个百分点。这与改革开放后国民收入分配格局改变、居民收入快速增长是一致的。1999 年以后，居民部门生产性资本占比大致稳定在 43%—47%。2006 年起开始下滑，至 2012 年降至 21.75%，低于 1991 年。居民部门获得的财产收入份额与其占有的生产性资本份额差距极大（见表 19-2）。1992—2002 年，居民部门生产性资本占比从 24.59%上升至 46.82%，财产收入占全社会总生产性资本报酬的比重却从 11.48%跌至 4.6%（见图 19-3）。全社会税后资本报酬率和居民金融资产报酬率之比，1992—1994 年为 1.21∶1，2004 年变为 7.23∶1，2012 年仍高达 2.25∶1。

居民金融资产报酬率远远低于全社会税后资本报酬率是居民财产收入占比不断下降的主要原因。1992—2008 年，我国全社会税后资本报酬率稳中有升。1992—1998 年平均为 14.73%，2000—2007 年升至 17.38%。① 但在 1996—2002 年，央行连续八次下调存贷款利率，2002 年 2 月降息后，一年期和一至五年期贷款利率降至 5.31%和 5.58%，低于全社会税后资本

---

① 2008 年之后急速下降，至 2012 年已降至 11.75%。

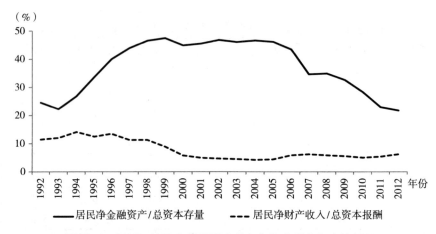

图 19-3　1992—2012 年居民财产收入与资本所有权占比情况

资料来源：根据《中国统计年鉴》《中国金融年鉴》等相关数据计算。

回报率 11 个百分点以上。

存款利率大幅下降使部分居民进入高风险的股市。期间上证综合指数从 1996 年 5 月的 643.65 点升至 2001 年 6 月的 2218 点，深圳综合指数也从 164.04 点升至 658.27 点。但居民部门却无法通过持股分享企业利润上升：首先，股市规模有限，2002 年两市流通市值 12484.56 亿元，仅为同期储蓄存款余额 14.36%。其次，上市公司很少现金分红。2002 年 1224 家上市公司的股利分配率平均仅为 27.41%，有 49% 的上市公司未派息。居民投资股市的主要收益是股票交易的价差收益。它仅仅改变了金融资产在居民部门内的分布，整个居民部门的金融资本收益并不因此提高。

央行大幅降息之前，存贷利差已大幅提高。1995 年 7 月至 1999 年 6 月，存贷利差从 1.08% 扩大至 3.6%。这一举措相当于将银行盈利能力直接提升 2 倍以上。降息过程中，存贷利差并不随之调整，3.6% 的存贷利差一直维持到 2002 年 1 月，此后保持在 3.33% 水平上。存贷利差扩大及固化使银行将降息的损失全部转移给了居民部门。

在市场化转轨过程中，实行金融抑制的重要目的之一是维持国有经济的再生产。它迫使居民补贴企业，降低企业资金成本。1996—2002 年的八次降息，明显体现了这一政策意图。《中国财政年鉴》数据显示，1996 年国有工业企业亏损面达 37.5%，较上年上升了 5.2 个百分点，是 1990 年以来升幅最大的一年。1997年，亏损面进一步攀升到43.9%。1994年，国有工业企业净资本回报率为4.32%，1996年跌至0.81%，1997年更跌至0.28%。1997年，全部国企净资本回报率仅1.70%。国企财务状况恶化是央行大幅降息的主要原因。

由于金融危机和体制性原因导致企业经营困难，尤其当其危及整体经济安全时，政府有责任适当救助。但通过大幅下调管制利率将负担转嫁给居民却值得商榷，在此期间还大幅度扩大存贷款利差，更令人难以理解。

第四节　利率管制的居民财产收入损失估算

诸多事实与分析表明，利率管制导致了我国居民应有财产收入的损失，但是，损失量则较难确定。其关键在于合理的居民部门金融资本报酬率难以确定。尽管我们知道，它介于全社会税后资本报酬率与实际的居民部门金融资本报酬率之间。它应当低于全社会的税后资本报酬率。因为储蓄存款风险较低，实际生产经营风险较高。首先，包括银行在内的企业部门贷款从事生产和经营，承担了生产经营风险，理应获得风险收益；其次，银行为居民和企业提供金融服务，后者必须为此向银行付费，使银行能补偿经营成本，获得正常利润。当然，它应大于等于现有的居民部门金融资本报酬率。但在两者间的具体位置则有待探讨。在充分竞争的金融市场上，竞争可以解决资金供需双方的收益分配问题；在金融管制情况下，合理的分配比例无法通过市场竞争实现，只能估算。本章尝试采取合理成本扣除法，从全社会税后资本报酬率中减去企业经营的风险收益率及居民部门应承担的金融服务费率，得到合理的居民部门金融资产报酬率，将其与实际的居民部门金融资产报酬率进行比较，而后根据1992—2012年居民部门金融资产数量算出利率管制导致的历年居民财产收入损失。

第一，生产经营风险可以分为单个企业面临的偶发性经营风险和整个经济面临的系统性风险。金融机构承担的偶发性经营风险就整体而言，是一个社会平均数。因此，我们以金融机构对风险的估值来衡量当期市场风险溢价水平。世界银行以借贷利率与短期国债间的利差衡量该国的借贷风险水平。1992—2013 年，日本的风险利差在 1.25%—3.24%，美国的风险利差在 2.97%—3.64%。我国金融市场上的无风险利率更适宜的指标则是银行间同业拆借利率①。其数据起始时间为 1996 年 1 月。但在 1996 年 1 月至 1998 年 3 月与贷款利率严重倒挂，利差难以反映正常风险收益水平。因此我们选取 1999—2012 年一月期银行同业拆借利率与一年以下贷款利率间差额的月度平均值来衡量当年市场风险溢价水平②。发现 1999—2012 年的风险溢价水平都在 1.19%—3.68%③，与日本、美国的风险利差水平大致相当。我们取均值 2.44% 来替代 1992—1996 年的风险溢价。1997 年爆发了亚洲金融危机，我们将 1997 年和 1998 年的风险溢价调高至 4%，稍高于 2008 年和 2009 年。另一种风险是转轨产生的系统性风险，其中最严重的是国有企业预算软约束和政策性贷款导致的银行巨额不良贷款。我国金融系统过去是、现在基本上是国有垄断，因此，此类经营损失最终还是由政府出资解决，实际上是由全民共同承担。因此，本章不对资本收入中的此类系统风险报酬进行估算。

第二，依据 SNA 中对金融服务产出核算的界定，金融部门获取的利差收入应当是存款方和贷款方支付的金融服务费。中国银行部门的利差和盈利水平无论与国际同行还是与国内其他行业企业比都是相当高的。20 世纪 80 年代金融自由化改革以来，日本银行的存贷利差不断收窄，2013 年仅 0.76 个百分点；中国台湾地区自金融自由化改革以来，存贷利差从 1997 年的 2.9 个百分点降至 2014 年的 1.44 个百分点。目前国内的存贷利差超过了 3 个百分点，明显偏高。根据 CSMAR 数据库的上市公司数据与 CEIC 数据库中的银行财务数据计算，2008—2012 年我国银行的净资产利润率比上市公司平均水平高 3—7 个百分点，前者平均是后者的 1.48 倍。银行的

---

① 我国银行间拆借市场无论是交易量还是市场化程度都优于国债二级市场。在我国可以进入同业拆借市场的金融机构基本为政府控股，因此实际上是以政府信用作为担保的。此类机构间交易的风险水平可以认为与国债的风险水平是基本相近的。

② 严格来说这两个利率的期限结构并不完全相同。但是一月期的同业拆借是一个月以上期限同业拆借中交易量最大的，其价格水平的变动应该最能反映银行对市场风险的判断。

③ 扣除爆发国际金融危机的 2008 年、2009 年。

高利润水平显然与其垄断地位和利率管制下的高利差密不可分。在有效竞争市场中，银行的平均收益率不应高于社会平均水平。如果以上市公司同期的平均利润水平计算，2009—2013 年银行实际存贷利差应在 1.89—3.02 个百分点之间①，均值为 2.54 个百分点。因此，合理的居民金融资产回报率应约比全社会税后资本回报率低 3.8—6.2 个百分点，据此可以估算出 1992—2012 年居民部门的财产收入损失（见表 19-3）及应得的财产收入（见表 19-4）。

表 19-3　利率管制对居民财产收入造成的损失估算

年份	低利率对居民财产收入造成的损失（十亿元）	居民财产收入损失占可支配收入的比例	居民财产收入损失占应得财产收入的比例	居民财产收入损失占 GDP 的比例
1992	−20.02	−1.08%	−20.32%	−0.73%
1993	−43.76	−1.92%	−32.39%	−1.18%
1994	−64.40	−1.99%	−30.52%	−1.28%
1995	57.38	1.42%	16.26%	0.91%
1996	78.90	1.64%	17.71%	1.06%
1997	118.24	2.20%	26.08%	1.45%
1998	113.86	2.00%	24.15%	1.32%
1999	335.31	5.61%	52.60%	3.68%
2000	428.66	6.44%	68.75%	4.34%
2001	584.45	8.13%	75.28%	5.36%
2002	716.97	9.26%	77.84%	5.95%
2003	791.96	9.07%	77.91%	5.80%
2004	1178.57	11.96%	81.30%	7.32%
2005	1158.57	10.26%	78.00%	6.18%
2006	1248.58	9.50%	70.47%	5.61%
2007	1138.67	7.18%	61.47%	4.27%
2008	1356.45	7.30%	62.53%	4.29%
2009	1049.79	5.06%	57.17%	3.01%

---

① 该利差水平以加权平均贷款利率与上浮至浮动上限的存款利率计算，而不是基准存贷利率。

续表

年份	低利率对居民财产收入造成的损失（十亿元）	居民财产收入损失占可支配收入的比例	居民财产收入损失占应得财产收入的比例	居民财产收入损失占GDP的比例
2010	1067.13	4.39%	56.34%	2.65%
2011	996.69	3.49%	48.64%	2.11%
2012	458.15	1.43%	25.93%	0.87%

资料来源：作者估算。

表19-4 1992—2012年居民部门应得的财产收入

年份	居民应得财产收入（十亿元）	居民应得财产收入占总资本报酬比例	居民应得财产收入占GDP比例	居民部门应有的净金融资产回报率	调整后的居民初次分配收入占比
1992	98.51	9.54%	3.57%	8.65%	63.83%
1993	135.09	9.02%	3.66%	9.36%	58.58%
1994	210.99	10.81%	4.20%	10.08%	61.13%
1995	352.79	14.86%	5.58%	12.29%	62.64%
1996	445.42	16.39%	6.01%	11.88%	61.24%
1997	453.42	15.18%	5.55%	10.06%	64.56%
1998	471.54	14.85%	5.45%	9.18%	64.70%
1999	637.42	18.78%	6.99%	11.33%	66.84%
2000	623.54	18.27%	6.31%	10.75%	70.99%
2001	776.38	20.04%	7.12%	12.14%	70.71%
2002	921.09	20.78%	7.65%	12.79%	69.70%
2003	1016.46	20.04%	7.44%	12.44%	69.12%
2004	1449.69	22.42%	9.01%	14.23%	67.89%
2005	1485.28	19.97%	7.92%	12.45%	66.22%
2006	1771.74	19.68%	7.96%	13.24%	64.48%
2007	1852.50	16.14%	6.95%	14.12%	63.84%
2008	2169.45	15.63%	6.87%	12.66%	62.97%
2009	1836.18	12.96%	5.26%	9.83%	62.23%
2010	1894.25	11.40%	4.70%	9.33%	62.69%
2011	2049.03	10.52%	4.34%	9.45%	62.26%
2012	1766.55	8.34%	3.34%	7.06%	61.21%

资料来源：作者估算。

利率管制导致的我国居民财产收入损失十分惊人。在 1992—2012 年，若以 1978 年不变价计算，居民部门的财产收入损失累计高达 28360 亿元。1992—2012 年，居民应得财产收入的 56.57% 转移给了非居民部门，其中最高年份的转移比率高达 81.30%，居民因此损失的收入占 1992—2012 年 GDP 总量的约 3.35%。假设转移支付数量不变，依据调整后的居民初次分配收入对居民可支配收入进行相应调整，结果显示，尽管我国居民可支配收入占比与美、德、日等发达国家相比仍然偏低，但差距明显缩小了（见图 19-4）。当然，差距依然存在说明：导致我国居民可支配收入占比偏低更重要的原因是 20 世纪 90 年代中后期以来随着经济市场化改革，出现了收入分配向资本倾斜，利润侵蚀工资，劳动要素的报酬被压低。

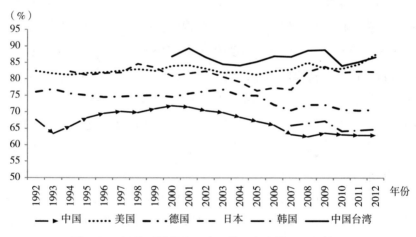

图 19-4　调整后的居民可支配收入占比的国际比较图

注："中国"指中国大陆地区，不包括港澳台地区。
资料来源：作者估算。

第五节　结　　论

20 世纪 90 年代中期开始，我国居民部门财产收入占 GDP 比重不断下降，它源于居民金融资产回报率与同期社会税后资本回报率的差距迅速扩大。本章的研究表明，即使扣除企业部门合理的经营风险收益及金融服务收益之后，居民部门的金融资产回报率仍严重偏低，其导致的居民部门财产收入损失占 1992—2012 年 GDP 的约 3.35%。因此减少的居民消费约占 GDP 的 2.13%。

以低存款利率为核心的金融抑制政策有其历史必然性和一定的合理性。市场化改革导致的国民收入分配结构变迁与国家控制投资资金及支付高额转型成本的需求之间的矛盾迫使国家不得不依靠垄断的国有金融系统保持对国民经济储蓄的支配。代价是民众应得收入的减少、房地产价格泡沫、资源配置低效率和金融发展滞后。

然而，长期实行金融抑制政策将使其正面效应日益缩小，负面效应不断扩大。主要体现在：（1）投资消费结构失衡；（2）资源配置扭曲，资本效率不断下降;[①]（3）自主创新动力不足，产业升级缓慢；（4）居民收入增长缓慢，国内消费长期不振，经济增长严重受制于国际市场；（5）银行垄断地位固化，日益成为金融市场化改革的阻力，利用其垄断地位的寻租逐利行为，严重扭曲了收入分配结构，提高了居民和企业使用金融服务的成本，严重妨碍了国民经济资源配置效率的改善，损害了经济增长潜力。

2010 年，中国人均 GDP5447 美元，进入中等偏上收入国家行列，开始了向高收入经济体过渡的发展阶段。2008 年国际金融危机以来的经济增长态势说明，中国迫切需要从既有的投资驱动、出口拉动、利润激励的粗放型经济发展方式转向内需为主、注重民生、创新驱动、效率增进的集约型经济发展方式。显然，适应经济发展的阶段性转变，尽快推进金融市场化改革，解除利率管制，矫正资本收入分配扭曲，实现所有权与收益权的统一，减少非市场化因素对居民金融投资收益的干预，可以说是当务之急了。

---

① 2004 年，我国的增量资本产出率（I/ΔGDP）为 2.45，2014 年上升至 8.08。

第二十章 中、美、日居民财产性收入比较研究

在国民收入分配结构失衡成因的讨论中，政府主导型经济体制下的粗放经济发展方式（李文溥、龚敏，2010），各级地方政府奉行 GDP 主义，收入分配向资本、政府倾斜（方福前，2009），要素比价扭曲（李文溥、龚敏，2013；李文溥、李静，2011），劳动报酬占比过低（方文全，2011）和宏观税负过重（吕冰洋、禹奎，2009、郭庆旺、吕冰洋，2011）等因素已得到了较多研究。总体而言，对于居民收入占比偏低，现有的研究在要素分配比例上，更多地集中于资本与劳动的分配关系；在不同部门之间的分配上，更多地集中于政府与居民的分配关系。但是，国民收入分配不仅涉及不同生产要素之间（劳动报酬和资本报酬）、不同经济部门之间（政府收取的生产税及其他收入）的分配，还包括要素报酬在各部门之间的分配（资本报酬的分配）。现有的研究主要涉及了前两者，然而，资本报酬在各部门之间分配，尤其是金融市场对于国民收入分配的影响，目前的研究尚不够充分。近期的研究证实（李文溥、李昊，2015），资本报酬在各部门之间的分配状况，对国民收入分配结构失衡、居民收入及消费占比有重要影响。尽管世界上不存在什么最优的或标准的国民收入分配比例和居民财产收入占比，但是，通过不同国家之间的国民收入分配比例和居民财产收入占比及其成因的比较，将有助于我们更为深刻地认识本国存在的问题及其成因。因此，本章拟通过国际比较研究，进一步探讨中国居民财产收入严重偏低的原因及其对国民收入分配结构失衡的影响。

第一节　中、美、日居民收入占比与结构差异比较

国际比较要求比较对象之间在统计口径上可比，而且相关数据比较完整，持续的时间较长。考虑到这些要求，我们选取了国民收入账户和资金流量表数据都较完善的美国和日本为比较对象[①]，观察中、美、日三国居民收入占比的差异及其成因。

国民收入分配的格局主要由初次收入分配决定。在初次分配中，居民收入按来源分为劳动报酬、财产收入以及个体经营留存。[②] 从表 20-1 可以看出，劳动报酬至今仍占中国居民收入的 80% 以上，是最主要的收入来源；个体经营留存收入的占比均值为 12.88%[③]，远低于劳动报酬；财产收入占比最低，只占全部居民收入的不到 6%。

---

① 之所以选择这三国进行比较，是因为这三国的国民收入分配结构基本具备相互比较的数据基础。其中，中国现有的资金流量表主要参考了 1993 年 SNA 的标准，并依据自身情况进行编制；日本的国民账户表也主要是依据这一标准编制的；美国的数据来源于美国经济分析局（Bureau of Economic Analysis）公布的 2013 版国民收入和生产账户（NIPA），它主要参考了 2008 版 SNA，与 1993 年标准最大的不同是将科研与发展项目（R&D）计入固定资本形成项，这一差别对于国民收入项，尤其是居民收入结构数据的影响较小。此外，美、日两国分别以直接融资和间接融资为主，它同时也反映了不同金融市场结构对居民财产收入的影响。

② 本章的居民财产收入根据 SNA（2008）对居民财产收入的定义："金融资产和自然资源两种类型的资产所有者将其交由其他机构单位支配时所产生的收入。"居民住房既不是金融资产，也不是自然资源，其收入不能列入财产收入。居民自有住房升值带来的资产增加应列为持有收益，出售此类资产获得的增值收入称为已实现的持有收益，出租房屋则被视为经营租赁，该收入应计入经营留存项（许宪春，2014）。

③ 此处参照白重恩、钱震杰（2009）的核算方法，将个体经营留存收入定义为居民部门增加值减去该部门劳动报酬支出、生产税净额以及财产支出。

表 20-1　中国居民初次分配中各种收入来源绝对值及占比

（单位：十亿元）

年份	初次分配总收入	劳动报酬及占比		财产收入及占比		个体经营留存收入及占比	
1992	1779.5	573.7	82.59%	119.1	6.70%	190.7	10.72%
1993	2207.5	694.8	82.32%	180.0	8.15%	210.2	9.52%
1994	3134.1	985.0	80.43%	277.4	8.85%	336.1	10.72%
1995	3902.5	1223.6	82.22%	297.1	7.61%	396.6	10.16%
1996	4462.9	1427.5	83.10%	368.9	8.27%	585.4	13.12%
1997	5153.8	1625.0	81.24%	337.7	6.55%	629.1	12.21%
1998	5485.0	1785.1	80.80%	360.8	6.58%	692.2	12.62%
1999	5755.3	1924.3	81.90%	305.0	5.30%	736.9	12.80%
2000	6581.1	1913.7	79.38%	306.5	4.66%	1050.3	15.96%
2001	7124.9	2070.1	80.74%	294.4	4.13%	1077.5	15.12%
2002	7680.2	2302.3	83.98%	298.3	3.88%	931.7	12.13%
2003	8651.2	2572.6	82.92%	321.2	3.71%	1156.4	13.37%
2004	9749.0	2964.7	83.04%	376.8	3.87%	1277.1	13.10%
2005	11252.0	3422.0	82.78%	448.1	3.98%	1488.8	13.23%
2006	13111.0	3915.4	81.13%	724.6	5.53%	1749.9	13.35%
2007	15881.0	4660.9	80.55%	982.9	6.19%	2105.7	13.26%
2008	18540.0	5472.3	81.18%	1179.2	6.36%	2309.1	12.45%
2009	20654.0	6018.7	80.84%	1135.9	5.50%	2822.6	13.67%
2010	24186.0	6853.1	78.92%	1295.7	5.36%	3803.8	15.73%
2011	28428.0	8038.5	78.24%	1885.3	6.63%	4300.5	15.13%
2012	31946.0	9366.8	80.31%	2433.7	7.62%	3856.7	12.07%

资料来源：根据资金流量表数据计算。

1992—2012 年，中国居民的初次分配收入占国民收入的比重均值是 63.39%，比美国低 25.32 个百分点，比日本低 16.76 个百分点（见表 20-2）。

表 20-2　中、美、日居民初次分配收入占本国国民收入的比重

（单位:%）

	中国	美国	日本
1992 年	66.06	90.92	—
1993 年	62.61	90.70	—
1994 年	65.15	89.52	86.64
1995 年	65.25	89.35	85.40
1996 年	68.43	88.90	83.08
1997 年	66.02	88.69	83.04
1998 年	66.06	89.76	84.05
1999 年	65.05	89.32	83.02
2000 年	67.15	90.25	81.34
2001 年	65.93	90.46	80.69
2002 年	64.49	89.12	79.40
2003 年	64.09	88.38	78.32
2004 年	61.14	87.70	76.33
2005 年	61.28	86.59	76.11
2006 年	60.73	86.94	76.37
2007 年	59.61	88.76	75.46
2008 年	58.66	90.51	77.74
2009 年	60.69	87.79	80.42
2010 年	60.50	85.48	77.72
2011 年	60.67	86.63	79.20
2012 年	61.65	87.10	78.58
平均值	63.39	88.71	80.15

资料来源：根据 CEIC 数据库数据计算。

　　居民收入是三种收入来源的总和，因此，最终收入占比上的差异可以分解为各种收入来源上的差异。分收入来源看（见表 20-3）：该时期中国居民的劳动报酬占比均值是 51.47%，美国是 64.31%，前者比后者低了 12.84 个百分点，前者占国民收入的比例与后者占国民收入的比例之比是 0.8∶1。然而，财产收入占比却悬殊得多。中国居民财产收入占国民收入的比例均值只有 3.78%，美国是 19.4%，前者比后者低了 15.62 个百分

点，两者占比之比是 0.19 ∶ 1。显然，财产收入占比差距对中美两国居民收入占比差距的影响比劳动报酬占比更大。两国居民收入占比差距的61.69%是由财产收入占比差距导致的。与日本相比，中国居民劳动报酬占比比日本低 12.77 个百分点，两者占比之比是 0.8 ∶ 1；在财产收入占比上，前者则比后者低了 3.36 个百分点，两者占比之比是 0.53 ∶ 1。在中日两国居民收入占比差距上，劳动报酬占比差距是首要影响因素，不过财产收入占比差异也占了整个居民收入占比差额的 18.74%，仍然是不容忽视的重要因素。

表 20-3　中、美、日各种收入来源占本国国民收入的比重

（单位:%）

	劳动报酬占比			财产收入占比			经营留存收入占比		
	中国	美国	日本	中国	美国	日本	中国	美国	日本
1992 年	54.56	66.75	—	4.42	19.70	—	7.08	4.46	—
1993 年	51.54	66.40	—	5.11	19.61	—	5.96	4.69	—
1994 年	52.39	65.31	66.69	5.77	19.44	11.74	6.99	4.76	8.21
1995 年	53.65	64.86	66.90	4.97	19.56	10.69	6.63	4.93	7.82
1996 年	54.42	64.10	65.96	5.41	19.88	9.35	8.59	4.92	7.76
1997 年	53.64	63.88	66.17	4.33	19.92	8.86	8.06	4.89	8.01
1998 年	53.38	64.62	66.80	4.35	20.23	8.46	8.34	4.91	8.79
1999 年	53.27	64.99	66.00	3.45	19.33	7.93	8.33	5.00	9.09
2000 年	53.31	65.75	65.47	3.13	19.48	7.16	10.72	5.02	8.71
2001 年	53.23	65.83	65.75	2.72	19.39	6.21	9.97	5.23	8.73
2002 年	54.16	65.09	64.59	2.50	18.75	5.51	7.82	5.28	9.29
2003 年	53.15	64.52	63.26	2.38	18.69	5.14	8.57	5.17	9.91
2004 年	50.77	63.94	61.81	2.36	18.76	5.23	8.01	5.00	9.30
2005 年	50.73	63.05	61.59	2.44	18.61	5.57	8.11	4.92	8.95
2006 年	49.27	62.49	61.56	3.36	19.69	6.23	8.11	4.76	8.58
2007 年	48.01	64.10	60.44	3.69	19.92	6.59	7.90	4.74	8.43
2008 年	47.62	65.01	62.99	3.73	20.36	6.31	7.31	5.15	8.44
2009 年	49.06	64.22	65.01	3.34	18.03	6.15	8.29	5.54	9.26
2010 年	47.75	62.50	62.56	3.24	17.65	6.01	9.52	5.33	9.14

	劳动报酬占比			财产收入占比			经营留存收入占比		
	中国	美国	日本	中国	美国	日本	中国	美国	日本
2011 年	47.47	61.94	63.87	4.02	19.46	6.24	9.18	5.22	9.10
2012 年	49.51	61.17	63.17	4.70	20.88	6.38	7.44	5.05	9.03
平均值	51.47	64.31	64.24	3.78	19.40	7.15	8.14	5.00	8.77

资料来源：根据 CEIC 数据库数据计算。

尽管财产收入目前在中国居民全部收入中的占比是最低的，但是，这一收入来源上的差距对居民收入占比的影响却十分显著：它是中美居民收入占比差距的首要影响因素，中日居民收入占比差距的第二大影响因素。由于中国目前的人均资本存量和劳动产出效率都低于美、日两国，即使中国的劳动力市场未被扭曲，从逻辑上说，合理的劳动报酬占比也应低于美日两国现有水平。从中、美、日三国劳动报酬占本国国民收入的比重上看，提高中国居民劳动报酬占比对于改善国民收入分配结构，提高居民收入占比，尽管还有空间，但是空间相对有限；相比之下，提高居民财产收入的空间却要大得多。因此，财产收入偏低对中国居民收入占比偏低影响更大。可以说，财产收入过低是导致我国居民收入占比偏低的最主要的原因，然而它却被目前的大部分研究忽略了。

第二节　中国居民财产收入偏低的原因分析

居民财产收入在国民收入中的比重可以被分解为该国税后资本报酬占国民收入的比重与居民财产收入占资本报酬的比重，即：

$$\frac{居民财产收入}{国民收入} = \frac{税后资本报酬}{国民收入} \times \frac{居民财产收入}{税后资本报酬}$$

$$= (1 - \frac{生产税净额}{国民收入} - \frac{劳动报酬}{国民收入} - \frac{个人经营盈余}{国民收入}) \times \frac{居民财产收入}{税后资本报酬}$$

因此，居民财产收入占比是由两个分配过程共同决定的，一是国民收入在各个生产要素之间的分配，二是资本报酬在各个机构部门之间的分配。在第一个分配过程中，1992—2012 年，尽管中国的非劳动报酬占比远远高于美、日两国（均值分别高 12.84 个和 12.77 个百分点），然而，由于生产税净额占比较高（均值分别比美、日高 13.37 个和 4.49 个百分点），因此，中国的税后资本报酬占比均值反而比美国低了 3.67 个百分点，仅比日本高 8.89 个百分点（见表 20-4）。

表 20-4　中、美、日税后资本报酬占本国国民收入的比重

（单位：%）

	中国	美国	日本
1992 年	23.85	28.17	
1993 年	26.85	28.39	
1994 年	25.04	29.16	16.67
1995 年	25.51	29.58	16.71
1996 年	21.29	30.44	17.49
1997 年	22.54	30.62	17.11
1998 年	21.60	29.90	14.79
1999 年	21.90	29.55	15.35
2000 年	23.75	28.75	16.43
2001 年	24.79	28.56	15.92
2002 年	25.62	29.14	16.71
2003 年	25.31	29.89	17.67
2004 年	28.30	30.60	19.57
2005 年	28.26	31.68	19.97
2006 年	29.82	32.35	20.03
2007 年	30.83	30.78	21.53
2008 年	32.55	29.49	18.76
2009 年	30.31	29.96	16.35
2010 年	29.56	31.84	18.85
2011 年	30.06	32.47	17.34
2012 年	29.76	33.37	18.26
平均值	26.55	30.22	17.66

资料来源：根据 CEIC 数据库数据计算。其中，中国数据来源于资金流量表，美国数据来源于美国联邦储备局，日本数据来源于日本内阁府经济社会综合研究所。下同。

税后资本报酬主要通过金融市场在各机构部门之间进行分配。在分配之前，这一报酬占国民收入的比例，中国虽然略低于美国，但却明显高于日本。然而，经过金融市场的分配之后，中国的居民财产收入占比却远远地低于美国，也明显地低于日本了。说明尽管生产税占比偏高①是导致中国与美、日两国居民财产收入占比出现差距的重要原因，但是，导致中、美、日三国居民财产收入占比出现差距却是由第二个分配过程，即资本报酬在各经济部门之间的分配产生的。

但是，中国居民在第二个分配过程中所获得的资本报酬与美、日两国相比，存在明显差距（见表20-5）。1992—2012年，中国居民财产收入占总资本报酬的比例均值仅为7.77%，而同期美国和日本的占比分别达到了63.28%和20.32%。在税后资本报酬占比均值仅略低于美国的情况下，中国居民财产收入占总资本报酬的比例却比美国低了55.51个百分点，仅为美国的12.28%；而在税后资本报酬占比均值比日本还高8.89个百分点的情况下，中国居民财产收入占总资本报酬的比例却反而比日本低了12.68个百分点，仅为日本的38.00%。

表20-5　中、美、日居民财产收入占本国总资本报酬的比例

（单位：%）

年份	中国居民财产收入/总资本报酬（1）	美国居民财产收入/总资本报酬（2）	日本居民财产收入/总资本报酬（3）	（1）/（2）	（1）/（3）
1992	11.48	70.86	—	16.20	—
1993	11.94	69.46	—	17.19	—
1994	14.11	66.22	41.55	21.31	41.55
1995	12.44	67.25	35.93	18.50	35.93
1996	13.48	65.87	27.40	20.46	27.40
1997	11.22	65.02	25.77	17.26	25.77
1998	11.26	68.03	27.46	16.55	27.46
1999	8.90	64.89	24.24	13.72	24.24
2000	5.71	68.66	20.20	8.32	20.20

① 也即通常所说的收入分配向政府倾斜。

续表

年份	中国居民财产收入/总资本报酬（1）	美国居民财产收入/总资本报酬（2）	日本居民财产收入/总资本报酬（3）	（1）/（2）	（1）/（3）
2001	4.95	68.55	16.45	7.22	16.45
2002	4.60	63.54	13.07	7.24	13.07
2003	4.43	61.17	11.60	7.24	11.60
2004	4.19	57.63	11.18	7.27	11.18
2005	4.39	56.26	12.39	7.80	12.39
2006	5.81	59.18	15.09	9.82	15.09
2007	6.22	65.53	16.53	9.49	16.53
2008	5.86	67.57	18.44	8.67	18.44
2009	5.55	59.44	18.94	9.34	18.94
2010	4.98	51.34	16.17	9.70	16.17
2011	5.40	54.74	18.38	9.86	18.38
2012	6.18	57.71	17.81	10.71	17.81
平均值	7.77	63.28	20.45	12.28	38.00

注：后两列数据的平均值项为前三列平均值项相除，而不是该列数据的平均值。
资料来源：根据 CEIC 数据库数据计算。

　　居民部门的财产收入主要来自个人持有的金融资产。中国居民的金融资产规模远不及美、日两国，那么财产收入上的巨大差异是否源自资产规模上的差异？我们利用中国人民银行发布的《中国金融稳定报告（2012）》核算了 1992—2012 年中国居民部门持有的金融资产规模，其中，2004—2010 年的数据直接源于该报告。对于 1992—2003 年的金融资产规模，我们以 1991 年为基期①，用资金流量表中居民金融交易表的流量数据进行估算②，对于

---

　　① 1991 年的居民金融资产主要由现金、银行存款、国债和股票组成。现金以当年流通货币总额的 80% 估算。银行存款直接使用中国人民银行公布的居民储蓄存款余额数据。中国证监会的数据显示，1991 年，中央政府未偿的国债余额为 1059.99 亿元，其中，国库券 587.51 亿元、财政债券 201.79 亿元、保值公债 124.83 亿元、特种国债 92.73 亿元、重点建设债券 48.95 亿元。居民主要持有国库券和保值公债，持有的比例大致为 90%。1991 年 A 股市场上市公司仅 14 家，当年筹资额仅为 5 亿元，居民持有数额有限，可忽略不计。据此，本章估计 1991 年居民部门实际持有的金融资产规模为 12295.23 亿元。
　　② 以该方法和数据估算的 2004 年、2005 年居民金融资产规模分别为 174359.58 亿元、204272.38 亿元，分别是《中国金融稳定报告》同期数据的 96.67% 和 97.70%，估算误差在 4% 之内，估算结果是比较接近实际情况的。

2011 年和 2012 年，则以《中国金融稳定报告（2012）》中 2010 年的存量数据为基期进行估算（见表 20-6）。

表 20-6　1992—2012 年中国居民的金融资产规模

（单位：亿元）

年份	金融资产	本币通货	存款	证券	证券：债券	证券：股票	证券投资基金份额	证券客户保证金	保险准备金	代客理财资金	其他（净）
1992	16744	3469	11545	—	—	—	—	—	—	—	—
1993	21806	4692	14764	—	—	—	—	—	—	—	—
1994	29572	5831	21519	—	—	—	—	—	—	—	—
1995	38440	6308	29662	—	—	—	—	—	—	—	—
1996	49432	7042	38521	—	—	—	—	—	—	—	—
1997	60609	8142	46280	—	—	—	—	—	—	—	—
1998	73074	8963	53407	—	—	—	—	—	—	—	—
1999	85289	10764	59622	—	—	—	—	—	—	—	—
2000	96158	11722	64332	—	—	—	—	—	—	—	—
2001	110276	12551	73762	—	—	—	—	—	—	—	—
2002	129997	13822	86911	—	—	—	—	—	—	—	—
2003	153107	15797	103617	—	—	—	—	—	—	—	—
2004	180369	17820	129575	15190	6293	8897	1905	1339	14113	—	—
2005	209083	19945	150551	14399	6534	7865	2449	1566	18315	—	—
2006	251600	22469	171737	23945	6944	17001	5618	3128	22680	—	—
2007	335495	25211	181840	58311	6707	51604	29716	9904	27097	—	—
2008	342870	28622	228478	25139	4981	20157	17011	4760	37831	—	—
2009	410869	31982	268650	49997	2623	47374	8383	5695	46226	—	—
2010	494832	37691	315642	59169	2692	56477	7346	4447	52667	14975	—
2011	502246	42318	352797	—	—	—	—	—	—	—	—
2012	511952	45580	411352	—	—	—	—	—	—	—	—

注：①1992—2003 年以及 2011 年、2012 年的本币通货值为估算结果。1992—2003 年参照王春正（1995）的方法按总通货数量的 80% 计算，2011 年及 2012 年则按 2004—2010 年的平均值估算。

②保险准备金包含了养老金和保险部分。《中国金融稳定报告（2012）》用该项指标比较了美、英、德、日四国的保险及养老准备金在居民金融资产中的占比。

资料来源：《中国统计年鉴》《中国金融年鉴》《中国金融稳定报告（2012）》。

1992—2012 年，我国居民部门持有的金融资产规模迅速增长。2012 年居民金融资产规模是 1992 年的 30.58 倍，年均增速高达 18.65%。2012 年人均金融资产达到 37810.34 元，是 1992 年的 26.46 倍，年均增长 17.80%。若以 1978 年不变价格计算，2012 年人均可比价金融资产规模是 1992 年的 10.87 倍，年均增速 12.67%，超过了同期的经济增速。不过，与美、日相比，中国居民的金融资产规模仍然是比较小的。2012 年，中国居民金融资产的总规模仅为美国的 18.25%，日本的 41.69%（见表 20-7）。从人均水平上看，中、美、日的差距更大。2012 年我国人均金融资本存量仅为美国人均水平的 4.23%，日本的 3.92%。

表 20-7　中、美、日居民金融资产规模比较

年份	居民金融资产总额（十亿美元）			人均金融资产（美元）		
	中国	美国	日本	中国	美国	日本
1992	304	14181	—	259	55606	—
1993	378	15236	—	319	59105	—
1994	343	15701	—	286	60312	—
1995	460	17737	—	380	67493	—
1996	595	18977	—	486	71549	—
1997	731	21719	10622	591	81106	84195
1998	883	24450	10045	707	90472	79424
1999	1030	28157	12305	819	103254	97142
2000	1162	26914	13073	916	95382	102996
2001	1332	25701	11418	1044	90153	89683
2002	1571	23623	11319	1223	82081	88788
2003	1850	27098	12576	1431	93337	98483
2004	2179	30943	13585	1676	105591	106307
2005	2552	33310	14260	1951	112628	111608
2006	3155	36840	13645	2400	123379	106683
2007	4410	38574	13138	3338	127906	102617
2008	4935	31718	14119	3716	104207	110231
2009	6015	34551	15949	4507	112541	124569
2010	7309	39100	17115	5451	126404	133652

续表

年份	居民金融资产总额（十亿美元）			人均金融资产（美元）		
	中国	美国	日本	中国	美国	日本
2011	8363	40292	18837	5769	129314	147395
2012	10098	44433	19452	5990	141563	152549

资料来源：根据 CEIC 数据库数据整理。

从金融资产结构上看，储蓄存款仍然是中国居民最主要的金融资产（见表20-8）。尽管我国居民储蓄存款的规模有下降的趋势，然而，2012年储蓄存款占居民金融资产的比重再次回升至80.35%。保险准备金和股票占居民金融资产的比重近年来快速上升。这一变化体现了我国居民对多元化配置金融资产的需求开始上升，投资理财及避险意识逐渐增强。

表 20-8 1992—2012 年中国居民的金融资产结构

（单位:%）

年份	本币通货	存款	证券:债券	证券:股票	保险准备金	证券投资基金份额	其他
1992	20.72	68.95	—	—	—	—	—
1993	21.52	67.71	—	—	—	—	—
1994	19.72	72.77	—	—	—	—	—
1995	16.41	77.16	—	—	—	—	—
1996	14.25	77.93	—	—	—	—	—
1997	13.43	76.36	—	—	—	—	—
1998	12.27	73.09	—	—	—	—	—
1999	12.62	69.91	—	—	—	—	—
2000	12.19	66.90	—	—	—	—	—
2001	11.38	66.89	—	—	—	—	—
2002	10.63	66.86	—	—	—	—	—
2003	10.32	67.68	—	—	—	—	—
2004	9.88	71.84	3.49	4.93	7.82	1.06	0.98

续表

年份	本币通货	存款	证券：债券	证券：股票	保险准备金	证券投资基金份额	其他
2005	9.54	72.01	3.13	3.76	8.76	1.17	1.64
2006	8.93	68.26	2.76	6.76	9.01	2.23	2.05
2007	7.51	54.20	2.00	15.38	8.08	8.86	3.97
2008	8.35	66.64	1.45	5.88	11.03	4.96	1.69
2009	7.78	65.39	0.64	11.53	11.25	2.04	1.37
2010	7.62	63.79	0.54	11.41	10.64	1.48	4.51
2011	8.43	70.24	—	—	—	—	—
2012	8.90	80.35	—	—	—	—	—

注：该报告仅列出了2004—2010年的居民金融资产总额及各分项数据，其余年份的本币通货和存款数据，我们根据资金流量表数据进行了推算。其余的分项数据限于资料，尚无法估算。

资料来源：根据《中国金融稳定报告（2012）》、资金流量表数据计算。

在居民金融资产结构方面，同为银行主导，以间接融资为主的日本与中国较为接近——银行存款都是两国居民最主要的金融资产；而在以直接融资为主的美国，家庭部门金融资产的配置则比较分散（见表20-9）。在日本的家庭金融资产中，银行存款占比基本稳定在50%左右。保险与养老金占比也极其稳定，基本上都在26.5%左右，固定收益类债券占比在近10年也相对稳定。尽管存款占日本家庭金融资产的比重最大，但是在与我们所研究的中国样本相近的时期（1997—2012年）里，其平均水平仍然比中国低了19.13个百分点。日本家庭将更多的金融资源配置在保险与养老金领域，2010年中日两国居民在该领域的金融资产比重相差17.16个百分点。在美国，直接融资为主的金融市场结构在家庭金融资产的配置上也得到了鲜明体现。美国家庭持有的金融资产中，占比最大的是各类公司股票、保险与养老基金，存款、公司债券和各类投资基金的比例大致相当。其中，投资基金的比重在保持稳定上升趋势，债券和股票的份额则有所下降。这表明，美国家庭越来越倾向于通过持有各类投资基金来间接地持有企业股票和债券，而不是自己直接投资股市，挑选股票和债券组合。

表 20-9　1992—2014 年日本、美国的家庭金融资产结构

（单位:%）

年份	通货		存款		债券		股票与基金份额		保险与养老金	
	日本	美国	日本	美国	日本	美国	日本	美国	日本	美国
1992		3.13		13.75		10.88		39.18		33.05
1993		3.29		12.08		10.75		40.38		33.50
1994		3.16		11.21		11.61		40.08		33.94
1995		2.76		10.69		11.42		41.4		33.73
1996		2.34		10.40		10.97		42.96		33.33
1997	2.26	1.92	51.87	9.94	7.00	10.08	6.68	44.67	26.78	33.39
1998	2.44	1.65	52.87	9.19	6.30	9.44	6.17	47.04	27.07	32.67
1999	2.55	1.53	51.03	8.57	5.80	8.75	9.85	49.02	26.08	32.14
2000	2.51	1.20	51.36	8.58	5.83	8.20	8.60	50.18	26.65	31.84
2001	2.82	1.33	52.71	10.09	5.48	8.54	6.53	46.15	27.24	33.89
2002	2.94	1.32	52.18	11.15	4.52	8.28	6.04	43.73	29.37	35.52
2003	2.95	1.31	50.58	11.56	4.40	7.73	7.38	43.56	29.07	35.84
2004	2.97	0.99	50.33	11.05	4.94	9.30	8.22	44.5	28.30	34.15
2005	3.26	0.74	46.85	11.11	5.84	8.95	12.67	45.62	26.58	33.57
2006	3.26	0.53	46.16	11.15	6.81	8.84	12.52	46.86	26.33	32.62
2007	3.39	0.31	47.75	11.20	7.81	8.65	9.03	47.86	27.20	31.97
2008	3.59	0.36	51.11	12.68	6.39	10.60	6.01	42.78	28.75	33.59
2009	3.55	0.73	50.75	13.47	6.72	11.99	6.35	38.29	28.28	35.51
2010	3.63	0.71	51.00	12.90	6.72	10.95	6.75	39.27	27.80	36.17
2011	3.60	1.09	52.09	12.57	5.97	9.79	6.47	40.56	27.84	35.98
2012	3.62	1.42	51.40	12.53	6.03	8.88	7.20	41.4	27.63	35.77
2013	3.50	1.57	49.63	11.85	6.61	7.62	9.46	44.47	26.70	34.50
2014	3.51	1.72	49.03	11.56	7.13	6.53	9.54	46.32	26.37	33.87

注：表中日本的数据来自日本银行公布的家庭金融资产负债表，该表的分项数据与总和数据之间
　　每年均有 5%左右的误差。

资料来源：根据日本银行、美国联邦储备委员会的数据计算。

　　投资回报率过低是导致我国居民财产收入占比偏低的主要原因。在人均资本存量更低的中国，居民的实际投资回报率反而低于资本丰裕的美国和日本，这是与经济学的一般原理相悖的。2012 年，中国居民的人均财产

收入为 1797.42 元，是 1992 年的 17.68 倍，年均增速 15.44%，比同期的
人均金融资产增速低了 2.36 个百分点；若以 1978 年不变价格计算，2012
年人均可比价财产收入是 1992 年的 7.26 倍，年均增速 10.42%，比可比价
人均金融资产增速低了 3.07 个百分点。人均财产收入平均增速长期低于人
均金融资产规模的平均增速，意味着居民金融资产的回报率在这 20 年里存
在着下降趋势。若将投资回报率定义为财产收入除以通货以外的金融资
产，我们发现，在数据期内，中国居民的金融投资回报率在 1994—2004 年
间急速下降之后始终在低位徘徊。1994—2004 年，回报率从 11.68% 迅速
下降至 2.32%，之后虽有所回升，但是，至 2012 年也仅仅回升至 5.22%，
仅仅接近于 1998 年水平。在考虑了通胀因素后，中国居民的金融资产实际
回报率在 2002 年之后的所有年份都显著低于美国，在大多数年份都明显低
于日本（见图 20-1）。

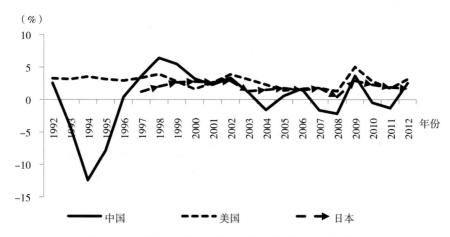

图 20-1　1992—2012 年居民实际金融资产回报率比较

资料来源：根据《中国金融稳定报告（2012）》《中国统计年鉴》以及美国联邦储备局、日本内阁
　　　　府经济社会综合研究所、日本银行相关数据整理计算。

与经济学的逻辑相反，在资本更为稀缺的中国，居民的金融投资回报
率不是高于反而却是低于资本更为充裕的美国和日本。1992—2012 年，扣
除通胀因素后，中国居民的实际金融投资回报率平均仅为 0.26%，这一回
报水平尚不及同期美国居民实际投资回报率的十分之一。即便将回报率异
常低的 1993—1996 年排除在外，1997—2012 年美、日两国居民的实际金融

投资回报率仍然分别是中国的 1.59 倍和 1.17 倍。众所周知，在正常的市场经济中，居民金融投资的实际回报水平应当与该国资本的稀缺程度呈反向关系。也即一国资本越稀缺，资本的边际产出水平就越高，支付给资本的边际报酬也就应当越高。尽管改革开放后，我国的金融资本和实物资本都在快速增长，但是人均资本存量仍然远远不及美国、日本。宾夕法尼亚大学国际比较研究中心估算的数据显示，至 2011 年，中国以购买力平价计算的全要素生产率（TFP）分别为美国、日本的 40.66%、57.13%。以购买力平价计算的中国人均资本存量仅为美国、日本的 25.79%、23.47%。学界对中国资本产出弹性的估计一般在 0.5 左右，美国、日本则为 0.3。根据 $r = \alpha A \, k^{\alpha-1}$ 这一公式粗略估算，中国实际的资本回报率应大致是美国、日本的 1.33 倍和 1.96 倍。即便考虑到中国家庭金融资产中低风险资产的比重较高，现有的投资回报率也仍然是偏低的，与中国现有的生产技术水平和人均资本存量水平不相匹配。

除回报率明显不合理外，居民金融债权和最终金融投资收益之间的背离也证明了资本报酬分配过程的扭曲。李文溥、李昊（2015）的研究显示，改革开放后，中国居民的金融资产规模快速增加，1999 年之前，其增速远高于社会生产性资本增速，这意味着居民对资本报酬的索取权越来越大。至 1999 年，居民部门持有的金融资本（债权）与社会生产性资本存量之比已达 47.51%，然而，当年居民财产收入占总税后资本报酬的比例却不过 8.91%。这一差距在中国人民银行连续八次降息之后更为明显。1999—2006 年，居民金融债权占社会资本存量的比例仅下降了不到 4 个百分点，降幅仅为 8.40%，但是居民部门在资本报酬中的分配比例降幅却高达 34.72%，仅仅剩下 5.81%。

尽管美、日两国在不同时期都实行过利率管制政策，但却未对国民收入分配形成如此显著影响。美国的金融市场长期以直接融资为主，银行存款占家庭金融资产的比例远远低于股票和保险，对财产收入的重要性不高，因此利率管制政策对居民收入的影响有限。日本家庭的金融资产结构虽与中国较接近，但是存款占比仍比中国低近 20 个百分点，除了银行存款外，日本民众可以选择的金融资产也相当多。此外，在要素分配过程中，同期美、日两国的劳动报酬所占比例都比中国高近 13 个百分点，因此，在劳动报酬占比较低，金融产品选择空间较小的情况下，利率管制对中国居民收入的影响就特别明显。1996—2002 年，中国人民银行连续八次下调存贷款利率，直接导致了居民投资回报率的大幅下跌，此后十余年，实际存款利率始终接近于零，居民投资回报率自然难以提高。金融管制对居民财产收入造成的损失十分惊人，研究表明，1992—2012 年，利率管制导致居民应得的财产收入的 56.57% 被转移给了企业和政府部门，最高年份的转移比率高达 81.30%，居民损失的收入约占 1992—2012 年 GDP 总量的 3.35%。[①]

第三节　结　　论

本章以资金流量表为基础，对国民收入分配结果进行分解，利用美、日为参照国，全面对比了三国的国民收入分配结构，试图从中发现中国居民收入占比过低的症结所在。

通过对资金流量表数据的整理，我们发现，在当前中国居民的收入结构中，绝大部分收入是劳动报酬，财产收入在三种收入来源中占比最小。或许正因为如此，迄今为止的大部分研究都将收入在劳资要素之间的分配视为扭转最终分配结构的关键。然而，国际比较的结果显示，财产收入占比的差异对最终分配结构的影响不可忽视，而且，在目前中国居民财产收入占比极低的情况下，尤其不可忽视。中美两国居民收入占比差异有 61.69% 是由财产收入差异引起的，中日两国居民收入占比差异有 18.74% 是财产收入差异造成的。如果考虑到中国现有人均资本存量水平和人均产出效率远低于这两个发达国家，那么，中国合理的劳动报酬占比在一定程度上低于两者是正常现象，在这种情况下，提高财产收入及其占比对最终分配结构的影响也就显得更重要了。与发达市场经济体相比，中国居民的

---

① 详细估算方法及数据参见李文溥、李昊（2015）。

财产收入占比现在严重偏低，这也就意味着有极大的提高空间。

中国居民财产收入过低，主要源于居民金融债权对全社会生产性资产存量之比偏低，最高年份（1999 年）也只有 47.5%；此外，就是长期实行的低利率管制政策。仅就后者而言，中国的国民收入在要素分配和生产税征收之后，尽管税后资本报酬占比并未显著低于美国，甚至还高于日本，然而经过金融市场分配后，居民资本报酬占国民收入的比例却出现了巨大差异，1992—2012 年，这一比例平均比美国低了 15.62 个百分点，比日本低 3.36 个百分点。通过对三国居民金融资产的核算，我们发现，中国居民财产收入过低的主要原因是投资回报率太低。在人均资本存量远远低于美、日两国的情况下，中国居民的实际投资回报率却大大低于后者，即便考虑到我国居民金融资产中低风险资产的比例较高，当前的投资回报率仍是不合理的（李文溥、李昊，2015）。长期偏低的管制利率和金融市场准入限制是导致这一现象的根本原因。

利率管制之外，金融产品的匮乏也限制了居民的投资选择空间，从而大大限制了居民财产收入提高的可能性。即便与间接融资为主的日本相比，中国居民金融资产中银行存款的比例也是偏高的。居民财产收入的多少不仅与居民金融资产的规模相关，也与其所承担的市场风险相关。在中国当前的金融市场中，面向居民的金融产品大部分集中在高风险和低风险两端，未能形成由低至高，合理分布的多元化布局，从而限制了居民部门依据自身风险偏好自主选择不同资产组合的可能。因此，解除居民存款利率管制之后，在保证市场稳定的前提下，放松市场准入限制，鼓励金融产品创新对扭转当前的居民财产收入过低也具有十分重要的意义。

第二十一章 利率市场化：时机与宏观经济影响

  金融市场在现代市场经济中的重要性不言而喻。经过几十年的改革开放，我国已经建成了相当发达的产品市场与劳动力市场，但是，金融市场化的进程仍然严重滞后：金融市场至今仍是以国有银行为主、偏重间接融资的银行主导型金融市场，存款利率尚未真正实现市场化。对银行存款利率的行政管制必然导致资源配置的扭曲，进而对经济运行产生负面影响。具体而言，管制的存款利率势必低于市场均衡利率，它至少产生了以下的负面效应：第一，过低的存款利率导致了资本要素价格的扭曲，是我国粗放型经济发展方式的重要基础条件之一；第二，我国居民绝大多数的金融资产为银行存款，过低的存款利率侵蚀了居民本应获得的财产性收入，扭曲了国民收入的分配格局，是造成我国国民经济结构失衡的重要原因之一；第三，利率管制与金融市场的国有垄断结构相结合，导致了金融业的无效率。在经济发展进入服务经济阶段，金融业的资源错配及运行无效率，严重地阻滞了我国经济的转型升级；第四，存款利率管制限制了各商业银行在负债端的价格竞争，这一措施虽然在一定程度上起到了稳定金融市场秩序，避免恶性价格竞争的作用，但从长远看，势必削弱我国银行业的风险定价能力，使其无法适应更加激烈的国际竞争；第五，存款利率管制也不利于商业银行与其他金融机构展开竞争，近年来兴起的互联网金融就对银行存款形成了较为明显的冲击。因此，应当尽快解除存款利率管制，实现银行存贷款利率的完全市场化。

  然而，所有改革都伴随着潜在的风险和不确定性，越是关系全局的改革，其潜在的风险及其影响范围也就越大。我国的利率市场化改革拖延至今，某种程度上也与此有关。国际经验表明，在错误的时点进行利率市场化改革将导致金融市场出现严重的混乱，进而将波及整个国民经济体系。因此，应审慎地判断利率市场化改革的实际风险和潜在影响，谨慎地选择改革的时点。本章试图对利率市场化的相关政策问题进行研究。其中：第一节分析应用新古典一般均衡模型、垄断竞争模型等研究利率市场化的缺陷及不足；第二节从金融市场参与主体行为模式的角度分析了现阶段解除存款利率管制可能带来的影响；第三节分析利率市场化的时机选择；为了模拟利率市场化改革的宏观经济的影响，第四节构建了一个联立方程组模型，利用反事实模拟对利率市场化改革的宏观经济影响进行政策模拟；第五节是结论。

第一节　利率市场化：模型的分析

绝大多数以新古典一般均衡模型为主要方法的研究仅仅设定一个单一市场利率，并不区分存款利率和贷款利率。这一假设意味着存贷款利率必然发生同向变化，因此，在存款利率水平偏低的情况下，取消存款利率浮动上限必然推动贷款利率的同步上浮。这一假设实际上暗含一个非常强的假设，即银行部门是完全以成本加成的方式定价的，即便在利率市场化之后，存贷利率间也始终保持着固定的利差。这一假设一方面意味着银行部门并不以利润最大化为经营目标；另一方面也意味着银行在资本市场上具有非常强势的议价能力，能够把成本上涨的压力完全转移给资金使用者。

然而，自20世纪90年代国有银行商业化改革之后，银行业整体的经营目标已经开始向追求利润最大化转变。银监会利率市场化改革研究工作小组发布的研究报告[①]显示，尽管国内大量的小型银行甚至部分股份制银行仍采用传统的成本加成法或基准利率加点法来制定贷款价格，但是，大

---

① 张建波、文竹：《利率市场化改革与商业银行定价能力研究》，《金融监管研究》2012年第10期。

型国有商业银行和部分股份制银行已经建立或正在建立综合考虑成本、风险以及市场竞争程度的贷款定价模型。成本加成定价法基本不考虑产品价格对产品需求的影响，在完全竞争市场环境下的企业是不大可能长期采用此种定价方式的。它一般出现在自然垄断行业。我国的金融市场尽管有多达数千家的各类银行、信用社等，但是，从市场集中度上看，仍然是标准的寡头垄断竞争结构。根据银监会 2013 年年报，截至 2013 年底，我国银行业金融机构共有法人机构 3949 家，其中包含了 5 家国有大型商业银行、12 家股份制商业银行、145 家城市商业银行以及 2394 家农村合作银行、信用社等中小金融机构。其中，5 家国有大型商业银行的资产就占整个银行业金融机构的 43.3%，12 家股份制商业银行资产则占 17.8%。在这一市场结构下，尽管大量的中小银行仍在采用成本加成的定价方式，但是，对风险定价水平更高的大型商业银行的行为偏好则是整个市场的主导力量。因此，仍将银行部门的定价方式视为完全的成本加成定价，认为存款利率市场化导致的存款利率上浮将完全传导至贷款端是缺乏经济现实支持的。

我国目前以国有大型商业银行和股份制银行为主导的间接金融市场呈现出明显的寡头竞争模式，部分学者试图运用垄断竞争模型来描述这一市场结构。但是，这一方法无法准确地预测利率市场化可能带来的影响。在此我们构建一个基本的垄断竞争模型来说明这一方法的局限性。我们假设存在着 N 家拥有垄断势力的银行，银行通过选择吸纳的存款数量 D_i 和贷款数量 L_i 来实现自身利润的最大化。由于银行同时在存款市场和贷款市场拥有垄断势力，因此每家银行都面临一条向右上方倾斜的存款供给曲线 $r_D(\sum_{i=1}^{N} D_i)$，$r_D' > 0$ 和向右下方倾斜的贷款需求曲线 $r_L(\sum_{i=1}^{N} L_i)$，$r_L' < 0$。每家银行的非利息成本与存贷款数量正相关，而且为线性关系，即有 $E(D_i, L_i) = \gamma_D D_i + \gamma_L L_i$，银行同样要满足中央银行规定的存款准备金率 β。根据以上假设，第 i 家银行的行为方程可以表示为：

$$\max_{D_i, L_i} \pi_i = r_L(L_i + \sum_{i \neq j} L_j) L_i - r_D(D_i + \sum_{i \neq j} D_j) D_i - E(D_i, L_i) \quad (21-1)$$

$$\text{s.t. } L_i \leq (1 - \beta) D_i$$

根据以上方程，可获得银行利润最大化的两个一阶条件和信贷市场出清条件：

$$r'_L(L)\ L_i + r_L(L) - \gamma_L - \lambda = 0$$

$$- r'_D(D)\ D_i - r_D(D) - \gamma_D + (1 - \beta)\ \lambda = 0 \qquad (21\text{-}2)$$

$$L(r_L^*) = (1 - \beta) D(r_D^*)$$

其中，$r'_L(L)\ L_i = \dfrac{1}{\dfrac{\partial\ L(r_L)}{\partial\ r_L}} \dfrac{L}{r_L} \dfrac{L_i}{L} r_L$。根据对称性原理，各家银行的贷款

数额应相同，故可将该式写为 $r'_L(L)\ L_i = - \dfrac{r_L}{N\,\varepsilon_L}$，其中，$\varepsilon_L = - \dfrac{\partial L(r_L)}{\partial r_L} \cdot \dfrac{L}{r_L}$

为信贷市场上对贷款的需求弹性。同理，$r'_D(D)\ D_i = \dfrac{r_D}{N\,\varepsilon_D}$，其中 $\varepsilon_D =$

$\dfrac{\partial D(r_D)}{\partial r_D} \cdot \dfrac{D}{r_D}$ 为存款市场上居民部门的存款供给弹性。我们可将方程组

（21-2）改写为：

$$\frac{r_L(L) - \gamma_L - \lambda}{r_L(L)} = \frac{1}{N\,\varepsilon_L}$$

$$\frac{- r_D(D) - \gamma_D + (1 - \beta)\ \lambda}{r_D(D)} = \frac{1}{N\,\varepsilon_D} \qquad (21\text{-}3)$$

$$L(r_L^*) = (1 - \beta) D(r_D^*)$$

根据一阶条件可知，在不存在政府管制的条件下，在寡头垄断竞争环境中的银行部门，其存贷款利率应满足 $r_D + \dfrac{r_D}{N\,\varepsilon_D} + \gamma_D =$

$(1 - \beta) \left(r_L - \gamma_L - \dfrac{r_L}{N\,\varepsilon_L} \right)$。因此，一旦可以估计出存贷款总量与利率间的函数关系，就可以通过该式获得存贷款利率间的函数关系。然而，两个因素导致了这一模型的结论难以转化为对解除利率管制后的实际存贷款利率走势的判断：

首先，存款供给函数难以估算。通过对我国存款余额、存款增量数据的观察，可以发现，无论是存款余额还是存款增量，与利率的关系都十分微弱，存款余额的变动甚至多次与实际利率背道而驰。企事业单位存款主要来源于工资支出和企业生产过程中的各种票据结算账户和短期库存现金组成，它们与经济周期高度相关。针对居民储蓄偏好的研究也证实，居民

储蓄存款的变动与利率的关系十分微弱。1995—1999 年，实际存款利率大幅度回升，居民储蓄存款增速却持续大幅下滑（见图 21-1）。至 1999 年，居民储蓄存款仅较上年增加了 11.64%，不足 1993—1995 年平均增幅的三分之一。与此同时，新增存款在居民可支配收入中的比例也大幅度下滑，1999 年仅占 10.4%，而 1993—1995 年的均值是 18.29%。2007 年，居民储蓄存款再次大幅度波动，增速仅 6.77%，为十年来的最低点。新增存款占可支配收入的比例也降至 6.9%。但是，到了 2008 年，实际存款利率持续下降，储蓄存款却又大幅度回升了。

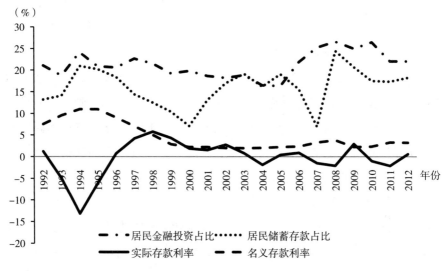

图 21-1　1992—2012 年存款利率与居民金融投资率
资料来源：依据中国人民银行、国家统计局数据整理计算得到。

与居民存款余额的大幅度变动不同，居民部门金融投资占可支配收入的比例始终比较稳定。如果以居民金融投资占可支配收入的比例来衡量居民部门的储蓄率，2008 年以前，中国居民的储蓄率大致稳定在 22.66% 的水平，2008—2012 年上升至 29.52%。同期的实际存款利率水平则大幅度变动：1993—1995 年，受高通胀的影响，实际利率水平降至-5% 以下，1994 年甚至低至-13.20%，然而，在此期间，居民储蓄率都高于 20%，并未受到利率下降的明显影响。随后的 1997—1999 年，通胀率快速回落，实际存款利率升至 4.2% 以上，居民储蓄率却仍然维持在 20%—22%。2000—

2012 年，实际存款利率水平始终在 0 点徘徊，而居民储蓄率在 2007 年之前都维持在 22.30% 的水平上，2008 年之后甚至明显上升了。

由此可见，我国居民部门用于金融投资的收入比例是比较稳定而且独立于利率水平的，储蓄存款余额变动与利率水平间的关系并不显著。存款余额的大幅度变动很可能源于居民在不同金融资产间的配置变化而不是利率变动：在没有其他金融产品参与竞争的情况下，大部分居民的金融投资都会流向银行系统，但是一旦出现新的投资机会，储蓄存款就会在短期内大量流出。一旦其他投资领域的回报率大幅下降，资金又将再次流回银行系统。2007—2008 年，股票市场的大起大落和居民储蓄存款余额的异常变动情况在一定程度上证实了这种可能性。显然，在这种情况下，很难从历史数据中估算出准确的存款供给函数。

其次，当前银行部门的贷款定价方式仍不宜完全用寡头垄断模型加以解释。从理论上说，在利润最大化的前提假设下，银行部门制定的贷款利率将始终等于企业部门的边际资本回报率，一旦企业贷款需求下降，那么，实际贷款利率水平也将随之下降。然而，我国近年来的现实数据并不支持这一推断，相反，却出现了贷款需求下降和贷款利率上升共存的局面。从实际贷款利率和企业贷款需求看，中国人民银行和国家统计局发布的银行业景气指数显示，2013 年的贷款需求指数平均为 74.75，与 2010 年相比，下降了 8.7，实际加权贷款利率却上升了 6.46 个百分点。① 贷款供给方面，2010 年贷款余额与 GDP 的比例为 1.17，2013 年该比例上升至 1.22，信贷供给的总量正在提高。与此同时，地方政府融资平台对贷款的占用也在下降。根据国家审计署 2013 年发布的全国政府性债务审计结果显示，截至 2013 年 6 月，全国地方政府负有偿还责任的债务余额为 108859.17 亿元，其中 55252.45 亿元来源于银行贷款；负有担保责任的债务余额为 26655.77 亿元，其中 19085.18 亿元来源于银行贷款；可能承担救助责任的债务余额为 43393.72 亿元，其中 26849.76 亿元来源于银行贷款。以上三项贷款负债总额为 101187.39 亿元，占当期全部金融机构贷款

---

① 实际加权贷款利率以 GDP 平减指数而不是 CPI 进行平减。同期名义加权利率也上升了 1.24 个百分点。

余额的 14.86%。2010 年底，地方政府三项债务余额中来源于银行贷款的为 84679.99 亿元，占当期全部贷款余额的 17.68%。这两方面数据表明，银行的贷款供给曲线仍未与贷款需求曲线形成相交，实际贷款利率仍低于企业的资本边际产出水平，而不是如寡头垄断模型所预示的，已在等于资本边际产出的利率水平上达到了市场出清，导致这一现象的原因可能在于商业银行的风险定价能力仍不足以充分满足潜在贷款需求，信贷市场仍然存在一定程度的供给缺口，而银行部门则在不断强化风险定价水平，以发掘更多的信贷机会。

综上分析，我们认为，在贷款市场上，我国银行部门的定价行为仍处于完全的成本加成式与寡头竞争模式之间。国有大型银行、股份制商业银行以及规模更小的城商行尽管在企业组织形式上实现了向现代企业的转变，但是，在各级政府部门掌握大部分股权情况下，银行的行为仍与追求利润最大化的一般性企业有着明显区别。此外，不同类型企业在政府扶持力度、商业信誉、财务披露水平等方面的差距也在很大程度上影响了银行的贷款偏好。在存款市场上，作为主要资金提供者的居民部门，其储蓄行为与存款利率间的关系十分微弱，很难利用一个以利率为解释变量的储蓄函数进行描述。因此，寡头垄断竞争模型同样无法准确估计存款利率市场化后的利率走势。从政策分析角度看，我们需要从金融市场参与主体行为模式的角度进行分析。

第二节　利率市场化：行为分析

利率市场化对市场利率的可能影响，取决于贷款与存款市场上供需的力量对比变化。我们分别从贷款与存款两个市场上的决定利率变化的供需双方力量对比上进行分析。

在贷款市场上，由于贷款利率的上浮和下浮限制已经取消，因此在市场结构不发生重大变化的情况下，资本回报率对贷款利率变动方向和幅度的影响是最大的。从我国未来发展方向和当前的经济形势上看，我国的资本回报率在未来一段时期将维持在较低水平上，具体而言：

首先，资本报酬在国民收入中的比重将呈现下降趋势。第一，随着人均 GDP 的不断提高，中国的资本稀缺性在降低，资本边际报酬率呈下降趋势。第二，导致收入分配向资本倾斜的政策导向正在纠正之中。国际金融危机之后，转变经济发展方式已经刻不容缓。经济增长从外需拉动转向内需驱动，必然要求扭转失衡的国民收入分配结构，提高劳动报酬在国民收入中的比重。可以预见，未来数年，提高劳动报酬占比，扭转国民收入分配失衡将成为中央政府最重要的工作内容之一。因此，资本在劳资分配过程中的博弈能力将出现下降。

其次，严重的产能过剩与大量的民生需求难以得到满足同时并存，说明在人均收入跨入中等偏上收入水平之后，中国正面临着一个影响深远的需求结构转换和相应的供给结构调整阶段。经济增长从依靠外需拉动为主正逐步转向以内需为主。从 20 世纪 90 年代中后期开始的汽车、住房等为代表的实物产品消费为主逐步转向以服务为消费新增长点的服务经济时代。随着土地、劳动力等要素比价的变化，低附加值的加工贸易正逐步从中国退出。国内需求方面，随着收入水平的提高，需求结构正在转换。此前"两高一低"增长模式下形成的大量生产能力无法适应需求结构的转换，出现了严重的产能过剩。历史证明，产业的升级换代和结构调整总是痛苦而且缓慢的。在供给侧结构性改革的大背景下，投资需求有降有升。就整体而言，资本回报率有下降的趋势。

最后，2008 年国际金融危机后，政府进行的大规模基础设施投资将在一段时期内拉低全社会的资本回报率。据李文溥、李昊（2015）的研究估算，全社会税后资本报酬率自 2008 年起已经连续 5 年下滑，至 2012 年已下滑至 11.75%，与 2008 相比，下降了 7.27 个百分点。此外，地方政府的沉重债务负担，也是中央政府在决定货币政策时不得不考虑的问题：资金成本的上升将进一步加重地方政府的偿债压力，甚至可能导致部分地方政府出现偿债困难。

综上考虑，我们认为，从贷款市场的供需情况看，不存在足够的投资需求膨胀以支持贷款利率进一步上升。因此，即便解除存款利率上限管制，贷款利率仍将继续维持在当前水平上，甚至可能进一步降低。

在存款市场上，一旦存款利率上浮上限取消，各商业银行间的竞争必然导致存款利率有所上升，但是，由于贷款利率的上升受到经济结构调整、需求萎缩等限制，因此，存款利率的上升幅度也是有限的。

如前所述，居民部门的金融投资行为具有很强的稳定性，而且相对独立于名义或实际存款利率。到目前为止，能与商业银行形成有效竞争的金融产品极为有限。快速繁荣的股票市场固然能在牛市时短期内吸引大量的储蓄存款。但是，一旦转入熊市，资金又迅速回到了银行。由于我国股市行情高度不稳定，现阶段还难以对银行存款造成实质性的资金分流影响。近年来兴起的互联网金融平台曾被认为有可能对银行形成较大威胁。然而，随着市场流动性趋于宽松，阿里巴巴、百度等规模较大的互联网公司，其平台销售的金融产品收益率已经与银行的理财产品相差无几，与此同时，互联网金融中的重要组成部分——主营 P2P 网贷的互联网金融公司则普遍存在资产规模较小，经营不规范甚至违法经营，违约风险较大等问题①。该行业不断爆出的违约事件可能严重地影响个人投资者对整个行业的信心，因此，此类金融产品目前同样难以撼动银行在中国金融系统中的地位。

目前能与银行存款形成较大替代作用的金融产品是各商业银行自己发行的理财产品。根据中央国债登记结算公司发布的《中国银行业理财市场年度报告（2015 年）》的数据，截至 2015 年底，共有 426 家银行业金融机构存续理财产品，理财产品数 60879 只，理财资金账面余额 23.50 万亿元，较 2014 年增加了 8.48 万亿元，增幅高达 56.46%，其中，一般个人类理财产品的续存余额为 11.64 万亿元，该年银行各类存款余额为 138 万亿元，其中居民储蓄存款为 55.19 万亿元，理财产品续存余额与银行存款间的比例为 1：5.87，而个人理财与储蓄存款间的比例则更高，为 1：4.74。由于各家银行在实际操作中都对其销售的理财

---

① 例如 2015 年 12 月被立案侦查的金易融（北京）网络科技有限公司（e 租宝），该公司涉嫌非法融资 500 多亿元，总投资人数高达 90.95 万人。根据"网贷之家"的数据显示，截至 2016 年 3 月，出现停业、提现困难、经侦介入等问题的平台数已达 1523 家，而当月累计平台数不过 3984 家。

产品实行刚性兑付政策，因此其风险程度仅略高于储蓄存款，远低于其他金融产品。银行理财产品收益高、风险低的特征使其成为银行储蓄存款最主要的分流渠道。

综合存贷款市场上的资金供给和需求，我们认为，在居民储蓄刚性较强，市场风险加大的环境下，各商业银行的市场地位并未受到实质性的挑战的背景下，对存款利率上浮最大的推动力来自各商业银行间的竞争压力。当前，中国银行部门的存贷利差和盈利水平，无论与国际同行还是与国内其他行业企业比，都是相当高的。20世纪80年代金融自由化改革以来，日本银行的存贷利差不断收窄，2013年收窄至0.76个百分点，中国台湾地区自金融自由化改革以来，存贷利差从1997年的2.9个百分点降至2014年的1.44个百分点。目前国内的存贷利差超过了3个百分点，明显偏高。根据CSMAR数据库的上市公司数据与CEIC数据库中的银行财务数据计算，2008—2012年我国银行的净资产利润率比上市公司平均水平高3—7个百分点，前者平均是后者的1.48倍。银行的高利润水平显然与其垄断地位和利率管制下的高利差密不可分。在有效竞争市场中，银行的平均收益率应当接近于全社会的平均收益率水平。如果以上市公司同期的平均利润水平计算，若解除存款利率上限管制，允许各银行展开有效竞争，则2009—2013年银行实际存贷利差应在1.89—3.02个百分点之间[①]，均值为2.54个百分点。以此为标准，2013年和2014年的存款利率水平则应分别为4.40%和4.42%。这一利率水平与同期银行业金融机构所发行的理财产品的平均年化收益率[②]是十分接近的[③]。

---

① 该利差水平以加权平均贷款利率与上浮至浮动上限的存款利率计算，而不是基准存贷利率。

② 根据中央国债登记结算有限责任公司和中国银行业理财信息登记系统发布的《中国银行业理财市场年度报告（2013）》显示，2013年所有到期兑付的理财产品按其募集资金额加权平均的兑付客户年化收益率为4.51%。2014年该报告未给出总体平均收益率，但是该年报告显示2014年各类型理财产品收益率均高于2013年0.5个百分点左右，故2014年的平均收益率也不会低于2013年。

③ 作为各商业银行绕开利率管制的工具，理财产品的收益率对利率市场化后的存款利率有很强的参考性。

第三节 利率市场化：时机的选择

利率管制在这十余年间对宏观经济产生了极为严重的扭曲效应，给居民的财产收入造成了巨大损失，但是，要对这一多年前形成而且长期持续的扭曲进行矫正，必须选择恰当的时期。必须具备以下客观前提：首先是金融部门整体上有能力承担改革带来的利润下降以及市场风险和竞争压力的增加。根据国际经验，利率市场化改革必然会使银行部门的利差收窄，各金融企业间的竞争加剧，同时也对银行部门的存贷款定价水平，尤其是对风险定价的能力提出了更高的要求。其次是企业和政府部门足以承担利差租金消失对其造成的冲击。如果改革前的存贷利率受到十分强烈的抑制，那么，在放开管制后，存贷款利率就很可能同时出现大幅度上升，这无疑会对实体经济产生重大的冲击。从社会福利的角度看，利率管制形成的利差租金规模越大，对整体经济的扭曲效应也就越大，改革的需求也就更为急迫。然而，从改革的可行性上看，在利差租金规模较大时，政府和企业部门对利差租金的依赖程度也是十分高的，此时推动利率市场化改革无疑将遭到这两个部门内既得利益者的强力反对，从而有可能导致改革难以推行，同时，由于原有的利差租金规模太大，势必导致利率市场化前后的落差巨大，将引起较大的社会经济震荡，不利于体制变迁的平稳过渡。因此，实施利率市场化改革前必须认真分析以上两个条件是否成熟。最后，目前，我国经济正处于下行周期。在此背景下，对利率市场化改革的另一个担忧是这项改革是否会推高企业信贷成本，从而进一步抑制投资，阻碍经济复苏。

我们认为，从金融部门的承受能力上看，当前中国银行系统已经基本具备了承受利率市场化冲击的能力。长达十余年的高存贷利差让银行部门积累了大量的自有资本，如今我国的商业银行无论是对整体经济波动还是对利差波动都有十分强的抵御能力。《中国金融稳定报告（2013年）》报告了中国人民银行于 2012 年底组织的由 17 家具有系统重要性的商业银行参加①的金融稳定压力测试的结果，该测试结果表明，即使在 GDP 增速下降至 4% 的重度冲击下，银行系统的资本充足率为 9.77%，仍然高于《巴塞尔协议 III》的要求。利率市场化可能引发的利差冲击对资本充足率的影响则要相对微弱得多。在存贷利差收窄 0.7 个百分点的重度冲击下，银行系统的资本充足率仅仅下降 0.73 个百分点。实际上，自 2004 年光大银行发布第一款银行理财产品以来，各家商业银行就开始利用此类业务绕过利率管制，变相地提高了存款利率水平。近 10 年间银行理财产品的规模迅速膨胀。根据中国银行业理财登记信息系统发布的《中国银行业理财市场年度报告（2013 年）》显示，至 2013 年，全国共有 427 家银行业金融机构发行了 144043 只理财产品，累计募集资金 70.48 万亿元。截至 2013 年底，理财资金账面余额为 10.24 万亿元，其中，一般个人客户产品资金余额 6.57 万亿元，占全部理财产品资金余额的 64.16%，相当于当期居民储蓄存款的 14.08%。与受到管制的存款市场相比，银行理财产品的市场竞争程度远大于前者。再加上商业银行对发行的理财产品基本都实行刚性兑付政策②，因此这一金融产品很大程度上已经成为储蓄存款的替代品。理财产品并不在存款利率管制的范围之内，各家银行类金融机构得以更加灵活地根据市场情况定制其理财产品的收益率，这使得理财产品的市场收益率在一定程度上也可以视为市场化利率水平的近似水平或替代指标。近十余年，经过了商业化改革的银行系统都在通过各种方式突破存款利率管制的限制，它们积累了一定的市场化定价经验，这就为利率市场化改革的最终实施提供了必要基础。并且，近年来，由于经济处于周期的下行阶段，企业与政府部门的投资意愿下降，贷款需求缩小，与此同时，由于银行大量理财产品的推出，银行存款的实际平均利率水平已经有所提高，这些都使得现阶段解除存款利率管制的冲击会比较小。

---

① 这 17 家商业银行包括 5 家国有商业银行、12 家股份制银行，其资产超过全部银行资产的 60%。

② 2004—2014 年，理财产品中 64.53% 为非保本浮动收益型，21.10% 为保本浮动收益型，14.37% 为保本固定收益型。然而在所有公布了预期收益和实际收益的理财产品中，实际收益率小于预期收益率的产品占比仅为 0.22%，而高于预期收益的也仅为 0.71%，其余产品的实际收益率均等于预期收益率。

第四节　利率市场化：宏观经济效应分析

存贷款利率在利率市场化后的变化并不一致，因此利率市场化必然对消费需求和投资需求产生不同的影响。为了模拟这一政策变化对宏观经济可能带来的影响，我们建立了一个小型的联立方程模型，利用反事实模拟的方法对其进行分析。具体方程如下：

$$CN_t = c_1 + c_2\, y_t^{ur} \times POP_t^{ur} + c_3\, y_t^{ru} \times POP_t^{ru} + c_4 CN_{t-1} + e_t$$
$$G_t = c_5 + c_6 FIS_t + c_7\, G_{t-4} + c_8\, Y_{t-1} + v_t \tag{21-4}$$
$$I_t = c_9 + c_{10} FIS_t + c_{11} R_{t-2}^L + c_{12} Y_t + w_t$$

其中，y_t^{ur} 与 y_t^{ru} 分别为城镇居民人均可支配收入和农村居民人均现金收入，其方程设定如下：

$$y_t^{ru} = c_{13} + c_{14}\left(\frac{Y_t}{POP_t}\right) + \eta_t \tag{21-5}$$

$$y_t^{ur} = c_{15} + c_{16}\left(\frac{Y_t}{POP_t}\right) + c_{17} R_{t-4}^S + ?_t$$

由于农村居民所占有的金融资产数量较小，所能购买的金融产品较有限，导致存款利率与其收入水平关系非常微弱，故储蓄利率并不进入农村居民的收入方程。在以上各式中，POP_t、POP_t^{ur} 与 POP_t^{ru} 分别为总人口以及城镇和乡村常住人口，CN_t 为 t 期居民消费，G_t 为 t 期政府消费，FIS_t 为 t 期政府财政收入，I_t 为 t 期投资总额，R_t^S 与 R_t^L 分别为名义存贷款利率水平。

最后，以上联立方程满足该恒等式：

$$Y_t = CN_t + I_t + G_t \tag{21-6}$$

为了更好地反映2008年国际金融危机前后至今的经济运行趋势，我们将数据范围选定在2007—2014年这一区间内，为了增加样本长度以保证估计的精确度，我们选用了该时段内的季度数据，所有数据均经过季节调整和GDP平减指数平减。具体而言：季度GDP、城镇家庭人均可支配收入、农村家庭人均现金收入来源于 CEIC 各季度数据或月度数据计算；居民最终消费以年度居民最终消费数据为基础，利用社会消费品零售总额数据进行引导插值获得季度值；政府最终消费以年度数据为基础，利用政府财政支出数据进行引导插值获得季度值。所有数据均利用 X12 季节调整法进行调整。

我们以最小二乘法对方程组进行估计，估计所得的参数结果见表 21-1。

表 21-1 联立方程参数估计结果

系数	估计值	标准差	t 统计值	P 值
C_1	1.6931	0.3565	4.7499	0.0000
C_2	0.4067	0.0808	5.0351	0.0000
C_3	0.2319	0.1031	2.2487	0.0257
C_4	0.2096	0.0994	2.1094	0.0363
C_5	0.2406	0.5516	0.4362	0.6632
C_6	0.3126	0.0826	3.7857	0.0002
C_7	0.2781	0.1018	2.7318	0.0069
C_8	0.3030	0.1446	2.0955	0.0375
C_9	-1.4019	0.5288	-2.6513	0.0087
C_{10}	0.2233	0.0788	2.8352	0.0051
C_{11}	-2.5647	0.6469	-3.9646	0.0001
C_{12}	0.8753	0.1148	7.6230	0.0000
C_{13}	-2.0516	0.2210	-9.2826	0.0000
C_{14}	1.1035	0.0263	41.8941	0.0000
C_{15}	0.2152	0.0983	2.1892	0.0299
C_{16}	0.9510	0.0123	77.0265	0.0000
C_{17}	0.9778	0.4907	1.9926	0.0478

资料来源：作者计算。

估计结果显示，除了政府消费方程中的常数项 C_5 不显著之外，其他各项参数均在 5% 的置信水平上通过了显著性检验。将实际经济数据代入该

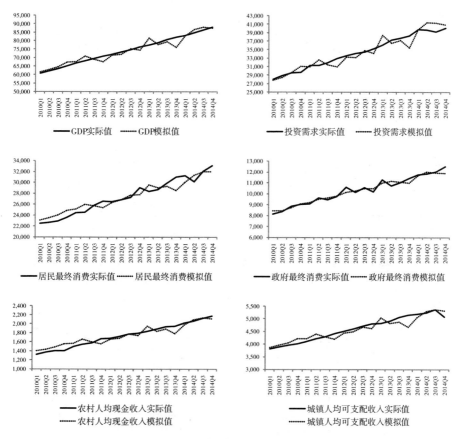

图 21-2 联立方程组的拟合结果

资料来源：作者计算。

联立方程组，获得的关键经济变量除了农村居民消费 y_t^{rc} 外，其他各变量与实际数据的平均误差均在 3% 之内，y_t^{rc} 的拟合值与实际数据的平均误差为 3.82%，在可接受的范围之内（见图 21-2）。说明该联立方程组能够较好地拟合当前的经济现实。

依据本章第三节对存款利率市场化后存贷款利率水平的判断，我们假定利率市场化后贷款名义利率保持不变，存贷利差收窄至 2.54 个百分点。反事实模拟的结果如图 21-3 所示。

根据反事实模拟的结果，我们认为，取消存款利率管制对提高居民收入水平、改善总需求结构都有正向影响。从各主要经济指标的绝对水平上

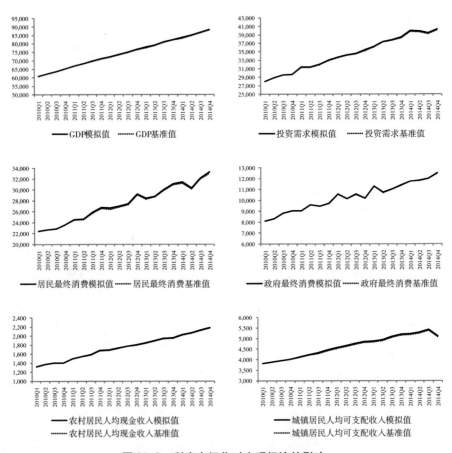

图 21-3 利率市场化对宏观经济的影响

资料来源：作者计算。

看，2011—2014 年各季度的模拟值与实际值相比[1]，城镇居民收入平均提升 0.90 个百分点，农村居民收入平均提升 0.49 个百分点，城乡居民消费总额平均提升 0.60 个百分点，政府最终消费总额提升 0.14 个百分点，固定资本形成总额平均提升 0.33 个百分点，GDP 总量平均提升 0.39 个百分点。从经济结构上看，2011—2014 年各季度消费占 GDP 的模拟值比例比实际值的比例平均提高了 0.04 个百分点，其中，居民消费占 GDP 的比例平均提高了 0.08 个百分点，而政府消费占比则平均下降 0.04 个百分点，

————————

① 由于存款利率是以滞后 4 期的形式进入方程组，其变化的影响要在 4 期之后，也就是 1 年才得以体现，因此反事实模拟结果中 2010 年与实际值相比无变化。

投资占比平均下降 0.03 个百分点。具体而言：

居民收入水平明显提高，城镇居民收入的提高幅度远远大于农村居民。从各年度的绝对收入水平上看，2011—2014 年，城镇居民的人均可支配收入水平将分别提升 0.89 个、1.00 个、0.86 个和 0.53 个百分点，而同期农村居民人均现金收入则分别提升 0.42 个、0.56 个、0.50 个和 0.53 个百分点。当前我国农村居民所获得的金融服务与城镇居民相比仍然存在巨大差距。大部分的金融机构及其网点都分布在城市，农村有限的农村信用社大部分仅提供最基本的储蓄存款业务。农村居民难以通过改变金融资产结构优化资产配置，也难以通过购买高收益率的金融产品规避存款利率管制对财产收入的侵蚀。在现有的金融市场结构下，城乡收入差距在利率市场化后很可能被进一步放大。与城市相比，农村的人口密度小、人均收入水平和居民金融剩余较少、部分地区的交通条件较为恶劣，这些都导致在农村设立营业网点、提供金融服务的成本要高于城市。在市场竞争程度相对较弱的情况下，成本较高的农村金融市场成为了被遗忘的角落，这一现状仅靠解除存款利率管制是无法改变的，解决这一问题必须通过更彻底地开放金融市场，吸引更多民间资本进入，形成多层次的细分市场。

GDP 总量与增长率均略有提高，但不足以改变近年来经济增速持续下滑的趋势。从 GDP 总量水平看，2011—2014 年，GDP 总量将分别提升 0.34 个、0.44 个、0.40 个和 0.53 个百分点，同比增速则基本保持不变。

最终消费总额有明显提升，居民消费的提升幅度远大于政府消费，最终消费占 GDP 的比例也有略微提高。模拟结果显示，如果取消存款利率管制，2011—2014 年居民消费的绝对水平将分别提升 0.53 个、0.68 个、0.60 个和 0.53 个百分点，而政府消费则将分别提升 0.07 个、0.15 个、0.17 个和 0.53 个百分点。从经济结构的角度看，受居民消费需求增长的拉动，总消费需求在 GDP 中的比重也有所上升，2011—2014 年，该比重分别上升了 0.04 个、0.05 个、0.04 个和 0.04 个百分点。在有效竞争环境下，存款利率的市场化必然增加金融企业对居民金融投资的竞争程度，提高居民部门在金融市场上的博弈能力，从而在一定程度上改善居民财产收入过低的现状。然而存款利率市场化并没有能力扭转当前居民收入占比和最终消费占比不断下降的总体趋势，主要原因在于：第一，居民金融资产规模有限，尤其是与发达国家相比仍存在巨大差距，短期内不易通过财产收入的提高大幅度地提高总收入水平。第二，在不改变金融市场结构的前提下，存款利率市场化仅能提高居民无风险收益水平，而在经济下行阶段，无风险收益率与当前的管制利率差距不大，增收效果有限。第三，在劳动收入仍占我国居民收入绝大部分的前提下，改变这一趋势不仅需要矫正资本要素的价格扭曲，更需要矫正劳动力要素的价格扭曲。

第五节　结　　论

本章的研究认为，现阶段取消存款利率上限管制并不会导致存贷款利率迅速上升。目前，总需求萎缩、产能过剩等结构性问题导致资本回报率不断下降、实体经济投资欲望减弱、市场波动风险加大，这些因素都限制了贷款利率的上浮空间。此外，在经济增速持续下滑的情况下，货币当局极有可能施行相对宽松的货币政策，进一步降低实体经济投资成本。另外，我国居民的储蓄需求较为刚性，而在金融市场上仍缺少能真正威胁商业银行垄断地位的市场主体，因此，存款利率上浮的主要推动力仍是各商业银行间的竞争。对于商业银行而言，在实体经济投资机会有限，投资收益难以提升的情况下，对于负债成本的控制决定了其竞争强度有限。再加上我国居民的储蓄需求具有比较明显的刚性特征，存款利率的上浮也不会太高。根据我们的估算，现阶段解除存款利率上限管制将使得存贷利差逐渐收窄至 2.54 个百分点的水平。进一步的反事实模拟显示，这一政策变化能通过增加居民投资收入，促进居民消费需求的角度改善当前总需求结构的失衡，并在一定程度上缓解经济增速不断下滑的压力。

第二十二章　第三方监督、内部市场与过度医疗

第一节　问题的提出

近年来，随着人均收入水平提高，消费需求结构升级，居民对医疗服务的需求剧增，政府的投入也在迅速增加，[1] 但仍难以满足居民的需求增长。医疗尤其优质医疗服务成为当今中国普遍供给过剩市场中少数供不应求的产品之一。"看病难""看病贵"始终困扰着城乡居民，然而，过度医疗（包括过度用药、过度手术、过度检查等）却同时严重存在。它浪费了紧缺的医疗资源，加剧了医疗供需矛盾。国家发改委原副主任朱之鑫在十一届全国人大常委会第十八次会议上指出：2009 年我国医疗输液 104 亿瓶，相当于 13 亿人每人输 8 瓶液，远高于国际上 2.5—3.3 瓶的水平。中新网联合数字 100 市场研究公司 2015 年的调查显示：47.4%网友表示曾经遇到过度医疗，36.8%的人疑似遇到过，只有 15.8%的人表示没有遇到过。[2]

对此，有人归咎于医保体制的市场化改革（李玲，2012）。然而，发达市场经济国家的医疗市场化程度远高于中国，过度医疗现象却不严重。

---

　　① 根据《中国卫生统计年鉴（2013）》和《中国统计年鉴（2013）》的数据，2001—2012年，政府卫生支出 709.5 亿元上升至 8366.0 亿，平均增速高达 23.3%，而同期 GDP 平均增速仅为10.2%。

　　② 转引自《超 4 成网友自认曾遭遇过度医疗》，中国新闻网，2015 年 4 月 24 日。

有人认为是市场垄断的结果（朱恒鹏，2007）。但垄断市场中，常常出现的是供给不足，过度医疗意味着医疗机构提供了过度服务，这似乎是"悖论"。还有人认为价格（包括诊疗、药品、器械等）管制是原因（刘小鲁，2011；杜创，2013）。可是，加拿大、英国、德国、瑞士、日本等都存在不同形式的药品价格管制①，"以药养医""以械养医"却鲜有发生。

深化医疗体制改革，构建适应市场经济体制、满足走向发达经济阶段居民需要的新医保体制，是全面深化改革，社会经济结构转换的一个重要方面。2014年，中国人均GDP超过7500美元（现价），进入向高收入经济体过渡的新发展阶段。需求结构升级使医疗成为经济服务化时代需求剧增的朝阳产业，然而，计划经济型的事业管理体制却严重阻碍了医疗部门适应社会需要的正常发展。新常态下，满足居民就医需求持续增长，建立医疗部门正常的再生产机制，引导社会资本向医疗部门有序配置，构建有效填补医疗供给短缺，平衡患者适度就医和医院（以下用医院指代所有的医疗服务机构）正常运转的新医保体系既关系民生福祉，也是促进社会经济结构调整的内在要求。

本章的研究发现，延续至今的计划经济型医疗卫生体制将医疗卫生整体上视为公益性事业，无视医院与医保的不同社会功能与职能，让医院过多地承担了医保功能，以低于成本的价格提供医疗服务，势必导致有效投入不足，需求无限扩大，医疗服务短缺将永远无法克服；改革开放以来，为弥补政府投入不足，医院"以药养医""以械养医"，利用信息优势以过度医疗谋取不当高收入，居民正常医疗需求却无法合理满足，医患矛盾凸显。医疗体制改革应当从根本上区分医院与医保的不同社会职能定位，在体制上使之各司其职，各尽其能，各负其责。之所以如此，原因如下：

第一，医院是医疗服务生产单位，其功能是生产和销售医疗服务，而非提供医保。大多数医疗服务（包括"基本医疗服务"②）都是具有排他性和竞争性的私人物品。将"基本医疗服务"视为公共品要求政府无偿或低价提供，在理论上不能成立。政府应当承担的只能是真正的公共品，如

---

① 请参阅《揭秘国外如何管理药品价格》，《经济日报》2015年5月13日。

② 治疗感冒与治疗癌症相比，后者的成本尽管是前者万倍以上，但后者却是老百姓更亟须的基本医疗服务。现在老百姓需要而且严重短缺的是包括基本医疗服务在内的正常医疗服务。

部分预防控制传染病的公共医疗服务，以及有较强外部性而具有准公共品性质的医疗科研等支出。绝大多数医疗服务产品都应当引入市场竞争机制进行生产和消费。

第二，医疗服务与普通商品不同，因其高度专业性，医患之间存在严重的信息不对称。在放松经济管制，将医疗服务市场化、产业化的同时，应加强对医院的社会性管制，使之成为政府管制下的民生服务企业。鉴于医疗服务需求价格高度无弹性，而且当收入达到一定水平之后，需求的收入弹性将大大高于1。因此，如果仅考虑医疗服务的私人物品特征，忽视对医院的社会性管制，将导致医院利用信息不对称、医疗服务无弹性及需求的收入弹性大于1等特征，获取不当收益，加剧医疗市场的利益攫取和分利活动。

第三，医保不是免费的社会福利，而是规避疾病风险的强制保险机制。疾病无人可以逃避，人们只能付出一定代价以减轻疾病带来的意外损失。微观经济学证明了人们的期望效用在相互保险的安排下将高于在没有任何保险下的效用。医保在本质上是一种自我保险机制。在参保人足够多时，医保将很好地使参保者规避疾病给其生活带来的风险。当所有人都是理性人时，大家都会自愿地参加医保，其每年缴费水平将等于他当年医疗费用的平均数。医保与其他保险（如车险、财险等）的性质和功能是一样的，医保基金是可以按照商业保险模式运行的。区别在于，现实中并非人人都能理智地对待疾病风险，从而给社会带来负担，这使医保成为必须强制参加的保险。

第四，医保与其他商业保险在性质与功能上一致进一步说明：（1）医保的参保水平应当而且可以选择，消费者可以按照自己的收入和偏好，选择相应的医保等级；（2）出于疾病发生后可能产生的负外部性，政府必须规定一个最低的医保等级，保障基本医疗服务的提供，对应这一等级，规定个人与就业单位的缴费比例。在此之上，应允许消费者根据其收入和偏好，选择更高的医保等级。

第五，由于产品的特殊性，高效的医疗市场既需要商业化运作提高运营效率，也离不开强有力的第三方监督。由于患者在学习医疗知识突破信息不对称上具有天生劣势，期待其向不同专家征求建议（沃林斯基（Wolinsky），1993），或通过提高受教育水平、搜寻知识等途径，来减少欺骗行为（杜莱克（Dulleck），2006；黄涛和颜涛，2009）的成本过高，难以抑制医生的欺骗动机。现有的医保管理机构作为行政机关，缺乏内在的监督动力，也缺少提高医保基金使用效率的内在激励。因此，应以改变医疗市场激励机制的管制改革为方向，在医保体系与医院分离的基础上，将医保体系的行政监管与医保基金的商业化运营分开，在后者引入市场竞争，重塑市场化的激励约束机制，抑制信息优势方（医生）诱导信息劣势方（患者）多消费的倾向以及医患双方针对医保基金的共谋欺骗行为，从而提高医疗服务质量和医疗资源利用效率，让民众（及政府）在同等投入条件下享受（提供）更好更有效的医疗保健服务。

医疗服务（如诊断、处方等）的不可连续性导致其无法在患者之间转移（法利（Farley），1986），因此，如果不能有效地将医生欺骗的成本内部化、显性化，任何形式的规劝、督查，其成效都会大打折扣；同时，如果不能适度补偿尽职尽责的医生，医院将难以正常组织再生产，维持投入产出的平衡。与其他行业相比，医疗行业突出的信息不对称性决定了，仅靠医患双方的力量难以实现医疗市场的有效竞争和市场均衡，商业化运作的第三方医疗保险的角色不可或缺。纵观德国、英国、美国等国医保体制，关键的理念在于既不是完全将医疗服务推向市场，也不是依靠政府垄断，大包大揽，而是走上了一条有管理的竞争道路——构建医疗"内部市场"（Internal Market），① 强化医保机构独立的市场主体地位，将市场力量从医疗服务供给方转移到购买方，有效分割医院与药厂、药厂与保险公司之间的利益关联，促进保险公司及医院之间以及二者内部之间的有效市场竞争。

引入第三方监督与构建医疗"内部市场"能否遏制过度医疗趋势？对此，本章构建了一个覆盖患者、医生、医保三类主体的不完全信息动态博弈框架。首先，在基准模型中，假设保险方仅收取保费，替患者分担医疗费，但没有监督处罚权。在扩展模型中，放松这一假设，证明在引入商业

---

① 亦称模拟市场（Quasi Market），即医疗保险公司先筹集保费，然后代表参保人，向医院购买医疗服务。各种医院与医保公司都要与同行相互竞争。"内部市场"起源于英国，后逐步在其他曾实行全民公费医疗的国家（如瑞典、德国等）推广。

性第三方保险机构实施监督检查基础上构建的"内部市场",将有效遏制过度医疗倾向。其次,基于国内医疗服务收费和人均卫生费用等数据,通过数值模拟,首次定量分析"内部市场"对过度医疗的抑制效应,发现对轻症的作用强于重症,对住院强于门诊。最后,提出一个兼顾医院、患者、医疗保险费收集者、医保基金公司、药厂等各方利益的新医保体制,从制度上对医疗服务供给方施加约束,从而减少诱导性需求(Supplier-Introduced Demand),提高医疗资源配置效率。

本章的第二节是文献述评;第三节介绍模型的基本设定;第四节构建一个包含医生、患者、保险方的基准模型,分析"内部市场"不存在时的均衡;第五节引入保险方的监督检查职能,旨在研究提高医保与医院双向选择程度的"内部市场"对抑制医生欺骗行为、减轻医疗资源误置的影响机理;第六节对理论推导结果进行数值模拟;第七节设计一套兼顾各方的新型医疗保险运营模式;最后一节是结论和启示。

第二节 文献述评

学者们很早就注意到汽车修理、医疗卫生、法律咨询等市场中存在信息不对称。在这些市场上,消费者甚至在消费之后也无法评价产品(服务)的质量,其中尤以医疗最典型。据此,达尔比和卡尔尼(Darby 和 Karni,1973)首次定义了"信任商品"(credence goods),并讨论了名誉、市场条件以及政府干预如何影响欺骗行为。由于政府官员与私人主体一样,容易臣服于利益诱惑和成本考量。因此,依赖政府干预医疗市场,以实现监控信任商品的效果并不理想。多梅尼盖蒂等(Domenighetti 等,1993)对瑞士提契诺(Ticino)州医疗数据的研究发现,在七项重要手术的病人结构方面,普通病人的比例要比特殊病人(医生及其家庭)高33%,律师及家属的比重与医生及家属持平。

不少研究认为供给者诱导性需求是产生过度医疗的主要原因(阿罗(Arrow），1963；埃文斯（Evans），1974；福克斯（Fuchs），1978；莫伊（Moy），1998）。随着博弈论和信息经济学研究的深入，过度医疗问题逐渐被纳入非合作博弈框架下思考。皮奇克和朔特（Pitchik 和 Schotter，1987）首次构建了专家和消费者博弈的混合策略均衡，沃林斯基（Wolinsky，1993）进一步揭示了消费者的选择可能会产生专家擅长不同级别服务的动态平衡，专家因考虑到消费者的选择或者为了名声而更加规范自己的行为。对价格、市场份额等数据的分析可以推测出专家的动机（埃蒙（Emons），1997），甚至测算出医生实施过度医疗的概率（大卫·海门威（David Hemenway），1998）。

事实上，患者不仅病症程度不同，支付能力也相差悬殊。当患者的异质性表现在支付意愿或治疗成本上时，专家更容易进行欺骗，并以此来替代价格歧视（Fong，2005）。阿尔杰和萨兰妮（Alger 和 Salanie，2006）分析了引入欺骗成本（Fraud Cost）后的福利损失；刘（Liu，2006）考察了当存在两种类型专家，即仅仅考虑自身利润的自私专家和还考虑消费者福利的正直专家时的市场均衡，指出如能设计出一套既能有效甄别专家类型，同时也考虑到患者支付水平差异的市场机制是有可能降低专家欺骗倾向的。

20 世纪 90 年代初以来，中国卫生总费用增速和政府卫生支出增速均连续多年超过同期 GDP 增速。一些研究认为，以利润为核心的医院业绩评估体系激发了科室主任及医生的创收动机（雷海潮等，2002；刘学、史录文，2005），价格管制不当造成的扭曲激励进一步助推了医疗费用的上涨（佟珺、石磊，2010；杜创，2013）；另外，逆向选择无疑加重了医保资金支出的压力（臧文斌等，2012；郭华、蒋远胜，2014），发挥医保政策杠杆效应来完善分级医疗体系，合理分流患者，缩小上下级医院的医疗服务质量差距，将减轻患者负担（甘筱青等，2014）。

回顾以往研究，尽管有文献提到了内部市场提升医疗效率的原理（王苏生等，2010），但大多不涉及医保的作用，或将其仅仅视为改变了患者的支付能力。汪浩（2010）在不考虑委托代理情形中，比较了整合保险模式和独立保险模式（医疗服务和保险分开）下的社会整体福利，认为在整合保险模式下，医疗服务量大价优，患者风险负担小，整体服务效率较高。但其证明过程依赖于医院实施两部定价，并且其利润为消费者所拥有等较强假设，限制了结论的普适性；其提出的医院与保险不分家的主张，更强化了信息优势方的市场地位，也与一些成功实施医疗体制改革国家中，健全医保公司作为独立市场主体的实践背道而驰。

事实上，无论是在实施社会医疗保险的国家，还是实行全民公费医疗的国度，医改的难点都聚焦在如何理顺医疗服务提供者与购买者之间的关系上，其核心是通过引入一套契约化的安排：将医疗服务提供者与购买者分开，将参保费收集者（collector）与医保付费者（payer）分开，[①] 实现医保经办机构之间的合理竞争，健全医疗服务提供者与医保经办机构之间的谈判机制。经过多年探索，"内部市场"作为一种比较成熟的制度被越来越多的国家认可和仿效。本章将独立的保险方纳入分析框架，比较不同均衡中医生、保险公司的得益，揭示引入市场化运作的保险机构作为第三方参与监督的必要性和可行性，在此基础上构建"内部市场"对遏制过度治疗的影响机理，进而设计各市场主体相互制约又高效运转的医疗市场运行机制，为构建新型医保体制提供决策参考。

第三节　模型基本设定

一、代表性主体

1. 患者

假设病人患上某种疾病，程度有两种：重症（serious）或轻症（minor），重症的概率为 α，轻症的概率为（$1-\alpha$）。疾病的轻重程度为公共知识，但病人并不知道自身病情属于何种程度。相应地，病人遭受两类疾病的损失分别为 l_s 和 l_m（$l_s > l_m$），这也可以理解为病人为治疗疾病所愿意支付的最高代价，超过此范围，病人将放弃治疗。

2. 医生

医生拥有诊断并治疗疾病的知识和能力，诊断的成本为 d，治疗重症

---

① 请参阅 Laura Brereton and VilashinyVasoodaven，"The Impact of the NHS Market：An Overview of Literature"，*CIVITAS*，London，2010。

和轻症的方案分别为 s 和 m，其成本分别为 r_s 和 r_m（$r_s > r_m$），相应的价格为 p_s 和 p_m（$p_s > p_m$）。① 两种方案都可以治愈轻症，重症只有 s 型方案才可治愈。医生在诊断的基础上向病人推荐治疗方案，病人可以选择接受或者拒绝。

3. 保险公司

所有人缴纳保费，总保费金额为 F。一旦患者生病就医，保险公司即分担一定比例的医疗费。在基本模型中，保险方不具有监督检查的职能，只是在收取保费的基础上替病人分担医疗费，分担比例为 γ，病人自付比例为（$1-\gamma$）。在扩展模型中，保险方除分担医疗费之外，还具有独立的监督检查职能，如果发现医生有过度医疗行为，可对其罚款。

二、博弈时序

（1）自然选择患者生重病或轻病，患者仅知道自己生病了，不知程度如何。

（2）病人患病程度的概率分布（α，$1-\alpha$）与医院的价格政策（d，p_s，p_m）以及医保方的价格政策（F，$1-\gamma$），一起构成整个社会的公共知识。所有病人（包括潜在病人）都参加医保，并为此缴纳保费。

（3）投保人生病后去医院就诊，医生诊断后告知其疾病程度并推荐治疗方案。

（4）病人在得到治疗方案推荐后，修正自己对于疾病程度的判断，并决定是否接受治疗。如不接受治疗，医生只收取诊费 d，博弈结束；如果病人接受治疗，则医保方需为此承担 γ 比例的费用。医生提供服务，疾病能一次治愈，不考虑治愈周期以及复发问题。整个就医过程，在基准模型中，医保方只是被动地分担医疗费。在扩展模型中，对于已接受治疗的病例，医保公司付出成本 c 进行检查或抽查，对于欺骗行为有 $\beta = f(c)$ 的概率发现，② 并对医生（也即医院）处以 P 的罚款，罚款归医保方。

---

① 自 2015 年 6 月 1 日起，绝大部分药品取消政府定价，但价格上限管制长期以来都是我国医疗市场的一个基本制度背景，故此处假设治疗两类疾病的价格都在价格上限以内，即 $p_m < p_s \leqslant p_{reg}$。

② $f(c)$ 为关于 c 的正比例函数，$f(0) = 0$，$f(\infty) = 1$。

三、基本假设

超过治愈疾病实际所需的诊断和治疗不仅对疾病治愈毫无作用，甚至会延误病情。当过度治疗发生时，整个社会的福利损失可表示为（$r_s - r_m$）。也就是说，对于轻症投入过多医疗资源（包括检查、诊断等费用），导致资源错配。[①]

假设1：为保证治疗能促进整个社会福利水平的提高，假设 $r_s \leq l_s$、$r_m \leq l_m$，即医生治疗的成本小于患者罹患疾病的损失。

假设2：不存在其他补贴，对于医生，价格必须满足 $p_s \geq r_s$，$p_m \geq r_m$，否则医生不会提供服务；对于患者来说，价格需要满足 $(1 - \gamma)p_s \leq l_s$，$(1 - \gamma)p_m \leq l_m$，否则病人会放弃治疗。如果在一个均衡中，病人总是能得到适度的治疗，则该均衡为有效均衡，否则无效。

在这个信号博弈中[②]，如果医生是自私的，不管病情是否严重，都告诉患者病情严重，进而要求进行重症治疗，此时为混同均衡；反之，如果医生医德高尚，针对不同病情提出适当治疗方案，此时为分离均衡。介于这两者之间，则为半分离均衡，即对重症患者建议 s 型治疗，对轻症患者以 x 的概率建议 s 型治疗方案，以 $1-x$ 的概率建议 m 型治疗方案。

第四节　不存在内部市场的均衡分析

在不存在内部市场的基准模型中，医保机构只是被动地帮患者分担医疗费，没有实质性加入医患间的博弈，均衡的结果可能出现以下三种情形：

---

① 对过度医疗的定义，此处与黄涛、颜涛（2009）相同。

② 医生作为具有私人信息的一方先行动，患者作为另一方根据发送者的行动来推断自己的病情如何。

一、分离均衡

分离均衡中,医生针对病症不同程度的患者建议相适应的治疗方案。患者则根据医生的方案修正自己对疾病的认识,继而选择接受或者拒绝治疗方案。医生能够预期到病人在何种情况下会接受治疗,因而会制定合理的价格水平以保证患者不会放弃治疗。为了确保医生不会对轻症建议重症治疗方案,要求重症治疗方案的利润不高于轻症治疗方案,即 $p_s - r_s \leq p_m - r_m$。医生在预期到患方应对措施后最大化自己的利润。

当参数满足 $l_s / (1 - \gamma) - r_s \leq l_m / (1 - \gamma) - r_m$ 时,医生可以获得的最大利润 π^{se-d_1} 为(推导过程见本章附录,下同)[1]:

$$\pi^{se-d_1} = d + \alpha\left(\frac{l_s}{(1-\gamma)} - r_s\right) + (1 - \alpha)\left(\frac{l_m}{(1-\gamma)} - r_m\right) \tag{22-1}$$

当参数满足 $l_s / (1 - \gamma) - r_s \leq l_m / (1 - \gamma) - r_m$ 时,医生可以获得的最大利润 π^{se-d_2} 为:

$$\pi^{se-d_2} = d + \frac{l_m}{(1-\gamma)} - r_m \tag{22-2}$$

二、混同均衡

混同均衡中,无论患者病情轻重,医生均建议 s 型治疗,此时患者无法根据医生发出的信号来修正自己的认知,期望支付意愿为 $E(l) = \alpha l_s + (1 - \alpha) l_m$。为了使患者接受治疗,医生建议的 s 型治疗价格不能高于患者的期望支付,即 $(1 - \gamma) p_s \leq E(l)$。另外,在混同均衡时,医生没有激励去推荐 m 型治疗,所以有 $p_s - r_s > p_m - r_m$,即 $p_m < p_s - r_s + r_m$,此时,m 型治疗的价格是如此之低,以至于医生总是提议 s 型治疗方案。此时,医生可获得的最大利润 π^{pe-d} 为:

$$\pi^{pe-d} = d + \frac{[\alpha l_s + (1 - \alpha) l_m]}{(1-\gamma)_s} - r_s \tag{22-3}$$

---

① 内部市场不存在的均衡和内部市场构建后的均衡中,医生利润分别记为 π_a 和 π_c;分离均衡、半分离均衡、混同均衡对应 π 的上标分别为 se、sse、pe。

三、半分离均衡

在半分离均衡时，医生对重症患者提议 s 型治疗，对于轻症患者以 x 概率提议 s 型治疗，以 $1-x$ 概率提议 m 型治疗。对于患者而言，当其得到 m 型治疗建议时，则肯定自身患病不严重；当其面对 s 型治疗建议时，则修正自己患病严重的概率为 $\dfrac{\alpha}{\alpha+(1-\alpha)x}$。由于医生没有改变策略的动机，提议轻症治疗或重症治疗的收益对医生而言是无差异的，因此有 $p_s-r_s \geq p_m-r_m$。求解医生利润最大化问题，得到：

当参数满足 $l_s-l_m>(1-\gamma)(r_s-r_m)$ 时，存在 $x=\dfrac{\alpha}{(1-\alpha)}\left[\dfrac{l_s-l_m}{(1-\gamma)(r_s-r_m)}-1\right]$ 使上述半分离均衡成立，此时，医生的最大化利润 π_u^{sse-d} 为：

$$\pi_u^{sse-d}=d+p_m-r_m=d+\frac{l_m}{(1-\gamma)}-r_m \tag{22-4}$$

当参数满足 $l_s-l_m<(1-\gamma)(r_s-r_m)$ 时，x 不存在或为 0。

四、分离均衡、混同均衡与半分离均衡比较

获得以上三种均衡后，我们关心在哪种情形下医生的利润最大？首先，比较分离均衡和半分离均衡，当 $l_s-l_m \leq (1-\gamma)(r_s-r_m)$ 时，半分离均衡不存在；而分离均衡中，医生的利润为 $\pi_c^{sse-d_1}$。当 $l_s-l_m>(1-\gamma)(r_s-r_m)$ 时，两者利润相同，$\pi_u^{sse-d}=\pi_u^{se-d_2}$。可见，总体而言，半分离均衡要求的激励相容条件更为严格，因此，医生在半分离均衡中获得的利润不会高于分离均衡时的利润。

其次，比较分离均衡和混同均衡，当 $l_s-l_m \leq (1-\gamma)(r_s-r_m)$ 时，比较 (22-1) 式和 (22-3) 式等号的右侧，不难发现 $d+\alpha(\dfrac{l_s}{(1-\gamma)}-r_s)+(1-\alpha)(\dfrac{l_m}{(1-\gamma)}-r_m)>d+\dfrac{[\alpha l_s+(1-\alpha)l_m]}{(1-\gamma)}-r_s$ 恒成立，亦即分离均衡总是优于混同均衡。

当 $l_s - l_m > (1 - \gamma)(r_s - r_m)$ 时，分离均衡利润为 $\pi_u^{se-d_2}$。如果 $\alpha > \dfrac{(1 - \gamma)(r_s - r_m)}{l_s - l_m}$，则有 $d + \alpha(\dfrac{l_s}{(1 - \gamma)} - r_s) + (1 - \alpha)(\dfrac{l_m}{(1 - \gamma)} - r_m) > d + \dfrac{[\alpha l_s + (1 - \alpha) l_m]}{(1 - \gamma)} - r_s$ 成立，即混同均衡占优；如果 $\alpha < \dfrac{(1 - \gamma)(r_s - r_m)}{l_s - l_m}$，则分离均衡占优。根据以上分析，可以获得命题一。

命题一：当某种疾病发病率较高且一旦发病，病情严重的概率也较高，即参数满足 $\alpha > \dfrac{(1 - \gamma)(r_s - r_m)}{l_s - l_m}$ 时，混同均衡占优，即医生对所有病人都建议重症治疗，社会福利损失为 $(1 - \alpha)(r_s - r_m)$。

从社会角度而言，对命题一，一个合理的逻辑在于当某种疾病发病率高而且程度严重的可能性如此之大，以至于患者的期望支付意愿 $E(l)$ 达到一个很高水平时，统一定高价优于分开定价。这也就是成本非均匀情况下的价格歧视。此时，过度医疗出现，社会福利的损失来源于医生在轻症病人身上投入过多的医疗资源 $(r_s - r_m)$。反之，当某种疾病发病率较低而且不严重概率较高时，虽然也存在信息不对称和对过度医疗的激励，但医生出于对自身长期收益最大化的考虑，会选择分离均衡，即对于不同类型的病人提出适合的治疗方案，此时病人都能得到合适的治疗，社会不存在效率损失。

在基准模型中，医保机构只是被动地帮助患者分担医疗费，尽管没有加入医患博弈，但是这种分担也能改变对病人和医生的激励。当 $(1 - \gamma) p_s \leqslant l_s$，$(1 - \gamma) p_m \leqslant l_m$ 患者能够接受的价格将较之没有保险时上升，这让医生有更大的空间制订高价治疗方案，从而推动了整体医疗费用的上升，并且 γ 越大，个人负担比例越小，病人就越能接受昂贵的医疗服务，从而助涨了过度消费。因此，如果对医保费用支出缺乏有力的监督检查，可能导致全社会的医疗费用大于社会最优水平，加剧医保基金收支失衡的风险。

第五节　内部市场构建后的均衡分析

现有政府主导下的医保经办机构缺乏市场激励，监督动力薄弱，而且收支不分。如果引入第三方商业医保公司，该机构出于自身经济利益的考虑，对医院的定价和治疗行为有较强的监督动力，一旦发现过度医疗，便可采用警告、罚款直至"用脚投票"等方式实施惩戒。

鉴于此，在构建"内部市场"后的扩展模型中，本章引入市场化的监督取代行政化的监督，赋予第三方保险机构独立的检查职能。与基准模型相区别的是，对已接受治疗的病例，允许医保公司在分担医疗费用的同时对病例进行抽查，一旦发现欺骗行为，便可将责任人记入行医不诚信名单，并对医院处以罚款，罚款归医保公司。[①] 其他假设不变。

由 命 题 一 可 知，只 有 当 参 数 满 足 $\dfrac{(1-\gamma)(r_s-r_m)}{l_s-l_m} < 1$ 且

$\dfrac{(1-\gamma)(r_s-r_m)}{l_s-l_m} < \alpha$ 时，才是混同均衡占优，其他情况都是分离均衡。如果分离均衡自发出现，便不需要医保方监督，这时也不存在过度医疗行为。只有当自发形成混同均衡情况下，才需要医保公司介入。故为了排除分离均衡情形，上述两条件可简化为 $\dfrac{(1-\gamma)(r_s-r_m)}{l_s-l_m} < \alpha$。对于医保公司而言，如果其预期通过付出成本 c 的检查之后，能达到分离均衡结果，则必取最小水平的 c 值，如果通过检查并不能改变均衡状态，欺骗行为仍然继续，这时检查是无意义的，则必取 $c=0$。从上一节的分析可知，半分离均衡的结果不会优于分离均衡的结果，因而本节只比较分离均衡和混同均衡的情形。

---

① 当累计罚款超过一定次数后，医保公司还可通过暂停直至终止采购该医院的医疗服务等措施，维护投保人（患者）的正当权益。限于篇幅，本章对此暂不予以分析。

一、分离均衡

分离均衡中，得知医保公司将付出一定的检查成本（c）来甄别过度医疗。此时，医生对不同病人会提出合适的治疗方案，对于医生，要求 $p_s - r_s - \beta p \leqslant p_m - r_m$ 成立，对可能发生的欺骗行为，有 β 的概率被发现并要求罚款 P，$\beta = f(c) > \dfrac{p_s - r_s - p_m + r_m}{p}$。对于病人，与上一节分离均衡中的参与约束条件相同。此时，医保公司获得的利润 $\pi^{se\text{-}ic} = F - \gamma[\alpha p_s + (1-\alpha)p_m] - c$。

满足分离均衡条件后，医保公司希望最小化检查成本，则 $c = f^{-1}(\dfrac{p_s - r_s - p_m + r_m}{p})$，代入利润表达式，得 $\pi^{se\text{-}ic} = F - \gamma[\alpha p_s + (1-\alpha)p_m] - f^{-1}(\dfrac{p_s - r_s - p_m + r_m}{p})$。而当混同均衡出现时，$c = 0$，医保公司利润 $\pi_c^{se\text{-}ic} = F - \gamma p_s$。只有当 $\pi_c^{se\text{-}ic} \geqslant \pi_c^{pe\text{-}ic}$ 时，医保公司才会倾向于分离均衡，即 $f^{-1}(\dfrac{p_s - r_s - p_m + r_m}{p}) \leqslant \gamma(1-\alpha)(p_s - p_m)$。

在分离均衡中，当参数满足 $\gamma pk > 1$ 且 $\dfrac{l_s - l_m}{(1-\gamma)} \leqslant \dfrac{r_s - r_m}{1 - \gamma Pk(1-\alpha)}$ 时，医生的利润：

$$\pi_c^{se\text{-}ic} = d + \alpha(\frac{l_s}{(1-\gamma)} - r_s) + (1-\alpha)(\frac{l_m}{(1-\gamma)} - r_m) \tag{22-5}$$

当 $\gamma pk < 1$ 时，$p_m = \dfrac{l_m}{(1-\gamma)}$，$p_s = \dfrac{l_m}{(1-\gamma)} + \dfrac{r_s - r_m}{1 - \gamma Pk(1-\alpha)}$，此时医生的利润：

$$\pi_c^{se-d_2} = d + \alpha\left[\frac{l_m}{(1-\gamma)} + \frac{r_s - r_m}{1 - \gamma Pk(1-\alpha)} - r_s\right] + (1-\alpha)\left[\frac{l_m}{(1-\gamma)} - r_m\right] \tag{22-6}$$

当 $\gamma pk > 1$ 且 $\dfrac{l_s - l_m}{(1-\gamma)} > \dfrac{r_s - r_m}{1 - \gamma Pk(1-\alpha)}$ 时，$p_m = \dfrac{l_m}{(1-\gamma)}$，$p_s =$

$$\frac{l_m}{(1-\gamma)} + \frac{r_s - r_m}{1-\gamma Pk(1-\alpha)}$$ ，最大化医生利润的 $\pi_c^{se-d_3} = \pi_c^{se-d_2}$ 。

二、混同均衡

在混同均衡下，医保方如果预期到检查之后欺骗行为仍然发生，要么放弃检查，因而 $c = 0$，要么当惩罚的期望收益大于抽查成本，即 $f(c)\,p > c$ 时，坚持检查。[①] 并且混同均衡时，医保公司的利润不能低于分离均衡的利润，即 $\pi_c^{pe-ic} \geqslant \pi_c^{se-ic}$ 。此时对于医生来说，向轻症的患者推荐 s 型治疗方案有利可图，即 $p_s - r_s > p_m - r_m$ 。对于患者而言，由于医生传递的治疗方案信号并不能提供更多的信息用以修正自己关于疾病的认知，因而当 p_s 满足 $(1-\gamma)\,p_s \leqslant E(l) = \alpha l_s + (1-\alpha)\,l_m$ ，便会接受治疗。此时，求解医生最大化利润问题，可获得命题二：

命题二：当医保公司对医院抽查的期望收益大于抽查成本时，如果参数满足 $\gamma pk > 1$ ，且 $\dfrac{l_s - l_m}{(1-\gamma)} < \dfrac{r_s - r_m}{1-\gamma Pk(1-\alpha)}$ 时，医生选择分离均衡。反之，如果 $\gamma pk < 1$ ，且 $\dfrac{\alpha(l_s - l_m)}{(1-\gamma)\,(r_s - r_m)} > \dfrac{1-\gamma Pk\,(1-\alpha)^2}{1-\gamma Pk(1-\alpha)}$ 时，医生才会选择混同均衡。

由命题二，易知 $\dfrac{\alpha(l_s - l_m)}{(1-\gamma)\,(r_s - r_m)} > \dfrac{1-\gamma Pk\,(1-\alpha)^2}{1-\gamma Pk(1-\alpha)} > 1$ ，与命题一中混同均衡出现的条件 $\dfrac{\alpha(l_s - l_m)}{(1-\gamma)\,(r_s - r_m)} > 1$ 相比，引入"内部市场"后，在第三方保险机构的监督检查下，混同均衡出现所要求参数满足条件更苛刻。也就是说，医生实行欺骗的可能性确实降低了。这主要缘于医保机构的罚款措施并非不可置信的威胁，既遏制了医生的投机倾向，又弥补了医保公司的检查成本。很容易证明混同均衡出现的临界值 $\dfrac{1-\gamma Pk\,(1-\alpha)^2}{1-\gamma Pk(1-\alpha)}$ 是罚款 P 的严格增函数，因此，一个足够大的罚金能够保证不存在混同均

[①] 此时的最优监督成本应该满足 $f'(c) = 1$ ，混同均衡只能是在这一最优监督投入下，医院仍然能够从过度医疗中获利时才成立。从本章第六节的数值模拟结果看，这一条件也是容易满足的。

衡。除非一次欺骗的利润非常之高，以至于诱使医生不惜铤而走险。

第六节　数值模拟

理论推导的结果表明建立"内部市场"后，出现过度医疗的可能性降低了，实践中，降低的程度究竟会有多大？出于数据可得性的限制，对相关变量和参数赋值如下：

参照现有医保实际报销比例、医保管理机构对违规医疗服务机构的经济处罚水平，不失一般性，假设医保公司发现欺骗行为后开出的罚单（P）为 5 万元，每次检查的成本（c）为 500 元。医保公司负担医疗费的比例（γ），普通门诊报销 25%，住院报销 50%。[①]

为表示疾病严重程度的差异，α 分别取 0.05、0.2、0.4、0.6、0.8 以示区别。罹患疾病会对正常工作产生影响，故从补偿收入的角度，用城镇单位人员平均工资来代理患病的经济损失。按单位登记注册类型划分，将最低平均工资和最高平均工资分别记为 l_m 和 l_s。参考解洪涛等（2015）的做法，用人均卫生费用支出来表示医治成本，低医治成本（r_m）和高医治成本（r_s）分别由农村人均卫生费用和城市人均卫生费用代理。关于医疗价格，采用估算的方式，在医疗成本的基础上，分别加成 10% 和 30%，近似地获得低价医疗费 p_m 和高价医疗费 p_s。[②] 具体设定如表 22-1 所示。

---

① 2013 年全国城镇居民医保实际报销比例为 52.28%，见 http：//www. chinairn. com/news/20140912/100248521. shtml；2015 年城乡居民大病医保报销比例达 50% 以上，见 http：//www. chinanews. com/gn/2015/08-26/7490654. shtml。

② 自 2012 年起，公立医院开始逐步取消药品价格加成，同时相应地提高诊疗费、手术费、护理费等。此前，县及县以上医院销售药品均实行加成定价。

表 22-1　罹患疾病的损失、医治成本及医治价格

（单位：元／人）

	患者罹患疾病的损失		医疗机构的医治成本		医疗机构的医治价格	
	l_m	l_s	r_m	r_s	p_m	p_s
2011 年	29961	49978	879	2697	967	3507
2012 年	34694	56254	1065	2999	1171	3899
2013 年	38306	63171	1274	3234	1402	4204

资料来源：根据《中国统计年鉴》整理。

注意到，命题二中的混同均衡成立时，$\dfrac{\alpha(l_s - l_m)}{(1 - \gamma)(r_s - r_m)}$ 要求的临界值较命题一显著上升，为方便比较，将上升的绝对幅度记为 $\Delta at = \dfrac{1 - \gamma Pk(1 - \alpha)^2}{1 - \gamma Pk(1 - \alpha)} - 1$，从而，化简后得：

$$\Delta at = \frac{\alpha(1 - \alpha)\gamma Pk}{1 - \alpha(1 - \alpha)\gamma Pk} \tag{22-7}$$

已知医生有 $\beta = f(c) > \dfrac{p_s - r_s - p_m + r_m}{p}$ 的概率被处罚，当此式取紧时，并假设在均衡点附近 $f(c) = kc$。根据上述变量及参数，可得到 k 的值，将其代入（22-7）式，进而获得 Δat。如图 22-1 所示，混同均衡成立时要求临界值上升的幅度呈现出两个特征：一是随着病症轻重程度的变化呈现出显著的倒"U"形，即当重症的概率从小到大逐步增加时，临界值的增幅先上升而后下降。细分类别观察，门诊治疗和住院治疗分别在 $\alpha = 0.4$ 时和 $\alpha = 0.2$ 时，增幅最大。二是住院治疗的增幅均显著高于门诊治疗的增幅。这意味着"内部市场"机制的建立对遏制过度医疗的效果是存在差异的，整体而言，对住院治疗的效果要强于门诊治疗。

临界值变动的绝对幅度为观察"内部市场"机制的抑制效应提供了直观的依据，进一步，我们还关心临界值变动的相对增幅有多大呢？为此，将相对上升幅度记为 Δrt，从而有：

$$\Delta rt = \frac{\Delta at}{\dfrac{\alpha(l_s - l_m)}{(1 - \gamma)(r_s - r_m)}} \tag{22-8}$$

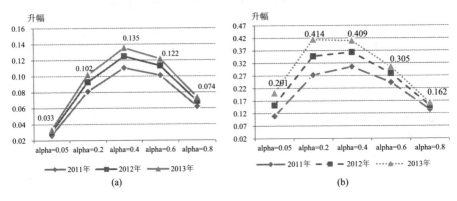

图 22-1 混同均衡成立时临界值上升的绝对幅度

注：图 22-1（a）、图 22-1（b）分别对应门诊和住院的情形。

将根据（22-7）式测算的结果及表 22-1 中的相关参数代入式（22-8），可得混同均衡成立时要求临界值上升的相对幅度（见表 22-2）。从中可以发现，"内部市场"对轻重程度不一的各类病症的过度医疗趋势均有显著抑制作用。对 2013 年门诊和住院两类就医的数值模拟结果发现，过度医疗分别将较无内部市场情况下降了 3.95% 和 15.83%。此外，横向比较，α 越低，临界值上升的相对幅度就越大，这说明对轻症的过度医疗的抑制效应显著高于重症。

表 22-2 混同均衡成立时临界值上升的相对幅度

（单位：%）

	$\alpha=0.05$		$\alpha=0.2$		$\alpha=0.4$		$\alpha=0.6$		$\alpha=0.8$	
	门诊	住院	门诊	住院	门诊	住院	门诊	住院	门诊	住院
2011 年	3.55	9.89	2.76	6.20	1.88	3.46	1.15	1.84	0.53	0.77
2012 年	4.07	13.72	3.13	7.79	2.10	4.07	1.27	2.09	0.58	0.85
2013 年	3.95	15.83	3.01	8.16	2.00	4.03	1.20	2.00	0.54	0.80

资料来源：作者测算。

第七节　机制设计

以上分析证明了引入第三方监督，构建"内部市场"有助于降低混同均衡出现的概率，遏制医生的欺骗倾向。实践中，如何设计一套相互制约又运转高效的医保运行机制来确保医保费收集者、医保公司、医院等各司其职，各尽其责？我们认为至少可从以下四个方面着手。

第一，引导多数公立医院从计划经济型的事业单位逐渐转变为市场经济中的民生服务企业。医院提供的医疗服务产品应按社会平均医疗成本收费，获得按公正报酬率计算的资金利润，从而使其获得正常扩大再生产能力，能根据社会需求增长自主增加医疗服务供给，改善服务环境，为民间资本投资医疗产业，依靠社会力量消除医疗供给短缺，满足老龄化社会中人民日益增长的诊疗、护理、保健等需求创造基本前提。

第二，放开医院设立管制，引导社会资本参与医院的投资、建设、运营、管理，保障其正常运营，完善监管体系。既鼓励"走出去"，推动本地优质医院到外地建立分院，逐步向跨地区的大型医疗控股集团转变，充分利用其优质医疗资源及品牌资源，扩大优质医疗服务的有效供给，也鼓励"引进来"，允许外资、台港澳以及外地优质医院到本地设立分院，形成医疗供给竞争市场。同时，明晰卫计委、食品药品监督管理局、工商局等相关部门涉医领域的权力清单和责任清单，既要防止监管缺位，也要避免监管越位。

第三，分离医保体系的行政管理与医保基金的运营管理职能，打破医保管理机构独家垄断和"收支不分"。具体而言：（1）医保缴费和财政补贴先流入医保中心，当所有参保者自主选择一家（或一组）为自己服务的医院之后，医保中心根据各家医保基金公司吸引到参保者的规模，将资金划拨下去；（2）医保基金管理公司实行竞争经营，形成竞争市场，让参保者在同等投入条件下有机会选择性价比更高的医疗服务；（3）完善按病种定额付费（DRG，Diagnostic Related Group）、人头付费等预付制实现形式，优化医疗费用筹集和支付方式，防止道德风险引起医疗费用上涨，促进医院之间的质量竞争。

第四，确保基本医疗服务的公平性和公益性，医疗服务产品应按社会平均医疗成本定价（即按公正报酬率定价）。具体而言：（1）明确医保为用人单位和劳动者必须强制参加的险种，规定医保等级最低起点，以降低疾病潜在的负外部性。（2）允许投保人根据其收入及偏好，自由选择更高保障水平的医保产品。一般而言，保障等级越高，个人缴款比例越高。还可参照人寿保险的计算方法，规定不同年龄不同健康状况参保者的不同缴费数额。（3）为城乡低收入贫困阶层提供一定补助，扭转低收入者在医疗市场中的弱势地位。按不同低收入组别居民人均收入低于社会平均收入水平的程度，由政府提供相应医保补助，定期转入低收入者个人医保账户，所有享受正常医疗服务者（包括低收入者）均应按照正常价格向医院缴费（由医保个人账户支付或个人缴费），超标的医疗服务需求则由个人和补充商业医疗保险按比例负担。

总之，构建"内部市场"机制，走向有监管的市场化不失为新型医保体制改革的可行思路。多国实践证明，引入商业化的医保公司且允许其相互竞争要比由政府垄断医保收支更有效率。一方面，第三方医保公司以商业化方式运营，有利于提供差异化的医保产品，供不同类别的患者选择；同时，还便于医保公司聘请专业人才，对医疗服务产品及时监督检查，监控就医全过程。另一方面，鼓励社会资本参与医院建设、运营、管理，允许公立、外资、民营医院相互竞争，跨区经营，有助于阻断药厂与医院之间的利益输送，根除过度医疗产生的土壤，也必将提高就医效率，抑制全社会医疗费用的过快增长。

具体操作如图22-2所示，首先，明确医保公司的定位，即扮演参保者的经纪人，代表参保者的利益购买医疗服务。可先以省为单位，组建3—4家股份制医保公司，在规范运营基础上，放开跨省份交叉经营限制，逐渐形成全国性的医保公司的竞争市场，居民自由选择医保公司，医保公司自主选择定点医保机构，监督医院的服务水平、质量与价格。其次，医保实行"收支两条线"。医疗保险费收集者（医保中心）负责收集参保者

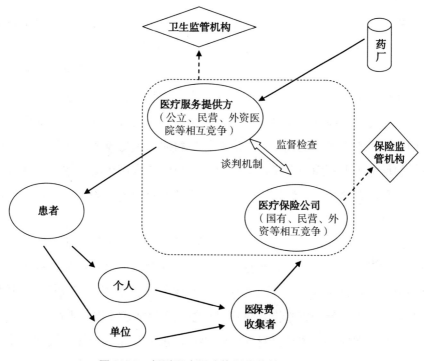

图 22-2　新型医疗保险体制改革的实现机制

的缴费，并根据各家医保公司吸引到的参保者规模，划拨医保资金及财政补贴。医保公司则扮演实际付费者的角色，提供不同价位、不同标准的医保菜单，通过竞争经营，对医院实施专业化的第三方监督。再次，建立医保公司与医院之间的谈判机制。尽管政府可通过行政法规等方式对参保者的最低给付结构和水平予以规定，但在具体的医疗保障服务提供中，付费者仍需要同医院就服务内容、质量等进行集体谈判。最后，由卫生监管部门对医院的业务技术予以监督指导，由保险业监管部门对医保公司履行运营合规监管，维护医保基金市场秩序，由食品药品监管部门监管药厂生产，确保药品质量安全。

　　针对频频出现的过度医疗现象，本章在一个包含患者、医生、医保公司三类参与主体的不完全信息动态博弈的框架下，系统比较了"内部市场"构建前后的博弈均衡，剖析了"内部市场"纠正过度医疗的影响机制，并基于合理的参数设定，测算了其对门诊和住院治疗中过度医疗的缓解程度。研究发现：

第一，当一种疾病发病率较高而且一旦发病，病情严重的概率也较高时，混同均衡占优，引起 $(1-\alpha)(r_s - r_m)$ 的福利损失。

第二，引入商业化保险机构作为独立的第三方，对医疗过程实施监督检查能显著地降低出现混同均衡的可能性，减少医生欺骗行为。

第三，扩展模型中，混同均衡成立时临界值上升的幅度随病症轻重程度的变化呈现出显著的倒"U"形，即当病症严重的概率逐步增大时，临界值的增幅先上升而后下降；整体而言，构建"内部市场"提高了医疗市场的资源配置效率，对轻症中过度医疗的抑制效应显著高于重症，对住院治疗的过度医疗抑制效应强于门诊。

以上研究启示我们设计了一个兼顾医院、患者、医疗保险费收集者、医保基金公司、药厂等各方利益的新型医保体制。通过在医院与医保公司之间引入"内部市场"，扭转信息不对称条件下患者的劣势处境，同时，放开管制，吸引社会资本投入医疗卫生领域，增加优质服务供给。

简化证明起见，本章没有考虑患者收入水平分布、委托—代理成本等因素对市场均衡的影响。因为收入水平、委托—代理成本等只是改变了均衡解命题一、命题二中分界点的具体值，即使引入也不会改变本章的基本结论。当然，以上仅是我们对医保体制改革的一个理论分析和政策思路，如何将这些政策思路转化为具体实施方案，还有待进一步的深入调查与研究。

本章附录

一、基准模型

1. 分离均衡

构建医生利润最大化问题：

$$\max \prod = d + \alpha(p_s - r_s) + (1 - \alpha)(p_m - r_m)$$

s.t. $(1 - \gamma) p_s \leqslant l_s$，$(1 - \gamma) p_m \leqslant l_m$（参与约束）

$p_s - r_s \leqslant p_m - r_m$（参与约束）

当参数满足 $\dfrac{l_s}{1 - \gamma} - r_s \leqslant \dfrac{l_m}{1 - \gamma} - r_m$ 时，$p_s = \dfrac{l_s}{1 - \gamma}$，$p_m = \dfrac{l_m}{1 - \gamma}$，从而得

到（22-1）式。当参数满足 $\dfrac{l_s}{1 - \gamma} - r_s > \dfrac{l_m}{1 - \gamma} - r_m$ 时，$p_m = \dfrac{l_m}{1 - \gamma}$，$p_s = $

$\dfrac{l_m}{1 - \gamma} - r_m + r_s$，从而得到（22-2）式。

2. 混同均衡

构建医生利润最大化问题：

$$\max \prod = d + p_s - r_s$$

s.t. $(1 - \gamma) p_s \leqslant \alpha l_s + (1 - \alpha) l_m$（参与约束）

$p_s - r_s > p_m - r_m$（参与约束）

使得医生期望利润最大的 $p_s = [\alpha l_s + (1 - \alpha) l_m]/(1 - \gamma)$，$p_m < p_s - r_s + r_m$，实际医生不会推荐价格较低的 m 型方案，所以，此时，最大化利润即为（22-3）式。

3. 半分离均衡

构建医生利润最大化问题：

$$\max \prod = d + [\alpha + (1 - \alpha) x] (p_s - r_s) + (1 - x)(1 - \alpha)(p_m - r_m)$$

s.t. $(1 - \gamma) p_m \leq l_m$（参与约束）

$$(1 - \gamma) p_s \leq \frac{\alpha}{\alpha + (1 - \alpha) x} l_s + \frac{\alpha}{\alpha + (1 - \alpha) x} l_m \text{（参与约束）}$$

$p_s - r_s = p_m - r_m$（参与约束）

满足 $(1 - \gamma) p_m = l_m$ 的均衡要求 $p_s = p_m - r_m + r_s = \dfrac{l_m}{(1 - \gamma)} - r_m + r_s$，

$$l_m + (1 - \gamma)(r_s - r_m) = \frac{\alpha}{\alpha + (1 - \alpha) x} l_s + \frac{\alpha}{\alpha + (1 - \alpha) x} l_m \text{ 当 } l_s - l_m >$$

$(1 - \gamma)(r_s - r_m)$ 时，存在 $x = \dfrac{\alpha}{(1 - \alpha)} \left[\dfrac{l_s - l_m}{(1 - \gamma)(r_s - r_m)} - 1 \right]$ 使如上半分

离均衡成立，从而得到最大化医生的利润，即（22-4）式。

二、扩展模型

1. 分离均衡

医生利润最大化问题为：

$$\max \prod = d + \alpha p_s + (1 - \alpha) p_m - \alpha r_s - (1 - \alpha) r_m$$

s.t. $(1 - \gamma) p_s \leq l_s$，$(1 - \gamma) p_m \leq l_m$（参与约束）

$$f^{-1}\left(\frac{p_s - r_s - p_m + r_m}{p}\right) \leq \gamma (1 - \alpha)(p_s - p_m) \text{（参与约束）}$$

因为 $\beta = f(c) > \dfrac{p_s - r_s - p_m + r_m}{p}$，对于在均衡点附近的 $f(c)$，假设

$f(c) = kc$，则 $f^{-1}\left(\dfrac{p_s - r_s - p_m + r_m}{p}\right) = \dfrac{p_s - r_s - p_m + r_m}{pk}$，即有 $p_m - p_m <$

$\dfrac{r_s - r_m}{1 - \gamma Pk(1 - \alpha)}$。

由于 $\alpha > \dfrac{(1 - \gamma)(r_s - r_m)}{l_s - l_m}$，即 $\dfrac{l_s - l_m}{(1 - \gamma)} > \dfrac{r_s - r_m}{\alpha}$。当 $\gamma pk > 1$，且

$\dfrac{l_s - l_m}{(1 - \gamma)} > \dfrac{r_s - r_m}{1 - \gamma Pk(1 - \alpha)}$ 时，$p_s = \dfrac{l_s}{(1 - \gamma)}$，$p_m = \dfrac{l_m}{(1 - \gamma)}$，得到医生的利

润如（22-5）式所示。

2. 混同均衡

医生利润最大化问题为：

$$\max \prod = d + p_s - r_s$$

s.t. $(1 - \gamma) p_s \leq E(l) = \alpha l_s + (1 - \alpha) l_m$（参与约束）

$p_s - r_s \geq p_m - r_m$（参与约束）

$$F - \gamma P_s > F - \gamma \alpha p_s - \gamma (1 - \alpha) p_m - f^{-1}(\frac{p_s - r_s - p_m + r_m}{p})$$（参与约束）

$f(c) p > c$（激励相容约束）

同样按照分离均衡的假设，有 $p_m - p_m > \dfrac{r_s - r_m}{1 - \gamma Pk(1 - \alpha)} > r_s - r_m$，

$p_s = \dfrac{\alpha l_s + (1 - \alpha) l_m}{(1 - \gamma)}$，$p_m = \dfrac{\alpha l_s + (1 - \alpha) l_m}{(1 - \gamma)} - \dfrac{r_s - r_m}{1 - \gamma Pk(1 - \alpha)}$。此时，

$\pi_c^{pe-d} = d + \alpha \dfrac{\alpha l_s + (1 - \alpha) l_m}{(1 - \gamma)} - r_s$。

比较两种情形中医生所获得收益的大小，由于 $d +$ $\alpha\left(\dfrac{l_s}{(1 - \gamma)} - r_s\right) + (1 - \alpha)\left(\dfrac{l_m}{(1 - \gamma)} - r_m\right) > d + \dfrac{\alpha l_s + (1 - \alpha) l_m}{(1 - \gamma)} - r_s$，所

以，当 $\gamma pk > 1$ 且 $\dfrac{l_s - l_m}{(1 - \gamma)} < \dfrac{r_s - r_m}{1 - \gamma Pk(1 - \alpha)}$ 时，医生会选择分离均衡。

参考文献

［1］白重恩、李宏彬、吴斌珍：《医疗保险与消费：来自新型农村合作医疗的证据》，《经济研究》2012 年第 2 期。

［2］白重恩、钱震杰 a：《国民收入的要素分配：统计数据背后的故事》，《经济研究》2009 年第 3 期。

［3］白重恩、钱震杰 b：《我国资本收入份额影响因素及变化原因分析——基于省际面板数据的研究》，《清华大学学报（哲学社会科学版）》2009 年第 4 期。

［4］白重恩、钱震杰 c：《谁在挤占居民的收入——中国国民收入分配格局分析》，《中国社会科学》2009 年第 5 期。

［5］白重恩、唐燕华、张琼：《中国隐性收入规模估计——基于扩展消费支出模型及数据的解读》，《经济研究》2015 年第 6 期。

［6］白重恩、张琼：《中国的资本回报率及其影响因素分析》，《世界经济》2014 年第 10 期。

［7］把多勋、朱儒顺：《杜森贝利的相对收入假说与我国农村超前消费成因》，《兰州学刊》1991 年第 5 期。

［8］巴曙松、刘孝红、牛播坤：《转型时期中国金融体系中的地方治理与银行改革的互动研究》，《金融研究》2005 年第 5 期。

［9］白素霞、陈井安：《收入来源视角下我国城乡收入差距研究》，《社会科学研究》2013 年第 1 期。

［10］白雪、王洪卫：《住宅产业综合测度方法研究——基于恩格尔系数与人均住房面积模型分析》，《财经研究》2005 年第 9 期。

［11］蔡昉：《中国经济增长如何转向全要素生产率驱动型》，《中国社会科学》2013 年第 1 期。

［12］蔡跃洲、郭梅军：《我国上市商业银行全要素生产率的实证分析》，《经济研究》2009 年第 9 期。

［13］蔡跃洲、王玉霞：《投资消费结构影响因素及合意投资消费区间——基于跨国数据的国际比较和实证分析》，《经济理论与经济管理》2010 年第 1 期。

［14］蔡跃洲、付一夫：《全要素生产率增长中的技术效应与结构效应——基于中国宏观和产业数据的测算及分解》，《经济研究》2017 年第 1 期。

［15］曹春方、马连福、沈小秀：《财政压力、晋升压力、官员任期与地方国企过度投资》，《经济学（季刊）》2014 年第 4 期。

［16］曹建海：《住房到底是消费品还是投资品?》，《中国经济时报》2006 年第 5 期。

［17］常兴华、李伟：《我国国民收入分配格局的测算结果与调整对策》，《宏观经济研究》2009 年第 9 期。

［18］晁钢令、王丽娟：《我国消费率合理性的评判标准——钱纳里模型能解释吗?》，《财贸经济》2009 年第 4 期。

［19］车春鹏、高汝熹、李铁霖：《低消费率对中国经济危害的实证分析及对策》，《宏观经济研究》2008 年第 11 期。

［20］陈斌开、陆铭、钟宁桦：《户籍制约下的居民消费》，《经济研究》2010 年第 1 期。

［21］陈斌开、林毅夫：《金融抑制、产业结构与收入分配》，《世界经济》2012 年第 1 期。

［22］陈邦强、傅蕴英、张宗益：《金融市场化进程中的金融结构、政府行为、金融开放与经济增长间的影响研究——基于中国经验（1978—2005 年）的实证》，《金融研究》2007 年第 10 期。

［23］陈昌兵：《可变折旧率估计及资本存量测算》，《经济研究》2014 年第 12 期。

［24］陈红梅、栾光远：《"十二五"时期我国投资、消费、净出口与经济增长的实证分析》，《宏观经济研究》2011 年第 7 期。

［25］陈慧君：《浅析"三公"经费问题及其治理对策》，《财政监督》2014 年第 31 期。

［26］陈娟：《从全要素生产率增长看经济增长方式的变化》，《经济与管理》2009 年第 9 期。

［27］陈建东、晋盛武、侯文轩、陈焱：《我国城镇居民财产性收入的研究》，《财贸经济》2009 年第 1 期。

［28］陈瑾瑜：《城乡居民消费水平的影响因素分析》，《特区经济》2012 年第 2 期。

［29］陈凯、赵晓菊：《中国、德国和美国商业银行效率差异及其比较优势分析》，《国际金融研究》2012 年第 9 期。

［30］陈浪南、逄淑梅：《我国金融开放的测度研究》，《经济学家》2012 年第 6 期。

［31］陈诗一：《中国工业分行业统计数据估算：1980—2008》，《经济学（季刊）》2011 年第 3 期。

［32］陈通、侯立坤：《提高居民消费率——稳健财政政策下中国经济持续增长的重要途径》，《天津社会科学》2005 年第 6 期。

［33］陈卫东、王家强 a：《居民消费模式的国际比较及对中国的启示》，《金融发

展评论》2010 年第 10 期。

　　［34］陈卫东、王家强 b：《突破四大政策雷区，建立可持续发展的中国消费模式》，《今日财富（金融发展与监管）》2010 年第 6 期。

　　［35］陈晓枫：《影响居民财产性收入增长的因素分析》，《中国经济问题》2010 年第 1 期。

　　［36］陈小龙：《住户调查方法改革建议》，《中国统计》2012 年第 2 期。

　　［37］陈新年 a：《当前我国居民消费意愿持续下降的主要原因及其对策》，《中国物价》2006 年第 4 期。

　　［38］陈新年 b：《消费经济转型与消费政策——关于如何进一步扩大消费的思考》，《经济研究参考》2003 年第 83 期。

　　［39］陈彦斌、陈军：《我国总消费不足的原因探析——基于居民财产持有的视角》，《中国人民大学学报》2009 年第 6 期。

　　［40］陈彦斌、姚一旻：《中国经济增长的源泉：1978—2007 年》，《经济理论与经济管理》2010 年第 5 期。

　　［41］陈彦斌、陈小亮、陈伟泽：《利率管制与总需求结构失衡》，《经济研究》2014 年第 2 期。

　　［42］陈永伟、胡伟民：《价格扭曲、要素错配和效率损失：理论和应用》，《经济学（季刊)》2011 年第 4 期。

　　［43］陈志刚、王皖君：《金融发展与中国的收入分配：1986—2005》，《财贸经济》2009 年第 5 期。

　　［44］陈志刚、郭帅：《金融发展影响全要素生产率增长研究述评》，《经济学动态》2012 年第 8 期。

　　［45］陈志刚、吴腾、桂立：《金融发展是城市化的动力吗——1997—2013 年中国省级面板数据的实证证据》，《经济学家》2015 年第 8 期。

　　［46］"城镇住户调查改革研究"课题组、余家荣：《城镇住户调查改革探讨》，《统计研究》2012 年第 9 期。

　　［47］程大中 a：《中国服务业的增长与技术进步》，《世界经济》2003 年第 7 期。

　　［48］程大中 b：《中国服务业增长的特点、原因及影响——鲍莫尔—富克斯假说及其经验研究》，《中国社会科学》2004 年第 2 期。

　　［49］程大中 c：《中国生产性服务业的水平、结构及影响——基于投入—产出法的国际比较研究》，《经济研究》2008 年第 1 期。

　　［50］程柯、陈志斌、陈志红：《中国商业银行利润效率测度研究——基于分位数回归方法》，《上海财经大学学报》2012 年第 3 期。

　　［51］程茂勇、赵红：《市场势力对银行效率影响分析——来自我国商业银行的经验数据》，《数量经济技术经济研究》2011 年第 10 期。

　　［52］程仲鸣、夏新平、余明桂：《政府干预、金字塔结构与地方国有上市公司投资》，《管理世界》2008 年第 9 期。

［53］储德银、刘宏志：《收入来源结构、边际消费倾向与农村居民消费》，《地方财政研究》2012 年第 2 期。

［54］崔敏、魏修建：《服务业各行业生产率变迁与内部结构异质性》，《数量经济技术经济研究》2015 年第 4 期。

［55］［日］大琢启二郎、刘德强、村上直树：《中国的工业改革：过去的成绩和未来的前景》，上海人民出版社 2000 年版。

［56］戴斌：《旅游服务贸易统计规则厘清与算法修正》，《旅游学刊》2016 年第 3 期。

［57］戴学锋 a：《出境游支出被低估国际游变花汇游》，《中国统计》2005 年第 2 期。

［58］戴学锋、邓志勇：《我国国际旅游业已成为逆差迅速扩大的产业》，《财贸经济》2008 年第 8 期。

［59］戴学锋 b：《基于国际比较的中国出境旅游超前发展初探》，《旅游学刊》2012 年第 9 期。

［60］邓春宁：《不确定性预期与中国居民消费需求研究》，中国经济出版社 2013 年版。

［61］邓永成：《经济转型期中国居民的消费结构》，河南人民出版社 2002 年版。

［62］邓于君：《第三产业内部结构演变趋势研究》，华南师范大学博士学位论文，2004 年。

［63］丁宁：《中国银行业存贷利差的经济影响分析》，《宏观经济研究》2013 年第 12 期。

［64］董辅礽：《提高消费率问题》，《宏观经济研究》2004 年第 5 期。

［65］董敏杰、梁泳梅：《1978—2010 年的中国经济增长来源：一个非参数分解框架》，《经济研究》2013 年第 5 期。

［66］杜创：《价格管制与过度医疗》，《世界经济》2013 年第 1 期。

［67］杜莉、王锋：《中国商业银行范围经济状态实证研究》，《金融研究》2002 年第 10 期。

［68］段炳德：《当前我国消费率偏低的原因与对策》，《发展研究》2009 年第 6 期。

［69］樊纲、吕焱：《经济发展阶段与国民储蓄率提高：刘易斯模型的扩展与应用》，《经济研究》2013 年第 3 期。

［70］樊纲、张晓晶：《"福利赶超"与"增长陷阱"：拉美的教训》，《管理世界》2008 年第 9 期。

［71］樊明：《中国高投资率、低消费率的政治因素——基于中美政治制度比较的一种解释》，《经济经纬》2009 年第 2 期。

［72］范建双、虞晓芬、叶淑娥：《中国建筑业分行业资本存量测算》，《建筑经济》2012 年第 10 期。

[73] 范剑平、向书坚：《我国城乡人口二元社会结构对居民消费率的影响》，《管理世界》1999 年第 5 期。

[74] 范剑平：《我国居民消费率偏低的原因分析与开拓城镇市场的对策选择》，《宏观经济研究》1999 年第 6 期。

[75] 方福前：《中国居民消费需求不足原因研究——基于中国城乡分省数据》，《中国社会科学》2009 年第 2 期。

[76] 方军雄 a：《市场化进程与资本配置效率的改善》，《经济研究》2006 年第 5 期。

[77] 方军雄 b：《所有制、制度环境与信贷资金配置》，《经济研究》2007 年第 12 期。

[78] 方文全 a：《中国的资本回报率有多高？——年份资本视角的宏观数据再估测》，《经济学（季刊）》2012 年第 2 期。

[79] 方文全 b：《中国劳动收入份额决定因素的实证研究：结构调整抑或财政效应？》，《金融研究》2011 年第 2 期。

[80] [美] 弗里德曼：《弗里德曼文萃》，北京经济学院出版社 1991 年版。

[81] 付凌晖：《我国产业结构高级化与经济增长关系的实证研究》，《统计研究》2010 年第 8 期。

[82] 傅勇、白龙：《中国改革开放以来的全要素生产率变动及其分解（1978—2006 年）——基于省际面板数据的 Malmquist 指数分析》，《金融研究》2009 年第 7 期。

[83] 盖庆恩、朱喜、程名望、史清华：《要素市场扭曲、垄断势力与全要素生产率》，《经济研究》2015 年第 5 期。

[84] 甘小丰 a：《中国商业银行效率的 SBM 分析——控制宏观和所有权因素》，《金融研究》2007 年第 10 期。

[85] 甘小丰 b：《中国保险业效率结构的实证分析》，《数量经济技术经济研究》2008 年第 7 期。

[86] 甘筱青、尤铭祥、胡凯：《医保报销比例差距、患者行为选择与医疗费用的关系研究——基于三阶段动态博弈模型的分析》，《系统工程理论与实践》2014 年第 11 期。

[87] 干春晖、郑若谷：《改革开放以来产业结构演进与生产率增长研究——对中国 1978—2007 年"结构红利假说"的检验》，《中国工业经济》2009 年第 2 期。

[88] 干春晖、郑若谷、余典范：《中国产业结构变迁对经济增长和波动的影响》，《经济研究》2011 年第 5 期。

[89] 高杰英：《银行效率问题研究综述》，《经济学动态》2004 年第 5 期。

[90] 高敏雪：《隐性收入对当前中国居民消费率低估的影响机理——基于国民经济核算原理和实务的探讨》，《统计研究》2014 年第 7 期。

[91] 高宇明、齐中英：《基于时变参数的我国全要素生产率估计》，《数量经济技术经济研究》2008 年第 2 期。

［92］龚刚、杨光 a：《从功能性收入看中国收入分配的不平等》，《中国社会科学》2010 年第 2 期。

［93］龚刚、杨光 b：《论工资性收入占国民收入比例的演变》，《管理世界》2010 年第 5 期。

［94］龚刚、魏熙晔、杨先明、赵亮亮：《建设中国特色国家创新体系 跨越中等收入陷阱》，《中国社会科学》2017 年第 8 期。

［95］龚关、胡关亮：《中国制造业资源配置效率与全要素生产率》，《经济研究》2013 年第 4 期。

［96］龚敏、李文溥：《中国高资本报酬率与低消费率的一个解释——基于动态一般均衡模型的分析与校准》，《学术月刊》2013 年第 9 期。

［97］谷彬：《中国服务业技术效率测算与影响因素实证研究——来自历史数据修订的史实证据》，《统计研究》2009 年第 8 期。

［98］顾海兵、王亚红：《中国城乡居民收入差距的解构分析：1985—2007》，《经济学家》2008 年第 6 期。

［99］顾乃华 a：《1992—2002 年我国服务业增长效率的实证分析》，《财贸经济》2005 年第 4 期。

［100］顾乃华、李江帆：《中国服务业技术效率区域差异的实证分析》，《经济研究》2006 年第 1 期。

［101］顾乃华 b：《我国服务业发展的效率特征及其影响因素——基于 DEA 方法的实证研究》，《财贸研究》2008 年第 4 期。

［102］顾乃华 c：《结构奖赏还是结构负担？——我国服务业就业结构变动与生产率演变关系的实证研究》，《财贸经济》2010 年第 6 期。

［103］顾乃华、夏杰长：《生产性服务业崛起背景下鲍莫尔—富克斯假说的再检验——基于中国 236 个样本城市面板数据的实证分析》，《财贸研究》2010 年第 6 期。

［104］管仁荣、张文松、杨朋君：《互联网金融对商业银行运行效率影响与对策研究》，《云南师范大学学报（哲学社会科学版）》2014 年第 6 期。

［105］郭柏春：《论消费率》，《消费经济》2000 年第 1 期。

［106］郭斐然：《怎样看我国消费率的高低？——与专家对话》，《求是》2013 年第 15 期。

［107］郭华、蒋远胜：《医疗保险保障水平提高是否增加医疗服务的诱导需求——以成都市城乡居民为例》，《农业技术经济》2014 年第 1 期。

［108］郭怀英：《扩大服务消费需求的制约因素分析》，《中国经贸导刊》2011 年第 6 期。

［109］郭惠英、宋慧涛：《我国居民消费函数特征研究》，《生产力研究》2002 年第 2 期。

［110］郭克莎 a：《三次产业增长因素及其变动特点分析》，《经济研究》1992 年第 2 期。

［111］郭克莎 b：《我国资源总配置效应分析》，《经济研究》1992 年第 9 期。

［112］郭路、刘霞辉、孙瑾：《中国货币政策和利率市场化研究——区分经济结构的均衡分析》，《经济研究》2015 年第 3 期。

［113］郭庆旺、贾俊雪：《中国全要素生产率的估算：1979—2004》，《经济研究》2005 年第 6 期。

［114］郭庆旺、吕冰洋：《论税收对要素收入分配的影响》，《经济研究》2011 年第 6 期。

［115］郭万达、郑鑫、王东升、郑宇劼、张欢欢：《我国居民住房租赁核算的方法选择》，《开放导报》2012 年第 2 期。

［116］郭兴方：《我国消费率高、低的判定——基于宏、微观层面的数据分析》，《上海经济研究》2007 年第 2 期。

［117］郭友群：《关于提高我国消费率的思考》，《经济问题》2004 年第 10 期。

［118］郭月梅、蒋勇、武海燕：《新供给经济学视角下扩大消费需求的财税政策探讨》，《税务研究》2015 年第 9 期。

［119］郭镇方：《消费总量下降是投资总量增长的结果吗》，《经济学家》2007 年第 3 期。

［120］国家发改委社会发展研究所课题组、常兴华、李伟：《我国国民收入分配格局研究》，《经济研究参考》2012 年第 21 期。

［121］国家发展改革委综合司：《关于消费率的国际比较》，《中国经贸导刊》2004 年第 16 期。

［122］国家计委政策法规司：《适当提高消费率　促进国民经济良性循环》，《宏观经济管理》2001 年第 12 期。

［123］国家统计局新闻办公室、国家统计局资料中心编：《您身边的统计指标——社会消费品零售总额》，中华人民共和国国家统计局，2013 年。

［124］国家统计局综合司课题组、盛来运：《我国经济增长动力及其转换》，《调研世界》2014 年第 12 期。

［125］国家统计局城市社会经济调查司：《中国城市（镇）生活与价格年鉴》，中国统计出版社。

［126］韩海燕、高昂：《改革开放三十年来中国居民消费率偏低的原因分析》，《生产力研究》2009 年第 22 期。

［127］韩琪、王建坤：《中国高等教育服务贸易逆差的探讨》，《国际贸易》2012 年第 4 期。

［128］杭斌、申春兰：《中国农户预防性储蓄行为的实证研究》，《中国农村经济》2005 年第 3 期。

［129］杭斌 a：《城镇居民的平均消费倾向为何持续下降——基于消费习惯形成的实证分析》，《数量经济技术经济研究》2010 年第 6 期。

［130］杭斌 b：《经济转型期中国城乡居民消费行为的实证研究》，中国统计出版社

2006 年版。

［131］［加］赫伯特·G. 格鲁伯、迈克尔·A. 沃克：《服务业的增长：原因与影响》，上海三联书店 1993 年版。

［132］何德旭、王朝阳：《民营资本进入银行业：效应、问题与策略》，《上海金融》2006 年第 6 期。

［133］何德旭、姚战琪：《中国金融服务业的产业关联分析》，《金融研究》2006 年第 5 期。

［134］何枫、陈荣、何林：《我国资本存量的估算及其相关分析》，《经济学家》2003 年第 5 期。

［135］何贤杰、朱红军、陈信元：《政府的多重利益驱动与银行的信贷行为》，《金融研究》2008 年第 6 期。

［136］贺菊煌 a：《我国资产的估算》，《数量经济技术经济研究》1992 年第 8 期。

［137］贺菊煌 b：《根据生命周期假说建立消费函数》，《数量经济技术经济研究》1995 年第 8 期。

［138］贺菊煌 c：《一个符合生命周期假说的总合消费函数》，《数量经济技术经济研究》1996 年第 2 期。

［139］贺菊煌 d：《消费函数研究》，《数量经济技术经济研究》1998 年第 12 期。

［140］贺京同、何蕾：《要素配置、生产率与经济增长——基于全行业视角的实证研究》，《产业经济研究》2016 年第 3 期。

［141］贺娜：《农村居民消费函数及消费行为实证分析》，《统计与决策》2011 年第 18 期。

［142］桁林：《关于投资率和消费率高低之争——改革开放 30 年理论回顾与展望》，《社会科学研究》2008 年第 4 期。

［143］洪银兴：《消费需求、消费力、消费经济和经济增长》，《中国经济问题》2013 年第 1 期。

［144］侯石安、赵和楠：《城乡居民收入来源构成对其消费行为的影响》，《中南财经政法大学学报》2012 年第 6 期。

［145］侯晓辉、张国平：《所有权、战略引资与中国商业银行的效率》，《世界经济》2008 年第 5 期。

［146］侯晓辉、李婉丽、王青：《所有权、市场势力与中国商业银行的全要素生产率》，《世界经济》2011 年第 2 期。

［147］胡鞍钢、周绍杰、任皓：《供给侧结构性改革——适应和引领中国经济新常态》，《清华大学学报（哲学社会科学版）》2016 年第 2 期。

［148］胡朝霞：《FDI 对中国服务业全要素生产率的影响——基于随机前沿面板数据模型的分析》，《厦门大学学报（哲学社会科学版）》2010 年第 4 期。

［149］胡和立：《1988 我国租金价值的估算》，《经济社会体制比较》1989 年第 5 期。

［150］胡志平、李慧中：《消费低迷的制度解构与重构》，《社会科学研究》2010年第1期。

［151］黄莉芳、洪琳解、郭玮：《中国生产性服务业技术效率测算与影响因素分析》，《首都经贸大学学报》2011年第2期。

［152］黄莉芳、黄良文、洪琳琳：《基于随机前沿模型的中国生产性服务业技术效率测算及影响因素探讨》，《数量经济技术经济研究》2011年第6期。

［153］黄强：《金融控股与银行生产效率及全要素生产率》，《金融论坛》2012年第11期。

［154］黄少军：《服务业与经济增长》，经济科学出版社2000年版。

［155］黄薇：《外资进入对中国保险业效率的影响》，《金融研究》2011年第3期。

［156］黄薇、洪俊杰、邹亚生：《金融业效率分析研究与展望》，《经济学动态》2013年第4期。

［157］黄益平、常健、杨灵修：《中国的消费复苏与经济再平衡》，《金融发展评论》2012年第6期。

［158］黄勇峰、任若恩、刘晓生：《中国制造业资本存量永续盘存法估计》，《经济学（季刊）》2002年第1期。

［159］［美］霍利斯·钱纳里等：《发展的型式1950—1970》，经济科学出版社1988年版。

［160］［美］霍利斯·钱纳里等：《工业化和经济增长的比较研究》，上海三联书店1995年版。

［161］纪洋、徐建炜、张斌：《利率市场化的影响、风险与时机——基于利率双轨制模型的讨论》，《经济研究》2015年第1期。

［162］贾春华：《如何提高服务业调查数据质量》，《中国统计》2015年第7期。

［163］贾康、冯俏彬：《"十三五"时期的供给侧改革》，《国家行政学院学报》2015年第6期。

［164］贾康、刘微：《提高国民收入分配"两个比重"遏制收入差距扩大的财税思考与建议》，《财政研究》2010年第12期。

［165］江林、马椿荣、康俊：《我国与世界各国最终消费率的比较分析》，《消费经济》2009年第1期。

［166］江林、马椿荣：《我国最终消费率偏低的心理成因实证分析》，《中国流通经济》2009年第3期。

［167］江曙霞、陈玉婵：《金融约束政策下的金融发展与经济效率》，《统计研究》2011年第7期。

［168］江小涓：《服务业增长：真实含义、多重影响和发展趋势》，《经济研究》2011年第4期。

［169］姜琪、李占一：《中国银行业高利润的来源：市场势力还是高效率》，《财经科学》2012年第8期。

［170］蒋浩、纪延光、聂锐：《我国银行业技术效率演进的实证分析》，《管理学报》2009 年第 6 期。

［171］蒋萍、谷彬：《中国服务业全要素生产率增长率分解与效率演进》，《数量经济技术经济研究》2009 年第 8 期。

［172］蒋振声、周英章：《经济增长中的产业结构变动效应：中国的实证分析与政策含义》，《财经论丛》2002 年第 3 期。

［173］焦建国 a：《公车改革症结：财政法制化》，《中国青年报》2004 年第 6 版。

［174］焦建国 b：《规范职务消费：辨析、探源与改革建议》，《地方财政研究》2005 年第 9 期。

［175］金春雨、程浩、黄敦平：《基于持久收入假说的我国农村居民消费行为研究》，《农业经济问题》2012 年第 5 期。

［176］金中夏、洪浩、李宏瑾：《利率市场化对货币政策有效性和经济结构调整的影响》，《经济研究》2013 年第 4 期。

［177］荆林波、王雪峰：《消费率决定理论模型及应用研究》，《经济学动态》2011 年第 11 期。

［178］荆林波：《关于扩大消费的若干问题研究》，经济科学出版社 2012 年版。

［179］［英］凯恩斯：《就业、利息和货币通论》，商务印书馆 1999 年版。

［180］康远志：《中国居民消费率太低吗》，《贵州财经大学学报》2014 年第 2 期。

［181］孔静芬、郑旋：《提高我国最终消费率的对策》，《经济纵横》2008 年第 6 期。

［182］［美］库兹涅茨：《各国的经济增长》，商务印书馆 1999 年版。

［183］雷海潮、胡善联、李刚：《心血管专业卫生资源的优化配置研究》，《中国卫生质量管理》2002 年第 9 期。

［184］雷辉、张娟：《我国资本存量的重估及比较分析：1952—2012》，《经济问题探索》2014 年第 7 期。

［185］雷震、张安全：《预防性储蓄的重要性研究：基于中国的经验分析》，《世界经济》2013 年第 6 期。

［186］李宝新、刘璋：《我国产业结构变动与经济增长关系的实证研究》，《统计与管理》2013 年第 6 期。

［187］李宾：《我国资本存量估算的比较分析》，《数量经济技术经济研究》2011 年第 12 期。

［188］李苍舒：《我国金融业效率的测度及对应分析》，《统计研究》2014 年第 1 期。

［189］李成、田懋、张炜 a：《我国固定资本存量的重新估算："一五"到"十一五"》，《西安交通大学学报（社会科学版）》2014 年第 4 期。

［190］李成、田懋、张炜 b：《资本存量估测分歧与中国全要素生产率分析》，《中国地质大学学报（社会科学版）》2015 年第 3 期。

［191］李春顶：《中国制造业行业生产率的变动及影响因素——基于 DEA 技术的1998—2007 年行业面板数据分析》，《数量经济技术经济研究》2009 年第 12 期。

［192］李春生：《中国全要素生产率的贡献率及其波动研究》，《商业经济研究》2015 年第 21 期。

［193］李稻葵、何梦杰、刘霖林：《我国现阶段初次分配中劳动收入下降分析》，《经济理论与经济管理》2010 年第 2 期。

［194］李稻葵、刘霖林、王红领：《GDP 中劳动份额演变的 U 型规律》，《经济研究》2009 年第 1 期。

［195］李稻葵：《关于供给侧结构性改革》，《理论视野》2015 年第 12 期。

［196］李方：《我国消费率偏低的原因与对策探析》，《商业时代》2009 年第 2 期。

［197］李谷成、范丽霞、冯中朝：《资本积累、制度变迁与农业增长——1978—2011 年中国农业增长与资本存量的实证估计》，《管理世界》2014 年第 5 期。

［198］李广众：《金融抑制过程中政府收益的经验研究及国际比较》，《世界经济》2001 年第 7 期。

［199］李广众、王美今：《金融中介发展与经济增长：中国案例研究与国际比较》，《统计研究》2003 年第 1 期。

［200］李国璋、谢艳丽：《我国产业结构变迁中的生产率增长效应分析》，《创新》2010 年第 2 期。

［201］李江帆：《第三产业经济学》，广东人民出版社 1990 年版。

［202］李洁：《GDP 核算中自有住房服务虚拟计算的中日比较》，《统计研究》2013 年第 11 期。

［203］李京文、乔根森、郑友敬、黑田昌裕：《生产率与中美日经济增长研究》，社会科学文献出版社 1993 年版。

［204］李京文、龚飞鸿、明安书：《生产率与中国经济增长》，《数量经济技术经济研究》1996 年第 12 期。

［205］李坤望、刘东皇：《是何因素制约着中国居民消费》，《经济学家》2012 年第 1 期。

［206］李丽莎：《城乡二元经济结构对消费率的影响》，《改革与战略》2011 年第10 期。

［207］李玲：《中国医改：世纪大突破》，《决策与信息》2012 年第 9 期。

［208］李培：《中国城市经济增长的效率与差异》，《数量经济技术经济研究》2007 年第 7 期。

［209］李平、付一夫、张艳芳：《生产性服务业能成为中国经济高质量增长新动能吗》，《中国工业经济》2017 年第 12 期。

［210］李平、钟学义、王宏伟、郑世林：《中国生产率变化与经济增长源泉：1978—2010》，《数量经济技术经济研究》2013 年第 1 期。

［211］李倩、李红云：《广东省产业结构与经济增长关系的实证分析》，《安徽农业

科学》2009 年第 3 期。

[212] 李青原、李江冰、江春、X. D. Huang Kevin：《金融发展与地区实体经济资本配置效率——来自省级工业行业数据的证据》，《经济学（季刊）》2013 年第 2 期。

[213] 李善同、李华香：《城市服务业分布格局特征及演变趋势研究》，《产业经济研究》2014 年第 5 期。

[214] 李实、魏众、丁赛：《中国居民财产分布不均等及其原因的经验分析》，《经济研究》2005 年第 6 期。

[215] 李实、赵人伟：《中国居民收入分配再研究》，《经济研究》1999 年第 3 期。

[216] 李涛、陈斌开：《金融抑制与中国城镇居民消费》，《经济研究工作论文，WP394》，2012 年。

[217] 李万茂：《高投资率的数据解读》，《中国投资》2006 年第 7 期。

[218] 李文溥：《根据需求结构转换基本趋势进行供给侧结构性改革》，《福建日报》2016 年 4 月 1 日第 11 版。

[219] 李文溥、陈婷婷 a：《自有住房服务消费重估与中国居民消费率修正》，《吉林大学社会科学报》2018 年第 3 期。

[220] 李文溥、陈婷婷 b：《灰色消费估算与居民消费率》，《东南学术》2019 年第 1 期。

[221] 李文溥、陈永杰：《中国人口城市化水平与结构偏差》，《中国人口科学》2001 年第 5 期。

[222] 李文溥、龚敏 a：《出口劳动密集型产品导向的粗放型增长与国民收入结构失衡》，《经济学动态》2010 年第 7 期。

[223] 李文溥、龚敏 b：《要素比价扭曲与居民消费不振》，《高校理论战线》2013 年第 1 期。

[224] 李文溥、龚敏等：《论要素比价、劳动报酬与居民消费》，人民出版社 2013 年版。

[225] 李文溥、李昊 a：《利率管制与居民财产收入占比下降》，《吉林大学社会科学学报》2015 年第 6 期。

[226] 李文溥、李昊 b：《中国居民的财产收入状况分析》，《财贸经济》2016 年第 8 期。

[227] 李文溥、李静：《要素比价扭曲、过度资本深化与劳动报酬比重下降》，《学术月刊》2011 年第 2 期。

[228] 李文溥、熊英：《"刘易斯拐点"的一个理论证伪——基于产品市场的视角》，《经济研究》2015 年第 5 期。

[229] 李武：《基于凯恩斯消费函数的我国城乡居民消费差异实证分析》，《统计研究》2007 年第 6 期。

[230] 李小平、陈勇：《劳动力流动、资本转移和生产率增长》，《统计研究》2007 年第 7 期。

[231] 李小平、卢现祥：《中国制造业的结构变动和生产率增长》，《世界经济》2007 年第 5 期。

[232] 李小平、卢现祥、朱钟棣：《国际贸易，技术进步和中国工业行业的生产率增长》，《经济学（季刊）》2008 年第 2 期。

[233] 李小胜、郑智荣：《中国上市银行效率及其影响因素——基于两阶段 SBM 模型的实证研究》，《中国经济问题》2015 年第 4 期。

[234] 李迅雷、高远：《中国经济结构存在误判》，《中国经济报告》2013 年第 4 期。

[235] 李扬、殷剑峰：《中国高储蓄率问题探究——1992—2003 年中国资金流量表的分析》，《经济研究》2007 年第 6 期。

[236] 李占乐：《中国政府"三公"经费公开的现状、问题与对策》，《云南社会科学》2012 年第 2 期。

[237] 李振明 a：《中国经济转型期居民消费储蓄结构变化的实证考察》，《商业经济与管理》2001 年第 8 期。

[238] 李振明 b：《中国股市财富效应的实证分析》，《经济科学》2001 年第 3 期。

[239] 李振明 c：《经济转型与居民消费结构演进》，经济科学出版社 2001 年版。

[240] 李志阳、刘振中：《中国金融发展与城乡收入不平等：理论和经验解释》，《经济科学》2011 年第 6 期。

[241] 李治国、唐国兴：《资本形成路径与资本存量调整模型——基于中国转型时期的分析》，《经济研究》2003 年第 2 期。

[242] 连平：《如何理性看待我国的消费率》，《经济观察报》2007 年 6 月 25 日。

[243] 联合国、欧盟委员会、经济合作与发展组织、国际货币基金组织等：《国民账户体系（2008）》，中国统计出版社 2012 年版。

[244] 梁玲玲、陈松、曹文红：《金融服务业创新活动与绩效关系实证研究》，《科研管理》2014 年第 8 期。

[245] 梁其翔、龙志和 a：《中国公款消费规模估算》，《上海经济研究》2014 年第 10 期。

[246] 梁其翔、龙志和 b：《关于中国居民消费率偏低的实证研究》，《上海经济研究》2016 年第 4 期。

[247] 梁泳梅、董敏杰：《中国经济增长来源：基于非参数核算方法的分析》，《世界经济》2015 年第 11 期。

[248] 林聚任、刘玉安：《社会科学研究方法（第二版）》，山东人民出版社 2004 年版。

[249] 林仁文、杨熠：《中国的资本存量与投资效率》，《数量经济技术经济研究》2013 年第 9 期。

[250] 林炜：《浅谈如何提高服务业统计数据质量》，《中国统计》2013 年第 2 期。

[251] 林艳：《居民消费率持续走低的原因及对策》，《宏观经济管理》2009 年第

8 期。

［252］林毅夫、李志赟：《中国的国有企业与金融体制改革》，《经济学（季刊）》2005 年第 3 期。

［253］林毅夫、潘卫艳：《林毅夫：中国经济仍具备增长潜力》，《中国房地产业》2015 年第 Z1 期。

［254］林毅夫、任若恩：《东亚经济增长模式相关争论的再探讨》，《经济研究》2007 年第 8 期。

［255］刘保珺：《我国产业结构演变与经济增长成因的实证分析》，《经济与管理研究》2007 年第 2 期。

［256］刘斌：《我国 DSGE 模型的开发及在货币政策分析中的应用》，《金融研究》2008 年第 10 期。

［257］刘东皇：《居民消费与中国经济增长》，光明日报出版社 2012 年版。

［258］刘芳菲、王东红：《中国城乡居民消费函数研究》，《统计与管理》2011 年第 4 期。

［259］刘国光：《促进消费需求提高消费率是扩大内需的必由之路》，《财贸经济》2002 年第 5 期。

［260］刘洪玉、郑思齐、许宪春：《房地产业所包含经济活动的分类体系和增加值估算》，《统计研究》2003 年第 8 期。

［261］刘岚芳：《从相对收入假说看我国消费》，《经济与管理研究》1995 年第 2 期。

［262］刘瑞明：《金融压抑、所有制歧视与增长拖累——国有企业效率损失再考察》，《经济学（季刊）》2011 年第 2 期。

［263］刘社建：《中国就业变动与消费需求研究》，中国社会科学出版社 2005 年版。

［264］刘社建、李振明：《扩大消费研究：提高劳动者报酬份额的思路》，《上海经济研究》2010 年第 2 期。

［265］刘世锦、刘培林、何建武：《我国未来生产率提升潜力与经济增长前景》，《管理世界》2015 年第 3 期。

［266］刘世锦 a：《中国经济增长十年展望（2014—2023）：在改革中形成增长新常态》，中信出版社 2014 年版。

［267］刘世锦 b：《关于我国增长模式转型的若干问题》，《管理世界》2006 年第 2 期。

［268］刘伟、蔡志洲：《我国产业结构变动趋势及对经济增长的影响》，《经济纵横》2008 年第 12 期。

［269］刘伟、李绍荣：《产业结构与经济增长》，《中国工业经济》2002 年第 5 期。

［270］刘伟、张辉：《中国经济增长中的产业结构变迁与技术进步》，《经济研究》2008 年第 11 期。

[271] 刘小鲁：《管制、市场结构与中国医药分离的市场绩效》，《世界经济》2011年第12期。

[272] 刘晓燕：《旅游统计国际建议及对我国的启示》，《调研世界》2016年第10期。

[273] 刘兴凯、张诚：《中国服务业全要素生产率增长及其收敛分析》，《数量经济技术经济研究》2010年第3期。

[274] 刘学、史录文：《医疗费用上涨与医德医风下降：组织架构变革角度的解释》，《管理世界》2006年第10期。

[275] 刘志彪、安同良：《中国产业结构演变与经济增长》，《南京社会科学》2002年第1期。

[276] 龙志和、周浩明：《中国城镇居民预防性储蓄实证研究》，《经济研究》2000年第11期。

[277] 楼裕胜：《金融发展差异与城乡居民收入差距关系研究》，《华中科技大学学报（社会科学版）》2008年第5期。

[278] 卢峰、姚洋：《金融压抑下的法治、金融发展与经济增长》，《中国社会科学》2004年第1期。

[279] 卢嘉瑞a：《提高消费率势在必行》，《河北经贸大学学报》2005年第7期。

[280] 卢嘉瑞b：《提高居民消费率：扩大消费需求的重中之重》，《消费经济》2007年第6期。

[281] 卢嘉瑞c：《扩大居民消费是改善国计民生的头等大事》，《湘潭大学学报（哲学社会科学版）》2010年第2期。

[282] 卢文鹏：《金融抑制、路径依赖与中国渐进改革中的制度性公共风险》，《复旦学报（社会科学版）》2002年第4期。

[283] 卢中原：《关于投资和消费若干比例关系的探讨》，《财贸经济》2003年第4期。

[284] 鲁晓东：《金融资源错配阻碍了中国的经济增长吗》，《金融研究》2008年第4期。

[285] 鲁晓东、连玉君：《中国工业企业全要素生产率估计：1999—2007》，《经济学（季刊）》2012年第2期。

[286] 陆静：《金融发展与经济增长关系的理论与实证研究——基于中国省际面板数据的协整分析》，《中国管理科学》2012年第1期。

[287] 陆梦龙、谢珣：《经济结构演进的国际经验比较——基于Kohonen算法的数据探索分析》，《政治经济学研究》2013年第14期。

[288] 陆亦舒、陶颖：《改善中国旅游服务贸易逆差的对策建议——以完善税收制度的旅游购物政策角度》，《旅游管理研究》2015年第2期。

[289] 栾大鹏、欧阳日晖：《生产要素内部投入结构与中国经济增长》，《世界经济》2012年第6期。

［290］罗党论、甄丽明：《民营控制，政治关系与企业融资约束——基于中国民营上市公司的经验证据》，《金融研究》2008 年第 12 期。

［291］罗红卫：《对我国消费率偏低问题的再思考》，《经济师》2003 年第 7 期。

［292］［美］罗斯托：《从起飞进入持续增长的经济学》（中译本），四川人民出版社 1988 年版。

［293］［美］罗斯托：《经济成长的阶段》，北京经济学院出版社 2008 年版。

［294］罗云毅 a：《低消费、高投资是现阶段我国经济运行的常态》，《宏观经济研究》2004 年第 5 期。

［295］罗云毅 b：《关于消费率水平问题的思考》，《经济视角》2000 年第 5 期。

［296］罗云毅 c：《关于最优消费投资比例存在性的思考》，《宏观经济研究》2006 年第 12 期。

［297］罗云毅 d：《投资消费比例关系理论研究回顾》，《宏观经济研究》1999 年第 12 期。

［298］罗云毅 e：《我国当前消费水平是否"偏低"》，《宏观经济研究》2000 年第 5 期。

［299］罗云毅 f：《我国的高投资率将是长期现象》，《中国投资》2007 年第 6 期。

［300］吕冰洋、禹奎：《我国税收负担的走势与国民收入分配格局的变动》，《财贸经济》2009 年第 3 期。

［301］吕铁：《制造业结构变化对生产率增长的影响研究》，《管理世界》2002 年第 5 期。

［302］马凤华、李江帆：《城市服务业结构变动与生产率增长关系的实证研究》，《上海经济研究》2014 年第 5 期。

［303］马光荣、李力行：《金融契约效率、企业退出与资源误置》，《世界经济》2014 年第 10 期。

［304］马建堂：《大力推进城乡住户调查一体化改革》，《中国统计》2012 年第 3 期。

［305］马晓河：《我国消费率偏低并持续下降的成因解析》，《前线》2010 年第 1 期。

［306］［英］麦迪森：《世界经济二百年回顾》，改革出版社 1997 年版。

［307］孟庆平：《我国职务消费制度的溯源、现状与完善对策》，《财贸经济》2009 年第 12 期。

［308］聂辉华、贾瑞雪：《中国制造业企业生产率与资源误置》，《世界经济》2011 年第 7 期。

［309］潘文卿、李子奈、刘强：《中国产业间的技术溢出效应：基于 35 个工业部门的经验研究》，《经济研究》2011 年第 7 期。

［310］庞瑞芝、邓忠奇：《服务业生产率真的低吗?》，《经济研究》2014 年第 12 期。

［311］逢咏梅、朱莹：《基于公共预算的"三公消费"管控研究》，《财会通讯》2012 年第 35 期。

［312］彭博、晁钢令：《基于攀比性心理的阶段性消费特征的函数解析》，《消费经济》2011 年第 6 期。

［313］彭国华：《中国地区收入差距、全要素生产率及其收敛分析》，《经济研究》2005 年第 9 期。

［314］彭爽、叶晓东：《论 1978 年以来中国国民收入分配格局的演变、现状与调整对策》，《经济评论》2008 年第 2 期。

［315］彭文生、林暾、边泉水等：《经济转型的消费轨道（上篇）——消费长周期的逻辑》，《金融发展评述》2012 年第 7 期。

［316］彭文生、林暾等：《经济转型的消费轨道（下篇）——宏观和行业影响》，《金融发展评论》2012 年第 8 期。

［317］彭现美、王有刚：《住户调查样本选择及数据误差问题探讨》，《统计与决策》2012 年第 3 期。

［318］彭志龙：《提高消费率势在必行》，《宏观经济管理》1999 年第 1 期。

［319］蒲艳萍、成肖：《金融发展、市场化与服务业资本配置效率》，《经济学家》2014 年第 6 期。

［320］齐树天、边卫红、韦艳华：《商业银行效率演进趋势及结构特征透析》，《中央财经大学学报》2008 年第 8 期。

［321］祁京梅：《我国消费需求趋势研究及实证分析探索》，中国经济出版社 2008 年版。

［322］祁毓：《不同来源收入对城乡居民消费的影响——以我国省级面板数据为例》，《农业技术经济》2010 年第 9 期。

［323］钱先航、曹廷求、李维安：《晋升压力、官员任期与城市商业银行的贷款行为》，《经济研究》2011 年第 12 期。

［324］乔为国 a：《我国居民低消费率的成因——以国民收入流量循环为框架的分析》，《学海》2007 年第 5 期。

［325］乔为国 b：《我国投资率偏高消费率偏低的成因与对策》，《宏观经济研究》2005 年第 8 期。

［326］乔卫国、潘必胜：《我国经济增长中合理投资率的确定》，《中国软科学》2005 年第 7 期。

［327］邱崇明、李辉文：《我国金融抑制的测度及其对居民消费的影响》，《金融与经济》2011 年第 2 期。

［328］邱兆祥、张爱武：《基于 FDH 方法的中国商业银行 X 效率研究》，《金融研究》2009 年第 11 期。

［329］任若恩、孙琳琳：《我国行业层次的 TFP 估计：1981—2000》，《经济学（季刊)》2009 年第 3 期。

［330］任兴洲、王微、王青等：《新时期我国消费新增长点研究》，中国发展出版社 2014 年版。

［331］任兴洲：《扩大消费需求：任务、机制与政策》，中国发展出版社 2010 年版。

［332］阮加、阮敬科：《收入分配问题现状、原因及对策探讨》，《经济学动态》2011 年第 2 期。

［333］单豪杰、师博：《中国工业部门的资本回报率：1978—2006》，《产业经济研究》2008 年第 6 期。

［334］单豪杰：《中国资本存量 K 的再估算：1952—2006》，《数量经济技术经济研究》2008 年第 10 期。

［335］邵军、徐康宁：《转型时期经济波动对我国生产率增长的影响研究》，《经济研究》2011 年第 12 期。

［336］申恩威：《当前职务消费中存在的主要问题及治理对策》，《中国党政干部论坛》2011 年第 11 期。

［337］申朴、刘康兵：《中国城镇居民消费行为过度敏感性的经验分析：兼论不确定性、流动性约束与利率》，《世界经济》2003 年第 1 期。

［338］沈冰、雷珏：《我国居民储蓄利率敏感性的实证研究》，《经济问题》2011 年第 8 期。

［339］沈春苗、郑江淮：《资源错配研究述评》，《改革》2015 年第 4 期。

［340］沈军、白钦先：《中国金融体系效率与金融规模》，《数量经济技术经济研究》2013 年第 8 期。

［341］沈坤荣：《1978—1997 年中国经济增长因素的实证分析》，《经济科学》1999 年第 4 期。

［342］沈坤荣、谢勇：《不确定性与中国城镇居民储蓄率的实证研究》，《金融研究》2012 年第 3 期。

［343］沈哲：《部门服务业统计现状及问题》，《中国统计》2012 年第 2 期。

［344］师守祥、郭为：《我国旅游统计数据评价及开发应用研究》，《旅游学刊》2010 年第 2 期。

［345］施建淮、朱海婷：《中国城市居民预防性储蓄及预防性动机强度：1999—2003》，《经济研究》2004 年第 10 期。

［346］石涛、邱兆祥、张爱武：《商业银行技术效率与市场结构：一个动态视角》，《管理世界》2012 年第 9 期。

［347］石晓军、喻珊：《我国商业银行效率估计不一致检验与实证》，《金融研究》2007 年第 9A 期。

［348］世界旅游城市联合会、益普索：《中国公民出境（城市）旅游消费市场调查报告（上）》，《广告大观（综合版）》2014 年第 11 期。

［349］宋李健：《金融控制、广义铸币税与经济转轨中的价格稳定》，《上海金融》

2008 年第 6 期。

　　［350］宋立：《提高消费率途径探析》，《宏观经济管理》2010 年第 9 期。

　　［351］宋长青、李子伦、马方：《中国经济增长效率的地区差异及收敛分析》，《城市问题》2013 年第 6 期。

　　［352］宋铮：《中国居民储蓄行为研究》，《金融研究》1999 年第 6 期。

　　［353］苏雪串：《对我国近年来消费率及其变动的分析》，《中央财经大学学报》2000 年第 1 期。

　　［354］苏艳：《出口、产业结构和生产率变动：来自制造业与生产者服务业的证据》，《产经评论》2010 年第 6 期。

　　［355］孙凤：《预防性储蓄理论与中国居民消费行为》，《南开经济研究》2001 年第 1 期。

　　［356］孙国锋：《中国居民消费行为演变及其影响因素研究》，中国财政经济出版社 2004 年版。

　　［357］孙国茂、陈国文：《金融业利润增长对制造业的影响》，《中国工业经济》2014 年第 4 期。

　　［358］孙豪：《消费主导型大国：特征、测度及政策》，《社会科学》2015 年第 10 期。

　　［359］孙浩进、樊欣：《国内外隐性收入比较研究及范式创新》，《经济问题》2012 年第 7 期。

　　［360］孙久文、年猛：《服务业全要素生产率测度及其省际差异》，《改革》2011 年第 9 期。

　　［361］孙琳琳、任若恩 a：《转轨时期我国行业层面资本积累的研究——资本存量和资本流量的测算》，《经济学（季刊）》2014 年第 3 期。

　　［362］孙琳琳、任若恩 b：《中国资本投入和全要素生产率的估算》，《世界经济》2005 年第 12 期。

　　［363］孙文凯、肖耿、杨秀科：《资本回报率对投资率的影响：中美日对比研究》，《世界经济》2010 年第 6 期。

　　［364］孙稳存、彭彩霞：《中国消费函数的分析与估计》，《经济科学》2002 年第 6 期。

　　［365］孙晓华、翟钰、秦川：《生产性服务业带动了制造业发展吗？——基于动态两部门模型的再检》，《产业经济研究》2014 年第 1 期。

　　［366］孙铮、刘凤委、李增泉：《市场化程度、政府干预与企业债务期限结构——来自我国上市公司的经验证据》，《经济研究》2005 年第 5 期。

　　［367］谈儒勇：《中国金融发展和经济增长关系的实证研究》，《经济研究》1999 年第 10 期。

　　［368］谭洪波、郑江淮：《中国经济高速增长与服务业滞后并存之谜——基于部门全要素生产率的研究》，《中国工业经济》2012 年第 9 期。

［369］汤英英、王子龙：《生产性服务企业信息化水平测度研究》，《第十六届中国管理科学学术年会论文集》，2014年。

［370］唐雪松、周晓苏、马如静：《政府干预、GDP增长与地方国企过度投资》，《金融研究》2010年第8期。

［371］陶长琪、齐亚伟：《转轨时期中国城乡居民预防性储蓄比较研究——中国城乡居民消费的理论框架及实证研究》，《消费经济》2007年第5期。

［372］田伟：《考虑地方政府因素的企业决策模型——基于企业微观视角的中国宏观经济现象解读》，《管理世界》2007年第5期。

［373］田卫民：《基于经济增长的中国最优消费规模：1978—2006》，《财贸研究》2008年第6期。

［374］田晓耕、殷晓红：《中国金融服务业贸易壁垒量化研究》，《东北大学学报（社会科学版）》2008年第3期。

［375］田友春：《中国分行业资本存量估算：1990—2014年》，《数量经济技术经济研究》2016年第6期。

［376］田友春、卢盛荣、靳来群：《方法、数据与全要素生产率测算差异》，《数量经济技术经济研究》2017年第12期。

［377］仝冰：《货币、利率与资产价格》，北京大学博士学位论文，2010年。

［378］佟珺、石磊：《价格规制、激励扭曲与医疗费用上涨》，《南方经济》2010年第1期。

［379］涂正革、肖耿：《中国的工业生产力革命——用随机前沿生产模型对中国大中型工业企业全要素生产率增长的分解及分析》，《经济研究》2005年第3期。

［380］万安培a：《租金规模的动态考察》，《经济研究》1995年第2期。

［381］万安培b：《租金规模变动的再考察》，《经济研究》1998年第7期。

［382］万广华、张茵、牛建高：《流动性约束、不确定性与中国居民消费》，《经济研究》2001年第11期。

［383］汪翀：《银行业管制体系研究——基于价格竞争的视角》，《国际金融研究》2015年第5期。

［384］汪海波：《"十五"期间投资率和消费率的运行趋势分析》，《中国社会科学院研究生院学报》2006年第1期。

［385］汪浩：《医疗服务、医疗保险和管理医疗》，《世界经济》2010年第1期。

［386］汪浩瀚、唐绍祥：《不确定性条件下中国城乡居民消费的流动性约束分析》，《经济体制改革》2009年第5期。

［387］汪浩瀚：《微观基础、不确定性与西方宏观消费理论的拓展》，《经济评论》2006年第2期。

［388］汪红驹、张慧莲：《不确定性和流动性约束对我国居民消费行为的影响》，《经济科学》2002年第6期。

［389］汪庆希：《不堪重负的公车》，《中国监察》2000年第3期。

［390］王兵、颜鹏飞：《技术效率、技术进步与东亚经济增长——基于 APEC 视角的实证分析》，《经济研究》2007 年第 5 期。

［391］王兵、朱宁：《不良贷款约束下的中国银行业全要素生产率增长研究》，《经济研究》2011 年第 5 期。

［392］王超：《全国三公经费一年知多少》，《中国青年报》2011 年 8 月 10 日第 5 版。

［393］王春正：《我国居民收入分配问题》，中国计划出版社 1995 年版。

［394］王聪、谭政勋：《我国商业银行效率结构研究》，《经济研究》2007 年第 7 期。

［395］王聪、邹朋飞：《中国商业银行效率结构与改革策略探讨》，《金融研究》2004 年第 3 期。

［396］王德文、王美艳、陈兰：《中国工业的结构调整、效率与劳动配置》，《经济研究》2004 年第 4 期。

［397］王弟海：《健康人力资本、经济增长和贫困陷阱》，《经济研究》2012 年第 6 期。

［398］王辉：《产业结构升级与经济增长关系的实证研究》，《统计与决策》2014 年第 6 期。

［399］王金田、王学真、高峰：《全国及分省份农业资本存量 K 的估算》，《农业技术经济》2007 年第 4 期。

［400］王晋斌：《金融控制、风险化解与经济增长》，《经济研究》2000 年第 4 期。

［401］王婧：《我国服务业生产率的变动轨迹及启示（1978—2012）——基于 DEA 技术的省际分析》，《中国社会科学院研究生院学报》2014 年第 5 期。

［402］王林辉、袁礼：《资本错配会诱发全要素生产率损失吗》，《统计研究》2014 年第 8 期。

［403］王美霞：《中国生产性服务业细分行业全要素生产率异质性与影响因素研究》，《经济经纬》2013 年第 3 期。

［404］王鹏、尤济红：《产业结构调整中的要素配置效率——兼对"结构红利假说"的再检验》，《经济学动态》2015 年第 10 期。

［405］王秋石、王一新 a：《中国居民消费率真的这么低么——中国真实居民消费率研究与估算》，《经济学家》2013 年第 8 期。

［406］王秋石、王一新 b：《中国投资率真的这么高吗》，《经济学家》2014 年第 8 期。

［407］王秋石、王一新 c：《中国消费率低估研究——兼议中国"投资过热论"》，《山东大学学报（哲学社会科学版）》2013 年第 3 期。

［408］王秋石、王一新 d：《中国消费率低估研究》，经济科学出版社 2012 年版。

［409］王群英：《服务业统计调查制度改革的探索与思考》，《中国统计》2013 年第 3 期。

［410］王曙光：《中国经济转轨进程中的金融自由化》，《经济科学》2003 年第
5 期。

［411］王恕立、胡宗彪：《中国服务业分行业生产率变迁及异质性考察》，《经济研
究》2012 年第 4 期。

［412］王恕立、刘军：《中国服务企业生产率异质性与资源再配置效应——与制造
业企业相同吗》，《数量经济技术经济研究》2014 年第 5 期。

［413］王恕立、滕泽伟、刘军：《中国服务业生产率变动的差异分析——基于区域
及行业视角》，《经济研究》2015 年第 8 期。

［414］王恕立、汪思齐、滕泽伟：《环境约束下的中国服务业全要素生产率增长》，
《财经研究》2016 年第 5 期。

［415］王松、付志刚：《中国居民消费率：数据误差与修正》，《湖南商学院学报》
2012 年第 5 期。

［416］王松：《关于完善服务业统计调查制度体系的思考》，《中国统计》2015 年
第 5 期。

［417］王苏生、孔照昆、向静、周明建：《基于内部市场视角的医疗费用与医疗服
务质量的双重控制》，《管理评论》2010 年第 10 期。

［418］王涛：《我国消费率：究竟多高才合适》，《山西财经大学学报》2005 年第
2 期。

［419］王小鲁 a：《中国经济增长的可持续性与制度变革》，《经济研究》2000 年第
7 期。

［420］王小鲁 b：《灰色收入与居民收入差距》，《中国税务》2007 年第 10 期。

［421］王小鲁 c：《灰色收入与政府改革》，《上海经济》2011 年第 5 期。

［422］王小鲁 d：《我国国民收入分配现状、问题及对策》，《国家行政学院学报》
2010 年第 3 期。

［423］王小鲁 e：《我国收入分配现状、趋势及改革思考》，《中国市场》2010 年第
20 期。

［424］王小鲁 f：《中国收入分配向何处去?》，《国家行政学院学报》2006 年第
1 期。

［425］王小鲁、樊纲：《我国工业增长的可持续性》经济科学出版社 2000 年版。

［426］王小鲁、樊纲、刘鹏：《中国经济增长方式转换和增长可持续性》，《经济研
究》2009 年第 1 期。

［427］王欣容：《城乡边际消费倾向差异及其成因》，《经济经纬》2004 年第 6 期。

［428］王修华、邱兆祥：《农村金融发展对城乡收入差距的影响机理与实证研究》，
《经济学动态》2011 年第 2 期。

［429］王雪峰 a：《浅析消费领域"霸王条款"的界定及规制》，《商业研究》2013
年第 30 期。

［430］王雪峰 b：《中国消费率问题研究》，社会科学文献出版社 2013 年版。

[431] 王勋、Anders Johansson：《金融抑制与经济结构转型》，《经济研究》2013年第1期。

[432] 王亚雄、张鸿武、王芳：《我国抽样调查方法改革刍议》，《统计与信息论坛》2004年第3期。

[433] 王延军、温娇秀、吴静茹：《产业结构变动与我国宏观经济波动》，《华东经济管理》2011年第2期。

[434] 王耀中、陈洁：《鲍莫尔—富克斯假说研究新进展》，《经济学动态》2012年第6期。

[435] 王耀中、张阳：《改革开放以来中国服务业生产率实证分析》，《管理评论》2011年第10期。

[436] 王艺明、蔡昌达：《货币政策的成本传导机制与价格之谜——基于新凯恩斯主义 DSGE 模型的研究》，《经济学动态》2012年第3期。

[437] 王喆、叶岚：《金融服务业推行负面清单管理模式研究》，《经济纵横》2015年第1期。

[438] 王正艳、蔡月祥：《城乡一体化与现行住户调查统计指标差异对比研究》，《北方经济》2013年第10期。

[439] 王志刚、龚六堂、陈玉宇：《地区间生产效率与全要素生产率增长率分解（1978—2003）》，《中国社会科学》2006年第2期。

[440] 王志平：《中美居民财产性收入比较及启示》，《上海市经济管理干部学院学报》2010年第4期。

[441] 王志强、孙刚：《中国金融发展规模，结构，效率与经济增长关系的经验分析》，《管理世界》2003年第7期。

[442] 王子先：《世界各国消费率演变的趋势、比较及启示》，《求是》2006年第4期。

[443] 尉高师、雷明国：《求解中国消费之谜——熊彼特可能是对的》，《管理世界》2003年第3期。

[444] 温涛、冉光和、熊德平：《中国金融发展与农民收入增长》，《经济研究》2005年第9期。

[445] 闻潜：《消费启动与收入增长分解机制》，中国财政经济出版社2005年版。

[446] 翁宏标、王斌会：《中国分行业资本存量的估计》，《统计与决策》2012年第12期。

[447] 吴方卫：《我国农业资本存量的估计》，《农业技术经济》1999年第6期。

[448] 吴风庆：《产业结构与经济增长的偏离分析》，《山东工商学院学报》2004年第2期。

[449] 吴国培、王伟斌、张习宁：《我国全要素生产率对经济增长的贡献》，中国人民银行工作论文，2014年。

[450] 吴延兵：《国有企业双重效率损失研究》，《经济研究》2012年第3期。

［451］吴有昌：《中国城乡居民消费函数比较》，《经济科学》1995 年第 3 期。

［452］吴振球、王芳、周昱：《我国经济发展中合意消费率与合意居民消费率确定与预测研究》，《中央财经大学学报》2014 年第 11 期。

［453］吴忠群 a：《中国的最优消费率及其政策含义》，《财经问题研究》2011 年第 3 期。

［454］吴忠群 b：《中国经济增长中消费和投资的确定》，《中国社会科学》2002 年第 3 期。

［455］吴忠群 c：《最优消费率的存在性及其相关问题》，《中国软科学》2009 年第 S1 期。

［456］伍晓鹰：《测算和解读中国工业的全要素生产率》，《比较》2013 年第 6 期。

［457］武芳梅：《刍议消费率及投资率与我国的经济增长》，《经济问题》2006 年第 9 期。

［458］武鹏：《改革以来中国经济增长的动力转换》，《中国工业经济》2013 年第 2 期。

［459］席玮、杨烨军：《服务业数据的困惑与重估》，《生产力研究》2015 年第 6 期。

［460］席卫群：《建立扩大居民消费需求长效机制的税收政策研究》，经济科学出版社 2014 年版。

［461］厦门大学宏观经济研究中心课题组：《需求结构升级转换背景下的供给侧结构性改革》，《中国高校社会科学》2016 年第 3 期。

［462］厦门大学宏观经济研究中心 CQMM 课题组：《系统性金融风险与预算软约束》，《东南学术》2017 年第 6 期。

［463］夏传文、刘亦文：《城乡收入差距的金融结构影响实证分析》，《经济地理》2010 年第 5 期。

［464］项威、刘向耘：《隐性收入研究》，《统计研究》1995 年第 1 期。

［465］解洪涛、陈利伟、庄佳强：《鲍莫尔"成本病"与"以医养药"》，《公共管理学报》2015 年第 1 期。

［466］谢建国：《外商直接投资对中国的技术溢出——一个基于中国省区面板数据的研究》，《经济学（季刊）》2006 年第 3 期。

［467］谢千里、罗斯基、郑玉歆：《改革以来中国工业生产率变动趋势的估计及其可靠性分析》，《经济研究》1995 年第 12 期。

［468］辛超、张平、袁富华：《资本与劳动力配置结构效应——中国案例与国际比较》，《中国工业经济》2015 年第 2 期。

［469］熊学华：《中国消费率和投资率的合理性判断：1978—2005》，《广东金融学院学报》2008 年第 1 期。

［470］徐冬林：《中国产业结构变迁与经济增长的实证分析》，《中南财经政法大学学报》2004 年第 2 期。

［471］徐宏毅、欧阳明德：《中国服务业生产率的实证研究》，《工业工程与管理》2004 年第 5 期。

［472］徐晖：《基于凯恩斯消费函数的我国城乡发展差距变化实证分析》，《商业时代》2014 年第 28 期。

［473］徐杰、段万春、杨建龙：《中国资本存量的重估》，《统计研究》2010 年第 12 期。

［474］徐强：《CPI 编制中的几个基本问题探析》，《统计研究》2007 年第 8 期。

［475］徐现祥、周吉梅、舒元：《中国省区三次产业资本存量估计》，《统计研究》2007 年第 5 期。

［476］徐晓光、冼俊城、郑尊信：《中国城市金融效率提升路径探析》，《数量经济技术经济研究》2014 年第 10 期。

［477］徐朝阳：《供给抑制政策下的中国经济》，《经济研究》2014 年第 7 期。

［478］许荣、向文华：《银行效率问题研究新进展》，《经济学动态》2009 年第 9 期。

［479］许宪春、李文政：《中国房地产业的核算体系亟待改革》，《宏观经济管理》1999 年第 3 期。

［480］许宪春、唐杰、殷勇等：《居民住房租赁核算及对消费率的影响——国际比较与中国的实证研究》，《开放导报》2012 年第 2 期。

［481］许宪春 a：《中国服务业核算及其存在的问题研究》，《经济研究》2004 年第 3 期。

［482］许宪春 b：《中国国民经济核算体系的建立、改革和发展》，《中国社会科学》2009 年第 6 期。

［483］许宪春 c：《准确理解中国的收入、消费和投资》，《中国社会科学》2013 年第 2 期。

［484］许宪春 d：《准确理解收入分配核算》，《经济学动态》2014 年第 3 期。

［485］许永兵、南振兴：《当前消费率讨论中的两个认识误区》，《经济学家》2005 年第 2 期。

［486］薛俊波、王铮：《中国 17 部门资本存量的核算研究》，《统计研究》2007 年第 7 期。

［487］闫海洲：《长三角地区产业结构高级化及影响因素》，《财经科学》2010 年第 12 期。

［488］闫坤、程瑜：《新形势下促进居民消费的财税政策选择》，《涉外税务》2009 年第 4 期。

［489］阎志军：《我国银行业市场结构与效率变迁实证分析》，《生产力研究》2008 年第 4 期。

［490］颜色、朱国钟：《"房奴效应"还是"财富效应"？——房价上涨对国民消费影响的一个理论分析》，《管理世界》2013 年第 3 期。

［491］晏涛、陈彦斌：《基于"高投资率、低消费率"争论的投资与消费关系研究》，《中国商贸》2010 年第 23 期。

［492］杨灿：《关于服务业统计若干问题的探讨》，《统计研究》2009 年第 1 期。

［493］杨大光：《试析国民收入的隐形分配——灰色消费理论假说》，《东北师范大学（哲学社会科学版）》2003 年第 1 期。

［494］杨大强：《中国商业银行的效率分析——基于广义超对数成本函数的范围经济检验》，《金融发展研究》2008 年第 3 期。

［495］杨光：《揭秘建筑业商业贿赂》，《建筑时报》2006 年 4 月 24 日第 2 版。

［496］杨丽霞、李悦：《政府规制：影响国家间相对创新效率的关键因素》，《学术月刊》2013 年第 8 期。

［497］杨汝岱：《中国制造业企业全要素生产率研究》，《经济研究》2015 年第 2 期。

［498］杨汝岱、陈斌开：《高等教育改革、预防性储蓄与居民消费行为》，《经济研究》2009 年第 8 期。

［499］杨天宇：《中国的收入分配与总消费——理论和实证研究》，中国经济出版社 2009 年版。

［500］杨廷干、吴开尧：《服务业全要素生产率变化及其驱动因素——基于细分行业的研究》，《统计研究》2017 年第 6 期。

［501］杨伟民：《适应引领经济发展新常态、着力加强供给侧结构性改革》，《宏观经济管理》2016 年第 1 期。

［502］杨向阳、徐翔：《中国服务业全要素生产率增长的实证分析》，《经济学家》2006 年第 3 期。

［503］杨向阳：《基于 Hicks-Moorsteen 指数方法的中国服务业 TFP 分解——以东部九省为例》，《财经科学》2012 年第 10 期。

［504］杨永华：《1978—2006：消费率和消费结构变动趋势的实证分析》，《广东商学院学报》2007 年第 3 期。

［505］杨勇：《中国服务业全要素生产率再测算》，《世界经济》2008 年第 10 期。

［506］杨振：《以供给侧结构性改革化解产能过剩》，《理论视野》2016 年第 1 期。

［507］杨祖功：《战后法国社会经济结构变化——〈光辉的 30 年——看不见的革命〉简介》，《世界经济》1980 年第 4 期。

［508］姚树洁、姜春霞、冯根福：《中国银行业的改革与效率：1995—2008》，《经济研究》2011 年第 8 期。

［509］姚战琪 a：《入世以来中国服务业开放度测算》，《经济纵横》2015 年第 6 期。

［510］姚战琪 b：《生产率增长与要素再配置效应：中国的经验研究》，《经济研究》2009 年第 11 期。

［511］叶海云：《试论流动性约束、短视行为与我国消费需求疲软的关系》，《经济

研究》2000 年第 11 期。

[512] 依绍华：《加快推进供给侧改革 进一步促进消费升级——提高产品质量引导境外消费回流的几点思考》，《价格理论与实践》2016 年第 2 期。

[513] 易纲、樊纲、李岩：《关于中国经济增长与全要素生产率的理论思考》，《经济研究》2003 年第 8 期。

[514] 易行健、王俊海，易君健：《预防性储蓄动机强度的时序变化与地区差异——基于中国农村居民的实证研究》，《经济研究》2008 年第 2 期。

[515] 易宪容：《清楚地界定住房消费功能与投资功能》，《中国经济时报》2006 年 8 月 2 日第 5 版。

[516] 尹世杰 a：《关于我国最终消费率的几个问题》，《财贸经济》2001 年第 12 期。

[517] 尹世杰 b：《再论积极鼓励消费》，《消费经济》2002 年第 5 期。

[518] 尹希果、许岩：《中国金融抑制问题的政治经济学》，《当代经济科学》2011 年第 5 期。

[519] 于刃刚：《配第—克拉克定理评述》，《经济学动态》1996 年第 8 期。

[520] 于蔚、汪淼军、金祥荣：《政治关联和融资约束：信息效应与资源效应》，《经济研究》2012 年第 9 期。

[521] 于文涛 a：《投资率偏高、消费率偏低的成因及建议》，《宏观经济管理》2006 年第 6 期。

[522] 于文涛 b：《正确处理投资与消费的关系》，《中国金融》2007 年第 8 期。

[523] 余淼杰：《中国的贸易自由化与制造业企业生产率》，《经济研究》2010 年第 12 期。

[524] 余永定、李军：《中国居民消费函数的理论与验证》，《中国社会科学》2000 年第 1 期。

[525] 余泳泽、刘大勇、宣烨：《生产性服务业集聚对制造业生产效率的外溢效应及衰减边界——基于空间计量模型的实证分析》，《金融研究》2016 年第 2 期。

[526] 袁丹、雷宏振、黄雯、何媛：《我国生产性服务业全要素生产率的异质性及收敛性分析》，《软科学》2015 年第 6 期。

[527] 袁富华：《长期增长过程的"结构性加速"与"结构性减速"：一种解释》，《经济研究》2012 年第 3 期。

[528] 袁富华、张平、刘霞辉、楠玉：《增长跨越：经济结构服务化、知识过程和效率模式重塑》，《经济研究》2016 年第 10 期。

[529] 袁晓玲、张宝山：《中国商业银行全要素生产率的影响因素研究——基于 DEA 模型的 Malmquist 指数分析》，《数量经济技术经济研究》2009 年第 4 期。

[530] 袁志刚、宋铮：《高级宏观经济学》，复旦大学出版社 2010 年版。

[531] 原鹏飞：《中国制造业生产效率变迁实证研究》，《软科学》2005 年第 6 期。

[532] 原毅军、刘浩、白楠：《中国生产性服务业全要素生产率测度——基于非参

数 Malmquist 指数方法的研究》，《中国软科学》2009 年第 1 期。

［533］云鹤、胡剑锋、吕品：《金融效率与经济增长》，《经济学（季刊)》2012 年第 2 期。

［534］臧文斌、赵绍阳、刘国恩：《城镇基本医疗保险中逆向选择的检验》，《经济学（季刊)》2012 年第 1 期。

［535］臧旭恒、李燕桥：《消费信贷、流动性约束与中国城镇居民消费行为——基于 2004—2009 年省际面板数据的经验分析》，《经济学动态》2012 年第 2 期。

［536］臧旭恒、裴春霞：《预防性储蓄、流动性约束与中国居民消费计量分析》，《经济学动态》2004 年第 12 期。

［537］臧旭恒 a：《中国消费函数分析》，三联书店上海分店 1994 年版。

［538］臧旭恒 b：《制度变迁、消费者行为与生命周期假定——再论宏观经济调控的微观基础》，《数量经济技术经济研究》1995 年第 11 期。

［539］曾国安、胡晶晶 a：《1990 年以来中国居民消费率变动的实证分析》，《税务与经济》2006 年第 1 期。

［540］曾国安、胡晶晶 b：《2000 年以来中国城乡居民收入差距形成和扩大的原因：收入来源结构角度的分析》，《财贸经济》2008 年第 3 期。

［541］曾令华 a：《理论最优消费率之我见》，《求索》1997 年第 3 期。

［542］曾令华 b：《消费水平与经济发展》，中国财政经济出版社 1998 年版。

［543］曾小彬、刘凌娟：《城乡居民收入差距影响因素及其作用的再分析——基于"一连串事件"逻辑阐述的实证分析》，《财经研究》2008 年第 12 期。

［544］张邦科、邓胜梁、陶建平：《持久收入假说与我国城镇居民消费——基于省级面板数据的实证分析》，《财经科学》2011 年第 5 期。

［545］张邦科、邓胜梁 a：《持久收入理论与我国城乡居民消费——基于省际面板数据的检验》，《上海经济研究》2012 年第 1 期。

［546］张邦科、邓胜梁 b：《持久收入理论与我国农村居民消费——基于省级面板数据的实证分析》，《农业技术经济》2011 年第 7 期。

［547］张邦科、邓胜梁 c：《我国城乡居民消费函数的理论假说与实证检验》，《南京社会科学》2012 年第 1 期。

［548］张邦科、邓胜梁 d：《中国城市居民消费函数的假说检验》，《统计与决策》2013 年第 4 期。

［549］张邦科、邓胜梁 e：《中国城乡居民消费的过度敏感性变异》，《世界经济文汇》2012 年第 5 期。

［550］张改枝：《基于消费率浅析中国消费问题》，《太原师范学院学报（社会科学版)》2010 年第 6 期。

［551］张汉亚：《我国的投资率是否"过高"》，《新金融》2007 年第 2 期。

［552］张鹤、黄琨、姚远：《我国商业银行 X-效率的实证研究与改革策略》，《经济学动态》2011 年第 2 期。

［553］张辉、丁匡达：《美国产业结构、全要素生产率与经济增长关系研究：1975—2011》，《经济学动态》2013 年第 7 期。

［554］张建波、文竹：《利率市场化改革与商业银行定价能力研究》，《金融监管研究》2012 年第 10 期。

［555］张健华：《我国商业银行的 X 效率分析》，《金融研究》2003 年第 6 期。

［556］张健华、王鹏 a：《中国全要素生产率：基于分省份资本折旧率的再估计》，《管理世界》2012 年第 10 期。

［557］张健华、王鹏 b：《中国银行业前沿效率及其影响因素研究——基于随机前沿的距离函数模型》，《金融研究》2009 年第 12 期。

［558］张敬石、郭沛：《中国农村金融发展对农村内部收入差距的影响——基于VAR 模型的分析》，《农业技术经济》2011 年第 1 期。

［559］张军 a：《中国的信贷增长为什么对经济增长影响不显著》，《学术月刊》2006 年第 7 期。

［560］张军 b：《资本形成、工业化与经济增长：中国的转轨特征》，《经济研究》2002 年第 6 期。

［561］张军 c：《固定资产投资是否被严重高估》，《招商周刊》2006 年第 17 期。

［562］张军 d：《增长、资本形成与技术选择：对中国经济增长下降的解释》，《经济学（季刊）》2002 年第 1 期。

［563］张军 e：《中国的投资率到底有多高》，《经济资料译丛》2014 年第 4 期。

［564］张军、陈诗一、Gary H. Jefferson：《结构改革与中国工业增长》，《经济研究》2009 年第 7 期。

［565］张军、施少华：《中国经济全要素生产率变动：1952—1998》，《世界经济文汇》2003 年第 2 期。

［566］张军、吴桂英、张吉鹏：《中国省际物质资本存量估算：1952—2000》，《经济研究》2004 年第 10 期。

［567］张军、章元：《对中国资本存量 K 的再估计》，《经济研究》2003 年第 7 期。

［568］张军扩：《"七五"期间经济效益的综合分析—各要素对经济增长贡献率测算》，《经济研究》1991 年第 4 期。

［569］张立军、湛泳：《我国金融发展与城镇居民收入差距的关系》，《财经论丛》2005 年第 2 期。

［570］张慕濒、孙亚琼：《金融资源配置效率与经济金融化的成因——基于中国上市公司的经验分析》，《经济学家》2014 年第 4 期。

［571］张平：《中国经济效率减速冲击、存量改革和政策激励》，《经济学动态》2014 年第 10 期。

［572］张启春、冯晓莉：《我国城乡居民消费差距实证分析（1985—2005）》，《学术界》2007 年第 4 期。

［573］张清平：《70 年代末以来中国居民消费率变动实证研究》，《经济纵横》

2003 年第 9 期。

[574] 张全红：《中国低消费率问题探究——1992—2005 年中国资金流量表的分析》，《财贸经济》2009 年第 10 期。

[575] 张少华、蒋伟杰：《中国全要素生产率的再测度与分解》，《统计研究》2014 年第 3 期。

[576] 张曙光、程炼：《中国经济转轨过程中的要素价格扭曲与财富转移》，《世界经济》2010 年第 10 期。

[577] 张望：《知识产权保护、金融市场效率与企业研发强度》，《国际贸易问题》2014 年第 9 期。

[578] 张旭建：《服务业统计与服务业核算的思考》，《中国统计》2014 年第 3 期。

[579] 张勋、徐建国：《中国资本回报率的再测算》，《世界经济》2014 年第 8 期。

[580] 张月友、董启昌、倪敏 a：《中国经济进入"结构性减速"阶段了吗》，《经济学家》2017 年第 5 期。

[581] 张月友、董启昌、倪敏 b：《服务业发展与"结构性减速"辨析——兼论建设高质量发展的现代化经济体系》，《经济学动态》2018 年第 2 期。

[582] 张卓元：《供给侧改革是适应新形势的主动选择》，《经济日报》2016 年 1 月 11 日。

[583] 张自然 a：《考虑人力资本的中国生产性服务业的技术进步》，《经济学（季刊）》2010 年第 1 期。

[584] 张自然 b：《中国生产性服务业 TFP 变动分解》，《贵州财经学院学报》2008 年第 2 期。

[585] 张自然 c：《中国生产性服务业技术效率分析》，《贵州财经学院学报》2012 年第 3 期。

[586] 张宗益、吴俊：《银行效率研究中的前沿分析方法及其比较》，《经济学动态》2003 年第 4 期。

[587] 章祥荪、贵斌威：《中国全要素生产率分析：Malmquist 指数法评述与应用》，《数量经济技术经济研究》2008 年第 6 期。

[588] 赵春雨、朱承亮、安树伟：《生产率增长、要素重置与中国经济增长——基于分行业的经验研究》，《中国工业经济》2011 年第 8 期。

[589] 赵春艳：《我国经济增长与产业结构演进关系的研究——基于面板数据模型的实证分析》，《数理统计与管理》2008 年第 3 期。

[590] 赵奉军、高波：《重估中国住房消费》，《现代经济探讨》2014 年第 7 期。

[591] 赵奉军：《中国城镇居民住房消费的再估计——基于中国家庭追踪调查数据的实证分析》，《当代财经》2015 年第 1 期。

[592] 赵桂芹：《我国产险业资本投入效率及对经营绩效影响的实证分析》，《金融研究》2009 年第 12 期。

[593] 赵丽佳、冯中朝：《我国城乡居民消费函数对比分析》，《湖北省人民政府第

三届湖北科技论坛"三农问题与农业综合生产能力提高"分论坛论文集》，2005年。

［594］赵萍、孙继勇：《中国境外消费现状与问题分析》，《国际贸易》2015年第6期。

［595］赵若锦：《我国服务业生产率测度及其影响因素研究——基于省际面板数据的实证分析》，《国际经贸探索》2017年第6期。

［596］赵伟、马瑞永、何元庆：《全要素生产率变动的分解——基于Malmquist生产力指数的实证分析》，《统计研究》2005年第7期。

［597］赵文、张展新：《统计方法对估计城乡收入差距的影响及重新测算》，《劳动经济研究》2013年第1期。

［598］赵鑫、陈润：《对我国居民出境消费快速增长的思考——合理引导境外消费回流》，《价格理论与实践》2016年第7期。

［599］赵鑫钺：《最优消费率与经济增长——基于索洛模型的分析框架》，《经济论坛》2014年第6期。

［600］赵永乐、王均坦：《商业银行效率、影响因素及其能力模型的解释结果》，《金融研究》2008年第3期。

［601］折振琴：《灰色消费问题研究》，《西南农业大学学报（社会科学版）》2010年第3期。

［602］郑京海、胡鞍钢、Arne Bigsten A：《中国的经济增长能否持续？——一个生产率视角》，《经济学（季刊）》2008年第3期。

［603］郑京海、胡鞍钢：《中国改革时期省际生产率增长变化：1979—2001》，《经济学（季刊）》2005年第2期。

［604］郑凯捷：《分工与产业结构发展——从制造经济到服务经济》，复旦大学博士学位论文，2006年。

［605］郑若谷、干春晖、余典范：《转型期中国经济增长的产业结构和制度效应——基于一个随机前沿模型的研究》，《中国工业经济》2010年第2期。

［606］郑少智、陈志辉：《产业结构高级化与经济增长关系实证研究——基于全国、广东省及广州市数据的对比分析》，《产经评论》2011年第3期。

［607］郑小玲：《居民消费支出与社会消费品零售总额的联系与区别》，《经营管理者》2009年第13期。

［608］郑新立：《提高居民消费率是当前宏观调控的重大任务》，《数量经济技术经济研究》2007年第6期。

［609］郑玉歆：《全要素生产率的测算及其增长的规律——由东亚增长模式的争论谈起》，《数量经济技术经济研究》1998年第10期。

［610］中国季度宏观经济模型CQMM课题组：《2015—2016年中国宏观经济再展望》，《厦门大学学报（哲学社会科学版）》2015年第6期。

［611］中国经济增长前沿课题组：《中国经济长期增长路径、效率与潜在增长水平》，《经济研究》2012年第11期。

［612］中国经济增长前沿课题组：《中国经济转型的结构性特征、风险与效率提升路径》，《经济研究》2013年第10期。

［613］中国经济增长前沿课题组：《中国经济增长的低效率冲击与减速治理》，《经济研究》2014年第11期。

［614］中国经济增长前沿课题组：《突破经济增长减速的新要素供给理论、体制与政策选择》，《经济研究》2015年第11期

［615］中国经济增长与宏观稳定课题组：《城市化、产业效率与经济增长》，《经济研究》2009年第10期。

［616］中国经济增长与宏观稳定课题组：《金融发展与经济增长：从动员性扩张向市场配置的转变》，《经济研究》2007年第4期。

［617］钟若愚、彭新才：《服务业生产率变迁特征及其影响因素——基于珠三角的经验研究》，《改革与战略》2015年第7期。

［618］周黎安a：《晋升博弈中政府官员的激励与合作》，《经济研究》2004年第6期。

［619］周黎安b：《中国地方官员的晋升锦标赛模式研究》，《经济研究》2007年第7期。

［620］周明海、肖文、姚先国：《中国经济非均衡增长和国民收入分配失衡》，《中国工业经济》2010年第6期。

［621］周清杰：《我国自有住房服务虚拟租金估算方法的优化：来自美国经验的启示》，《宏观经济研究》2012年第6期。

［622］周绍杰：《中国城市居民的预防性储蓄行为研究》，《世界经济》2010年第8期。

［623］周文、倪瑛、常璨元：《中国消费者境外消费的特点、成因与供给侧结构性改革》，《学术研究》2016年第6期。

［624］周学：《构建"微观、中观、宏观三位一体"的经济学理论体系——兼论破解我国内需不足的方略》，《经济学动态》2014年第4期。

［625］周燕、蔡宏波：《中国工业行业全要素生产率增长的决定因素：1996—2007》，《北京师范大学学报（社会科学版）》2011年第1期。

［626］周业安、赵坚毅：《我国金融市场化的测度、市场化过程和经济增长》，《金融研究》2005年第4期。

［627］周业安：《金融抑制对中国企业融资能力影响的实证研究》，《经济研究》1999年第2期。

［628］朱承亮、岳宏志、李婷：《中国经济增长效率及其影响因素的实证研究：1985—2007年》，《数量经济技术经济研究》2009年第9期。

［629］朱国林：《消费理论最新发展动态》，《经济学动态》2002年第4期。

［630］朱恒鹏：《医疗体制弊端与药品定价扭曲》，《中国社会科学》2007年第4期。

［631］朱晶晶、张玉芹、蒋涛：《银行业市场结构影响我国企业信贷约束吗》，《财贸经济》2015 年第 10 期。

［632］朱俊生：《城镇居民基本医疗保险的比较制度分析——基于东中西部 3 省 9 市试点方案的比较》，《人口与发展》2009 年第 3 期。

［633］朱南、卓贤、董屹：《关于我国国有商业银行效率的实证分析与改革策略》，《管理世界》2004 年第 2 期。

［634］朱启贵：《中国国民经济核算体系改革发展三十年回顾与展望》，《商业经济与管理》2009 年第 1 期。

［635］朱天、张军 a：《被误读的凯恩斯理论》，《经济观察报》2012 年 9 月 24 日。

［636］朱天、张军 b：《破解中国消费不足论的迷思》，《中国经济时报》2012 年 9 月 6 日。

［637］朱天、张军 c：《如何解读中国消费率》，《消费日报》2013 年 1 月 10 日 A02 版。

［638］朱天、张军 d：《中国的消费率被低估了多少？》，《经济学报》2014 年第 2 期。

［639］朱天、张军 e：《中国的消费率太低？》，《经济导刊》2012 年第 Z3 期。

［640］朱信凯、雷海章：《改革以来我国农村居民消费行为的实证分析》，《南方经济》2000 年第 11 期。

［641］朱轶、熊思敏：《我国服务业"成本病"及其就业效应——基于鲍穆尔—富克斯假说的区域检验与比较》，《财经科学》2010 年第 3 期。

［642］朱钟棣、李小平：《中国工业行业资本形成、全要素生产率变动及其趋异化：基于分行业面板数据的研究》，《世界经济》2005 年第 9 期。

［643］竹立家 a：《用好的制度治理"三公"消费》，《中国党政干部论坛》2014 年第 10 期。

［644］竹立家 b：《政府管理改革的几个切入点》，《学习时报》2006 年 3 月 13 日第 5 版。

［645］卓锴化：《完善预算管理制度严控三公消费》，《中国财政》2014 年第 10 期。

［646］宗振利、廖直东：《中国省际三次产业资本存量再估算：1978—2011》，《贵州财经大学学报》2014 年第 3 期。

［647］邹心勇、赵丽芬：《中国经济全要素生产率的变迁：1978—2010 年实证分析》，《中央财经大学学报》2013 年第 11 期。

［648］Acemoglu, D., Aghion, P. and Zilibotti F., "Distance to Frontier, Selection and Economic Growth", *Journal of the European Economic Association*, 4 (1), 2006, pp. 37-74.

［649］Acemoglu, Daron, "Directed Technical Change", *Review of Economic Studies*, 69, 2002, pp. 781-809.

［650］Aghion, P., Dewatripont, M. and Rey, P.,"Competition, Financial Discipline and Growth", *Review of Economic Studies*, 66（4）, 1999, pp. 825-852.

［651］Alger, I & Salanie, F.,"A Theory of Fraud and Overtreatment in Experts Markets", *Journal of Economics & Management Strategy*, 15（4）, 2006, pp. 853-881.

［652］Allen, F., J. Qian and M. Qian, "Law, Finance, and Economic Growth in China", *Journal of Financial Economics*, 77（1）, 2005, pp. 57-116.

［653］Alvarez-Cuadrado, Markus Poschke, "Structural Change Out of Agriculture: Labor Push Versus Labor Pull", *American Economic Journal: Macroeconomics*, 3, 2011, pp. 127-158.

［654］Aoki, "A Simple Accounting Framework for the Effect of Resource Misallocation on Aggregate Productivity", Working Paper, 2008.

［655］Arora, Suchit, "Health, Human Productivity and Long-term Economic Growth", *Journal of Economic History*, 61（3）, 2001, pp. 699-749.

［656］Arrow, K. J.,"Uncertainty and the Welfare Economics of Medical Care", *American Economy Review*, 53, 1963, pp. 941-967.

［657］Baily, M. N., Hulten, C., Campbell, D.,"Productivity Dynamics in Manufacturing Plants", *Brook-ings Papers: Microeconomics*, 4（1）, 1992, pp. 187-267.

［658］Bain, J. S., *Barriers to New Competition: Their Character and Consequences in Manufacturing Industries*, Harvard University Press Cambridge, MA, 1956.

［659］Banker, R. D., A. Charnes and W. W. Cooper, "Some Models for Estimating Technical and Scale Inefficiencies in Data Envelopment Analysis", *Management science*, 30（9）, 1984, pp. 1078-1092.

［660］Bartelsman, E. J., Dhrymes, P. J.,"Productivity Dynamics: U. S. Manufacturing Plants, 1972-1986", *Journal of Productivity Analysis*, 9（1）, 1998, pp. 5-34.

［661］Bartelsman, E. J. and M. Doms, "Understanding Productivity: Lessons from Longitudinal Microdata", *Journal of Economic literature*, 2000, pp. 569-594.

［662］Baumol, W. J.,"Macroeconomics of Unbalanced Growth: The Anatomy of Urban Crisis", *American Economic Review*, 57, 1967, pp. 415-426.

［663］Baumol, W. J., and Wolff, E. N., "Feedback from Productivity Growth to R&D", *Scandinavian Journal of Economics*, 85（2）, 1983, pp. 147-157.

［664］Benston, G. J.,"Branch Banking and Economies of Scale", *The Journal of Finance*, 20（2）, 1965, pp. 312-331.

［665］Berger, A. N., et al., "Corporate Governance and Bank Performance: A Joint Analysis of the Static, Selection, and Dynamic Effects of Domestic, Foreign, and State Ownership", *Journal of Banking \ & Finance*, 29（8）, 2005, pp. 2179-2221.

［666］Berger, A. N., I. Hasan and M. Zhou, "Bank Ownership and Efficiency in China: What Will Happen in the World's Largest Nation?", *Journal of Banking \ & Finance*,

33 (1), 2009, pp. 113-130.

[667] Berger, A. N., J. D. Cummins, M. A. Weiss, H. Zi, "Conglomeration Versus Strategic Focus: Evidence from the Insurance Industry", *Journal of Financial Intermediation*, 9 (4), 2000, pp. 323-362.

[668] Berger, A. N., D. B. Humphrey, "Efficiency of Financial Institutions: International Survey and Directions for Future Research", *European Journal of Operational Research*, 98 (2), 1997, pp. 175-212.

[669] Berger, A. N. and D. B. Humphrey, "The Dominance of Inefficiencies Over Scale and Product Mix Economies in Banking", *Journal of Monetary Economics*, 28 (1), 1991, pp. 117-148.

[670] Berger, A. N., T. H. Hannan, "The Price-concentration Relationship in Banking", *The Review of Economics and Statistics*, 1989, pp. 291-299.

[671] Bernanke, B. S., M. Gertler, S. Gilchrist, "The Financial Accelerator in a Quantitative Business Cycle Framework", *Handbook of Macroeconomics*, 1999, pp. 11341-1393.

[672] Bhaumik, S., Estrin, S.,"How Transition Paths Differ: Enterprise Performance in Russia and China", *IZA Discussion Paper*, 2005, No. 1484.

[673] Blomstrom, M., Kokko, A.,"Multinational Corporations and Spillovers", *Journal of Economic Surveys*, 12 (3), 1998, pp. 247-277.

[674] Borensztein, E, Ostry, J. D.,"Accounting for China's growth performance", *American Economic Review*, 86 (2), 1996, pp. 224-228.

[675] Bosworth, B., Collins, S. M.,"Accounting for Growth: Comparing China and India", *Journal of Economic Perspectives*, 22 (1), 2008, pp. 45-66.

[676] Bosworth, D., Massini, S., Nakayama, M.,"Quality Change and Productivity Improvement in the Japanese Economy", *Japan & the World Economy*, 17 (1), 2005, pp. 1-23.

[677] Box George, E. P., Jenkins Gwilym, M., *Time Series Analysis: Forecasting and Control*, Holden-Day Company, San Francisco, California, 1970.

[678] Brandt, L., J. Van Biesebroeck, "Creative Accounting or Creative Destruction firm-level Productivity Growth in Chinese Manufacturing", *Journal of Development Economics*, 97 (2), 2012, pp. 339-351.

[679] Caballero Ricardo, J.,"Consumption Puzzles and Precautionary Savings", *Journal of Monetary Economics*, 25, 1990, pp. 113-136.

[680] Caballero Ricardo, J.,"Earnings Uncertainty and Aggregate Wealth Accumulation", *American Economic Review*, 81, 1991, pp. 859-871.

[681] Cai, H. B. et al.,"Eat, Drink, Firms, Government: An Investigation of Corruption from the Entertainment and Travel Costs of Chinese Firms", *The Journal of Law and E-*

conomics, 54 (1), 2011, pp. 55-78.

[682] Campbell John, Y., Angus Deaton, "Why is Consumption to Smooth?", *The Review of Economic Studies*, 56 (3), 1989, pp. 357-373.

[683] Campbell John, Y., and Gregory Mankiw, "The Response of Consumption to Income: A Cross Country Investigation", *European Economic Review*, 35, 1991, pp. 723-767.

[684] Carroll Christopher, D., Kimball Miles, S., "On the Concavity of the Consumption Function", *Econometrica*, 64 (4), 1996, pp. 981-992.

[685] Carroll Christopher, D., "The Buffer-Stock Theory of Saving: Some Macroeconomic Evidence", *Brookings Papers on Economic Activity*, 1992 (2), 1992, pp. 61-156.

[686] Caves, D. W., Christensen, L. R., Diewert, W. E., "The Economic Theory of Index Numbers and the Measurement of Input Output and Productivity", *Econometrica*, 50 (6), 1982, pp. 1393-1414.

[687] Chah, E., Ramey, V. Starr, R., "Liquidity Constrains and International Consumer Optimization: Theory and Evidence from Durable Goods", *Journal of Money*, Credit and Banking, 27, 1995, pp. 272-287.

[688] Chang-Tai Hsieh, Peter J. Klenow, "Misallocation and Manufacturing TFP in China and India", Discussion Papers 07006, Stanford Institute for Economic Policy Research, 2007.

[689] Chari, V. V., L. J. Christiano, M. Eichenbaum, "Inside Money, Outside Money and Short Term Interest Rates", 1995.

[690] Charnes, A., W. W. Cooper, E. Rhodes, "Measuring the Efficiency of Decision Making Units", *European Journal of Operational Research*, 2 (6), 1978, pp. 429-444.

[691] Chen K., G. Jefferson, T. Rawski, H. Wang, and Y. Zheng, "New Estimates of Fixed Capital Stock for Chinese State Industry", *China Quarterly*, 114, 1988, pp. 243-266.

[692] Chen K., H. Wang, Y. Zheng, G. Jefferson, T. Rawski, "Productivity Change in Chinese Industry: 1953-1985", *Journal of Comparative Economics*, 12, 1988.

[693] Chen Shiyi, Jefferson, G. H., Zhang Jun, "Structural Change, Productivity growth and industrial transformation in China", *China Economic Review*, 22 (1), 2011, pp. 133-150.

[694] Chenery, H., Syrquin, M., *Patterns of Development: 1950-1970*, Oxford University Press for the World Bank, London, 1975.

[695] Chenery, H., Robinson, S., Syrquin, M., *Industrialization and Growth: A Comparative Study*, Oxford Press, 1986.

[696] Chong-En Bai, Chang-Tai Hsieh, Yingyi Qian, "The Return to Capital in Chi-

na", NBER Working Papers 12755, National Bureau of Economic Research, Inc., 2006.

[697] Chow, G. C., "Capital Formation and Economic Growth in China", *Quarterly Journal of Economics*, 108 (3), 1993, pp. 809-842.

[698] Chow, G. C., Anloh, L., "Accounting for Economic Growth in Taiwan and Mainland China: a Comparative Analysis", *Journal of Comparative Economics*, 30 (3), 2002, pp. 507-530.

[699] Christiano, L. J., R. Motto, M. Rostagno, "Financial Factors in Economic Fluctuations", 2010.

[700] Clark, C., *The Conditions of Economic Progress*, Macmillan & Co. Ltd., 1940.

[701] Coelli, T. J., Prasada Rao, D. S., O'Donnell, C. J., Battese, G. E., "An Introduction to Efficiency and Productivity Analysis", Second Edition, Springer Science Business Media Inc., 2005.

[702] Daitoh, Ichiroh, "Productive Consumption and Population Dynamics in an Endogenous Growth Model: Demographic Trends and Human Development Aid in Developing Economies", *Journal of Economic Dynamics & Control*, 34.4, 2010, pp. 696-709.

[703] Darby, M. R., & Karni, E., "Free Competition and the Optimal Amount of Fraud", *Journal of Law and Economics*, 16, 1973, pp. 67-88.

[704] Dardanoni, V., "Precautionary Savings under Uncertainty Income: A Cross-Sectional Analysis", *Applied Economics*, 23, 1991, pp. 153-160.

[705] De Loecker, J., "Product Differentiation, Multi-product Firms and Estimating the Impact of Trade Liberalization on Productivity", 2007.

[706] Deaton Angus, S., "Saving and Liquidity Constraints", *Econometrica*, 59 (5), 1991, pp. 1221-1248.

[707] Del Gatto, M., A. Di Liberto, C. Petraglia, "Measuring Productivity", *Journal of Economic Surveys*, 25 (5), 2011, pp. 952-1008.

[708] Del Gatto, M., G. I. Ottaviano and M. Pagnini, "Openness to Trade and Industry Cost Dispersion: Evidence from a Panel of Italian Firms", *Journal of Regional Science*, 48 (1), 2008, pp. 97-129.

[709] Demsetz, H., "Industry Structure, Market Rivalry, and Public Policy", *Journal of Law and Economics*, 1973, pp. 1-9.

[710] Dennis, B. N., Iscan, T. B., "Engel Versus Baumol: Accounting for Structural Change Using Two Centuries of U. S. Data", *Explorations in Economic History*, 46, 2009, pp. 186-202.

[711] DeYoung, R. E., J. P. Hughes, C. Moon, "Efficient Risk-taking and Regulatory Covenant Enforcement in a Deregulated Banking Industry", *Journal of Economics and Business*, 53 (2), 2001, pp. 255-282.

[712] Dinc, M., Haynes, K. E., "Sources of Regional Inefficiency: An Integrated

Shift-Share, Data Envelopment Analysis and Input-Output Approach", *Annals of Regional Science*, 33 (4), 1999, pp. 469-489.

[713] Dinç, I. S., "Politicians and Banks: Political Influences on Government-owned Banks in Emerging Markets", *Journal of Financial Economics*, 77 (2), 2005, pp. 453-479.

[714] Domenighetti, G., Casabianca, A., Gutzwiller, F., "Revisiting the Most Informed Consumer of Surgical Services: the Physician-patient", *International Journal of Technology Assessment in Health Care*, 9, 1993, pp. 505-513.

[715] Dulleck, Uwe, Kerschbamer Rudolf, "On Doctors, Mechanism, and Computer Specialists: The Economics of Credence Goods", *Journal of Economic Literature*, 44, 2006, pp. 5-42.

[716] During, A., Schnabl, H., "Imputed Interindustry Technology Flows-A Comparative SMFA Analysis", *Economic Systems Research*, 12 (3), 2000, pp. 363-375.

[717] Dynan Karen, E., "How Prudent are Consumers?", *Journal of Political Economy*, 101 (6), 1993, pp. 1104-1113.

[718] Eling, M. and M. Luhnen, "Efficiency in the International Insurance Industry: A Cross-country Comparison", *Journal of Banking \ & Finance*, 34 (7), 2010, pp. 1497-1509.

[719] Emons, W., "Credence Goods and Fraudulent Experts", *The RAND Journal of Economics*, 8, 1997, pp. 107-119.

[720] Emons, W., "Credence Goods Monopolists", *International Journal of Industrial Organization*, 19 (3), 2001, pp. 375-389.

[721] Erceg, C. J., D. W. Henderson and A. T. Levin, "Optimal monetary policy with staggered wage and price contracts", *Journal of monetary Economics*, 46 (2), 2000, pp. 281-313.

[722] European Commission, International Monetary Fund, Organization for Economic Cooperation and Development, United Nations, World Bank, "System of National Accounts (SNA): 2008".

[723] Evans, R. G., "Supplier-Induced Demand: Some Empirical Evidence and Implications", *The Economics of Health and Medical Care*, 6, 1974, pp. 162-173.

[724] Fagerberg, J., "Technological Progress, Structural Change and Productivity Growth: A Comparative Study", *Strucutual Change and Economic Dynamics*, 20, 2000, pp. 16-23.

[725] Fan Shenggen, Zhang Xiaobo, Robinson S., "Structural Change and Economic growth in China", *Review of Development Economics*, 7 (3), 2003, pp. 360-377.

[726] Fan, J. P., O. M. Rui and M. Zhao, "Public Governance and Corporate Finance: Evidence from Corruption Cases", *Journal of Comparative Economics*, 36 (3),

2008, pp. 343-364.

[727] Fare, R., Grosskopf, S., Norris, M., "Productivity Growth, Technical Progress and Efficiency Changes in Industrialized Countries", *American Economic Review*, 84 (1), 1994, pp. 66-83.

[728] Farely, P. J., "Theories of the Price and Quantity of Physician Services", *Journal of Health Economics*, 5 (4), 1986, pp. 315-333.

[729] Farrell, J., "The Measurement of Productive Efficiency", *Journal of the Royal Statistical Society*, Series A, 1957.

[730] Farsi, M., Fillipini, M. and Kuenzle, M., "Cost Efficiency in Regional Bus Companies: An Application of Alternative Stochastic Frontier Models", *Journal of Transport Economics and Policy*, Vol. 40, 2006, pp. 95-118.

[731] Filippini, M., Hrovatin, N. and Zorić J., "Cost Efficiency of Slovenian Water Distribution Utilities: an Application of Stochastic Frontier Methods", *Journal of Productivity Analysis*, 29, 2008, pp. 169-182.

[732] Flavin Marjorie, A., "Excess Sensitivity of Consumption to Current Income: Liquidity Constraints or Myopia?", *The Canadian Journal of Economics/Revue canadienne d' Economique*, 18 (1), Econometrics Special, 1985, pp. 117-136.

[733] Flavin Marjorie, A., "The Adjustment of Consumption to Changing Expectations about Future Income", *Journal of Political Economy*, 89 (5), 1981, pp. 974-1009.

[734] Foellmi, R., Zweimüller J., "Income Distribution and Demand-Induced Innovations", *Review of Economic Studies*, 82, 2006, pp. 95-112.

[735] Fong, Y., "When Do Experts Cheat and Whom Do They Target?", *RAND Journal of Economics*, 36, 2005, pp. 113-130.

[736] Frank Smets, Raf Wouters, "Forecasting with a Bayesian DSGE Model: An Application to the Euro Area", *Journal of Common Market Studies*, 42 (4), 2004, pp. 841-867.

[737] Frank Smets and Rafael Wouters, "Shocks and Frictions in US Business Cycles: A Bayesian DSGE Approach", *American Economic Review*, American Economic Association, 97 (3), 2007, pp. 586-606.

[738] Fried, H. O., S. S. Schmidt, S. Yaisawarng, "Incorporating the operating environment into a nonparametric measure of technical efficiency", *Journal of productivity Analysis*, 12 (3), 1999, pp. 249-267.

[739] Fu, X. M. and S. Heffernan, "The effects of reform on China's bank structure and performance", *Journal of Banking \ & Finance*, 33 (1), 2009, pp. 39-52.

[740] Fuchs, *The Service Economy*, Massachusetts: National Bureau of Economic Research, 1968.

[741] Gadrey, J., "The Characterization of Goods and Services: An Alternative Ap-

proach", *Review of Income and Wealth*, 46 (3), 2000, pp. 369-387.

[742] Gatto, M. D., Liberto, A. D., Petraglia, C., "Measuring Productivity", *Journal of Economic Surveys*, 25 (5), 2011, pp. 952-1008.

[743] Goldsmith, R., *Financial Structure and Economic Development*, New Haven: Yale University Press, 1969.

[744] Gong, G., Lin J. Y., "Deflationary Expansion: An Overshooting Perspective to the Recent Business Cycle in China", *China Economic Review*, 19, 2008, pp. 1-17.

[745] Grabowski, R., "Agricultural Distortions and Structural Change", *Journal of Asian Economics*, 24, 2013, pp. 17-25.

[746] Greene, W. H., "Reconsidering Heterogeneity in Panel Data Estimators of the Stochastic Frontier Model", *Journal of Econometrics*, 126, 2005, pp. 269-303.

[747] Griliches, Z., "Productivity, R&D, and the Data Constraint", *American Economic Review*, 84, 1994, pp. 221-236.

[748] Gruber, Walker., *Service Industry Growth: Cause and Effect*, Fraser Institute, 1989.

[749] Gusio Luigi, Tullio Jappelli and Daniele Terlizzese, "Earnings Uncertainty and Precautionary saving", *Journal of Monetary Economics*, 30, 1992, pp. 307-337.

[750] Hall Robert, E., "Stochastic Implications of the Life Cycle-Permanent Income Hypothesis: Theory and Evidence", *Journal of Political Economy*, 86 (6), 1978, pp. 971-987.

[751] Hall Robert, E. and Mishkin Frederic S., "The Sensitivity of Consumption to Transitory Income: Estimates from Panel Data on Households", *Econometrica*, 50 (2), 1982, pp. 461-481.

[752] Hayashi Fumio, *Understanding Saving: Evidence from the United States and Japan*, The MIT Press, Cambridge, Massachusetts, 1997.

[753] Haynes, K. E., Dinc, M., "Productivity Change in Manufacturing Regions: A Multifactor/Shift-Share Approach", *Growth and Change*, 28, 1997, pp. 150-170.

[754] He, Dong, Wang, Honglin, "Dual-track Interest Rates and the Conduct of Monetary Policy in China", BOFIT Discussion Papers 21/2011, Bank of Finland, Institute for Economies in Transition

[755] Hellmann, Thomas F., Kevin C. Murdock, Joseph E. Stiglitz, "Liberalization, Moral Hazard in Banking, and Prudential Regulation: Are Capital Requirements Enough?", *American Economic Review*, 2000, pp. 147-165.

[756] Hellmann, Thomas, Kevin Murdock, Joseph E. Stiglitz, "Financial Restraint: Toward a New Paradigm", The Role of Government in East Asian Economic Development: Comparative Institutional Analysis, 1997, pp. 163-207.

[757] Holmstrom, B., "Agency Costs and Innovation", *Journal of Economic Behavior &*

Organization, 12 (3), 1989, pp. 305–327.

[758] Holz, Carsten A., "New Capital Estimates for China", *China Economic Review*, 17, 2006, pp. 142–185.

[759] Hsieh, C., P. J. Klenow, "Misallocation and Manufacturing TFP in China and India", *The Quarterly Journal of Economics*, 124 (4), 2009, pp. 1403–1448.

[760] Hu, Z. F., Khan, M. S., "Why is China Growing So Fast", IMF Staff Papers, 44 (1), 1997, pp. 103–131.

[761] Huang, W., J. C. Paradi, "Risk-adjusted Efficiency of the Insurance Industry: Evidence from China", *The Service Industries Journal*, 31 (11), 2011, pp. 1871–1885.

[762] Hughes, J. P. et al., "Do Bankers Sacrifice Value to Build Empires? Managerial Incentives, Industry Consolidation, and Financial Performance", *Journal of Banking & Finance*, 27 (3), 2003, pp. 417–447.

[763] Hughes, J. P., W. Lang, L. J. Mester, C. Moon, "Efficient Banking Under Interstate Branching", *Journal of Money, Credit and Banking*, 1996, pp. 1045–1071.

[764] Hughes, J. P., L. J. Mester, "Efficiency in Banking: Theory, Practice, and Evidence", 2008.

[765] Imrohoroğlu, A. and Tüzel, "Firm-Level Productivity, Risk, and Return", *Management Science*, 60 (8), 2014, pp. 2073–2090.

[766] Jahangir Aziz, "Rebalancing China's Economy: What Does Growth Theory Tell Us?", IMF Working Papers 06/291, 2006.

[767] Jappelli Tullio and Pagano Marco, "Saving, Growth and Liquidity Constraints", *The Quarterly Journal of Economics*, 109 (1), 1994, pp. 83–109.

[768] Javorcik, B. S., "Does Foreign Direct Investment Increase the Productivity of Domestic Firms? In Search of Spillovers through Backward Linkages", *The American Economic Review*, 94 (3), 2004, pp. 605–627.

[769] Jean Fourastié. *Les Trente Glorieuses, ou la révolution invisible de 1946 à 1975*, Paris, Fayard, 1979.

[770] Jin Feng, Lixin He, Hiroshi Sato, "Public Pension and Household Saving: Evidence from urban China", *Journal of Comparative Economics*, 39, 2011, p. 483.

[771] Jorgenson, D., Gollop, F. and Fraumeni, B., *Productivity and U. S. economic growth*, Harvard University Press, Cambridge, MA, 1987.

[772] Jorgenson, D., Ho, M., Stiroh, K., *Information Technology and the American Growth Resurgence*, Cambridge, MA: MIT Press, 2005.

[773] Kaldor, N. "Productivity and Growth in Manufacturing Industry: A Reply", *Economica*, 35 (140), 1968, pp. 385–91.

[774] Katouzian, M. A., "The Development of the Service Sector: A New Approach", Oxford Economic Papers, Vol. 22, 1970, pp. 362–382.

[775] Kendrick, J. W., Jaycox, C. M., "The Concept and Estimation of Gross State Product", *Southern Economic Journal*, 32 (2), 1965, pp. 153-168.

[776] Kimball Miles, S., "Precautionary Saving in the Small and in the Large", *Econometrica*, 58 (1), 1990, pp. 53-73.

[777] Klette, T. J., Z. Griliches, "The Inconsistency of Common Scale Estimators when Output Prices are Unobserved and Endogenous", *Journal of Applied Econometrics*, 11 (4), 1996, pp. 343-361.

[778] Klumpes, P. J., "Performance Benchmarking in Financial Services: Evidence from the UK Life Insurance Industry", *The Journal of Business*, 77 (2), 2004, pp. 257-273.

[779] Koetter, M., "Measurement Matters—alternative Input Price Proxies for Bank Efficiency Analyses", *Journal of Financial Services Research*, 30 (2), 2006, pp. 199-227.

[780] Krugman, P., "The Myth of Asia's Miracle", *Foreign Affairs*, 73 (6), 1994, pp. 62-78.

[781] Kuehlwein Michael, "A Test for the Presence of Precautionary Saving", *Economic Letters*, 37, 1991, pp. 471-475.

[782] Kuijs, Louis, "Investment and Saving in China", Policy Research Working Paper Series 3633, 2005.

[783] Kumbhakar, S. C., Sarkar, S., "Deregulation, Ownership and Productivity Growth in the Banking Industry: Evidence from India", *Journal of Money Credit and Banking*, 35 (3), 2000, pp. 403-424.

[784] Kumbhakar, S. C., K. Lovell, *Stochastic Production Frontier*, Cambridge University Press, 2003.

[785] Kuznets, S., "Commodity flow and Capital Formation", Arno Press, 1975.

[786] Kydland, F. E., E. C. Prescott, "Time to Build and Aggregate Fluctuations", *Econometrica: Journal of the Econometric Society*, 1982, pp. 1345-1370.

[787] Lardy, N. R., "Sustaining China's Economic Growth after the Global Financial Crisis", Washington, D. C.: The Peterson Institute for International Economics, 2011.

[788] Lee G., "The Effectiveness of International Knowledge Spillover Channels", *European Economic Review*, 50 (8), 2006, pp. 2075-2088.

[789] Leland Hayne, E., "Saving and Uncertainty: The Precautionary Demand for Saving", *The Quarterly Journal of Economics*, 82 (3), 1968, pp. 465-473.

[790] Levine, R., "Finance and growth: theory and evidence", *Handbook of economic growth*, 2005, pp. 1865-1934.

[791] Levine, R., "Financial development and economic growth: views and agenda", *Journal of Economic Literature*, 35 (2), 1997, pp. 688-726.

[792] Levinsohn, J. and Petrin, A., "Estimating Production Functions Using Inputs to

Control for Unobservables", *Review of Economic Studies*, 70 (2), 2003, pp. 317–341.

[793] Lewis, H. F. and T. R. Sexton, "Network DEA: Efficiency Analysis of Organizations with Complex Internal Structure", *Computers \ & Operations Research*, 31 (9), 2004, pp. 1365–1410.

[794] Lewis, W. A., "On Development with Unlimited Supplies of Labor", The Manchester School, 22, 1954, pp. 139–191.

[795] Lin, X. and Y. Zhang, "Bank Ownership Reform and Bank Performance in China", *Journal of Banking & Finance*, 33 (1), 2009, pp. 20–29.

[796] Liu Ting, "Credence Goods Markets with Conscientious and Selfish Experts", *MPRA Paper*, No. 1107, 2006.

[797] Lucas, R. E., "On the Mechanics of Economic Development", *Journal of Monetary Economics*, 22, 1998, pp. 3–42.

[798] Lusardi Annamaria, "On the Importance of the Precautionary Saving Motive", *The American Economic Review*, 88 (2), 1998, pp. 449–453.

[799] Maddison, A., Macroeconomic *Accounts for European Countries*, in: B. van Ark and N. F. R. Crafts, eds., Quantitative Aspects of Post-war European Economic Growth, CEPR/Cambridge University Press, 1996.

[800] Malmquist, S., "Index Numbers and Indifference Curves", *Trabajos de Estatistica*, 4, 1953, pp. 209–242.

[801] Maroto-Sánchez A. and Cuadrado-Roura J. R., "Is Growth of Services an Obstacle to Productivity Growth? A Comparative Analysis", *Structural Change & Economic Dynamics*, 20 (4), 2009, pp. 254–265.

[802] Maroto-Sánchez A., "Productivity in European Private and Public Services: A growth Accounting Exercise", *Journal of Service Science*, 2 (1), 2010, pp. 25–53.

[803] Marschak, J. and W. H. Andrews, "Random simultaneous equations and the theory of production", *Econometrica, Journal of the Econometric Society*, 1944, pp. 143–205.

[804] Masahiko Aoki, "The Five-Phases of Economic Development and Institutional Evolution in China, Japan and Korea", Published in I*nstitutions and Comparative Economic Development*, Basingstoke, Hampshire: Palgrave Macmillan, 2012, pp. 13–47.

[805] Massell, B. F., "A disaggregated View of Technical Change", *Journal of Political Economy*, 69, 1961, pp. 547–557.

[806] Melitz, M. J., "Estimating Firm-level Productivity in Differentiated Product Industries", Working Paper, Havard University, Cambridge, MA, 2000.

[807] Micco, A., U. Panizza and M. Yanez, "Bank Ownership and Performance. Does Politics Matter?", *Journal of Banking & Finance*, 31 (1), 2007, pp. 219–241.

[808] Miller Bruce L., "The Effect on Optimal Consumption of Increased Uncertainty in

Labour Income in the Multi-period", *Journal of Economic Theory*, 13, 1976, pp. 154-167.

[809] Momigliano F., Siniscalco D., "The Growth of Service Employment: A Reappraisal", *BNL Quarterly Review*, 142, 1982, pp. 269-306.

[810] Moy, E, Bartman, B. A., Clancy, C. M. & Cornelius, L. J., "Changes in Usual Sources of Medical Care between 1987 and 1992", *Journal of Health Care for the Poor and Undeserved*, (9), 1998, pp. 126-139.

[811] Ngai, L. R., Pissarides, C. A., "Structural Change in A Multisector Model of Growth", *The American Economic Review*, 97 (1), 2007, pp. 429-443.

[812] Nurkse, N., "Problems of Capital Formation in Underdeveloped Countries", *Basil Blackwell*, 6 (3), 1953, pp. 413-420.

[813] OECD, "Economic Survey: China", Vol. 13, 2005.

[814] Olley G. S., Pakes A., "The Dynamics of Productivity in the Telecommunications Equipment Industry", *Econometrica*, 64 (6), 1996, pp. 1263-1297.

[815] Oulton, N., "Must the Growth Rate Decline? Baumol's Unbalanced Growth Revisited", Oxford Economic Papers, 53 (4), 2001, pp. 605-627.

[816] Pagano, M., "Financial Markets and Growth: An Overview", *European economic review*, 37 (2), 1993, pp. 613-622.

[817] Pastor, J. E. M. and L. Serrano, "Efficiency, endogenous and exogenous credit risk in the banking systems of the Euro area", *Applied Financial Economics*, 15 (9), 2005, pp. 631-649.

[818] Paz, L. S., "Inter-industry Productivity Spillovers: An Analysis Using the 1989-1998 Brazilian Trade Liberalisation", *The Journal of Development Studies*, 50 (9), 2014, pp. 1261-1274.

[819] Perkins, D., and Rawski, T., "Forecasting China's Economic Growth to 2025", In Brandt, L. and Rawsk, T. (ieds.), "China's Great Economic Transformation", Cambridge University Press, 2008, pp. 829-886.

[820] Perkins, D. H., "Rapid Growth and Changing Economic Structure: The Expenditure Side Story and Its Implications for China", *China Economic Review*, Vol. 23, 2012, pp. 501-511.

[821] Philippon, T., "Has the US Finance Industry Become Less Efficient? On the Theory and Measurement of Financial Intermediation", *American Economic Review*, 105 (4), 2015, pp. 1408-1438.

[822] Pitchik, C., Schotter, A., "Honesty in a Model of Strategic Information Transmission", *The American Economic Review*, 77, 1987, pp. 1032-1036.

[823] Poterba, J. M., "Taxation and Housing: Old Questions, New Answers", *The American Economic Review*, Vol. 82, No. 2, 1992, pp. 237-242.

[824] Prescott, E. C. and Others, "Business Cycle Research: Methods and Prob-

lems", Federal Research Bank of Minneapolis Working Paper, 590, 1998.

[825] Prucha, Ingmar R., "On the Econometric Estimation of A Constant Rate of Depreciation", *Empirical Economics*, 20 (20), 1995, pp. 299-302.

[826] Pugno, M., "The Service Paradox and Endogenous Economic Growth", *Structural Change & Economic Dynamics*, 17 (1), 2006, pp. 99-115.

[827] Qian, Y., B. R. Weingast, "China's Transition to Markets: Market-preserving Federalism, Chinese Style", *The Journal of Policy Reform*, 1 (2), 1996, pp. 149-185.

[828] Rodriguez-Clare, A., "Multinationals, Linkages, and Economic Development", *The American Economic Review*, 86 (4), 1996, pp. 852-873.

[829] Roncolato, L., Kucera, D., "Structural Drivers of Productivity and Employment Growth: A Decomposition Analysis for 81 Countries", *Cambridge Journal of Economics*, 38, 2014, pp. 399-424.

[830] Rostow, W. W., *The Stages of Economic Growth: A Non-communist Manifesto*, Cambridge University Press, 1960.

[831] Roy, A. D., "Some Thoughts on the Distribution of Earnings", Oxford Economic Papers, 3 (2), 1951, pp. 135-146.

[832] Salter, W., *Productivity and Technical Change*, Cambridge: Cambridge University Press, 1960.

[833] Sandmo, A., "The Effect of Uncertainty on Saving Decisions", *The Review of Economic Studies*, 37 (3), 1970, pp. 353-360.

[834] Sapienza, P., "The effects of Government Ownership on Bank Lending", *Journal of financial economics*, 72 (2), 2004, pp. 357-384.

[835] Sasaki, H., "The Rise of Service Employment and Its Impact on Aggregate Productivity Growth", *Structural Change and Economic Dynamics*, 18 (4), 2006, pp. 438-459.

[836] Schultz, T. W., "Investment in Human Capital", *The American Economic Review*, 51.1, 1961, pp. 1-17.

[837] Sealey, C. W., J. T. Lindley, "Inputs, Outputs, and a Theory of Production and Cost at Depository Financial Institutions", *The Journal of Finance*, 32 (4), 1977, pp. 1251-1266.

[838] Shleifer, A., "State Versus Private Ownership", *The Journal of Economic Perspectives*, 12 (4), 1998, pp. 133-150.

[839] Shleifer, A., R. W. Vishny, "Politicians and firms", *The Quarterly Journal of Economics*, 1994, pp. 995-1025.

[840] Shujie, Y., H. Zhongwei, F. Genfu, "On Technical Efficiency of China's Insurance Industry After WTO Accession", *China Economic Review*, 18 (1), 2007, pp. 66-86.

[841] Sibley, D. S., "Permanent and Transitory Income Effects in a Model of Optimal Consumption with Wage Income Uncertainty", *Journal of Economic Theory*, 11, 1975, pp. 68-82.

[842] Singelmann, J., "The Sectoral Transformation of the Labor Force in Seven Industrialized Countries, 1920-1970", *American Journal of Sociology*, 1978.

[843] Singh, L., *Technological Progress, Structural Change and Productivity in Manufacturing Sector of South Korea*, The Institute of World Economy, Secoul National University, 2004.

[844] Skinner Jonathan, "Risky Income, Life Cycle Consumption, and Precautionary Savings", *Journal of Monetary Economics*, 22, 1988, pp. 237-255.

[845] Smets, F., R. Wouters, "An Estimated Dynamic Stochastic General Equilibrium Model of the Euro Area", *Journal of the European Economic Association*, 1 (5), 2003, pp. 1123-1175.

[846] Smets, F., R. Wouters, "Shocks and Frictions in US Business Cycles: A Bayesian DSGE Approach", *The American Economic Review*, 2007, pp. 586-606.

[847] Solow, Robert M. "A Contribution to the Theory of Economic Growth", *The Quarterly Journal of Economics*, 70.1, 1956, pp. 65-94.

[848] Solow, R. M., "Technical Change and the Aggregate Production Function", *The Review of Eco-nomics and Statistics*, 159 (39), 1957, pp. 312-320.

[849] Song, Z., K. Storesletten, F. Zilibotti, "Growing like china", *The American Economic Review*, 101 (1), 2011, pp. 196-233.

[850] Steger, T. M., "Productive Consumption and Growth in Developing Countries", *Review of Development Economics*, 4.3, 2000, pp. 365-375.

[851] Steger, T. M., "Productive Consumption, the Intertemporal Consumption Trade-off and Growth", *Journal of Economic Dynamics & Control*, 26 (6), 2002, pp. 1053-1068.

[852] Stein, J. C., "Agency, Information and Corporate Investment", *Handbook of the Economics of Finance*, 2003, pp. 1111-165.

[853] Stigler, G. J., "Price and Non-price Competition", *The Journal of Political Economy*, 1968, pp. 149-154.

[854] Stiglitz, J. E., Jaramillo-Vallejo, J., Park, Y. C., et al., "The Role of the State in Financial Markets", *World Bank Economic Review*, 7 (1), 1993, pp. 19-52.

[855] Stiroh, K. J., "Information Technology and the U. S. Productivity Revival: What Do the Industry Data Say?" *American Economic Review*, 2002, 92 (5): 1559-1576.

[856] Sun, Q. and W. H. Tong, "China Share Issue Privatization: the Extent of its Success", *Journal of Financial Economics*, 70 (2), 2003, pp. 183-222.

[857] Syrquin, M., *Productivity Growth and Factor Reallocation*, Oxford University

Press, 1986.

[858] Syrquin, M.,"Structural Change and Development", In: *International Handbook of Development Economics*, volumes 1 & 2, 2008.

[859] Syverson, C.,"What Determines Productivity?", *Journal of Economic Literature*, 49 (2), 2011, pp. 326-365.

[860] Tarhan Feyzioglu, Nathan Porter, E. Takáts, "Interest Rate Liberalization in China", IMF Working Papers, 09/171, 2009.

[861] Thesia I. Garner, Kathleen Short, "Accounting for Owner-occupied Dwelling Services: Aggregates and Distributions", *Journal of Housing Economics*, 18, 2009, pp. 233-248.

[862] Timmer, M., de Vries, G.,"Structural Change and Growth Accelerations in Asia and Latin America: A New Sectoral Data Set", *Cliometrica*, 3 (2), 2009, pp. 165-90.

[863] Timmer, M., Szirmai, A., "Productivity Growth in Asian Manufacturing: The Structural Bonus Hypothesis Examined", *Structural Change and Economic Dynamics*, 11, 2000, PP. 371-392.

[864] Timmer, M. P., O' Mahony, M., Ark Van, "The EU KLEMS Growth and Productivity Accounts: An Overview", *International Productivity Monitor*, 14, 2007, pp. 71-85.

[865] Todaro, "Migration, Unemployment and Development: A Two Sector Analysis", *American Economic Review*, 60 (1), 1970, PP. 126-142.

[866] Tone, K.,"A slacks-based Measure of Efficiency in Data Envelopment Analysis", *European Journal of Operational Research*, 130 (3), 2001, pp. 498-509.

[867] Townsend, R. M.,"Optimal Contracts and Competitive Markets with Costly State Verification", *Journal of Economic theory*, 21 (2), 1979, pp. 265-293.

[868] Triplett, J. E., Bosworth, B.,"Productivity Measurement Issues in Services Industries: Baumol's Disease Has Been Cured", *Economic Policy Review* (9), 2003, pp. 23-33.

[869] Uchida, H., M. Satake, "Market Discipline and Bank Efficiency", *Journal of International Financial Markets, Institutions and Money*, 19 (5), 2009, pp. 792-802.

[870] Üngör, M.,"De-agriculturalization as a Result of Productivity Growth in Agriculture", *Economi-cs Letters*, 119, 2013, pp. 141-145

[871] Van Beveren, I.,"Total Factor Productivity Estimation: A Practical Review", *Journal of Economic Surveys*, 26, 2012, pp. 98-128.

[872] Van Biesebroeck, J.,"Robustness of Productivity Estimates", *Journal of Industrial Economics*, 55, 2007, pp. 529-569.

[873] Verdoorn, P. J., *On the Factors Determining the Growth of Labor Productivity*, in Pasinetti, L.(ed.), Italian Economic Papers, Oxford, Oxford University Press, 2, 1993.

[874] Wang, X., Y. Wen, "Housing Prices and the High Chinese Savings Rate Puzzle", *China Economic Review*, 23, 2012.

[875] Wilber, S., "The Service Sector and Long-run Economic Growth", *Georgetown University—Department of Economics*, 2002.

[876] Wilford, T. W., "Nutrition Levels and Economic Growth: Some Empirical Measures", *Journal of Economic Issues* (Association for Evolutionary Economic), 3, 1973, pp. 437.

[877] Wilson Bradley Kemp, "The Strength of the Precautionary Saving Motive When Prudence is Heterogeneous", *Enrolled Paper of 37th Annual Meeting of the Canadian Economics Association*, 2003.

[878] Wolff, A., "How Stagnent is the Service Industry?" Chapter 1 in the book of "Productivity, Innovation and Knowledge in Services", edited by Gadrey J. & Gallouj F., Edward Elgar Publishing, Number 2690, 2002.

[879] Wolfl, A., "The Service Economy in OECD Countries in Science", The Technology and Working Papers, 2005.

[880] Wolinsky, A., "Competition in a Market for Informed Experts' Services", *The RAND Journal of Economics*, 24, 1993, pp. 380-398.

[881] Wu Harry, X., "Accounting for China's Growth in 1952—2008", RIETI (Japan) Discussion Paper, 2011.

[882] Wu Harry, X., "China's Growth and Productivity Performance Debate Revisited—Accounting for China's Sources of Growth with a New Data Set", *Economics Program Working Paper*, No. EPWP14-01, 2014.

[883] Wu Yanrui, *Productivity, Efifciency and Economic Growth in China Palgrave*, Macmillna, 2008.

[884] Wurgler, J., "Financial Markets and the Allocation of Capital", *Journal of Financial Economics*, 58, 2000, pp. 187-214.

[885] Yang, H., M. Pollitt, "Incorporating Both undesirable Outputs and Uncontrollable Variables into DEA: The Performance of Chinese coal-fired Power Plants", *European Journal of Operational Research*, 197 (3), 2009, pp. 1095-1105.

[886] Yeung, G., "How Banks in China Make lending Decisions", *Journal of Contemporary China*, 18 (59), 2009, pp. 285-302.

[887] Young, A., "Gold into Basemetals: Productivity Growth in the People's Republic of China During the Reform Period", *Journal of Political Economy*, 111 (6), 2003, pp. 1220-1261.

[888] Young, A., "Structural Transformation, the Mismeasurement of Productivity Growth, and the Cost Disease of Services", *American Economic Review*, 104 (11), 2014, pp. 3635-3667 (33).

[889] Zeldes Stephen, P., "Consumption and Liquidity Constraints: An Empirical Investigation", *Journal of Political Economy*, 97 (2), 1989, pp. 305–346.

[890] Zeldes Stephen, P., "Optimal Consumption with Stochastic Income: Deviations from Certainty Equivalence", *The Quarterly Journal of Economics*, 104 (2), 1989, pp. 275–298.

[891] Zhang Jun, Guiying Wu, Jipeng Zhang, "Estimating China's Provincial Capital Stock", Working Paper Series, China Center for Economic Studies, Fudan University, 2007.

[892] Zheng Jinghai, Bigsten, Arne, Hu Angang, "Can China's gorwth be susatined? a productivity perspective", Working Papers in Economics, Göteborg University, Department of Economics, 236, 2006.

[893] Zhu Xiaodong, "Understanding China's Growth: Past, Present and Future", *Journal of Economic Perspectives*, 26, 2012, pp. 103–124.

图表索引

第九章

第十章

第十一章

第十二章

第十三章

第十八章

第二十二章

后　记

　　本书是我主持的第二个国家社科基金重大项目"需求结构转换背景下提高消费对经济增长的贡献研究"（15ZDC011）的结题成果。此前主持的第一个国家社科基金重大项目"扩大国内需求的宏观经济政策研究"（08&ZD034）的结题成果《论要素比价、劳动报酬与居民消费》已于2013年底在人民出版社出版，并于2016年获得福建省第十一届社科优秀成果一等奖。这两本书，体现了近十余年来，我们在这一领域的一些思考与研究。

　　再次主持申请国家社科基金重大项目，在2015年底，是一件令我颇为踌躇的抉择。申请国家社科基金重大项目的工作量、难度以及此后研究工作的复杂性、艰巨性，人文社科学界的同人大体是了解的，作为过来人，我更是心中有数。然而，踌躇并不主要因此，而是2015年6月，一场突然发现的重症使我的正常工作完全停摆，岁末年初，我仍处于术后恢复之中，几度化疗后的身体十分虚弱，其时，对今后是否有能力继续从事学术研究工作，心中无数，颇为茫然。但是，所在大学社科处却希望我能出来主持申请这一课题。社科处的同志知道我所主持的教育部人文社会科学重点研究基地——厦门大学宏观经济研究中心这些年来的工作，也知道我所领导的研究团队在完成了前一个国家社科基金重大项目"扩大国内需求的宏观经济政策研究"（08&ZD034）之后，正在进行的一些后续研究。他们认为中心有义务和责任参与这一选题的竞争，而我是比较合适的首席专家人选。然而，考虑到身体状况，我颇为犹豫：自己的体力、精力能否胜任这样的研究任务？正当此时，中心的年轻研究人员和我正在指导的博士生给了我有力的支持。他们使我有信心再次申请国家社科基金重大课题。申请幸运地获得了批准立项。从而开始了一场更为艰辛、持久的研究马拉松。

现在呈现在读者面前的，正是我们这几年来的一些研究心得。① 本书作为国家社科基金重大项目的结题成果，是集体劳动的成果。本书作者所承担的篇章如下：第一章，李文溥；第二章，陈婷婷、李文溥；第三章，陈婷婷、李文溥；第四章，李文溥、陈婷婷；第五章，李文溥、陈婷婷；第六章，李文溥、王燕武、陈婷婷；第七章，王燕武、龚敏、李文溥、卢盛荣；第八章，田友春；第九章，田友春；第十章，田友春、卢盛荣；第十一章，田友春、卢盛荣、李文溥；第十二章，吴华坤；第十三章，吴华坤；第十四章，吴华坤；第十五章，吴华坤；第十六章，吴华坤；第十七章，田友春，第十八章，王燕武、李文溥；第十九章，李文溥、李昊；第二十章，李文溥、李昊；第二十一章，李昊、李文溥；第二十二章，李文溥、谢攀、储成亮。

作为课题负责人，我感谢他们的积极参与、合作和无私奉献，这是本项研究得以顺利进行，本书得以成稿的重要前提和基本保证。其中尤其要提及的是，王燕武副教授协助课题负责人撰写了项目申请书初稿，卢盛荣教授与王燕武副教授在我因病休养期间协助指导了我的一些博士生和硕士生，他们的部分研究成果也体现在本书中。博士生陈婷婷在完成其所承担的研究工作的同时，一如既往地承担了本书部分编辑工作，在书稿的后期修订过程中，中心硕士生蔡欢同学也参与了部分工作。此外，中心的原学术秘书崔庆玮同志、现任学术秘书陈小鸿等同志在项目管理方面的杰出工作，也为我分忧不少。厦门大学社科处陈武元、冯文晖等同志长期以来尽职尽心的科研管理和服务，尤其是本课题申请时的极力推动，更令我感念不已。感谢人民出版社的陈登先生在本书成稿过程中所提出的修改建议，以及精心负责的编辑工作。他的杰出工作为本书增色不少。就我个人而言，在衰年重病之后能够重拾信心，较快地恢

---

① 除此之外，本课题的研究成果还包括一批论文和提交给中央有关部门及福建省政府的政策咨询报告。本书仅仅是这一研究项目的部分研究成果。

复学术研究工作，这或许比再度承担国家社科基金重大课题并顺利地获得免鉴定结题更令人高兴。我深深地感谢你们。未来的学术之旅，我们将继续携手前行。

李文溥

2020 年岁末记于厦门大学北村